叢書・ウニベルシタス　968

社会の政治

ニクラス・ルーマン
小松丈晃 訳

法政大学出版局

Niklas Luhmann
DIE POLITIK DER GESELLSCHAFT,
Herausgegeben von André Kieserling

This book is published in Japan
by arrangement through The Sakai Agency

目次

凡例

第一章　社会の政治――問題提起……………………1
Ⅰ　全体社会概念および政治概念の伝統とそこからの離脱　…　Ⅱ　システム理論の伝統と最近の展開

第二章　権力というメディア……………………15
Ⅰ　システム理論と権力　…　Ⅱ　因果関係と意図――権力の古典理論の問題点　…　Ⅲ　メディアと形式　…　Ⅳ　シンボリックに一般化されたコミュニケーション・メディアの働き　…　Ⅴ　影響力の三つの形式　…　Ⅵ　権力とコンセンサス　…　Ⅶ　物理的暴力の国家への集中　…　Ⅷ　権力とその他のメディアの比較　…　Ⅸ　出来事としての作動と構造

第三章　政治システムの分出と作動上の閉鎖性……………………81
Ⅰ　政治システムの分出と集権化　…　Ⅱ　集権化について　…　Ⅲ　政治システムの機能　…　Ⅳ　権力のコード化　…　Ⅴ　公職　…　Ⅵ　右派／左派の図式　…　Ⅶ　民主制について　…　Ⅷ　選挙の機能　…　Ⅸ　開放性と閉鎖性　…　Ⅹ　政治と経済の関係　…　Ⅺ　政治システムの内的分化　…　Ⅻ　偶発性定式　…　XIII　ユートピアと合理性――〈解放〉と〈エコロジー〉　…　XIV　政治システムにおけるコンフリクト　…　XV　全体社会の統合について　…　XVI　政治化の限度

第四章　政治的決定……173
Ⅰ　《恣意性の制限》から《偶発性による規律化》へ…Ⅱ　決定と時間…Ⅲ　記憶機能と振動機能…Ⅳ　偶発性の構築による未規定性の縮減…Ⅴ　スキーマとスクリプト…Ⅵ　政治的決定と専門知…Ⅶ　政治システムにおける振動…Ⅷ　決定の目的と動機…Ⅸ　政治の分出と全体社会の時間経験
第五章　政治の記憶……211
Ⅰ　社会システムと記憶…Ⅱ　記憶と時間…Ⅲ　価値と利害…Ⅳ　価値と利害の連動…Ⅴ　政治システム以外の機能システムの記憶――教育と経済…Ⅵ　右派／左派の図式と記憶
第六章　政治システムの国家……235
Ⅰ　国家と暴力…Ⅱ　国家ゼマンティク…Ⅲ　ネーションについて…Ⅳ　世界社会と国家
第七章　政治的組織……281
Ⅰ　機能システムと組織システムの区別…Ⅱ　組織システムのオートポイエーシス…Ⅲ　中心／周縁…Ⅳ　公衆／政治／行政の二重の権力循環…Ⅴ　政党組織…Ⅵ　任務の肥大化
第八章　世論……337
Ⅰ　世論ゼマンティクの変遷…Ⅱ　セカンド・オーダーの観察のメディアとしての世論…Ⅲ　スキーマ／スクリプトと世論…Ⅳ　機能システムとしてのマスメディア…Ⅴ　諸機能領域におけるセカンド・オーダーの観察…Ⅵ　抗議運動の位置づけ

第九章　自己記述……393
Ⅰ　自己記述のパラドックスとその展開　：　Ⅱ　全体と部分のパラドックス――代表の概念　：　Ⅲ　恣意性の制限のパラドックス――主権の概念　：　Ⅳ　被支配者による支配のパラドックス――民主制の概念　：　Ⅴ　価値のゼマンティク　：　Ⅵ　自己記述の多様性　：　Ⅶ　総括
第十章　構造的カップリング……453
Ⅰ　構造的カップリングとオートポイエーシス　：　Ⅱ　政治システムにおける《人格》　：　Ⅲ　政治システムと経済システムの構造的カップリング　：　Ⅳ　政治システムと法システムの構造的カップリング　：　Ⅴ　政治システムと科学システムの構造的カップリング　：　Ⅵ　組織による構造的カップリング　：　Ⅶ　《社会的市場経済》について
第十一章　政治の進化……499
Ⅰ　政治の進化の理論の不在　：　Ⅱ　政治システムの進化　：　Ⅲ　機能分化への移行　：　Ⅳ　ゆらぎによるコントロールと進化　：　Ⅴ　リスク化する政治的決定
編集者覚書　533
原　注　537
訳　注　625
索　引

凡例

一　各章のタイトルは原著によるが、各節のタイトルは訳者による。
二　原注は、章ごとに、（1）（2）……で示し、巻末に一括掲載した。
三　訳注は、章ごとに、［1］［2］……で示し、巻末に一括掲載した。原注に付した訳注も、同様に、本文訳注の後に掲載した。
四　《　》によって括られた語句は、原著において » « が用いられている箇所を示す。
五　「　」は、文脈を明確にするために訳者が随時付加したものである。
六　〔　〕は、訳者による補足・説明である。
七　——は、必ずしも原著に対応していない。
八　傍点が付された箇所は、原著でイタリック体の部分である。
九　原著のラテン語句は、引用も含めて原則としてカタカナ漢字表記とし、原文を付加した。
十　原著での文献指示のミスや誤記については、そのつど、訳注というかたちで示した。

第一章　社会の政治
――問題提起

I　全体社会概念および政治概念の伝統とそこからの離脱

政治についての我々の日常理解も、学のなかで展開されている政治についての表象も、二〇〇〇年以上にわたる伝統によって規定されている。ポリス（pólis）という言葉は、その派生語もすべてそうだが、もともとは、都市、それもギリシャの都市を指し示すものであった。しかしその後、都市の共同生活に特有のものと認められうるすべても、この言葉で表されることになった――それは、地方の生活と区別され、また、都市の家族にかかわる案件とも区別され（都市の家族にかかわる案件は、地方のそれと大した違いはなかった）、さらには、複数の家から形成され家々の結節にほかならない村とも、区別されるものであった(1)。ここで重要だったのは、〔都市と地方との〕規模の割合ではないし、被治者の数〔の違い〕などでもなく、むしろただ、都市的な共同生活に特有の属性が現実化していること、であった。

この点をここで想起しておいたのはなにも、それ以来多くのことが変わってしまったなどと述べるためではない。古代ギリシャ以降多くのことが変わったと主張すれば、確かに、少なからぬ新アリストテレス主義者への反論とはなるだろうが(2)、しかし実際のところは、そんな主張は必要ない。むしろ問題なのは、〔政治に関する〕こうした起点となる考え方によって、政治と全体社会との関係についての一定の見方が固定されてしまい、それがこれまでの伝統を規定してきたこと、である。以下の諸章でおこなう考察は、これとはまったく別の理論アプローチに従っている。ただしそのさい重要なのは、本書が、政治について、こうした考え方とは別の、もはや旧ヨーロッパ的なものではない理解の仕方をしている、ということだけではない。そういう理解の仕方であれば、すでに、主権国家に関する近代初期の理論において構想されていた。(3) 本書で議論するのは、精確には、政治と全体社会（Gesellschaft）との関係についてどう理解するか、である。

何かに取り憑かれたように、政治（Politik）／政治的（politisch）／ポリツァイ（Polizei）といった言葉の観念史にばかり目を向けてしまうと、本当の問題は全体社会という概念にあることを、見過ごしてしまう。旧ヨーロッパ的な伝統は、政治的な共同生活という公共的な領域と、《経済的な》家政（Haushalt）との区別によって規定されていた。(4) この区別が〔当時〕全体社会的な意義を有していたのは、〔まず第一に、この時代の〕通常の生活が（自立者の生活も従属者のそれも）家政のなかで営まれていたからであった。さらに〔第二に〕、こういった構造が、貴族の（武装した）家政や、大規模な商社（古典古代初期も含む）や手工業の家政、また当然のことながら、農民の経済に至るまで、つまり普遍的に見いだされていたこと、そして最後に、こうした構造に基づいて、包摂と排除とが規制されていたこと、これらの事情によって、上述の区別は、全体社会的な意義を持ちえていた。個（〔公職や政治に携わらない〕私人 idiótes）としての生活は、実際にはほとんど不可能であり、困難であり、何のメリットもなかった。(5) だが、これによって、諸家政の統率についての問いが未解決のままにされることになり、当時は、まさに〔諸家政の統率という〕これこそが、政治の領域とされた。

家政／都市（あるいは、のちの時代では、経済と政治）という中心的な区別のゆえに、大人／子どもで構成される家族という今日的な意味あいでの家族（Familie）という概念は、形作られなかった。こういった意味での家族を表すための言葉は当時はまったく存在せず、ただ、家政に関しての区分の概念しかなかった（男性／女性、父親／子ども、主人／従者）。また家政／都市という中心的区別のゆえに、国家と結びついた今日的な意味での政治システムを表す概念も成立しなかった。しかし、十八／十九世紀にはこのような事情はすでに変化していたにもかかわらず、全体社会という包括的なシステムを表す概念が欠如していた。というより、とくと調べてみればわかるように、全体社会の概念は、〔現在に至るまで〕いつでも欠如しているのである。旧秩序のなかで、この全体社会という包括的システムの概念の代役をつとめていたのが、自然存在（Naturwesen）としての人間と関連づけられた類概念（Gattungsbegriff）であった。種や類への抽象化が、ゼマンティク全体を支配していたのである。[6] これが、旧世界の秩序に関する概念表現だったのであり、それは、当時の言語の種々の語から読み取ることができるし、文字に残っている。そもそも存在者たるものは、このように〔種や類へ〕区分されたのである。これと根本的に異なった形式などは思いもよらなかった。人間という類が共同体（交わり koinoniai、結社 societates、あるいは共同体 communitates）での共同生活に依拠していたのは明らかであり（どうしてそれを疑えるだろうか?）、〔他方〕また、すべての人間が一つの、しかもたった一つの共同体の中だけで共同生活することなどできないことも、同様に明らかであった。人類（Menschheit）は一つの類概念であるが、（徹頭徹尾、自然と関連づけられた！）一つの理念にとどまっていた。だが、人間の実際の生活は、数々の共同体に分割されて営まれていたのであり、しかも、多様な政治的共同体に分かれていただけでなく、明らかにいたるところで、種〔Art〕に応じて異なる家政の共同体と政治的共同体に、分かれてもいたのであった。

我々の時代にとって納得のいく全体社会の概念を、こうした思考世界まで遡って探し求めるわけにはいかない。さらに言うと、十八／十九世紀の経済的な全体社会概念〔古代からすると奇妙なものなのだが！〕も、また、そののち《政治経済》と呼ばれるであろうものすべても、我々の時代にとって納得のいく全体社会概念ではない。ましてや、人間という類的本質の自然的事実から、あるいは人口〔Population〕のような純粋に人口統計学的な概念〔この概念も同様に、十八世紀になってようやく使われ始めた〕から、なんらかの方法で区別されるべきだとされる包括的な社会システムの概念はなおのこと、そうである。思考とは、さまざまな区別において表現されるものだが、これらの区別は、そうであることによって、区別されたものの統一性についての問いを排除することになるか、もしくは、〔あえて、区別されたものの統一性を問おうとすると〕その区別から区別されるべき区別を持ち出すことになる。この意味で、人類／〔諸々の〕共同体とか家政の共同体／政治的共同体といった区別は、特定の問いに答えてはいるが、同時に、その他の問いを阻んでいる。

古代社会、とりわけ、いわゆる《首長制社会 Hauptlingsgesellschaft》ではすでに、家政の血縁システムと並んで、一種の政治的な中央集権体制が発展していた。これはこんにち、《国家の形成 Staatsentstehung》に関する非常に事細かな論議のなかで取り上げられている。[7] 家政経済が《商業社会 commercial society》へ、ついで、《資本主義的》経済へと変換されたあとも、政治が全体社会の外部へと化す事態は、進展し続ける。十九世紀になると、こうした外部化という事態は、国家と社会という区別のなかに、その最終的な定式化を見いだすことになる。(8)

この区別は、ギリシャ的世界で使われていたときには、倫理的な構成要素をも備えていた。ギリシャ的世界では、(村の)家政の範囲を越えて共同体を形成することにどんな意味があるのか、という問いが立てられ、この問いに対する解答は、(類的本質としての)人間の自然(Natur)を(アリストテレス的に)指摘することによって、見いだされた。人間は、その本質(Wesen)の完成(単なる肉体的な生存とは区別される《善き生》)を、政治的共同体という形態においてのみ達成しうるのであり、こうした政治的共同体においてのみ、本来的に(倫理的な、つまり生き方にかかわるという意味で)人間でありうる、というわけである。こんにち、この問いをこうした形式で復活させようとする向きがもしあるなら、それは空しい努力であろう。(9) あるいは、明らかな時代錯誤でもあろう。上記のようなカテゴリー枠組み全体も、それに相応した世界の分割の仕方も、また、それに応じた区別の実践や観察の実践も、すでに跡形もなく消滅しているのだし、いまさら復活させることなどできない。

ところで、いま述べたことは、全体社会の理論の先駆け的概念としてもっとも好んで引用されている概念に、とくに関係している。それはつまり、政治共同体(koinonía politiké)という概念であり、この概念のあとを継いだ定式化である、ソキエタス・キウィリス(societas civilis)、ソシエテ・シヴィル(société civile)、市民社会(civil society)である。(10) しかし、これらの概念の政治的な構成要素は、十七世紀ならびに十八世紀初頭には、独自の道を歩むようになる。この〔政治的〕構成要素は、〔結束した〕団体の表象から引き剝がされ、当時明らかになりつつあった全体社会の分化の複雑性を前にして、一般化されてゆく。それにより政治の概念は、一つの行動概念（Verhaltensbegriff）となり、公衆に見られながら行為するための行動技法が必要になったことにより（したがってもはや、内在的なエートスによってではなく）、新しい仕方で、そのはっきりとした輪郭を形づくっていく。(11)

とはいえ明らかに、これらの概念によって指し示されているのは、社会的なものの領域全体ではない。ポリス（あるいは政治共同体 koinonía politikê）とオイコスという旧来の区別は、十九世紀になって、国家と全体社会との区別によって刷新されたわけだが、このことも、この〔社会的なものの領域全体を指し示していないという〕点では、事態を決定的に変えるものではない。いずれの区別の場合でも、理論は、一つの区別として定式化され、その区別において、〔最初の〔ポリス／オイコスの〕区別のときには政治的な、次の〔国家／全体社会の〕区別のときには経済的な〕全体社会は、その理論の主導的な〔ポリス／オイコスあるいは国家／社会という〕区別の一つの側面として、見込まれていた。こうした区別の統一性、つまり異なった〔二つの〕もの（Differenten）が対となるその基盤については、問題とされず、特別な観察や描写の対象としてマークされることはなかった。むしろ、区別のこうした統一性に相応する場所は、人間という概念、人類（Menschengattung）の概念、人間性（Menschheit）といった概念によって占められており、社会的動物（animal sociale）ないし合理的動物といったメルクマールによって、指し示されていた。こうしたメルクマールは、人間とその他の生き物との違いを示すと同時に、人間としての特性を詳述することで、人間の自然に相応した人間社会がいかなる相貌を示さねばならないのかについての指示を含んでいた。このとき、人間の自然は人間自身にもわかるという前提もあったため、どんな人間も、おのれを知るための努力をすれば（自己認識のためにはとりわけ哲学が必要とされた）、存在ノ類比ニヨッテ（per analogiam entis）、すべての人間に妥当する成果へと至るはずである、と考えられた。したがって、当然のことながら、十九世紀までこうした伝統は、《人間主義的な humanistisch》ものとして指し示された。こういった伝統が理論上最終的に行き着いた思考の核心は、人間の本質（自然）についての陳述にあったのであって――決して、社会的なものをそれとして指し示す全体社会の概念にあったのではなかった。

　こんにちもなお、全体社会概念の伝統が、概念史的に、政治（国家）／経済という区別のどちらか一方の側面で探求されている。現在使われている歴史的用語辞典ですら、《全体社会》の見出し語や、場合によっては（商業社会などとは区別される）《ブルジョワ社会》の見出し語において、このような伝統に棹さすような記述をおこなっている[12]。このような事態は、こんにちつくり上げられるべき全体社会概念にとってその先駆けとなる考え方は――まさにあの市民社会（Zivilgesellschaft）の構想以外には――存在しないことの証拠、と見ることができるだろう。

　この市民社会の概念を、歴史的な再構成に基づいて今日の世界に復興させようとの機運が、いま明らかに熱狂的に盛り上がってきている。だが、そのあまりの熱狂のゆえに、もし、こうした事態によって何が考慮されないでいるのかと問えば、「それは現実である」との回答を得ることになるであろう。市民社会（Zivilgesellschaft）――それは、現在の議論では、旧来の強制から脱して論拠の自由な交換によってのみ規定される、すべての――〔すべての、と言ったとき〕とりわけ女性が考慮されている――人間の結合にほかならない[13]。市民社会は、《倫理的生活連関の反省形式》なのである（ただし、アカデミックな反省形式である、と付け加えねばならないだろうが[14]）。これによって暗黙裡に拒絶されているのが、組織をとおしてもたらされるすべてのもの、である。すなわち、成員と非成員との厳格な差異をとおして、また、ヒエラルヒーによって秩序づけられた依存関係をとおして、さらに、管轄領域内でのみ調整を要する割り当てられた決定権限──〔その管轄から除外された〕他者はこの決定権限による産物を甘受せざるをえない──をとおして、もたらされるものすべてが、ここでは拒絶されている。だから、社会主義体制が崩壊した後でも、《資本主義的》労働組織への批判をあいかわらず続けられるのだし、また、こういった批判が、国家行政や、政党の規則づくめの構造や、利益団体の幹部官僚制、等々へのそれ相応の批判によって、補強されている。

実際、アリストテレス的な概念構成の伝統の意味を、単にその言葉面《づら》だけを採り入れるのではなく、真摯に受け止めるならば、倫理的な契機が政治の概念に組み入れられ、政治的な契機が全体社会の概念に組み入れられる、という事態になる。しかし、貴族とか都市／地方の区別のような社会構造上の前提条件すべてが消え去っているいま、こうしたやり方は、もはや、現実のある部分と関連したものではなくなり、もっぱら、〔現実への〕対抗的な概念構成としてのみ役立つにすぎない。つまり、いま問題となっているすべてについて、つねにその否定をも一緒にコミュニケーションする可能性、という厳密な意味でのユートピアとしてのみ、役立っている。

全体社会という概念に関しても、政治という概念に関しても、ここから有益な認識を引き出すことはできない。むしろ、こういった概念の使い方は、この伝統の終焉を、このうえなく明瞭に示している。この伝統が〔かつて〕妥当していたことにまさに敬意を払うからこそ、この伝統と袂を分かち、新しいアプローチで臨むことが必要なのである。

同様に我々が縁を切るべきもう一つ別の語法は、全体社会的な関係に対する権力の行使をことごとく政治と見なすものである。ここでは《権力》は、ただ、社会的な状態の固定としてのみ理解されている。とりわけ、社会的不平等の産出とその再生産も《権力》とされる。ブルデューとともに[1]、そこに、社会的な思考スキーマや分類の貫徹、いわゆる《象徴的暴力》を含めてもよい。我々としては、このような事態に疑いを差し挟んだりその意義を疑問視するつもりはないが、これを、政治という概念で括ってしまうのは適当でないと考える。これでは、結果的に、全体社会と政治とを概念的に融合(あるいは混同)させざるをえなくなるだろう。また、この考え方は、こんにち政治という概念のもとで事実として制度化されているもの、すなわち国家や国家の決定実践と結びついた政治とも、相容れないであろう。この〔ブルデューらの〕立場が取り上げているのは、全体社会的なコミュニケーションの圧縮(Verdichtung)やその構造的な制限といった問題である。こうした問題は、国家に集約される政治システムの分出によってもたらされる諸帰結とは、概念上、区別されなければならない。さもなければ、国家政治を批判したり国家政治を改革したりすれば、こういった〔象徴的暴力のような〕事態に影響を与えることができるといった考え違いを、免れないだろう。知識人が、自分なりの政治の概念を好んで使うとき、こうした誤りを犯しているかもしれないのである。だが、そのせいで、その知識人は、こんにちの全体社会において政治システムとして分出している諸作動に接近する道筋を、手放してしまうことになる。

II　システム理論の伝統と最近の展開

政治と全体社会についての理解を新しくつくり上げていくためのごく形式的な枠組みであれば、社会学の伝統のなかから取り出すことができる。それは、システム分化という概念によって研究を進めてきた伝統である。この伝統は、分業の長所に関する旧来の学説を引き継ぐものであり、したがってまた、十八世紀と十九世紀の主として経済的な全体社会の概念をも引き継いでいるものだが、しかし、システム理論が最近発展してきたおかげで、現在では〔経済的な全体社会概念を引き継いでいた〕この地点を大きく越え出るようになっている。(15) とりわけ、システムと環境との差異についてより精確に理解されるようになったため、分化についての考え方が変化している。分化は、システムと環境の差異がシステムの内部で反復されること、と把握されるべきである。また、全体社会の分化を《進歩》だとする評価も、変化している。確かに、アダム・スミスにならった[2]分業論も、決して、分業を肯定的な成果としてのみ考えていたわけではなかった。分業によって労働がいかに単調になり、それどころかいかに非人間的になりうるか、が観察されていたことを想起しさえすればよい。けれども、〔長所と短所の〕差引勘定の結果、分業は、肯定的に評価されるべき進歩と考えられていた。このような進歩は、《ブルジョワ社会》の文献では〔差引勘定をすれば肯定的であるという意味で〕黒字として記述されたわけである。こんにちでは、こうした評価がおこなわれることはない。このような評価に代わって、次のような洞察が現れている。近代社会は、進化によって、機能システムやその組織やその技術のそれ相応の性能レベルに馴染んでいるため、大規模な構造変動（つまり、この〔機能分化という〕分化形式にかかわるような構造変動）の結果これらの性能を手放さざるをえなくなると、カタストロフィー的な帰結が出来するにちがいない、という洞察である。

第二の改善点（というより精緻化にすぎないかもしれないが）は、システム理論が、システムと環境の差異を生産し再生産する作動（*Operation*）を問題にしていることである。つまり、システムは形式として指し示され、形式は差異として指し示され、差異は、システムと環境との相違の産出と維持をもたらす作動様式によって、指し示される。これは伝統的な理論にはまったく見られなかったリアリティ記述の方法である[16]。それは、作動と時間との関係にも示されるとおりである。アリストテレスからヘーゲルに至る伝統は、時間を、存在と非存在の区別を用いて（つまりは存在論的に）記述し、存在と非存在の統一として把握してきた（この定式化には、かなりの不確かさ／不明確さが伴われている）。当時、この〔存在と非存在の統一という〕パラドックスを解消するのに役立っていたのが、運動の概念であった。時刻測定法（Chronometorie）も、方法は異なっていたが、このような役割を担っていた。しかし、これらすべてがもはや妥当しないとすれば、いったい何が妥当なのだろうか。

我々は、作動という概念から、それゆえ、時間的な持続性を欠落させた出来事（Ereignis）という概念から、議論を始めている。時間的な持続性は回帰的にのみ、すなわちそれ以外の出来事との連結によってのみ、したがってシステム形成によってのみ、達成される。システム形成は、それに適合的な作動を選択的に構成し、そのことによって、考慮されていないその環境とは区別される[17]。社会システムを構成ししたがって全体社会を構成している作動は、コミュニケーションである。コミュニケーションが成立するときはつねに全体社会が形成され、また逆に、コミュニケーションは、決して、孤立した出来事としては現れえず、それ以外のコミュニケーションに立ち戻ったり先取りしたりしてのみ、つまりは全体社会のなかでのみ、現れうるのである(18)。

システム形成のこうした作動規定性を、分化理論と関連づけて考察してみると、射程の広い成果がもたらされる——少なくとも、現在支配的な語法を訂正するという意味では、射程が広い。我々の考えによれば、サブシステム〔Teilsysteme〕もまた、全体システムもコミュニケーションという作動様式に依拠しており、それゆえ、本書で取り上げるケースでいえば、政治システムもコミュニケーションという作動様式に依拠している。このため、サブシステムもその作動によって全体システムの再生産に関与し、したがって政治的コミュニケーションは全体社会を遂行する、ということになる。これによって、《国家と社会》とか《政治と社会》といった定式は、その意味を失う。問題となっているのは、対置することのできる相互排他的な事態などではない。システム理論的に言えば、システムと環境の関係が問題となっているのでもない。確かに政治システムは、全体社会を、政治システムとその環境に分割してはいる〔同じように全体社会は、世界をコミュニケーションと非コミュニケーションに分割している〕。けれどもそのさい、全体社会は、その両方なのである。つまり、全体社会は、政治システムそのものであり、また、その全体社会内的な環境でもある。〔政治システムの〕内部でも外部でもコミュニケーションはおこなわれるからである。こうして、以下で詳細な考察をおこなう次のような問いに行き着く。政治の特性は、いったいどのようにして政治以外の全体社会のコミュニケーションと区別されるのか、という問いである。それは、特別なメディアによってなのか〔第二章〕、その特別な機能によってなのか〔第三章〕、特別なコード化によってなのか（第三章）、あるいはこれらすべての連動によってなのか。

システム論のいくつかの一般的な概念をここに付け加えると、この問題提起はまたもや、全体社会というシステムと政治システムの区分という論点へと、拡大していく。《作動上の（自己言及的、回帰的）閉鎖性》、《自己組織化》、《オートポイエーシス》といった諸概念は、全体社会に、そして全体社会にのみ適しているのだろうか、それとも、その政治システムにも適合するものなのか。(19) さらに——政治システムが、明らかに、徹底して、そのコミュニケーションの可能性の条件に至るまで全体社会に依存し続けているにもかかわらず——、作動上の閉鎖性、自己再生産、自己組織化が、政治システムの固有の働きとして成立している、ということを、いったいどのように示すことができるのか。

この種の問いは、概念の精緻化を強く要求する。しかも、現在のところ、政治理論が、(20) 行為論としても制度論としても応じることのできないほどの厳密さでもって、これを要求するのである。政治社会学についても事情はそれほど変わらない。したがって、以下の考察は、〔高い〕抽象度のものとなるだろうし、その概念的基礎を、この学問分野では通常見られないようなやり方で、確かめなければならないであろう。それはとりわけ、パーソンズから学ぶことができるとおり、我々は、数多くのシステム準拠(Systemreferenzen)を視野に入れなければならず、何が（いかなる意味で、あるものが）システムであり環境であるのかをそのつど確定しなければならないからである。こうした企てが甲斐あるものかどうかは、当然のことながら、その成果でのみ判断されうる。

第二章　権力というメディア

I　システム理論と権力

権力、しかも特殊政治的な権力は、評判がよくない。多くの観察者の目には、政治は、汚れた仕事に見える。権力に有効に抵抗できない事態は、否定的に判断されるべきものへと変化しているように思われる。権力が恣意的に行使されているとする見方から、権力が腐敗しているという見方まで、〔権力にまつわる〕嘆きは数多い。政治的権力はみずからを正統化しなければならないという主張は、これらの非難のなかでもまだ一番無害だが、しかし、政治がみずからを正統化しようとするとき、いくたびとなく繰り返される非難がある。すなわち、ポピュリズムだという非難である。

政治的権力に関する観察へのこうした直接的反応は、包括的な理論構築のなかに取り込まなくてはならない。このような反作用それ自体は、まだ十分な政治的概念を提供するものではない〔からである〕。いささか否定的なこれらの経験的判断は、秩序を維持するには政治的権力が必要だという見解と、関連づけなければならない。そのさい、システム理論的な諸概念が役立つことだろう。

というのは、〔当該システムの「環境」による〕外的拘束が解体され〔環境のなかの諸システムとの〕きわめて特殊な構造的カップリングへと変換されることが、システムが分出することの一般的な帰結の一つだからである(1)。これによって、システム内部に過剰な可能性が生じるが、こうした可能性過剰を再び取り除くには、そのシステム自体の作動と構造形成（自己組織化）によるしかない。システムは、みずから作り出した未規定性の領域のなかで、作動しているのである。システムは、〔いずれの可能性を選択するか〕決定を下す《権限が与えられている》。だが、システムは、そのせいで、決定の帰結に関しては現時点ではいかなる確かさも見いだされないことで生じるストレス力学[1]にも、晒される(2)。これは、権力ポテンシャルを利用したり利用しなかったりすることが権力の維持に役立つのか、それとも逆に、権力を弱めたり打ち砕いたりしうるほどのコンフリクトに権力を巻き込むのか、という反省的に折り返された問いを考えるさいには、とくにあてはまる。

権力と決定過程の未規定性（あるいは低い規定性）との関係は、循環的と見なさなくてはならない。回帰的作動の作動上の閉鎖性によって、システムのなかに過剰な可能性が生み出され、それによって構造的な未規定性も生み出される。このような未規定性は、権力を握るさまざまなポストに配分され、そのあと、権力保持者の決定の不確実性という形式をとる。権力保持者の命令が遵守されると前もってわかっている場合でも、その権力保持者が具体的に何を要求するのかはまだわからない。資本形成の場合もそうだが、権力形成にも、時間という要因が、つまり決定を延期する可能性が、一役買っているのである。権力はしたがって、不確実性を観察する一つの可能性を提供している。

こうして組織研究では、不確かさは、権力の源泉として強調されている。他者の不確かさを取り除いたり利用する可能性を駆使する者は、いわば権力を持つに《ふさわしい》というわけである（ただしだからといって、この人が不確かさの利用の仕方を心得ているというわけでは必ずしもない(3)。しかし、どこから不確かさがやってくるのかは、これではまだ説明されていない。さらに、権力がいったん確立すると、その権力は、不確かさのさらなる源泉として行使されうる〔濫用されうる、と多くの人は言うかもしれないが〕。というのも、〔権力が確立したあと〕すぐ次に生じるのは、権力保持者は——この人が態度をまだ決めていない場合に限っての話だが——いったい何を要求してくるだろうか、という問いだからである。結局のところ、個々の組織ではなくて政治という機能システムを考察するのであれば、そもそもいかにして構造的な未規定性がその作動によって産出されるのかという問いから始めるのが得策であろう。その問いに対する答えは、こうである。作動上閉鎖したシステムの分出によってである、と。未規定性ならびに権力は、《権力者への接近》についての古典的な問いを手掛かりにしてみるだけでもすでにわかるとおり、〔職階などごとに〕カスケード的にシステムのなかに広がっていくのだろうが、これは、権力保持者が多くの場合その職員の自発的な協同の意志に依存し職員のこの協同の意志については不確かなままにしておけるという事情にも、基づいているのである(4)。

以上の考察は、冒頭で触れた、汚れた仕事と見なされる問題や、権力が腐敗する可能性の問題を、先延ばしにしている。他者は自分よりも権力によって利益を得ているという経験が、こうした非難の概念の背後に控えていることは、あまりにも明らかである。〔だが〕ほんとうの問題は、〔政治システムの〕分出という点に、《リアリティ喪失》という点に、いやもう少しうまく表現するなら、分出によってもたらされる、環境との接触の喪失という点に、すでに孕まれているのである。システム内部の未規定性を、したがってまた権力を生み出しているそれぞれのシステムに対して、当該システムは環境へのどのような配慮に基づきながら権力行使を適宜配分するのかという問題が、突きつけられる（このことは、〔機能システムとしての〕政治システムにあてはまるだけでなく、その組織にも、またその組織の下位単位にもあてはまる）。権力から利益を得る人々の範囲があまりにも狭いと、人はそこに権力の《濫用》を嗅ぎつけるだけでなく、権力濫用ほど重大視されないけれども、そのシステムがリアリティに適合しているか否かという問題も、察知する。《もっとも偉大な国家や制度が衰退してしまうのは、党利党略に走ったりしたからではなく、直面する政治的リアリティに適応できなかったからである》(5)。言い換えると、権力を生む合理性と権力を行使する合理性には、あるパラドックスの解消が必要だということである。つまり、システムが作動上の閉鎖性を達成するためには環境を排除しなければならないが、にもかかわらず、環境は顧慮されなければならない。なぜならシステムは、そのオートポイエーシスが依拠しているまさにこの〔環境との〕距離によって、みずからを危機に陥れることもありうるからである。したがって、権力の問題がこの点にあるのならば、リアリティ連続体が断絶されているにもかかわらずリアリティへと立ち戻ることこそが、重要になる。そのさい、権力が、機会主義的に、つまり時機をみて行使されるときにはとくに、たとえば社会的均衡とか持続可能な発展といった適切な政策のための綱領的な基準に固執するよりも、いま述べたことに関連してよりよいチャンスを、権力は提供していないのかどうかが、問われることになるかもしれない。

〔一〕分出、〔二〕作動の構造的未規定性によるシステム内部での可能性過剰、および、〔三〕通常の作動のストレス力学のなかで未来の未規定性がいかに考慮されうるのかについての不確かさは、以上のように連関しているわけだが、こうした連関は、さしあたりはごく一般的に定式化されているので、近代社会のすべての機能システム、すべての組織について、あてはまる。[6] そこで、分析をとくに、政治のための機能システムにあわせておこなうために、我々は、権力というメディアの特別さをより精確に規定しなければならない。

II　因果関係と意図——権力の古典理論の問題点

まず最初に思いつくのが、この問いに関して、古典理論（とくにマックス・ヴェーバー〔2〕のそれ）に従って、権力を、予期される抵抗に抗してでも因果的に貫徹される行為能力として記述するやり方である。[7]〔ただし〕ここには、〔権力という〕概念構築の形式に関して、次のような二つの先行判断が含まれている。一方で、因果関係（Kausalität）に、つまり、原因と結果との区別に焦点を合わせなくてはならない〔と古典理論は想定している〕。他方、そもそも行動だけについて論じるのではなく行為（Handlung）（行為能力）について論じようというのであれば、何らかの結果をもたらそうとする意図を同定できなくてはならない〔と古典理論は想定している〕。おそらくは、動機と利害についての想定に基づくと、こういう同定はもっともうまくできるだろうというわけである。以上の二つの先行判断は、日常生活でもごくお馴染みのものなので、このときどんな前提条件がかかわっているのかは明らかにされないことが多い。しかし、日常生活でこうして納得のいくものだからといって、科学的分析は、それで満足するわけにはいかない（しかも、科学の観察領域のなかで事実として何らかの役割を果たしているリアリティが問題になっている場合でも、科学的分析は〔科学のなかでリアリティとして扱われているのだからそれ以上分析する必要などないと〕満足するわけにはいかない）。したがって〔本書なりの権力の概念に立ち入る前に〕まずは、古典理論の観察図式について分析し、古典理論のこのような概念形成を引き継ぐとどんなことにかかわってしまうのかを、見ておくことにしよう。

形式（Form）が一般にそうであるように、因果関係という形式も、二つの側面を有している。(8) すなわち、（無限に数多くの）原因という側面と、（無限の数多くの）結果という側面である。因果関係を実際に運用するには、形式のこうした内的境界をたえず横断することが必要である。観察の作動を開始させる指し示しは、まずは、この二つの側面のどちらか一方に向けられなければならない（しかし、二つの側面に同時に向かうことはできない）。たとえば、もくろまれている結果が目的として固定され、そのあとにはじめて、その結果を左右するような原因（手段）が探し求められ、さらにそののち、この原因を基点として、原因がもたらす特殊な諸結果（コスト、副次的結果など）が探し求められる、といった具合である。あるいは、一定の状況を出発点とする場合には、そうした状態を、考えられうる〔いろいろな〕結果に対する原因と定義し、〔その原因から〕いかなる結果が考えられるのかを規定すべく、因果図式の内的境界を横断する、といった案配である。

物（Ding）をマークされない空間のなかに位置づけ、これをフッサール[3]の現象学的分析でいう開かれた指示地平と結びつける物図式とは異なって、こうした因果図式は、そのつどの補完物〔つまり、対になっているものの片方〕を探し求めて境界を横断せよという、どちらかといえば特殊な指示をすでに含んでいる。つまり、結果から出発するなら原因を探し、原因から出発するなら結果を探索せよ、というようにである。だが、それ以上の指令を、因果関係のカテゴリーから引き出すことはできない。因果関係は、考えうる原因と結果の両側面での無限性を〔一定の結果に至るには原因（手段）は無限ではなくいくつかのものに特定される、といった具合に〕自己特定化するための図式以外の何ものでもない。この因果図式を用いて因果プランを立案する観察者は——体験のためであれ行為のためであれ、あるいは自分自身に関してであれ他者に関してであれ——、この図式それ自体から何らかの指令を引き出すことはできない。まさに原因と結果を分離する境界線の助けを借りた、原因／結果の区別は、単なる形式なのであって、〔これに原因を割り当てあれに結果を割り当てるといった〕割り当てのための規則ではないし、因果法則でもない。むしろ、帰属〔という作用〕（Zurechnung）が、さらにここに付け加えられなければならない。これは、微に入り細に入った社会心理学的研究では、帰属（Attribution）と名づけられている。(9)

そうすると、因果プランがどのように構想され、いかに取り扱われるかを知ろうとするならば、観察者を観察しなければならないことになる。自己観察でも十分である。けれども、問題となっているのはつねに、二つの側面を有する手続きである——つまり、（その他の何らかの区別ではなく）この図式の選択が、そしてまた、原因と結果との（ほかでもない）この一定の連関の特定化が、問題となっているのである。言い換えると、世界それ自体がすでに因果的に配置されていて、たとえば何らかのテロス（télos）に向かうべく設えられているのだ、などといったことを出発点にするわけにはいかない。かつてであれば確かにそのように考えられたかもしれない（旧来の全体社会の観察様式を観察してみると、確認できるとおりである）。だがこんにち、因果関係を、我々の文化の可能性の水準で、しかも〔旧来の〕迷信にとらわれることなく運用しようとするならば、因果関係とは、セカンド・オーダーの観察のための図式だということになるのである。

それぞれの観察者が、因果関係を別様に見たり別様に帰属したりできる場合でも、基本となるメルクマールは依然として保持されている。つまり、因果関係を引き起こす出来事（たいていの場合そういう出来事とは、決定のことなのだが）は、原因と結果とをある一時点において結びつけ、いわば原因と結果を同時に発生させる。しかも、原因の連鎖は、過去のなかに指し示され（しかしそうした原因の連鎖はいま現在においてはじめて効力を持つわけだが）、結果の連鎖は未来のなかに指し示される（しかしそうした結果の連鎖はいま現在においてすでに引き起こされているものなのだが）にもかかわらず、そうなのである。時間上の隔たりのある（その瞬間には非顕在的な）原因と結果とのこうした奇妙な同時性は、実践上はきわめて意味のある、時間のパラドックスの解消なのである。ここでいう時間のパラドックスとはつまり、過去と未来との区別もまたつねに現在においてのみおこなわれ、つねに現在においてのみ顕在的でありうるというパラドックスである。その結果、典型的には、このような実践は、あたかもそれが実際に、莫大な量の因果ファクター（原因と結果）を現在の時点で意のままにできるかのようなコントロール幻想のもとで、命脈を保っている。[10] 実際、こうしたコントロール幻想のおかげで、因果関係が作り出されているのであり、しかも、原因なり結果なりを生み出すことができなくても、そうである。というのは、〔原因と結果との〕カップリングがうまくいく場合にのみ、原因は原因に、結果は結果になるからである。ここに至って我々は、政治的行為についての、かなりの程度幻想に満ちているが同時に（動機づけに貢献するという意味では）きわめて効力のある因果表象の根幹に、遭遇することになる。自己帰属をもたらすこうした幻想のおかげでのみ、そもそも政治的行為について語ることができるのである。[11]

観察者が因果図式をいかに運用しているのかという観点からその観察者を観察する場合、まずまなざしが向けられるのは、その観察者からみてこの〔原因と結果との〕カップリングを引き起こしているとされる〔たとえば決定のような〕個々の出来事に対して、である。これが出発点である。しかし、個々の出来事に目を向けるからといって、反復可能性についての想定が排除されるわけではない。というのは、この観察者側の〔因果図式の運用の仕方に関する具体的な〕条件いかんとはかかわりなく、因果的な布置連関は、一定の原因と一定の結果とのタイトな（strikt）カップリングという形式で技術的に固定されることもあるからである。技術という言葉が使われるのは、このような〔因果的な布置連関の〕固定化が、〔その因果的な布置連関の〕反復的な使用のためにおこなわれるときである。単なる使用可能性——たとえば道路——だけでは、通常は（きわめて広い意味で言うのでないかぎり）技術とは呼ばれない。だがさらに、これを条件プログラムの要素として把握すると、たとえば、AからBに至ろうとする場合にはXという道路を行かなければならないというプログラムの要素として把握すると、技術を取り入れていると言える。こうした条件プログラムのみを顧慮して作り出されている道路や工具のような装置が存在していることは、いうまでもない。比較的狭い意味での技術（英語に則っていえば、今日では《テクノロジー》とも呼ばれる）は、それ自体すでに複雑だがしかしタイトにカップリングされた因果過程を内包している。こうした概念形成は、今日の技術や技術の帰結に関する議論において、重要な役割を担っている。(12) 当面、我々の目的にとっては、技術概念についてのこうした考え方で十分である。というのは、我々としては、歴史的な脈絡や今日的な脈絡で《権力技術》について議論する可能性を確保しておかなければならないからである。

因果関係の帰属（したがって〔因果〕プランニング）にとってのもう一つの整序観点は、意図である。意図は、行動を行為として特徴づけるのに役立つ。また、より大きな脈絡では、さまざまな因果連関の焦点を、意図として観察されたり記述されたりしているものに合わせることにも、役立つ。意図が同定されると、原因が動機として想定され、結果に対して――その結果が、その意図にとって無理なく〔あらかじめ〕考慮しておける範囲内のものであるかぎり――責任を負わせられる。というのも、意図については偶発性が想定されるからである。すなわち、意図は、何か必然的なものでも不可能なものでもなく、それゆえ別様にも規定可能なものだからである。

意図がおよそ心理的な事実でないことは、明らかであろう。心理システムは、意識という作動様式をとっていても、またそういう作動様式であるからこそ、他者にとってもまた自分自身にとっても、不透明である。したがって意図は、つねに、推測であって、フィクションである。それは、相互に作用しあっているさまざまな観念連合の広大な領野に《区切りを入れ punktieren》、まさにそうすることによって因果関係を構造化している。もちろん、《不透明性》とはいっても、意識が、何かをみずからが知覚しているのを知らない、ということではない。また、意識がみずからに何らかの意図を帰属できる、ということを否定するものでもない。さらに、意図が帰属されている当人も参加しながら、その意図についてコミュニケーションできる、ということを否定しているわけでもない。不透明性というとき念頭に置かれているのはただ、さまざまな意図や典型的な動機や告白や自白がそこに現に見いだされる場合でも、因果関係は規定不可能性のなかへと消えていってしまう、ということにほかならない――因果関係そのものがそういうものであるのと同様である。意図が因果ファクターとして同定されることによって、まさに意図は、そこでのコンテキストゆえのさまざまな因果関係まで考慮に入れると、規定できないものとなってしまう。自分の意図や他者の意図に鑑みながら《なぜ?》という問いを立てたことのある者ならば誰でも、この点について証言できる。また逆に、そうであるがゆえに、呈示することのできそうな意図を、無限に開かれた因果コンテキストのなかに探って見つけ出していくことも、つねに可能なのである[13]。

　意図はしたがって構成である[14]――それはまさにテクノロジーがそうであるのと同様である。意図は、〔心理〕システムの外部でテクノロジーとして編成されているものに対する、〔心理〕システム内の等価物なのである。このことは、自然と自由の区別やメカニズムと精神の区別にならって世界を整序するのに慣れている読者にとっては、ショッキングかもしれない。しかし、こういった類の区別こそまさに、因果関係の形式(原因と結果の区別というスキーマ)の特異性を隠蔽する特性を有している、あるいは、そういう機能を有している、とも言えるかもしれない。〔ここでいう因果関係の形式の特異性とは〕すなわち、因果関係に関するすべての観察は偶発的な帰属をとおして特定化されざるをえない、ということである。

　ここまではいい。だが、以上によって、権力という概念に関してどんな知見が得られただろうか。まず第一に、因果関係に言及したり権力保持者の意図(意志など)に言及し、そうすることであたかも目の前のリアリティを指し示すことができるかのように考える権力概念とは、距離を置くことになる。しばしば、この手の権力概念は、《経験的に》利用可能だという点を自慢の種にしている。けれども、こうした単純なやり方でおこなわれる権力分析が、権力保持者あるいは権力服従者の観察様式にあからさまに接続するものとならざるをえないことは、明らかである。つまり、ファースト・オーダーの観察の水準にとどまり、そもそも実行可能な分析的ポテンシャルをみすみす逃してしまう。

こうしたネガティブで批判的な論評だけでなく、ポジティブな論評もおこなってみよう。我々は、因果関係とか意図といった概念を、区別へ、すなわち二つの側面を有した形式へと定義変更した。つまり、この概念を、観察者に対する指示（Instruktion）へと定義変更したのである。観察者はそれにより、「いっさいの指し示しが、別の、指し示されない側面をも同時に産出しており、加えて、この二つの側面が同時に指し示されない」ということを見て取れるようになる。このように定義変更すると、権力関係を指向している人は、自分が帰属スキーマを一面的にしか実践していないことを、〔実践している最中は〕同時に見て取ることはできない、という推論が可能になる。たとえば、そんなことをする必要はまったくないとか、あなたは別様にも帰属することができるとか、〔六〇年代ヒッピームーブメントのスローガンであり平和的な反抗的行動を意味する〕フラワー・パワーに没頭することだってできる、などとその人に言ってみたところで、目の前の事態があまりにも自明なので、その人はこれを理解できないだろう。しかしセカンド・オーダーの観察者からみると、ここから次のことが問われることになる。つまり、区別されているものや区別それ自体のこうした水準の違いに応じて、権力に関する観察を構成し再生産する現実的条件も違ってくるわけであり、そういう多様な現実的条件を考慮に入れるべきかどうかが、問われるのである。

ある一定の観察図式がいかなる《マークされない空間 unmarked space》とかかわり合っているのか、したがってそのことによって何が排除されているのかを、セカンド・オーダーの観察の水準で問うとき、また、このような問いを、幾重にも適用し、すなわち因果スキーマの選択や、帰属の特定化の選択に、さらには、意図（あるいはテクノロジー）の構築をつうじた帰属スキーマの局所化（Lokalisierung）に適用するとき、すでに、じつに複雑な理論体系の前に立っていることになる。ただし、〔このように一般的に問われているかぎりではまだ〕権力についての〔他のメディアとは異なる〕何らかの特殊性が突き止められているわけではない。はたして我々は、いま述べたようなことによって与えられる、分析の多様化という利点を、政治システムの理論のなかで活用することができるだろうか。

ここで〔権力についての〕理論的な選択可能性を確認する通常のやり方は、権力とは、実際に、権力保持者の一種の内在的な能力（Potenz）、権力保持者自身の資質から察知できる《力 Kraft》のようなものなのか、それともむしろ、権力は、服従者の従順な態度によってはじめて生み出されるものなのか、という問いを考えてみることである。この問いは、とりわけ組織論ではそれなりの役割を果たしている。というのは、ここにおいて権力について語られるのは明らかに、組織の成員がそのシステムにとどまることに関心を持ち、かつ、その代価として命令を受容する場合だけだからである。(15) ちなみに、一般的なコミュニケーション理論でもすでに、まさに同じ問題が提起されている。つまり、コミュニケーションは、伝達というコミュニケーション的行為から説明されうるのか、それとも、伝達の意味の理解ということから説明されうるのか、という問題である。しかし、このように〔権力の原因の〕帰属可能性を〔権力保持者かあるいは服従者かというように〕二重化（ただし銘記しておきたいのは、ここで問題となっているのは、原因と結果の区別ではなく、原因を位置づける二つの異なった可能性である）することで結果的に、循環的な関係あるいはサイバネティクスでいうところのフィードバックループを想定せざるをえなくなる。するとそのことによって、時間問題が重要になる。権力は、その権力への服従を予期することに依拠しており、また、その権力が実際に行使されるとの予期に依拠している。手短にいえば、権力は、自己予期に、つまり、その回帰的な作動のさいにそれ自体を前提としているシステムに、依拠している。このとき、いかにして、システムのなかで、こうした循環に切れ目が入れられ切断され再－非対称化されるのか、という問いは、観察者に対する問いとして再定式化される。いま述べたようなことは、いかなる観察者がそうした切れ目を入れるのかに依存しているのである。したがって同時に、権力に基づいたシステムは、その作動が産出されているかぎり、また、権力というメディアのなかで命令という形式が形成されうるかぎり、要するにそのシステムのオートポイエーシスが続行されているかぎりは、かなりの程度まで多種多様な観察に耐えられ、多様な帰属のされ方と共存でき、帰属をめぐるディッセンサスがあるにもかかわらず機能できる、ということでもある。

この点において、権力の理論は、システムの概念に、したがって政治システムの理論に立ち返るよう要求するのである。以上の分析によって、我々は、権力に基づくシステムが成立しうるためにはまさに、《権力》のようなものがまずもって存在していなくてはならない、といった存在論的な仮定からは解き放たれる。権力を構成し権力を利用しているオートポイエティックなシステムは、それ自体を生産しているのであり、そしてそのために、その環境についての想定、たとえば人格についての想定や人格の意図あるいは人格の資質についての想定を構成するのである。このような理論的な仮決定を下したあとでは、政治と形而上学との関係についての問いを保持し続けることにそもそも意味があるとしても、(16)それは決して、場合によってはそれに基づいて政治的にも了解しあえるようになるとされる基礎的な

（＝最小限度の）存在論、という意味においてではない。形而上学すなわち自然学ヲ超エルモノ（meta physika）とは、本来、いかに体験されいかに行為されるのかを規定しようとする場合に利用される区別、利用せざるをえない区別のなかにしかありえない。さらに、そうであるならば、その時々に、忘れ去られてしまったもの、おこなわれなかったもの、排除されてしまったものをも同時にテーマ化することにもなるだろう——一方では、伝統的なバージョンの形而上学を現前の存在論としてラディカルに批判する、ジャック・デリダ[4]が言っているような意味でそうであるし[17]、さらにまた、政治的な野党（Opposition）の可能性をたえず繰り返し開示し続けるという純粋に政治的な意味でも、そうなのである。政治のさまざまな区別についての問いを開始するためには、そこにつねに含意されている因果関係こそが、考えられうる出発点の一つとなりうるだろう。

III　メディアと形式

政治的な権力メカニズムの特異性に目を向けるまえに、まず、いま述べた問いを別の術語で再度まとめておきたい。そのさい、我々は、メディアという概念を用いる。この概念は、これまでも、政治的権力の現象についての説明のために用いられてきた[18]。しかし、ここでもこの概念についての研究はかなり込み入ったものになる。

メディアという概念は、我々が本章の冒頭で、作動上閉じたシステムの分出によって成立する諸作動の構造的未規定性と指し示しておいた場所に位置づけられるべき概念である。〔とはいえ〕このメディアという概念は、このような未規定性が規定性へといかにして移行するのかという問い、決定がいかに下されるべきかという問いに対する処方箋を提供しているわけではない。しかしこの概念は、この未規定性という位置に、さらに別の区別を据え付けている。つまり、メディア的基層（Substrat）と、このメディアによって形成されうる形式との区別である。

通常、メディアという概念の定義においては、次のような二つの意味づけの契機が重なり合っている。つまり、数多くの要素という表象と、媒介するという機能、の二つである。ふつう、重点は、どちらか一方の契機に置かれるため、この二つの契機の関連は不明確なままであった（したがってこの概念の統一性も不明確であった[19]）。しかし、ここで問題となっているのは、単なる数多くの諸要素だけでないことは明らかであるし（これを言いたければ、量という概念が使われるだろう）、また、何が〔媒介されるのか〕、いかに〔媒介されるのか〕といった表象がいっさいないまま、媒介という機能だけが問題となっているのでもない。この問いが未解決である以上、ここでもまた、このメディアの概念を彫琢しておくことが、今後、この概念をうまくコントロールしながら使っていくための前提条件となる。

パーソンズ流の一般化の概念やカント的な綜合（Synthese）の概念で満足する代わりに（とはいえ、この一般化とか綜合の概念との関連は、理論上の問題を示している！）、我々は、フリッツ・ハイダー[5]の提案にゆるやかに依拠しながら、メディアと形式を区別することにしたい[20]。ハイダーによると、メディアは、選択的にまた一時的にタイトにカップリングされそのメディアのなかで〔互いに〕区別可能な諸形式として現象する、大量に現存する諸要素を前提としている。したがっていまや、パーソンズが一般性について論じていたところに、次のような作動のうえで重要な区別が現れてくる――つまり、ルーズなカップリングとタイトなカップリングとの区別である。[21]〔もっとも〕この区別をまさに区別として知覚しようとするとき、術語上の錯綜が生ずる。〔すなわち〕我々は、この区別の統一性をメディア（Medium）と名づけなければならず、〔また同時に〕ルーズにカップリングされた諸要素を、メディア的基層と呼び、タイトなカップリング（その外的側面がメディア的基層であるが）を、形式と呼ぶことにしたいのである。

以上に基づいて、ジョージ・スペンサー・ブラウン[6]の作動的な形式計算[22]の言葉を使って表現するなら、メディアは、その内的側面では諸要素をタイトにカップリングさせ、その外的側面では諸要素をルーズにカップリングさせる一つの区別である（したがってメディア自体も一つの形式である！）。タイトなカップリング自体が、メディアという形式のなかで、それ以外のものつまりルーズなカップリングと区別される形式である。ここでは、一見したところ、二つの異なった形式の概念がごた混ぜになっているように思える。つまり、区別としての形式と、タイトなカップリングとしての形式が混同されているように見える。しかし、これは、容易に回避されうるような言葉遣いの誤りなどではなく、ある問題への示唆を含んでいる。すなわち、形式のなかへの形式の再参入（スペンサー・ブラウンの術語では、リエントリー re-entry）という問題を示唆する。メディアは、ルーズなカップリングとタイトなカップリングとの区別としては、それ自体一つの形式なのであり、この形式は、もしそうしたい気があるなら、場合によっては別の形式から、つまりは別の区別から区別されうる。とはいえこのメディアという形式の特別な意味は、この形式がそれ自体のなかへとコピーされうる点にある。形式の概念をこうして二重に使用することで確認しておきたいのは、ここでは、解消を必要とするあるパラドックスが問題となっているということである。つまり、この形式内部へのコピーが同じものの再生産と見られるか同じでないものの再生産と見られるかに応じて、それ自体のなかにコピーされる形式が同じものであったりまた同じものでなかったりするという観察が問題となっている。しかも、再参入が意味しているのは、つねにこの双方なのである。(23)

というのは、メディアが使用されうるのはまさに、その諸可能性がタイトなカップリングという形式にされるときであり、したがってたとえば、権力〔というメディア〕に基づいて一定の命令が下されるときだからである。(24)その形式の一方の側面でのみ、つまり、その〔メディア／形式という〕形式の、形式という側面でのみ、接続可能なのである。システムの作動は、この〔形式の形式という〕側面からのみ出発することができる。だが、そのさい同時に次のことが前提とされている。つまり、〔要素同士の〕新たな結合を特定化し新たなタイトなカップリングを形成するために〔タイトなカップリングが〕選び出されるもととなる、ルーズなカップリングというあの他方の側面も、そこに存していることである。もしそうでなければ、このシステムの作動はいかなる自由もいかなる選択性も持ちえなくなってしまうからである。メディアは、統一性としてのみ、すなわち二つの側面を有した形式としてのみ、ある。けれども、作動上は、その一方の側面からしか、形式の《内的側面》からしか、つまり形式という側面からしか使用されえないのである。

メディアと形式との差異の、マークされず使用されない側面としてのメディアは、それ自体、不可視なものにとどまっている。(25)政治の悲劇性の多くは、すでにこのことから説明される。権力はたえず形式に変えられ、たえず呈示されなくてはならない。そうでなければ、権力を本当だと思い権力が動員されるかもしれないと予期しつつみずから進んで権力を考慮に入れるような人を、権力は見いだすことができなくなるだろう。すると、権力を有することと権力を行使することを区別してもあまり意味がなくなる(26)。権力を可視化するさい、よりシンボリックなやり方をとることもできれば、より道具的なやり方をとることもできる。通常はそのどちらも必要である。純粋なシンボル化だけでは、ただの見せかけにすぎないのではという印象が生まれやすいし、挑発行動によって権力をテストしてみるような事態が簡単に生じてしまう。〔他方〕権力の道具的な行使だけでは、権力保持者の《正統化》の問題に行き着く。シンボリック／道具的という区別は、〔確かに〕政治的な困難を巧みに乗り切る数多くの可能性を言い表してはいる。しかし、〔権力のメディアを〕観察可能な形式にたえず変換しなければならないのは、このシンボリック／道具的という区別のゆえなのではなく、メディアと形式の区別のゆえなのである。

経験的にあるいは実践的なかたちですぐにでも使用できる権力概念を熱望している人からすれば、メディア／形式の理論のような迂回路やそこに組み込まれている再参入のパラドックスは、混乱のもとであり不必要なものに見えるかもしれない。ひょっとすると、理論家の過剰な想像力のなせる技のように思えるかもしれない。けれども、政治理論においても、少なくともそれが過去の練り上げられた政治理論であれば、パラドックスの問題が、とくに主権（Souveränität）のパラドックスという形式で現れたことを想起してほしい。すなわち、システムの最上地位においては、説明しえない属性を持った要素が必要であり、決定の恣意性という放棄できない契機が必要だ、というパラドックスである。この〔パラドックスを〕準拠点として、脱パラドックス化の戦略、循環の切断の戦略、パラドックスを区別可能な諸同一性へと展開（Entfaltung）する戦略が、開始されることになった——まずは、自然法の仮説の形式で、ついで、国家契約説という形式で、さらに《権力分立》を通じた頂点の分割に関する憲法理論の形式で、そして最後に、今日でもおなじみの《正統化》の要請という形式で、である。これらについてはすべて、政治システムの自己記述についての章〔＝第九章〕でもう一度取り上げることにしたい。しかし、こうした政治システムの自己記述の基準点、〔つまり〕もっとも高い地位での決定の、不可避的だが受けいれがたい恣意性自体が、まさにパラドックスを不可視化する一つの形式にほかならないかもしれない――それが発見されたのは、このような形式に変えられたパラドックスの解決策がすでに知られていたからにほかならない。というのは、主権のパラドックスの定式化と同時に、基本法（lois fondamentales）という概念がすでに形成されていたからであり、政治システムはすでに、みずからに何らかの憲法を付与する途上にあったからである。けれども、ひょっとするとこれらはすべて、それぞれの時代に制約された歴史的ゼマンティクであって、とうの昔にすでに有益性を失ってしまったものかもしれないのである（このことは、正統性などについての嘆き節の議論から読みとれるとおりである）。したがって、こんにち手に入れることのできる概念手段でもって、あらためて、政治システムのパラドックスに関心を向けることは、十分に価値あることだろう。[27] そして、権力というメディアにすでに孕まれているパラドックスを探し出すことが、その出発点となりうるだろう。

とはいえ、ルーズなカップリングとタイトなカップリングとを、つまり、メディア的基層とそのメディアのなかに作られる形式とを区別しなければならないとする、先に述べたメディアの形式理論の成果は、政治のなかで観察される最終的なパラドックスとのこのような関連づけにとどまらず、もっと大きなものである。とくに我々は、すでに分析しておいた、権力の因果論の問題を、〔メディア／形式の理論と関連づけつつ〕あらためて定式化し直すことができる。〔原因と結果という〕二側面において無限のものを指示している開かれた因果地平は、因果ファクターとして機能できる〔たとえば「意図」のような〕稼働要素がまさに同定されうる場合にかぎり、因果プランの確定可能性を約束してくれる。この〔二側面で無限に開かれた〕因果地平は、権力の、つねに同時に機能作用しているメディア的基層と対応している。あるいはパーソンズの言葉で言えば、メディアのシンボリックな一般化によって果たされなければならない事柄と対応している。つまり権力に対する信頼の《積み立て banking》であるとか、人々が比較的無限定的なかたちで権力を支持する態勢にあることの通知などと対応している。これがタイトなカップリングに至るのは、権力が、コミュニケーションのなかで、一定の因果プランへとまとめあげられる場合である――しかも、場合によっては貫徹することもありうるかもしれないその他のさまざまな因果プランではなく、まさに「この」因果プランにである。《意図》としてマークされるのは、この選択なのである。言い換えると、我々は、因果関係に帰属が必要となるゆえんを、ルーズなカップリングとタイトなカップリングとの区別のなかに、再び、見いだしているわけである。

そのさい、以上のメディア論のなかに組み込まれている時間の契機もまた確認される。タイトなカップリング、たとえば、権力保持者の命令や、〔権力保持者に〕伝達される〔その命令への〕服従姿勢といったものは、つねに一時的な性格しかもたない。これらが、メディアそのものよりも長く妥当し続けることはなく、メディアとは別の半減期、別の崩壊サイクルを有している。権力保持者が自分の命令をすぐに忘れてしまうとか、命令の実行まで見届けないだろうとあてこむことはできる。だが、だからといって権力保持者が自分の権力までも忘れてしまったなどという結論を導くことはできない（できるとしても、その他の諸条件がそろわないとできない）。したがって、タイトなカップリングは、権力というメディアの、強く、貫徹可能で、断固たる、計算可能な契機ではあるのだが、しかし、そのために不安定性という代価を支払わなければならない。権力が、強力でかつ安定的であることを要求すると、そのパラドックスはユートピアという形式をとる。タイトなカップリングに移行する可能性があることだけが、確かなのである。だが、だからこそ、権力を試してみる領域に、また、権力を問い直しチェックすることを課題とする領域に、さらに、権力がもろくなり更新の必要性が現れる領域に人は出向くのである。〔こうしたタイトなカップリングへの移行という意味での〕確定がおこなわれないまま放っておかれることはありえず、このような確定は、（メディアの別の側面〔すなわちメディア的基層という側面〕において）諸可能性を継続的に圧縮（Kondensierung）したり再認（Konfirmierung）したり再生産することにも資する。あるいは、再度パーソンズの概念枠組みを用いて表現するなら、このような確定は、メディアの循環に役立っている。だが、権力メディアのこのような強さこそがその弱さであり、それへの挑発を招きうるものであり、そのリスクなのである。だが他方で、利用されないままの権力、つまり作動的な形式へと凝固しない権力は、本来的には権力ではない。メディアは、（非対称的にではあるが）相互に条件づけあう二つの側面を有した形式としてのみ、機能するのである。

権力というメディアの統一性をシンボル化するよう促しているものこそ、まさにこの問題である。[28] シンボルを通して表現されているのは、権力が潜在性（Potentialität）と顕在性（Aktualität）との作動上の統一性として存在していることや、権力がそれ自体のいわば剰余価値生産物であり、《予備》を、つまり利用されない可能性をも保持していること、さらに、権力が抵抗によって挑発されたりシンボリックな性格である点を突かれうること、である。そのさい、いったいここでは何がシンボル化されているのか、と問う向きもあるかもしれない。本書で素描しているメディア論からすると、その答えはこうである。ここでシンボル化されているのは、メディアの統一性であり、隠されたパラドックスであり、二側面のうちの一方の側面によってのみ、つまり指し示されている側面によってのみ作動のなかに姿を現す形式の、その二側面性（Zweiseitigkeit）、である。こうした理論構成から、次のことを見てとることもできる。つまり、権力のシンボル化という場合に問題となるのは、旗やパレード、儀礼的な装置、権力保持者の視認性といった〔儀式などの非日常的な場面で顕わになる〕ことだけではなく、それと同じかそれ以上に、因果プランを確定させるとか抵抗にあっても権力を貫徹させるといった日常的な案件が問題となるのである。というのは、〔メディアの、メディア的基層という〕別の側面もつねに一役買っているからである。

我々はここで、さらに別の問いに接続することができるだろう。たとえば、権力がすでにシンボル化され、顕在化されない諸可能性に言及しながら確保されているとすれば、権力は過度に行使されたり、過少に行使されたりするのか、という問題である。〔この点と関連して〕パーソンズは、シンボリックに一般化されたメディアのインフレーションとかデフレーションについて語っていた。貨幣だけではなく、権力についてもそう言えるというわけである。しかし、この問いに取り組むまえに、シンボリックに一般化されたコミュニケーションメディアの特性がどんなものであるのか（Ⅲ）[7]、また、権力はそれ以外のコミュニケーションメディアと、何によって区別されるのか、もう少し的確に説明しなければならない（ⅣとⅤ）[8]。この最後にあげた問いによってようやく、我々は、政治という特別な問題領域に沿って探求を開始することになる。

IV　シンボリックに一般化されたコミュニケーション・メディアの働き

メディアと形式との一般的な区別は、きわめて広い射程を有する。この区別は、知覚や言語も考慮に入れている。意味の領域全体にわたってメディアと形式の観点から区別することができる。というのは、意味はメディアそのものであり、いっさいの形式の形成を、そこからの選択として現象させるからである。権力を分析するさいには、我々は、もうすこし狭い適用領域とかかわる。つまり、シンボリックに一般化されたコミュニケーションメディアとかかわっているのである。このメディアは、どんなコミュニケーションにおいてもたえず再生産されている分岐（Bifurkation）に基づいて、成立する。すなわち、コミュニケーションが理解されるとき、つまりコミュニケーションが成立するときには、そのコミュニケーションは受容されるかそれとも拒否されるかのどちらかである、という分岐である。この分岐への対応によって、それ以降のコミュニケーションは、異なった道のりを辿る。だが、いずれの場合でも、システム状態は、そのコミュニケーションによって変化する。受容されたコミュニケーションは、さらなるコミュニケーションの前提として役立つ。この場合には、首尾よい不確実性吸収（Unsicherheitsabsorption）について語ることもできる。(29)〔そのコミュニケーションによって伝達された〕情報は情報として生かされ、その結果、コミュニケーションのそれ以降の過程では、もはやその出発点となった情報は議論の的にはならなくなり、その〔出発点となった情報が〕有効活用〔されているか〕だけが、情報として扱われる。〔他方〕拒否されたコミュニケーションも、受容されたコミュニケーションと同様に、システムのなかに何らかの痕跡を残す。システムは、二度と再び、そのコミュニケーションがおこなわれる前の状態に、つまりそのコミュニケーションを知らない無垢の状態に立ち返ることはない。システムは時間のなかで逆方向に動くことはできない。したがって、拒否されたコミュニケーションも、システム記憶が到達できる範囲で想起されるのである。[30] こうしたコミュニケーションは、現実化されなかった可能性として保持され続け、《潜勢化》され、[31] こうした形式において再生産される。

さらに、第三の可能性もある。受容か拒否かという問題を決定しないまま、まさに受容か拒否かについてコミュニケーションする可能性である。〔この場合〕コミュニケーションは反省的になる。けれども、当然のことながら、これでは、上述の〔受容か拒否かという〕分岐の問題の確たる解決策とはならない。さらに、問題を先延ばしするというこうした回り道が利用されるのは、ケースとしては比較的わずかである。コミュニケーションのための時間は、限られているからである。

シンボリックに一般化されたコミュニケーションメディアは、こうした分岐問題に対処するために成立している。詳しく言えば、コミュニケーションの受容が肯定的な機能を有しており、重要な社会的問題を解決できると想定されている状況において、〔しかし〕コミュニケーションの拒否の見込みが増えている場合に、成立する。このような問題が生じる強いきっかけは、文字に基づいた文化の成立である。この文化は、拒否された可能性をすべてすばやく忘却することができず、〔そうした可能性は〕継続的な正当化圧力として蓄えられる。さらに、こうした文化は、拒否を容易なものにしてしまう。なぜなら、文字によって書かれたテキストの拒否は、そこに居合わせた相互作用の参加者による社会的なコントロールなしに、おこなわれうるからである。こういったことすべてから判断すると、ある種のゼマンティク上の分化、たとえば、知識と友情と政治の分化が、文字の《アルファベット化》の結果として、また、それに相応した人々の言語能力の普及の結果として、展開してきたということは、決して偶然ではない。[32] どうやらこれらのケースを見てみると、進化は、拒否の蓋然性が突如として強化されたり記憶容量が〔文字によって〕突如として拡大したことをきっかけに、新たなる発展の態勢に入ると考えられる。こうした新しい発展段階においては、問題の布置状況に応じて、多種多様な形式、まさに多種多様なシンボリックに一般化されたコミュニケーションメディアが使用される――しかも、宗教的・道徳的な世界創造を、潜在的に危機に陥れながら、である。

このような歴史的・理論的なアプローチを背景にしてみると、権力は、このシンボリックに一般化されたコミュニケーションメディアの一つとして把握することができる。一方では、そのことによって、全体社会を、依然として、政治的な〔都市と結びついた〕倫理を介したかたちで、何らかの倫理的コード化の優位性という観点から捉えようとする、理念史的な特徴をもった取り組みを、理解できるようになる。他方でしかし、この分析は、政治的権力のすべての形式がそれ以来かかわらざるをえなくなった問題をも際だたせている――とりわけ、拒否のほうがさしあたり見込みある反作用となってしまっているケースでも、つまり、合意が欠落していたり一貫したかたちでは保証されていないような状況でも、いかにして受容を達成するか、という問題である。また、鎮圧されたことによってまさに〔現実化されえたかもしれない〕可能性として構成される、拒否された可能性の維持と再生産という問題も、同様に重要である。〔たとえば〕一九〇五年のロシア〔第一〕革命のような実を結ばなかった革命も、そもそもそういうことが可能である証拠として、語り継がれていくのである。

V　影響力の三つの形式

いったい権力はいかにして特別なシンボリックに一般化されたコミュニケーションメディアとして構成されるのかという問いによってようやく、我々は、いっさいの政治理論にとっての鍵となる問題へと赴くことになる。この問いは、〔システム論ではなく〕行為理論的なアプローチのほうをとる場合にも立てられるかもしれない。システム論からすると、この問いを手がかりにして決着がつけられるのは、政治のための機能特定的なシステムはいかにして分出するのかという問題である。

一般的な理解に従えば、権力の概念は、行為が行為に対して影響を及ぼすことを前提にしている。したがって、ここで問題となるのは、体験の連関を整序しようとするメディアなのではない。ここでは詳しく説明できないが、権力は、このことによって、真理や愛、芸術や貨幣といったメディアとは区別される。(33) 非常に広い意味で言えば、効果的な行為をおこなういっさいの能力が、権力として指し示されるだろう。この考え方に従えば、世界の状態（それが自分の身体の姿勢とか状態であっても）を自分の思いどおりに変えることができるとき、人は権力を持っていることになってしまうだろう。〔確かに〕このような、ソノ人自身ヘノ権力（potestas in seipsum）というきわめて広い意味での権力は、それ以外のいっさいの権力の前提ではある。権力は自由を前提としている、とも言える。だが、こうした権力の自由なあり方だけでは、一つの社会システムとして分出することはありえない。ついでに言えば、そういう権力は、小さな権力にとどまるだろう――歯を磨くとか、自分の車を駐車するとか、本をゴミ箱に捨てるとか、あるいは単に、何かを言う、といった具合にである。
より狭く、したがってより強力な権力概念へと至るのは、他者の行動を含む場合である。これは、サンクションを介しておこなわれる。サンクションへの見込みを与えることを介して、他者が、もしそれがなければおこなわなかったであろう何かを、その他者におこなわせることができる。確かに、これもまだ直接的な権力であり、そういう権力が生ずるのは、起こるがままに任せて何もしない可能性がある場合だけである。しかし、〔このように、行動しないことも可能だったのに〕他者が行動を起こさざるをえないように制限することは、権力の増大を意味する。我々は、これでもまだ同様にきわめて広い形式ではあるが、この形式の権力を、影響力（Einfluß）と名づけることにしたい。

サンクションによって媒介されたいっさいの影響力にとって決定的に重要なのは、この影響力がコミュニケーションを介して進行しなければならないこと、つまり、社会的形式をとらざるをえず、とりわけ、理解されなければならないことである。これによって、影響力は（マックス・ヴェーバーの言葉で言えば）類型化と結びつけられ、また同時に、その限りで制限もされる。他方で、このようなやり方によって、〔影響力は〕ある程度まで、時機に依存しなくなる。おこなってほしい行為はしかじかであるという〔権力者側からの〕伝達は、その要求されている行為が実際におこなわれるべきその瞬間になされる必要はない。さらにそのサンクションもまた、時機に依存することなく、予想できるようになる。しかも、（とりわけ否定的なサンクションの場合には）しばしば、それを単に予見させるだけでも十分である。さらにまた、このような未決定的な時間状況は、攪乱可能性、不確かさ、〔それゆえに〕コントロールの必要性をも意味する。つねに何か〔不都合なこと〕が突発的に起こりうるのである——おこなってもらいたいと思っていた行為に対する関心を人々が失ってしまうとか、〔権力に服従して〕その行為を実行するはずの人が、じつは別様に考えていたとか、従いますという態度がじつは見せかけだった、といった具合である。要するに、強化されると同時に攪乱されうるというこうした特別な条件を総合して言えば、この種の影響力の形式は、もちろん——たとえば略奪のための襲撃という形式で——アドホックに一回限りで現れることもありうるけれども、実際には、長期間にわたって持続しそれ自体を再生産しているシステムのなかにおいてのみ使用されうるという推測が容易に成り立つ。

以上の、同様にまだ非常に広い意味での影響力は、社会システムへの関与者が互いに依存しあい、したがって、〔相手の〕怒りを恐れたり、ポジティブな考えを引き出してそれを維持させようとしたりするだけでもすでに、もたらされる。どんな社会団体（Sozialverband）も、利益を追求し不利益を回避するための個別的で合理的な計算にかなりの程度基づいているのであり、この点にも、〔前述した意味での〕時間的な柔軟性が、表現されている。《連帯》は副次的に発展してくるものであり、どちらかといえば、〔長期的に見れば利益になるといったような〕個々別々に計算をしなくてすむ一般化された計算という形式で発展してくる。(34) こういった点を明らかにするのは、決して些末なことなどではない。というのは、政治的権力は、こうした前提条件をまさに利用したり特定の方向で強化したりはできても、決してぬぐい去ったり除去したりできないからである。政治的権力は、全体社会的な影響力なのであり、そうあり続ける。

影響力は、社会的な（sozial）コミュニケーションのなかでそれがはっきり表明されることに依拠しているのであり、またそうであり続けている。伝達されないものは、顧慮されることもない。確かに、

〔影響力行使の伝達に〕先んじて従順さを示したり、あるいは先んじて贈り物をしてうまく調子を合わせたり、まだ表明されてもいない要望に応えるといった現象も、よく知られている。だが、これらもまた、コミュニケーションに基づいてのみ、効力を持つ。影響力の関係とは、行為のシンボリックな行使にその核心があるのであって、それが生起するという事実性のなかにあるのではない。依存しあう関係の〔影響力という〕一般的なメディアは、さまざまな形式を作り出しているのだが、こうした形式のなかで、このメディアがシンボリックに表現され、またこうした形式をとおして、このメディアが再生産されているのである。このメディアを指向している個々人がどれほど巧みな策動手腕を持っている（そして確かに、他者と違う手腕を持てば持っただけの甲斐はある！）としても、影響力を個人の地位や行動に帰属することはできない。確かに、社会的リアリティにおいては、誰が影響力をシンボリックに使用しているかをいわば具体的に突きとめるかたちで、このような帰属がおこなわれてはいるけれども、社会学理論の観点からすると、これは、事態を適切に伝えてはいない。影響力は、メディアとして構成されるのであり、それゆえ、メディア的基層とメディア的形式の区別のおかげで、影響力たりえている。影響力は、その依存しあう関係が、報償を与えたりあるいは罰したりするサンクションの可能性を生み出すことに依拠している。これが知られているという理由だけで、また、これが知られているということが知られているという理由だけで、それをもとに個々人は自分の行動を計画できるようになる。しかもそのさい、じつは思い違いをしているかもしれない！

以上の一般的な意味での影響力は、きわめて〔互いに〕異質な諸形式をとって現れうるのであり、その一部だけが、政治的権力の構築に適合する。諸形式への分離は、全体社会というシステムの十分な複雑性を、したがって、社会構造の分化を前提としている。全体社会がある程度の発展段階に達すると、このような分離は、全体社会のなかで組織というシステムが形成されることに依拠するようになる。影響力が、不確実性吸収の能力に依拠しているのか、肯定的なサンクションに依拠しているのか、否定的なサンクションに依拠しているのかに応じて、この影響力の特別な鋳出のされ方を三つに区別することができる。影響力のこれら三つの特別な形式は、〔一方が強くなれば他方も強くなるといった具合に〕互いに互いを強化しあう形式である。全体社会の影響力のポテンシャルはこの三つの形式に尽きるわけではないが、しかしこの三つは、影響力が実践される形式としては、発展した社会においてとくによく見いだされまた高い成果をあげている諸形式を定義している。それによって、我々がここまで影響力として記述してきたものは、日常世界のその他の部分に限定されることになる。もっとも、これも当然のことながら——組織においても、また、政治においても——機能的な意義を有してはいる。

不確実性吸収についていては、マーチとサイモン[9]にならって議論していこう[35]。彼らの研究のもともとの脈絡では、この概念は確かに組織と関連づけられているが、しかし、この概念を一般化するのは難しいことではない。いやむしろ一般化することがまさに必要なのである。不確実性吸収という場合に問題となっているのは、あるコミュニケーションがそれ自体情報処理に依拠しており、それ以降コミュニケーション過程が進むなかで、〔そのコミュニケーションが、その後のコミュニケーションにとって〕成果として作用し、その〔後続の〕コミュニケーションが成立するさいにはもはやそれ以上（あるいはきわめて例外的な場合にしか）問題視されなくなることである。《不確実性吸収は、一群の証拠から推論を引き出し、ついで、証拠それ自体ではなく、その推論のほうが伝達されるときに、生ずるものである[36]》。もし尋ねられたならば伝達者は自分の伝達〔内容〕の根拠について（つまり情報の選び出しの根拠について）説明することができるであろうという〔受け手の側の〕推論に基づいてこうした事態が出来するときには、ごく伝統的な意味で、権威について語ることができる。[37] しかし、こうした推論をおこなう根拠はきわめて多様であろう。〔伝達者の〕過去の実績が重要になることもあれば、この権威を信用している人の〔実情を確かめないという意味での〕怠惰さや、無関心さゆえかもしれない。あるいは、問い合わせるべきことを的確に表現する気力や能力が欠如しているゆえかもしれない。権威は、この種のとりとめのない動機状況によって生きながらえているのであり、あまりにも切れ味のよい探索には耐えられないのである。したがって、組織のなかで権威は、不確実性吸収の過程全体が分業のかたちで割り振られその結果誰も他者の能力を疑問視する能力を持たない――ただし、ヒエラルヒーの高い地位に基づくのであれば別だが――という事態に依拠した、権限そのもの（オーソリティ）へと縮減される。[38] 最近ではさらに、コンピューターがそこに介在し、そのため、不確かさがどこでいかにして吸収されたのか、それどころかシステムの内部で吸収されたのかそれとも外部で吸収されたのかすら、しばしば、もはやまったく確認できなくなっている。

　不確実性吸収は、責任（Verantwortung）と関連している。不確実性吸収は、まさに責任の核心と見なすことができる。[10] しかしそのさい、責任と答責性（Verantwortlichkeit）が区別されなくてはならず、誰かに責任を負わせる可能性はそれほど頻繁には利用されていないことが考慮されなければならない。というのは、答責性を呈示したり強く予期したりするだけでも、不確実性吸収という〔組織にとって〕ぜひとも必要な機能が麻痺しうるからである。

最後に、この〔不確実性吸収という〕影響力形式の、純粋に事実的で認知的な作用様式について記しておく必要がある。この作用様式は、何か一定のことが要求されることに基づいているわけではない。この作動様式は、状況定義の選択によってすでに、また、うまく定義されない問題からより適切に定義された問題への移行によってすでに、かなりの範囲で実行されており、さらに、分類図式の選択によって、つまりは、言語実践によってすでに、広く実践されている。それは、コミュニケーションの受け手の自由度を狭めてしまうわけではない。少なくとも明示的にはそうではない。むしろ、こうした作用様式が見いだされるのは、システムの自由度が総じてあまりにも高く、いくら分析しても、どんな決定を下しても、どんなに合理化しても、さらにその自由度が高まるので、そういう〔過剰な〕情報による負荷を処理可能な規模に縮減するために影響力が原則的に歓迎されている、という事情のゆえなのである。したがって次のように述べることもできる。すなわち、不確実性吸収は、事実の産出の一様式である、と。

〔第二に〕肯定的なサンクションによって可能となる影響力について問うならば、以上の不確実性吸収という影響力とはまったく別の領域へと行き着く。ここでは、欲せられている行為が実行されると、肯定的に報われるのである（報酬＝相手からの感謝の気持ちが寄せられるかもという希望によって報われるだけだとしても）。このメディアがとる形式は、交換である。影響力の他のタイプとは異なって、このメディアの問題点は、肯定的なサンクションが実際上もおこなわれなければならないことである。肯定的なサンクションについて幻想を抱かせようとしても、そういう幻想は短期間しか維持しえない。組織は、労働者や従業員の活動にしかるべき条件をつける可能性を維持しようとするならば、〔彼らに賃金を〕支払わなければならない。

このメディアが《埋め込まれた eingebettet》[39]かたちで機能作用しているかぎり、たとえば、手助けしたり好意を証《あかし》立《た》てたりすると何らかのかたちで報われるのではないかとか、影響力を持つ人格と知り合いであることは（会話のなかで適当な頃合いを見計らって、その影響力ある人格に言及できるという、ただそれだけの理由でもすでに）役に立つことなのではないか、といった希望や期待も数多くついてまわる。そもそも、声をかけたり特別な方法で相互作用できる可能性がすでに、一種の資本と見なされるかもしれない。この資本によって、相互作用での〔こう振る舞うべしという、他者に対する〕行動圧力を生み出したり、そういう行動圧力を自分に有利なように利用したりできる。このような意味で、今日でもなお、きわめて効果的な互恵性のネットワークが存在しているのであり、（たとえば自助努力を怠ったせいで、あるいは積極的に動かなかったせいで）こうした《コネ》への参加から閉め出されると、結果的に、さまざまな社会的資源にアクセスすることからも大幅に閉め出されてしまう領域が存在するのである。個々人に対して満足のいく生活への見通しを与えるのに家族ではもはや十分ではなく経済ではまだ十分ではないような、そういう世界社会のいくつかの地域ではとくに、こういった事態が見いだされる。[40]とはいえ、近代社会における肯定的なサンクションの典型事例は、貨幣の支払い、つまり、特殊経済的な作動である。[41]貨幣は、肯定的なサンクションのための特別なメディアであり、特定の対象に関する取引という脈絡での貨幣支払いや、賃金支払や納税のような総計で計算され量の決まった義務という脈絡での貨幣支払いが、このメディアのために選択される形式である。こんにちでは、貨幣なしには誰も生きていくことができない――要介護事例という限定された形式であれば別だが（とはいえ、このような人々に対してもやはり支払われなければならない）――。したがって、影響力の手段という観点からすると、肯定的なサンクションを利用したりその利用可能性を強化するのを担当しているのは、経済という機能システムとこの機能システムへの寄食者（Parasit）すべてである、と言うことができる。ただし、国家予算の規模とか国債の規模から読みとることができるとおり、否定的なサンクションではなく肯定的なサンクションを約束することが政治的に好都合と見なされるかぎり、政治システムもまた肯定的サンクションを利用するしその利用可能性を強化する。

否定的なサンクションに基づいた影響力の形式に移行すると、ようやく、我々は、政治に特化された（もう少し適切な言い方をすれば、政治化可能な、政治にとって必要な）メディアたる権力に、辿りつく。[42] 肯定的なサンクションと否定的なサンクションとは、日常的にも、いや日常においてこそ明確に区別されうるが、両者のこの区別可能性は、経済と政治との分化にとって不可欠な前提条件の一つである。たとえ、このようにして形成されたそれぞれのシステムに、もう一度、〔たとえば政治システムのなかで肯定的なサンクションが動員されるように〕これらの影響力の形式すべてが動員されることがありうるとしても、である。

否定的なサンクションは、威嚇を介してコミュニケーションされたりただ単に予期だけされたりするが、そうなると、明示的なかたちでの威嚇はもはやまったく必要なくなる。肯定的なサンクションとの決定的な違いは、否定的なサンクションは実行される必要がない点にある。さらにいえば、その事実的な実行はメディアの意味と矛盾することになり、そのメディアが有効でなくなってしまったことを、それぞれのケースにおいて顕在化させてしまう点も、肯定的なサンクションとの決定的な違いである。市民を〔実際に〕監禁したり従業員を〔実際に〕解雇しなくてはならない者は、こうした措置をとるかもしれないぞと脅してやり遂げようとしているまさにそのことを、達成することができないのである。したがって、否定的なサンクションは、否定的サンクションに依拠しているメディアが利用されないことに依拠しているかぎりにおいても、否定的なのである。

それゆえに、権力というメディアのなかには、ゼロ方法論（Nullmethodik）のようなものが組み入れられている。そうであってのみ、このメディアは普遍性を達成できる。算術が、数でないものをひとつの数であるかのように扱うためにゼロを必要とするのと同様に、また、貨幣というメディアが、貨幣をいわば無から作り出し再び無へと消滅させる中央銀行という信用のメカニズムを必要としているのと同様に、権力もまた、権力が為そうとしないことや達成しようとしないことと、たえずかかわらなければならない。貨幣の支払いが、稀少性の観察の形式として機能できるのは、〔それ自体は〕稀少ではない貨幣が存在するとき、つまり、稀少性を規制しそれをそのときどきのシステム状態に適合させることができ、しかもそのために外部への準拠（たとえば《商品貨幣》としての金）を必要としない、そういう稀少ではない貨幣が、存在している場合のみである。同じように、権力は、それを行使するための手段を提示しなければならないが、しかし同時に、そういう手段を〔実際に〕使用せざるをえない事態を回避することも、必要なのである。

このようなパラドックスは、コミュニケーションによってのみ解消されうる――つまり、コミュニケーションによって必要があれば修正されうる（というよりほとんどつねに修正されるのだが）コミュニケーションによって、である。中央銀行の金融政策のために何らかの自動機構があるわけではなく、せいぜいのところ、その時々のシステム状態について観察をおこなう定まった観点があるにすぎない。権力の場合には、威嚇のポテンシャルを、実際に威嚇することなく可視的にするために、その時々の状況に適したコミュニケーション技法が必要となる。たとえば、実際に脅すのではなく、しかるべき構造を参照するよう指示したりする。そうやっているうちに、途方もなく細かな規制の網目が張り巡らされる。がしかし、そこには、権力それ自体もその網目のなかに巻き込まれてしまう危険が伴う。

〔コミュニケーションに関与する〕双方の側がともに否定的サンクションの危険をおかしたくはない（別様に言えば、あからさまなコンフリクトの危険をおかしたくない）であろうとの想定は、相互の選好の込み入った構造に依拠している。[43] まず、権力は、所与の（ノーマルな）選好とは逆方向の構造を前提とする。つまり、権力保持者は、ある人が自分から進んでは選択しないような活動を、その人におこなわせようとする。したがって、このような〔第一の〕構造がまさに反転した、第二の、人為的な選好構造が、第一の構造と相並んで設えられることになる。権力保持者もできれば現実化したくないと思っているが権力服従者ほど不愉快だとは思わないような、そういう一つの選択肢が構成される。たとえば、物理的暴力の行使、不愉快な情報の公開、解雇といった選択肢がそれである。権力というメディアが機能するのは、双方の側がこうした回避すべき選択肢を知っており、しかも双方がその選択肢を回避したいと考えている場合に限られる。したがって、権力は、フィクションに基づいてのみ、つまり、現実化されない第二のリアリティに基づいてのみ、機能する。[11] こうした事態の特殊政治的な構造に焦点をあてた、ベルナルト・ヴィルムスの言い回しを使えば、次のように言うこともできる。権力は、《排除されたものがそこに居合わせている Anwesenheit des Ausgeschlossenen》おかげでのみ、機能するのだ、と。[44]

もう少し適切な言い方をすれば、権力というメディアは、排除されているものがそこに居合わせていることそのものである。権力というメディアの特性はすべて、このように排除されたものがそこに居合わせていることに（あるいは、ジャック・デリダの言い方でいうと、不在者が残していった痕跡に）依拠しているのである。とりわけ、権力の神秘化可能性や、（たとえば《主権者》の）説明しがたいメルクマールの付与、さらにこんにちであればとりわけ、正統化の必要性といった特性は、これに依拠している。というのは、正統化とは、価値が不在である状態を、価値が存在する状態へと変換すること、また、価値が十分に現実化されていないという嘆きを処理する、日々の政治の定常的実務へと変換すること、以外のなにものでもないからである。

以上のことから、権力をその他の影響力の形式から際だたせる数々の帰結がもたらされる。そこに居合わせている排除されたものを排除するには、継続的なシンボリックな努力が必要になる。警官は、必ずしも人を捕えなくてもよいが、そこに姿を見せていなければならない。コノ様ニ言ウコトヲ許シテ頂ケルナラ（sit venia verbo）、シンボルとしての性格が強くなるということは、ますますシンボルによって傷つきやすくなることでもある。権力は、それと認識できるようなかたちで敗北してはならない。そうなると、個々の具体的ケースを越えるほどの帰結がもたらされてしまうだろうからである。権力保持者は、自分のサンクション手段を動員できない場合、あるいは動員しようとしない場合には、早々に初期段階で引き下がることができなければならない。したがって、権力は、かなりの程度シンボリックな再生産に依拠しているが、しかしその実質において、権力は、服従（Gehorsam）という形式でしか循環しえない。〔権力の側から〕要求したことが、抵抗されることなく実現されるとき、権力は更新されるのであり、しかも幸運なことに、どのような動機から〔人々が要求を受け入れて〕これが実現されたのかは、権力にとっては重要ではない（したがってそれは〔権力によって〕ほとんどコントロールもされない）。したがって、ふだんおこなっていることからあまりにもかけ離れたことをしないこと、また、どのみち〔権力が介在せずとも〕起こるようなことをもって権力がシンボリックに確証されている証とすること、こういったことも、権力の政治にとっては必要なのである。それは同時に、なぜ権力保持者がとかく、人々の同意がすでに得られている領域で自分は動いているのだ、というがごとき行動をとるのか、つまりは、なぜ彼らが《民主主義的に》振る舞うのかも、説明しているかもしれない。また、権力のこうした強いシンボル的性格は、権力保持者が挑戦に対して反作用できないあるいは反作用する気もないとわかると、一見強固に見える権力が突然の崩壊に至りうることも、説明している。見るからに取るに足らない出来事が、革命を引き起こしてしまうこともあるのである。

しかしおそらくもっとも重要な問いは、広くかつ多様なテーマ領域に関して複雑な権力構造を築き上げるのに適したサンクション手段は何であり、また適していないサンクション手段はなにかである。これに必要不可欠な条件は、脱カップリング（Entkopplung）として指し示せる。〔すなわち〕サンクション手段は、ある一定の〔具体的な〕案件と過度に密接に結びついてはならない。従属者（Abhängigen）に対して、〔やれと指示されたことを〕怠ることの直接の結果としてどんなことがその人の身に起こるのかを教える――たとえば、一定の命令に従わない場合、その人の労働がどれほど困難でまたどれほど時間のかかるものになるかを教える――、だけでは通常は十分ではない。あるいは、たとえば、「君は自動車のガソリンタンクをいつも空にするまで走るけど、今度満タンにして返してくれないんだったら、もう車の鍵を君には渡さない」といった、直接に事物と結びついた脅しでも十分ではない。言い換えると、サンクション手段は、一般的に（generell）適用可能なものでなくてはならないのである。いま、一般的にといったが、そこには、多様な目的のために次々と適用できるということも含意されている。さらに、サンクション手段は、対抗権力によって妨害されたりしない貫徹能力を、あるいは、権力コンフリクトに関しても、〔対抗権力の側が〕思い切ってコンフリクトを引き起こしてみたりしないという見通しを十分保持している貫徹能力を、有していなければならない。以上すべての観点からすると、卓越した物理的暴力も、典型的な権力手段なのである。したがって、貴族家政の武装解除や近年の発達した兵器テクノロジーは、領邦国家という歴史的形態において政治システムが分出するための、もっとも重要な前提条件であった。(45)

以上述べてきたすべての問いについては、これ以降の考察のさまざまな箇所であらためて立ち返ることにしたい。当面の問題は、それ以外の影響力形式と比較しての権力というメディアの特殊性を特徴づけることである。〔ここまで見てきたように〕このメディアのメディア的基層は、回避されるべき選択肢によって生み出される。このメディア的基層の核心は、可能な命令の量そのものにあり、これらの命令が貫徹のチャンスを有するのは、この〔回避されるべき選択肢という〕特別な可能性と関連づけられることによってである。そのさい、当然のことであるが、命令という形式での〔メディア的基層に対応する〕諸形式の鋳造は、高度に選択的なものとならざるをえない。ひょっとすると要求されたり貫徹されたりするかもしれないもののすべてが同時に、要求され貫徹されることなど、決してない（もっとも、貨幣の場合とは異なり、メディアを一定程度使用すると必ず、別なところで〔権力行使の〕このチャンスを利用することがいっさいできなくなるといった総和一定の原則は〔権力の場合には〕ないのだが(46)。権力をうまく行使しようとするならば、ある一つの措置が別の措置を支援し納得できるものにするといった有意味的な政治的な関連や因果プランが必要となる。しかしここでもまた、このメディアは、もっぱらタイトにカップリングされた諸形式の形成によってのみ再生産されうるのであり、したがって権力は、服従として呈示され再生産されなければならず、それゆえに、循環がなければ権力は存在しないと言える。

これまで我々は、肯定的なサンクションと否定的なサンクションとの明確な違いを前提としてきた。いまでも、この違いは堅持しているけれども、一部、この想定を修正しなければならない。そのための助けになるのが、セカンド・オーダーの観察である。あることが肯定的なサンクションとして体験されるのかそれとも否定的なサンクションとして体験されるのかは、その状況に入り込むさいにどんな期待を有しているかによる。規則的に期待される肯定的なサンクション（たとえば給料の支払い）は、生活設計に組み入れうるので、その打ち切り、すなわち解雇通告によって、脅しとなりうる。組織化された経済の権力は、肯定的なサンクションから否定的なサンクションへのこうした切り替えに基づいている。だが、経済の権力は肯定的なサンクションを起点にしており、支払い意志あるいは支払い能力を前提としているので、〔肯定的サンクションという〕固有の権力源泉に由来するこの権力を政治化することはできない——すべての〔経済的〕諸組織を国家化しそのことによって政治的なコントロールのもとにおくといった暴力的行為をもってすれば別であるが——。とはいえ、受容可能な私的権力行使／受容できない私的権力行使についての固有の基準を設定し、法を利用して、これを規制すべく介入していく可能性は、政治システムに残されている。しかし、このことによって、権力基盤が〔政治領域へと〕《接収

Enteignung》されてしまうわけでは決してなく、むしろ、その影響は否定的である。つまり、〔たとえば企業の活動に対して〕抑圧的になったり〔一定の活動に制限を加えるなどをして〕予防的となったりする。しかも、このような影響によって、私的な組織権力の政治的利用が可能になるわけではない。

逆の場合も考えられる。否定的なサンクションが差し迫っているかもしれない、あるいはこれがおこなわれるべき《予定時間になって》いるときに、否定的サンクションを〔あえて〕加えない可能性を示して、交渉の基盤として利用し、強制できない行動を動機づけたりすることができる。ここでは、否定的なサンクションの可能性を利用しないことが、肯定的なサンクションとして役立っているわけである。この意味で、組織社会学では、《寛大なリーダーシップ permissive leadership》が議論されている。(47) だが、行政もまた、その外部と接触するときには、同様の状況におかれている。つまり、行政は、法の貫徹を断念すると、その代わりに何かを要求することができる。たとえば産業を定着させたりエコロジー的な価値を改善するために、行政は合法的な決着法や非合法的な決着法をあれこれ組み合わせることができるのであり、だからこそ、合法的に威嚇手段として使える合法的権限が、行政に与えられている。

〔もっとも〕こうした逆転形態によって、肯定的なサンクションと否定的なサンクションとの区別が破棄されるわけではない。この逆転形態は、まさに、この区別に依拠しているのであり、この区別の《再参入》を現実化させているにすぎない。この区別によって区別されたもののなかに、この区別が再び登場しているわけである。つまり、肯定的なサンクションが、肯定的あるいは否定的に用いられ、否定的なサンクションが、否定的あるいは肯定的に用いられうるのである――ただし、それは、その場の状況についての勘や政治的な空想力、より一般的に言えば、想像力が、十分にあればの話だが。

VI　権力とコンセンサス

以上のように定義された（限定された）権力概念では、まだ政治的な行為能力のための条件が十分に把握されているわけではないことは明らかである。しかし、これは権力概念の課題ではなかろう。というのは、これを明らかにするために、我々は、政治システムという概念を手にしているからである。ともあれ、さらに別の政治的な資源を議論に取り込むために、ここで一つの付論を挟んでおくのも無駄ではない。

これを考えるにあたっては多種多様な出発点が視野に入ってくる。不確実性吸収のための焦点の一つである権威については、すでに述べた。これと類似してはいるがどちらかといえば人格的で制度化されえない才能のことを、マックス・ヴェーバーは、《カリスマ》と名づけた。このように、《決定》が可視的になるという理由から人格と関連づけられた帰属が二次的に構成される点については、あとで〔たとえば第十章で〕立ち返って議論することにしたい。[12] こうした構成は、決定を観察するために必要なのであり、換言すれば、決定のパラドックスを、決定者の神秘化をとおして展開しているわけであり、もしそれがその決定者の《属性》として安定したものとなれば、資源としても利用されうる。このような属性が与えられた者は、他の人が引き受けるわけにはいかない、成功が約束されたコミュニケーションを遂行できるのである。

カリスマとはまったく違う、政治的な行為能力の基盤としては、目的について、また手段の必要性や適切性についての、想定されたコンセンサスがあげられる。ハンナ・アーレント[13]は、これと関連して、権力を暴力（Gewalt）と区別し、（権力 potestas という旧来的な意味での）権力を、コミュニケーションによって生み出される了解（Einverständnis）に起因するものと考えた[48]。ユルゲン・ハーバマス[14]は、この考え方を取り入れ、正統な権力は合理性の規範的な概念に帰せられるとする討議理論の方向へと、さらに展開させた[49]。この合理性の概念は、それはそれで、コミュニケーション的行為に関する一定の事前の考察によって、後ろ盾を得ている。パーソンズにとっても、正統性は権力資源の一つである[50]。しかし、多種多様な権力資源が存在する場合（あるいは、権力概念を過度な拡張解釈から保護するためにより好ましい表現をすれば、政治的な行為能力のための多様な条件が存在している場合）、これらの諸資源の関係について、一体どんなことを突き止められるだろうか。

　貨幣というメディアと同様に、否定的サンクションを用いた威嚇の権力というメディアは、特別な政治システムの分出のための条件と見なさなければならない。もし了解の行為（Einverständnishandeln）で十分だというのであれば、政治的権力の形成と再生産のための特別な事前措置は不必要になるだろう。すべての人がそこに参加するであろう。権力が、特別なシンボリックに一般化されたメディアとして成立するのは、その受容が〔ひょっとする受容されない可能性もあるという意味で〕問題あるものでありそれゆえ前もっての了解（Vorverständigungen）だけで確実に受容されるわけではない場合、またその場合に限ってである。先に詳述したように、権力メディアにおいて問題となっているのは、〔コミュニケーションが受容されるという〕非蓋然的なチャンスの制度化である。また、このことによってはじめて、そもそも了解や正統性の問い（これが特別なコミュニケーションにおいてどのように表現されるのであれ）

のための準拠点が成立する。コンセンサスをいまだ当てにできるかぎり、別段脅す必要も、人に何かを強制する必要もない。だが、そうだからといって、権力が、こうした〔コンセンサスを当てにできる〕ケースにおいては余計なものになるわけではない。というのは、権力がなくなれば、コンセンサスやディッセンサスへの準拠もまた失われてしまうからである。

さらに、明らかに重要な了解は、権力の動員なしには、決して媒介成立されえないし、それどころか吟味されることもない。というのは、人々の意に反する事柄が場合によっては強制されうるのは何のためなのかが認識できなければ、それについてコミュニケーションする可能性も、他者がそれに対してどのような態度をとるのか考える可能性すらも、なくなるだろうからである。権力は、あえてなされねばならないものであり、そのつど新たなかたちで敢行されねばならない。このメディアの形式は、権力の動員のもとで（したがって単なる思考の産物としてではなく）生み出されなければならない。〔確かに〕コンセンサス状況を確かめるためになされる何らかの提案によって、メディアの形式を生み出すことはできる。しかし、政治的な脈絡では、このやり方もまた、つねにすでに、権力についてのテストなのであり、抵抗にあって退却してしまうことは、弱さを認めたものとして観察されてしまう。まさにここで問題となっているのは、妥当性要求についての、程度はともかくアカデミックなかたちの議論なのではなく、厳密な意味でのパワー・ポリティクスなのである。たとえそれが、ごく控えめなほのめかしとしておこなわれるのだとしてもである（たとえば、政治的公職にひょっとすると立候補するかもしれない者が、〔場合によっては権力を握る可能性をほのめかしつつ〕ためらいがちに議論を始めるといった事態がそれである）。権力というメディアのなかでの形式から形式への移行、〔つまり〕命令から命令への移行もまた、コンセンサスに依拠することはできない。たとえ権力保持者が、関連する人々の同意を取り付けることができそうだと予感したから命令を下そうという気になったのだとしても、また、そういう同意への予感によって自分は方向づけられているのだと自覚しているとしても、である。コンセンサスは、権力という中央銀行のなかにある金《きん》のようなものではない。むしろ、このメディアのシンボリックな一般化は、したがって、そのメディアの形式を再生産する可能性は、権力手段の動員によって威嚇を与える可能性に、依拠しているのである。この可能性だけが、周知のものとして——しかしコンセンサスが取り付けられたものとしてではなく——前提とされなければならないのである。

もっとも、権力の問いを、このように政治システムに特化された優先事項として考えるからといって、コンセンサスを見いだす可能性が過小評価されるわけではない。それどころか、コンセンサスを見いだすことは、ファースト・オーダーの観察者にとっては、〔たとえば〕政治的な活動家にとっては主要目的であろう。なぜなら、彼らが、権力の動員によって威嚇する機会をなんとしても見つけ出したいなどと願う理由などあるだろうか。しかし、そうだからといって、聞き分けのない人にはある程度は権力動員の備えをしつつも、権力は了解行為としてのみ可能であるという結論が出てくるわけではない。セカンド・オーダーの観察者は、いっさいの政治的コミュニケーションにおいて問題となるのは権力の動員である、つまり、やむを得ない場合には威嚇したり強制したりする準備である、と見る。というのも、そうでなければ、それは政治的行為ではなく、アカデミックな議論、大学での講義であり、また、せいぜい間接的にしか政治的な影響力を持たない、立候補者たちの選挙戦での美辞麗句のコンテストとなるだろうからである。

ハーバマスが想定するのとは違って、生活世界は決して、同意可能なコミュニケーションにのみ転換されるべき、社会的コンセンサスの基盤などではない[51]。沈黙によるコンセンサスとか沈黙によるディッセンサスもあるのだし、とくに、コンセンサスなのかディッセンサスなのかについては判定しようのない、知ることのできない意向もある。個々の〔政治的〕作動にとってはつまびらかではないこのような世界に、つまり、その瞬間においては指し示されていないすべてのものの《マークされない空間》のなかに、〔「コンセンサスがとれた」とか「まだ合意ができていない」などといった〕何かある特定のことを書き込もうとするのであれば、意図的に〔そうした書き込みを〕誘発しなければならない。それは、うまくいくこともある――そしてうまくいかないこともある。いずれにしても、〔人々の意向を集約することによる〕意見の結晶化、あるいはより精確には、〔さまざまな意向を集約しコンセンサスを得ているとされる〕見解を想定する可能性の結晶化は、政治が問題の場合には、権力によって保証されたものとして登場せざるをえない試みに依拠している。成功するという期待（とはいえこの期待は制度化されうる）の蓋然性の低さ（Unwahrscheinlichkeit）は、〔権力〕手段を動員するさいのリスクと対応している。古くからの教えにならっていえば、政治家には勇気が必要である――そして運（fortune）も。

VII　物理的暴力の国家への集中

物理的暴力は、権力というシンボリックに一般化されたコミュニケーションメディアの産出に、また同時に（この《同時に》は、進化において重要である）、後に《国家》という名を授かる政治のための特別な機能システムの分出に、もっとも適した威嚇手段である。つまり、物理的暴力は、とりわけ組織化に適しているのである——たとえば、それを公表することで他者が不快に思うかもしれない情報を手にしていることと物理的暴力を比較してみれば、それがわかる。権力保持者はみずから物理的暴力を行使する必要はない。ただ、権力保持者は他の人々〔使用人、警察、軍隊〕を使って物理的暴力を行使させることができると人々に納得させさえすればよい。権力保持者自身は、それ以外の課題のために解放されうるわけである。自分の下す決定に箔をつけるために、たえず武装して出歩く必要はない。権力保持者は、物理的暴力の動員について決定を下すことができ、その暴力によって保証される命令の貫徹可能性は、通常、疑問視されず、それゆえその貫徹可能性が争いによってはじめて証明されるわけではないというだけで十分なのである。もちろん、こういうことは、かなりの程度の公式化〔つまり実際には、文字によるテキスト化〕を前提としており、したがって、権力保持者が不在でも、また、アドホックに〔権力保持者が〕コミュニケーションをおこなわなくても、権力保持者が何を要求しまた場合によっては何を強制するのか認識できなくてはならない。こうしたことが、文字どおり、提示されえなければならないのである。分出した権力は、法システムとの同盟に依拠するようになる——そして、裁判所に法が持ち込まれる形式に広範な帰結をもたらす。

十六世紀、十七世紀と過ぎていくなかで、貴族は武装解除され、大規模な様式での暴力行使は、戦争というかたちをとるようになった。戦争を遂行することは、国家の特権となり、抵抗や革命、その他の騒動が勃発したさいには、法的にまた道徳的に、これらを惹起した人々の地位は格下げされた。優に一〇〇年にも及ぶ宗教的な内乱〔宗教戦争〕の経験が、暴力のこのような〔国家への〕接収を正統化したのであり、あたかも、貴族や諸身分が、王の権限であった暴力独占（Gewaltmonopol）を、その統治の弱まった時期を見計らって違法に《簒奪》していたかのように、映現させた。

ここで考察のテーマを政治システムに限定するなら、権力を、貨幣と同様に、まだ定義されていない目的のための手段と見なすことは容易である。物理的暴力による威嚇は、じつに多様な事態をもたらすことができるので、前もってしかじかの政策をはっきりと打ち出すことなく強制装置を作り上げることが可能になる。〔その後で〕この強制装置によって、政策を個々具体的に貫徹していこうというわけである。このような意味での権力は、一般化されたポテンシャルであり、一般化されたメディアであり、したがって政治システムのなかでは、権力の行使の可能性の増大、したがってその行使を〔システム〕内的に制限する必要性の増大が、生じる。この意味では、権力は政治的概念なのであり、もっぱら問題となるのはやはり、政治が権力行使を政治的にコントロールできるかどうか、またどの程度までできるのかである。これに対して、全体社会というシステムから出発するなら、威嚇権力の分出のまったく別の側面が視野に入ってくる。〔すなわち〕権力の集中化、ならびに物理的暴力手段の動員に関する決定の集中化のもう一つの側面は、政治システム以外のシステムにおいては、相対的に暴力行使から解放された活動が可能になることである。このことはとりわけ組織の経営にあてはまる。組織では、ピストルで統治するわけにいかず、キャリアを上げたり上げなかったり、場合によっては、解雇の脅しをかけることによって、統治される。物理的暴力が直接に行使されないところではどこでも、一方では、法による規制——これ自体また、物理的暴力が国家の自由裁量となったことで保証される——が有効となり、他方では、相互作用システムや組織システムでの濃密な相互依存のゆえにたびたびもたらされる巧妙な威嚇手段、したがってコンテキストに依存し分出することのありえない巧妙なかたちの威嚇手段が、通用するようになる。

旧来の全体社会では、暴力は家族家政のなかにいわば閉じこめられており、その他の場所では、《平和》の問題として公的な暴力というかたちでのみ関心の的になっていたにすぎなかった。これに対して、近代社会においては、暴力は、家族から追い出されている。こうして、親密な関係は、家政の形成〔結婚〕や家政の維持のための前提でもある《愛》というコミュニケーションメディアのために解放される。身体を寄せ合った緊密な共同生活が必要とされる条件下でこのような理念がどれほど蓋然性の低いものなのかは、容易に見て取ることができるし、また、とくに下層階級の家族のなかでの暴力行使の数多くの事例からも、これを認識することができる。家族内の暴力について嘆かれ、それゆえに啓蒙すべきだという関心がひとしお高まっているが、いま述べたことを背景にしてみれば、このことも理解できる。けれども同時に、〔家族内での愛という〕蓋然性の低いことがここでは要求されているということもまた、あわせて考えておく必要がある。

経済も同様に、暴力から自由なかたちで機能作用するようになった。購入した冷蔵庫の代金をまだ支払わなかったり分割払いが滞っている買い手は、販売業者が、代金を集金して回る屈強な武装した男を送り込んでくるかもしれない、などと考える必要はない。〔商売の〕競争相手は、〔自分の店の〕正面玄関がこじ開けられ店が略奪されてしまうと覚悟してからでなければ、市場機会を得たり失ったりできない、などということはない。〔このように暴力に訴える〕代わりに、たいていの権力は、独特な仕方で裁判所に訴えるという形式をとる。そのさい、裁判所は、比較的リスクのないかたちで物理的暴力の行使を解き放つという結果も間接的にもたらし、また、その〔リスクのない物理的暴力の行使の仕方についての〕知識をも間接的に与えてくれる(52)。

十七世紀、十八世紀に定着した近代的ゼマンティク特有のメルクマールは、とりわけ、このように目に見えるかたちで強制手段が分出していったことに、依拠している。これは〔たとえば〕強制の排除による自由の定義（理性を指向した、少なくとも恣意的ではない決定〔による強制の排除〕などのかたちで、さらにどんな内容が付加されるのであれ）についてもあてはまるし、また、外的強制と内的強制との区別に基づいた（自然法も含めた）法と道徳との厳格な区別にも言える。容易に見て取ることができるように、これは徹底して人為的な、ほとんど経験にそぐわない区別なのであって、この区別が納得されるようになったのはただ、国家がすべての物理的暴力をみずからの管理のもとにおき、これに従おうとしないいっさいの暴力行使を犯罪として処理することができるのだ、と想定されるようになったからにほかならない。

威嚇の権力が分出するさいの形式のこうした〔物理的暴力の国家への集中と、それによって同時に、他の機能諸領域が暴力から解放されたという〕二面性によって、そもそもはじめてこの威嚇権力の、全体社会での分出が可能となったのである。したがって、問題となっているのは単に、権力の強化とか、政治的コミュニケーションの複雑性の上昇とか、集合的に拘束力のあるかたちで決定が下されうるテーマの増加、といったことだけではない。これらと同じくらいに重要、あるいはひょっとするとこれらよりももっと重要かもしれないのは、こうした分出によって、これ以外の全体社会の諸領域が、みずから構成する独自の〔たとえば愛や貨幣などのような〕メディアによって動くシステム構築の可能性を、また、たえず具体的な仕方で介入してくる物理的暴力によってそれが妨げられることのないようなシステム構築の可能性を手に入れた、ということなのである。このような二面性を有する形式によって、国家として分出し官職によって統制される政治的権力は、機能分化に依拠する全体社会の秩序の進化に貢献することになる。逆の方向からみれば、このことはまさしくその他のメディアの分出についても言える。とりわけ、科学によって再生産される真理（これによって、政治は、それ自体の決定に対して真理を要求しなければならないとか、それゆえに、物事が〔真理であると〕解明されるまで〔決定を下すのを〕待っていなくてはならない、などといった負担から解放される）についても、あるいは、私的な愛（その代替物として《祖国愛》が案出される）についても、あるいは経済のなかでみずからをみずからで稼ぎ出す貨幣についても、あてはまる。

したがって、政治的権力という特別なメディアが制度化されたことにより、政治のための機能システムの分出が可能となった。他方でこうした分出は、権力手段の動員とはもはや直接には関連しない、政治に特有の成果基準の確立をもまた可能にした。選挙民主政や福祉国家が発展して以降はとりわけそうである。〔もちろん〕威嚇としての権力動員、事実的な執行としての権力動員は、依然として不可欠ではある。しかしいまや、そうした権力動員は、基本的には法律の執行に資するものとなっており、したがってセクターごとに作用しており、そこから統治が成功しているかどうかについての推論をおこなうことはほとんどできない(53)。言い換えると、政治的な選挙のさい、統治は、その政治的プログラムが貫徹されたその度合いによって主に判定されているわけではなく、次のような成果基準によって、つまり〔有権者らの〕当事者たちの、強制されえない協調を調達するのに成功しているのかどうか、また成功しているとすればどの程度まで成功しているのかにとくに依拠する成果基準によって、判定されるのである。ただそうなると、暴力的な衝突があった場合には、貫徹可能性のシンボリックな意義が過小評価される事態が生じるかもしれない。しかし、選挙では、これは、数多くの動機のうちのほんの一つにすぎないであろう。

VIII　権力とその他のメディアの比較

以下では、権力というシンボリックに一般化されたメディアに焦点をあてて考察しようと思うが、しかし、これまでの節で説明してきた概念枠組みの抽象度を利用して、権力を他のメディアと比較してみることにしたい。このような比較の技法が実り豊かなものであることは、とくにパーソンズが披露していたとおりである。我々はパーソンズ流の理論構成の枠組みで議論するわけではないけれども、この〔比較の〕可能性については〔パーソンズと〕同じように活用してみることができる。この場合、考慮しなければならないのは、比較は決して、存在ノ類比（analogia eintis）というやり方に従いながら、同じものあるいは類似のものをいたるところに見いだすことを意味しているわけではない点である。比較はむしろ、問題と関連づけて（＝機能的に）おこなわなければならないのであり、多種多様なメディアが同じ問題に対してそれぞれ別様に反作用しているという事態を考慮に入れつつおこなわなければならない。

こうした比較は、不可避的に、システム理論的な分析へと移行する。したがって、実際にこうしたシステム論的分析を特別におこなうさいの観点については、第三・四章に委ねることにし、ここでは、シンボリックに一般化されたコミュニケーションメディアの機能と構造にとくに関係する事柄だけを取り上げることにしたい。プログラム全体において重要になるのは、以下のようなテーマである。

(1) すべてのシンボリックに一般化されたコミュニケーションメディアは、本章Ⅳで説明したように、受容されることの蓋然性の低さという問題とかかわっている。とはいえ、発達した諸全体社会においては、この一般的な問題にはきわめて多種多様なバージョンがある。行為が決定としてコミュニケーションされ、したがって、別様でもありえた選択としてコミュニケーションされ、また、この行為が、別の人の行為——これについても〔別様でもありえた選択としてコミュニケーションされるという意味で〕同じことが言える——と関連づけられる場合にのみ、権力の必要性が生まれる。したがって権力は、二重の偶発性という前提条件のもとでのみ成立する（ちょうど、世界についての一定の想定が疑わしいという前提条件のもとでのみ真理が成立したり、あるいは、複数の人が一定の希少な財に対して関心を有しているという前提のもとでのみ貨幣が成立するのと同じである）。言い換えると、問題は、世界がその他の諸可能性を提供しているにもかかわらず、決定を、決定を通して他者に受容させるには、どのようにすればいいのか、また何のために受容させるのか、ということである。我々は、権力のこうした特別な問題を、政治的権力の機能という観点のもとで、のちにもう一度立ち返って考えることになるだろう[54]。

(2) シンボリックに一般化されたコミュニケーションメディアすべての典型的な機能様式は、条件づけと動機づけとのカップリングに依拠している。それ自体としては蓋然性の低い〔コミュニケーションの〕受容は、このメディアがきわめて特別な条件のもとでのみ使用されることによって、実現される。

たとえば、貨幣メディアは、使用の総計が一定であるという条件（とはいっても、これは、全体として使用可能な貨幣量の総計が一定であるという意味では必ずしもない）のもとでのみ使用されるし、またたとえば権力メディアは、官職による行使という条件のもとでのみ使用されることで、こうした受容を実現させている。そのさい、こうした条件づけは、特別な問題類型によって、すなわち、このメディアが機能すべき布置連関によって、規定される。この特別な問題類型によって設定された枠内でのみ、こうした条件づけが、個々のケースに関して自由に作り上げられるわけである。

(3) すべてのコミュニケーションメディアについて同じようにあてはまることだが、こうしたコミュニケーションメディアは、コミュニケーションの受容や拒否という一般的な問題構制を再コード化しなければならない。コミュニケーションメディアは、いわば、ニュートラルで偏りを持たない選択状況（言語上は、イエスもノーももっともである〔ような状況〕）を、選好コードによって再定式化しなければならないのである。ポジティブ／ネガティブの区別は、それによって価値の区別となる。〔つまり〕受容することが、拒否することよりも好まれる。準拠問題との関連で見てみると、これは、たえずリスクを背負ったゼマンティク上の一戦略なのであり、この戦略によってさらに別の問題がほとんど不可避的にもたらされることになる――本書で扱っている〔権力という〕ケースでいえば、たとえば、権力に抵抗するよりもなぜ権力に従うほうがよりよい（あるいはより得策な）のかという問いが生ずるのである。この問題も、システム理論的な議論をするときまで取り上げるのを待ちたい(55)。それに答えるには、複雑なシステム分析が必要だからである。

(4) 各種のコミュニケーションメディアは、システム形成のキャパシティとごく大まかには言えるものによって、徹底して区別される。この場合議論の的になるのは、メディアに方向づけられた作動が、どの程度までこれに対応した機能システムを分出させる傾向にあるのか、という問いである。メディアの分化とシステム分化とは明確に連関している。だが、そうだからといって、全体社会の諸機能システム同士が〔全体社会にとっての重要性の点で〕均衡を保っているという結論が下せるわけではない。むしろ、若干のシステム、たとえば政治や経済は、それ以外の、たとえば芸術や愛よりも、強く今日の全体社会の相貌をかたちづくっている。しかし、個々に分析をおこなうためには、この問題設定をより明確に浮き彫りにしておかなくてはならない。〔システム形成のキャパシティという場合に〕問題となるのは、それ相応の高い変動ポテンシャルを有した構造的な複雑性の構築であり、ここでの脈絡では、システムがいかなる観点で記憶を用いたり用いなかったりして作動しているのかという問いである。(56) そのためには、とりわけ連鎖の形成が必要になる。言い換えると、より〔時間的に〕後の過程に対する確実な介入能力が、権力の場合は、より下位の審級に対する確実な介入能力が、必要になる。(57) 中世の封建秩序においては、これは、地域に定住する土地所有者の固有権力への介入をとおしておこなわれていたが、大変な困難を伴うものであった。領邦国家の形成によって、権限委譲される権力のシステムへと移行する。これは、中央からその下の部署のそのさらに下位の部署に至るまでの、組織による独特の事前措置に基づいている。諸身分やツンフトによる媒介なしに《国民》との関係をこのように直接に規制するためには、ローカルな行政の構築が必要であり、こうした規制がようやく開始されたのは、十八世紀の終わり頃になってからのことである。こうした秩序によってはじめて、計画的に、記憶（規則の形成）や調整能力が備わるようになったのである。

さらに、システム分化の可能性（つまりシステム内部でのシステム／環境‐関係の創発の可能性）についてもよく考えてみなければならない。とりわけ、機能システムが、組織や相互作用に対して、その機能システムの領域内でどのような可能性を提供しているのか、また、機能の論理がこれらの〔組織や相互作用の〕水準で妨げられるおそれはどのくらい大きいのかについては熟考を要する――たとえば、政治が失敗するのは、たいていの場合〔政治的〕組織における《執行》のゆえであるし、愛が失敗するのは愛する者同士の相互作用のゆえである、といった具合にである。しかしこの点についても当面重要なのは、もっぱら、そのための比較のパースペクティブを指定しておくことである。これ以上は、システム理論についての章に委ねることにしたい(58)。

(5) シンボリックに一般化されたコミュニケーションメディアは、何らかの方法で、人間の共同生活の身体的側面との関係をコントロールしなければならない。もっとも、コミュニケーションシステムの作動上の閉鎖性に鑑みれば、生命のオートポイエーシスという形式（細胞の更新、血液循環、神経生理学的過程など）がコミュニケーションとしておこなわれることは、ありえない。しかし、コミュニケーションと身体世界との関係を規制する言語的あるいは非言語的シンボルを、コミュニケーションのなかで使用できなくてはならない。たとえば、真理というメディアは、知覚とまったく関連せずには不可能である。少なくとも、〔仮説とは〕逆方向の刺激をもたらす知覚については説明できなければならない。また、愛はセクシャリティと密接な関係を有している。貨幣経済は、逃れえぬ身体的欲求を充足させないままでは設えられないし、権力の場合には、物理的暴力に対するコントロールが、これらと類比的な位置に置かれている。物理的暴力以外の数多くの権力源泉が存在しているとしても（ちょうど、権力以外のケースでいえば、真理の、経験に基づかないような基盤とか、セクシャリティを超え出た愛のための動機などと同じように）、物理的暴力以外の権力基盤によって、物理的暴力を備えた支配的な威嚇に対抗することなどたいしてできないし、少なくとも卓越した権力に基づく秩序は、物理的暴力以外の権力基盤によっては保証されえない。我々は、こうした共同生活の身体的条件を、以前から使用している術語を使って《共生 Symbiosis》と呼び、コミュニケーションのこうした外的世界の条件のコントロールをとくに指し示すことが問題となる場合には、それに相応して《共生メカニズム》と呼ぶことにしたい。(59)

物理的暴力の場合にはとくに、この共生メカニズムによって、物理的暴力のコミュニケーション的側面やシンボリックな側面が強調される――物理的暴力が実際に行使されるケースでも、また、ただ単に威嚇するだけのケースでもそうである。どちらの場合にも、その効果は、身体の状態を変化させる点にあるのではなく、権力の受容に関してここから引き出されてくる逆推論にある。(60) 物理的暴力による威嚇で達成できることの限界もまた、同じように重要である。権力行使のための複雑な機構は、物理的暴力の威嚇によってのみ構築されるわけではない――それはちょうど、複雑な科学的理論が、（反証可能な）経験的データだけで成り立つわけではないのと同様である。この点で決定的に重要なのは、物理的な基盤を持った対抗権力の排除、つまり伝統的な理解でいう《平和》である。《平和》が達成される場合にのみ、権力と（たとえば、〔権力保持者の側から〕強制したりできない協力関係を〔対抗権力の側が〕拒絶することによって威嚇できる）対抗権力とは、複雑で状況に応じて変わりうる仕方で、互いにバランスをとりあうことができるようになる。

(6) インフレーションとデフレーションの問題をメディア間の比較に組み入れるきっかけをつくったのも、タルコット・パーソンズである。[61] パーソンズにとって、この問題は、《現実的基盤 real assets》(これはほぼ、我々の言う共生メカニズムにあたる) によるメディアの保護と関連している。この現実的基盤は、あまりにもわずかしか利用されないこともあるし (デフレーション)、あまりにも多く利用されてしまう場合もある (インフレーション)。しかし、コミュニケーション理論の内部で議論を進めるならば、〔コミュニケーションの〕蓋然性の低い接続可能な受容の保証にも、もっと焦点を当てることができるだろう。というよりも、もっぱらこれにのみ焦点を当ててもよいだろう。この場合には、インフレーションとは、引き受け用意ができているとの信頼があまりにも強いことを意味し、デフレーションは、その信頼があまりにも低いことを意味するであろう。条件づけと動機づけとの連関が、過度に酷使されるか、あるいは、あまりにもわずかしか利用されないか、である。どちらの場合も問題は、(個々のケースで貫徹したり貫徹しなかったりではなくて) そのメディアのシンボリックな一般化という局面であり、それゆえメディアそれ自体という局面であり、決して、そのつどそのメディアを再生産している個々の形式なのではない。[62] したがって、この場合の、あまりにも多かったりあまりにも少なかったりするリスクは、シンボル化それ自体のなかにある。(コミュニケーションのテーマ領域に応じて) インフレーションになるのかデフレーションになるのか、それとも双方が同時に与えられるのか否かは、コミュニケーションのそれ以降の経過のなかでしか確認できないのである。

(7) メディアに方向づけられた作動がメディアそれ自体に適用される場合には、メディアの反省性を話題にしようと思う。[63] こうした反省性は、備えとしての活動と見なすこともできるし、さらには、〔メディアの〕強化のための活動と見なすこともできる。反省的な使用というこうしたやり方によってのみ、シンボリックに一般化されたコミュニケーションメディアは、近代的な条件のもとで、必要な効率性と合理性とを達成することができる。またそうしたメディアと対応した機能システムの分出は、そのための枠組み条件（Rahmenbedingung）として役立っている。〔たとえば〕真理に到達するための条件も真理性を備えているとき、研究について研究することができる。愛を愛することもできるし、貨幣需要（Geldbedarf）のために資金投入されうるし、それどころかクレジットが高くなったり安くなったりすることもある。また、ヒエラルヒーのなかで、権力を、下位の権力保持者に適用することもできる。つまり、権力保持者の権力の行使に対して、権力を差し向けるわけである。反省性という場合、重要なのは、悪無限をもたらす単なる反復ではなく、むしろ、作動を、まさにこの問題へと向かわせることである。メディア実践の条件づけをさらにもう一度同じメディアで条件づけることをとおして、手続きが短縮される――これはちょうど、最高次の権力保有者を公職に選出したり選挙で解任したりする条件があるのと同様である（このような条件は通常、《民主制》という概念のもとでまとめられている）。そうなると、この最高次の権力保持者に人々がおとなしく従うのかそれとも抵抗するのかを逐一吟味する必要はなくなり、この〔選出されるかされないかという〕問いを立て解決することに集中できる。まさにこれによって、完成の論理や目的論なしで、作動が可能となるのである。

こういったメディア同士の比較は、個々のメディアの分析に、したがって本書のケースでいえば権力論にも、認識利得をもたらす。と同時に、こうしたメディア同士の比較が示唆しているのは、多種多様なメディアの分出が見られても、問題となっているのはあくまで、全体社会の現象だということである

（そうでなければ、このような一致は、純粋な偶然と見なされなければならないだろうからである）。そうなると、ある一つのメディアシステム、たとえば政治に対して、〔他のシステムよりも〕優先的で包括的な意義を付与することは、またしても困難になる。ここでもまた、我々は、旧ヨーロッパ的な伝統と袂を分かつことになる。もっともそうだからといって、近代社会における政治的権力が、近代以前よりも政治以外の全体社会の諸領域に対してきわめて強く影響を及ぼすようになったというテーゼが排除されるわけではない。むしろ権力の強化は、〔政治システムの〕分出と相関しているのである。権力強化は、機能的な特定化によってのみ獲得されるのであり、また、その他の問題については別の方法で、つまり別のメディアや別のシステムによって扱われることに、権力強化は依然として依拠している。

IX　出来事としての作動と構造

本章を締めくくるにあたって、メディアに方向づけられた作動と、政治システムにおける構造の構築との根本的な連関に、立ち入って考えてみようと思う。作動が作動へと接続されることによって、システムはみずからを構築している。次の作動はそれぞれ別の作動であるはずなので、それにもかかわらず必要な同じシステムのなかでの連続性は、構造を介して確保されねばならない。言い換えると、システムには、そのつどの異なった状況でも繰り返して使用可能なアイデンティティが備わっていなければならない。システムは、歴史的なシステムであり、またそうであり続ける。システムは決して、時間のなかで、たった一つだけの作動をただ繰り返しているわけではない。生起するのは、いま現に生起しているものであって、そうであり続ける。その時点で同時的な世界が〔将来〕復活することなどありえない。そうであるだけにますます、過去に立ち返ったり未来を先取りして形成される作動の回帰的なネットワークを、何らかの変わらないものによって確保し、それによって、あるものを同じものとして、たとえば、権力保持者を同じ権力保持者として、官職を同じ官職として、あるテーマをたえず〔そのテーマに対して〕新しい寄与がなされているにもかかわらず同じテーマとして、繰り返し認識しなおすことが重要になる。問題は、こうした不変なもの、つまり、つねに新しい作動が生起しているにもかかわらず反復を可能にする《固有値》が、いかにして形成されるのかである。その答えは、後成的に（epigenetisch）形成される、である。つまり、それぞれの時点で経過している作動の一種の副産物として、あるいは本書のテーマでいえば、権力動員の副産物として、形成されるのである。

一回きりの権力行為は、痕跡や未来指向をあとに残さない偶然として扱われてしまう可能性がある。これに対して、反復しておこなわれるならば（とはいえ、いったいいかにしてそれが反復だと認識されるのか）、権力の源泉を同定することができなければならない。たとえば、ある人格やその代理人のアイデンティティ、あるいは人格が取り替えられても同一であり続ける役割や地位によって同定できなければならない。変転する状況に不変なものをこのようにはめ込むことは、複雑な事象である。こうした事象を、単に、あらかじめ与えられているアイデンティティについての認識〔の過程〕として、たとえば、権力がただそこに現存していることの単なる反映（Reflex）〔の過程〕として把握したのでは、この事象は十分には捉えられない。むしろ権力は、この過程でそもそもはじめて構成されるものなのである。(64)

このことはとりわけ、こうした不変なものの形成される過程が二つの部分からなっていることから、認識することができる。つまり、この過程では、二つの容易には相互に結合しあうことのない作動が成功する必要がある。すなわち、脈絡に依存した数多くのメルクマールを省略しアイデンティティを圧縮する（Kondensieren）という作動と、まったく異なった状況にあってもこのアイデンティティを再認したり（Konfirmieren）再確認したり（Reaffirmieren）する作動の二つである。選択と一般化、と言ってもいいだろう。これによって明らかになるのは、システムのオートポイエーシスのために、剰余価値、過剰効果もつねに生み出されているということである。期待の形成が問題となる場合、すなわち構造の形成が問題となる場合には、確かに、指し示すことのできるアイデンティティをよりどころにできる。にもかかわらず、こうしたアイデンティフィケーションの機能的価値（Funktionswert）はこれでは定義できないままにとどまる──このことは概念による認識支援についてもいえる。

過程を個々の状況へと解消して満足してしまうと、反復のこうした問題を捉え損ねるだろう。こうしたやり方も存在論的な思考法だと言わねばなるまい。すなわち、この思考法に従えば、ある作動、ある状況は、現にそうであって他ではないもの、ということになるだろう。しかし、そのアイデンティティは、時間的な〔過去への〕立ち返りと〔未来の〕先取りによって、つまり、（選択的な）想起と（選択的な）予期によってはじめて生ずるものなのである。したがってそのアイデンティティは、一方では、その瞬間に現実化されうるより以上のものなのだが、しかしこの《より以上》は、回帰的に考慮されるものを選択せざるをえないという強制によって、あがなわれなければならない。しかも、それぞれの瞬間ごとにずれていくような仕方で、である（デリダのいう《差延 différance》）。

権力というメディアにおけるすべての構造形成は（権力メディア以外の反復シークエンスにおいても

そうであるように〕、定義されえない神秘的な契機をも備えている。メディアの統一性が、また、〔権力の〕ルーズなカップリングとタイトなカップリングとの統一性が、なかなか明確なかたちで指し示されないのはこのためである。それゆえ、権力が、実際に維持されているのかどうか、権力の実際の姿が表面的に目に見えているものと同じなのかどうか、あるいは、突然崩壊してしまうかもしれない過剰なシンボル化がほどこされているものであるのかどうかという、それ以外の不確かさも依然として保持されている。それゆえに、恣意性という契機を、《主権》についての記述から排除できずにいるのである。現実のコミュニケーション連関のなかには、恣意性など決してありえないにもかかわらず、である。さらに、権力がつねに後成的に、つねに進化によって、〔つまり〕つねに計画外的なものとして、刷新され続けるのも、こうした事情のゆえである。しかも、権力動員のための条件が計画されている場合でも（こういう計画はもちろん十分に可能である）、卓越した暴力が組織化され、威嚇のポテンシャルがたえず調達されている場合でも、そうなのである。

　したがって権力は、保持できる確かな基盤を拒絶している。すでに指摘したとおり、コンセンサスも、こうした機能を引き受けることができない。むしろ、威嚇権力の呈示と、コミュニケーションで表明される〔それへの〕同意や拒否とが、互いに他方を参照指示しあっていることこそが、システムそれ自体のなかで産出される不確実性として役立っているのである。言い換えれば、これは、システムの未来として役立っている。したがって、政治プロジェクトはつねに、〔政治〕システム固有の未来に対して振り出された手形なのである。コミュニケーションの自己拘束について語ることもできよう。こうした自己拘束は、過去からもたらされるものではなく、決定から、つまり、その決定を支持したり拒否したりするその後の決定――しかもこの決定にも以前の決定と同じことがあてはまるのだが――を可能にしている決定から、もたらされるのである[65]。もっともそうだからといって、変転する布置連関のなかにあってなんらかの価値、何らかの道徳的原理、当面の決議などがひきあいに出されるという事態が、排除されるわけではない。しかし、これらはすべて、ひきあいに出されることもあるし――またひきあいに出されないこともある。システムで唯一の不変なものは、そのシステム固有の未来というそのシステム自体が生み出した不確実性だけなのである。

第三章　政治システムの分出と作動上の閉鎖性

I　政治システムの分出と集権化

システムが形成されることなくしては、権力が継続的に調達されることはありえない。政治システムの分出によってはじめて、権力は政治的権力となる。確かに権力は、威嚇のチャンスを利用することによって、少しの間であれば寄生的におよそすべての社会システムにおいて形成されうるしまた利用されうる。けれども、こういった権力の形成・利用は、その場の状況に応じておこなわれるにすぎず、そのシステムの続行への関心に制約されている。ここでは権力は、従属的で《埋め込まれた》コミュニケーション様式にとどまっている。権力行使を構造的に阻止しようとするならば、そのための特別な予防措置を講じなくてはならないが、この予防措置それ自体が、典型的に権力（とりわけ公共的な平和の保証）を前提としているのである。

明示的にであれ暗黙裡にであれ、全体とその部分という区別の図式のおかげで成り立っていた旧来の分化理論においては、分化は、調和的な秩序が約束された、全体の部分への分割（partitio）の過程として把握されていた。しかし、このような思考は、宗教的な世界設定のなかに組み込まれていた。というのは、この思考は、どのような可視的なあるいは不可視の「手」が、こうした〔部分への〕分解を実行しその責任を負うのか、という問いに対する答えを示唆しているからである。分出（Ausdifferenzierung）の概念によって（また、創発、進化、自己組織化といった概念によってもまったく同様に）、我々は、こうした分解モデルと袂を分かつことになる。物質連続体あるいはエネルギー連続体のなかに高度に組織化された単位が創発するという事態を考えることはできるが、そのさい、創発する以前の状態あるいは分化によって生み出された状態が《全体》である（もしくは全体であった）などという想定とかかわりあうことはできない。（相対的な）カオスから（相対的な）秩序への移行には、秩序を作り上げる「手」のようなものは必要ない。このような移行は、それ自体とその環境に対して適応可能性の限定を生み出す創発単位によって、いわばローカルなかたちで惹起されるのである。

以上の出発点となる考え方は、政治システムの分出についての我々の分析をも支えている。ただし、この考え方は、全体社会の発展状況を前提としてはいるが、全体社会を〔部分へと〕分解し、全体社会を〔部分に対する〕全体のほうに分類し整理しようという試みとして生まれたわけではない。むしろ、権力資源を束ね、一般化し、権力固有の作用に依存させているローカルな過程だけが、つねに想定されている。もっともこれだけで同時に、全体社会が、政治的な中枢権力が機能することにも準備ができているとか、こうした中枢権力の機能を前提としてしかありえない諸制度を全体社会が作り上げていくなどといったことまで、すでに期待されたり達成されるわけではないが。したがって、いわゆる《国家の発生》の問題についてどんな分析をしてみたところで、国家の発展状況や発展過程はきわめて多様であるという知見しか得られない[1]。言い換えると、全体社会が、分出した政治システムとどうあってもかかわらざるをえなくなる前に、まずはともかく、その分出した政治システムが、全体社会の進化のなかでテストされなければならないのである。

環節的な社会においては、政治的問題（サブシステム同士のコンフリクト）は、なによりも包摂ヒエラルヒーによって受け止められた。政治的自律性は、依然として、諸環節、したがって家族連合（Familienverband）を維持し続けていたが、しかし、諸環節を統括する位置にある（他と同様に環節的に分化している）単位は、もめごとに決着をつけられる調停権力のようなものを作り出せた。〔とはいえ〕このような《ピラミッド型》[2]の解決法の弱点のゆえに、すでに早い段階で、つまりまだ環節的な社会であった時点からすでに、これと相並ぶさまざまな政治構造が形成された。とりわけ、政治的機能を引き受け、（承認された暴力独占がなくとも）もめごとに決着をつけることができ、外部に向かっては戦争遂行を組織化できる、首長（Häupting）という形式である。しかしこの場合でも、強制力（あるいは暴力をともなった威嚇）は、ごく近い血縁者によってのみ、とくに家政共同体からの放逐という形式で、行使された。こうした暴力の形式は、集権化されえない。全体社会は、この発展段階においては、二つの異なる形式での、政治的機能の制度化を試していたと言える。つまり、包摂ヒエラルヒーと、血縁集団の外部での政治的集権化である。このうち後者の形式が、より高次の複雑性へと発展する過程で、支配的なものとして定着していき、ついには政治的な支配役割（Herrschaftsrolle）の分出をもたらした。先史時代に関する研究では、首長制社会（Häuptlingsgesellschaften）と国家とが区別されるが、こうした区別を極端な場合には考古学的に考察しようという試みも見いだされる[3]。

こうして開始された政治システムの分出を理解するには、中央集権化（指導者や族長などへの権力集中）を、政治的機能の可視性を左右する特別な変数と見なすことが肝要である。中央集権化によってコミュニケーションは迅速となり、したがって、ともかくも組織化が必要な無限定的なコミュニケーションと比較すれば、戦略上重要な、時間の節約が可能となる（こんにちでは逆のことが言える。すなわち、政治的決定過程が進むよりもずっと迅速に、《世論》のほうが呈示される）。このことは、いかなる権限が中央審級にふさわしいのかとか、関与する成員は、サンクションや実生活上の困難さを考慮する必要なしに、その成員であることをやめる自由をどれほど有しているのかといった、さらに別の問いとはかかわりなく、言えることである。政治的な中央集権化の機能は、まずは公共的課題（灌漑設備、神殿の建設）のために労働を組織化し、戦争の遂行を組織化するという点にあると考えられる。またここでは、政治的コミュニケーションが、そのコミュニケーションへの抵抗の組織化よりもより迅速に遂行されることが、とくによく実証されたことだろう。権限や権力の《付与》に関するいっさいの問いとはかかわりなく、中央集権化はそれ自体としてすでに効力を有しているのである。なぜなら、中央集権化は、観察を可能にし観察を方向づけ、したがってコミュニケーションを早めるからである。中央集権化に慣れておらず必要と考えてもいない全体社会においては、こうした《スターメカニズム》[1]という、高望みなわけでも厄介なものでもない形式においてのみ、特別な政治的機能の分出への道が示される。中心的人物がすでに存在する場合やその人物がすでに注目されている場合には、特別な影響力や最終的にはサンクションによって保証された権力が、〔その人物を核として〕結晶化する。政治的秩序はもはや、互恵性や親密性、結束力といった家族的な行動基盤にのみ支えられているのではなく、こうした基盤から離脱して、否定的サンクションによる威嚇（あるいはそうした威嚇がありうると推測するだけでもよい）という形式で動員される固有の権力基盤を発展させていかなければならないのである。

互恵性というモデルに方向づけられている全体社会においては、政治的役割の分出にとってとりわけ重要なのは再分配的な働きであった。政治的役割がそれ自体にとって必要としている諸資源は、社会へと再び分配されなければならない（もちろん、政治的役割自体の目的に必要な分け前はきちんと残しておくが）。このような再分配的な機能は、自立的な市場経済の形成を阻害する。[4] こうした再分配の機構を取り去り、政治的権能をこの機構から独立したかたちで打ち立てようとするのであれば、宗教による保護が必要となる。政治的役割、後の言い方では、政治的公職には、神話的な内容が付加される。[5] これによってまたもや、宗教的でかつ政治的な寡頭制という広く行き渡った二重構造がもたらされる。政治的機能にとって重要なのは、それによって、決定中枢のより高次の独立性（〔とはいえ〕宗教により正統化された独立性にすぎないが）が達成されうることである。

中央の権限を基盤として、ヒエラルヒーが形成される。ヒエラルヒーは、通常の場合、指令とその遵守（命令と服従）というモデルに従って記述される。だがその固有の機能は、水平的な協調関係の分化とその改善にある。ヒエラルヒーは、〔ヒエラルヒーの〕各々の水準で、さまざまな接触を育むことができる。命令系統や報告系統がうまく機能していることは、このときの前提ではあるが、これがヒエラルヒー本来の意味なのではない（それではあたかも〔ヒエラルヒー内部の動きだけが問題となるという意味で〕ヒエラルヒーがヒエラルヒー自体と戯れているだけである）。とりわけ、政治的な中央集権化の初期には、ヒエラルヒーの形成をとおして、その全体社会的（gesellschaftlich）な接触の領域を拡大することができたのであり、そのようにして、〔政治が〕分出したことの欠点を、かなりの規模で埋め合わせることができた。

　権力に依拠し中央集権化されヒエラルヒーを形成している政治システムが分出するさいの前提は、権力それ自体がシステム形成の焦点になる、ということである。これは原則的には、政治的公職の設置によっておこなわれ、その結果、政治的な権力行使が、社会的圧力とか暗黙の配慮といったその他の諸形式と区別可能になる。まずは、これらが区別できることが肝要である。公職に就いている者が実際にはどれほど権力的なのかとか、公職と〔その公職に就いている〕人格はどれだけ明確に区別可能であって、たとえば、公職に就いていた者が死亡したりその他の事情で欠けた場合に後任人事の問題がどこまで可視化されうるのか、といったことは二次的な問いである。上記の区別に接続する〔これらの新しい〕区別は、まずは、政治に特化された権力行使が〔その他の形式から〕区別可能であることが保証されてはじめて、形成されうる。ましてや、権力行使をどうコントロールするかとか、権力行使をどのように法的にプログラミングするかといったそれ以降の考察はことごとく、この第一次的な区別に依拠している。観察可能性がないところには客体はないのであり、それ以降の作動／観察のための接続点もない。

　古典古代、典型的にはアテネやローマの都市共同体において、すでに確かめられていたとおり、公職の権力は、その公職を担う人格の出自とは独立し、再分配的な機能とも独立して、承認されていた。これによって、政治的機能と貴族との分離が可能となったのであり、ローマでは、貴族には、何らかの影響力を保持していくためにますます複雑になっていく民事法（Zivilrecht）（市民法 Bürgerrecht）に習熟したまえ、と忠告がなされていた。もっとも、〔政治的機能と貴族との分離という〕この成果は、ヨーロッパの再封建化によって当面は後退することになった。確かに、〔家産制的行政とは区別された〕政治的公職が不可欠であることはほどなくして明らかになったが、しかし、頂点には《君主》がおさまることが予定されていたし、君主の地位は、政治的公職とは正反対に、出自によって、つまり王家の血筋によって正統化されていた。いまや行政は、基本的には裁判権（Gerichtsbarkeit）と同一視されるようになり、後に《国家》と名づけられるものが領邦行政（Territorialverwaltung）としてローカルな水準でも編成されるようになった。近代初期の全体社会は、君主抜きにしては、つまり〔政治的公職とは〕逆の原則を組み入れなければ、政治的公職のヒエラルヒーを納得のいくものにすることができなかったのである。確かに、それ以前からもつねに、別の者を君主の地位に就けたいと望む場合は、その君主を殺害することができた。けれども、君主の殺害を君主なき政治秩序への移行という考え方と結びつけたのは、イギリス革命とフランス革命がはじめてであった。それ以降も、君主の地位は飾りのような異物として保持され続けるかもしれない。しかしいまや、政治的公職への着任は、政治システムにおいて自律的に、つまりは政治的に、規制されることになる。

当然、分出の《テクノロジー》だけで、権力という政治的メディアのコントロールが保証されるわけではない。それはちょうど、すべての経済的取引において貨幣メディアが使用されることが、鋳造された貨幣だけですでに保証されるわけではないのと、同様である。また、印刷やその他のマスメディアのテクノロジーだけですでに、コミュニケーションによる知識のコントロールが《マスメディア》にのみ、あるいはマスメディアに概ね委ねられることが保証されるわけではないのも、これと同様である。そのかぎりで、機能システムの、メディアに支えられた分出は、その過程自体が生み出した成果をフィードバックして再度その過程に組み入れそれに基づいて進行する、時間のかかる進化的な過程なのである。

当初権力は、全体社会において〔どこにでも見いだせるという意味で〕無限定的に配分されていた。否定的なサンクションによる威嚇を考えてみるだけでも、それをどこか一カ所に集中させることは困難である。しかし、政治システムが分出し始めるとともに、当面はそこに追加されていくかたちで、政治的権力は、政治システムをまとめ上げる政治独特のメディアとして普及していく。と同時に、権力のシンボリックな一般化は、政治が、政治のために、政治として、知られるようになることに、つまりシステムが作動上閉鎖することに、役立つようになる。政治的権力が同定可能であり続ける場合にのみ、一定のテーマ、《イシュー》、《アジェンダ》が、政治システムのなかでそれ独自のテーマ史を作り上げることができるのであり、事柄のその時々の状態に応じて、引き続き取り扱われたり打ち切られたりする。権力の同定可能性は、システムの作動の回帰性のための前提条件なのである。このことはまた、政治的権力に関する無限定的なイメージが形成される、ということでもある。なぜなら、権力をひきあいに出せるかどうかは、きわめて多種多様な状況で確証されなければならないからである。直接的な威嚇であれば〔状況が変わるたびに〕たえず新しく威嚇し直されなければならないが、そのような威嚇に代わるさまざまな標識が用いられるようになり、威嚇を直接口に出すことは差し控えられ、あたかも威嚇などそこにないかのように取り扱われる。けれども、もし権力手段の非行使とのこのような関連がなければ、政治システムは、たちまち崩壊してしまうだろうし、〔分出した〕政治システムは、全体社会のなかに再び雲散霧消していくことだろう。相互に政治的なものとして認識しあう諸作動がただ連続するだけで、すでに〔政治〕システムは、その環境から分化するのである。なぜなら、その環境にはこのようなシークエンスは存在しないし、また存在することなどありえないからである。

政治システムは完全に権力を喪失した状態で生き延びることはできない。一部だけの権力喪失でも――たとえば、都市のある一部で権力を喪失したり、ある特定の利益団体に対して権力を喪失すると――、たちまち政治的プログラムの考えられうるテーマ領域や政治的プログラムの射程が、制限されてしまう。つまり権力とは、政治にも現れ出ている何かといったものではなく、政治そのものの核心なのである。しかしそうだからといって決して、いっさいの政治的コミュニケーションが権力動員による明示的あるいは暗黙裡の威嚇を内包しなければならないというわけではない。いうまでもなく、政治家は、その他の影響力形式も用いることができるし、たとえば権威を用いたり、巧みな政治的レトリックを操ったりもできる。また当然、政治においても、報酬は重要であるというより、一見すると支配的なほどの役割を果たしている。政治は、〔政治的公職に就く人々に〕地位や年金を分配している〔のだから〕。政治は、経済への参加を利用して、つまり貨幣という手段の所有を利用して、政治的に条件づけられた支払いをおこなっている。しかし、これらはすべて、それ自体が――たとえば補助金が〔政治によって〕強制できる税の支払いに依拠しているように――権力に依拠しているかぎりで、あるいは、直接的な権力動員なしですませるのに役立ったりするかぎりで、あるいは〔政治によって〕強制することのできない（協働による）諸事業にまで政治を拡大するのに役立っているかぎりでのみ、《政治的》なものとして観察される作動様式なのである。また、政治的コミュニケーションの圧倒的大部分とまでは言わないまでも、かなりの部分が決定を準備したり、コンセンサス状況の確認――コンセンサスが得られていると確認できれば権力を動員する必要がなくなるか、あるいは〔動員せざるをえないとしても、コンセンサスでは解決できなかった〕残りの事態だけに限定できるようになる――にあてられている。多くの制限や例外があると、ひょっとすると〔権力が政治の核心であるという〕原則に対する感受性が失われてしまうかもしれないし、また、《人民》の同意については、誰も――強情な罪人には別として――強制されてはならないかのように《民主制》が語られたりする。だが、これは決定的な誤りだろう。それは結果的に、政治の機能を危険なほど制限することにつながる。コンセンサスと権力との関係についていろいろ試してみて、その関係についての多様な好みが生まれるかもしれない。〔決定に対して何らかの〕疑問が出た場合には、服従を強いる代わりに決定を断念するほうが、好まれるかもしれない。だが、まさにこれこそが政治なのである――貫徹の可能性があるというだけでそれは政治なのである。

したがって、全体社会に無限定的に拡散している権力と政治的権力とは、区別されなければならない。当然のことながら、政治的権力もまた全体社会のなかの権力（gesellschaftliche Macht）である。政治的権力の特別さは、政治システムの分出から帰結するのであり、したがって、システム理論的な分析を必要とする。これに対応して、我々は、この章では、シンボリックに一般化されたコミュニケーションメディアの理論から、システム理論へと移行することにしたい。

この視線の転換は、次の二つの中心的な問いにまず目を向けさせる。第一の問いは、権力を可能なかぎり政治システムに集中させることはいかにして政治的にうまくいくのか、である。第二の問いはこうである。あるコミュニケーションが生起するさいに（つまり全体社会のオートポイエーシスに寄与するさいに）、そこでは政治的権力の適用が問題でありしたがって政治的に責任をとるべき権力行使が問題なのだと、政治システムが認識するのはいかにしてか。本章は、これら二つの問いについての議論に費やされる。

II　集権化について

全体社会の分化のさまざまな形式には、〔それぞれの形式が成り立つための〕特定の、十分に記述可能な要求が立てられている。機能分化にとって特徴的なのは、この分化図式に関与するそれぞれの機能（ただしこの分化図式に関与しているものが、機能のすべてというわけでは必ずしもない！）が、全体社会の一つのサブシステムにおいてのみ用いられるということである。さもなければ、この〔機能分化という〕形式での分化は現実化されえない。確かに、〔この場合でも〕分業や役割分化、ゼマンティクに基づいた多様な区別について語ることはできようが、しかしシステム分化については議論できないだろう。中世では、こうした必要条件はまだ充足されていなかった。多種多様な真理領域、たとえば、宗教のための、哲学のための、レトリックのための各真理領域が存在していたし、また、ローカルな取引のための多様な通貨体系もあれば遠隔地貿易のための多様な通貨体系もあった。さらに、多種多様な政治体制が、たとえば、帝国（Reich）の水準や領邦の水準、都市の水準や、また教会の水準でも存在していた。それに相応して、各水準同士の関係や、部分的な機能合理性を担う「島々」の関係は錯綜していた。とはいえ社会秩序は、これらに依拠していたわけではなかった。社会秩序は成層化によって保証されており、全体社会は、〔こうした諸水準や諸領域の間の〕調整がいよいよ困難の度合いを増していっても、それだけますます明確にヒエラルヒーとして、中世後期以降はとくに（もっともこれはかなりの程度フィクションであったが）身分秩序として、記述された。[6] 第一次的に機能的な分化への移行は、構造的な水準やゼマンティク的な水準において、この〔ヒエラルヒー的な〕秩序に対抗するなかで達成されたのであり、こうした移行の過程の一つが、政治的な主権を伴った領邦国家の分出であった。いまや領邦国家は《主権》を、帝国や教会のような領邦国家以外の政治的諸権力からの《独立》だけでなく、明確に境界設定された領域内で起こるすべての問題に関して主権国家が全権を握ることだと解釈するようになった。しかもそうした諸問題の解決のためには――戦争遂行も含めて!――、政治に集中化された権力が必要なのである。(7) したがって、近代初期においては、普遍性と個別化（*Spezifikation*）とをうまく結合させることが重要であった――つまり全体社会のサブシステムに割り当てられたそれぞれの機能領域を普遍的に管轄することが重要となる。これこそが当時、《真理の戦争》(8)を、つまり宗教の問題や科学の問題に関する論争を暴力的に解決する事態を、政治的手段で阻止する唯一の可能性であった。

ヨーロッパ以外の伝統的な政治秩序を考え合わせると、〔ヨーロッパにおける〕政治的なもののこのような分出と個別化がいかに異例であるかが、いよいよもって明らかになる。我々が政治として認識したり国家として記述したりしているものは、〔ヨーロッパ以外の伝統的政治秩序においては〕とくに社会的な問題の解決とかかわるというよりもむしろ、人間と宇宙的秩序の関係とさまざまなかたちでかかわるものだった。そこでは、政治はかなりの程度まで儀礼であり、それ自体活動的である宇宙的秩序への統合であり、世界秩序との交信の行動と考えられていた儀式の挙行であった。他方で、日常生活の必需品を準備したり社会的コンフリクトを解決したりすることは、むしろ家政経済に委ねられていたり、隣人同士での平和の維持に任されていた。(9) したがって、こうした全体社会秩序のなかに近代国家の先行形態を見つけだすことはほとんど不可能である。

ここで、こうした近代以前の状況を想起しておいたのは、ほかならぬ、〔ヨーロッパにおける〕上述したような集権化への要求がどれほど異例であり、これを実現するのがどれほど困難であったかを明らかにするためである。また、これらがはたして完全なかたちで成就しうるものなのかどうか疑念を呼び覚ますためであり、そして最終的には、この〔機能〕分化の形式によって、全体社会は、みずから持ちこたえることのできないほどまでに、個々の機能システムに依存すると同時に、みずから耐え難いほどまでに、これらのシステムに固有のダイナミズムを与えてしまってはいないのかどうかを問うためである。もう少し具体的に問うならば、全体社会は、その経済において、国際的な金融市場のゆらぎと不均衡に左右されることに耐えられるのだろうか。あるいは、全体社会は、核兵器の配備について、《全体社会》への問い合わせなしに政治的に決定が下されてしまう事態に、耐えられるのだろうか。さらに重ねて問うならば、包括的なシステムとして、つまり全体社会として、個々の機能システムに明らかにどんな影響も与えることができなくなってしまっているのに、これらの機能システム固有のダイナミズムに依存することに、はたして全体社会は耐えられるのだろうか。

こういった問いは、現在定式化できるし、また、観察材料からしても、これらの問い〔を立てること〕は支持されうる。しかし、こうした問いに答えを出すのは、〔科学などによる〕分析などではなく、〔全体社会の〕進化だけであろう。〔とはいっても〕ともかくも、少なくとも事情に合致するかたちでこの問題を定式化できるぐらいには分析を進めていくことには、十分な意味がある。

《国家》の古典的モデルでは、権力のこうした集中化——政治化（Politisierung）と言うこともできよう——は、その共生メカニズムを介して、つまり物理的暴力を介して達成されたと想定されている。当然、暴力行為それ自体ではなくそのシンボリックな現前（Prasenz）が問題となっているのであるから、権力の集中化は、物理的暴力の動員に関する決定の集中化、という形式においてのみ可能であった。このことを言い表す当時の定式は、ポジティブに言い換えるならば、平和であった。結局のところ、原則として物理的暴力は、法の意味においてのみ、法的状態に基づいてのみ、行使されなければならなくなった。こうした事態は、政治が立法をおこなうことを前提としており、さらに立法自体が、憲法による、場合によっては憲法裁判権による監督のもとに、服する。

とはいえ、このような《法治国家》とも呼ばれる、苦心の末案出されたリベラルな立憲主義のシステムは、物理的暴力の動員についての管理によって、事実上、基本的な権力源泉は掌握される、ということを前提としている。確かに基本的な〔秩序の〕攪乱源泉（Storquelle）はこれで掌握される。しかしそれと並行して、また、このような国家の保護のもとで、まったく別種の権力源泉が発展してくる。つまり、労働の組織に依拠した権力源泉、（所有ではなく）労働が経済に関与するためのもっとも普及した形式であることに基づいた権力源泉である。なによりもまず、労働は賃労働であり、したがってポジティブにサンクションされる影響力に依拠している。ところが、ポジティブなかたちで保たれる影響力が当たり前になり、規則的な収入を求める生活上の要求が現れると、解雇するぞと威嚇し権力を行使することが可能となる。これについては権力というメディアを論じた章ですでに触れておいた。しかしこのテーマは、政治システムの分出の可能性ともかかわっているし、権力の発生を政治的にコントロールする可能性ともかかわっている。

十九世紀に、とりわけマルクスによって、《工場主》の権力が発見された。それ以来、権力状況は扱いにくいものとなった。組織内に互酬的な依存関係がある場合、解雇するぞという威嚇は、極端なケース（懲戒事例）を別とすれば、その意義を失う。しかもこうした極端なケースも、労働法により司法的に取り扱われうる。しかしさらに、組織のなかで〔被用者に〕快適な職場や労働条件を与えるのかそれとも不快な職場や労働条件を与えるのかという決定を〔使用者側で〕下す可能性や、とりわけ〔被用者の〕キャリアについて〔使用者側が〕決定を下す可能性も見いだされるようになる。ここで、司法化（Juridifizierung）の（したがってまた間接的な政治化の）限界に突き当たることになる。というのは、組織で生起することすべての責任を法に移行させせないかぎり、職場の割り当てや、つねにごくわずかしかない管理職への昇進は、権利要求として扱われることはありえないからである。したがって組織は、成員資格を得る条件やチャンスを複雑に絡みあわせ、政治化されえない権力を作り上げる。その成果は、労働者の大連合と経営者との間の明らかに政治的に重要な関係を――とくに労働協約問題において――実際に政治化していく、という構造的な問題に、とりわけ示されている。

　政治的権力の統一性と集中化という問題についての公的な記録は、近年では、二つの路線でなされている。一つは、批判的に《国家の失敗》について語り、伝統に規定された期待感にしがみつくというものである。これは結果的に、どちらかといえばインフレーション的な権力政治をもたらす（また、結果的に〔権力〕インフレーションをもたらさざるをえない打開策――理性インフレーションや貨幣インフレーションなど――を探し求めるある種の傾向は、もともと《左派的》な批判に固有のものである）。もう一つは、いわゆるネオ・コーポラティズムの観点から、国家を、その他の数多くの組織のうちの一つとしか見なさないものである。国家は、その他の組織とうまく折り合っていかねばならず、どう折り合うのかを交渉して決めていかなくてはならない、というわけである。これによって、どんな種類の権力も、交渉のポテンシャルへと変化する。これは結果的に、デフレーション的な権力の考え方に、行き着く。〔すなわち〕政治という機能システムの可能性はあまりにもわずかしか利用されなくなる。これらの見解についての理論的な修正は、〔この二つの路線で〕それぞれ違ったやり方で進めなければならないだろう。さしあたりは、全体社会の機能システムとその組織を区別しなければなるまい。それによって、組織において形成される権力は〔機能システムの〕機能の充足にとってどんな意義を有しているのか、という問いを示さなくてはならないだろう。とりわけ機能分化の論理にはもっと十分に注意が払われねばならないだろう。機能分化の論理は、決して、システム融合を許容するものではないし、また、機能システムの各領域でさまざまな組織を作り上げることを禁じているわけでもない。この場合本当に考えねばならない問題は、組織の水準で機能分化が持ちこたえられるのかどうか、またいかにして持ちこたえられるのか、である。

III　政治システムの機能

政治システムの統一性について、また権力メディアの全体社会内での独占化についてのいっさいの考察の前提は、コミュニケーションがそもそも当の政治システムに所属しその環境に所属しているのではないと明示し互いにそう認識しあえていることである。存在論は伝統的に、政治的なものの本性とか本質についての問いを立ててきた。差異理論のアプローチでは正しい問いはこうなる。政治システムはいかにしてそれ自体を〔その環境から〕区別しているのか。つまり、政治的なものの本質的メルクマールは何か（was）といった具合に客観主義的に問いを立てるのではなく、コミュニケーションはいかにして（wie）政治的コミュニケーションとしてみずからを生産しているのか、全体社会では同時に無数の非政治的コミュニケーションも生成しているのに、いったいいかにして政治的コミュニケーションは、それ以外のコミュニケーションも政治に所属していることを、回帰的なネットワーキングが現実化するなかで認識しているのかといった具合に、構成主義的に（konstruktivistisch）問いを立てるのである。この問いは、「相当する諸作動の政治的含意に基づいた政治システムの作動上の閉鎖性は、いかにして可能となるのか」という問いを言いかえたものにほかならない。

この問いが必要な精密さでもって立てられることはまれである。ここでは明らかに伝統的な考え方がネックになっている。たとえば、秩序をつくり維持することをすでに政治と見なす考え方であれ、政治を国家概念で定義し、したがって国家は、コミュニケーションが政治的なものとして（ないし国家に帰属されるものとして）定義されるのに十分な宛先となっている、とする考え方であれ、これらはすべてネックとなる伝統的考えである。我々としては、作動上の閉鎖性についての〔あるコミュニケーションがいかにして「政治的」なものとして認識されているのかという〕認知条件の問題を、二つのありうる回答に分けてみようと思う。一つは、政治的なものの特別な機能の概念によって与えられる回答であり、もう一つは、権力というメディアのコード化の概念によって準備される回答である。政治的なものの機能に関する問いは、通常（政党政治とか利益政治という意味で）《政治》というフレーズのもとで、国家による決定の前哨戦（Vorfeld）として取り扱われている諸領域へと、我々の目を向けさせる。権力のコード化についての問いは、どちらかといえば、古典的に国家とその公職の概念によって取り扱われてきた議論のコンテキストへと向かわせる。したがって、我々は〔従来の政治学において〕あらかじめ示されている区別に従っているわけだが、しかし〔従来の理論とは〕異なる理論的プログラムに基づいて、この区別に異なった意味を付与してみたい。

社会学の議論が、機能分化とか機能的個別化といった概念に方向づけられているかぎりでは、機能それ自体が、それ相応のシステムの分出の主導的なモチーフとして役立っているというのは、容易に思いつく考え方である。分化を、数々の利点を有する分業というモデルに従って取り扱っているかぎりでは（ここでは、デュルケム[2]を挙げれば事足りよう）、この考え方にとどまっていてもよかった。こうした分業の利点を、進化の牽引役と見なすことができた。分業がそれ相応の規模で現実化されうるかぎり、進化のなかで確実な地歩を占めるようになるというわけである。だが、背後にあってなお効力を有していたこのような進歩イデオロギーが消滅し、経済に方向づけられた十九世紀的な全体社会概念が登場するに及んで、それと引き替えに、こうした前提は消えさることになる。さらに、機能がもはや、それ相応の手段の動員によって因果的に達成されうる目的というモデルに従っては把握されなくなり、単なる比較の観点へと抽象化されるときも、上述した前提はあてはまらなくなる。この比較の観点の固有の機能は、それ相応の作用の割り当て（Leistungszuordnung）を、偶発的な（kontingent）もの、選択されうるもの、代替可能なものとして現象させる点にある[10]。因果論的に機能を理解したり目的論的に機能を理解したりすると、しかるべき意図がどこまで持ちこたえられるのかとか、しかるべき知識が使えるかどうかだけが、問題となるだろう。だが、機能的等価物に注目して機能を理解する場合には、比較がそもそも関心の的になっているのかどうか、また〔なっているとすれば〕それはなぜかという問いが、付け加わる。したがって、このような等価機能主義は、実践のなかでは、その他の、機能的に等価な問題解決可能性を探求せよという要請として理解されなければならない。それゆえに、等価機能主義は、いま現実化されているそれぞれの形式を、その形式が何でないかによって定義しているのである。

以上の考察は、機能分化の概念に、奇妙な解説圧力をかけている。つまり、〔いま述べた機能の概念とは裏腹に〕この機能分化の概念で言い表そうとしていたのは、まさに、「特定の機能はそれぞれ、ある一つのシステムにおいてのみ充足されるのであって、それ以外のシステムでは充足されない」ということであった（また、シンボリックに一般化されたコミュニケーションメディアの理論では、これと類比的に、全体社会の機能的な分化が現実化されると、メディアは〔ある機能システムに〕集中化させられ――ある一つのシステムだけが通貨を、ある一つのシステムだけが真理を、ある一つのシステムだけが法を、ある一つのシステムだけが権力を、といった具合に――〔そのシステムによって〕独占されなければならない、とされていた）。問題が機能概念の矛盾から、つまり、〔一方では〕因果論的な機能概念を使用し〔他方では〕比較に方向づけられた機能概念を使用していることから生じていると考えれば、この問題は簡単に片づけられる。しかしこれでは、より適切に定式化されうるはずの問題を、性急にも、厳密に定義しないですませてしまうことになるだろう。というのは、厳密な等価機能主義的な考察方法からまさに、機能システムの機能定式の定義に対する要請が生まれるからである。この機能定式は、一方では、一つのしかもたった一つのシステム用にのみアレンジされているが、他方では、このシステムにおけるすべての問題解決が交換可能であることを言い表す大枠の定式として役立ちうる、と把握されなければならないのである。〔つまり〕この定式は、一方では、システムの外部にはいかなる機能的等価物も存在しないということを明確にしなければならない（これについての問いや探求も、依然として、機能概念それ自体に依拠している）が、同時に、システム自体が、すべての形式をその他の形式と、その形式が機能的に等価であるかぎりで、また場合によってはより選好されうるものであるかぎりで、取り替えることができることをも、明らかにしなければならないのである。

以上の予備考察を受け入れるならば、この理論は、政治の機能の規定についてそれほど自由を認めているわけではないということになる。〔確かに〕価値と関連づけられた通常の定式化（たとえば、公共の福祉の調達〔が政治の機能だとする定式〕）は、それによって何かを〔「政治的」ではないものとして〕排除しようとしているという印象を呼び起こしてはいる。しかしこうした定式化はあまりにも一般的なので、これを基準として適用することはできない。このような規定については、政治システムの自己記述を論じる文脈で再度取り上げることにしたい。ここで考えられている理論的脈絡では、こうした定式では不十分である。ましてや、著者の側で政治的機能のリストを単純に作成しても、このリストはその後、もっとあれこれ追加できるはずだと考えざるをえなくなり、〔政治的機能を規定するには〕不十分である。[11] これでは、機能とシステムとの関連の統一性という問題を避けてしまうことになる。価値を背負い込んだ定義も、複数の諸機能をあげていく定義も回避しようとするなら、残される可能性は、集合的に拘束力のある決定を下すキャパシティの準備に、焦点を当てることしかない。[12]

この定義に見られるそれぞれの構成要素は、〔政治システムの〕境界設定に貢献している。まず問題となるのは、決定として描写されしたがって偶発的なものとして現れるコミュニケーションである。〔次に〕拘束（*Bindung*）とは、決定が、それ以降の決定のための、もはや問題視されない前提として機能するということである。とはいえ、そうだからといって、未来のシステム状態がある特定のものに確定されるわけではない。(13) こうした拘束は、有効に（effektiv）なされなければならず、しかも、決定の合理性、決定の有用性（Nutzen）、決定の規範的妥当性とは独立になされる必要がある。論争やコンフリクトの種ともなりうる〔合理性や規範的妥当性などといった〕これらすべての問題において政治的に最終的に重要になるのは、決定前提についての決定の貫徹である。(14) さらに、集合的な拘束が問題となる。つまり、決定それ自体もそこに含まれるシステム準拠が問題となる。したがって、あたかも外部から統治するのと同じかたちで頂点が統治できるというヒエラルヒーモデルが、問題となっているのではない。すべての政治的作動は、政治システムのなかでの作動である。たとえどんな権力状況であろうとも、責任を負うべきだとされる組織のなかの地位がどういうものであろうとも、そうである。決定者自身もまた拘束されるのである。このことは、決定を変更する可能性を排除しているわけではない。しかし、決定を変更する可能性は、また別の新しい決定として記述されねばならないのであり、決して《主権者》の永続的な非拘束性からもたらされるものではない。これはまた、非拘束性（恣意性）と決定の変更とをシステムが区別できるという含意もある。そのために役に立っているものこそ、手続きという制度である。もし決定の変更それ自体も、〔新しい決定として〕集合的に拘束力のある効果をもたらそうとするのであれば、こうした手続きという制度が遵守されねばならない。

〔政治の機能の定義の構成要素として〕最後に重要となるのは、〔政治システムの〕機能が、こうした決定の事実的なシークエンスだけでは充足されえない、ということである。もしそうであるならば、ケースバイケースで決定を指向したりしなかったりするだけになってしまうだろう。そうではなく、それ相応のキャパシティの準備が問題となっている点が重要である。もしこうしたキャパシティが（とりわけ、懸案となっている一定のテーマについて、当面は）現実化されていなくても、考慮に入れることはできる。まず、このキャパシティの準備は、決定過程の回帰性を言い表す定式である。つまり、個々の決定を確定させるために〔未来における〕その他の決定や非決定を先取りしたり〔過去における〕それらに立ち返ったりする可能性を、言い表す定式である。さらに、このキャパシティの準備は、政治システムがその機能を充足していることを他の諸システムが前提にするさいに、それらの〔政治システム以外の〕システムがあてにする局面でもある。というより、他のシステムはとりわけこの局面をあてにする。そうであってのみ、全体社会すべてにおいて、さまざまな可能性が、ある特定の時点だけに限定されたりせずに、〔たとえば科学システムにとって、あるいは経済システムにとって〕チャンスとして、さらには、政治によってもたらされた危機としても、保証されるようになるのである。

　政治システムが上述した機能定式のもとで確立すると、広範囲に及ぶ帰結がもたらされる。とりわけ、政治のテーマ領域において生起することすべてが、決定というかたちをとる。[15] 問題となるのはただ、いかなる政治的コミュニケーションが、その他のコミュニケーションを、決定としてテーマにしているのかだけである。〔決定としてコミュニケーションのテーマとされているという〕こうした前提のもとにおいてのみ、決定しないこともまた、これによって決定となる——故意の不履行に、あるいは、まだ決定しないという決定になる。このように、どんなことも決定として想定されてしまうという普遍主義が完成するのは、民主制の図式においてである。民主制の図式は、政権党／野党というコードをとおして、なかばルーティンとして、ほとんど熟考することもなく（unreflektiert）、政治が決定と見なすであろうものすべてがそのように〔決定として〕記述もされるように、手はずを整えているのである。この点については、第四章で立ち返ることにしたい。

集合的に拘束力のある決定のキャパシティを準備するという機能によって、ただの一つの決定すらも、内容的に確定されることはない。したがって、ここで問題となるのは、憲法原理（Verfassungsprinzip）ではないし、必要があればそれに依拠して逸脱を確定できるような（というのは、こうした確定ができなければ基本的価値の意味はなくなってしまうだろうから）基本的価値でもない。さらにまた、任意なことが可能だなどというテーゼが問題なのでもない。任意性は、現実ではありえない。つねに政治システムは、みずから産出した固有の構造によっていつもすでに確定されているためそれ自体の作動をみずからで規定することができる、そういう歴史的で構造決定的なシステムである（じじつ《恣意性》とは、自己決定（Selbstdetermination）が他者による決定に急変してしまったことを言い表すための定式以外のなにものでもない）。すべての決定の、つまり決定を変えるという決定もすべて含めた、あらゆる決定の偶発性が確かめられるとされるときこそまさに、そのために必要な枠組み条件が限定可能な状態に保たれなくてはならない。偶発性の普遍化には、《フレーム》が必要なのである。つまり、一定のコミュニケーションをおこなうさいに〔あの、別の領域ではなくまさに〕この領域の内にみずからが位置しているのかどうかを認識できる枠組み条件が必要である。生起するものすべてが《政治的》なものと見なされるわけではないし、決定としてコミュニケーションされるものすら、そのすべてが《政治的》なものだと見なされるわけではない。さもなければ、〔政治的なものもそうでないものも〕入り乱れてしまうと予想されるために、もはや、いかなる決定がそもそもどのような選択肢のなかから選択されたものであるのかが、突き止められなくなるだろうからである。

いまや我々は、なぜ、進化によって上述した機能が《選択》されたのかをも、見ておくことができる。この機能は、全体社会が、分出した政治によってであれあるいは分出した政治なしでも、ともかく解決しなければならない問題と対応している。つまり当事者の間での見解の相違あるいは見解の揺れに直面しても、集合的な拘束性を取り決めなくてはならないという必要性と対応している。これを素朴に、物事の成り行きに、諸事実の発生に、固有の歴史〔の積み重ね〕による全体社会システムの自己拘束に、委ねることができたのは、ごく単純な社会だけであった。それではもはや十分ではなくなったり、こうした方法で決着をつけるにはあまりにもコンフリクトの数が多くなりすぎたときに、集合的に拘束力のある決定の必要性が認識されるようになった。全体社会というシステムがどんな形式でこれに反作用するのであれ（より小さな単位へと退化することもつねに一つの可能性としてはありえた）、権力というコミュニケーションメディアを取り扱うための政治システムの分出は、進化上の《アトラクター》がそれ以後作用してゆくであろう方向性を指し示すようになった――これと同じ結果をもたらす趨勢の出発点がどのようなものであろうと、また、あとから振り返ってみたとき《国家の形成》として指し示されるものの原点となったのが何であれ(16)、そうである。

したがって、こうした政治の機能は、分出する政治システムの進化を方向づけたと考えられる――もっともそれは、それ相応のシステム形成のためのさらに別のさまざまな前提条件が存している場合の話であるが。そうなると、集合的に拘束力のある決定のためのそれなりの権力キャパシティを準備することが、外部に対して〔他の機能システムでは解決できないという意味で〕境界づけられまた内部に向かっては開かれた、上述した〔政治の〕機能を予示する問題となってゆく。しかしこれだけでは、いかにしてコミュニケーションとコミュニケーションとが、互いに政治的なものだと予想しあいながら接触するようになるのか、という問いにはまだ答えられない。そのためには、権力は特別な仕方でコード化されなければならない。すなわち、優越性ないし劣位性という肯定的な位置と否定的な位置とに分割されなければならない。これがいかにしておこなわれるのかについては、さらに詳しい説明が必要である。

IV　権力のコード化

コードは、システムの決定の自由を作り出すと同時に方向づけてもいる。つまり、あるシステムにおける偶発性を産出し縮減する。コードはそのために、二項図式という形式をとらなければならない。すなわち二つの側面を有する形式をである。すでにこの定式化が示唆しているように、これについては込み入った予備的説明が必要である。

すべてのシンボリックに一般化されたコミュニケーションメディアの場合と同様に、権力のコードもまた、選好コードという形式を有する。コードの肯定的な値（＝権力上の優位性）が選好され、否定的な値（＝権力上の劣位性）は選好されないわけである。これによって心理的な動機状態が突き止められるわけではないが、コード化の意味については何ごとかを確認することができる。コードの肯定的な側面は、権力の動員について、すなわちシステムの作動について、決定が下される側面である。だが、決定は、つねにコードの双方の側面とかかわっている。命令とその実行に、である。ヘーゲルのいう主人と奴隷の弁証法においては、コードの否定的側面は、観察がおこなわれる起点、すなわち偶発性が反省される起点である。奴隷の側においてのみ、支配の《倒錯》がその本質として意識に示され、それをとおして意識は自立的になる、というわけである。(17) とはいえ、このような考え方は、我々の目的にとっては十分ではない。作動と観察は、コード化された差異の双方の側面においておこなわれるのである。もっともそのやり方は、双方の側面で異なる。一方の観察の観点では、命令が実行されるのかされないのか、場合によっては、いかなる修正といかなる帰結をともなってそれがおこなわれるのかが問題になる。他方の観察の観点では、命令が下されているのかいないのか、必要とあらばその命令を回避したり修正したりすることができるのかが問題となる。したがって、どちらの側面でも、それぞれの立場に特有なかたちで深慮遠謀がなされているわけである。このような深慮遠謀は、システムの作動が偶発的なものとして見られているからこそおこなわれるのであり、より精確にいえば、現に生起しているものを手がかりにその生起している事柄の偶発性を読みとることができるがゆえに、なされうる。観察の観察をとおした二重の偶発性の生成もまた、権力関係においてはよく知られている。形式の二面性は、これらの可能性を相補的なものとして構成し、そのコードの二つの側面を有する形式の内部で現実化している。

だが、二つの側面を有する形式は、それ自体、一つの形式である。それを一つの区別として、別の区別から区別することができる。この水準においてはじめて偶発性の反省（Kontingenzreflexion）がなされる。偶発性が反省されると、作動がそもそも権力のコードに従って観察されているのか、それとも別の〔たとえば道徳的な〕観察の可能性がひょっとすると優先されているのか、という問いが立てられる。ゴットハルト・ギュンター〔3〕の言葉で言えば、こうした観察様式には、通常の二値的な論理学によっては実行されえない《超言的 transjunktional》な作動が必要である。というのは、この場合には、肯定的／否定的のコード〔そのもの〕を受容するか拒否するかも計算に入れることができる観察構造が現実化されなくてはならないからである(18)。

したがって、形式を外部から見る可能性は、形式の内部においても形式の外部においても現実化されうる、と言うことができる。権力の形式の内部においては、偶発性の構造は、権力保持者から見るのかそれとも権力服従者から見るのかに応じて、別様に現れる。権力の動員は〔双方にとって〕同じものだと前提されるが、異なったかたちで（コノヨウナ言イ方ガ許サレルナラ sit venia verbo）偶発化される（kontingentisieren）。このこともまた、観察の観察を介して反省されるならば、権力によって生起するものはすべて（したがって政治的なもののシステム全体は）偶発的なものとして現象することになる。こうした考察様式は、洗練されれば日常でも十分におこなえる（もっとも、つねに一定のテーマに基づいてしかできないが）。外部から（たとえば社会学的に）見てみると、二値コード化という獲得物それ自体を問いなおすことが、いつでも可能である。そのときにはじめて、システムがそれ自体をこのコード化によって閉鎖させ、全体社会内的（innergesellschaftlich）環境から境界づけていると認識できる。この全体社会内的環境には、まったく別の（たとえば宗教的あるいは哲学的）コード化が存在しており、そうしたコード化によって、政治的なものについての非政治的な観察も可能となる（場合によっては、悪魔の仕業とか、罪深き世界に必要なものとか、解放的理性を妨げるものと観察されるかもしれない）。

形式の内部においては、観察者は、二つの側面の形式をヒエラルヒー的に設定する傾向がある。ちなみにこれは、存在論的形而上学の一般的な傾向であった。存在／仮象、男／女、富／貧、政治／経済などといった区別からもそれを読みとることができる。ヒエラルヒー的な解釈をしてしまうと、〔形式の各項目である〕値や位置の交換可能性が阻止されてしまう。〔確かに、このような〕非対称化を介して、帰属の確かさのようなものが生じ、この帰属の確かさがそれ自体、秩序づけの機能を果たしたりはしている。しかし、近代社会の自己反省にとっては、こうした〔形而上学的な〕記述様式は、もはや必要不可欠なものではない。二つの側面を有した形式による形式の観察によって、区別を区別することによって、さらに、観察の観察に習熟することによって、このような考察様式は修正される。もっとも、これでヒエラルヒー化が廃棄されるわけではない。しかし、ヒエラルヒー化はもはや《自然》なものとして前提とされる必要はなくなり、どういう点で有意味なのか、誰にとって有意味であるのかが問われうるようになる。

権力のオートポイエーシスがいったん保証され、したがって〔権力上の優位性／権力上の劣位性という上述した〕権力の相違がそこにあることが考慮に入れられるようになると、そのシステムのオートポイエーシスに直接に包含されるわけではない別のコミュニケーションが接続されるようになる。この点での古典的なテーマは、たとえば諸侯の周りに集っていたおべっか使いたちであり、あるいは臣下を抵抗やあからさまな反逆に駆り立てる陰謀である。すべてのオートポイエティックなシステムにとって特徴的なのは、そのオートポイエーシスにとって必要な、またそのオートポイエーシスによって再生産される諸要素だけで成り立っているわけではない、ということである。たとえば生体の細胞もそうである。だが、そうだからといって、システムがそのオートポイエーシスのおかげでのみ存在しその自己生産が遂行されるかぎりでのみ存在しているという点は何ら変わりはない。

すべての政治的作動が、政治的権力の処理でありその再生産であるわけではない。数多くの作動が、ことによると大概の作動が、政治的権力とは間接的にしかかかわっていない。あとで感謝されるのではないかという希望のもとで、権力保持者には、数々の可能性が提供されている。剣は研がれ、鉛筆は削られ、コンピュータはメンテナンスされる。権力保持者の写真が撮られ、その画像、その言葉が、地球上に電波で流れる。政治システムの複雑性とともに、こうした政治に付随する（parapolitisch）作動もまた増大してゆき、政治システムは、その複雑性のレベルを維持するにあたってそれらにも依存することになる（とはいっても、そのオートポイエーシスの点で依存しているわけではない）。このような政治に付随する作動がおこなわれなくなり、しかも、権力動員による威嚇を介してその代替物をも見いだせなくなってしまった場合には、政治システムのパフォーマンスは相当低下しかねない。それは、こうした〔政治に付随する〕作動もまた、政治システムの内部での政治システムの作動であることを示唆する。もし仮に政治的権力が廃棄されてしまえば、あるいは、その見込みが強まれば強まるほど、これらの〔政治に付随する〕作動もまた消滅していくことだろう。さもなければ、〔再び〕権力の所在の探索が開始されるだろう。

V　公　職

権力というメディアがコード化されていることやコード化のされ方は、決して自明ではなく、全体社会の進化の過程でも、画期的な断絶なしにはおこりえない。確かに、権力上の優位性と権力上の劣位性との差異が問題とならざるをえないというのは、かなりの程度まで自明である。だが、これらの地位がいかにして占められるのかは、しばしば不明確であるし、状況次第である。この点で疑念がわき起これば、もめごとにならざるをえない。つまり、メディア理論でいえば、威嚇を与える権力を放棄せざるをえなくなる。安定し、回帰的に適用でき、反復して使用できる権力のコード化には、別の手段が必要である。これに対応する進化上の獲得物は、公職の発見であると思われる。権力は、公職においては、より高次のあるいはより包括的な単位の任務のなかで行使されるようになり、その結果、それに抵抗するのが困難となる。このような条件のもとで、権力のコードは、公職という形式をとおして、公職を担う者と公職に服する者との差異として、政府（Regierung）と人民との差異として、定義されるようになる。

　したがって公職は、戦闘や単なる威力の誇示と比べて機能的に等価な権力の別の現象形式なのである。公職によって政治的権力は可視的となるが、それで公職の権力手段がたえずリスクにさらされるとはかぎらない。公職は、権力を呈示したり権力を行使したりするための平和的な形式なのである。当然のことながら、そうだからといって、公職権力も闘争を挑まれる可能性が排除されるわけではない。だが、このような公職権力への闘争は、その状況についての特別な定義を伴い、特別な名称――たとえば、反乱、暴動、後になると革命といった名称――のもとでなされざるをえず、このことは、分出した政治的権力は公職という形態をとるという我々のテーゼを裏づける。権力は、通常の形式においては、もはや、たえざる内省とか筋肉の緊張といったことに基づいているのではない。権力は、その実務上の必要性や実績によって、人を納得させようとすることができるし、そもそも権力など存在しているのか、そもそも貫徹されうるのか、といった疑問が生じた場合にのみ、権力として登場すればよい。歴史的に十分あとづけることができるように、公職権力の形成は、コンフリクトが頻発していた後期古典古代の全体社会以降、人々の保護と平和の欲求と結びついていたのである。

公職の発明は、はるか古代にまで遡る。当時公職が発明されていたことは、特別な公職名があったことや、公職の後任問題が起きていたことから、すでに認識できる。しかしながら、公職と人格の区別は不明確なままであった。〔古代ローマでは〕勅令は（それが永続的なものになるまでは）、執政官の実務のためのガイドラインとしてそれぞれの執政官ごとに新たに布告されねばならなかった。中世においてもまだ、後任人事が問題となるさい、任命や契約が有する拘束効果は不明確であった。同じことは、責任問題（Haftungsproblem）についても言えるし、当然のことながら、報酬の問題や、公有財産と私有財産の分割の問題にも言えた。中世においてようやく、とりわけカノン法によって、公職概念の法的構造が明確にされはじめ、公職と人格との明確な分離がこうして可能となったのである[19]。しかし、近代的世界では、このような分離はすでに前提とされており、いかなる混同であっても、腐敗とまでは言わないまでも、不純とされるようになった。

公職概念の発展史を遡ったり、考えられるかぎりのすべての次元にわたって公職と人格の分離が次第に徹底されるようになった歴史を遡ったりするよりも、《地位》の同一性の組織にとっての含意を明らかにするほうが、我々にとってはより重要である。地位は、多様な内容を含んだ形式である。ここで多様な内容という場合、その地位の任務を引き受ける人格があれこれ変わることが問題となることもあろうし、プログラムの変更とか組織的権限や配属の変更が問題となることもあろう。地位は、誰がその地位を占めるのかという内容が変化しても同一であり続ける。これらの変数のすべて、あるいはその多くが同時に変化する場合にのみ、地位は同一であり続ける可能性を失い、そうなると、ある地位を廃止し別の地位を新たに創設するところから物事を始めたほうがいい、ということになる。

このような多様な内容を含みうる地位は、その他のどんな形式よりも、組織の水準において機能システムの、とりわけ政治システムの取り替えの柔軟性を象徴している。これはさしあたり、政治システムにおいてさまざまな組織が形成可能であると語っているにすぎない――この問いについてはあとで立ち返ることにしたい。と同時にしかし、地位の同一性原理は、我々が問題にしたあの機能を引き受けているのである。つまり、その地位からのコミュニケーションを受け取りそれを内容的に自分自身の決定の前提として引き受けなければならないすべての者（他の地位も含めて）との関係において、権力のコードを地位権力として固定するという機能を、である。政治システムの権力コードに従えば、政治的権力は地位権力である。地位権力は、それ自体としては、状況から独立したかたちで同定可能ではあるが、変化することもありうる。地位権力は見分けることができるし、接触したり規定することもできるが、その同一性原理によってすでに確定されてしまうことはない。そのさい、そのシステムのなかの最上地位について、つまり、その他のすべての地位より上位にあり権限に対する権限（Kompetenzkompetenz）（主権）を行使している地位について問うことはできる。だが、その場合ですら、この地位はやはり、その他の地位から独立しているとは考えることのできない一つの地位なのである。

権力を司る地位の秩序のフォーマル性や欠員補充の必要性といったものは、政治的機能のフォーマル性と、すなわち集合的に拘束力のある決定のためのキャパシティを準備する機能のフォーマル性と対応している。また、二側面を有する形式だけを意味しそれが誰によって何のために使用されるのかについては何も述べない権力の二項図式のフォーマル性とも、対応する。これらすべての形式によって、政治システムのいっさいの決定の偶発性が確定され、その結果、いっさいの規定が、このシステムのなかで、また、このシステムの固有の作動によってのみ、おこなわれるようになる。地位を観察すると、システムのなかでシステム自体によって産出される不確実性について観察することができるようになる。この秩序のなかで歴史を形成し構造を一時的に確定させているものすべてが、そのシステム自体によって条件づけられる。だが同時にこれによって、政治システムのきわめて高い被刺激性（Irritabilität）が確保される。政治システムは、どんな影響を受けるのかを未決定のままにしておくことができるし、一時的な構造の確定によって一時的な状況に反作用でき、そのシステム自体の自律性を保持し再生産することが可能となる。これとは別の形式の政治はことごとく、近代社会の複雑性と攪乱（Turbulenzen）のゆえに、失敗せざるをえないだろう——さもなければ、コントロールできないほどに政治システム自体が硬直してしまい、その他の機能システムに負担をかけてしまうだろう（そうなれば、社会主義的な信条をもった政治システムの崩壊から窺えるように、じつに容易に、政治的問題が引き起こされてしまう[20]）。

VI　右派／左派の図式

政治システムの分出は、政治システムの内部でコンフリクトが許容される場合にのみ、うまくいく。かつてのソ連共産党が試みたように、政治システムが一元的なまとまりとして与えられてしまうと、その全体社会内的環境〔＝政治システム以外の諸機能システム〕とコンフリクトを引き起こしやすくなるだろう。そのとき、こうしたまとまりは、暴力行使によって、とまでは言わないまでも、公的なコミュニケーションの水準で、この全体社会内的環境を抑圧せざるをえないだろう。

内的コンフリクトなしですませようとした典型が、フランス革命のおりの委員会、とりわけ国民議会（Assemblée Nationale）であった。これ自体が一般意志であるとする考え方により、なによりもまず、その内部での派閥の形成が許されなかった。しかし、論争を経て下された決定が、いよいよ実行される段になると、このような事態はすぐに変化した。まもなくして、議会の左派と右派が形成された。当初は、議会内でのそれぞれの場所から右／左と言われていたが、その後さらに、イデオロギー的な意味においても、そのように言われるようになる。(21) こうした派閥化や、こうした派閥と結びついた、《同じ信念の者たち》による投票への監視を——たとえば議席をくじ引きで割り当てたりすることで——阻止しようとしても、無駄であった。(22) 党派の形成によって論争を構造化しようという関心は、いよいよ明確となっていった。イングランドでは、これより以前にすでに、《ホイッグ党》と《トーリー党》という、これに対応した区別が作られており、政権党形成の可能性が手本として示されていた。しかし、フランス革命以降、左派／右派の図式は全世界に広まり、フランス革命の記憶も生き生きと保たれ続けた。左派の側には、革命の原則のラディカルな主張者が与していた。これに対して右派の側には、王政復古的とは言わないまでも、穏健な傾向が見いだされる。政党の成立によって、こうした図式は議会内での論議という境界を越えて、政党と有権者の一般的な指向図式となっていった。フランス革命の記憶は、社会主義によって代替されることになる。社会主義はそれ自体、階級コンフリクトと想定されているものにかかかわったり、こんにちでは、あまり社会的な地歩を占めていない一部の人々に対する援助とかかわっている。

ここまでは周知の事実であり、ここでこれ以上説明する必要もない。しかし、左派／右派という図式は、フランス革命の記憶も社会主義的な野望も含めて、純粋に政治的な図式であり、全体社会内的環境にはこれとまったく同じ対応物は存在しないことは銘記しておくべきである。全体社会内的環境に、右派（あるいは保守派）に対応するものがないのは明白である。《保守的》という名称がすでに人を惑わす。何が守られるべきものなのか認識できないからである。左派についてもまた、全体社会構造上の対応物がない。職場が相当な資本支出や好都合な立地条件によってのみ、つくられ維持されていることに鑑みるならば、少なくとも、左派とは《労働党》だなどと言うことはできない。これに関しては、歴史的に条件づけられた同感とか選好といったものがあるかもしれないが、こうした同感や選好の影響は、政治的決定の複雑な布置連関のまえでは、わずかなものにとどまる。

いまも依然として存在し続けている左派／右派の図式は、テーマが変わっても政治的なコンフリクトを演出し、ある程度、政党の方針への忠実さを保持することを可能にする。システムの統一性は、〔左派と右派の間での〕振動という形式でもたらされ、未来へと投射される。この図式は、政権党／野党というコード化によって強化されると同時に、イデオロギーという意味合いでは解体される。確かに、政治的な選挙もまた、左派／右派という図式に従って演出されるが、しかし、野党側も統治を引き受ける気があり、そのための準備を整えていなければならないのであるから、この対立は和らげられる。このような対立が、選挙戦での舌戦をあまりにも強く規定してしまうと、選挙で勝利を収めた野党は、公約として掲げていたものを抑制せざるをえないとか、あっさり断念せざるをえない、と考えるようになってしまうだろう。

もっともそうだからといって、この図式の機能が疑われるわけではない。逆に、この図式は、政治システムが——当然のことながら、全体社会内的環境には精確な対応物を見いだせない、政治システム固有のパターンに則って——コンフリクトに決着をつける準備ができていることを伝えている。政治的なコンフリクトは、作動上閉鎖した政治システムにしか現れない分出したコンフリクトなのである。

VII　民主制について

政治的な公職を設えることは、多様な形式の公職の割り振りを論議するための前提である。古典古代以来、このテーマは、国家形態（君主制、貴族制、民主制）に関する学説において扱われてきた。どんな国家形態も、それに相応した堕落形態が割り当てられた。このことは、とりわけ初期近代を突き動かした次のような問いに行き着いた。すなわち、《混合》体制がもっともよく、少なくとも安定した体制ではないのかどうか、という問いである。というのは、混合体制は、それぞれの類型に固有の堕落やそれに伴って現れる不安定性をもっともうまく回避しうるから、というわけである。

この議論が、国家類型についての学説から、成文憲法で具体的に規制され〔権力の〕規制の経験つまり十八世紀後半の経験に反応できるだろうとされた権力分立（Gewalten*teilung*）の問題へと、移行したことによって、議論状況は決定的に変化した。旧来の国家類型の諸概念には、新しい意味を自由に付与することができるようになり、政治的なゼマンティクにおいては、《民主制》が主導的概念へと発展した。それどころか《民主制》は、国家というかたちをとって現れ国家として承認されようとしているいっさいの構築物に対する規範的な要請へと、発展していった(23)。これによって、政治に接近する人々が少なからず拡大していく事態がうまく捉えられ、それに〔民主制という〕呼び名が与えられた。こうした事態は、成層化した全体社会から機能分化した全体社会への移行によって現れてきた。すべての機能システムへの、原則として人々全体の包摂という事態が、いまや、政治システムという特別なケースでは、民主制と呼ばれることになったわけである。選挙の実施は、民主制が現実化していることの証拠と見なされ、一党体制や、あるいは《票の買収》を広くおこなっているシステムははたして、このような〔全成員の包摂という〕要求を充足しうるのかどうかという問いをめぐってのみ、論争がおこなわれた。だが、これはすでに、政治的な問いであり、それに相応して、民主制という概念は、政治的な概念、争いの概念となったのである。それはこんにちでもそうである。《民主制》のゼマンティクの変化、またこのゼマンティクに付随する衛星的な諸概念の変化は、新しい社会理論の応用の成果などではなかったし、（いまや経済的なものに傾きつつある）近代の全体社会の理論の成果でもない。むしろ、ここで問題となっているのは、全体社会の機能分化への編成替えという脈絡のなかで、政治システムの進化と相関して現れたものである。包摂の新しい様相を言い表すための概念が必要となったのであり、このことと関連するが、集合的に拘束力のある決定を準備することの新しい様相を捉えるための概念が必要とされたのである。この〔民主制の〕概念こそは、政治システムの複雑性と偶発性の強化を受け止めることができる概念であった。またこの概念は、任意のことがいまや可能だなどといった幻想を阻止できた。《人民の代表》の選挙に関しては、政治的権力の公職構造とのかかわりは保持され続けていたが、もっぱら目的に対する（どちらかといえば一時しのぎの）手段としてのみ理解された。それ以降、民主制の理論は、〔民主制への〕過剰要求と、実行可能性への立ち返りとの間を、揺れ動くことになる。

こうした発展の成果として登場してきた事態を、政治的権力の再コード化として記述できる。システムの頂点に対して、新しいコードが準備される。つまり、政権党と野党というコードである。したがって、我々は、この政権党と野党というコードの概念をより精確に捉えることによって、民主制が、構造的にみた場合、何を意味しているのかについての分析を、開始できる。別様に言えば、政治システムがそれ自体を、政権党と野党という区別に基づいて観察していることを、セカンド・オーダーの観察者が観察するとき、そのセカンド・オーダーの観察者は何を見ることができるのかを、分析するわけである。

政治システムが分出するにあたって、権力上の優位性／権力上の劣位性という基本となるコードが設定されたことにより、どんな場合についてもそうした権力上の優位性を作りだし確保することに、さしあたりは、いっさいの注意が向けられた。システムにおける《最上位の権力》の弱体化はことごとく、欠点として、不確かさの契機として、権力保持者を失脚に追い込もうという試みを呼び覚ますものとして、現象せざるをえなかった。じじつ、近代的な計算にそくしていえば、その統治時間はじつに短いものだった。(24) これに対しては、公職者だけでは、そうした確かさを提供できず、それどころか逆に、権力の所在を可視化してしまった。こうした可視化により、権力保持者は危機にさらされかねない。民主化(Demokratisierung)は、このような問題理解を修正する。つまり、民主化は、システムの頂点を——まさに、この頂点において（当然、〔民主化しても〕こうした頂点は残っている）重要な決定が下されるからこそ——、その他の諸可能性を組み込むための出発点として、システム全体が偶発的なものとなるための出発点として、把握する。そうであるがゆえに、これこそが、現在統治している権力保持者が考慮されるのかそれともそれ以外の権力保持者が考慮されるのかが決まるポイントなのである。重要なのはもっぱら、職務執行の交代を争いなしに成し遂げることであり、そうした交代を、手続きをとおして規制することなのである。

だが、こうした新しい秩序は、時間次元とだけ、つまり統治の継承の問題とだけかかわっているわけではない。職務執行の連続性を王家の血筋によって確保するという事態の一バリエーションが問題となっているのではない。確かに当初は、あるいは次のように考えられていたかもしれない。選挙によって選ばれた政権党は、自然死を遂げるわけではないのだから、組織によって手助けされなければならず、職務執行の継続に期限が付けられなければならない、といった具合にである。しかし、実践においては、そこから厳密な二値コードが発展してきたのであり、つまりは、政権党と野党とがつねに同時に、すべての政治的決定に居合わせる、という事態が発展してきたのである。

このコードは、選好を伴ったコード化が有するいっさいのメルクマールを備えている。すなわち、野党にかかわるよりも政権党にかかわるほうが好まれる。政権党だけが、集合的に拘束力のあるかたちで決定を下せる公職に就くことができる。野党は、愚痴をこぼしたり、批判したり、要求を掲げたりするだけであり、一般的に言えば、いっさいの政治的決定の偶発性を反省できる。《政権党》という肯定的な値は、システムの指定値（Designationswert）であり、《野党》という否定的な値は、システムの反省値（Reflexionswert）である。[25] 一方の値は、他方の値を条件づける。この区別だけが、それぞれの値に意味を与える。観察の基盤とされる区別がつねにそうであるように、この区別の場合にも、一方だけが指し示され利用されているとしても、双方の側面が同時に重要なもの（relevant）である。統治している集団は、政治的に何かをおこなうさいにはつねに、そこから野党にとってどんな可能性が生じるのか、どのような対抗する記述が提供されるのか、〔野党による〕照らし方加減によって成功という光と失敗という光とがどのように配分されるのかをも考慮に入れなければならない。他方で、野党の政治は、確かに、政権党の側の活動に依拠している。だが、野党という反省のパースペクティブにおいては、政権党の側がおこなわなかったことも、というより、おこなわなかったことこそが殊更に考慮されるのであり、したがって、ことによると生起しえたかもしれないすべてが――望ましくない副次的結果に対して〔政権党側が〕つねに不十分にしか注意を払っていないということも含めて――、考慮される。野党が《合理性》に依拠してそういう合理性に相応した要求を高く掲げるときは、いつも野党は正しい。そうなると政権党の側の活動は、効果的な政治的帰結を持たない、単なる語りとして、現象してしまいやすくなる。

したがって、権力上の優位性／権力上の劣位性という基本となるコードが、政権党／野党というコードへと変形することによって、一方の値から他方の値への容易な転換、半ば自動的な転換、という意味でのコードの《技術化》が可能となる――それはちょうど、法／不法、真／偽の場合と同様であり、あるいは、非所有者から所有者へ、また逆に所有者から非所有者になるためにはただ契約を結びさえすればよい経済システムにおける交換の場合と、同様である。権力それ自体は、それが公職と関係している場合でも、こうした意味では技術化されえない。というのは、主人に奴隷としての行動をとってもらったり奴隷に主人としての行動をとってもらったりするのは、容易ではないからである。これに対して、政権党／野党という図式での再コード化が意味しているのは、政権党にとってのいっさいのプラス面は野党にとってのマイナス面であり逆もまたしかりだ、ということである。当然そうだからといって、政治においては〔コードという〕これだけが重要だというわけではない。〔政治以外の〕いたるところでそうであるように政治においても、プログラム〔＝綱領〕は、それ固有の重み（Gewicht）を有しており、肯定的値／否定性値を処理するさいの恣意性を制限している。しかしだからこそ、各綱領政治（Programmpolitik）を、政権党／野党というコードに照らして読みとり、それを基点にして、政権党の側と野党の側のそれぞれが逆方向でそれを評価することも可能になるのである。

政権党／野党による政治的権力のメタコード化と一緒になって、政治的決定の基本的なスタイルが変化する。こうした変化はまさに、政治が全体社会の中心的な位置づけを失ったこと、あるいはそうした位置づけを放棄してしまったことを、反映している。旧秩序においては、政治的な公職権力は、出自によって入手できた。あるいは、これも出自から導き出されることではあるが、君主の寵愛によって、公職の買収によって、（たとえばヴェネチアではそうだが）確立された寡頭制のメンバーたちに自分を認めてもらうことによって、達成された。君主の身体は（君主の決定の遂行が、ではなく！）、超越的な権力を表象していた。そしてもはや超越的な権力を表象できなくなると、今度は、臣民たちのまとまりを表象することになった。いずれにしても、正義（Gerechtigkeit）をもって扱うべしとか、（ネーションや国家の）臣民の幸福（Wohl）を促進せよといった要請が、公職の地位に就くことと、結びついていた。こうした属性本位的な〔公職への〕採用様式は、公職に向けられる期待にも反映していた。異議が唱えられたのは、職務執行の正統性（Legitimität）についてだけであり、これが疑わしい場合には、自分の主張を押し通そうとする集団は、抵抗権を引き合いに出せた。〔ところが〕政権党／野党というコード化のレジームのもとでは、こうした事態は変化する。というのは、政権党も野党もどちらも、正義とか人民の幸福といった古くからの価値に依拠できるからである。そうなるといまや、政治において問題となるのはただ、価値や利害に――これらが決定可能性の地平のなかに登場するかぎりで――さまざまな優先順位をつけることだけ、となる。また、正統性は、（憲法学がそれをどのように考えていようとも）実際の政治では、人気度と同じ意味を持つ。

このように、一定の価値や利害に賛成したり反対したりするかたちで下される決定の領域においては、すべての決定は、明らかに偶発的になり、その意味で、政治的に責任をとることが可能になる。コード化されているのは、決定の偶発性である（したがって、旧来の、善意による恣意性がコード化されるのではない）。こうした偶発性のコード化とともに解放される可能性は、全体社会システムの機能分化への移行と政治のための特別なシステムの分出によって現れてきた諸条件と、対応している。民主制は（上述した意味で理解されるのであれば）、機能分化によって説明されうるし、また、一気に溢れ出てきた〔民主制への〕期待も同様に機能分化によって説明されるし、この〔民主制という〕コンセプトと結びついて、またとくに野党の〔政治システムへの〕編入と結びついて生じてきたさまざまな可能性をよりよく利用したいという希望や要請も、同様に、機能分化によって説明できる。他方で、野党の規律化も同時に考慮されなければならないが、こうした規律化の固有の効果もまた、このコード化を出発点としているのである。

一党のシステム、つまり、選択可能性がない選挙を伴うシステムでも、政治的な野党は、程度の差はあれ不承不承ながら、許容されるかもしれない。〔だが〕その場合、このような野党は、政権党と有権者の間の緩衝ゾーンとしての役目しかもたない。野党は、このようなシステムにおいては、みずからが政権党を引き受けるというチャンスを持っていない。したがって、当方が政権党の側に回った場合に何を実現できるのかを考慮しながらみずからを規律化していくためのきっかけもない。このようなシステムでは、野党の集団が、もしこれがそもそも何らかの輪郭を示せればの話だが、幻想的なものに——文学者であれ、哲学者（たとえばチトー政権時代のユーゴスラビアにおけるプラクシス派の哲学者たち）[4]であれ、ポーランドに見られたような労働組合組織であれ——傾倒してしまうのは、決して偶然ではない。野党の集団は、統治する側が許容する領域で〔みずからの〕要求を定式化できるが、野党集団自身は、この要求自体を含む政策を、またその他のありとあらゆる政治的テーマを扱う政策を、実行する必要はない。〔この場合〕野党は、〔政権党／野党という〕一つの統一的なコードの契機〔＝値〕なのではなく、この野党集団にとってのチャンスはせいぜいのところ、政治システムの統治可能性が（いかなる理由からであれ）どのみち限界に突き当たったときに生じるものでしかない。

逆に推論すれば、以上の分析は、野党が政権党を担う可能性に開け放たれている反面、そうした開放性が、同時にどれほど強く規律化されているかをも示している。コード化のあれか／これかがすでに、制限的な効果を与えている——第三の（独立していてかつ政治的な）立場を排除していることからしてそうであるし、統治に参加すると同時に反対をも推し進める可能性が制限されていることからしてもそうである。[26] ましてや、政治的提案を、提案者自身も実行できないことが明らかになってしまうような場合には、どんな政治的提案もその信用を失うだろう。そもそも可能である事柄（とりわけ、財政的に可能である事柄も含めて）の狭さによって強いられる、政権党と野党との接近というこうしたジレンマによって、政治は、偶然に条件づけられてしか創造的なイノベーションをもたらせない、言葉だけの対立へと、大部分が移行してしまう。数多くの懸案事項や利害が、政権党と野党という政治的なスペクトラムのなかで、代表されずに残されてしまい、《声》(27)は別の道を探し求めたり、さもなくば、参加民主主義者がまさに憂慮するアパシーへと、埋没していく。こうしたアパシーから再び立ち直るには、せいぜいのところ、レトリックを過度に誇張するしかない。民主制の問題とはすなわち、政権党と野党という図式のなかで、また政党の分化の構造のなかで実際に把握されうるテーマのスペクトラムが、どれだけ広いものでありうるのか、ということなのである。

VIII　選挙の機能

政治的民主制の古典的な理解では、選挙がその注意力の中心にあった。選挙は、人民による人民自身に対する支配を保証するものだとされる。確かに、直接的な仕方では〔人民の〕自己支配として、ソレ自体ヘノ権力（potestas in seipsum）としてあるわけではないが、間接的には、人民の意志を感じ取りそれを貫徹しようとしているとされる代表者の選択という形式で、選挙はおこなわれる。もしそうでないとすれば、その代表者は再選されることはないだろうからである。これに対しては、よく知られている反論がある。それ自体を一般意志として把握しようとしたフランス革命後の国民議会の試みは、失敗した――とりわけ、一般意志であるとする主張がどのようにしてチェックされうるのか、という問題のゆえに、失敗した。それ以外にも、このような人民の意志がそもそも存在するのかどうかや、〔人民の意志という場合〕政治的選挙の演出のゼマンティク上の相関物が問題となっているだけではないかが問われなければならない。(28)

また、選挙に臨む政党や政党綱領が、その基礎をなしている〔人民の〕利害状況をどれだけ代表しうるのか判断するのは容易ではない。しかしとりわけ、作為的に取り入れられている総和一定の原則は、政治的権力を適切に表現するものではない。(29) 選挙やあるいは議会における投票であれば、議席数はあらかじめ決められているので、ある政党の議席の獲得は他方の政党の犠牲のうえに成り立つしまた逆もしかりである、という計算は可能である。これにより、とくにメディアにおける報道が容易になり、政治が、勝利と敗退の連続として現象することになる。しかし実際には、政治的権力の増加や減少は、それ以外の数多くの諸要因によって同時に規定されているのであり、総和一定という図式では、適切に写し取れない。ここまで述べてきたすべてをふまえると、それでは、民主制の概念と結びついている、人民の〔自身に対する〕支配という考え方に関して、残されているのは何であろうか——人民自身による人民の支配が解きがたいパラドックスを孕むことは度外視するとしても。

自己言及的システムの理論の枠組みからすると、選挙の意味を把握するまったく別の可能性が現れてくる。その第一歩が、民主制を、政権党と野党との交替関係として、つまり、政治的な公職権力の第二のコード化として、新たに定式化し直すことである。選挙では、この点について決定が下されなければならない。したがって、この考え方に従っても、選挙は依然として民主制理解の核心にあり続けている。選挙が民主制理解の核心となるのに必要なのは、選挙が、政治的にはコントロールされえないということ、つまりは、自由にかつ秘密裡に実行されなければならないことである。政権党による選挙の政治的コントロールを防止することは、政治システムにおける構造断絶、自己言及の切断を、生み出す。これによって、政治的な案件が単純に、これまでの政治の延長線上でそれ以後も進捗していく、というわけではないことが、確実になる。その代わり、政治は、政治にとって未知の未来に直面することになる。これこそが、定期的に繰り返されるべき選挙の機能である。もっともそうだからといって、いかなる政治的決定が肯定的な共鳴を呼び〔政権党陣営の〕再選に有利に働くのか、あるいは〔逆に〕どういう政治的決定がそれまで野党だった政党による政権党の引き受けに有利に働くのかが察知できない、というわけでは決してない。したがって、計器に頼らない盲目的な飛行が問題となっているのではないし、古くから言われる幸運（fortune）へと政治を縮減してしまうことが問題となっているのでもない。けれども、テーマや利害の多様性からしてすでに、〔いま現に〕権力を行使しているから〔将来も〕その権力が維持されると確実に推論できるわけではないし、また〔逆に〕権力を批判したからといって〔将来その批判者が新たに〕権力を獲得するに至ると確実に推測できるわけでもない。

　選挙の制度化は、システムに対して、そのシステム自体において産出される不確実性を、保証しているわけである。もちろん、依然として、攪乱材料に富み過剰に複雑な環境から帰結する不確かさ、つまりたとえば、経済や科学の固有のダイナミズムから帰結する不確かさもある。だが、こうした不確かさは、〔政治〕システムそれ自体が固有の不確実性を産出しており、そのかぎりで〔この環境に由来する不確かさによって、政治〕システム自体が確定させられたりはしない（あるいは、〔政治システムの側の〕変化のための条件が伴われてしか、そうならない）がゆえに、さしあたりは緩和される。システムは、その環境との関係においては《必要な多様度》[30]を達成しているのであるが、環境の未規定性をそのシステム自体の未規定性によって埋め合わせることによってのみ、そうできるのである。その利点は、外部の未規定性よりも内部の未規定性のほうがうまく処理できる、詳しく言えば、決定によって処理できる点にある[31]。

したがって、我々が《民主制》と名づけ選挙という仕組みに起因すると考えているものこそは、政治システムの分出を完成させるものにほかならない。政治システムは、それ自体を、政治システム自体が設えた決定に基づかせている。と同時にそれによって政治システムは、当選した《代表者》によって下されるべきそれ以降の決定の可能性の条件をも作り出している。これらの諸前提は期限つきであるため、次の選挙のあとで、下されるべき決定を誰が下すのかは、誰もわからない。個々の決定の拘束効果がどれほどの期間持続するのか（たとえば憲法の公布や首都の移転のようにきわめて長期間効力を持つ決定が問題となることもある）とは別に、政治システムは、定期的な選挙を設えることによって、相対的に短期的な不確実性を生み出しているのである。政治システムは、それ自体に対して、その未来の未知性を保証しているわけであり、それによって、政治的な作動が計算されえず決定として下されなければならないことの前提条件を、保証しているのである。

IX　開放性と閉鎖性

全体社会の政治システムの特別な状況を検討した以上の分析によって、我々は同時に、非常に抽象的に定式化されているある一つのテーゼに対して、それを証明する材料を提供できるようになる。端的に言えば、以上の分析は、システムの作動上の閉鎖性は、その環境との関連における開放性のための前提である、と主張している。この想定にとって決定的に重要な基盤は、こうである。すなわち、システムと環境の差異は、システムのなかにおいてのみ生み出され再生産されうるのであり（システムのなかでないとするなら、いったいシステム以外のどこでおこなわれるというのだろうか？）、しかもこれは、〔システムの〕回帰的な作動によってのみ可能になるということである。しかし同時に、システムと環境との差異が問題となっている点も顧慮されなければならない。この差異は、〔システムと環境とが〕相互依存しているときにのみ認識されうる。閉鎖性は、決して、因果的な孤立化として理解されてはならない。[32] つまり、環境からの、ほんの少数の〔システムを〕決定づけるような衝撃にのみ反作用する技術的装置、したがってスタートさせたりストップさせたりでき、外部からコントロールできる、そういう技術的装置をモデルにして、閉鎖性を理解してしまってはならない。

閉鎖性と開放性との連関は、したがって、相互強化の連関として把握されなければならず、旧来のシステム理論のように、〔システムの〕類型の対立として捉えられてはならない。それ自体をその環境から区別することのできる閉鎖的なシステムだけが、当のシステムが情報として（そのシステム自体にではなく）環境に帰属し〔その環境からもたらされたと見なし〕ているものに対して、そのシステム自体の作動によって、なにがしかの準備を整えることができる。確かに、情報は、つねにシステム内部での構築物なのだが、[33] しかし、情報という図式で処理されているものは、その環境によってシステムが刺激されてもたらされたのだ、と帰せられるのである。したがって、しばしば観察できるのではないかと思うが、政治がかなりの程度自己刺激にふけるような事態は、傾向としては、病理的な現象であろう。

確かに、作動上の閉鎖性と環境からの刺激に対する開放性との結合は、任意の条件のもとで、また任意の形式のもとで可能であるわけではない[34]。この点で〔こうした結合を可能にする条件や形式として〕何が達成されるかは、進化の過程で明らかになる。その限りで、我々の分析は、全体社会の進化の理論にも寄与する。全体社会システムの第一次的に機能的な分化の前提条件の一つは、機能的な諸システムが上位の規制などに拘束されたりせず、その代わりに、それぞれの固有のシステム基盤の諸条件を充足していることである。こういったことは、当該システムがそれ自体に対して不確実性を、つまり決定の必要性を供給し、構造的な偶発性に対処する用意を整え、したがって自己組織化と自己決定（Selbstdetermination）のための前提条件をつくり出すことをとおして、そのシステムの内部でおこなわれるのである。これに対して、いっさいの憲法問題、いっさいの価値問題は二次的なものにとどまる。近代社会の政治システムの独自性は、システムとその環境の複雑性が強化されても閉鎖性と開放性とをつねになお結合できるようにしているその形式に、見いだされる。このような編成がそれ固有の問題を有している点については、これ以降、繰り返し本書で触れていくだろう。

作動上の閉鎖性の帰結は、多種多様な理論的出発点から、また多種多様な諸概念によって、結果的にはしかし互いに調和しあうような仕方で、記述される。ジョージ・スペンサー・ブラウンの形式の算法では、これは、区別（ここではシステムと環境の区別）の、それ区別自体への再参入として、現れる[35]。システムは、その作動によりシステムと環境の差異を生み出しており、システムが十分に複雑である場合には、その差異を用いて、それ自体をその環境から区別できる。その結果、システムそれ自体の作動

（スペンサー・ブラウンの場合には、算術や代数学）がもはや、システムを計算するのに十分ではないという事態に行き着くことになる。システムがそれ自体にとってまたそれ以外のシステムにとって《解決不能な不決定性 unresolvable indeterminacy》に至る。観察可能であるためには、作動は時間化されなければならず、したがって時間的に〔過去／未来へと〕相互に分離されなければならない。過去は、（これについてはあとで付言することになるだろうが）忘却と想起とを弁別する記憶の機能を介して呈示されなければならない。また未来は、双安定的な（bistabil）システムの振動にさらされる。すなわち未来は、環境に接続して確定されるか、あるいはシステムそれ自体に接続して確定されるか、のどちらもありうるのであり、つまりは、外部言及的にあるいは自己言及的に確定されうる。そのさい、このうち一方の選択は他方の選択から区別され、他方の選択によって訂正されなければならず、そのつど達成されたシステム状態が、これはまたこれで、忘却されたり想起されたりし、さらなる振動のための出発点を提供する。

ハインツ・フォン・フェルスター[5]のセカンド・オーダーのサイバネティクスにおいては、同じ問題が、トリヴィアルな機械と非トリヴィアルな機械の区別として現れる。(36) トリヴィアルな機械は、信頼できるかたちで動き、一定のインプットに対してつねに同じアウトプットを産出する〔壊れていなければ、だが〕。非トリヴィアルな機械は、アウトプットをその〔アウトプットを生み出した当の〕システムに戻すことによって、また、多数のこの同じ種の機械の結合によって、さらに、環境による刺激を取り込んだ数多くの循環の〔当該システムの閉鎖性と、そのシステムの環境のなかの諸システムの閉鎖性という〕二重の閉鎖性によって、非常に高次の複雑性を産出するので、このような機械は、もっぱら、歴史的な機械としてのみ作動できる。つまり、それ自体の作動によってそのつど達成される状態に依存し、その意味で構造決定的に、作動できる。変数がきわめて少なくてもそれだけですでに、あるいは、システムをその環境と結びつけている構造的カップリングによってすでに、システムは数学的にはきわめて複雑になるのであり、その結果、強力なコンピュータですら、もはやそれについていけなくなる。システムは計算されえなくなり、それゆえ、当てにならなくなり、したがって、決定の自由を〔そのシステムに〕想定することによってのみ、記述しうるようになるのである。

ゴットハルト・ギュンターは、主観論的な考察から出発して、次のような問いを立てていた。すなわち、数多くの反省の中心（主観）を包含しながらもそれ自体は反省する能力のない世界なるものは、いったいいかにして（とりわけいかなる論理学を用いて）記述されうるのか、という問いである。我々の目的にとってとくに重要な彼の論文を見てみると、区別をおこなえる主観の能力としての、理性（認識）と意志（行為）という古典的な区分がこの問題設定のなかに組み入れられており、主観の能力のいわば存在論的な区分として脱構築・再構築されている[37]。出発点となるのは、ここでもまた、システムの作動上の閉鎖性という想定であり、システムと環境との境界の安定性である。閉鎖性という条件のもとで作動しているシステムは、まさにそうであるがゆえに、その環境のことを気にかけざるをえない[38]。世界はすでに決定されてしまっているか、さもなければ、主観によって押し通すことができそのかぎりで決定されていないかの、どちらかであるはずだ、という古典的な想定を、こうしたシステムの境界は、粉砕する。その代わりに、システム内部での区別の使用が重要になる。システムが、それ自体に対して、真と偽を区別する自由を与えているのであれば、そのシステムは、認知（Kognition）という様式で作動する。そのさい、システムは、その環境を統一性として、現にあるとおりの存在として前提にする。これに対して、システムが、それ自体を統一性として、つまり、その環境のなかに一つの差異を生み出そうとしている統一性として見るならば、古典的な術語でいえば、システムはみずからを意志（Wille）として把握することになる。これに従えば、システムは、客観的な所与なのではなく、自己反省の過程であり、精確に言えば、同一性と差異のシステム内部での処理の過程である。こうした処理過程は、悟性（Verstand）と意志とが相互に解きほぐし難く条件づけ合っているにもかかわらず、これらを区別するきっかけを与えている。認知と意志とが共同作用しあって《イメージによって誘発された因果関係》を生み出している事態は、すでに決定されてしまっているものとしても、またいわく言い難い自発性としても、把握できない。もっぱら、複雑性をとおして重層的に決定されているものとしてのみ、これを把握できるのである。《自由意志は、決定されていない状態だなどと言うわけにはいかない。実際には、自由意志とは、出来事の構造的な複雑性の増大に基づいた、フォーマルな諸決定要因への一つの追加物にほかならない[39]》。ギュンターが生涯にわたって持ち続けた関心は、複雑性に適した記述道具としての《多価的な》論理学の発展に、向けられていた。

明らかに相互に収斂しつつある、作動上閉鎖した自己言及的システムの理論についてのこれらのさまざまな構想に、我々はさらなる考察を付加できる。それは、この構想を、政治理論において議論されている問題にもっと近づけるためである。政治的な《制御 Steuerung》に関して議論されるときにはつねに、因果関係についての想定がその中心に据えられている。行為論的な考え方を出発点にすると、結果を制御しようとの希望は、実践においては（さらにまた理論においても）、予見しえない帰結という問題、また、当初の意図が認めない《我慢しがたい》効果という問題のゆえに、破綻する。こうした《人間の意図の栄枯盛衰》(40)については、典型的には、物語的な形式で伝えられる。こうしたことからすると、まずは、因果図式をそれ自体として考察の対象とするのが得策であろう。伝統的な考え方においては、因果関係やそれに相応したさまざまな法則や確率は、客観的な世界所与性として想定されているのに対して、自己言及的なシステム理論の立場からすると、システムが、それ自体をその環境に対して内的に介入可能な関係におくためにそのシステムが使用できる観察図式から、出発すべきだということになる。このように考えると、因果関係は、無限の図式（Endlosschema）にほかならず、具体的な因果想定を形成するさいのメディアである。このメディアは、こうした具体的な因果想定によって、説明や計画といったアクチュアルな関心にそのつど従いつつ、タイトなカップリングの形式へと、変換されるわけである(41)。したがって、因果的な観察や記述は、メディアと形式とが区別されルーズなカップリングからタイトなカップリングへの（つまりメディア的基層から形式への）移行によって帰属の決定がおこなわれることに、依拠している。

社会心理学的な帰属研究は、とりわけ、人格のメルクマールと状況のメルクマールと帰属の傾向との相関関係について問うている。ここでの脈絡では、これとは別の評価を提案したい。自己言及的なシステムからすると、帰属それ自体が、何らかの結果を惹起する原因となりうる。と同時にこれは、よく知られているトマスの公理の応用でもある。つまり、状況の定義は、そう定義した結果として、リアリティとなる。なぜなら、システムはその定義に方向づけられるからだ、というわけである。自己言及的なシステムの理論の通常の想定に対応させて、このようなシステムを、因果的な意味で超複雑な（hyperkomplex）システムとして指し示すこともできる。したがって、これらのシステムは、因果的に説明できない（観察者の単なる自己満足のためであれば別だが）。なぜなら、そのシステムそれ自体が因果関係を使用しているからである。しかも、そのシステムが有している諸原因（とりわけそのシステム自体の行為）を使用しているという意味でそうであるだけでなく、因果図式それ自体の無限の複雑性を、因果上効果があるように縮減しているという意味でも、そうである。

こうした点からすると、どう考えても、政治が全体社会に対して及ぼす影響力についての問いは、あまりにも単純に立てられてしまっていると言わなければならない。政治が影響を及ぼしているのが疑いえないのと同様に、政治システムが、さまざまなシステムの状態を（政治システム自体のシステム状態をも）望むような方向にうまく決定づけるのに成功していないこともまた、疑いえない。自己言及的なシステムの理論によって我々が提案しているのは少なくとも、こうした状況を記述的に、またその他の機能システムとの比較という形式において、正しく評価しておこうということである。しかしまたこの同じ理論道具のなかには、直接的な政治的助言の断念も含まれている。政治の名宛人に対して向けられる〔本書がおこなう〕すべてのコミュニケーションの核心は、近代社会で与えられる諸条件に、その〔政治〕システム自体の自己記述を適合させよという要請のなかにのみ、存しているのである。

X　政治と経済の関係

作動上の閉鎖性が意味しているのは、固有の回帰性、みずから産出した固有値への指向、記憶の自己調達、システム固有の区別の枠内での振動の自己調達、つまりは、そのシステム固有の過去やそのシステム固有の未来の制作と更新、である。作動上の閉鎖性は、決して、環境からの独立を意味しているのではない。全体社会、したがってそれぞれの機能システムは、その他のシステムがその機能をそれぞれに充足させることに依存しているのであり、これは機能分化という原則のなかにすでに含意されている。因果関係がどのように構成されようとも、また結果が原因にどのように帰属されようとも、政治システムと全体社会のその他の諸システムとの間の因果的な関係は、否定されえない。こうした因果関係が誰によって観察されるのかとか、誰がそれを記述するのかとか、一定の原因と一定の結果とのカップリングを作り出せると考えているのは誰かといった問いがそのすぐ後に接続しなければならないとしてもである。

個々の詳しい内容については、のちほど、とくに構造的カップリングについての章で立ち返りたい。当面重要なのは、政治システムの作動上の閉鎖性とオートポイエーシスというテーゼを、ある典型的な事例を使って明確にしておくことである。つまり、政治システムと経済システムとの関係の事例である。

経済の領域に由来するさまざまなテーマが、かなりの程度政治的な役割を果たしていることは、明らかである。ナショナルな、あるいはその他の《原理主義的》な、たとえば宗教的テーマやエスニシティのテーマが後退すればするほど、経済的なテーマが、政治的論争の主要部分を形成するようになる。政治家は、その国が経済的に健全であることによって自分たちは評価されており、自分が再選されるかされないかは経済的な景気に依存していると前提しつつ、ものを考えるだろう。だからこそ政治家は、経済を活性化させると同時に、経済がおのずから作り出してしまう〔不平等な〕分配状況を改善するような政治的な決定を下そうとする。彼らは、たとえば、国際的に流動する資本を可能なかぎり多く自国に引き込もうとしたり、あるいは、同じことの言い換えだが、〔そのために〕自国の立地特性を改善したりしようとする。政治的な物言いに倣うとき、その基盤にあるのはこういった因果的な想定である。しかしこうした因果的な想定は、現に起こっていることとはあまり関係がない。〔たとえば上述の〕経済の活性化と経済の〔不平等な分配の〕改善とは、目標としては両立しにくい。それゆえ政治は、規制と規制緩和との間を揺れ動く。しかし、規制／規制緩和のこうしたパラドックスは、明らかに、政治に固有の問題である。確かに、この問題は、政治によってどのように解決されるのかに対応するかたちで経済にかかわっているが、しかし、経済を規定しはしないし規制もしない。非常に複雑でそれ自体にとってもその他のシステムにとっても不透明なシステムである経済と政治との関係に対して因果図式を当てはめるのも、政治システムの固有の働きなのであって、政治のなかで作り上げられたリアリティ記述である。このような記述は、とりわけ、それがいかなる政治的結果をもたらすのかに応じて、政治的に評価されまた修正される——たとえば選挙戦の期間中になされる記述は、選挙後になされる記述とは別物になる。

経済について、政治のなかで語られているのだと結論づけられる。政治理念が構想され、——〔この理念が〕政治的組織にとってコントロールできるものであるかぎりで——それに相応した決定が下される。情報の状態に応じて、理念が修正され決定が変更される。しかし、このことと、経済の基底的な作動、つまり、日常的に取り交わされる交換とは、じつはあまり関係がない。株式市場は、政治的な出来事に反作用したり、あるいはしばしば、間近に迫った政治動向やたんに推測されているにすぎない政治動向にも反作用するだろうが、しかし、典型的には、政治的意図に対応するような仕方でこうなっているわけではない。他方、このようなコントロールの欠如を埋め合わせるための可能性として、政治は、次の二つの可能性を有している。すなわち、正当化（Rechtfertigung）と偽善（Heuchelei）、である[42]。政治は、すでに決定に盛り込まれている理念を（その理念が必要なものであるかぎり）正当化する。政治は、《ヒューマニティという一般的な金庫への預け入れ[43]》をしているのであり、これが政治的に十分見合うものであることを願っている。まさにそうであるからこそ、政治は、その良き意図〔の実現〕を真剣に考えているのだということをわからせるために、因果関係をたえず構築し続けなければならないのである。

政治が選挙において良い結果と悪い結果に従って判断されるかぎり（それゆえ、その理念のイデオロギー的な正しさに従ってではなく）、こうしてコントロールされえないかたちで良い結果や悪い結果が（政治にとっては多かれ少なかれ偶然に）生じつつもそれを生き抜いていくための政治的技術が見いだされたとしても、別段、驚くべきことではない。正当化と偽善は、〔良い／悪いという二値コードの〕排除された第三項としての現実をコントロールできないままで、良い／悪いのコードでコミュニケーションするさいに使用される政治的な最適化戦略なのである。〔R・K・マートンが『社会理論と社会構造』で「潜在的機能」について説明するさいに引き合いに出している〕ホピ族の雨乞いの踊りと同じように、経済の活性化についての語り、工業立地国ドイツの確保についての語り、雇用創出についての語りは、重要な〔潜在的〕機能を果たしていると考えられる。少なくとも、〔政治において〕何かはおこなわれているのであって、決して、物事が独りでに向きを変えていくまでただ待っているわけではない、という印象を広める機能は果たしている。《現存の》社会主義における生産部門の社会化から、八〇年代イタリアの財政政策における貨幣の社会化にまで至る、さまざまな強力な経済介入と比較してみると、こんにちの時点で考えられるもっとも優れた解決法とは、やはり、いま述べた〔正当化と偽善という〕やり方であることがわかる。

しかしこれは、経済と関連づけられた政治的コミュニケーションの自己言及的な閉鎖性を裏づける論拠の一つでしかない。より重要な第二の論拠がある。それはすなわち、経済が生み出し経済があとに残していったさまざまな差異を、政治の場で擁立するわけにはいかない、という論拠である。(44)〔たとえば〕左派／右派とか社会主義／リベラルといった政党図式は、どうしようもなく、リアリティに遅れをとってしまっている。これらの差異のどちらの側においても、同じ問題が出されているのである。しかも、まさに、経済と政治とのシステム分化から生じる問題である。言い換えると、富裕／貧困とか資本／労働などの型に従った主として経済的な区別は、かつてであれば政治のなかへとコピーできたし、それによって、たとえばある一定の政党への投票をとおして、このうちのどちらの側面を優先させるのかについて政治的に決定することもできたが、しかしいまや、こうしたことのできる主として経済的な区別は、存在しない。こんにちの経済にとって中心的な差異は、一方における国際的な金融市場と、他方における産業と労働の主として地域的に組織化された複合体との間に、ある。この差異は、政治的に代表されうるものではないし、少なくとも地方自治体の政治においては代表されえないのである。

経済の作動様式、すなわち貨幣を用いた交換と、それにより生み出される構造のゆえに、政治は自律せざるをえなくなっている。政治は、経済の苦境に対して共感を示したり共感していると見せつけたりしているにもかかわらず、である。作動という点で見ても、政治は経済的ではないのであり、しかも、これに対応した〔たとえば社会主義諸国家のような〕試みについての経験からすると、この点で何かを変えようとするのは、あまり得策ではないように思われる。システムの不透明な現実に対して原因／結果の関係のネットワークを被せてみることが可能であるにもかかわらず、そうなのである。機能分化という全体社会の条件のもとでは、実際、これ以外は何も期待できない。というのは、この分化の形式は、〔相互の〕無関心さと〔他のシステムの作動によりもたらされる〕当惑（Betroffenheit）、独立性と依存性とを同時に（pari passu）強化しているからである。

XI　政治システムの内的分化

システムがそれ固有のオートポイエーシスへと分出すると、システムは、それによって、外的な環境に依存せずに内的な分化について決定を下す可能性を、獲得するようになる。逆に、環境に接続しない内的な分化は、システムの分出をさらに強化する。このことは、システム理論によって、多くの観点から確証されている洞察である。(45) これは、政治システムについてもあてはまる。

政治システム固有の内的な分化へのこうした変換は、固有の公職秩序の設置からわかる。この公職秩序は、環境に見られる秩序のコピーとして作り上げられるものではない。たとえば、卓越した貴族家政のコピーとしてとか、成層化のシステムのコピーとして作り上げられたのではない。こうした公職秩序が見いだされるようになって以来、王はすべての人々のためにそこにいるのだと期待されるようになった。

公職特有の普遍化というこうした形式を越え出るような発展は、近代の領域国家の進化と相関している。この発展は、二つの段階を経てなされ、政治システムの自己記述のゼマンティクのなかでは、〔それぞれ〕《主権》という概念と《民主制》という概念によって表現されている。(46) 近代初頭において重要となるのは、まずは、国家‐政治に特有の役割相補性を表現するのを目的とした、新しい役割関係が導入されたことである。キウィタス（civitas）／〔キウィタスの市民たる〕キウェス（cives）というかつてのゼマンティクは、プリンケプス〔元首〕（princeps）と臣民（subditos）とを区別する術語によって、引き継がれた。それ以降、君主は、唯一の地位ではあるけれども多くの市民のなかの一市民というわけにはもはやいかなくなり、君主の有する機能のゆえに、市民的義務から解放されなければならなかった。これによって、（貴族も含めた）市民は、従属者の地位へと引き下げられた。これらの従属者は、これに対応して、より特定化されたかたちで理解されるようになり、たとえば、家族生活は、芸術や科学の領域での発展を視野の外におくようになり、さらには、最終的に、十八世紀以降、一定の宗教との結びつきを包含することもなくなる。それ以来、キウィタス／キウェスという術語（この術語は、こんにちもなお繰り返して引き合いに出されているけれども）を引き続き使用することは、明らかに保守的な、イデオロギー的と言ってもよい性格を有するようになった。(47)《キウェス cives》という言葉によって考えられているのは、全体がそれらから成り立ち一つの秩序へとまとめ上げられている諸部分であり、これに対して、《臣民 subditos》によって意味されているのは、君主との関係における相補的な地位である。まもなくして、政治と経済との分化が増大するとともに、シトワイヤン（citoyen）とブルジョワ（bourgeois）も区別され、《ブルジョワ社会》という考え方が展開されうるようになった。この《ブルジヨワ社会》の考え方は、経済に限定されていたので、国家を、固有の制約条件のもとで統治されるべきアンシュタルトの一つとして、把握するのを可能にした。

こうした形式においては、政治システムの内的分化は、《国家》という名称のもとで二重に構想された。つまり、〔とりわけ政治／行政という差異軸による〕公職構造の分化として、また、この公職構造と、この公職構造が奉仕する先として規定されている国民（Staatsbürger）たる公衆（Publikum）との区別としてである。そのさい、まさにこうした国家公職／公衆（あるいは今日的な術語でいえば、国家権力／国民）という境界によって、反省の努力のためのきっかけが与えられ、この反省の努力の結果、《民主制》の名のもとでの新しい統一体の構想が生まれた。

これによって、〔上述したような〕かつての政治に特有の役割相補性を越え出る発展が開始された。かつての役割相補性は、確かに、こうした発展によって廃止されてしまったわけではないが、しかし、政治システム内部の組織化された社会システムの分化により、作り替えられた。とりわけ組織化された政党の成立によって、民主制の構想に含意されていた機能を引き受けるために、こうした発展が始まったのである。それ以降、政治システムの内的な分化は、中心、つまり国家組織とより周辺的な数々の政治的組織というモデルに従った組織システムの分化となってゆく。これについてはあとで〔第七章で〕立ち返ることにしたい。

選挙によって〔政治に〕関与する公衆は、こうした組織に依拠した〔国家とその周縁の諸組織という〕分化と、対置される。《有権者》という役割図式はいまでも認識可能だが、しかしその政治的効果は、〔有権者〕個々人の役割を出発点としたものではない。諸個人から成り立つ人口（Population）としての

《人民 Volk》に対して意向が問われているのであって、また、意見表明をするのも〔個々人ではなく〕そうした意味での《人民》であるということが、その出発点となっている。[48] そのさい、外部による規定は、次第次第になくなっていく。外部からの規定が個々人の〔選挙での〕決定に影響を与えることはあるかもしれないが、しかしそれは、選挙の結果全体において互いに相殺される。典型的な有権者が、権威ある人格（大地主、地域《ボス》、慈善家の代議士）の基準に従ってしまうような事態は、異常として記録され、《票の買収》として信用をなくす。宗教的信念の影響は、量的には確かに相当のものだし（《キリスト教的》政党）、生産過程における位置づけもそうであるが（《労働党》）、近年ではこれらの影響力も明確に減少してきている。[49] こうした傾向が定着し今後も続くならば、理論的には、こうした傾向を、政治という機能システムの分出のためのさらなる指標として、把握できる。政治システムはますます、固有のダイナミズムのために、また、自己産出した未規定性の継続的な処理のために、解放されるようになる。結局のところ、政治システムは、もっぱら、それ自体と、また、政治によって刺激として読みとられ処理されうるものだけに対して、反作用するようになるのである。

国家、政党、公衆のこうした内的な分化もまた、この区分けが、それ相応の環境関係に、相補的なかたちで接続されることを予定してはいない。この内的分化は、機能分化の図式には依存しておらず（このこと自体が、この分化形式そのものの必要条件である）、また、全体社会の内部や外部の内容的問題のいかなる分化にも、依存していない。政治的に重要であるべき事態はすべて、まずは、〔政治にとって〕重要な（relevant）差異として、政治によって構成されなければならない。また、政党間の差異についても、〔たとえば宗教や経済上の〕内容的問題の違いと関連づけたり、同時にそれに対応した問題解決策の提案〔の違い〕と関連づけるやり方が、政党にとっていかに難しいか、は周知のとおりである。〔分化の〕三番目のレベル、すなわち政党というサブシステムの分化図式〔つまり、①全体社会の機能分化、②機能分化の枠内での政治システムの内的分化、そして③政治システムの内的分化の枠内での政党間の分化のうちの、③のレベル〕では、公衆の理解をなかなか得られない類の政治的なものが、支配的になってしまっている。ましてや、そこでは、全体社会内的環境や全体社会外的環境に対して与える影響を明確に〔相互に〕区別できるできるかたちで、〔各政党の〕政策綱領を公衆が選択するのは、困難になっている。

XII　偶発性定式

機能的な個別化に基づいた作動上の閉鎖性の現実化によって、かつてであればコスモロジーへと疎開させることのできた問題が、いまでは、政治システムそれ自体の作動によって解決されるべき問題として、登場してきている。本章を締めくくる数節では、この問題について考えてみたい。

まず第一の問題は、システムの意味付与とかかわっている。この意味付与は、いまや、もっぱら、システムの自己限定によってのみ獲得されうる。言い換えると、無限定的な決定諸可能性を、システムそれ自体のなかでは限定されたものとして取り扱われうる意味地平へと、変換することによって、獲得される。したがって、政治システムの肯定的な意味は、こうした限定と両立しうるかたちで、つまり否定性と両立しうるかたちで、定式化されなければならない。

もう一つの問題は、システムがいかにして、言語的に強いられる諸条件と折り合いをつけられるのか、という問いである。言語的に強いられる条件とは、すなわち、いっさいのコミュニケーションが、意味要求の受容を介して、つまりイエスを介して進行していくか、さもなければ拒否を介して、つまりノーを介して進行していくかの、どちらかだという条件である。かつての秩序であれば、ノーは、敵に帰属できた。少なくとも、悪魔の外的な力に帰属できた。それに相応して、(有機体のメタファーと並んで)戦闘的な態度のメタファーが、政治システムの自己記述のレパートリーの一つとなり、とりわけ、支配の正当化や貴族の正当化にとって必要となった。作動上閉鎖したシステムも確かに、環境による破壊(Destruktion)についてはなお考えることができても、環境による否定については考えられない。いまや、すべての否定は、システム内部で、自己否定として、つまりポジティブに、したがってパラドキシカルに、処理されなければならない。だが、いかにして、だろうか。この章の以下の節では、以上の二重の問いに、肯定的な把握と否定的な把握という〔二つの〕方向で、取り組んでみたい。

政治システムのように、全体社会のなかで作動上の閉鎖性とオートポイエティックな自律性とを達成している機能システムに関しては、システム内部の作動の外部からの確定は、切断される。そうした外部からの確定は、構造的カップリングという形式をとるが、こうしたカップリングは、システム内部には刺激を与えるだけであって、〔そのシステムを〕決定づけたりできない。このようなシステムは、それ自体のなかで、過剰なコミュニケーション可能性を生み出し、そのために、そもそも観察されうるすべてを偶発的なものとして現象させてしまうセカンド・オーダーの観察の水準を、生み出している。それに相応して、システムは、トートロジーをとおして記述可能になる。つまり、何が政治的であるのかは、政治システムそれ自体によってのみ規定されうるのだ、といった具合にである。

したがって、こうしたシステムにとっては、偶発性が、避けられない必然性へと変化する。だが、偶発性の概念が必然性の否定をとおして定義されるとき、こうした変化はいったいいかにしてなされるというのだろうか。

神学もまた、必然的な偶発性というこのパラドックスを知っており、それを、神という超感覚的な（supremodal）〔様相を超えた〕存在へと解消していた。その代わりに、全体社会システムの世俗的な事柄については、システムと環境の区別に依拠する、あるいは、内部（区別の他方の側面から見たときの一方の側面）によるコードの記述と外部（このコードをそれ以外のコードから区別する区別）からのコードの記述とに依拠できる。しかし、これではまだ、いまここで関心の的になっている問い、すなわち、開かれた偶発性に必然性や不可能性という飾りをつけるために、機能システムは、それ自体にいかにして《神の言葉》を与えるのかという問いにはまだ到達しない。別様に問うなら、システムは、それ自体を、どのようにして統一性として記述するのか。またそのさいに、システムにおいて本来可能であるはずのものを、どのようにして排除できるのか。システムは、その機能やその位置コード（Stellencode）の開かれた、したがって未規定の偶発性を、規定可能な偶発性へといかにして移行させうるのか。システムは、いかにして、すぐには再び別様でもありうるものとして可視化されないかたちで、制限を設けられるのか。

伝統的な考え方では、こうした問いは、政治的なものの本性や本質を想定することによって答えられていた。今日では、このような問いはまさに、誰がこれを観察し（指し示し、区別し）ているのかという問いに立ち返ってゆくだろう。システム理論的な想定を用いて、環境こそが、システムの運動可能性を十分に制限している、と考えることもできよう。だが、作動上の閉鎖性、情報的な閉鎖性のもとでは、こうした制限は、システム内でのアイデンティフィケーションに依拠しているのであり、したがって、それ自体、情報処理の回帰的過程に、依拠し続けている。この回帰的過程が、そのシステムのなかで経過していくうちに、そのシステムから見て必然的あるいは不可能とされるものがはじめて構成されてゆくのである。自己言及的なシステムの理論を基盤に据えると、〔誰が観察しているのかという問いに対する答えとして〕残されているのはただ、システムがそれ自体を観察する可能性だけである。

システムがそれ自体に制限性を導入するさいに用いる形式を、我々は、偶発性定式（*Kontingenzformel*）と名づけたい(50)。偶発性定式は、《可能性の条件》を挙示しているのであり、ここで言えば、政治的なテーマ化の条件を――しかもこの条件自体はもはや、その可能性の条件の観点から解析されることがないような仕方で――、挙示している。この偶発性定式は、それ自体がすでに自然コスモロジーの後がまとして登場してきた超越論的なアプリオリ主義に、とって代わる。こうした偶発性定式は、システムの規定の働きにとってのいわば様式指定となっている(51)。したがって、偶発性定式は、一般化されたうえで再特定化されうるのでなければならない。〔すなわち〕偶発性定式は、未規定の多数の状況に妥当するのでなければならないが、しかし、それぞれの状況において、何かを意味しなければならない。つまり、何かを排除し制限するコミュニケーションを導くことができなければならない。

政治システムのゼマンティクの伝統での〔かつての〕偶発性定式は、公益（bonum commune）に関する旧来の学説がいう意味での、公共の福祉として、指し示すことができる。この偶発性定式は、近代初期の国家とともに発展し、最終的には、国民の幸福を国家が事前配慮（Vorsorge）するといったことをも含意するまでに至り、したがって、当時言われていた意味での《ポリツァイ Polizey》全体を正統化するまでになる。これに対抗して生じてきた反対意見が、政治的リベラリズムのゼマンティクを規定するようになり、その結果、しばらくの間は、個々人の自由の確保が、唯一のあるいは支配的な国家目的となった。(52) しかしながら、これもまた保持されえなくなる。すでに啓蒙絶対主義によって、さらには国家と社会の区別によって、主導的な定式（Leitformel）が、統一性から差異へと変換されたのである。公共の福祉という偶発性定式は、反対概念を必要とするようになり、つまり、公共の福祉ではもはや考慮に入れられたり世話されたりする必要のない《別の側面》を、必要とするようになる。〔その結果〕この偶発性定式は、十八世紀が終わる頃から、私的利害という反対概念によって生きながらえてゆく。したがって、公共の福祉が求められるときにはつねに、公共的な利害と私的な利害とをどう区別するかという課題が立てられるようになる。そのさい、再特定化の働きは、――実際の状況に、証拠やもっともらしさがどのようなかたちで存在しているのかに応じて――私益の却下を介するかたちで成し遂げられたり、あるいは、公共の福祉の確認を介するかたちで成し遂げられたりするようになる。いずれにせよ、政治システムの、公共の福祉への自己拘束にとっては、政治的な（政治的に責任が引き受けられるべき）決定が必要である。だが、こうした決定は、《公共の福祉》という形式の意味地平のなかを動く。つまり、公益と私益との区別という意味地平のなかを、である。

この区別は、非対称的に設えられており、その形式の内的側面での、形式への形式の《再参入》を含んでいる。〔つまり〕公共の福祉と私益との区別は、公共の福祉のためにおこなわれる（が、私益のためにはおこなわれない）。私的なものに対しては、それ自身の利害の追求だけが予期され、政治システムは、そうした私益の追求が可能であり続けるように作られていなければならないが、その一方で、公益と私益との区別についての反省は政治の課題となる。政治にとってのみ、公共の福祉という偶発性定式は反省的になるのである。そしてこれもまた、こうした〔公益と私益との〕境界設定が、最終的には、政治的になされなければならないことを、意味している。

しかし、こうした公共の福祉という定式の、それ自体へのこうした再参入が、反省されるようになるやいなや、この定式それ自体が粉砕されてしまう。中世に由来し近代初期においてもまだ受容されていたこの定式の意味[53]は、すでに次のような事態によって問題と化した。つまり、個人的利害の追求に集中していても、全体として見ると公益に資することもありうるという洞察をとおして、利己心との素朴な対比が廃棄されてしまった[54]。国家と全体社会の区別は、なによりもまず、このことを考慮に入れるようになる。しかし国家の政治の内部においても、遅くとも福祉国家への発展とともに、この問題が反復された。その結果、公共の福祉と利己心との境界線は政治的にのみ設置されうるのであって、したがって、この境界線は、どの範囲まで私益も政治的に重要なものとして顧慮されるのかという政治的機会の問題になるのだ、といった洞察へと、行き着かざるをえなくなる。しかしそれによって、政治的な偶発性定式の意味は、政治の面で肩入れされている選好についての公共的な記述可能性、という意味での正統性(*Legitimität*)という一般的な原則へと、移行する[55]。

もともと、政治的なものの正統性は、物理的暴力行使の可能性を放置しておくわけにいかず暴力の追放のためには暴力が必要となるがゆえに生まれてきた。このために要請される暴力は、秩序を作り出す暴力であり、政治的な、そのかぎりで正統な暴力である。それゆえに、十九世紀の半ば頃になると、しかるべき根拠なくしては、事実として貫徹しえている国家暴力が〔事実として貫徹しえているという〕それだけですでに正統と指し示されることは、なくなる。だが、これによって、対立し合うイデオロギーの世紀においてはとくに、あまりにも多くの選択肢が未規定のままになる。したがって、ここに何らかの基準を見つけ出せるはずだとの希望のもとで、正統性の概念は、文化的にまた制度的に確立されている価値関係と結びつけられたのである。

それ以来、正統性は、価値関連の言葉で表現されるようになる（この点では、政治は、超越論的哲学や現象学的哲学の一時的な流行から利を得ている）。しかし、価値関係は、価値コンフリクトが起こった場合についての指令を含んでいないので、実践上また政治上重要なすべての問題について、比較吟味しながら決定を下す必要はなくならず、そうした必要性は、個々の状況に依存したかたちでしか、あるいは貫徹できるかどうかを顧慮しながらしか、あるいは機会主義的なかたちでしか、かなえられない。つまり、正統性はつねに、機会主義をも同時に正統化している。さらに、価値関係が所与のものとして想定されそれ以上問われないという点も、正統化される価値関係には必要である。もちろん、それによって政治的コンフリクトが排除されるわけではない。ただしコンフリクトが起こった場合、そのコンフリクトはそれ自体として正統でなければならず、たとえば、敵対者の壊滅を目指すものであってはならない。

したがって、その他の偶発性定式の場合と同様に、ここでもまた、隠蔽されたパラドックスが問題となっている。かつてであれば公共の福祉がまだ信じられ、公益と私益とを、その本性（Natur）に従って区別できたのだが、今日ではもはや、公益だと称することのできない私益は、存在しない。また逆に、その促進が、私的案件を不平等なかたちで優遇したり、あるいは逆に、不利に扱うという事態にならないような公益も、存在しない。したがって、この偶発性定式は、正統性という〔公共の福祉という定式よりも〕よりパラドックスに満ちた定式によって、置き換えられざるをえなかった。けれども、〔いま述べたように〕この〔正統性という〕偶発性定式もそれ自体パラドキシカルである。というのは、この定式は、それが遂行すべきことがらを前提にしてしまっているからである。まさにそうであるがゆえに、いまや、このパラドックスの展開にとって適切な形式を、的を絞って探し求めていかなくてはならないのである。

価値関係による正統性の根拠づけは、政治的な決定策定の民主主義的な開放性と、まさに対応している。〔ただし〕法の安定性に強い関心を有している法システムには、このような根拠づけはまったくもって不適切である。確かに、正統性は、公共の福祉という定式の代役を務められる。しかし、正義（Gerechtigkeit）（つまり、等しきものは等しく、等しくないものは等しくなく裁定するというルール）の定式の代役は務められない。連邦憲法裁判所の裁判は、無条件に、この〔正統性と正義との〕差異の間を軽々と行き来してしまっている——あたかも、民主主義的に選出された立法機関との競合のなかで進展しつつある司法の政治化の増大を、〔正統性という〕政治的な偶発性定式の引き受けをとおして、政治的に正統化することが重要であるかのように[56]——。憲法史的にみれば、憲法もまた（政治システムと同様に）国家／全体社会という区別から出発していたということによって、こうした事態は動機づけられているのかもしれないが、そうだからといって、この区別を介して政治と法の区別がなおざりにされるようであってはならない。

法システムにおいてそうであるように、政治システムにおいても、偶発性定式を転換するために〔偶発性定式により隠蔽されているパラドックスを展開するために〕、公正な手続き、つまりは、その結論について権力動員によって前もって規定されていない手続きという理念に助けを求めている。手続きは、どういう結末になるかについての嘘偽りのない不確実性を伴いながら、実行されなければならない。いわゆる正統性の《手続き化 Prozeduralisierung》は本来、対立しあう価値評価が明るみに出てくるかもしれない未知の未来に備える、という意味である。

第二の点は、価値ファナティズムの拒否である。つまり一時的にその実現を見合わせることのできる価値だけが許容される。そこでは、狂信者は、その身を滅ぼす——容認された関与者として〔は、もはや受け入れられなくなってしまうがゆえに〕であれ、あるいは、あまりにも高すぎる心理的代償のゆえにであれ——。〔現時点で〕譲歩した人や屈した人は、未来〔において彼らの信奉する価値が実現するかもしれないとの望みを持つこと〕で満足してもらう。このとき、正統性の意味にとってとくに必要なのは、その他の選好設定の可能性が、決して否定されないことである。この考え方に基づくならば、価値コンフリクトに決着をつけなければならないという必要性に反応しその他の意見も参与できる権利を決して排除しないような選好だけが、正統となるのである。その前提となっているのは、事情が変わったり合意事項への人々の構えが変化したりした場合には、〔それまで〕不利に扱われていた意見にも出番が巡ってくるというチャンスを承認することである。つまり、社会的な緊張関係を和らげるための、時間パースペクティブの動員が、前提である。これを、了解（Verständigung）を求める討議（Diskurs）という果てしなき倫理（Endlosethik）として定式化できるかもしれない。ただし政治的実践のなかでは、公開された諸選好をもって活動しこれについて人々の同意をとりつけるべく努めることが、より重要になるだろう。本書ではいずれ、こうした意味での正統性が民主制と相関する概念であることを見るであろう。

ユルゲン・ハーバマスによって考えられている討議理論的な〔討議倫理学的な正統性概念とは区別される〕正統性概念は、こうした理論的位置とよく調和する。[57] この正統性概念は、偶発性定式にとって必要な二つの部分から成り立っている。すなわち、論争が解決されるという見込みを持ちながら、すべての関与者による理性的なコンセンサス（合意 Einverständnis あるいは協定 Vereinbarung）によって成立する、まったく未規定のままにとどまっている部分と、この〔理性的コンセンサスによって得られる〕最終的な意味を、――こうしたコンセンサスがひょっとすると達成されうるのではないかとの推論を正当化する――運用可能な手続き規則へと変更する、という二つの部分である。これにより、対立（Gegensätzen）を統一性へと解消する根本的なパラドックスは、いかようにも精緻化できるルールへと展開される。このルールにより〔実際に政治的な〕テーマで話し合えるようになる。価値論〔が想定するの〕とは逆に、こうした考え方は、一定の価値の妥当性を反論の余地がないかたちで確定させたりしなくともうまくやっていけるという重要な利点、つまり、《ポスト伝統的》なあるいは《ポスト形而上学的》な時代に適合するものとして現象するという重要な利点を、有しているのである。これに相応してハーバマスは、こうした正統性による意思疎通（Verständnis）を正当なものだと評価しようと試みる作動様式を、《主体なきコミュニケイション》[58] として考えており、政治的コミュニケーションは、複雑な全体社会にあって相互作用の水準でもはや遂行しえないものの代役を務めるものである、と想定している。

偶発性定式は、以上すべてからして、単なる何らかの《価値》ではない。むしろそれは、その構造の点で、政治システムのオートポイエーシスに合わせられており、政治システムの構造的な偶発性に合わせられている。偶発性定式は、それが情報産出的な機能を有している点で、単なる《空虚な定式 Leerformel》を越え出たものである。《価値》とは違って、この偶発性定式は、価値コンフリクトが起こったさいにこの定式を取り下げたり制限したりするのは許さないが、政治の活動が公益を引き受けていると記述されうるように、さまざまな証拠や説得力をアレンジする自由を、政治に預けている。

最後に認識しておくべきなのは、正統性のような偶発性定式は、それに対応する機能システムの分出を反映している点である。もちろんこの定式は、それ以外の偶発性定式と競合関係になっているわけではない。全体社会は、正統性なのかそれとも〔経済システムの偶発性定式である〕稀少性なのか、あるいは正統性なのかそれとも〔教育システムの偶発性定式である〕陶冶（Bildung）なのか、あるいは正統性なのかそれとも〔宗教システムの偶発性定式である〕神なのかを選択せざるをえないような状況を生み出すことはない。全体社会の分化図式は、こうした定式のそれぞれが別の機能システムのなかで実践されるように、つまりは、これらが同時に実践されうるように、取りはからっているのである。どんな定式が優位にあるのかとの問いもまた立てられない。それはちょうど、《究極の根拠》についての問いが立てられないのと同様である。偶発性定式は、機能システムの自己記述を方向づけできる。これは、ちょうど経済が稀少性の問題を顧慮しながら活動しているのと同様に、政治は、正統性という条件のもとで活動するようになるということである。しかし、外部からの、つまり社会学的な記述からすれば、システムの分出やシステム作動上の閉鎖性、またシステムの構造的に調整の加えられた偶発性を背景にしながら、この定式の機能に限界があることを認識できる。また、政治のほうでは、もし正統化の必要な選択肢がなければ政治など必要なくなるだろうと考えざるをえないのに対して、外部の記述は逆に、分出した政治システムがなければ正統性の問題もないであろう、と見るのである。

XIII　ユートピアと合理性――〈解放〉と〈エコロジー〉

オートポイエーシスとは、システムが必要とするすべての単位が、そのシステム自体によって産出されることである。システムが否定の作動を行使するならば、この作動もまたそのシステム自体による産物である。システムがシステム自体についての否定をそのうちに含み込んでいるとき、システムは、厳密な意味において完全に自律的となる。言い換えると、システムは、自己否定のケースをもみずからで調達できなくてはならない。しかし、これは、パラドックスの形式でしか起こりえない。政治システムの場合、この自己否定のために作り出されたゼマンティクは、《ユートピア》というキーワードと結びついている。

もっとも、これを認識するには、ユートピア概念の起源の意味にまで遡る必要がある。トマス・モア[6]のユートピア(59)は、本の印刷が、宮廷勤務の諸条件からはじめて独立したかたちで(たとえば、人文主義的な社会構想に基づいて)政治的な効果をもたらすようになった時代の産物である(60)。この新しい種類の差異が明らかに刺激となって、代替的な政治的秩序の構想を記述するのに、パラドックスという形式が選択されるようになった。というのは、《ユートピア》はまさに、どこにもない場所だからである。あるいは、《トポス》のレトリカルな意味にも耳を傾けるなら、それは、見つけることのできない場であり、何も思い出すものがない記憶の場だからである。(61) 同時期に、ロッテルダムのエラスムスは、[7]『痴愚神礼賛』を公刊しこれをトマス・モアに捧げた。(62) ここでもまたパラドックスの形式が支配的となっている。つまり、痴愚神の自画自賛は、明らかに、愚かしい賞賛である。〔賞賛するという〕ポジティブさが、愚かしいこととして登場することによって、そのポジティブさ自体を否定している。だが、このことは、痴愚神が愚かである、あるいは、その自画自賛が愚かしいというだけではなく、つまるところは、通常の形式での人間の自己言及はパラドックスに行き着くという意味もある。この自画自賛の終わりの部分で、痴愚神は、聴衆に対してこれを忘れるように、と要請している。つまりコミュニケーションがコミュニケーションそれ自体を取り消しているのである。

モアがパラドックス化によって政治的な管理〔Kontrolle〕から逃れているのと同様に、エラスムスは、パラドックス化によって宗教的な管理から逃れている。不真面目な真面目さというそれ自体を否定する形式に対してはもはや何も述べられないわけである。確かにこれは、〔『ユートピア』や『痴愚神礼賛』が〕生まれてきた、時代に条件づけられた原因だったかもしれない。だが、『ユートピア』から、密かな批判あるいは公然たる批判の文学ジャンルや形式が成立し、十八世紀の末以降になると、〔肯定的あるいは否定的な〕未来像も現れる。大勢の学者たちが、そこに何らかの意味や発展傾向を見いだそうとし、研究会を催し、ユートピア研究に専念することになった。しかし、そこでは、パラドックスの形式についての理解が失われてしまい、議論が、批判の〔《解放》といった類型の〕内容へと移行してしまう。そうなると、ユートピアという題目にわずかに残された権利は、何の結果も生まないと予測されるような批判、また理解されることもないと予測される批判を、おこなうだけ、となる。そのさい、使い古された流行のテーマは取り替えられ新しいテーマと置き換えられうる――たとえば、解放による配分的正義や、予測されるエコロジー的カタストロフィーを回避することによる解放、といったテーマである。しかし、ユートピアは、連立の組める政党を――どんな理由からであれ――作れない《オルタナティブな政治》のための概括的な定式などでは決してない。したがって、問題なのはやはり、そのたびに人々に好まれ求められるゼマンティクの底流にあって厳密にパラドキシカルに構成されてしかるべき確固たる意味のようなものが、こうした表層的な戯れの根底に存しているのかどうかである。

我々としては、以上の《ユートピア的》な意味は、システム合理性の問題のなかにあるのではないかと推測している。たとえば生産合理性（Produktrationalität）という形式での線形的な考え方が失敗に終わり、政治の規制理念としてまえもって与えられている理念に、少なくともおおまかには接近していこう、という急場しのぎの解決策も、〔こうした理念からの〕その逸脱の規模に鑑みるだけですでに疑わしくなってしまっているいま、こういうやり方をするのではなく、パラドックスのもともとの意味に遡ってみることができよう。というのは、厳密な意味でのシステム合理性について述べられるのは、システムと環境との差異という、システムを構成している形式が、肯定されると同時に否定される場合に限られるからである。肯定されるのは、そうでなければ、肯定と否定という作動を実行できるシステムがまったく存在しえなくなってしまうだろうからである。否定されるのは、システムと環境との依存関係/独立関係が、そのシステムにとっては、予見しえないものとなっているからである。システムは、基本的には、その環境に対して無関心なかたちで（indifferent）現れざるをえないが、しかし、顧慮しなくてよいというかたちで〔そのシステムによって〕排除されたものの多くが、にもかかわらず注目すべきものであったり将来注目すべきものとなるかもしれないことを、システムは決して排除するわけにはいかない。もっともそうだからといって、現存する諸事物や出来事の一切合切を考慮に入れた世界構想として、このシステム合理性が定式化される必要はない。システムが合理的に行為できるのは唯一、そのシステムが考慮できるよりもより多くの環境データがあることを〔システムが〕顧慮しておける場合だけである、と理解できれば、(63) それで十分である。

こうした事態を言い表す一般的な定式を、我々は、ジョージ・スペンサー・ブラウンに依っておこなえる。つまり、区別によって区別されたもののなかへの区別の再参入、というすでに触れておいた定式である。(64) ただし、こんにちまでのところ、この算術が、何らかの(一見して明らかな)パラドックスを指し示しているのか——というのは、区別は、それ自体の中に現れる前と後とで同じ区別であると同時に別の区別だからだが——、それとも、そこで問題となっているのが観察そのものの基本条件にほかならないのかどうかは、はっきりと明らかにされているわけではない。(65) しかし、だからといって心配するには及ばない。システム理論の助けを借りて、我々は、システム／環境という一般的な区別を、自己言及／外部言及の区別から、区別できる。前者の区別は、どんな外部の観察者も使用できるものであり、それゆえ、数多くの(それどころか、すべての)観察者の間で見方が一致しているのかどうかの問いが立てられるときに、使用されるべきものである。これに対して、後者の区別は、自己観察に対してのみ使用できる(当然そうだからといって、自己観察が、一つの作動として外部から観察されうることが排除されるわけではない)。システムのなかでのシステムの自己観察の前提として、システム／環境という区別を引き受けることで、再参入が遂行される（この作動の数学的な地位がどんなものであろうともそれは問題ではない）。さらに、これもまた外部の観察者により観察され記述されうるという事実は、上記のユートピア・パラドックスを再定式化するための理論的な枠組みを、我々に提供してくれている。さらにいまや、（古典的な認知心理学的あるいは組織社会学的な概念構成で言われている意味での）複雑性という変数を導入して、次のような問いを立ててもよい。すなわち、システムと環境の区別の、そのシステムのなかへの再参入を介して、どれだけ多くの複雑性が導入されうるのか、と。この問いは、複雑性の縮減のための構造的な前提条件（期待の一般化、カント的な綜合の条件など）に関する古典的な問題に接続している。

再参入が一つのパラドックスであるなら、合理性の構想は、このパラドックスを展開するための一つの提案となる。つまり、〔他から〕区別可能な同一性へとパラドックスを解消するための提案である。我々は、これによって、（どこにもない＝どこかにある）島というメタファーなしですませられ、また、パラドックスの代わりに、実現不可能な理念へのファナティズムを持ち出したりしなくてもすむという利点を獲得する。また、システム合理性を再参入として構想することによって、解放とエコロジー的安定性との相違を、異なった政治的ユートピアとして、一つの共通分母に帰することができるようになる。自己実現の要求を掲げる具体的な個人も、エコロジー的な条件も、全体社会というシステムの環境に属しており、それゆえ全体社会の政治システムの環境でもある。こうした〔個人やエコロジーという〕外的な事柄のできるだけ多くが政治的な重要性を獲得しうるようになるためには、政治システムの構造的条件はどのようであるべきかが、このいずれの観点からでも、問える。

とはいっても、この定式それ自体がユートピア的であることに何ら変わりはない。こうした定式は、システムと環境との一致を求めている——システムと環境との分離がまさにこうした要求をおこなう条件となっているにもかかわらず——からである。見てきたように、重要なのは、区別の統一性、異なったものの同一性、というパラドックスである。だが、それは理論の欠陥を知らせているわけではない。パラドックスは、まさにそれが観察者を妨げるがゆえに、創造的な問題解決を探求するきっかけ、つまり、そのつどの時代状況のもとで〔有効な解決策かどうかが〕立証される創造的な問題解決を探求するきっかけなのである。そうであってのみ、システムのオートポイエーシスのなかで生み出されるすべての作動や構造を否定する可能性をも同時に含意する、政治システムのオートポイエティックな自律性に関する構想を、主張できるのである。

作動上の閉鎖性が自律性として強いられるがゆえに、肯定的なコミュニケーションと否定的なコミュニケーションとの関係は、そのシステム自体において明らかにされなければならない——XIIとXIIIの議論をこのようにまとめることができよう。システムを統一体と考えるなら、それによってパラドックスが強いられる。すなわち、すべての肯定的なものは否定的にも、また、すべての否定的なものは肯定的にも、指し示されうるのである。いずれのパラドックスも、形式のなかへの形式の再参入をとおして、展開される。〔政治システムの場合〕肯定的な意味付与は、公共の福祉として指し示され、この公共の福祉にとっては、それ自体が公益として私益から区別される必要がある。この相違に基づいてのみ、公共の福祉は規定されうる。システムの自己否定は、どんな種類の批判をも正統化するユートピアという形式をとる。ここでもまた、パラドックスは、再参入という怪しげな形態で、観察される。ユートピアに基づいた批判はそれ自体、政治的コミュニケーションの肯定的な構成要素と見なされるわけである。この〔ユートピアの〕構想が、権力の偶発的なコード化の意味での民主制とある種《共感しあう》ほどの親和性を有していることは、容易に認識できる。こうした構想が保持されてゆくためには、公共の福祉は所詮それ自体ユートピアなのだと主張する《シニカルな》短絡思考を避けるのが、決定的に重要であろう。政治システムが、公共の福祉への指向性に対して、純粋にユートピア的ではない説得力のある意味を与えることによって、政治的実践は、この問いを手がかりにしてみずからをテストしていかなくてはならないのである。

XIV　政治システムにおけるコンフリクト

古典的な政治理論は、旧来の伝統にならって、政治に全体社会の統合（Integration）の機能を割り当てていた。〔とはいえ〕これが何を意味しているのかについては、概念に対する高度な要求が掲げられている理論の場合にも、不明確なままであった。諸条件がますます複雑化していっているにもかかわらず政治と全体社会に関する同一性の構想に固執してしまったがゆえに、このような不明確さという代価を支払わざるをえなくなったのである。統合は、一方では、国家の概念を経由して要求された。このとき前提とされていたのは、全体社会はそれぞれたった一つの国家しか生み出さない、ということであった(66)。他方で、統合は、政治的エリート論の助けを借りて定式化された。そのさい、エリートということで想定されていたのは（この理論デザインから今日的な視点で距離をとって見てみると）、統治しているエリートのみならず、《批判的な》、つまりは抗議するエリートも想定されていた。全体社会のなかで惹起され再生産されるシステム自律性に関する理論へと移行すると、現在ではすでに説得力をあらかた失っているこうした統合理論を放棄できるようになる。統合理論の代わりに登場するのが、政治システムの機能的個別化という考え方である。

理論をこのように切り替えることによるさまざまな結果は、本書の叙述の数多くの箇所で明らかにされるだろう。当面は、とくに重要な観点だけを示唆しておくことにしたい。

統合という考え方においては、政治的提案に対する意見の一致や了解（Verständigung）が前面に押し出されていたのに対して、この考え方を放棄したあとでは、政治的コンフリクトの意義が多種多様な仕方で評価されうるようになる。コンフリクトは、政権党／野党というコード化によってまさにあらかじめ指図されている。コンフリクトは、左派／右派というスキーマによって、スキーマとして再生産される。演技されたコンフリクトが問題となっているにすぎないケースも決して少なくない。とはいえこうしたケースが伝えているのも、全体社会に基礎をおいた意見コンフリクトや利害のコンフリクトを把握しこれに決着をつける持続的な準備態勢を、政治システムが、構造的に保証されたかたちで整えていることなのである。（一致した意見を、ではなく）コンフリクトを好んで伝えようとし《世論》をそれに対応させて構造化しようとするマスメディアの選り好みは、（本書でのちに取り上げるように）これと対応している。それによって、公共的な注意と公共的なコミュニケーションは、典型的には、政治的なコンフリクトへと集中していく――それはちょうど、スポーツの場合に、勝利なのか敗退なのかに注意やコミュニケーションが集中したり、株式市況ニュースで、相場の上下運動に人々の注意やコミュニケーションが集中するのと、同様である。魅力を集めるのは、統一性ではなく差異なのである。より精確に言えば、差異の、特別に規定されたかたちでの統一性、である。軍事力の動員についての、社会保障給付の拡大や制限についての、テクノロジー政策についての、地域分権についての、などといった争点がそれである。

同じことについてしか争うことができないのだから、コンフリクトにもまた、統合の働きが存していると複雑に組み立てられている。とはいえ、こうした統合の働きは、政治についての古典的な考え方で定式化されていたよりもずっと複雑に組み立てられている。コンフリクトを、その他の諸システムのなかでいわば寄食的に（parasitär）発展している社会システムと見るならば、明らかにここで取り上げられているのは、すべての資源を、勝利か敗退かといった眼差しのもとで、一つのコンフリクトへと集中させる傾向を有する、過度に統合されたシステムである。(67) 通常の想定に従えば、これに立ち向かっているのが、コンフリクトの司法化（＝独立した第三者による決着の条件づけ）である。(68) 政治システムがますます強く分出していくと、これに対する機能的な等価物が生じてくる。つまり、政治的なコンフリクトのテーマの個別化がである。このテーマの個別化により、それぞれの貢献や論拠、利用可能な手段が、限定できるようになる。テーマが個別化されることによって、全体社会の〔自由主義グループ、カトリックグループ等々といった〕特定のいくつかのグループが、すべてのコンフリクトで同じ敵対者として繰り返し認識されるという結果をもたらす、コンフリクトの全体社会における《柱状化 Versäulung》[8]が、阻止される。(69) テーマの点でコンフリクトを個別化することに成功すれば、コンフリクトに決着をつけられるかどうか、また決着がつけられるならばいかにしてかという問いを顧慮しながら、政治システムを観察できるようになる。政治システムについての観察（とりわけ自己観察）もまた、これによって政治的なものに集中していき、そのつど主張されては顧慮されたり無視されたりするさまざまな利害から、ある程度距離をとるようになる。さらに、テーマ化されているコンフリクトをたえず処理しこれに決着をつけているうちに、システムの記憶が構造化されてくる。システムはそのさい、再三再四不利に扱われてきた利害をも、というよりそういう利害をこそ、想起するのである。こうした利害は、それが典型的には敗者に属していただけですでに、重要なものとなる。

集合的に拘束力のある決定の可能性を保証し必要に応じてこれを活性化するという〔政治の〕機能が背景にあるので、政治についての観察や評価は、主として、政治によってテーマ化されているコンフリクトがいかに処理されるのかに向けられる。またそのさいの評価の基準は、コンフリクトに決着がつけられているのかどうか、またどのように決着がつけられたのか、という問いのなかにある。事態を明確にするために付言しておくなら、コンフリクトそのものが問題なのではなく、政治的にテーマとなっているコンフリクトが問題なのである。つまり、政治システムの内部で論争を伴いつつ進捗するコミュニケーションがである。これにより不可避的に――もし政治によって論じられなかったら、日常生活におけるそのテーマの重要性に人々がまったく気づかない（あるいは少数の人々しか気づかない）であろう、そういう――テーマが誇張されたりドラマ化されたりする。逆に、政治は、まさにそうであるがゆえに、しばしば、日常生活で多くの人々に影響を及ぼさずにはいられないほど重要な問題を、過小評価してしまうこともある――その例を少しだけだが挙げてみると、たとえば、亡命申請者や、あるいはもっと一般的に、文化的・エスニック上のストレンジャーたる人々の国内流入の問題や、職業教育システムの切りつめの問題、自分の望む職場への就職がなかなかできないという問題、ますます増加する路上や学校や家庭での暴力の問題、などである。明らかに、政治システムの分出とはつねに、コンフリクトのテーマ化のある程度の取り去りをも意味するのである。当然、あるコンフリクトがテーマ化されなかったことについて警告を発することはいつでも繰り返しておこなわれてはいるが、そういう警告自体がすでに〔政治的な取捨選択過程を経てなされる〕テーマ化なのである。他方、こういった議論を越えたところで、このような政治的なテーマ化の〔重要ないくつかの問題の過小評価といった〕必要条件が、分出したかたちで〔その限りで効果的に〕これを取り扱うための《コスト》と見なされないのかどうか、を問うのは、依然として可能である。

とりわけ、ある価値をみんなそろって信奉しているのを観察するよりも、コンフリクト行動を観察するほうが、享楽としてより大きな価値がある。政治を観察するにさいしてこうした非政治的な動機も一役買っている点は、決して過小評価されてはならないだろうし、じじつ政治家は、直観的に、どうしてもこちらのほうにかかわり合ってしまう。〔政治システムの〕分出が〔機能システム同士の〕連関の中断や相互的な無関心をも意味しているとすれば、また、さもなければ〔個々の機能システムが〕機能しえなくなってしまうのだとすればまさに、かの〔政治システムの分出という〕成果をもはや問題化させないようにする、政治の背後を支える特別な装置が必要となる。

以上の事態を記述するには、統合という、それ以上は詳細に展開できない概念ではもはや不十分であり、この概念に固執したかたちでの政治評価は、さまざまな欠点〔が、統合の観点からみれば、現状の政治にはあること〕を確認し〔現状への〕不満を生み出す方向へと傾きがちになってしまうだろう。問題はむしろ、システムの自由度が増大すると同時に制限される点にあると思われる。つまり、可能性がより多くなると同時に選択性がより高まっている点に、である。事実に基づいて調べた結果が、こうした方向を示しているのであれば〔意見コンフリクトのほうが人を魅了する価値を持つようになっているので、我々はそうだろうと推察しているわけだが〕、理論は、これを考慮に入れざるをえないのではないだろうか。

XV　全体社会の統合について

以上の政治システムの分出についての分析によって、我々は、古典的な政治表象に対して劇的なかたちで論駁をおこなえるようになり、とりわけ、その民主制に関する表象に対して異論を唱えることが可能となる。若干の回り道を経てこの点を明らかにしてみようと思う。

タルコット・パーソンズは、比較研究への関心を非常に魅力的なかたちで仕上げていったさいに、産業革命と民主主義革命と教育革命とを、全体社会の近代化へのステップとして区別していた(70)。パーソンズ自身は、そのさい、〔ハインリッヒ・〕リッケルト[9]やマックス・ヴェーバーが言う意味での特別な価値関連の分出を念頭に置いており、またそこにとどまっていた。しかし、システム理論の新しい記述へと足を踏み入れると、この三つのケースすべてに関して、このパーソンズの記述を大きく越え出る局面を、視野に入れられるようになる。

我々はこれまで、基本的には、〔機能システムの〕分出、システム自律性、自己組織化、ならびに、システム／環境‐関係の個々のシステム固有の取り扱いを理論的に関連づけながら議論を進めてきた。しかし、システム準拠を移動させ、全体社会というシステムへと移行すると、価値一元論と望ましくない副次的結果という図式によっては把握されえないまったく別の問題が見えてくる。実際、パーソンズが《革命》と呼んでいた〔機能システムの〕分出によって、機能諸システム同士の全体社会レベルでの相互調整がはぎ取られてしまう。機能システムの固有のダイナミズムが解放され、そうした機能システムが、全体社会内的環境〔つまり他の諸機能システム〕のなかに引き起こす事柄は、その機能システムに固有の映像面上に伝わってくるかぎりでのみ、つまり政治システムの場合には政治的に関心を惹くものに限ってのみ、顧慮される。

　産業革命の帰結に対してははるか昔からおこなわれてきた数々の批判に鑑みれば十分わかるとおり、《資本主義》は〔それが全体社会内環境に対してもたらす帰結に〕何ら配慮などしないのである。資本主義は、組織をとおして、政治化されない資本主義固有の権力構造を、生み出している。資本主義は、比較的遠い未来において何が必要となるのかについての指示を与えないままに、労働力の再生産を家族や教育システムに委ねている。資本主義は、自然がどの程度まで収奪されるのか、いかなる科学的認識や技術的発明が活用されるのかについての決定を、市場に委ねている。以上のことはよく知られており、《資本主義》だけでは誤ったレッテル貼りである。

　教育システムもまた成長しており、せいぜいのところ、それにかかるコストによって制限されているだけである。教育されるのは子どもだけではもはやないし、また、教育の必要性と教育の目的を規制するのは、もはや、人間の本性（Natur）などではない。教養（Bildung）は、価値と見なされる。〔そのため〕生活時間のますます多くの部分が、学校や大学への通学にあてられるが、しかし、経済的自立とか家族形成に対する学生自身の関心は、何ら顧慮されない[71]。このとき、政治的なあるいはイデオロギー的なラディカリズムがはけ口になったりするが、しかし、こうしたラディカリズムが政治的な民主制という手続き形式のなかに首尾よく組み入れられたりはしない。主導的なゼマンティクが本性（子ども）から価値（教養）へと切り替わったことによって、全体社会レベルでの相互調整がこうして放棄されてしまったがゆえの劇的な諸帰結が、隠蔽されるのである。

第三の《革命》である民主主義革命についても、上の二つと類比的であることがはっきりとわかる。ここでもまた、全体社会の構造上の発展は、政治的なものの《脱埋め込み disembedding》という方向へと、つまり政治システムの固有のダイナミズムという方向へと、向かう。その他の機能システムによってこれにストップをかけるような制約が与えられても、こうした固有のダイナミズムはこれを帳消しにしてしまう。ここでもまた、民主制という概念を価値概念として捉える近代的な把握の仕方は、この〔民主制という〕出来事の規模を見えなくさせている。どれほど機能分化していようと統一体としての人民（Volk）が、政治の進むべき道について最終的な決定を下している、といった具合に民主制が理解されてしまっている[72]。しかし、すべての人を政治システムに包摂すべく門戸を開放しておくことと、政治が全体社会に適合的であることとを、混同してしまってはならない。むしろ、こうした包摂は、政治システムの分出を介してのみ、つまり、政党や選挙、福祉国家による利害充足といった特別な仕組みを介してのみ、達成されえているのであるから、その結果、全体社会的な利害が考慮されるのは、それが政治システムの映像面においてのみ記述されうるかぎりにおいてのみ、ということになる。《利害》への縮減がすでに、政治システム以外の機能システムの固有のダイナミズムや自己記述を、通用させなくしている。ましてや、ここで利害というとき、選挙において数多くの票を集めることではっきりと現れてくるような事柄が念頭に置かれている場合には、なおのことそうである。

政治は、数多くの決定を生み出し、そうした決定は、その帰結においてさらに別の決定を必要とする。決定の必要性は、それ以前の決定を修正する必要性とともにたえず増大し続ける。ちなみに、政治的コミュニケーションの大部分は、決定の提案、そういう提案への批判、またこれら決定提案や批判の、政党政治的な〔自党へのあるいは他党への〕帰属、さらには、ほとんど図式的に再生産されるそれへの反論、といったものから成り立っている。政治システムの環境は、そのことから、「政治システムの構造はただその時点において固化されてあるだけであって長期的な期待を抱く基盤としてはふさわしくない」という印象を抱くようになる。個人〔という環境〕もそういう印象を抱いているし〔年金制度〔に対する個々人の印象〕がその典型である〕、法システムもそうである。政治は法システムにかなり介入してしまっているので、その結果、〔法システムにおいては〕法解釈の文彩を落ち着いて吟味したり、等しきものを等しく等しくないものを等しくなく決定する公正な事案解決策を落ち着いて比較考量したりはできなくなっている。また、経済についてもとりわけ、いま述べたことがあてはまる。経済は、政治的に設定されている諸条件に対して、生産と労働の国境を越えての移動によって、反作用している。

これらの多くは、政治が間違った発展をしたからそうなったのだ、というかたちで、つまり、たとえば福祉国家という方向に発展したせいであるというかたちで、解釈されている。だが、経済システムや教育システムとの比較が示しているとおり、その根拠はより深いところにある。すなわち、サブシステムの分出、自律性、機能的個別化に、その根拠が存しているのである。いまや明らかに、全体社会の新しい形式の統合が、すなわち、安定した秩序をもはや保証せず、ただサブシステム間で相互に負担をかけあったり問題を移行しあったりすることだけをその内容とする、新しい形式の全体社会の統合が、定着していかざるをえないのである。

XVI　政治化の限度

みずからの機能にプライオリティを置きその機能がその他のいっさいの機能にまさる優先権を享受する、という事態は、〔政治システムに限らず〕すべての機能システムについて言える。これに相応したことが他の機能システムについてもあてはまるからこそ、こうした一面性が埋め合わせられるのである。全体社会システムは、このようにして、諸機能を位階関係におくことの不可能性、つまりはヒエラルヒー的に秩序づけることの不可能性に、反作用している。けれども、こうした機能特定的な優位性の限界は、どこにあるのだろうか。

このテーゼを最初にセンセーショナルな仕方でまとめ上げたのが、マキャベリである[10]。マキャベリによると、政治的支配はどんな場合でも維持されなければならない。必要とあらば、非道徳的な手段を使ってでも維持されねばならないのである。こうした考え方のこの当時の背景となっていたのは、外部の諸勢力による占領に対抗してイタリアの政治的統一をいかにして成し遂げるのかという問題や、新たなる支配を（こんにちであれば、人々に受容された諸制度にまだ支えられていない支配を、と言うところだろうが）確立することの困難さという問題、であった。もし中央による政治的支配を完全に断念するようなことがあれば、それは、是認しがたい全体社会上の帰結をもたらすだろう――十六世紀初頭イタリアの特別な諸条件をまったく度外視しても――。だが、このようなことが生じないようにするのであれば、国家理性や国家緊急権（ius eminens）を持ち出して急場を凌がなければならない。

それ以来、こういった諸条件は根本的に変化してしまったが、しかし、この問題は依然として残っている。現在は、この問題は、《福祉国家》の政治的ダイナミズムとして現出している。ここでもまた話題となっているのは、純粋に政治的な問題である――もっとも、〔マキャベリの場合のように〕道徳を犠牲にはしないが、経済的なコストはかかる――。民主制や政党間の競争によって、ますます多くの《差し迫った状況》が、また、ますます多くの有意義な諸要望が、発見され定式化される。そのさい、これらの、差し迫った状況とか要望といったものは、政治システムに対する要求へと転換されて利用される。不作になれば、農民は支援を求める。一人で生活している女性は、適切な居住空間がない――そこで国家がこれを手助けしなければならない。こうした問題を重要視することに何ら異論が唱えられたりはしないが、一方のケースで援助をすれば、これとはまったく異なった別のケースでの需要を活気づける。要求それ自体がすでに、政治によって惹起された政治的コミュニケーションなのである。ここでは、マキャベリの場合とは異なって、問題を抱えている側に、また、援助を求めている側に、道徳が見いだされる。けれども、これらが、もっぱら政治だけが担うべき問題、とは言わないまでも、主として政治が担うべき問題だということになると、全体社会に対して、とりわけ経済に対して、コントロールされないような帰結をもたらす。支配の安定化の問題から義援金の配分に至るまで、この種の諸問題を政治システムにだけ委ねておくのが正当化されるのかどうかを問うことはできるかもしれない。だが、とくに近代社会においては、〔要求を向けるべき〕これ以外の名宛人は存在しない。

第四章　政治的決定

I　《恣意性の制限》から《偶発性による規律化》へ

政治的決定に関して、近代においては主として、というよりほとんどもっぱら恣意性（Willkür）の制限という観点のもとで議論されている。このとき前提となっていたのは、決定こそが、政治がそれ自体を現実化する形式だということであり、この点については別段、以下の論述においても疑うつもりはない。しかし、そうなるとますます、どんな区別に基づいてこの決定が観察されるのかという問いが、差し迫ったものになってくる。しかも、この観察は、自分の利害のことを考えたがる〔当該決定への〕関与者とか友と敵とを区別したがる関与者たちによってのみおこなわれているのではなく、政治理論によっても、というより政治理論によってこそとくに、なされている。

〔決定がどんな区別に基づいて観察されるのかという〕この問いは、最高権力（höchste Gewalt）とか主権といった概念とかかわりながら、恣意性とその制限という区別へと、先鋭化していった。善き（有能で有徳の）君主の生き方がもはや議論の的にならなくなると、したがって、有徳／悪徳の図式とか〔有徳の〕君主／〔悪徳の〕暴君の図式などではもはやこの問題が論じえなくなると、決定それ自体についての観察がアクチュアルにならざるをえない。いまや、道徳図式が伴われうるとすればそれは、決定者の本性としてではもはやなく、決定することの制限としてのみ、ということになった。しかも、マキャベリ以降、道徳以外の観点もないのかどうか、たとえば、新しい権力の確立という観点や、平和や公正な秩序にとって必要な権力の維持といった観点はありえないのかどうかについて、議論されるようになった。〔さらに言えば〕敵対者が道徳に拘束されていない、あるいは〔道徳に拘束されているとしても〕同じ道徳には拘束されていないのではないかという感覚を、内政上も外政上も出発点にせざるをえなくなって以来、そもそも道徳は、疑わしい拘束となってしまっていた。こうした状況を巧みに乗り切るために、賢慮（prudentia）や国家理性が必要だったのである。とはいえ、〔賢慮や国家理性を語る〕これらの学説でも、少なくとも、道徳的な正しさという見かけを保持し宣伝しようとする試みぐらいはなされるべきであって、どうしても避けられないとされる恣意性を制限していく点ではこうした試みも重要なのだとされた。

立憲国家が設えられ、政治的暴力に対する法的な制御が整えられるのに伴い、恣意性の限定がうまく制度化されうるようになった。また、憲法の必要性が正統化されたのは、少なくとも当初は、まさにこうした〔恣意性の〕制限に効果があるからであった。政治が民主化されると、このような観察枠組みは、さらに変化することになった。人民（Volk）がみずからを統治するというのならば、恣意性に対立するものはいったい何だと言うべきなのか〔という問いが提起されるようになる〕。〔民主化した〕いま重要なのは、民主制の維持であり、政治的に重要となる諸利害の増大であり、マイノリティの保護であり、基本権であって、それゆえ憲法の正統化は、ますます《価値》〔によるもの〕へと、つまり基本権とかその他の信条という形式で憲法に値するものとしての地位を授かった《価値》〔によるもの〕へと、移行した。アメリカ合衆国では、〔こうした価値として〕《市民宗教》について語られている(1)。

ところで、このような秩序はあいかわらず、恣意性が回避されねばならない〔がそれはいかにしてか〕などという問題を立て〔それを解決す〕ることで生きながらえているのだろうか。当然のことながら、政治的な権力を任意に行使することに尽力する者など依然としていないだろうし、とりわけ統治に携わる政治家自身は、決してそんなことはしない。権力の限定は、政治のために分出した機能システムの境界をいわば象徴している。他面で、純粋に経験的にみて、《恣意性》などそもそもありうるのかどうかを冷静に問うてみなければならない。というのは、結局のところ、決定が可能となるのは、制限された選択肢の枠組みが当該決定に与えられている場合だけ、だからである。〔不特定の〕何かをおこなおうなどという決定を下すことはできないのであって、〔何らの制限もかけずに〕その状態のままにしておくわけにもいかない。したがって、ことによると、《恣意性》とは、当該決定が歓迎されていないということの、あるいは個々人の気まぐれな思いつきや、助言者など〔の助言〕が決定過程に影響してしまうのを退けたいということの、別の表現にすぎなかったのかもしれない。しかし、きわめて多様な利害が関与して政治化されている民主制においては、決定は、実践上つねに、特定の利害を支持しその他の利害を拒否するかたちでおこなわれるのだし、また、多様な価値が入り交じるなかで、一定の価値を支持しその他の価値を拒否するかたちで決定されざるをえない以上、こんにちでは、《恣意性》は、敗者による決定の記述以上のなにものでもない。したがって、システム批判者の想像力のなかにしか《決断主義》は存在しない。民主制の問題として《決断主義》が存在することなど決してありえない。

それゆえにおそらく、政治的決定における《政治的なもの》についてのスタンダードな記述は、我々を、間違った道筋へと導くことになるだろう(2)。ひょっとすると、これに代わる理論が視野に入っていないがゆえに、恣意性／その制限という記述が、しつこく議論されているのかもしれない。決定というときに想定されているのは、たいていの場合、自発的な決心（Entschluß）のことであり、少なくとも、決定を下している人格あるいは集合的アクターにのみ帰属され、それ以外の帰属先がありえないような決心のことである。〔人格や集合的アクターの「内部」でなされるために〕見通しがたい〔決定の〕選び出しは、《主体》というわかりにくい要因によって説明されてしまう。この《主体》は、その主体自身の目的、動機、選好、利害についての真正の（authentisch）解釈者である、とされる。つまり、主体はこういったものの《基底》に据えられるわけである。したがって、行動そのものあるいは特別なコミュニケーションを《決定》として記述する機会に出くわしたとき、いったいそこでは何が生起しているのかを、より精確に分析してみることは、政治理論にとっても、というより政治理論にとってこそ、価値ある作業となるであろう。逆の角度から定式化すれば、ある観察者にとって何かが決定として現象する（したがって他の観察者にとってはひょっとするとそのようには現象しないかもしれない）ためには、その観察者のいかなる《フレーム》が、その観察者によって現実化させられなければならないのか、ということである。

〔決定を「主体」にのみ帰属させるという〕こうした短絡的に把握され、かなりの程度フィクション的な帰属モデルの問題と並んで、政治的決定のための諸条件もまた、外的・内的理由により、根本的に変化してしまっている。目的を指向した合理性の代わりに、ますます、時間を指向した反応性（Reaktivität）

が重要になっている。(3) 決定問題は、それによって、内容上の正しさの次元から（どのみち、内容上の正しさについては《政治的》にしか判断を下せない）、時間次元へと移行することになる。迅速さと柔軟性が優先的な要求となり、まさにそうであるがゆえに、妥協への用意やコンセンサスが、その時点での了解の形式（Verständigungsformen）として重要視されることになる。公約が守られないことは、いわば構造的に予定されているのである――選挙の時点での状況が、選挙の後の状況とは違ったものであるという理由からしてすでに、そうなる。

こうした機会主義的で、原則的に原則がない時間化（Temporalisierung）が進むのには、システム外的な理由と、システム内的な理由とがある。〔システム外的な理由としては〕政治システムの〔経済システム等々の、政治以外の諸機能システムという〕全体社会内的環境は、グローバルな経済システムのダイナミズムのせいで、また、マスメディアが日々ニュースを生み出しているせいで、さらには、多大な労力を要し長年かけて授与される教育修了証書をますます多くの人々が手にするようになったせいで、不安定になっている。政治はもはや、その環境を、確固たる利害という図式のみで知覚するわけにはいかなくなっている。その環境は、カオス的なものとして、非線形的なダイナミズムと計算できない相互作用とによって規定されるものとして、経験される。したがって、予見できない情勢に対して素早く反作用できなければならない。さらに、〔システム内的な理由としては〕政治システムそれ自体が、政治システムに関与する数多くの組織によって、内在的に不安定になっている。もはや、その政治によって国民の間に騒動が持ち上がらないように留意さえしていればよい最終審級たる国家しか〔政治的組織として〕存在していない、というわけではない。その他の数多くの政治的諸組織、たとえば、政党、政治的に行動する経済団体や職業組合から、政治新聞に至るまでの諸組織は、さまざまな反作用を呼び寄せる衝撃を、互いに調整もできないまま、与え合っている。政治システムは、こうした状況のもとで、これを抑制するような規制策をたえず増やし続けるが、問題を解決するためのこれらの規制それ自体が問題となってしまう。つまりは、アウトプットがインプットになってしまっている。〔政治によっては〕どのみちコントロールできない〔全体社会内的〕環境からますます引きはがされて、それ自体で《かけひきをおこなう Politik treiben》という、〔政治システム〕固有のダイナミズムが生み出されてゆくには、これだけで十分であろう。

こうした状況では、政治システムは、手元にある知識の範囲内で、多様性（Divergenz）を支持し、画一性（Einheitlichkeit）を拒否するようになり、それによって、素早い、しかし調整されていない学習のほうを選び、相互の調整を容易にするであろう意見の一致は、拒否する。(4) 組織の内部においてすら——国家官僚制内では当然のこと、政党内においても——、じつに多様な時間地平を持つ小集団が形成されている。これらの小集団は、情報に対する感受性もきわめて多様であり、知識ソースに対してもじつに多様なアプローチをとり、状況評価も非常に多様である。こうした小集団の形成によって、政治システムの被刺激性（Irritabilität）が高まるが、〔これらの小集団の間で〕共有できる諸確信の在庫量は犠牲にせざるをえない。それは、演繹的には不毛な《価値》によって埋め合わせられる。それに相応して、交渉したり了解しあったりしなくてはならないという圧力が高まり、その結果、決定負担が大きくなり、同時に入念なものとなる。いまや、了解（Verständigungen）は、それ自体、ある一時点でなされる決定にほかならない。つまり、固有の《それ以前》と《それ以後》を生み出しはするがしかし合理的選択の概念ではほとんど記述されえない決定なのである。

これによって、一方では、計画されえない決定の割合が増大する。(5) 他方、そうだからといって、任意な決定が解放されるわけでは決してない。というのは、決定のさいにかかわらざるをえない前提条件が——決定がそうした前提条件を変えようとする場合にも、というよりまさにそれを変えようとする場合にこそ——、〔それぞれの決定ごとに〕きわめて独特なかたちで前もって与えられているからである。また、状況特定的な諸利害を政治的コミュニケーションへと変換する各種の意思表示が、政治システムからなくなるわけではない。とすると、権力によって裏づけられた自由と強制という旧来の対比を放棄し、代わって、偶発性による規律化を把握しようと試みる決定理論が、以上のような状況に備えて存在していなくても、はたしてよいのであろうか。

II　決定と時間

決定は、例外なく、数多くの諸可能性のなかからの選び出しとして記述されている。このような記述にはただちに、次のような問いが続くことになる。すなわち、いかにしてこうした選び出しが評価されるのか、また、そうした選び出しは合理性という基準(目的/手段の関係の最適化という基準であれ、《限定された合理性》というそれであれ)を満たしているのかどうか、あるいは、つまるところ、そうした選び出しは、時間の経過のなかで実証されるものであるのかどうか、といった問いである。しかし、選び出しとしての決定という半ばトートロジー的な定義から、決定についての評価へ、というこのようなジャンプは、あまりにも性急になされてしまっている。まずは、このような選び出しがそもそもいかにして可能なのか、選び出しはその決定者にとって何を意味するのか、あるいは、決定者が決定を下すとき、その選び出しはその人をどのように変えてしまうのかといったことを、より精確に認識しておきたい(6)。

まず第一に、ここでは、決定(あるいは選び出し)と時間との関係が関心の的となろう。したがって我々はさしあたり、正しい決定についての内容的基準はすべて脇に置いておくことにする。決定は、そのときにどんなことが選び出されようとも、過去と未来が分岐することを前提にできる場合にのみ、あるいは、過去と未来が分岐するようになると見込める場合にのみ、可能となる。過去と未来との一致がもしすでに確定しているとしたら(もっとも、このような事態はすでに過去や未来という概念と矛盾しているのだが)、決定を下すための余地はなくなるだろう。もしそうならば、未来は、過去が含意しているものによって与えられている、つまりは変更できないものとして与えられていることになってしまうだろう。そうなればそもそも、時間の相違のことを顧慮して世界を観察する必要などなくなり、また不可能になってしまうだろう。

決定は、当然のことながら、現在においてのみ下されうる。そうしたそのつどの現在という時点を出発点にすると、過去はそのときすでに確定されているが、未来はまだ確定されていない。〔とはいえ、過去と未来についての〕このような区別も、決定を不必要なものにしてしまうだろう。あるいはせいぜいのところ、恣意的な決定を可能にするだけであろう。というのは、現在が、過去の成果として現にあるようにあるのだとしたら、また、未来においては可能なことすべてが可能となるのだとしたら、人々は途方に暮れてしまうだろうし、せいぜいのところ、偶然のメカニズムを実証できるだけになるだろうからである。したがって、決定がそれ自体を可能にするためには、過去と未来を、このように、周知の／未知のという硬直した関係として見るやり方を、修正しておく必要がある。言い換えると、決定は、時間の観察に役立つものなのである。そのためには、決定は、それ自体を新たに構成しなければならない。まさにこの点に、決定固有の働きが——そしてそのリスクが——存しているように思われる。そして、繰り返しておくが、正しく決定が下されたのかそれとも誤って下されたのか、またいかなる基準に基づいて正しいあるいは誤った決定が下されたのか、という問いは、ここではまったく無関係である。

過去が現在を決定している（determinieren）——このことは確かに疑いようがないだろう——結果、自分が現在置かれている状況になっているのだとすれば、では、いかにして、〈現況とは違う〉オルタナティブへと至るのだろうか。明らかに、決定は（あるいは、それを誰かに帰属するのであれば、決定者は）、そうしたオルタナティブを構成しなければならない——しかもそのさい、それ固有のリスクを冒すことになる。決定者は、一つの可能性以上の可能性を見るだろうし、しかも、すでに与えられている以上の、また、明日といわず今日できること以上の可能性を、見るだろう。未来がまだ規定されておらずしたがって未知のものであるならば、いったいいかにして未来から何らかの方向性を見て取ることができるのだろうか。未来も構成されなければならないのは明らかであり、詳しく言えば、ある特定の差異をその未来のなかへと投射するようなかたちで構成されなくてはならない。つまり、どのみち〈何もしなくても〉進行していくように物事が進行する場合に生ずるであろうものとの差異を、である。通常、こうした差異は目的と呼ばれる。しかし、この目的という概念は、目的設定を動機づける選好や価値についての問いと（またもやあまりにも性急に）結びつけられてしまっている。けれども我々は、まずは、驚きをもって次の一事を確認しておきたい。すなわち、そもそも差異が投射される場合、その差異は、現にそこにある世界から生じてくるのではなく、その差異自体によって構成されなければならないのである。

したがって、決定は、一方では、蓄積された過去をある程度ほぐす（Auflockerung）のであるが、しかしその過去を過去として変化させられるという希望を持つことはできない。他方で、決定は、未来をある程度構造化しているが、しかし未来において事実となるであろうことをすでに（決定をおこなう現在時点で）規定できるという希望を持つことはできない。[7] こうした二つの構成は、互いに他方を可能としているのであり、それぞれが、他方の前提条件となっている。現在は、それが決定として把握されるなら、過去と未来との循環的な関係を作り出すことになる。現在は、こう言ってよければ、その過去の再構成とその未来の再構成との間の妥協を構成しているのである。まさにこの意味において、いっさいの決定は新しい。決定は、世界の状態から（何もせずともどのみち）もたらされるであろうものから、際だつことになる。しかも、世界は今後もその状況の連続線上にあると予想されるのか、それとも現況とは非連続的なものになると予想されるのか、という問いとは無関係に、である。

決定はことごとく新しい歴史を切り開いている、と、シャックル[1]にならって言うことができる。このことは、広範な帰結をもたらす。たとえば、このことは、未来が（当該決定が最後の決定として把握されるのでないならば、だが）さらに別の決定を、つまりさらに別の新しい開始を内包し、まさにそうであることによって、その未規定性を、それどころかその予言不可能性を確証していることを意味する。

《もし歴史が人間によって作られるのだとすれば、それを予知することはできない(8)》。さらに、現在の時点で諸選択肢を認識したと思っているということによっても、未来のこうした未知性が確証されうる。というのは、〔いまの時点で〕知られている未来は、〔その、いま知られている選択肢以上の〕どんな選択肢をも、もはや許容しないだろうからであり、逆に、それより多くの諸可能性の投射は、未知性という要因を包含し、このような未知性という要因は、一つの決定から別の決定へという過程で再生産されるからである。ともかくも、こうして、未来の未知性は、特別な形式を獲得する。未来は、それ自体で不透明だというわけではなく、現在見られる諸可能性のうちのどれが未来に現実化されるのかが知られていないというだけではない。未来は可能性の投射によって、こういってよければ、フェードオーバーされ[2]るのである。もっともそうだからといって、期待が形成されえないというわけではない。太陽が空から落ちてくることはないだろうし、水は、明日も昨日と同様に一定の温度の範囲内では、流動的であるだろう。だが選び出しができるのは、未来が、既知のパラメータによって確定されていない場合に限られる。未来の未知性は、したがって、決定にとって不可欠の資源なのである。《選択とは、未知を利用することである(9)》。これはとくに、未知の未来が再生産されるよう配慮されなければならない、ということを意味している——たとえば、民主制によって。

同様の考察から、決定が予測にとっての前提条件である——逆に、予測が決定にとっての前提条件であるとは言えない——ということも、導き出される。情報産出の過程も、問題のテーマ化の過程も、諸選択肢についての検討の過程も、それゆえ決定の準備のための認知装置全体も、じつはまたしても、決定に依存している。この決定によって、その他の諸可能性と比較するさいの基準が、つまり過去が、これらの過程に与えられるからである。これにより、近年主張されている《認知的》決定理論とは明確に一線を画することになる。[10]〔こうした理論で主張されているのとは違って〕決定によってはじめて、予測が可能になるのである。

知識がきわめて容易に負担となりうるという理由からも、以上のことは重要である。いったん知ってしまったら、その知識を再度なかったものとして扱うことはできない。諸選択肢を新たに構成し直すことによって、つまりは新しい無知の創造によって、その知識を古めかしくしてしまえるぐらいである。当然、コミュニケーションは、知識を隠し通せるし、その知識を持っていないふりもできる――これは、古くから政治理論でなされている助言であるが、しかし、マスメディアの時代にあっては、また、センセーショナルな報道の時代にあっては、こういうやり方はかなりの政治的リスクを負う。したがって、決定のテーマを新たに編成し直すことは、こんにちでは〔獲得した〕知識を避けて通るための、また、無知を再び獲得するための、推奨に値する方策だと言えるかもしれない。

さらに別の考察も、同じ方向に向かう。合理的決定の理論は、確かに、価値の客観的な位階秩序という前提を放棄し、これを主観的選好という前提に置き換えた。だが、そのさい、この主観的な選好は時間的に安定していると前提されていた。[11]しかし、さまざまな選好が社会的に相互依存しあっていることに鑑みると、その前提も成り立たなくなる。競争という条件のもとでは選好は変わりうるし、また、他者も同じものを欲しているときには、選好はその優先順位の点で強化されることもありうる。あるいは、〔その選好が実現する〕見込みがないときには、選好を放棄したり、別のフィールドへと移動したりする。協力の必要性が選好の順序を変化させることもあるし、あるいは、最終的には、流行とか、ある特定の価値評価が公的に成功を収めたりしたこととかが、選好の順序を変化させてしまうかもしれない。とりわけ、《認知的一貫性／非一貫性》というテーマに関する心理学的研究が示しているとおり[12]、非一貫性の問題が生じた場合には、〔個々人の心理的な〕諸選好は〔その問題を解決するのに〕適合的なものにされる（しかも、現実を受け入れるよりも、これらの認知を適合的なものにするほうが、より容易におこなわれる）。社会的な相互依存は、じつに、時間的な未規定性を意味しているのである。社会的相互依存のゆえに、自分自身の選好を変化させよという圧力が〔個々人に〕かけられるような状況は、予見できない〔からである〕。未来は、したがって、こうした理由からも、未知のものとして甘受されなければならない。未来は、自分の選好にあくまで固執するという可能性と、そうした選好を変化させるという可能性の、どちらの可能性をも、包含し隠し持っているのである。

政治システムが分出し、また、政治に特化された決定がなされるようになると、〔諸選好の〕とくに濃密な相互依存を考慮しなければならず、それゆえ、諸選好の構造的に条件づけられた不安定性を考慮しなければならない。〔それまでは融資可能だった〕数多くの願望を、もはや融資しえないものとして現象させてしまう経済状況の変化や、選挙後の政党連立の交渉の不可避性を、考えてもらえばよい。したがって政治倫理は、諸選好を一定不変に保ち続けるべしとか、公約は守るべしなどと要求できないだろう。いっさいの言葉は、カカル事情ノモトニオイテ（rebus sic stantibus）という但書きのもとでのみ、妥当する。しかしこの但書きは、非現実的なフィクションを定式化している。政治は――しかしいうまでもなく、実際にはそういうふうに判断されているが――、公約を守るべしと要求する日常道徳の観点から判断されうるものではない。社会的・倫理的埋め込み（Einbettung）の〔政治における〕こうした喪失は、政治システムの分出のために、また、パラドキシカルに聞こえるかもしれないが、民主制のために支払わなければならないコストの一部なのである。

III 記憶機能と振動機能

この種の分析が政治理論に対して数多くの成果をもたらしうることは、おそらくは〔ここまでの叙述で〕すでに明らかになっているかもしれない。こうした成果を、我々は、第二の考察過程によってさらに補足説明し、明確にしておきたい。そのさい、我々の出発点は、決定は、時間のなかへの時間の再参入を、つまりジョージ・スペンサー・ブラウンの形式算法でいうところの《再‐参入》を成し遂げている、ということである。(13) それぞれの現在から見てみると、時間は、さしあたり、過去と未来との無限の地平によって与えられている。しかも、〔過去と未来の〕連続性という形式においても与えられているし、非連続性という形式においても、すなわち運動としても与えられている。非連続性というだけでは、つまりたとえば時が経つとかクロノメトリーによって測られる《時間の流れ》というだけでは、まだ決定には至らない。(14) すでに述べておいたように、決定は、過去と未来との差異を、特別な関連性（Relevanzen）の形式で、再構成している。しかも、それは、決定をとおして過去から未来への単なる移行時点として体験される時点においてではなく、決定がマークされている時点において、なされるのである。時間は、そのことによって、時間それ自体のなかにコピーされる。スペンサー・ブラウンは、まさにこれを、形式のなかへの形式の再参入（re-entry）と呼んだのである。過去と未来の相違が、時間の流れのなかに、つまり、時間それ自体のなかに、もう一度現れるわけである。(15) それゆえ決定は、時間のなかで生起するというだけではない。決定は、時間の助けをかりて、(16) すなわち、時間の差異のなかへの時間の差異の、あの再参入をとおして、それ自体を生み出している。

さらにスペンサー・ブラウンの考察に従うと、このような再参入は、システムを計算するという可能性を打ち砕く。(17) システムは、《解決不能な不決定性(18)》の状態に入りこむ〔からである〕。そうなってしまうのは、決して、過去が忘却を、未来が未知性を含んでいるからではない——単純な時間体験からしてもこの点は明白である。そうではなく、決定が、決定自体を(したがって決定を下しているシステムを)、自己産出される未規定性という状態においてしまうから、なのである。それゆえに、決定は、それ自体を決定として、つまり、当該システムを一定の諸可能性に固定するみずから生ぜしめた原因として、取り扱うのである。

それに相応して、過去と未来とが再構成されなければならない——過去は、《記憶関数 memory function》によって、未来は、《振動関数 oscillator function》によって、再構成されなければならない。どちらの方向においても、決定を下すシステムは、区別を導入している。記憶が機能するのは、記憶が忘れ去られたり想起されたりしうる場合のみである。体験されたりコミュニケーションされたりするもののほとんどすべては、新しい作動のためのシステムのキャパシティを解放するために、忘却されなければならない。(19) 例外的な場合にのみ、どのみち変更させることのできない過ぎ去った事柄が、想起されるのである。しかも、これもまた、現在からみた過去の構成としてのみおこなわれる。つまり、通常の考え方が想定するのとは違って、記憶の機能は、忘却したものを探し出し再発見しあらためて使用できるようにするという点にあるのではない。むしろ、出来事や作動に伴ってたえず消え去ってしまうものは、〔記憶の機能によって〕不可視化されるのである。というのは、消え去ったものはどのみちもはや変化させられないからである。手元に残されるのはただ、〔過去の時間地平をしかじかのものとして構成すればそれと〕対比的なかたちで未来に明確な輪郭を与えるはずの過去という時間地平、さらに、過去を〔時間上の〕一次元として指し示すクロノメトリー的な計測システム、そして、世界の慣れ親しみを保証し未来の情報処理のために必要な冗長性を準備してくれるスキーマ、である。[3]

振動機能の前提は、システムがその間を振動できる二つの側面を分離する、何らかの区別が与えられていること、である。スペンサー・ブラウンの場合、彼の算法の枠組みでいえば、「マークされている／マークされていない」がこの二つの側面になるし、目的指向的に作動しているシステムの場合には、目的の達成と失敗、あるいは目的と手段、自分の自由になる原因と自分の自由にはならない原因、予見できる結果と予見できない結果が、これに該当する。これらの〔目的指向性にかかわる〕区別はすべて、どんな目的が差異の基準値として設定されるのかに応じて、多様な仕方でおこなわれる。

システムが決定によってそれ自体を時間的に統合するのはいかにしてか、つまり、システムが、その過去を未来の制限のために利用し、その未来をその過去の制限のために利用するのはいかにしてなのかをいまやより精確に考えてみることができる。一方では、諸可能性は、すでに知られているものとして前提とされる脈絡でのみ、構想される。他方で、同一なものとして、周知のものとして、反復可能なものとして呈示されるものは、決定がその未来のなかに構成するものから、生じてくる。〔過去を未来の制限のために利用するという点でいえば〕システムの振動装置（Oszillatoren）は、システムの記憶から生じるのであり、また逆に〔未来を過去の制限のために利用するという点で言えば〕、振動装置として使用される区別により、実現の見込みありと見なされたものが、記憶の弁別機能や忘却されていたものの抑圧解除に対して、影響を及ぼすのである。時間の、時間のなかへの再参入によって、また決定の構成によって、過去と未来の時間地平のなかで重要になってくるのは区別であって、決して何らかの状態ではない。いまやシステムは、過去と未来の間をも振動できる。ただし、これは自明なことであろうが、こういう振動がおこなわれるのは、決定が下される現在においてのみである。

IV　偶発性の構築による未規定性の縮減

決定の恣意性から偶発性のマネジメントへと移行しようとするのであれば、アリストテレスに立ち返りながら《未来の偶発性について de futuris contingentibus》なるタイトルのもとで進められてきた旧来の学説、つまり、偶発性から決定不可能性を連想する学説は脇に置かざるをえない。もっとも、〔この学説で言われる〕この決定不可能性は、未来の偶発的な状態や出来事についての陳述が真なのか偽なのかという論理学上の問いと、関連していた。これに対して、本書の脈絡で問題となるのは、決定が、現在という時点において、偶発性の想定をとおしてうまく遂行されうるのかどうか、またできるとすればいかにしてか、という問いなのである。

決定過程について経験的な観察をおこなってみると、〔システムが〕みずから生み出した未規定性に対処するための、まったく別の形式が見いだされる。この形式は、《主観》に決定を一任することを内容とするものではなく（少なくとも主たる内容ではない）、テーマと問題の確定を内容としている。たとえば、閉店時間という問いが持ち上がったとしよう。これを決定の問題にしようとするならば、偶発性が導入されなければならない。原則的に言って考えられるのは、店を開けておくか閉めておくかである（店の扉をちょっとだけ開けておくとか、一定の客のためにだけ開けておく、というのではなく）。また、定められた閉店時間が、過去の決定の結果として見いだされたとする。ここから決定のテーマが生じてくるならば、過去はもはや〔変えられないものとして〕甘受されるものではなくなり、偶発的な、別様にも可能なものとして取り扱われる（過去は過去であり続け依然として過ぎ去ったままなのに！）。そのことによって同時に、未来へのパースペクティブも変化して開示される。ただし、未来のパースペクティブの開示は、ある決まった枠組みのなかでおこなわれる――〔たとえば〕閉店時間は現状のままにすべきなのかそれとも変えるべきなのか、という問いにおいてである。決定がこれによって規定されることはないけれども（強い選好があっても規定されることはない）、しかし決定は、案内役を手に入れる（またしても、どんな《主観》によって決定されるのかとは無関係に、そうなのである）。他にも無数のテーマ、たとえば、狂牛病やマーストリヒトⅡ[4]、中国との関係悪化、といったテーマも存在している。だが、こうしたその他のテーマは、それぞれのテーマ固有の偶発性マネジメントによって、個別的に取り扱われる。狂牛病に注意を促したいのであれば、もはや、閉店時間の問題では何の役にも立たないだろう。これらのテーマはいずれも、いかに決定を下すべきかを確定させてはいないし、それどころか、このテーマが精確にはどのようなかたちで定式化されるべきか、何について決定を下すべきかも、確定させていない。しかし〔まったくの未規定性というのでは、当然なく〕、コミュニケーションをおこなっていくために、偶発性に関する案内役は、つねに十分存在している。つまり、つねに特定の、挙示できる別様の諸可能性であって、したがって、完全な未規定性（《何かある別のこと》も提案できると考える人もいるかもしれないが）を排除する、そうした別様の可能性を指し示す案内役が、つねに存在しているのである。

もちろん、〔決定がなされる〕状況のパラメーターに、偶発性の経験が組み込まれることで、〔決定の〕絶対的な（非難されえない）正当化は断念せざるをえなくなる。偶発性は、決定それ自体に転移することになる。そこには恣意性を選ぶというオプションはない。だが、いまや、回顧的な意味付与が必要になる。[20] 過去の状態や未来の状態は、相互に記述しあう関係へと変わり、その結果、〔一方での〕変化は〔他方についての〕新たな記述を帰結させる。すでに決定されているものは、〔そのつどの〕現在においてありうる未来として現象しているものに適合するために、たえず新しい記述にさらされなくてはならないのである。

以上の分析で示そうとしているのは、決定という作動とともに世界に据えつけられる構造的な未規定性は、決して、理解しがたい《主観的な》事象によりしかるべき形式にまとめられるわけではない、ということである（当然、そうだからといって、ある観察者が、古くからある帰属習慣によってそのように記述できることが排除されるわけではない）。むしろ、決定を下せるシステムの、みずから産出した構造的な非決定性の縮減は、偶発性の構築の〔当該システムへの〕組み入れによって、おこなわれているのである。このとき、それに対して誰が責任を負っているのかとか、場合によっては、これを何らかの仕方でおこなうという決定を（あるいはおこなわないという決定を！）下したのは誰か、と問うことはいつでもできるし、政治家は、仕事をしていなくてはならないという単純な必要性のゆえに、いつも、新たに〔決定を〕案出するよう促されているのではないかという印象を禁じえないかもしれない。だが、これらは、厳密な意味での決定理論の関心領域を越え出ている。本章の主たる問いは、決定可能性がシステムのなかに導入されることで生ずる構造的な非決定性が、いかにして作動のうえで克服されるのかであったし、また以下の節でもそうである。

V　スキーマとスクリプト

決定は、人目を引く出来事ではあるが、それは、世界がどのように動いているのかを明らかにするが不明瞭にもしてしまう。変化を決定に帰属すると、過去と未来の連関を問題化したりその連関を新たに演出できるようにするさらに別の条件が存在することが、簡単に見落とされてしまう。このような条件は、認知心理学において使用されている《スクリプト》という概念で明らかにできる。(21) スクリプトとは、何を忘却し何を想起するのかを規制する、システム記憶の特別な働きである。スクリプトは、繰り返し使用し新しい状況に転用できるいくつかのスキーマを内蔵している——たとえば、無数のスキーマのほんの一部をあげれば《議会》、《公用車》、《会議》、《〔議会での〕小質問》、《立候補》、《申し合わせ》、《環境汚染》、《妥協》、《施政方針演説》などといったスキーマである。スクリプトとして指し示されているのは、行為をとおして関与できる時間的な規制の特殊ケースである。スクリプトは、その構成要素が状態としてではなく出来事として、あるいは行為として、スキーマ化されていることを前提とし、さらに、スクリプトの構築によってはじめて、構成要素が、そのスクリプトのなかで構成要素として機能するものとなる、つまり、時点と結びついた出来事になることを、前提にしている。そのさい、個々の事柄に即したスキーマが使用される。消防署は、緊急通報を受ける場合に、消防署であり続ける。ただし、構成要素としてそのスクリプトのなかに受け入れられるのは、警報、消防車の出動、消火、のみである。また、二つのスキーマの関係という、それだけですでに複雑なスキーマ化を取り上げるならば、たとえば、《問いと答え》、さらにはとくに、《原因と結果》、つまり因果帰属のスキーマが、それである。《失業》や《環境汚染》といった問題定式が典型的だが、これらは、因果帰属の助けをかりて、スクリプトの産出に役立っている。たとえば、補助金は失業を減少させるとか、洋上石油プラットフォームであるブレント・スパー[5]を海に沈めることは海洋を汚染するといったようにである[22]。あるいは、失業は、若者を暴力への構えに駆り立てるのだから、逆に見てみれば、労働市場へのチャンスを供給することは、若者たちの暴力への構えを減少させるだろう、といった具合である[23]。現実を細部まで見ているわけではないという事実を覆い隠しつつそれでも現実について叙述できる大摑みな概念のもとで、未来が運営されるわけである。原因は、必要に応じて、スキーマのなかに組み入れられる。〔多数のありうる諸原因を考慮の外に置くかたちで〕境界が設定され、これにより、スクリプトにしかるべき輪郭が与えられる。失業の場合は、もっぱら、統計的に把握されるデータが顧慮される。環境汚染の場合は、自然の自己汚染が考慮の外に置かれ、たとえば自然界からの放射能や海底の浸食などは考慮されない。したがって、スクリプトは、一方で政治的な決定問題の沈静化に役立つこともあるが、同時に政治的な決定問題のドラマ化に資することもありうる。いずれにせよ、スクリプトは単純化に寄与しているのであり、それによって、システム記憶をさらに書き連ねてゆくことに貢献する。スクリプトの効果は、それが真理であるのかどうかに依拠しているのではなく、それが決定を導くのかどうかにのみ依拠しているのである。と同時に、スクリプトは、そのスクリプトに適合的な動機をも内包している。動機は、社会的に見られうるようにするための、行為を根拠づける形式である。(24) とはいっても、心理的な過程がそれによって決定されるわけではない。そうではなく、逸脱が人の注意を引き、それにより〔その逸脱行為について他者に〕説明を要するものに（＝動機を必要とするものに）なったり、さもなければまったく無意味なものとして現象したりする、ということである。確かに、政治においては、スクリプトの選択という点で、かなりの自由が考慮されなくてはならないが、しかし、スクリプトのなかで確定される動機との著しい抵触は、ほとんど考慮されない。

スクリプトは、時間の図式論（Schematismen）であるからには、(25) 決定にとって必要不可欠な装備である。〔というのは〕決定は、未知の未来に対してしかるべき構えをとるために、過去によって決定づけられてしまう（Determination）ような事態を解消するよう、努力しなければならない〔からである〕。これと比べれば、あらゆる目的投射は副次的である。二十世紀の最後の三〇年において観察される《価値変動》については、盛んに議論されている。この記述は的を射ているかもしれないが、しかし、当該現象を説明しているわけではない。我々が、価値変動をあたかも独立変数のように採り入れそれにマッチした政策やとくにその種の政党綱領を要求したりするのは、価値に基礎づけとしての意義を与える習慣があるからにすぎない。しかし、そうした変動は、まずは最初に、スクリプトとして利用される因果帰属の水準で起こり、次いでその後になってはじめて——未知の世界のなかに据えつけられるスクリプトを飾りつけ、当該価値に反応して下された決定を正統化するために——、価値が付加的に連想されている、というだけの話なのかもしれない。このような、因果スキーマが有する価値形成的な効果は、《蒸留されたイデオロギー distilled ideologies》と呼ばれる[26]。そのうえで、このような価値づけによってはじめて、どのような方向でスクリプトが利用されるべきなのかが確定する。つまり、何か事を起こそうと企てる場合、それが、失業、環境汚染、犯罪の増加、外国人への敵対心、ヨーロッパのより強い統合などを促すのか、それとも妨害するのかが、確定する。しかし、その前にすでに——たとえば、通貨、ヨーロッパ、統合といったスキーマが何を意味するのかを誰も精確には知らないにもかかわらず、というより知らないからこそ——、ヨーロッパ統一通貨がヨーロッパをより強力に統合するだろうと、確実視しているのである。

〔スキーマという〕言葉の選択は人を惑わせる。スキーマは、まさにスキーマ的には使用されえないからである[27]。処方箋が問題なのではない。むしろスキーマは、忘却と想起の弁別をおこなっているのであり、そうした弁別は、過ぎ去った作動の痕跡を抹消し、変化した状況のもとで新しい作動をおこなうためのキャパシティを解放する機能を有しているのである。スキーマは、逸脱を認識することを可能にすると同時に、逸脱したものとして＝新しいものとして認識されまた推奨される逸脱を、まさに産出することも可能にする[28]。スキーマは、学習を可能にするのである。これを、時間次元から立ち返って社会的次元に投影して考えてみると、スキーマは、コンセンサスと同時にディッセンサスを可能にする。〔たとえば〕バナナ商取引を〔政治的決定により〕促進することもできるし難しくすることもできるが、そのさい、バナナ商取引が問題となっておりそれについての決定がその取引への介入として議論の対象になる、ということが〔そうした決定を下すさいの〕前提となる。場合によってはありうる論争は、二次的なスキーマによって争われるか、あるいは、より一般化されたスキーマ――このケースでいえば、保護主義か自由貿易か――へと方向転換したりもする。しかし、人々がスキーマに依拠していること、また、行為がおこなわれる場合にはスクリプトに依拠していることは疑いようがないのであり、コミュニケーション過程においてもテーマになることはない。

　以上の分析の結論は、二つの観点からまとめることができる。〔一つ目の観点。〕確かに、決定がスキーマに、また、スクリプトに依存しているからといって、知識の違い、熟達度の違い、状況についての認識の違い、プロフェッショナルな専門的知見の違いが、政治的な決定の場合にも、というより政治的な決定の場合にこそ存在するということが疑問視されるわけではない。だが、これらの違いは、つねに、過去の時間地平とかかわっているのであり、間接的にのみ、過去という時間地平に媒介されたかたちでのみ、未来とかかわる。これらの違いは、決定のさいに使用されるスキーマやスクリプトの内容的な豊かさとかかわる。これらの違いは、未来を振動させる可能性と関連しているのであり、とくに、過去を振り返りながらそれまで考えられていたのとは別様に決定を記述する可能性と、かかわっている。しかし、すべての決定が未来の未知性に依拠せざるをえないという事実が、これによって何ら変わるわけではない。いかなる決定者も、自分が知らないものを無視することができるためには、スキーマを使用しなければならない。どんな決定者であっても、自分が知らないものから何らかの結論を引き出さざるをえない状況に置かれている。《より多くの情報》によってこのことを変えることができるわけではなく、場合によっては、このような状況が、ますます広がってしまうこともありうる。経験の違いや状況の認識の違い、知識の違いが助けになりうるのは、それにより、〔経験が豊かであったりより多くの知識を持っていたりすることで〕説得力のある決定提案に素早く至れるからである。そして、決定についてこれまで述べてきたことをすべて踏まえると、こうした素早さは、しばしば、決定の正しさよりも重要である。というのは、決定の正しさは、どのみち変化してしまうものであり、しかも、決定それ自体によって変化してしまうものだからである。

〔二つ目の観点。〕さらに、以上の分析によって、思考と行為との区別が崩れ去ってしまう。ここで提案されている概念は認知心理学に由来するにもかかわらず、まさにこの研究分野は、動機づけの帰結に対する関心によって、特徴づけられる。とくに帰属研究はそうである。ちなみに、いわゆる《プラグマティズム》は、認知的／動機的という区別を、かなり以前から批判していた。ただし、思考を、行為の派生物として、試験的な行為として把握しても、それほど役には立たない。《実践的な思考》が推奨されても、それは理論的な利得にはならず、ただ、一つの新しいスキーマとなるだけである。けれども、観察という概念を、思考も行為も含むものとし、最終的には、ある区別の、他方の側ではなく一方の側を指し示すためにその区別を使用するすべての作動を言い表している、というふうに定式化できないものか、考えてみることはできるだろう。

VI　政治的決定と専門知

選び出しの問題や、そうした選び出しの可能性の条件——それは決定そのものに適用されるはずのものである――についての以上の分析によって、政治的決定に関しても、より精確に理解できるようになる。さしあたって、古典的な政治理論が、なぜ恣意性というモメントを不可避的なものと見なしていたかは、理解できる。決定は、それ自体を未決定の状態に置いているわけだが、それは、〔何かを実際に〕選び出すことによって未決定の状態からみずからを救い出すことができるようにするためである。そのさい外部の観察者は、その観察者なりの計算をおこなって、因果帰属でもってこれを処理することは依然としてできるだろう。その観察者は、決定について何らかの予期を形成し、決定として予期しているものを、原因と結果のネットワークのなかに位置づけようと試みることはできるし、多少なりともその試みがうまくいくこともある。しかし、そうすることによってその観察者は、決定がみずから必要としているものを、すなわち、新しい歴史を開始することを、押し退けてしまう。

政治的決定は、当該決定自体を定式化するため、また、ある特定の成り行きにみずからを固定しそれ以外の可能性を排除するために、未来の未知性を利用している。しかし決定は、つねにシステムにおいてのみ把握され、したがって、一番最後の決定としては把握されえないのであるから、決定は、それ以降の決定がさらに別の意外さを、つまりさらに別の情報を生み出すことを、考慮に入れなければならない。こうした前もっての知識は、しばしば、戦略的計画とも呼ばれる。そのさいの問いは、こうである。すなわち、ある決定は、その決定の未来にたいして、拘束性、一貫性、原則への忠実性を、いったいどこまで要求するのか（ここでは意識的に、未来なるもの〔一般〕ではなく、その決定の未来、と述べている）、あるいは、〔現在の時点で下されようとしている〕決定は、未来の決定から見た過去としてもはや変更できないものに〔将来は〕なってしまっているだろう、という見込みにどこまで満足できるものなのか。多党民主制においては、権力を行使しうる地位にとどまるチャンスがどのように評価されるのかに応じて、明らかにこの双方の考え方が用いられている。ある政党が改革学校（Reformschule）や改革大学（Reformuniversität）を作ってしまったので、その結果、その改革への反対者がこれらを再び撤廃するのが困難になってしまうかもしれない。こうしたズレがあるにもかかわらず、あらゆる改革政治が賢明なものとなるのは、その政治が、それ自体をさらなる改革のための前提として把握する場合、である。《政策の目的の一つは、政策それ自体が改革されうるようにする新しいプラットフォームを、獲得することである》(29)。この場合、その未来は、未来の決定の未知性に対してしっかり順応しているとして、正当に評価される。

もう一つ別の問いは、政治がそもそもいかにして、現にある状況のなかで、代替案を見いだすことができるようになるのかである。いまなお妥当なものと見なされている、この問いへの古典的な回答の指摘によれば、それは状況を変化させる権力であるとされる。そのさい、威嚇権力は、間接的な影響力から区別されなければならず、したがって、一方での法権力と他方での融資可能性とは区別されなければならない。経験が示しているとおり、これらの〔権力や貨幣といった〕資源が用いられる場合、その行使の諸可能性を表象する想像力は、十分に存在している。〔このとき〕手段を起点にして、そこから目的が探し求められることになる。権力や貨幣といった資源は、〔それそのもののなかには〕何のために用いられるのかについての情報をほとんど内包していないからこそ、政治は、決定に対する影響力を想像したり、また、そういう影響力を許可したりできる。前節で採り入れた概念をもう一度適用するなら、権力や貨幣といった資源は、補完を必要としているスクリプトなのである。このスクリプトは、原因を名指し――ただしそのさい、その原因の原因については捨象され――、それによって、その原因に適合的な結果が見いだされうることを約束しているわけである。実際、スクリプトをこうした方向で補完することには、なんの困難もないだろう。民主制は、この点に、つまりあらためて言い直せば、無知の活用という点に、その可能性の重要な、というより不可欠な条件を、見いだしているのである。

だが、民主制をとおして、また、利害関係者の影響力に関する開放性をとおして、無知がこのように利用される場合、そこには一つの問題が潜んでいる。この問題についてはすでに、未来の決定の未知性を指摘しつつ考察してきた。もし、〔抵抗を排して〕貫徹する権力や貨幣だけが重要なのだとすれば、新しい決定の基盤としては役に立つがすぐに――踏みにじられるとまでは言わないまでも――修正されてしまう短期的な成果しか、ありえなくなるだろう。この脈絡において議論されてきたのが、専門家知識の役割であろう。

通常、専門家に対しては、未来の可能性に関する不確かさを制限してくれるだろう、との期待が寄せられる。〔けれども〕過去の事件や決定の結果として現在見いだされているような諸事実についての、きわめて詳細な知識によってまさに、何かを変えようとして下される決定に対し〔その決定の結果どうなるかに関する〕何らかの予測を供給することは、より簡単になるどころか、むしろより困難になる。政治が専門家の知識を受け取る場合、政治は、〔受け取った知識よりも〕よりよい知識があってもそれに逆らって、この〔受け取った〕知識にいわば頑なに固執しなくてはならないのであり、たとえば、介入するかどうかを決定できるためには、〔たとえ異論があっても〕二酸化炭素排出が気候カタストロフィーを引き起こす原因なのだと説明しなくてはならない〔そのあとは、この決定を貫徹するのに十分なだけの権力と貨幣を使うことができるのか否かだけが問題となる）。政治は、政治固有の決定の過去と未来とを政治なりに統合するさいに専門家知識をそこに組み入れると、典型的には、みずから過剰負担を背負い込むことになる――そして批判を受ける。これに対して専門家のほうは、諸要素の組み合わせ方の変化――その変化が、自然的な仕方でもたらされるものであれ、〔人為的な〕介入をおこなうとの決定によって惹起されたものであれ――によってもたらされる帰結を予測するのが、その科学的知識の解析能力の強化とともにますます難しくなる、という事態に我慢できる。ここ〔科学〕では、過去の過程の結果についての知識と未来についての無知との分離が、政治がこれを処理する場合よりもより鮮明に、かたちを現すことになる。カオス理論、非線形的機能、システム・ダイナミクスといったものは、このような分離が科学のなかで反省されていることを、そしてどのように反省されているのか、を示す言葉なのである。

だが、これではまだ、専門家の時間と政治的時間との関係は十分に記述されていない。専門家はさらに、政治がみずからでは考えなかったであろう諸可能性をも発見する――むしろ、発明するというべきか――ことができる。このこともまた無知の増大に行き着くのであり、したがって、政治的決定にとって、しばしば歓迎されない負担を招く。というのは、〔専門家によって〕構想された可能性それぞれによって示されているのは、それが現実化されるものかどうかは知らない、ということであり、その可能性を現実化しようとするならばどんな〔政治的〕決定が下されなくてはならないのかについても知らない、ということだからである。たとえば、戦争遂行のための新しい手段や世界規模での防衛構想（ＳＤＩ）の提案のことを、さらに、これらを技術的に準備するために支払われる莫大でかつ成果の不確かな出費のことを、考えてもらいたい。あるいは、より害のない事例としては、公職における人事決定を制御するための〔ルーマンとレナーテ・マインツも参加した、ドイツ公務員法の改正に関する研究委員会による〕新しい方法の提案について考えていただきたいのだが、(30)〔この提案にもし従っていれば〕公職は、人事評価や職務記述書の、〔6〕まだ十分に吟味されていない技法を採用せざるをえなくなっていたはずである。

専門家もまた、科学的研究のなかでであれ、テクノロジーの発展のなかにおいてであれ、そして最終的には、専門家としての所見を定式化するときにであれ、決定を下さなければならない。専門家たちもまた、これらの場合には、その過去の構築とその未来の構築との統合という問題を、たえず解決しなければならない。だが、こういった解決は、政治における場合と同じ仕方ではおこなわれえない。しばしば、まさにこうした食い違いが、実り豊かなかたちで利用されることもある。この食い違いの利用が、政治的決定のパースペクティブからおこなわれるときには、専門家の見解は、周知のものとしてか、あるいは未知のものとして、政治の時間枠組みに組み入れられ、その結果、〔そうした扱いに〕ふさわしいテキストによって、ふだんと同じように、現在懸案となっている〔政治の〕決定の過去や未来が、取り扱われる。

VII　政治システムにおける振動

決定を、時間のなかへの時間の再参入として、過去と未来との人為的な統合として、与えられた諸選択肢の構築として、そして、未来に対する振動枠組みの確定として、記述することは、とくに、《恣意性》の神話をシステム分析に置き換えるというメリットを有している。そのときどきのシステムは、つまり本書でいえば政治システムは、どんなスクリプトが使用され、忘却と想起との弁別がいかにおこなわれるか、どんな区別が振動のために予定されているのか、要するに、過去と未来とが互いにどれだけ引き離される――その結果になによりもまず決定の必要性が生じてくるのだが――のか、をあらかじめ決める枠組みを作り上げている。(31) ここからさらに先に進むためには、決定理論を、システム理論によって補わなければならない。これは、政治システムの場合には、いかなるスキーマが、またいかなるスクリプトが《世論》によって裏づけられ、政治システムがどんな形式の振動をおこなうことができるのか、という問いへと行き着く。政治システムはつねに、それ自体にとってはコントロールしえない環境のなかに、ある。したがって最初の問いは、こうしたコントロール不可能性がどのように把握されるのかである。たとえば、自国民の不安として、あるいは、外敵による脅威として、市場経済として、包括的な全体社会というシステムとして、全体社会がその変化に関わっているエコロジー的条件の不透明性として、把握される。政治システムが、みずからに対して、決定を下すことを要求するかぎり、こうしたコントロール不可能性は、事象次元から時間次元へと移しかえられなければならない。それによって、このコントロール不可能性は、時間の経過の中での諸事情の不安定性として、またとりわけ、未来の未知性として、表象される。そしてこれに対して、システムは、振動への準備というかたちで応える。そのさい問題となるのは、いかなる形式で、いかなる区別によって、システムはその振動のシステム適合性を確保するのかである。言い換えると、システム固有の未知性がいかにして構成され、その結果、過去と未来とが結合できるのかが、問われるのである。(32)

周知のとおり、ソビエト帝国は、自国の全体社会の状況に対する介入を厳格にするか緩和するかという振動が原因で、破綻してしまった。そうなってしまったのは、とりわけ、このような〔全体社会への介入という〕問題をも組織によって制御しようという野心、また、そのつど発生する諸問題を、正統派と修正主義、硬化と軟化の間の政治的な揺れによって解決できる――そのために、システムのなかに組み入れ可能で制度化できる形式を見つけ出そうともせずに――とする野心のせいである。野党と、それによって規制される、指導的地位の割り当ての交代とを許容する多党民主制は、この点では、ソ連などよりも無難である。しかし、多党民主制においても、可能な振動の揺れ幅、という問題は起こりうる。野党は、〔将来〕政権党を引き受けそれを引き継ぐことができなければならないという要請によって、みずからを規律化しなくてはならない。革命など起こさなくても歴史的にしかるべき状況になりうるのであり、〔政権党とは〕別様に構想された代替案に基づいてそういう状況をよりうまく達成できると、野党は主張しなければならない。ここでは、野党は、単なる知的な戯れでも、また、政府と人民との間の、暫定的に許された、つねに不安定なバッファーゾーンにすぎないものでもない。さらにそれは、将来の政権党（それがどんなものかは知ることができる）になっても実現できないような、空想的でユートピア的な目標によって活動するものでもありえない。政権党と野党とは、《価値》プログラムという共通に受容されたユートピアに基づいて、区別されうるものでなくてはならないが、周知のとおり、これが難しいのである。政権党と野党が区別されても、政治の振動幅が、確かに根本的なかたちで制限されてしまうわけではないとしても、実務上は制限されたりするのである。それゆえに生じる限界に対して、（たとえば《議会外野党》や、《市民運動》、またそれに類した抗議によって）つねに繰り返し訴えが寄せられることになる。

以上のようなじつに多様な政治的経験を適切に定式化するには、包括的な理論が、少なくとも包括的な問題定立が、必要である。決定理論から出発すると、そうした包括的な問題定立は、政治システムがどんな形式で、どんな時間幅で、どれだけの振動によって〔決定を〕おこなえるのか、という問いのうちに存している。明らかに、そこで問題となっているのは、スペンサー・ブラウンの形式計算でいう、マークされた／マークされないという振動だけではないし、また、サイバネティクスで言われている秩序（ordre）／無秩序（desordre）という振動だけでもない(33)。これらの区別は、政治システムがかかわらざるをえない刺激の源泉を指し示してはいるだろう。政治システムは刺激を避けて通ることなどできないのであり、もし刺激を抑圧したり知らずに済ませたいなどと思っているならば、それは間違った考え方だと、これらの区別は告げている。しかし、刺激は、それが決定に至る以前に、つねに政治システム特有の情報へと変換されなくてはならない。そのためには政治システムには、目的の定義づけが、つまり、歴史的に規定された現在の状況を、決定可能な選択肢へと分解し、その決定のさいに、未知の未来を、成功するか失敗するかのリスクとして、あるいは予期せぬ副次的結果が生ずるリスクとして引き受けることを可能にする目的の定義づけが、必要である。そうした目的によって提示される差異を、細部に至るまで知ることなどできない世界に取り込んで、しばらくの間、その差異に注意しておける。そうなると、何らかの出来事が起こるたびに成功したとか失敗したという記録が可能となり、別のプロジェクトに移行するまでは、こうした〔目的の達成に成功する／失敗するという〕区別のなかで振動できるようになるわけである。

しかし、このことはとりわけ、それぞれの決定が新しい歴史を開始するということを意味している。しかも、それは、決定がなされた時点で〔その後の進行の仕方が〕確定し計算可能になるといった過程として進行するのではなく、〔当該決定を下したことで〕未来のいかなる決定が可能となるのかに、〔決定している〕その〔現在の〕時点で左右されながら、進行していくのである。そしてその未来の決定についても、同じことがあてはまる。だから、振動枠組みの変化もまた依然として可能であり続けるし、成功と失敗もそのつど新たに定義されなくてはならないし、したがって、すでに見て取れるとおり、未来の未知性は、そのつど新たにマークされるのである。

VIII　決定の目的と動機

いっさいのコミュニケーションは、情報の伝達を含んでいる。政治の領域においては、情報は主として決定に関連づけられる（政治が〔たとえばマスメディアにおいて〕テーマとなるのであれ、政治が固有のコミュニケーションのシステムであれ。あるいは、情報が選び出された結果として、その情報から決定についての逆推論がなされたりする——たとえば、政治家の死について知らされる場合がそうである。政治を目的としたコミュニケーションは、決して、すでに下された決定を公表することだけに資するわけではない。それよりもはるかに多くのコミュニケーションは、決定を予告したり提案したり、その提案にコメントしたり批判したり、さらにその批判に応答したり、といったことに向けられる。採り入れられたスクリプトは、政治的決定についての語りを可能にし、そうした語りは、当該決定の準備、決定のテスト、さらには決定の妨害に役立つ。(34) 政治的決定は、一種のゴーイング・コンサーンとしてのコミュニケーションのなかでは、そのつどの決定によって、〔いわば〕区切りとして取り扱われるのである。つまり、決定の前には決定の後とは別様なかたちでコミュニケーションされるが、〔継続性を前提として、すなわち〕いっさいのコミュニケーションは次の決定の前におこなわれ、また、すでになされた決定の後におこなわれているというかたちで、進捗する。

いままさに下されようとしている決定であれ、すでに下された決定であれ、そうした決定についてのコミュニケーションは同時に、ほとんど不可避的に、その決定によって追求されている意図についてのコミュニケーションともなる。このようにして、〔決定についてのという水準と決定の意図についてのという水準の〕二つの異なった、しかし互いに結びついた水準がかかわってくる。決定それ自体はすでに、それが社会的に存在し接続可能性を獲得するためには、どんな場合でも、コミュニケーションを必要とする。決定についてのコミュニケーションによって、システムは決定の内容と決定の意図との間で振動しはじめる。決定が提案されると、まだ知られていない未来においてその決定がどんな帰結をもたらすのかという〔決定の内容についての〕問いを無視したかたちで、役に立つ優れた意図を示したり、逆にそうした意図を疑ったりすることが可能となる。とりわけその提案が、批判されても撤回されたり修正されないときには、そうである。まさに未来が知られていないからこそ、素晴しい意図と動機への疑念のこうしたゲームは、いつでも新たにおこなわれうる。想定されうる諸帰結のスペクトルのなかでのみどこに力点をおくのかを変えさえすればよいのである。〔決定の〕内容を指向するかたちで振る舞い、システムの決定の働きを改善しようと努力する（あるいはそのように称する）場合ですら、政治的コミユニケーションは、すぐさま、動機についてのコミュニケーションへと退化していく。最終的には、公衆は、政治的コミュニケーションから引き出されうる情報とは動機についての情報であり、したがって、目的――目的の達成可能性はどのみち、未来〔の未知性〕という恵み深い不可解さを覆い隠す――についての情報ではない、という印象を抱くようになる。

一党体制であれば、一次元的な政治的レトリックによって、目的と動機とのこのような分岐が暴露されるのを阻止しようと試みることはできる。だから、ソビエト帝国の最後の一〇年において、経済の現実と政治体制の権力維持との裂け目がそれまでうまく隠蔽されていただけに、その崩壊は、不意を突いたかたちで訪れた。権力維持のための資源、経済的成果、エリートの名声は、政治体制それ自体によって消費されてしまい、情報操作とレトリックだけでは復活させることができなかった。こうした〔東側陣営の〕カタストロフィーとは対照的に、民主制的なシステムは賞賛されているように見える。というのは、民主制的なシステムは批判を許容し、目的と動機を考慮に入れながら諸決定にたえず肯定的にもしくは否定的に光をあてる多次元的なレトリックによって、作動しているからである。その代わりに、政治的コミュニケーションの評価は、次第次第に低下してゆく。[35] 目的は、動機によっては（とりわけ、目的達成が難しいときにその目的のために実際に力を尽くそう、という動機によっては）十分にはカバーされないのであり、そうなると、政治システムの行為能力に対する信頼もまた減少することになる。[36] 決定〔が下されてもそれ〕は、諸利害の間をたくみに立ちまわった結果として知覚されるのであり、つまりは《シンボリックな政治》という形式として知覚される。

〔民主制の〕こうした獲得物についてのポジティブな評価を可能にする理論は、目下のところ存在しない。《民主制》によって、人民の人民に対する支配という解決不可能なパラドックスだけが再生産される。憲法において挙示されている価値は、決定についての決定を、裁判所へと、つまり、政治とは違い決定の拒否が禁止されている状況で作動しなければならない裁判所へと、移し替えている。他方、政治は世論によって制限される。世論は、受容可能なスクリプトを生み出し、修正し、それが使い果たされたときには放棄する。しかし、野心的な社会学理論は、システムが、未来〔同様に決定から成り立っているであろう未来〕を知ることなしに集合的に拘束力のある決定を生み出さなければならないとき、また、世論がそのためにいかなる指針も用意しておらずただスキーマ、スクリプト、焦点づけられた論争しか準備していないときに、そもそも現実的にはどんなことを〔政治に〕期待できるだろうか、という問いを用意している。こうした枠組み条件を反省してみれば、それは、原則をもたずにうまく立ち回る能力、そのつどそのつど最悪の事態を防止する能力、認知 - 合理的に、というよりもどちらかといえば反作用的にうまく策略を巡らす能力を、肯定的に評価することにつながることだろう。いずれにせよ、こうした能力は、《時流にかなった》ものではある。

IX　政治の分出と全体社会の時間経験

未来が未知であるということが決定の可能性の不可欠の条件の一つであるならば、逆もまた成り立つ。決定可能性の制度的また組織的な仕組みによって、未来を知らないものとして、まだ規定されていないものとして表象できるようになる。したがって推測されるとおり、決定を下せる政治的支配の分出は、全体社会が時間を経験するその仕方に対して、しかるべき帰結をもたらす。政治が確立したおかげで、まだ知られていない未来に備えることができるが、そのさい、未来を、現在を越えて延長される過去として捉えざるをえないという不可避性からも、解放される。過去の力は粉砕されるわけである。もっともそうだからといって、出自とか伝統といったものがその意義を失うわけでは必ずしもない。ひょっとすると当面は、逆のことが言えるかもしれない。というのは、過去は、知られていない未来に対してしかるべきよりどころを提供するように見えるからである。だが、決定によって、新しい歴史や別の未来を切り開く可能性がさらに存在している場合、しかも、そのような可能性が未来にも存在している場合には、もはや、過去をあてにはできない。

以上の考察は、一方では、歴史研究へと移行することになる。政治的支配の分出によって、さしあたってば偶発性意識が発生し、それとともに宗教的な（それゆえかなりの程度伝統的な）防衛への需要が生じる。今日的な状況にとっては、未規定性、したがって未来の未知性は、一般的に意識されている事実だと考えて差し支えあるまい。これを出発点とするなら、政治を観察する可能性は、未来を観察するという封じられた可能性の代わりとなるものを、提供している。未来の未知性、未来の観察不可能性はそれゆえ、政治が、きわめて注目を浴びる価値のあるものとなるための条件なのである。これはとりわけ、政治についての観察が、信頼と不信との間で揺れ動いていることの説明となるかもしれない。どちらの可能性も、原則的には排除できない。というのは、政治は、隠された認識不能の未来のいわば代官（Statthalter）として、機能しているからである。

第五章　政治の記憶

I　社会システムと記憶

分出し、またそのさいにシステムと環境との区別を用いてみずからを観察するいっさいのオートポイエティック・システムは、内的な未規定性を産出している。この未規定性は、〔そのシステムにとっての〕環境が〔将来〕どのように変化してゆくのかとかそうした変化が当該システムに対してどういった影響を及ぼすことになるのかを当該システムが知らない、もしくは知りえないがゆえに生ずるというものではない。それもあるけれども、しかし、この内的未規定性が産出されるその根拠は、むしろ、そのシステム自体にある。というのは、システムが自己言及的に作動する場合には、純粋に数学的に見て、システム自体の接続可能性の領域が計算不能なところにまで爆発的に増大し、そのシステムはシステム自体にとって、またその他の観察者にとっても、予測しえないものとなってしまうからである(1)。こうした内的な未規定性は、システムの作動上の閉鎖性と相関している。というのは、システムは、その作動の点では、その環境に接近できないがゆえに、自己限定に依存しているからであり、またそれゆえに、システム自体の構造すべてが、システム固有の作動によってもたらされた成果であると証明しなくてはならないからである。こういった構造は、把握しきれないほどのその他の可能性があるなかでは、別様のものになってしまっていたかもしれない。

政治の古典理論は、この問題を主権のパラドックスとして把握していた。つまり、システムの頂点における恣意性という不可避的に孕まれる契機として、である。この考え方は、政治的決定の理論に影響を及ぼし、その結果、決定の政治的構成要素は、計算可能で失敗に基づいて制御のできる、隅々までプログラミングされたルーティンな決定とは違って、恣意性という契機をはらんだものとして把握された。言い換えると、政治は、《決断主義的に》把握され、そのため、政治は、根本的ないわば《市民の》不信をもたらすので、立憲主義や法治国家、民主制といった公準によってその不信は宥められるべきだ、とされた。

〔ここでは〕このような思考の出発点がすでに修正されるべきではないのかが、まず疑われるだろう。一方では、経験的にみて、そもそも、恣意性など存在しない。すなわち原因なき行動などありえない。問題となるのはただ、ある行動を規定している影響力がどのように観察されているのか、また、そうした影響力が承認されるのかどうかだけである。そしてこれは、立ち位置の問題なのである。さらに、いっさいの決定は、パラドックスの展開として把握されうる。そうでなければ、決定は、決定として認識されえないであろう。(2) これらの点を念頭に置くならば、主権のパラドックスの代わりに、どういったことが政治理論のなかに現れてくるだろうか。

我々としては、自己言及的システムの一般理論の助けを借りて、とくにシステム記憶の機能について の分析を手がかりにしつつ、この問題にアプローチしてみることにしたい。そのためには、記憶の一般理論を——神経生物学なシステムや心理システムだけにではなく——社会システムにも応用できるように捉え返しておく必要がある。構成主義的な仮定と作動上の閉鎖性の公理を使いながら研究を進めている最近の記憶の理論においてすら、このような把握はむしろ異例である(3)。

そのためには予備的考察が必要である。社会システムは、コミュニケーションによってみずからを生産・再生産している。そのさい、コミュニケーションは、独特のタイプの作動として把握されなければならない。とりわけ、理解をそのうちに含んでいる作動として、である。したがって、一方の主体から他方の主体へとシグナルが移転する過程などと考えてはならない。こうした移転として把握する理論であれば、コミュニケーションに関与している人格や組織の記憶に関する想定で事足りるだろうからである。理解をそのうちに含みそれゆえに予期されなければならないコミュニケーションであってはじめて、記憶を駆使しなければならないのである。そうでなければ、コミュニケーションのパートナーが何をすでに知っていて何を知らないのか、また何を理解できて何を誤解しているのかを判断できなくなるだろうから、である。そこで、いっさいの社会システムは、したがって政治システムも、そのコミュニケーションという作動において、そのシステム固有の記憶を活性化させそれを再生産しなければならず、また、この記憶が何を想起し何を忘却するのかは、産出されるコミュニケーションの種類に依存するであろう、というところから、考察を始めてみたい。

作動に基づいたいっさいのシステムは、その次の作動を起こすさいに、つまりオートポイエーシスの続行にさいしては、そのシステムがまさに現に置かれている状態から出発しなければならない。システムは、それ固有の未来に存在したり、それ固有の過去に戻ってしまうことなど、ありえない。記憶もまた、現在の時点で顕在的な作動に対してしか、寄与することができない。では、このように記憶が、それぞれの時点でアクチュアルな現在に時間的に限定されているのであれば、記憶の機能とはいったい何だろうか。

現在においてはごくわずかな時間しか有しえないのであるから、記憶の主たる機能は、忘却にある。つまり、過ぎ去った事柄の抑圧（Repression）に、また、新たな課題のために、わずかな情報処理能力を開け放つことにある。(4) このことは、神経生理学的なシステムのレベルでもすでにあてはまる。(5) そのかぎりでいえば、いっさいの記憶は、発見された過去、とまでは言わないまでも、再構成された過去でもって活動している。しかし、忘却のこうした優先性が、例外なしに妥当するわけではない。過去の抑圧は、例外的にではあるが、それ自体帳消しにすることができるし、それ自体を禁止することもできる。観察者なら二重の否定として記述するであろうこうした技法によって、システムは、ポジティブな《固有値》に、また持続的であるように見える《固有値》に、つまりたとえば客体（Objekten）に、到達することになる。意識的な体験やコミュニケーションによってテーマ化された事柄の表面部分だけを見れば、あたかもシステムが、過ぎ去った何かを想起しようとときどき努力しているように見えるし、またこのときに、そしてこのときにのみ、記憶がシステムの役に立っているかのように見える。だが実際には、記憶は、システムのすべての作動に参与しているのであり、〔現時点で〕再利用のために考慮に値する〔過去の〕ものを、いわば継続的に引き抜いている。これは、きわめて短い間隔でおこなわれることもあるし（たとえば読書のとき）、その固有値を長期的に追認するためにおこなわれることもある（しかしこれは例外的だが）。記憶は、絶え間なく解放され続けるシステムのキャパシティを、いわば再度隙間埋めしているのである。そして記憶は、その現時点で発生しているものに則って、整えられる。このようにして、システムは、それ自体の作動の回帰性と結合可能性とを確保できると同時に、たえざる被刺激性をも保証している。あるいは情報論での術語を用いるなら、記憶によってシステムは、冗長性（Redundanz）と変異（Varietät）とを結合できるようになる。しかもこのことは、情報がそもそも可視的になり処理されうるようになるための不可欠の前提条件の一つなのである。

　一方では、自己言及的なシステムは、作動上閉鎖的に作動せざるをえない。そうでなければ、その環境からみずからを区別できなくなり、したがってシステム自体の作動を、その環境の出来事としてではなくそのシステム自体の作動として、解釈することもできなくなるだろうからである。作動上の閉鎖性がなければ、記憶もまた不可能になるだろう。というのは、結局のところシステムは、どんなことを想起するさいにも、当のシステム自体が想起しているのだということを同時に想起せねばならないからである。と同時に、作動、観察、記憶のこうした関連パタンは、作動上の閉鎖性に孕まれる欠点、すなわち作動の水準では環境接触がありえないという欠点を、埋め合わせている。言い換えれば、システムがシステム自体の境界を利用できるのは〔システムという〕内的側面においてだけであって、〔環境という〕外的側面においては利用できないという事態を、埋め合わせている。

以上を踏まえると、ジョージ・スペンサー・ブラウンの数学的な形式計算では、なぜ《記憶関数memory function》が必要となるのかを、区別のそれ自体のなかへの再参入という考え方との関連で明らかにしているが、その根拠について、進化によって確証された経験的なシステムと関連づけながら、同時に挙げておくのもいいかもしれない。(6) システムは、接続可能性を確認するときには、単に《現在の状態》から出発するわけにはいかない。そうではなくて、システムは、その現在の状態において、区別を導入して、〔作動を〕そこに接続させられる何かを指し示すことができなければならない。(7)

すべての作動に関与している記憶の助力を得てのみ、システムはそもそも、過去と未来とを区別してこの双方の時間方向において選択性を実践することができる。システムは、それぞれの時点で顕在的な現在を起点として、過去を忘却したり例外的に過去を想起したりできるのであり、システムがどんな区別を使用するさいにも、未来を前提にできる。すなわち、ある区別の一方の側面から他方の側面へと移行することができ、つまりはこの区別の境界線を横断し、それゆえに区別の内部を振動することができる未来を、前提にできるのである。とすると、システムは、システムであるからには、システムと環境の区別をも使用することができる。なぜなら、テーマを自己言及的な方向で選ぶのか外部言及的な方向で選ぶのかの可能性をシステムは未決定のままにしている、すなわちこの区別の内部で振動する可能性を開いたままにしているからである——依然として、システム自体の作動はその環境には決して到達しえず接触することすらできないにもかかわらず、である。

選択性の異なった様相という意味での、過去と未来という時間のこのような区別は、アリストテレスの宇宙論（Kosmographie）の枠内にとどまるのかどうかとはまったく関係がない。つまり、時間を運動という現象と関連づけ、時間の区別を主としてそうした運動の数量や規模というかたちで、つまりは時間測定学（Chronometrie）として導入するのかどうかとは、まったく関係がない。過去と未来の区別にいったん成功すれば、ラディカル構成主義的な想定でもって研究を進めるまったく別の時間論も考えられるだろう。もっとも、これについては、ここでは懸案のままにしておかざるをえない。記憶の理論にとってまず重要なのは、記憶を、過去と未来の区別における（それ自体は想起されることのない）《盲点》として把握しておくことだからである。別様に言えば、ハインツ・フォン・フェルスターが立てた次の問いへの答えを、記憶の理論に対して求めることだからである。すなわち、過去と未来とを結びつけることが記憶に可能なのはいかにしてなのか（*wie*）という問いにである。(8)

III　価値と利害

以上の予備的考察をふまえて、あらためて政治システムに議論を絞り、政治システムの記憶について問うことができる。ここで人間、脳、意識システムも関係しているということを前提にしなくてはならないが、本章で扱う問いに対する答えがそれで与えられるわけではない。(9)〔脳や意識システムといった〕これらの作用はそれ自体数多くの前提条件を要するものであって（たとえば、自分はいったい何を読んだのかを人間が語りうるのはいかにしてか、あるいは、テレビで自分はいったい何を見たのかを人間が語りうるのはいかにしてか、を説明しようとする場合にはそうである）、これらの作用の集積から政治的記憶が成立することなどありえないのは明らかである。つねにそうであるように、ここでも、有機体的・神経生理学的・意識的な作用といったときには、社会システムの環境的前提条件が問題となっているのであり、これらの環境的前提諸条件によって、コミュニケーションがいつ、またどの区切りにおいて、〔たとえばコミュニケーションのパートナーの心理システムの記憶がコミュニケーションにおいて参照されるなどといった仕方で〕これらの環境的諸条件に助けを求め、たとえば〔関与者の記憶に問い尋ねて、「あれはいつのことだったかね」といったような〕それに相応した問いを立ててそれ相応の回答を期待するのかが説明されるわけではない。ましてや、文書を指示したりコンピュータに蓄積されたデータを指示することは非常に素早くおこなえるので、こういった〔意識や脳の作用に依存しない〕記憶技術的な補助手段を自由に扱えるのであれば、これらを利用してコミュニケーションをそれなりに方向づけできる。システム論的な議論の脈絡ではつねにそうであるように、システム準拠をきちんと区分けし、政治システムの記憶そのものがどのように機能しているのかという問いを追究しなくてはならない。

　ここでもまた、まずはシステム準拠を区別すること、精確に言えば、全体社会システムの記憶を、分出した政治システムの特別な記憶から区別することが、当を得ている。そもそも政治的な中央集権制（Zentralismus）を解するセンスが全体社会のなかで発展してきたことが、全体社会の記憶の作用の一つ[10]である。このことは、初期メソポタミアにおける王支配の成立の歴史によって追尾することができる。この社会の記憶は、とりわけ、個々の支配者のパーソナリティの英雄的行為を記録しておき、それを、遠くまで遡った過去へと投射しておくことで、次第次第に、政治的秩序のために王の支配が必要であるという印象を、固めていったのである。⑴馴染みの〔文明化された〕領土を、周辺の荒野から守ること、⑵忘却もありうる、流動的で、後には文字へと転記される記憶の発展、⑶記憶による政治的な中央集権体制、の間に連関が形成された。その後、王家の系譜が整備されるに至り、そうした系譜によって、制度的な発明品が、個々の人格の英雄的行為から引き離され、大洪水以来の王の支配という神からの賜物に由来するものだとされた。旧来の世界における《王》の機能を過大評価すべきではないが、少なくとも、全体社会の記憶のなかでは、特殊-政治的な中央集権制という発明品を、想起させている。その後、王は、政治に特化されたシステムの分出のための、いわば座席確保人となる――この〔政治システムの分出に向けた〕展開過程は、多かれ少なかれ大きく促進されたり再び中断されたりしながら《王》を介して想起されていく過程である。

分出した政治システムの作動を介して蓄積される、政治に特化された記憶の成立は、以上のこととは区別されねばならない。通常、記憶の働きは、特定の発動シグナルが生じると反復されうるルーティンへと結晶化する。このようなルーティンの形成は、近代の高度に複雑な全体社会の各種機能システムにおいても、またとりわけ機能システムの組織においても、不可欠であろう。けれども、それだけでは十分ではない。未来をそれほど強く確定させず多様な可能性〔ルーティンの成功か失敗かという可能性も含めて〕の間を振動する余地を残しておくことを、システム記憶に可能にさせるもう一つの仕掛けが、必要なのである。政治システムの場合には、これは、価値と利害とによって、おこなわれていると考えられる。より精確に言えば、政治システムが、価値と利害とを区別し指し示せるようになることで可能になる。この点を理解するためには、まず、価値が《妥当》しているとか、利害が《実際に》存在しているなどと主張するのを思いとどまらねばならない。かといって、これらの概念を純粋に主観的に定義するわけにもいかない。むしろ、ここで重要なのは、行為の目的を、価値や利害として指し示されるものと関連づけている点では一致が確認されていることである。したがって我々はここで、一種の現象学的還元（フッサールのいう《エポケー》）をおこなって、政治的コミュニケーションが価値や利害と関連しているという観察をおこなうことで十分としたい。というのは、例によって、この種のシニフィアンの〔政治的コミュニケーションにとっての〕妥当性やその存在が、問題だからである。つまり、システム記憶の作動様式を理解するためには、コミュニケーションが価値や利害に言及していることを確かめれば、それで十分なのである。区別の仕方が重要なのだ、と言うこともできよう——価値の領域では、（肯定的な）価値と（否定的な）対抗価値との区別もあるし、多種多様な価値の区別もある。また利害の領域では、〔その利害の〕担い手集団に応じて、あるいは、一定の利害を有しているとされる個々の人格に応じて、利害を区別したりする。とすると、〔価値とか利害などが引き合いに出されるときに〕問題となるのは、それ以降の区別の諸可能性に制約を加える《枠組み》なのだ、という結論がここから導かれる。〔こうした枠組みが決まった〕そのあとで、さまざまな区別可能性について、より具体的にあれこれと審議される。このように考えると、価値や利害はじつはいったい何に対抗して主張されているのかを、たえず視野に入れることができるようになる。

　価値は、少なくとも十八世紀以降明らかにされてきたように、目的とか単なる選好とは区別されるものである。目的や選好は、動機とか利害を背景にして、あるいはまさに価値を背景にしてはじめて、確認される。そのとき、価値は、優先順位をつけるための観点であることには変わりはないが、しかし同時に、承認への規範的な要求を認めさせるための観点でもある。十九世紀には、価値には、《アプリオリ》な妥当性があると認められるようになる。こうした妥当性は、日常のコミュニケーションのなかでは、二重の仕方で確保される。まず一方で、価値の妥当性は、主張されるものではなく、所与の根拠から推定されるものである。もっとも、その価値要求に異議を唱える必要もまったくない。その代わりに、別の価値を引き合いに出すことができるからである——たとえば、〔飲酒などが問題となるとき〕健康〔という価値〕の代わりに生活の愉しみ〔という価値〕を引き合いに出すことができる。このように当該価値を受容するのか拒否するのかという問いに直面させ、価値そのものをコミュニケーションのなかでテストすることは回避される。価値はどのみち何ものをも確定しないのだから、こうした問いは口にされなくなる。決定にかかわるときは必ず、一つ以上の価値とかかわることになるからである。しかも、対抗価値ともかかわらざるをえない〔平和が問題のときに戦争とかかわらなくてはならないとか、平等が問題のときに不平等とかかわらざるをえない〕だけでなく、質的に別様の価値ともかかわらなければならないのである——したがってたとえば、平和が問題となっているときに、民族自決〔という価値〕とかかわらなくてはならなかったり、平等が問題となっているときに、自由〔という価値〕とかかわらなくてはならない、といった具合である。

こう考えると、次のような問いに行き着くことになる。価値がなにものも確定させないのだとしたら、いったい価値は何のためにあるのか。この問いに答えているのがまさに、記憶の理論なのである。価値は、あるものを優先して扱ったり後回しにしたりすることを際だたせ、システム記憶を働かせているのである。価値の肯定的／否定的という構造は、諸価値をその妥当性という点でテストしたり、場合によっては当該価値の拒絶を誘発することに役立つわけではない。価値のこの構造はもっぱら、承認されていない価値観点が後回しにされたり不利に扱われていることをシステム記憶のなかにとどめておくのにこそ、役立っているのである。たとえば、我々があまりにも自由を賞賛したことで、平等がそれによって苛まれてしまった。貧困層の人々にあまりにも多くの援助をおこなったため、彼らが仕事を見つけようとする動機を弱めてしまった。悲惨な暮らしをしている家族を援助したが、それによりいまや夫は妻を残して出ていってしまった。というのは、妻は〔援助により〕何の心配もなくなったからである。食糧を飢饉地域に送り届けたけれども、その結果、その地域の農業市場は競争力を失い、崩壊してしまった、等々。

通常は、こうした問題は、〈予見されていたのであれば〉〈ある価値の実現のために支払われなければならない〉《コスト》という観点から、〈予見されていなければ〉予期せざる行為結果とか、《思いどおりにならない》行為結果といった観点から、整理される。しかし、こうした整理の仕方は、因果帰属が機能している——たとえそういう因果帰属が事後的にようやくおこなわれるものであっても——ことを前提とする行為理論的な把握にすぎない。言い添えておけば、予期されざる結果が確認できるかどうかは、そのシステムが記憶を行使でき、しばらく時間がたったあとでも、当時の決定がどんな選好に、どんな情報に従っていたのかを確認できるかどうかにも、かかっている。けれども、このことがいかにして可能であるのか、しかも、ふつうに考慮できるような仕方でいかにして可能であるのかは、行為理論ではやはり説明できない(11)。

価値は、その妥当性を得るためにコミュニケーションされているわけではないこと、価値の機能は、行為の根拠を準備すること（じつのところ、行為のための根拠は、不足してなどいない）[12]に尽きるわけではないことは、先に素描しておいた記憶の概念を基礎にして考えてみれば、明らかである。価値関係を使って作動しているシステムは、具体的でその時々の状況とかかわったメルクマールや、多かれ少なかれ空間的な、あるいは人格と関係したメルクマールに依存している場合[13]よりもはるかに、忘却を阻止することができる（〔とはいえ〕忘却が、記憶の通常の働きであることに変わりはないが）。また、このようなシステムは、具体的なわかりやすさに依拠しているどんな訓練システムよりもはるかにうまく、忘却から、否定的な事実を取り去る〔すなわち、忘れていることなど何もないのだと振る舞う〕こともできる。つまり、文字どおりの意味で《アレテイア aletheia〔真理〕》を保証することができるわけである。〔1〕このことこそ、心理学によっても行為論によっても説明のつかないものである。社会システムが、価値問題での不利な扱いを記録し、〔それまで冷遇されていた〕利害関係者が再主張するのを促していて、そのことに心理システムが順応できると仮定できるとしても、である。

　もちろん、価値は、その価値が現にそこにあることを、その価値自体の力のみによって想起させているわけではない。また、具体的な決定のなかで、ある価値観点が後回しにされてしまったがゆえに、それによる遅れを取り戻す必要性が生じ〔それにより当該価値の再活性化がはかられ〕るというわけでもない。ある価値の申し立ての再活性化を蓋然的にしている要因の代表は、近代の政治的な言葉でいえば、《利害》概念である。この概念が指し示しているのは、反復を、蓋然的にし十分に期待可能にさせる、同一化作用（Identifikation）である。価値図式は、利害状況とはたして対応しているのか問うことによって、つねにみずからをテストしているのである。したがって記憶は、任意にみずからを再－隙間埋めしている〔re-imprägnieren〕わけではない〔つまり、どんなものでも任意に再活性化するというわけではない〕し、また、諸価値がおのずから、時間を超えて、〔諸価値の間の〕均衡〔Ausgleich〕をもたらすように、そうしているわけでもない。それゆえに、矯正的正義〔ausgleichende Gerechtigkeit〕への、自然な、そして必要とあらば道徳的にも増幅されうる傾向から出発することはできない。立憲国家においては、確かに利害多元主義が生じていること、また、これらの利害が明瞭に他から分節化されることが、憲法という予防措置を介して配慮されてはいる。だが、その後、これに加えて、さらに別の選別装置が重要になってくる。つまり、組織化能力、世論形成の迅速さ、マスメディアへのアクセス、場合によっては〔しばしば過大評価されるが〕、真摯に〔人々から〕考慮される否定的サンクションの可能性を備えていること、つまり権力を備えていることが重要になってきているのである。

IV　価値と利害の連動

政治の記憶の構成要素がまさに《価値》と《利害》であることは、確かに術語史的にみれば、偶然である。これら二つの概念のゼマンティク上の経歴は、目的論的な自然理解・行為理解が解消されたところから始まる。行為を取り扱うことができるためには、いまや、その行為の目的のみについての知見以上のことが必要である。目的は装ったり偽装したりできるからである。行為を期待できたり予見できたりさらにはそれを計算できるためには、その行為を動機づけている利害を知らねばならない。このことは、権力的な利害とか、王朝の利害とか、ナショナルな利害といったものを伴う大規模な政治的活動にのみあてはまるものではない。[14] それは経済にもあてはまる。市場のために生産し、それゆえに諸利害を見積らねばならない場合がそうである。また、フィクションの物語を理解するさい、〔たとえば〕舞台劇や長編小説には、とくにあてはまる。〔他方〕行為を正当化するためには、《目的の価値》を示すことができなければならない。この術語は、すでに十八世紀には、多種多様な機能システムのための、〔たとえば〕経済や美しい芸術、教育や政治、それぞれのための価値タ－ミノロジ－へと行き着くことになるが、これらを一つの定式にまとめあげることはもはやできなくなる。こんにち《主体》と呼ばれている個人に関連づけても、できない。

〔利害による、行為の〕計算と〔価値による、行為の〕正当化とが離ればなれになり、したがってそれぞれに別個の術語を発展させていったことは、行為がもはや〔その行為者の〕社会的地位から、また、その行為者が誰《である》のかという点から、見積られたり理由づけられたりできなくなってしまったという事情と、おそらくは関係しているであろう。しかし、こうした理念史的な説明で満足してしまうと、次に挙げる第二の観点を見過ごしてしまう。つまり、特定の機能システムの分出には、それぞれのシステムに特化された記憶の形成も必要であるという観点をである。こうした記憶が、回帰(Rekursionen)と、回帰から生まれるそれぞれのシステムの《固有テ－マ Eigenthemen》を〔形作るのを〕、受け持っている。[15] というのは、システムが自己産出した不確実性を処理しなければならない場合にのみ、これまでそのシステムが何をおこなってきたのかを同定し一般化できるために、また、それによって〔当該システムの〕固有の未来への接続可能性を見いだすために、記憶が必要となってくるからである。

以上のことから、《価値》と《利害》の機能に対するもう一つ別の見方が生まれてくる。価値は、忘却と想起とを弁別するという記憶の第一次的な機能とかかわっている。言い換えると、価値は、瞬間ごとにシステムがみずからを再生産するさいに用いるそれ以降の諸作動のために、キャパシティをもう一度解放しなくてはならないという必要性と、関連しているわけである。価値は、機械的な反復が生ずるのを阻止し[16]、また、機械的な反復には必ずつきものの、刺激への感受能力の制限を、阻止している。価値は、忘却というコストを払って、想起されることを拡大しているわけだが、しかし、――これが決定的に重要なのだが――〔何が想起されるべきかを価値みずからが〕自己確定（Selbstfestlegung）しているわけではない。まさにそうであるがゆえに、記憶には、継続的な再‐隙間埋め（Re-Imprägnierung）を遂行する第二の要因が必要なのである。そしてこの機能は、コミュニケーションのなかで《利害》を通知する可能性によって、充足される。そのさい、自己や他者の利害の《代弁者》は、《不利に扱われている利害の解釈学的意義》を利用できる[17]。

承認されている諸価値の現実化を促すことのできる現存の諸利害のレパートリーは、自分自身だけでなく他者にも支持表明をする抗議運動によって、より豊かにされる。このような抗議運動は知的原点を有しているのが典型的である（その抗議運動の動員ミリューに関してもそうである[18]）。こうした抗議運動は、価値と利害とを結びつけて、これらを相互反射的なかたちで総合する。抗議運動は、平和とか男女同権とか自然保護といった価値を引き合いに出し、これら価値に反した事実を指摘すると同時に、女性の利害とか決定に関与しえない被影響者の利害とか、あるいは――これはむしろ隠蔽されているのだが――自分たちがそこにアンデンティティを感じることのできる社会参加（Engagement）を探し求めている人々の利害、といった数々の利害を動員しようともしている[19]。ここでは、記憶は、道徳的なアクセントをもって語られるやいなや、良心という形式をとることになる——ただし、この種の良心は数多く存在しうるのであり、その〔運動の〕呼びかけが聞き届けられずに放置されたときに起こる事態に、こうした良心によって決着をつけることはできない。あるいは政治的にしか決着をつけることができない。とはいえ、思い切った要求——それは実現されたり実現されなかったりするため、政治的には、武器をとれという呼びかけを引き起こしたり、逆に、諦めようという声を引き起こしたりせざるをえない——を掲げることのうちに記憶の《倫理》を見いだすことはあまりできないのであり、むしろ、記憶それ自体のたえざる作動上の再生産が決定的に重要と見なされている、と考えることはできるかもしれない。

容易に見てとることができるように、価値／利害のこうした二重化は、きわめて人為的で進化上蓋然性の低い編成のされ方であり、近代以前の全体社会にとっては想定できないものであった。〔きわめて人為的で蓋然性が低いというのは〕どちらの場合にも、その核心部では、選好が問題となっているからである。ただ、価値の場合には、その選好は、規範的に様式化されている。それは、価値の主観を超えた拘束性を際立たせ、期待はずれになっても引き続き妥当することを際立たせるためである。これに対して、利害は事実として取り扱われる。ただし、利害を抱いている本人しか、自分が利害を有しているかどうかについて語れないという条件がつく。つまり、反論不可能な主張が問題となっているのであり、誰も、他者のために〔その他者の〕一定の利害を主張する責務など負わない。(20)

V 政治システム以外の機能システムの記憶——教育と経済

価値や利害という言葉は、政治的な言語使用をはるかに超える広がりを持っている。それは、ある行為に、意味や期待可能性、信頼性、根拠づけ可能性を備えつける必要性が、政治に限定されないのと同様である。けれども、日常おこなわれるコミュニケーションもまた価値とか利害といった概念でもってその記憶を作り出している、とはおそらくほとんど言えないであろう。それどころか、そもそも日常的なコミュニケーションにおいて、そのコミュニケーションによって活性化される諸個人の私的な記憶とは別の、システム記憶なるものについて語ることができるのかどうかも、疑わしい。機能システムがそうした〔システム記憶という〕特別な記憶を必要としているというテーゼは、政治以外の機能システムもそれ固有の記憶を、しかも政治の記憶とはまったく別様の形式で発展させていることを示すことで、その輪郭を明確にできる。〔いずれの機能システムの記憶の場合にも〕つねに問題となっているのは、〔それぞれの機能システムの〕作動それ自体と結びつき当該システムの作動すべてに関与している形式、である。

教育システムにおいては、よりよい成績とより悪い成績に基づいた選抜が想起されることによって、記憶が成立する。試験制度や点数制度は教育に対して有害な影響をもたらすとする数多くの教育学者の見解とは逆に、学習しようとしている人々を、〔ある人は〕正しいとか〔ある人は〕良いとか〔ある人は〕優遇される等々として互いに区別しなければ、教育的と想定されるどんなコミュニケーションも不可能になることを銘記すべきである。また、回帰が可能なのは、もっぱら、そうした〔成績の善し悪し等の〕判断の一貫性と接続可能性とが主張されるときだけである。賞賛と叱責、何らかの方向での〔学習の〕積み重ね、評価、通知簿、試験などが接続しあう。また、それに相応した〔評価の通知などの〕コミュニケーションは、家族に開かれたかたちで、あるいは学級内に開かれたかたちでおこなわれるので、それ自体を規律化する、より適切な言い方をすれば、それ自体を想起するようになる。当然のことながら、この記憶は、〔生徒のような〕関与する諸個人の〔心理の〕なかで実際に何が生起しているのかを記録できるわけではない。また、この記憶は、こうした諸個人が、〔教育のコミュニケーションによって〕良い意味であるいは悪い意味で影響を受けることを、なんら保証するものでもない。この記憶を操作しているのは、教育的なコミュニケーションの社会システムだけなのであり、こうして記憶が使用されると、この記憶によって個人が出世をしたり利益を得たりできるようになり、あるいは不公平だとか誤解されているなどと感じつつ、その〔システム〕記憶で苦しんだりするようになる。

経済システムにおいても、他の機能システムと同様に、一定の作動様式の分出とともに記憶が形成され、その記憶は、〔経済〕システムのオートポイエーシスに貢献しているいっさいの作動に関与している。(21) 分出した経済システムにおいては、〔記憶という場合に〕問題となっているのは、望みどおりの給付を〔相手に〕動機づけるために貨幣の支払いが利用されるような取引（Transaktion）、である。経済の記憶は、支払いと接続するのであって、〔その支払いへの〕反対給付と接続するのではない。経済の記憶は、何のためにその貨幣が支出されたのかは忘却してしまう。また、その貨幣がどこからやってきてどこへと流れていったのかも忘れてしまう（もしこれを想起しようとすれば、法システムの記憶を煩わすことになるが、これがいかに難しいかは、《マネーロンダリング》を法的に取り締まろうとするすべての試みが、教えるところである〕。つまり、経済システムの場合にも記憶の主たる働きは、忘却にある。信用の観点からして重要となるものだけが想起される。貨幣が貯金されずに支出されたことだけが想起される。利子がつくはずだとか、あとで返済されるはずだといったことを考慮しながら、貸与した貨幣がいかにやりくりされたかが想起される。したがって、経済の記憶は、銀行システムによって、すなわち、支払保証を扱ったり預金を自由に払い戻して使えることを保証したり信用貸しをしたりしている組織によって、管理される(22)。また、こんにち明らかになっているように、これは生産目的のための投資にのみかかわることではなく、消費にもかかわっている。〔というのは〕消費は、労働をとおして〔稼ぎそれを再び消費に向けるといったかたちで〕そのための資金が再調達されなければならない〔からである〕。経済システムの記憶が時間調整をしてくれるときにのみ、経済システムは、取引という作動水準で、相対的に自由に機会を利用したり、経済システムの環境によって規定されるその他の理由からしかるべき好機を選んだり、あるいは必要なときに支出したりできるようになる。

機能システムの固有の記憶に関する以上のすべての事例において、ある特別な要求が充足されていなくてはならない。この要求は、理論的に精確に描写することができる。とくに、記憶は、〔いまは使わない〕余剰物をしまっておき、必要に応じて再びそこから取り出してくるような、そういう特別な貯蔵室のようなものとして把握されてはならない。むしろ、記憶は、〔時に応じてのみ呼び覚まされるものではなく〕システムのいっさいの作動に関与している。さもなければ、作動はそれ自体を、当該システムに所属するものとして観察することができなくなってしまうだろうからである。もっとも、たとえば生徒の成績リストであるとか、収支計算に基づいて作成した貸借対照表などといった記録が存在するかもしれない。けれども、これまた周知のとおり、システムのそのつど顕在化する作動が問題となるときには、こういった記録はそれほど役に立つわけではないし、それどころか、より高い地位にある人からの、重要な決定を下すための簡潔な情報よりも役に立たない(23)。決算が伝わるのがあまりにも遅いことは、倒産に追いこまれた企業の経験からわかる。しかしこうした問題が立てられるのはとりわけ、政治システムにおいてである。政治システムは、〔選挙での〕敗者を記録しておき、その敗者に将来の候補資格を与える傾向をおのずから示すわけではない。記憶の問題とはじつのところ、記憶が、忘却したことを想起できなくなってしまうことであり、したがって、何を想起すべきで何を忘却するのかの仕分けそのものも想起できないことである。政治システムは、価値と利害の区別によって、まさにこの問題に反作用しているわけである――つまり、〔再び〕想起せよとの催促を可能にし、〔いまそこに〕欠落しているものの正統性によってそうした想起の催促を支援している価値と、それが聞き届けられ政治的に重要になった場合に、コミュニケーションによるその活性化を手配してくれる利害との区別、である。

VI　右派／左派の図式と記憶

政治的に必要な記憶の作用のすべてが、価値や利害との関わりをとおして媒介されるというわけではない。これらの概念によって政治システムはその環境と関係している――全体社会の総体〔という環境〕とであれ（価値）、個々の部局や集団や個人〔という環境〕とであれ（利害）――。しかし記憶は、外部言及的な観点でのみ必要となるのではなく、自己言及的な観点でも必要となる。政治システムは、左派／右派というスキーマに内容を与えるためにも、記憶を使用している。[24]

これは純粋な偶然だったのだろうが、フランス革命のラディカルな原理の支持者は、議会場の左側に席を占め、右側はどちらかといえば穏健な、あるいは旧体制の復活をめざす勢力によって使われていた。[25]左派／右派というスキーマは、したがって、十九世紀前半においては、フランス革命の想起に役立っており〔左派〕、また、内憂外患のあまりない秩序の復活をめざす努力〔右派〕にも、貢献していた。そのさい、一方の〔左派の〕側で忘却されていたのは、革命主義者がテロリズムへと脱線していったことである。フランス革命の原理を想起すればそれで十分であった。他方の〔右派の〕側で忘却されていたのは、旧ヨーロッパの身分的秩序と、これと密接に結びつき補完していた王政が、不可逆的なかたちで崩壊してしまったことである。

十九世紀が経過するうちに、このような想起は薄らいでゆき、代わって、左派／右派のスキーマが、社会主義的な理念によって新たに満たされるようになる。これにより、右派はその保守的な性格を失い、市場経済のダイナミズムに期待する福祉向上の代理人へと、生まれ変わることになった。けれども、左派／右派のスキーマをこのように新たに配置するためにも記憶は必要なのであり、ここでは、この点のみを関心の的にしたい。左派／右派のスキーマを何らかの内容で満たすためにこのスキーマに従って選り分けられねばならないのは、フランス革命やその原理の宣言のような歴史的な出来事ではもはやなく、むしろこれまで以上に、現在進行中の政治の一貫した方針である。左派だとか右派だとか言うときに何が《念頭に置かれている》のかに関する記憶がなければ、このスキーマは期待を形作るように機能しえないであろう。つまり、つねにそうであるように、ここでもまた記憶なしには未来はありえないのである。

政治的記憶は、価値／利害というフレームでも、左派／右派というフレームでも、豊かな創意をもたらす。政治的記憶は、つねに新しい状況に直面しているからである[26]。既知の構造がすでにそこに存在していても、そのなかに新しい経験が書き入れられねばならない。典型的なケースでは、こうした〔新しい状況に直面する〕ことは、記憶それ自体を変化させるだろうが、しかしさらに、まさにいま現在の経験を記憶と結びつける新しい記述のきっかけを与えもするだろう。政治的な記憶の場合にはこのことはとくに明確に見いだされる。というのは、価値／利害のスキーマも、左派／右派のスキーマも、新しく得た印象をどのように処理するのかを確定させてはいないからである。しかし他方、こういったスキーマ化された規準がなければ、新たに得た印象が政治とどうかかわるのかを認識することはできないであろう。

第六章　政治システムの国家

I　国家と暴力

政治について論じるときには、ほとんど自動的に国家が視野に入る。したがって、膨大にある考古学的、民族史的、文化史的な文献のなかでは、国家の概念は、全体社会のなかに非対称的な支配構造が（しばしば単純な首長制社会とは区別されるかたちで）形成されるときはいつでも使用される普遍的なカテゴリーである、と見なされている。(1) このような国家概念把握は、当初は部族的で環節的に分化していた全体社会のなかにやがて社会的な非対称性が創発していったという意味での《国家の形成 Staat-sentstehung》の理論〔の彫琢〕がみずからの課題であると考えている。〔こうした非対称性が現れると〕血縁関係への拘束やそれに対する義務は、その優位性を失ってゆく（こんにちでは、こういった〔血縁的な〕拘束や義務は《腐敗》として記述される）。しかし明らかに、この〔国家という〕進化上の獲得物は《等結果的 äquifinal》、つまり別々の出発状況から同じ結果に至ることがありえたわけなので、〔国家形成の〕決定的な要因を立証するのは困難である。幾千年もの歴史が経過するなかでこうして形成されてくる支配形態もじつに多様であるので、《国家》という近代ヨーロッパ的な名称のもとに概念的にまとめてしまっても、それほどの洞察が約束されるわけではない。経済的な資源、政治的支配形態の任務領域、宗教や貴族階級〔こうしたものが〔そのとき〕すでに存在していればだが〕との関係、その影響の及ぶ空間的領域の範囲、そしてその実践がどれだけ緻密にコントロールされるかの程度もじつに多様である。約一〇〇〇年間のヨーロッパの歴史に研究領域を限定してすら、明確な国家概念にはまだ至っていない。(2) 我々が〔こんにち〕《国家》と呼んでいるのは、貴族の《一族》から独立したかたちで政治的機能の集権化がすでに達成されていたところに、ビルトインされたものである。(3) したがって我々は、〔国家から出発するのではなくて〕政治的な（集合的に拘束力のある）決定という全体社会的な機能から出発することにしたのであり、国家について述べるのはただ、政治的秩序の自己指示（Selbstbezeichnung）のためにこの概念が実際に使用される場合に、限定することにしたい。このように〔自己指示のために国家概念が用いられるように〕なるのは、近代初期以降のことである。

とはいえ、これによって、国家の概念がただちに明確になるわけではない。あまりにもごくふつうに国家について語られているので、理論の導きがなくてもなんとかやっていける。たいてい、どの国家が念頭に置かれているのか、内政が問題となっているのか外政が問題となっているのかなどは、文脈を見れば明らかだからである。〔しかし〕国家について語られるときに何が念頭に置かれているのかは、じつはあまり明確ではない。国家は、人格と同じように、名称を有しているという比類なき利点を有している。コミュニケーションのなかでは、その名称によって何が指し示されているのかを明確に述べなくても、その名称を介して国家を指し示すことができる。名称なき国家はない。〔旧国家の分割や統一によって〕新たな国家が創設される場合には、名称の付与が、その国家が〔国際的な〕コミュニケーションのなかで存在しうるようになるための最初の必要不可欠なセレモニーとなる。〔国家の名称は〕ネーションの名称に従うこともあれば、国家創設と関連した名称に従うこともある。あるいは、国家を創設した集団が、国家に名称を授与することもある。ともかく何らかの名称が必要なのである。

さらに、領域とのかかわりも不可欠である。複数の国家が存在しているのであるから、領域的な境界も必要となる。国家は、地図の上に、また〔目に見える国境線のように〕現実性をもって、見いだすことができなくてはならない。自分がどの国家の《なか》にいるのかを、人々は知ることができなければならない。〔もっとも〕数多くの目的にとっては、〔しかじかの国家のなかにいるなどと言う必要はなく、たとえばイタリアのプーリア州の〕サレント（Salento）にいる、と言うだけで十分かもしれない。けれどもその場合も、この地域がイタリア共和国のなかにあると理解されたり確認されたりしうることが前提となる。

だが、国家がその名称によって名指され、地図の上に、また現実性をもって国家を見いだすことができたとして、ではそのとき指し示されているものはいったい精確には何なのであろうか。国家論は、この点に関して、問題とされるべきなのは国民、国家暴力、国家領土であるとする回答を用意していた。(4)もし国家について論じようというのであれば、これらの諸要素のいずれをも欠落させてはならない、というわけである。こうした三要素の組み合わせのなかでは、国民〔という要素〕は騒動（Unruhe）を代表する要素とされ、(5)国家暴力〔という要素〕は、これに対して、人民からは遠ざけられた抑制された暴力として、つねに繰り返しよりどころとなる秩序を、代表しているとされた。〔国民と国家暴力との〕差異がこうしてあまりにも単純に解釈されたため、これらの諸要素の統合によって、また、〔国家という〕

概念の統一性によって、いったい何が指し示されるはずだったのかが不明確なままになってしまった。こうした国家論以外にも、多種多様な理論がありえよう。アングロサクソン圏では、〔国家概念の明確化という作業を断念して〕国家概念よりも把握しやすい《統治機構 government》概念へと退却したりもしている。(6)〔他方〕国家論を引き継いだ非常に重要な諸論考は、国家概念を制限しながら精緻化しようと努めているが、しかしこれについても明らかに数多くの可能性がある。たとえば、法概念への縮減（ケルゼン）[1]、組織概念への縮減（ヘラー）[2]など、である。これらはいまでも論争の種になっている。

さてそうなると、国家概念によって精確には何が指し示されているのかが突き止められないのであれば国家概念などなくてもよいではないか、《国家論》全体は政治社会学に引き継げる、といった見解も出てくるかもしれない。けれども、まさに社会学にとっては、なぜ《国家》について語られるのか、なぜこの概念がコミュニケーションのなかで使用されているのかが、説明されなければならないのである。しかも明らかに、それほど理解に苦しまないような仕方で、説明されなければならない。

我々は、伝統的な国家論にならって、国家概念の理解にとっての鍵は、国家暴力の概念のなかにある、あるいはもっと一般的に言えば、暴力（Gewalt）の理論のなかにある、と考えている。(7)

領土、国民、暴力という三つの国家メルクマールのなかで、領土と国民については、量的に、とは言わないまでも、経験的に定義できる一方で、国家暴力という概念は謎めいたものにとどまっている。国家領土は地球上で十分明確に定めることができ、国民は、十八世紀以来、つまり身分的な序列が放棄されて以降、単なる構築物として取り扱われているのに対して、国家暴力の概念は、相変わらず不明確なままである。この概念は、少なくとも法学的な国家論では、単なる帰属図式としては扱われない（もっとも、この概念はこうした機能をも引き受けているのだが）。国家暴力行使の手段、たとえば軍隊とか警察を指し示すだけでは不十分である。そんなことをしても、何のための手段なのかという問いに行き着くだけであろうし、暴力という概念について得るところは何もないだろう。また、軍隊や警察の配備は、国家活動の範囲全体をカバーするにはほど遠い。軍隊や警察といった手段は、確かに必要不可欠ではあっても、できるかぎり動員されないのがふつうである。したがって暴力の概念は、やはり不明確なものにとどまる。

しかし、より抽象的な概念構築のための出発点を認識するのはそれほど困難ではない。国家の暴力が動員されるのは、国家以外に由来する暴力活動を阻止するためである――周知のとおり、うまく阻止できることもあればそれほどうまくいかない場合もあるが、しかしこれは、〔そういう暴力を阻止してくれるのではないかという〕期待のよりどころとして、そうなのである。つまり、暴力という概念と結びついているのは、否定的な自己言及（したがって、パラドックス）なのである。暴力は、暴力の追放に資している。暴力という概念のなかに、暴力の排除がすでに組み込まれている。この概念それ自体が、排除する暴力と排除される暴力をともに指し示しているわけである。暴力の概念は、排除されたものの包含（Einschließen des Ausschließens）というケースの一つであり、その限りで、この概念はパラドックス的な概念である。

このとき、国家暴力という概念によって、このパラドックスの解消が、指し示されている。国家暴力の概念は、（今日的な術語で言えば）正統な暴力と正統でない暴力との区別をもたらし、そのうえで、国家暴力にのみ正統性を仮定する。その限りでいえば、正統性は、いかに根拠づけられいかに論争を戦い抜いたものであろうとも、国家暴力という概念メルクマールの一部である。議論による、それどころかコンセンサスによる根拠づけの特別な形式が問題となっているのではない。

したがって、正統性それ自体が重要というわけでもなく、また、その正統性の規範的な（理性的な）根拠づけの確実性（これを誰が調べるというのだろうか）が重要なのでもない。決定的に重要なのは、正統な暴力と非正統な暴力との差異である。（潜勢的な暴力というかたちでどれほど潜在的であったとしても）〔正統な暴力に〕対抗する暴力がなければ、正統的な暴力もありえないし、国家暴力もありえないだろう。にもかかわらず、この二つの競合しあう暴力のうちいずれが正統な暴力であるのかは、論議や文書資料によって可視化することができる。ただし、〔いずれが正統的な暴力かという〕この問題が立てられるのは、対抗する暴力が現れた場合だけある。

国家暴力の（この概念の一部としての）正統性は自動的に与えられるにもかかわらず、継続的な獲得努力を要する対象である。国家暴力の正統性は、正統的／非正統的という区別のなかで主張されなければならない。作動のレベルではこれは次のことを意味する。つまり、国家暴力は、規則への違反が生じても平然と放っておくわけにはいかず、これを指摘しその違反に反作用しなければならない。ゼマンティクのレベルでは次のことを意味する。すなわち、正統な暴力が何のために動員されるのかを説明する正当な根拠（ゼマンティク、イデオロギー）が彫琢されなければならない。それゆえ暴力の正統化は、政治が継続的に取り組まなくてはならない作業となるのである。もっとも、この作業は、根本的な点で、自明性（価値）をよりどころにすることはできる。旧来の諸全体社会であれば、政治体制はこの問題を政治的権威の宗教的基礎によって解決しようと試みることができた(8)。これにより、政治的権力がつまるところ帰属（Zuschreibung）にしか基づいていない、言い換えれば、そう〔＝権力があると〕信じられていることに基づいているにすぎないことが、隠蔽される。こんにちでも、《市民宗教》という価値が掲げられたりする[9]。しかし、中世以降、宗教と政治との分離は、全体社会の明示的な構造の一部となっている。これは、政治システムが、それ自体の正統化をみずから調達しなくてはならないということである。こうした正統化は〔前述したように〕、決定を価値と関連づけてのみおこないうる。《市民宗教》という定式も、正統性の正統化がこんにちでは政治こそが継続的に取り組まねばならない作業であって決して宗教にその責務を転嫁するわけにはいかない、ということから逃れられるわけではない。

以上はすべて、先述した暴力の排除の包含という問題が現れる《場》への示唆を、まだ何ら含んでいない。つまり、この問題がもともと現れ出ているシステム〔という場〕への示唆を、である。この問題が現れる場とは、全体社会システム以外にはありえないのであって、すでにかくあるものとして前提にされるような政治システムではない。この点については、国家成立以前の社会性を、潜在的な暴力行使状況として捉えるホッブスの記述を引き合いに出してもよい。このホッブズの描いた条件のもとでも、すでに、ここで強調している〔排除する暴力と排除される暴力との〕差異が見いだされる。詳しく言えば、時間と関連した回帰性という形式で、これが見いだされる。各関与者は、予防のために先手を打って、他者が自分に対してふるうかもしれない暴力沙汰から身を守ろうとする——またそれによって、こうした未来への考慮をとおして問題はむしろ拡大してゆく。もっとも、このやり方は、誰でも自由に使えるので、問題への安定的な解決策とはならない。

確立された国家暴力は、刑罰権（*Strafgewalt*）として、〔国家暴力を加える相手に対する〕どんな感情を伴っていようと、また、〔国家暴力を加える相手が〕味方かもしれないとの疑念があっても、これらに抗して貫徹される。しかも、刑罰の執行は、決して有意味的な政治目的ではありえないにもかかわらず、そうなのである。刑罰は、暴力の自己言及の表現なのである。つまり刑罰は、その刑罰の規定の無視に対して反作用するという可能性を、暴力に対して与えているわけだが、そのさい、刑罰規定の無視に反作用するというまさにそのこと以外の目的を何ら持つことなく、規定の無視に反作用する可能性が与えられるのである。(10) ただし、このような解決策は、国家領土内で決着をつけることのできるコンフリクトについてしか有効ではない。国境横断的なコンフリクトや不明確な領土関係をめぐるコンフリクト、たとえば中世においてあからさまな法的コンフリクトとして頻繁に生起していたようなそれの場合には、暴力 対 暴力の衝突が避けられない。これはのちに戦争と呼ばれるようになる。とはいえ、この場合でも、国家が〔暴力行使のさいの〕第一次的な宛先である。あるいはより精確にいえば、中世の暴力的なコンフリクトの拡大が、きわめて根本的な意味で、国家の形成に、また、それに相応した組織の構築や、そのために必要な、領土をも含めた諸資源の確保や管理に、貢献することになった。(11) 一五〇〇年頃からようやく、領邦国家の強固化によってはじめて、戦争遂行の権利が国家にのみ限定され、したがって戦争と平和とが明確に区別されるようになった。(12)

以上の考察が妥当であるならば、国家理論は、暴力という概念によって全体社会というシステムとかかわることになる。正統的／非正統的という区分の一方の側面において国家暴力の概念が現れるわけだが、こうした区分は、確かに、政治の（より狭く規定されるべき）機能ではない。とはいえ、それは政治の必要不可欠な前提ではある。暴力行為の発生について気が遠くなるほどの不確実性が見られる状態に代わって、〔暴力の〕排除の包含というあの形象が登場してくるのであり、この形象によって、こうした不確実性が、条件づけられうる事態へと置き換えられる。もっとも、そのことによって、自動的にコンセンサスが確保されるようになるわけでも、コンフリクトからの解放が約束されるわけでもない。関与者は、正統性の諸条件に不満を持つかもしれないし、関与者自身が、二次的な暴力をまたもやよりどころとしてしまうかもしれない。だが、こうしたことが可能なのも、第一次的なものとして確立された正統な暴力が、〔そのように正統であるための〕諸条件（とりわけ《法》）を目に見えるかたちにしている場合に限られる。第一次的な潜勢的暴力の〔非正統的で二次的な暴力からの〕原初的な分割は、国家暴力の形式において制度化されなければならない。そのあとで、その派生的問題が政治的問題として立ち現れるのである。

自由な暴力行使とは違った、規制可能で条件づけ可能な暴力を設えることが、全体社会にとって必要不可欠なのだという以上の理由づけは、同時に、国家概念に関する詳しい解明もなされていないのに我々がなぜ、かくも《国家》の存在に馴染んでしまっているのか、いやそれどころか、なぜ《国家》の存在をかくも自明視してしまっているのかをも説明している。ここで問題となるのは、国家があると述べられるときに、いったいどんなことが念頭に置かれているのかである。問いをこのように立ててみると、こんにち、この問いに対して、以下の四つの異なる回答が提供されているのがわかる。いわく、(1)〔国家という概念は〕歴史のなかで導入されるに至った術語なのであって、歴史的にその使用が確認されていること以外に、この術語に関する根拠はありえない、という回答、(2)国家は、正統な物理的暴力と非正統な物理的暴力という区別の一方の側面、つまり選好されている側面なのであり、したがって、

〔犯罪組織などでの〕上納金強制取り立ての[13]、高い価値評価が与えられているバリエーションの一つだ、とする回答、(3) 世界社会の政治システムは《諸国家》へと分割されているので、国家という概念はこの機能システムの内的分化を指し示すには不可欠である、言い換えれば、世界社会の政治システムはすべての地域で国家が形成されるよう取り計らっているのだ——たとえ具体的な現実がそれによってどんな様子になろうとも——、という回答、(4) 一定の組織化された決定単位、活動単位が存在し、それらが国家として指し示されているのであって[14]、したがって、〔国家とは何かについての〕説明は、組織システムの形成のレベルで探求されなければならないという回答。

本書でもこれら〔四つ〕の観点をなおざりにはできない。また、これらの四つの観点は互いに排除しあっているわけでもない。吟味されるべき問いは、機能的な分出や政治システムのオートポイエティックな自律性に鑑みたとき、これらの観点はどのように解釈されるべきなのか、また、そこから国家概念にとってのいかなる意味が引き出されるのかであろう。先回りして印象を述べておくと、国家概念のゼマンティクの伝統は、ただ、国家と政治との協同関係を提言しているだけであり、組織は間違いなく必要不可欠なものであるが、ただし政治的国家の本来の意味は、世界政治にとってそれが必要不可欠だという点にある。数多くの国家の民族的な分解が、現在いかなる困難を国際政治にもたらしているのか、またこうした問題が、(1) 国家の効率性と、(2) 民族の自己決定と、(3) 民主制とがうまく結びついていないことと、いかに強く関係しているかを考えるだけでもよい。国家概念の意味は、この概念が政治という世界システムの分化に対して、その内部で必要不可欠となる形式を提供しているという点だけにほぼ尽きる。このとき、この形式そのものは、組織に依拠する。この形式は、集合的なコミュニケーション能力に依拠しているからである。

しかし、こんにちの時点で考えられる以上の回答では、国家概念のなかに書き留められているゼマンティクの伝統を把握するには、不十分である。国家は、政治的コミュニケーションの発信者として、また、その名宛人として、自己認証（Selbstbeglaubigung）せねばならないというきわめて一般的な問題とかかわっている。国家はますます、国家自体について述定するようになる。つまり、《朕は国家なりl'état c'est moi》である。だが、こうした形式での陳述は、その陳述自体を崩壊させる。その陳述の述定的な（konstativ）構成要素は、その陳述の遂行的な構成要素によって、問題とされるようになる。その陳述がすでにそのように言われたとき、あるいは、そのように考えているのだと〔相手に〕認識させなければならないときには、そのコミュニケーションに対して反作用がなされうるし、しかもそういう反作用は、要求されている意味を受容することもあれば、拒否することもある。そのコミュニケーションは、コミュニケーションに内在するパラドックスへと追い返される。こんにち、こういった事態は、記号論的言語学、テキスト論、精神医学、システムセラピーでは、標準的知識に属する。これらについては、ジャック・デリダ、ポール・ド・マン〔3〕、あるいはグレゴリー・ベイトソン〔4〕といった名前が引用されたりする。もっとも当然のことながら、そうだからといって、すべてのシステムが継続的に解体しているのだとか、たえざるセラピーを必要としているというわけではない。しかし、いま述べたことは、どんな問題が急を要するものとして経験されたがゆえに政治的テキストの脱構築や、政治的テキストに孕まれるパラドックスの発見や、集合的に拘束力のある決定を下せるという能力が単なる見せかけにすぎないことの暴露が阻止されたのか、という問いに行き着く。

国家概念の歴史的ゼマンティクに関する以下の素描は、この問題について問うことを導きの糸としている。したがってそれは、単なる概念史として企図されるものではない。むしろ、全体社会の進化によってもたらされたどんな問題が、その時点時点で、国家の自己認証の脱構築を阻止してきたのか、という問いが重要なのである。こうして脱構築が阻止された結果、〔国家ゼマンティクの歴史上の〕非連続性が概念上強調されなくなったり、単なる属性（絶対国家、立憲国家、福祉国家）に回収されてしまったりして、《国家》という古くからある名称は、数々の濃縮された意味を背負うに至っている。こうした数々の意味の濃縮のゆえに、国家概念は、歴史的概念として定義されえなくなっている。問題状況の変転をこういうかたちで辿ることによってのみ、国家の現在の状況（それがどんなものであれ）を評価し、こんにち顕著に現れ出ている先述した諸問題にかかわっていくことができるようになるのである。

II　国家ゼマンティク

status や Staat あるいは state の概念史は、みずからを記述するのに適した術語を発展させてきた近代初期の領邦国家から始まる。(15) この新しい政治的組織の形式が成立するさいには、さしあたって、政治的に集権化された構造と、それに対応したゼマンティク——つまり皇帝、王、官僚制、公職、市政府など——の長い伝統を利用することができた。政治システムの《オートポイエーシス》が始動する必要はなかったし、すでにある古く定評ある伝統を回帰的なかたちで引き合いに出し、そこで安寧を取り戻すことができた。しかし、王権（regnum）とか都市（civitas）、共同体（res publica）をもはや単純に意味するわけではない〔Staatという〕新しいこの術語は、新たな秩序が必要であること、新たなる安定化が必要であることに人々が気づき始めていることを示唆している。厳格に統治されていた、イングランドとシチリアにおけるノルマン朝の初期段階を度外視すれば（これらが征服された領土であったことは偶然ではない）、中世に国家などは存在しなかった。(16) たとえば、十二世紀中葉にゴシック様式の大聖堂建築が始まり、また修道院から聖堂へと学校の移転が開始されたその地域を、何らかの言葉で表現したいのであれば、フランスの王の《御料地 Domäne》と言ったほうが適切であり、(17) フランスという国家とは言えない。術語の歴史からいうと、国家について語る可能性は、ほとんどそれとはわからないような移り変わりのなかで成立してきた。ラテン語の《status》によって、《状態》を意味する言葉が用意されていたわけだが、この言葉のいう《状態》とは、ある事態の瞬間的な状態を指し示すこともできれば、持続的な状態を指し示すこともできた。(18) したがってこの概念は、その（時間的に〔いつ変化するとは言えないという意味で〕未規定的な）変化可能性を背景としつつ存続状態（Bestand）を指し示す形式に、ねらいをつけていたといってよい――つまり、維持されるべき状態の他方の、危機をはらんだ側面としての変動を背景として、存続状態を指し示す形式にである。

したがって、国家がその解決に配慮しなければならない問題とは、まずは、このような安定と変動の同時性という世界パラドックスであった――このパラドックスは、ヘラクレイトス‐パルメニデス流のゼマンティクで定式化されうるもので、このゼマンティクは、十六世紀の後期ルネッサンスにおいて、懐疑を根拠づけるだけでなく、教義学の必要性も、また、自己言及的分析への後退（モンテーニュ）[5]も新ストア学派の英知（prudentia）（たとえばリプシウス）[6]も、根拠づけることができた（今日では、これとは対照的に、むしろ経済の不安定性が国家に感染して、政治的な不安定性を出来させ、一時的な状態への一時的な適応によってたえずこれを修正してゆくべしとの要請を出来させている、という印象を受ける）。国家ゼマンティクは、ヨーロッパ的な特殊性に助けを求めることができ〔それゆえに発展してき〕たわけだが、そういった〔国家ゼマンティクを支えたヨーロッパの〕特殊性の一つが、まずはカノン法によって、のちには市民法によって吟味され高度に発展した法文化であった[19]。この法文化は、とりわけ、結社（universitas）という概念、すなわち、どんな団体（教会、修道院、大学、都市、ギルド）にも適用される概念で、法的に行為能力のある諸単位を、当時まださしあたり支配的であった家族家政の外部に予定することを可能にした概念を、生み出した。当時つくられつつあった領邦国家は、この〔universitas という〕形式を起用できた。しかし、これにより同時に、これを政治的テキストとして脱構築——とこんにちであれば言うであろうが——するような法形式も与えられた。というのは、支配は、国家という形式においても合法的な支配としてしか妥当ではなく、君主は、暴君（tyrannus）ではなく王（rex）であらねばならなかったからである。したがって、国家という定式は、平和ト法（pax et iustitia）を意味した。政治の必要な固有の権力は、現存の法秩序に組み入れられねばならず、こうした組み入れがおこなわれるにつれて、市民法（市民 cives の法）は、《私法》と《公法》とに分かれていった。したがって、法が疑わしいものとされ、そのための十分なきっかけが存在しているならば、その法に対する合法的な抵抗が表明されたし、当時なお完全なかたちで現存していた諸等族の意のままにされることになった。だから、マキャベリのテーマは、新しい君主と、そのために必要な、法や道徳との距離、だったのである。こういった意味で、このシステムは、たえずそれ自体を妨害していた。十七世

紀中葉になってようやく、きわめて重要なヨーロッパの諸領邦が、貴族から独立したかたちで完全に平定されたのである。(20)

この時点までは、安定と変動の関係にかかわって国家が解決しなくてはならない問題は、平和と正義（Gerechtigkeit）として定義されていた。それは、正義だけが確固たる平和を導くことができる、との想定があったからである。こうした問題パースペクティブが、国家という概念によって政治のなかに入り込んでいった。政治的支配（イタリアではとりわけ政治的な都市管理）が公的な秩序の維持のためにますます必要となっていた中世後期の状況においては、国家概念に孕まれる〔安定と変動という〕内的な緊張、つまりこの概念の二律背反的な射程が、こういった問題パースペクティブを適切なものとして現象させたのであろう。(21)十六世紀になると、国家概念（status, stato, état など）は、国家の領域とそこで確認できる状態に関連づけられるだけでなく、統治権力（Regierungsgewalt）、旧来の（フィレンツェの）術語でいえば、政体（Regierungsform）とも関連づけられうるようになる。一方では、フランス人はミラノの国家〔ミラノ公国〕に進駐した、といった言い方はできるが、他方で、国家の概念は、支配の課題としての、達成されるべき完成状態をも指し示すことになる。(22)しかしこの完成状態とは、私人が邪魔されずに自分の商売に専念できるための前提条件としての平穏と平和、それゆえ、政治と経済の分化のための前提条件としての平穏と平和なのである。

この時代の国家概念は、したがって、広く捉えられており、きわめて多様な意味で用いられていた——あたかも、成層化から機能分化への移行の時代においては、つまり、貴族に依存しない政治システムの構築の時代にあっては、あまり明確な言質を与えないことが大事であるかのように、である。王の国家について語ったり、したがってその軍事力、財政、平均余命、同盟関係、そこでの幸福について語ることもできれば、ある地域の国家について語ったり、社会構造的な事実や人口統計学的な事実に狙いを定めることもできる。しかし、現時点から振り返ったとき、とりわけ目を引くのは、国家概念と政治概念との排他的で明確な関係が存在しなかった[7]、ということである。政治の概念は、公共的な案件や公共的に可視化されうる行動と、家政や家族にかかわる案件との対立を、つねに前提としている。さらに、無数の宗教的な混乱や領域政治的な混乱に直面して、秩序を維持するという国家の課題が力説されることになり、その結果、国家と市民社会（Zivilgesellschaft）とを区別することが意味をなさなくなる。十七世紀の新たな社会契約論の出発点は、国家の形成とは全体社会（Gesellschaft）の形成にほかならないということだった——したがって、〔個人相互に締結される国家設立の契約である〕結合契約（pactum unionis）と〔個人と主権者との間で締結される支配—服従の契約である〕支配服従契約（pactum subiectionis）とを区別することが必要だと考えられている場合でも、そうであった。

だが、こうした幅広い意味合いを持っていたにもかかわらず、国家概念は、平和に対する一般的な関心を利用しながら、特殊な新しい要求を定式化しこれを——それが可能であるかぎりで——貫徹することに資していた。《ポリツァイ Polizey》という概念によって、それまでは法から自由だった空間へと突き進むことができるようになり、新しい規制の意図を貫徹し、十七世紀に《公法》として定式化され始めるようになるものの出発点をつくり出せるようになる。[23] subditos（臣下）という概念が、旧来の市民（cives）という概念を押しのけて登場してくる（もっとも市民概念の記憶が完全に抹消されてしまったというわけではないが）。[24] これは、次のような利点を有している。すなわち、市民（cives）とその他の住民（habitatores）という古典古代的な、また中世的な区別を放棄でき、その一方で、君主自身は、市民としての地位にもはや拘束されなくてすむようになる、という利点である。いまや、貴族もまた、臣下という役割につくことを余儀なくされる。マキャベリとボダン[8]以降、支配者と服従者との関係が、当該国家の全領域において統一的に現実化されるべき直接的な関係でなくてはならないことの確認に、重きが置かれるようになる。神学的には、これは、神が直接的な暴力（力 potestas）を支配者に直接に委託したのだというテーゼへと、行き着く。これが意味しているのはとりわけ、教会や貴族、都市や団体、その他の既存の諸権利主張との関係においてこれらの同意に依存しない、ということである。その対抗策として、その後収用法（Enteignungsrecht）が作られる。これは、関連する諸権利が、自然法にではなく実定法に依存する場合でも、つまり国家自体によって作られた場合でも、損害賠償義務をあらかじめ見込んでおくものである。国家概念は、特殊 - 政治的なシステムの分出への傾向とともに生じた無数の革新を保護する概念として、役立っていた。しかし、こうした〔分出を言い表す〕定式は当時まだ使用されず、達成されるべきものは、むしろ、賢明な国家実践という格率の形式で、つまり国家理性として、定式化されていた(25)。

当時の国家目的の規定（平和 pax、正義 iustitia、公共善 bonum commune）は、きわめて一般的なかたちでなされていた。そのための手段と見なされていたのは、領土の広さ、人口数、軍隊、財政、支配者の適性（徳 virtus）といったものである。国家理性のタイトルのもとでなされた戦略的議論が取り組んでいたのは、本質的には、道徳への違反が不可避であってもより高次の必要性からすれば正当化されるという点であった（ついでながら、古典古代の議論でも、中世における議論でも、また、教会での議論においても、そうであった)。全体的な印象としては次のようになる。国家と関連づけられることによって強化され、〔秩序の〕維持や保持という観点からより幅広い時間地平を組み入れることのできる、独特の問題感受性のために、特別な領域を画定しようと試みられていたのであり、ヨーロッパの領土的な環節化は、そうした境界設定として十分なものであった、という印象である。自然法による制限は輝きを失い、一部は、基本法(lois fondamentales)という新しいコンセプトによって、またイングランドでは、《憲法 constitution》への論及によって、置き換えられた。とはいえ、それですでに、より後の、文書としてまとめられる憲法の法的な簡明性を備えるに至ったわけではない。[26] 公布された法律だけが妥当する法であることが出発点となっているが、しかし同時に、君主は神によって心を動かされ妥当している法を君主みずからが守ってくれるだろう、という希望も述べられていた。[27] 以上の事態にもかかわらず、問題の記述がこれによって規定されたりはせず、一種のシステム理論的な考え方が定着してきているように思われる。〔つまり〕攪乱は外部からやってくるのだが、誤った政治によって、とりわけ法律違反によって攪乱は呼び覚まされ容易に制御できなくなる〔とする見方である〕。国家が携わっているのは、こうした攪乱の防御であり、平穏と秩序なのである。騒然とした世界の中にあっては、これは永遠の課題であり、それゆえに、この課題に適合した諸装置が必要となるのであり、また正当化されるのである。

この理論においてはまだ、政治的に構成される全体社会(市民社会 societas civilis)を出発点としている、つまり、全体社会と国家が一致するものとして記述されているので、新しい秩序のためには、それに相応して人間を標準化(Normierung)する必要があった。人間は、その固有の目的本性(Zwecknatur)の意味においては社会的な規律化に服するものだと想定され、人間には《誠実さ honnêteté》が要求される。これがどんなことを意味するかを明らかにするために、ストア派の文献が引き合いに出される。[28] この想定は、宮廷勤務者や公職には適合的なように思えるし、なによりも、それ相応の《諸倫理》を区別する手間が省ける。しかし、十七世紀が経過していくなかで、〔こういった標準的人間像との〕宗教的な距離も、世俗的‐アイロニー的な距離も増大していき、この距離によって、個々人は、これらの規準となる期待に抗して自由行動する余地を行使するようになる。[29] 礼儀作法は、うわべの見せかけによってのみ持ちこたえている。したがってその後、その裏面として、人々が職業として勤めている社会システムごとの多様な役割相補性や職業分化のための余地もまたもたらされる。こうした状況は、宇宙的‐ヒエラルヒー的な本質秩序にそった上位／下位の差異による人間の区別から、各個人が、自己を放棄せずに社会的に同調しあえるようになるための内部／外部の差異による人間の区別への極性変換を要求する。そしてデカルトは〔のちに〕、こうした新たな思考に対して、哲学的形式と尊厳とを与えることになるだろう。

システムの作動上の閉鎖性と自律性への傾向は、システムの否定がシステムそれ自体において予定されるようになったという点から、容易に認識できる。これは、未規定なパラドックス化を回避するかたちでなされる。ここで何よりもまず第一に念頭に置かれているのは、数多く議論されてきた人民（*Volk*）（つまり当初のうちは、ジェントリの、議会の、諸団体のことだが）の抵抗権である。自然法の庇護のもとでは、抵抗権は異論の余地がなかったが、法と国家憲法の実定化の趨勢のなかでは、その基盤を失う。しかしそうだからといって、十分に集団化して姿を現す人民が、公職の担い手の人々に対して自己主張することができない、というわけではない。[30] 問題はしたがって、こうしたケースの場合のための事前の備えをどうするかという問いへと、移行することになる。

国家理性とか国家緊急権（ius eminens）という上述した定式は、この問いに対して道具的な解決法を提供している一方で、上述した国家ユートピアは、シンボリックな解決法を提供している。これらの解決法は、互いに補いあっているように見えるが、もはやこの区別の統一性についての問いは立てなくてよくなる。〔一方で〕国家緊急権は、秩序をそれ自体から救い出すことが問題となるとき、つまり、緊急時には自然法は顧慮しなくてよいという国家の自然法が問題となるときには、《最高の》法として〔したがってヒエラルヒー的な含みを持って〕必要となる。〔他方、シンボリックな解決法を提供している〕ユートピアは、国家領域の外部の国家領域を引き合いに出す。それはしかし、《どこにも》見いだすことのできないものであり、しかしそれゆえに、当該国家領域のなかにも同様に〔見いだせると〕推測できるものである。こうして、上位／下位の差異と内部／外部の差異が利用される――そして、現存の秩序の否定をこれらの差異のなかに持ち込み、まさにこうした否定が含意されていることを隠蔽するために、これらの差異が妨害される。

その後の時代は、現在の視点からは《絶対国家》という概念によって指し示される時代であるが、ここではもはや、暴力のコントロールの問題や《主権的》な法政治のための暴力の独占という問題は〔主導的問題としては〕取り上げられなくなる。当然のことながら、依然としてこうしたテーマは取り上げられていたし、それに相応した制度の確保も重要だったが、しかし、主導的問題、つまりパラドックスとして不可視化され続けそれゆえに正統とされる主導的問題は、別のところへと移動することになった。いまや重要なのは、ヒエラルヒー的な成層化の維持なのである。成層化は、まだ不可欠だと見なされていたけれども、しかしすでに、分出しつつあった機能的諸システム、とくに貨幣経済と領邦国家というかたちで秩序づけられる政治それ自体とによって、危機に瀕していた。いまや国家は、みずからが徐々に弱らせている当のもの〔つまり成層化〕を、維持し支援しなくてはならないのである。主導的な定式はいまや、〔アリストテレスのいう〕《エウダイモニア Eudaimonia》の意味での、また、道徳をも含めた世俗的な安寧という意味での、さらに、宗教的な救済への見込みという意味での、《幸福》である。成層化との統合は、幸福の概念それ自体のなかで遂行される。下女から大公妃に至るまで、誰もが、個人的な幸福を得る個人的なチャンスを持っている。しかし、あくまでも、彼らの身分に応じたかたちで、というわけである。(31) 確かに、ある人生は不幸なかたちで過ぎゆくこともあろうが、しかしこの問題は、《弁神論》の名のもとで、宗教の問題だとされるようになる。国家は、すべての人々の至福を――彼ら〔の身分〕にふさわしい程度以上を目指す努力はしないという前提のもとで――促すことを課題とするのである。個人的であると同時に普遍的であり、成層と関連すると同時に成層と関連していない（つまりすべての人に開かれている）幸福、というパラドックスは、国家の課題という方向において解消される。こうした観点のもとで、国家は絶対的となる（その手段の点で絶対的というわけでは当然なく、またもちろんその権力の点で絶対的というわけでもない）。というのは、幸福の増進については意味的な境界は示されえないからである。

十八世紀の後半になると、こういった問題定式も、その基本的な意義を失う。国家は、明らかに、幸福の調達についてコントロールする力を失い、同時にますます、個人に対して、自分で自分の幸福を気にかけるべしと求めるようになる。そのために、経済や教育が指し示される。経済や教育の固有の論理はいまや、国家活動の〔そこに立ち入ることのできない〕限界として可視的になっている。まだ宮廷的に把握されていた行動合理性の水面下で、のちに《重商主義的》と言われるようになる、国民国家的な経済政策が、十七世紀にはすでに発展していた。その後しかし、十八世紀が経過するなかで、新しい表現として政治経済学と呼ばれていたものの統一性が、疑わしくなる。《レッセフェール》を〔ケネーのように〕（中国流の）政治的《専制主義》と結びつけようと試みた重農主義者の理論[32]などは、多くの後期絶対主義時代の君主たちの目にどれほど魅力的に映っていたとしても、お手本とはならなかった。《絶対的》（つまり、分出した、さらにまた、自分自身でやり遂げることができ革新していける）国家という奇妙な定式のもとで引き継がれてきた、政治と全体社会の統一的処理のための条件は、十八世紀になると解消されはじめる。詳しく言えば、国家の社会秩序と並ぶ、その他の、政治的ではない社会秩序が可視的になってきたことで解消され始める。十八世紀の後半になると、とくに西ヨーロッパにおいて、あいまいな状況が生まれる。すなわち、《市民社会 civil society》という旧来の政治的な全体社会概念がまだ保持され続ける一方で、同時に、家庭外での、にもかかわらず〔というのは、「オイコス」に由来するので〕《エコノミー》的とされる関係についての観察や記述の結果として、《商業社会 commercial society》という新しい概念[33]が作り出されることになった。[9]ドイツでは、まだカントやシラーによって、フランス革命後もなお全体社会をカバーする国家概念が固守されていた。しかし国家の境界は、すでに、革命の〔越えることのできない〕壁としてあるいは改革の壁として、知覚されていた。このことが、のちにヘーゲルが国家と全体社会の区別を取り入れるまでの回り道となるわけだが、自由な人間的政治社会について考察したり、文化国家という表象や、美学や教育学を介してのみ改革されるべき国家という表象、またその他の幻想主義について熟考するきっかけとなった。だが、十九世紀の半ばになってようやく、とくにローレンツ・フォン・シュタイン〔10〕によって、この区別は、ヘーゲルの理論形式に依らずとも憲法政策上の意義を持つ、歴史的‐経験的に与えられた事態を記述する区別となってゆく。そしてまたもや、《国家と全体社会》の区別を可能にする（社会的な）統一性については、問われなくなる。(34)

こうした動きと調和するかたちで、システムのなかでシステムの否定をおこなうために採り入れられるゼマンティクが変化する。いまやそのゼマンティクは（明らかに重なりあいながらも）、ユートピアではもはやなく、革命なのである。革命という言葉は、その長い伝統のなかでは、もともとの‐よりよい状態への復帰という意味と、暴力的な秩序転覆という意味の、二重の意味を有している。(35)しかし、この語が今日的な意味を有するようになったのは、一七八九年のパリでの変革が自己解釈される過程においてであり、とりわけ、これらのセンセーショナルな出来事の展開の歴史――それは、〔革命への〕支持者と敵対者とを分離しそれ以降この概念にイデオロギー的な意味内容を混入させてゆく歴史であった――に鑑みることで、今日的意味を獲得するようになった。(36)〔革命の〕支持者は、革命が長期にわたるプロセスであることを学び、敵対者は、革命を誤った理念の帰結だと見る。そこから、政治的‐イデオロギー的な継続的対立が帰結し、こうした対立が、十九世紀を、そしてロシア革命の結果として二十世紀をも、規定することになる。従来の国家秩序の転覆が実際に可能であったのは、また、こうしたやり方で全体社会を変えることができると考えられていたのは、したがって、一定の歴史的な配列のおかげなのである。いまこの概念に関して新たな動きがあるとすれば、それは、過去と未来とを分離させる世界史的な転換期という表象である。いずれにせよ、革命概念のラディカル化は、とりわけ、政治的秩序と関連しているのであり、政治的秩序にのみ新しい体制（Verfassung）を与える一方で、〔政治だけでなく全体社会をも変革しようといった〕これを上回る野心が、いまだに国家の改革政治のなかには入り込んでいる。確かにこのコンセプトは、政治的に規定された全体社会という旧来の表象を前提とはしているが、まさにそうであるがゆえに、全体社会システムの機能分化が貫徹すればするほど、その説得力を失ってゆく。だから、革命の後に経済において生起してきた事態は、革命とその理論にとっては、規定できないものになる。〔そういった革命やその理論において正しいこととして〕前提にできるのはただ、従来の所有関係の政治的な撤廃は、経済を新たな基盤のもとに置くことになる、ということだけである。けれども、社会主義的な革命の経験は、経済的な目的を達成する前にすでに、これを論駁してしまうだろう。その経済は、経済的にありうる程度の合理性に、到達していないからである。

こうした事情と結びついて生じたゼマンティク上の転換はあまりにも深い部分に及んだので、革命以前の概念枠組みはその連続性を断たれ、それどころか忘れ去られてしまい、今日、歴史家たちの骨の折れる作業をとおして新たに発掘していかなくてはならなくなった。政治の概念は、いまや、家政（oeconomia domestica）という反対概念から最終的に引きはがされ、国家の決定と関連づけられる。国家が秩序を守るために対峙しなくてはならない《不穏 Unruhe》は、もはや罪（Sünde）からではなく、経済から生じる。経済的行為のリベラルな解放は、国家の補正的・補償的な措置の継続的なきっかけとなっている——当初は、分配の不公正を鑑みての措置だったが、その後になるとますます、経済それ自体が〔円滑に〕機能作用するための枠組み条件を鑑みての措置に、というよりこちらのほうをとりわけ考慮した措置になる。全体社会システムの機能分化が問題を多様化させ、構造変動を加速させ、国家の諸資源を正当化圧力のもとに置くようになっているにもかかわらず、国家に対しては、存続に値する秩序をその領域内で調達してほしいとの要求が出される。十八世紀の終わりに、とりわけ十九世紀になってこうしたジレンマの先鋭さを覆い隠し、それを代替的な目的のほうへといわば目を転じさせる役割を担った定式が、《ネーション》である。

III　ネーションについて

近代国民国家がより計画に身を委ねているのであれ進化に身を任せているのであれ、また、近代国民国家がネーションを、国家的連帯（Vereinigung シェイエス）として理解しているのであれ[37]、言語や文化の統一体（ヘルダー）として理解しているのであれ、いずれにせよ、ネーション（natio/Nation）という概念は根本的に変わってしまっている。この概念はもはや、人格の出自を指し示すものではなく、もっぱら、これからはじめて作り出され組織化され維持される結合を指し示している[38]。ネーションたるべきものが、そうした想像からリアリティへと移行するためには、政治的な（国家的な）手段によって、その国民国家がみずから必要とする領域の内部で、言語的・宗教的・文化的・組織的な統一化（Vereinheitlichung）が調達されなければならない。そのかぎりで、言語と文化と国家性（Staatlichkeit）は、一つの政治的課題へと融合する。これらは、それぞれに異なった歴史的出発状況に応じてのみ、相互に区別される。ナショナルなアイデンティティは、与えられるものではなく、定義され、獲得され、保持されなくてはならないのである[39]。そうしたアイデンティティの問題の核心は、過去にあるのではなく、未来にある。より精確に言えば、歴史への言及（Referenz）は、政治的目的設定の正統化にのみ、資している。ただしこの目的設定のさい、いま現在解決されるべき政治的問題がますます、全体社会システムの機能分化に由来していることが何よりもまず見逃されているため（そして今日でも、多くのエスニックな運動においてはそうである）、この目的設定は政治システム固有の問題として扱われざるをえない。

　ネーションという概念は、数多くの点で、国民の諸関係への規制が、もはや身分的に媒介されない、国家による直接的な規制へと移行したことと、対応している。人々は、個人としてネーションにも所属するのであり、しかも、一人の個人は一つのネーションにしか所属できない。これは、奴隷制とは相容れないので、その撤廃をもたらすことになる。他方で、ネーションと結びついている諸個人は、互いにもはや知ることはできない。結婚や遺産相続は、ネーションによっては規制されない（かつてのように、身分によっては規制されるが）。ネーションは、したがって、想像の共同体でしかありえない(40)。まさにそうであるがゆえに、ネーションには、国家による具現化（Konkretisierung）が必要なのである。と同時に、ネーションは（国家と同様に）領域的な同一性を探し求め、またじじつそれを見いだしている。重要なのはもはや、王朝同士の戦争政治や婚姻政治から臣従関係が生じてくるような、各領域の諸王朝の連関だけではない。ネーションのために人は生きたり殺されたり死んだりしなければならなくなったのである。しかも、それぞれ誰のことが念頭に置かれているかが、まったくわからないにもかかわらず、そうなのである。ネーションが国家形成に至らない場合には、ネーションの理念は単なる理念にとどまる。

　こうした条件のもとで、次第次第に、それ相応の任務把握に適合した、国家と関連して作動する政治システムが成立する。と同時に、まさに《ネーション》の助けを借りて、国家は、その固有値（Eigenwert）において再認（konfirmieren）される。数多くの相互作用において、またとりわけ戦争において、国家が引き合いに出されるようになり、また、国家のために役立ったり国家を守ったり国家に義務を感じたりしうるようになる。こういった事態は、（とくにドイツの伝統においては）不在者の理念化（Idealisierung des Abwesenden）に至る。(41)〔つまり〕神のために、人民のために、祖国のために、そしてまさにこれらと並んで国家のためにも、人々が動員されうるのである。このとき人々が依拠しているのが国民国家であり、したがって、その他の数多くの差異、たとえば宗教的な差異や階層に特有の差異などを背景に追いやることを可能にする差異としてのネーションなのである――またこれこそ、ネーションがゼマンティクとして高く評価されている理由である――。ネーションの内部では、十分にさまざまなコンフリクトは起こりうるが、そういった〔ネーション内部での〕コンフリクトは、〔ネーション間のコンフリクトにしばしばありうるそれとは違い〕敵対者を絶滅することを目的とするコンフリクトではない。

十八世紀の終わり頃に、決定的な変化が起こる。それはとりわけ、フランス革命において表現され実行された。いまや、国家は、個々人の政治的エージェントとして理解される。国家は、間接的な支配から直接的な支配へと移行する。(42)これが意味しているのはとりわけ、ローカルな行政がしつらえられ、国家と市民との関係が法によって規制される、ということである。国家は、いまや――安全と秩序の調達という古典的なポリツァイ的任務と並んで――ローカルな水準で、人々の健康の問題、学校教育問題、工場の経営の安定、建築許可といったことを気にかけるようになる。〔また、この時期には〕新しい概念が、すなわち、法的に意味のある身分的相違の代わりになる、一般的な概念としての《国籍》概念が、登場する。こういった直接的な支配のためには、その介入方法を特定化しそれを宗教的・経済的・家族的関係から〔区別して〕境界設定することも、同時に必要となる。たとえば収税吏(Steuereinmehmer)や領主裁判権(grundherrliche Gerichtsbarkeit)のような媒介的な暴力(Gewalt)は、廃止される。経済や宗教においてそうであったように、政治システムもまた、いまや《国民》との直接的な関係を現実化しようと模索し始めたのであり、したがって、媒介的な諸審級には依存しないよう努めだしたのである。

しかし、国家にとって関心の的は、その倫理的な完成に見あったそれぞれの個人ではなく、個々人からなりたつ人口(Bevölkerung)であった。十八世紀が経過するなかで、人口(Population)の概念が定着していく。この概念にとって、人類の一般的なメルクマールは決定的なものではなく、むしろ重要だったのは、人口が諸個人から構成されているがゆえに生じる、多様性(Diversität)の度合いであった。のちに、進化論は、この人口〔population=個体群〕の概念ないし人口に必ず備わっている多様性の概念を用いるようになる。だが、すでに十八世紀末の政治理論が、諸個人はどのようにして《代表》されうるのかという問いについて議論しており、そのときこれらの概念を前提としていた。この理論は、多様性の幅に関心を抱いていたのである。そしてこの意味においてのみ、政治システムの(もはや宗教によっては確保されえない)自律性についての新しい理解の基礎をなしているのは、近代的個人主義である、と述べることができる。

この時点で国家は憲法を手にするに至り、リベラルで立憲的な国家へと変化する。十八世紀の北アメリカ諸州やフランスにおける特別な歴史的・政治的状況とは別個に、《憲法》は、もっとも高次の法の形式として、政治が国家という形態をとるさいのメルクマールとなる。[43] これによって、国家は、二重の仕方で政治システムの分出に反作用する。すなわち、まず、国家権力の内的組織化（つまり、権力分立と抑制）によって、また、外的な境界設定（つまり基本権）によって、である。どちらも、〔政治システムの〕分出と自律性獲得の結果として著しく強化されたコミュニケーション可能性を制限するのに、役立っている。憲法が高次にランクづけされていることは、政治によって根拠づけられており、それゆえに生じてくる、民主主義原理の制限という事態は、〔政治システムの〕自律性獲得の派生的問題と直接関連している。それ自体を《一般意志》として理解しようとしたフランス革命時の委員会の試みは失敗に終わった——それは、一部は、内部の対立のためだが、もう一部は、このような〔委員会の〕傲慢さを監視できる《より高次の》国家機関を見いだす困難さのゆえ、であった。[44] そうしたコントロールは、世論と司法に委ねられなければならない。

政治的秩序の問題は、（みずからに対するいかなる支配権も認めない）国家の頂点における主権の不可避的な恣意性から、政治システムの組織的な（《官僚制的》な）閉鎖性の問題へと移行している。つまり、それ自体の決定からそれ自体の決定だけを生み出しているシステムの閉鎖性の問題に、である。この問題に対しては、代表制によって対処される。これにより十分な環境開放性が期待できるというわけである。諸利害の評価という問題は、量的な得票数の割り振りによっては解決されえない。したがって、開かれた代表原理が登場する。この原理のもとでは、それぞれ個々の代議員は、《人民》（それゆえ政治システムの環境）を代表することになる。だが、ただちに証明されたのは、こうした個人的な解決法は、組織的な解決法に取って代わられなければならない、つまり、代議員をその監督下に置く政党による解決法に取って代わられなければならない、ということだった。

服従者とはいまや国民であり、そのために、《国籍》という特別な法制度が作り出される。こうして、国家と国家に属する諸個人との（階層には媒介されない）直接的な関係がしつらえられるにつれて、独立性と依存性を同時に強化できるような形式が作り上げられる。その形式によれば、（国家機関の）権力獲得はそれ以外の場所での権力喪失によって均衡が保たれなければならない、といった権力の総和一定の法則など存在しない。国家の権力がどれほどまで作り上げられ行使されうるのかは、いまやその政治の帰結なのである。権力は、権力の形成によって、回帰的なかたちで作り上げられなくてはならない。総和一定などは、――（すべての人が一票しか投票できない）選挙においてとか、政治的決定を下す委員会においてとか――投票数の決定という水準でしか存在しない。だが、その時々の政府が危険にさらされないためには国家権力はどれくらい活性化されればよいのかという問いについての適切な情報は、それがどれほど重要であっても、得票率によっては与えられない。

十九世紀の終わり頃になると、また、二十世紀に入るとさらに先鋭に、人々はあらためて、状況の変化に直面する。説得力を授かっていた問題が、もう一度変化するのである。いまや重要なのは、政治システムが成層化から分出したり、それ以外の機能システムから分出する、といったことだけでは、もはやない。さらに加えて、政治システムの内的分化が、重要になってくるのである。政党が、成員組織という形式で作り出されるようになる。これは、憲法のなかではまったく予定されていなかったし、フィラデルフィアでもパリでも予見されていなかった(45)。これによってはじめて、政治システムにおける、選挙を指向した秩序ある権力交代のための前提条件が、つまりは民主制にとっての前提条件が作り出される。政党は、組織化された統一体としては、選挙で勝っても選挙で負けても同一であり続け、（程度の多少はあれ）安定したものであり続ける。その結果、国家組織はいまや、政治システムのサブシステムの一つでしかなくなる。この国家組織に、それとは別様なかたちで組織化された政党が相対《あいたい》し、さらには、利害代表の組織、つまり《ロビー》もまた、これに相対するのである。こうして分業が軌道に乗り始める。すなわち、政党は、新しい問題を吸いあげ、意見市場を政治化し、国家組織は、法的にあるいは財政的に維持しうる秩序によってこれに応じようと試みる。一方は変異（Varietät）を調達し、他方は冗長性（Redundanz）を調達するわけである。二十世紀後半になり、全体として変異／冗長性のレベルが急激に上昇してゆくと、それは《福祉国家》という名を有するようになる。

　福祉国家は、解決されるべき問題として想定される諸問題を、したがって、解決できる問題として想定される諸問題を、ますます広い範囲にわたって立てるようになった。国家は、政治の普遍化の準拠点となる。《価値》への支持表明のなかに、良き意思が記録される。もはや、《社会国家》的なタイプの補償的サービスだけが重要なのではない。自然公園や女性の問題、産業立地、生産活動や研究におけるリスク制限、さらに、麻薬使用に対抗する措置、高等教育へのアクセスの拡大、患者治療のシステムにおけるコスト調整、そしてとりわけ、職場の創出と維持なども重要になる。要するに福祉国家は、より多くのミルクを得るために雌牛を膨らませる試みに似ている。その基礎となるパラドックスは、いまや新しい形態で現れる。すなわち、解決が待たれる諸問題は解決できない問題である。なぜなら、そういう問題は、全体社会システムの機能的‐構造的な分化を、政治システムのなかに映し出したもの〔つまり、全体社会の機能分化に由来する問題なのに政治システムが解決すべきだとされているの〕だが、しかし同時にこれらの問題は、政治システムが全体社会システムの機能分化のまさに一サブシステムにすぎないことに起因しているから、である。解決できない問題を、政治的に解決できる問題へと再定義することによって、福祉国家は固有のオートポイエーシスを確保している。つねに、何かすべきことは確実に存在している。日常は、〔その、ますます増えてゆく「為すべきこと」を為そうとするがゆえの〕慌ただしさやせわしない攻撃性によって規定される。しかし、こうした〔政治的〕作動を活発にさせる推進力は、政治家の良き意図などではないし、また民主制でもない（つまり人民による自己支配というパラドックスでもない）。むしろ、こうした活発さを呼び覚ましているのは、政治システムの（民主制にとって必要不可欠な）内的分化である。

マキャベリの問題、つまり（イタリアを統一体として統治するはずの）君主の権力獲得と権力の維持という問題と同様に、福祉国家の問題も、純粋に政治的に生み出された問題である。マキャベリの問題は、道徳を犠牲にしてのみ解決されえた。福祉国家の問題は、財政を犠牲にしてのみ解決されうる。どちらの場合にも――それ以外の点ではかなり異なっているだろうが――、分出した政治システムの自律性が、はっきりと現れ出ている。全体社会は、問題解決で犠牲になるもの、という形式で感じとられることになる。

二十世紀も末になって、そのパラドックスが可視的になってきている。このパラドックスが隠蔽されていたことで、福祉国家の説得力が支えられていたのに、である。全体社会のその他の諸システムに対する政治的な制御可能性の限界が目に付くようになり、議論されている。これまで機能してきた、社会主義的／リベラル、という政党二元論――これによって福祉国家は選挙を組織化しそれ固有の構造的《ドリフト》に身を委ねていたわけだが――は、その魅力を失っている。とりわけ、政治と経済の関係は長期的な問題である。第二次大戦の終結以来、福祉国家という表題のもとで、政治的《制限》、さらにはこの傾向の経済への反作用が議論されているが、ここで獲得された洞察を政治的に利用して、経済から政治が手を引くことなどできないだろう。まさにどちらのシステムも自律的になっておりそれ固有の構造をそれ固有の作動をとおしてのみ産出し変化させることができるがゆえに、〔両者が分離してしまうのではなく〕それぞれのシステム内部で効果を持つカップリングへと至ることになる。というのは、個々人の日常的な生活決定の貨幣依存を介して、経済は、個々人の利害に深く介入し、それゆえに、政治は、経済がこうして有権者の決定に支配的な影響力を持っていることを考慮せざるえなくなるからである。しかも、政治がこうして経済のことを考慮に入れざるをえないのは、救いようのない貧困が見いだされるからというだけではなく、まさに豊かさが増している状況でも、またそれに相応して、利害が多様化しつつあるような状況においても、そうなのである。さらに、政治は、経済の影響を修正するために、税を介して、政治自体が有する経済的ポテンシャルを行使すると、それだけますます、景気に依存するようになってしまう。なぜなら、税は、ともかくも経済によって受け取られねばならないからである。

変動の輪郭はすでに浮かびあがりつつあるが、そうした変動の射程を、現時点で見積もることは難しい。ひょっとすると、この変動は、近代的な国家思想の隠された前提を問題にしているのかもしれない。伝統においては、《国家》として理解されていたのは、巨大で効力を有したすべての全体社会的な組織だけではなかった。国家——それは、旧ヨーロッパ的な伝統でいう目的定式であるとともに、政治システムの自己記述の定式でもあった。国家の理念やゼマンティクによって理解され把握されていたのは、(46)

政治がもはや都市と関連づけたかたちでは捉えられずまた家政と性別との連関としても把握されえないような状況であった。国家は、市民社会（societas civilis）や共同体（res publica）といった概念と結びついていた期待を、いわば引き受けている。十九世紀にはすでに、国家と〔商業〕社会とは区別されていたが、そのあともなお、多様な個々人の利害に対して社会秩序というまとまりを保証するのが国家である、という期待が、国家に向けられていた。（すでにヘーゲルが芸術の終焉について語っていたのと同様に）カール・シュミット[13]が国家性の終焉について語ったとき、念頭に置いていたのは、こうした〔国家への〕要求がもはや持ちこたえられなくなっているということであった。(47)そうなった原因は、政治システムの、新たに成立した組織的な〔内部〕分化であり、また、全体社会的な利害や社会運動の、政治に対する役割の変化、である。

十七世紀以降とその後の代表制国家（Repräsentationsstaat）において、そして最終的には福祉国家においても、国家の機能は、利害のコンフリクトに関連づけられていた。当初はどちらかといえば政治外的なそれであり、その後は主として政治内的なそれになる。したがって、政治理論は、政治経済学の理論と対応していた。政治経済学の理論は、十七世紀以来、経済への参入の〔個々人の〕動機の均一性を出発点とするものであり、こんにちでも、きわめて精緻に磨き上げられたゲーム理論や合理的選択理論のなかで、同様の想定でもって生き続けている。均一性——それは明らかに、「交換への関与者の一方だけが、彼の望むものをまさに手に入れ、他方の者は、ただ貨幣だけを手に入れる」という観察に対するゼマンティクの回答であった。こうした差異を埋め合わせるために、関与者の双方が、効用計算をおこない〔効用を〕最大化させる動機を持っていると想定されているのである。確かに、経済の統一性はもはや宗教によっては根拠づけられないが、しかし個々人の心理によって根拠づけることは十分にできるというわけである。政治は、リベラルな見方でも社会主義的な見方でも、これによっては解決できない利害コンフリクトを解決するための、一種の残余機能にとどまる。そこでは、この〔解決できずに残される〕残余の部分の範囲と〔このコンフリクトの〕処理の緊急度だけが、議論の対象となる。しかしここでもまた、動機については、自分自身への利害つまり《自己利害》の均一性が想定されていた。経済的な動機についての観察を担当していたのは——後の時点から翻ってみると驚かざるをえないが——、依然として、フィクションに基づく文学、演劇、小説であった。これらは、プロットの脱英雄化以降は、それぞれの読者や観客に、〔小説や演劇の内容に関する〕自分自身についての逆推論をおこなってみるように推奨するものだった。これらを締めくくる物語は、十九世紀の終わり、すなわちロマンの終焉のときに、ジークムント・フロイト[14]によって定式化された。

けれども、結局のところ、利害のコンフリクトはトリヴィアルなコンフリクトなのである。それらは媒介されうる——妥協によってであれ、補償的な支払いによってであれ、あるいは最終的には、利害状況の変更をもたらす脅迫や暴力の動員によってであれ、さらにまた、合法／違法という図式で利害を再コード化することによってであれ、ともかくも媒介されうる。しかし、予見しうる将来において我々の目前に迫っているのは、まったく別の種類のコンフリクトであろう。すなわち、エスニックなコンフリクト、宗教的コンフリクト、アイデンティティのコンフリクト、交渉の余地のない価値・規範・信念をめぐるコンフリクトである。ここ数十年の間に予期せぬかたちで再燃してきた数多くの原理主義的な運動が証明しているように、こういった深刻で重大なコンフリクトが依然として存在し、すべてのコンフリクトは政治的に利害コンフリクトへと縮減可能だというのは幻想にすぎなかった。この指摘が正しいならば、それは、〔利害のコンフリクトの場合とは〕まったく別の種類の政治的戦略へと行き着かざるをえないだろう。たとえば、国家や国家を支援する国際組織のほうで、〔そうしたコンフリクトのいずれの側に肩入れするかを〕明確に選択し、〔肩入れしないほうには〕制裁措置を科す、といった戦略である。こうしたコンフリクトが増大してゆくと、内戦に近い紛争という形式でしか解決できなくなるだろう——しかも、その経済的な帰結とか住民の苦痛などには配慮しない形式で、である。

解決できない問題の解決に遮二無二に取り組まざるをえないこうした状況においては、（いましがた述べてきたような）《政策コミュニティ》は信頼性を失ってしまい、公共（Öffentlichkeit）は、政治家の生活に由来するほんの些細なことに目を付け始める。それでも現在、これに対抗して独自の政治目標を展開しようとする試みがもし存在するとするならば、それはおおむね、宗教的あるいはエスニックな領域にあると思われる。キルギス人はロシア人ではなく、スロヴァキア人はチェコ人ではなく、クロアチア人はセルビア人ではなく、アルメニア人はアゼルバイジャン人ではない。再統一によって、ドイツ人は、誰が真にドイツ人であり真にドイツ人であろうとしているのか、という問いの前に立たされる。許容可能な《ヨーロッパ化》の規模とはどの程度なのか議論されるようになる。北アメリカの人々は、《文化多様性》や《ポリティカル・コレクトネス》の問題を抱えている。原理主義と政治的ラディカル化が、トレンドとなっている。これらの〔エスニックな〕区別がなにより重要だと人々を説得するのに政治的に成功すれば、経済的な帰結など顧慮せずに政治を執りおこなうことはできる。しかし、自己言及的な構成、つまりは論理的なトートロジーや政治的なものの個別的な普遍主義〔つまり、政治システムが、政治という個別的な観点から、あらゆる事柄に取り組もうとするあり方」のことを考慮せず特別な目標だけを追求する国家は、それに相応して、構造的に差別主義的になり、不可避的に専制的になる(48)。

特別な目標に固執してしまう国家は、《不在者の理想化》には、ほとんど適していなかった。たとえば崩壊しつつあるユーゴスラビア内でそうであったように、伝統的な国境に固執し続けると、それは政治的なカタストロフィーに行き着いてしまいうる。世界規模で見てみると、経済的な根拠、エスノポリティクス上の根拠、宗教的、その他類似した根拠から、古典的な国民国家という人工的な統一体に徐々にダメージを与えてしまいかねない政治が現れている。このことは、近代の世界社会においてそもそも《国家》が重要であるのかどうか、また重要であるとすればなぜなのか、という問いへと行き着く。

IV 世界社会と国家

今世紀の終わりにあたって、《国家》の機能と意義を評価しようとするなら、世界社会という概念から出発するのが適当だろう。世界規模でのコミュニケーション・システムが作られている事実は、疑いようがない。新しいコミュニケーション技術、とりわけテレビが、政治的な影響力を持つようになった。いまいる場所は、見ること・聞くことの可能性の条件としての役割を、失ってしまっている。それにより、いまいる場所は、情報技術のゆえに軽視される。これによって、空間と関連した中央集権制はすべて、超越可能なものとなる――しかしそうだからといって、これに抗うような地域意識が強固になることが、排除されるわけではない。しかし、基本的には、毎日、ここことは違うどこかで生起していることをも見ることができ、しかもほとんど同時に、少なくとも、それが生起している場所に出かけるのに必要な時間のいかんによらず、見ることができる。空間は、それによって、視覚上も聴覚上も（その意味で、私的にも）、どこからでも理解できるようになる。報道に値する事柄がどこで生起しようと、あるいは、どこでそれを報道用に演出しようとも、それは世界に開かれたかたちで生起する。(49) そのことによって、世界政治のかたちをとって編成される、ローカルな出来事への介入もまた、新しい（正統性の、とは言わないまでも）説得性のチャンスを獲得する。

こうした世界規模でのコミュニケーション・システムに《全体社会》というタイトルを付けることがしばしば拒まれているとすれば（そういう場合には《グローバル・システム》などと言われる）、それは、伝統に条件づけられた概念基準のせいなのかもしれない。つまり、全体社会の概念を国民国家という概念と融合させてしまうような概念基準のせいである。しかしそういう全体社会概念は、真剣に考えるに値しない理論によって裏づけられているにすぎない。ときおり、〔全体社会といった場合〕文化の類似性とか生活状況の類似性といったことが考えられることもある――しかしその条件は、通常の大都市においてはすでにもはや確保されえない。結局のところ――気づかぬうちに――市民社会（societas civilis）、すなわち政治的な全体社会という旧来の表象がしかるべき役割を果たすようになり、国家を政治システムとして、それゆえ全体社会として見なすきっかけを与えているのかもしれない。しかし、世界社会という概念に対するこうした抵抗はすべて、近代の典型的な諸メルクマールがますます《グローバル化の傾向》という概念のなかに取り込まれていかざるをえなくなるにつれて、説得力を失う。(50) 個々の国家が別の特定の国家に依存する事態は減少し、代わって、世界社会の政治システムに個々の国家が依存する事態が増大するようになる。[51] それによって、主権という概念は、上位権力からの防御という機能を失い、地域的な秩序に対する責任という方向へと流れていく。《支配》という形式でも《文化》あるいは《価値》という形式でも、世界社会の概念は、中心化を前提としていない。むしろ、組織やプロフェッションのレベルでの、コミュニケーション同士のヘテラルキー的・コネクショニズム的・ネットワーク的な結びつきが、典型的となる——このタイプは、コンピュータの使用によって、将来さらに強化されてゆくだろう。

全体社会という概念を、地域への準拠（Referenz）から解放するのであれば、《インターナショナル・システム》について語ることも不必要であり誤解を招く。[52] その代わりに、本書では、二重の区別の可能性を手にしている。すなわち、世界政治のシステムが、全体社会システムの機能分化を元にして、世界社会のサブシステムとして分出し、そのかぎりで、世界政治のシステムが、世界経済、世界科学、世界法、世界規模での家族形成（ポルトガル人とタイ人との結婚も家族を成立させうる）、マスメディアの世界システムなどと、区別される。また、世界政治のシステムは、我々が領域国家と名づけているものへと、内的に分化する。一般システム理論での公理によれば、分出は、内的な分化によって条件づけられる。内的な分化は、環境との精確な対応物を持たず、そのことが、システム境界の内的な再生産を可能にするわけである。この公理を用いると、世界社会の政治システムにとって国家形成が持つ意義もまた、認識することができるようになる。

多くの議論は、考えうる世界国家なるものに異を唱える伝統的な主張に似ている。つまり、地域的な諸条件は、文化や住民、経済的可能性や発展段階によってきわめてさまざまであるので、それらを、一つの中心から管理することなどできないであろう。さらに、政治的な決定手続きにおける多数派／少数派の図式による民主制的なコンセンサスの努力や、この図式の民主制的な運用を、世界政治システムのレベルで最適化することは、ほとんど不可能であろう。量的な得票率の違いによって適切に代表を選出する可能性も、ありえないだろう。オランダ人は中国人からつねに否決され、ポルトガル人はインド人からつねに否決されるだろうから、民主制に賭けてもあまり意味がないように思われてしまうだろう。端的に言えば、政治の機能の最適化は――《民主制》がそのための指標であるとすれば――、〈国民国家への〉環節的な第二の分化を介してのみ、達成されうるのである。その結果、個々の国家は、民主制の現実化の程度に応じて区別されることになるが、同時に、政治目標を国内で達成するための方法の点で、あれこれ実験してみることもできる。だがまさにこうしたことに基づいて、次のような世界規模で規定される傾向が、貫徹するようになるのである。たとえば、全住民を、国家の統治権領域へと包摂するという傾向や、福祉国家への発展という傾向や、さらに、政治的機能の個別的な普遍主義への傾向が、であある。

第二の論拠は、さらに重要であろう。それは、その他の機能システムにかかわることである。世界政治システムの諸国家への環節分化は、その他の機能システムが《政治化》する蓋然性を、減少させる。相互依存のゆえに、研究が奨励されたり信教の自由が受容されたり経済が発展したり印刷がなされ放送がなされたりするその度合いについても、地域的な違いが生み出される。これに疑いを差し挟む余地はないだろう。しかし、その影響が国家的に管理される地域に限定されている、ということは、同時に、それに相応した諸機能システムにおいては、こうした事情にもかかわらず世界パースペクティブが貫徹していることを意味する。そして、こういったそれぞれの諸地域では、この〔諸機能システムの〕世界パースペクティブを考慮に入れざるをえない。これは、宗教や法についても、科学や経済についても言えるが、その妥当の仕方はそれぞれ異なるだろう。イスラム教のような広域にわたる宗教領域は、これからも維持されるだろう。他方で、社会主義のような広域に及ぶ経済領域は、世界経済が〔これらの領域に〕浸透しないよう密閉するのに、失敗してしまった。ローカルな研究センターは、しばらくしたら、世界をリードするようになるかもしれず、それゆえに、アメリカの社会学とかインドの生物遺伝学といったものはありえなくなるかもしれない。世界政治システムの諸国家への環節分化は、その他の機能システムの固有のダイナミズムを保護しているのである。しかもそのことによって、政治が〔地域ごとに〕多様なかたちでこれらを促進したり阻害したりすることの地域的な効果が、排除されるわけではない。

これはまた、それぞれの機能システムにおけるローカルな重点〔すなわち、個々の機能システムがどの地域に重点をおいて作動するか〕が、政治がそれに対して決定的な影響力を有していなくても、移動しうる、ということでもある(53)。生産は、低賃金の国々へと移動しうる（こうした事態は、豊かな国々が衰退するきっかけとして、十八世紀にはすでに予見されていた）が、他方、キャピタルマネジメントや銀行、取引所、保険会社は、無条件にこれに従う必要はない。研究も、すでに有利な条件が整っている場所に結晶化する傾向がある。当然のことながら、このことは、国際的に影響力をもつ政治権力についてもあてはまり、もはや軍事的なポテンシャルだけが決定要因とはならない場合には、とりわけそうである。したがって長期的に見てみれば、中心と周縁の配分〔すなわちそれぞれの機能システムごとのローカルな中心がどこで周縁がどこかというその配分のされ方〕という点では、目下の発展状況に従って現時点でのこうした〔中心／周縁の〕区別から推測される以上の可動性が、存在していることだろう。

さらに、そこへの居住者の利害を促進しようとする国民国家の努力が、それに相応した機能システムのグローバル化の傾向を強化する点も、同様に明らかになっている。これに抵抗しても、それほど有益であるとは思えない。世界社会の教育システムの特徴となっている、組織上の、また、カリキュラム上の均一性は、国民国家の政治の一つの成果である。[54] 同様のことは、世界社会の医療システムについても言えるだろう。世界社会で実証されている傾向を手本とせずに、いったいいかにして自国民の健康増進などできようか。そのかぎりで、国民国家は、世界社会の政治システムのなかに組み入れられているだけでなく、同時に、政治システム以外のいくつかの諸機能システムのグローバル化を進捗させる重要な推進力でもある。

以上の考察は、次のような最終的な問いを導くことになる。つまり、こうした政治の世界システムの環節的な内的分化というシステム適合的な形式は、《国家》という形式と結びつくのかどうか。近代的国家性が最初に動き始めて以来、つまり、基本的には、十一世紀のローマ教皇‐シチリア連合以来すでに認識されていたように、政治的コミュニケーションのための国家の構成は、国際的な承認と結びついている。ここには、正統化の本来的な源泉も存在している。少なくともこれは、正統性が吟味されたり場合によっては承認が拒否されうるプロセスである。数世紀にわたる経験が示しているように、正統性のゼマンティクの側面――王位の合法的な獲得であれ（他方で、教皇側に支えられた簒奪と専制政治の事例としてはノルマン朝シチリア王国におけるそれがある）、主権在民であれ、人権に則した政治の路線であれ——は、この〔国家として国際的な承認を得るかどうかという〕場合、実際上は、ほとんど何の役割も果たしていない。というのは、承認の問題は、そのつどの政治的な布置状況に、あまりにも強く編み込まれてしまっているからである。むしろ、この承認は、十九世紀にすべての正統性の核心的前提として現れてきた事柄と、結びつけられていると言えよう。つまり、一定の領土への国家権力の事実的な貫徹と、である。

しかし、こうして国家として構成されるものの場合、多くの領域にとって重要だったのは、きわめて人為的な構築物であり、現実に制度化された構築物ではない。そうではないケースでは、かつて行為能力のあった国家の民族的な崩壊を阻止することは難しい。多くの事例において、リベラル立憲主義の伝統を持つ《西欧的》国家モデルの移転に失敗しているのは、明らかである。したがって、じつに多種多様なものが、《国家》という一般的な上位定式のもとに、またそれらの間の相互の政治的承認のネットワークにおいて、見いだされるわけである。国家概念の従来の定義が、こうした状況にまだ適合的であるのかどうかを疑う人もいるだろう。それにもかかわらず、世界政治システムの環節分化は、すべての領土に強いられている。《主権》国家という形式をまとうことなしに政治に参加する領域は、存在しない（また、これを回避できる領域もない）。こんにちでは、主権国家という形式をまとったからといって、安定性の得られる保証はもはやないので、そのことが、ますます、〔楽観的な口調で語られる〕新しい国際秩序の主要問題となってきている。しかし、国家は、国際的コミュニケーションの単なる宛先以上のものでなくてはならない。政治的な効力と内的な貫徹能力は、不可欠の条件なのである。それゆえに、世界政治システムが国家性の保証人として登場してくる——ただしそれによって、〔世界政治システムが〕地域的な〔環節に分化した〕政治に干渉したりせずに――ことが、ますます必要と見なされるようになるかもしれない。しかしまずは、こういったやり方に適した〔世界政治システムによる地域政治への〕介入形式が育まれなければならない。いずれにせよ、ここ数年の間にその兆しが観察されるようになっている。

諸領域国家が、その地域の諸事情に介入するのにどれだけ成功あるいは失敗しても、また、それぞれの地域がこの点でいかに区別されるのであれ、さらに、国家の実効性が、政治以外の機能システム（とりわけ経済やさらにはマスメディアの機能システム）の世界規模での作動様式によっていかに阻止されあるいは促進されていても、世界政治にとって不可欠なのは、国家の集合的なコミュニケーション能力である。しかし、集合的コミュニケーション能力は、組織によってのみ確保されうる。それは、単純に、権力の貫徹能力からすでに生じるというものではない。したがって、世界社会的な条件のもとでは、世界政治システムの諸環節が、その内部で、また、その他の諸環節に対して、コミュニケーションによって何事かを主張できるという組織化された能力は、決定的に重要であると見なされねばならないだろう。〔それができるのであれば〕環節内部での〔権力の〕貫徹能力の弱さは、容認されうる。こうした〔貫徹能力の弱さがありうるという〕ことは、経済政策上の野心にも、人口増加やエコロジカルな動向に対するコントロールにも、さらには、物理的暴力の〔国家による〕独占を作り出し維持することの困難さにすら、あてはまる。市区や管区全体での路上犯罪とその御し難さは、多くの国家で問題となっている。多くの国家は、非合法性というメディアにおいてしか、政治的な協力への動機づけをおこなえない。数多くの国家、いやそれどころか国際的に重要な巨大国家すらも、目前に迫った選挙によって、何カ月にもわたって、事実上停滞することもありうる――〔このように内的な貫徹能力の弱さが見られる〕にもかかわらず、これらは、疑問の余地のない国家であり続ける。〔したがって〕これらはすべて、さしあたりは国家性とは関係がなく、国家性に対して期待されうる事柄とのみ、かかわっている。内戦に近い状態に陥っているとか、反対政府が権力の面で成果を上げているとか、したがって〔当該国家が〕権限ある宛先としては疑問視される状態である、などといったときにはじめて、世界政治システムにとって問題となるのである。というのは、世界社会とその政治システムは、その作動の点でコミュニケーションに依拠しているのであり、したがって、領土全体をコミュニケーションによるアクセスから遠ざけることなど、できないからである。

以上の考察は、国家概念の伝統に対して決定的に重要な帰結をもたらす。とりわけ、《主権国家》の表象は、こうした帰結を明らかにするというよりも、むしろそれを隠蔽してしまう。現在の世界政治システムにおいては、政治は、集合的に拘束力のある決定という、世界社会にとって必要な機能なのである。このシステムの領域国家への環節分化は、この機能を地域的にきわめて多様な条件へと近づけてゆくのに役立っている。詳しく言えば、文化的、気候的、エコロジー的、そしてとりわけ世界経済的な要因を持つ〔地域間の〕相違、またそのかぎりで世界社会自体によって生み出された相違へと近づけるのに、資している。しかし、環節分化はつねに、諸環節の間の最小限度の《類似性》を前提にできなくてはならない。ここから、多様性と対等性を同時に保証するという問題が生じてくる。これは、対等性を《国家性》へと縮減し、また国家性を、組織化されたコミュニケーション能力へと縮減することによって、おこなわれる。

もっとも、政治を組織化するとは何を意味し、またいかにしてそれが可能なのかは、以上でもまだ何も述べられていない。この問いに対する答えは、当初推測されていたよりも難しいものとなるであろう。そのために、もう一つ別の章が必要である。

第七章　政治的組織

I　機能システムと組織システムの区別

歴史を十分先まで遡ってみると、組織は、どちらかといえば迷惑な重荷として政治システムのなかに導入されていったことが見て取れる。〔たとえば〕中世の諸領域で、戦争遂行への準備のために、またそれに対応した財政調達の準備のために必要とされた組織は、明らかにそういうものであった。このように組織化しなくてはならないということは、本来の政治的な目的設定の、厄介な（そして意図せざる）副産物と感じられていたのである。[1] それに対して、一〇〇〇年に及ぶ歴史を経た現在、組織は、政治システムの頂点にまで押し上げられている。議会、独裁者や王（これらがまだ存在していればの話だが）ですら、一つの組織の頂点という立ち位置で統治をおこなっている。また、政治的な意見形成のためにも、〔マスメディアのような〕組織が必要である。したがって我々は、組織によるこの特別な種類のシステム形成についてやや詳しく考察してみなければならない。政治的な現実から組織を取り去って考察することなどできないのであり、かりにそんなことをすれば、すべてが崩壊するだろう。

国家についての旧来の学説は、国家を、人民の政治的組織として把握することで事足りていた。政治システムの場合には、国家の概念と組織の概念とが一致していたわけである。それ以外の政治的組織は考察対象ではなかったのであり、もともと十九世紀の初頭に《組織》として理解されていたのは、《有機体的な》(有機体の活動をもとにした)秩序以外のなにものでもなかった。(成員-)組織という形式を採る政党が現れ始めてようやく、このような状況が変化し始めた。二十世紀への転換期において、政党の事例に関して発見されたのは、寡頭制や幹部という現象であった。[2] こうした現象は、その後すぐに拡大していき、国家組織内部でも、《官僚制》が問題化するようになった。それ以来明らかになったのは、政治システムがきわめて多様な組織に依拠しているがゆえに何が生じているのかを把握しようとするならば、そのときどきで使うことのできる組織社会学の知見を動員しなければならない、ということである。

本章の出発点は、したがって、全体社会というシステムと、全体社会のなかで形成される組織システムとの明確な区別である。システム形成のこの二つの形式は、システムのオートポイエーシスの仕方が異なることにより、区別される。そこには、境界設定や作動上の閉鎖性の創出や構造形成の仕方の違いが、含まれている。

しかし、全体社会というシステムと組織システムは、あたかも互いに分離した統一体のように――ちょうど個々別々な人間〔が対峙しているか〕のように――対峙しているわけではない。組織は、全体社会というシステムの環境において成立するのではなく、全体社会というシステムのなかで成立する。[3] それゆえに、全体社会もまた、組織の環境としてのみ把握されうるわけではない。組織は、確かに、みずからを、〔そのほかの〕全体社会内的な環境から区別しているし、したがってまた、組織は、そうした全体社会内的な環境を、全体社会外的な環境（たとえば労働する人間、工場施設や事務所の建物、技術的な装置）から区別できるようでなければならない。だが、組織は、同時に、全体社会のオートポイエーシスをも遂行している。近代社会のオートポイエーシスの諸形式（諸構造）は、組織システムなしには進捗しえないだろう。もし、すべての組織が撤廃されてしまったら（もちろんこれは一つの思考実験だが！）、人間のコミュニケーションの進行に対して、いったいどんな帰結がもたらされるか、はかりしれない。とはいえ、組織というシステムが、〔近代社会という〕一定の全体社会形態の存続にとって重要であるとはいっても、そのオートポイエーシスの仕方が異なっていることを考慮しながら全体社会というシステムと組織システムとが互いに区別されなければならない、という点には、何ら変わりはない。組織システムは、そのオートポイエーシスの固有性によって、全体社会のなかに切断線を入れているのであり、そうした切断線によって、組織は、それ自体と環境とを区別できる。それによって組織は〔個々の組織それぞれが「内的環境」となるので〕、多様な仕方で、全体社会のなかで内的環境として取り扱われうるものを増殖させているのである。組織はこのような意味で、全体社会というシステムをかなり複雑にしているのであり、その結果、全体社会というシステムは、いかなる組織によっても（国家という組織によっても）統一体としては記述できなくなった。というのは、その他の組織のパースペクティブからすると、〔その組織の〕全体社会内的環境とは別様の仕方で現象していること、また、全体社会についての何らかの記述を公にしている組織もまた、それ自体、その他の諸組織の環境の一部にすぎないことを考慮せざるをえないからである。

全体社会という全体システムについて語られていることは、全体社会というシステムそれ自体が分化してできるそのサブシステムにも、あてはまる。これらのサブシステムを認識するさいの手がかりは、その分化の形式によって、いかなる種類の全体社会が、また、いかなる全体社会の形態が問題となるのかが規定される、ということである。おそらく環節分化と、位階による分化と、機能分化がありうるだろう[1]——サブシステム同士の境界設定のこれらの〔環節分化や成層分化や機能分化にそくした〕やり方はつねに、全体社会の類型を特徴づけているのであり、と同時に、全体社会が達成することのできる複雑性の水準をも規定している。

全体社会のこうした主要な諸サブシステムについても、次のことがあてはまる。すなわち、これらのサブシステムのどれ一つとして、統一体として組織化されうるものはない。このことはすでに、成層化された全体社会について言える。中世後期／近代初期のヨーロッパにおいては、確かに、領邦国家の発展と並行して、諸身分に、団体としての構成を与える試みがなされてはいた。それに相応して、身分（Stand）と等族資格（Standschaft）とが区別されていた。しかし、身分的な団体（Korporationen）は決して、今日的な意味での組織ではなかった。人々はそのなかに生まれ落ちるのであって、決定によってそこに参入したり脱退することができたわけではない（にもかかわらず、証明の義務のある複雑な参入手続きがあった。とりわけ、騎士階級の都市貴族がそうである）。さらに、三つの身分への分割は、当時すでに、特権、とりわけ免税特権の規制を主旨とする政治的なフィクションであった(4)。高位聖職者階級は、出自や階層に関して言えば、貴族とほとんど区別できなかった。教会の特別な〔社会〕移動の経路は、その効果の点では、世俗的な貴族のその可能性とそれほど異なるものではなかった(5)。また、《第三身分》という概念は、何らかの階層上の統一体とは対応しておらず、そもそも十五世紀の法学的な考案物にほかならなかった。[6] 身分的団体として立ち現れていたものは（ちなみに、こうした身分的団体は、その成員の経済的な自立を前提としており、したがって、修道院や軍隊、あるいは大学のように、自分の家族の代替物として役立つものでもなければ、近代的組織のように、みずからの生計を立てるような場所でもないという特徴を持っていた）、現実には、成立しつつあった領邦国家の政治的‐法的相関物にほかならなかったのであり、より高位の身分の諸要求や特権を可視化するものであった。ただしその後、十八世紀になると、こうした可視化のやり方は、〔フランス革命に見られるように〕政治的に厄介なものであることが明らかになる。というのは、組織化され法的に規制されているものは、変えることもまたできるからである。

ましてや、機能分化というレジームのもとでは、機能的諸システムが統一体として組織化されうるということは、ますます考えられない。その決定的に重要な根拠は、組織の特有の包摂／排除のメカニズムにある。つまり、成員と非成員とを区別する必要性に、ある。〔ところが〕これはまさに、全体社会の機能システムにとってはありえない。というのは、機能システムは、《自由》で《平等》な接近という意味で、すべての人々の用に応えるべく準備を整えていなければならないからである。[7] ヒエラルヒー的な成層化のシステムや都市／地方の分化のシステムにおいてそうであるのとは違って、〔機能分化のもとでは〕コミュニケーションに関与しているすべての人格や世帯を、これらの〔機能的〕サブシステムの一つに割り当てることなどできないのであり、それゆえに、ある人は経済的にのみ、別の人は法的にのみ、さらに別の第三者は科学的にのみ、第四の者は政治的にのみ存在していて、それ以外の機能システムからは排除される、といったことはありえない。別様に言えば、機能分化には、人口統計学的な相関物は存在しないのであり、全体社会の環境――この場合には人間という生物のことだが――との一対一の対応関係もない。全体社会システムの内的分化のこうした形式が徹底されると、それによって同時に、全体社会システムの分出が完成する。

こうした考察は、同時に、全体社会というシステムと組織システムとの区別の機能をも明らかにする。世界社会は、いかなるコミュニケーションをも排除することができない。したがって、こうした世界社会は、いかなる人格をも排除することはできない。なぜなら、人格は（生物的統一体としてのあるいは意識的統一体としての人間とは違って）コミュニケーションのための帰属ポイントとして役立っているからである。別様に言えば、コミュニケーションされる場合に、全体社会は再生産されるのである。こうした排除の禁止は、諸機能システムについてもあてはまる。だが、組織は、成員と非成員との区別に依拠している。全体社会というシステムと組織システムとの区別は、したがって、包摂／排除という形式を、全体社会のなかで、使用すると同時に使用しないことを、可能にしている。つまり、機能システムの水準では使用しないのだが、組織のレベルでは使用するわけである。

こうした洞察を押し進めると、政治システムの組織形成や政治システムの組織依存性について理解できるようになる。(8) しかしながら、この点についてさらに調べる前に、組織システムのオートポイエーシスがどのようにして機能しているのかを明らかにしなければならない。つまり、一定の条件のもとで組織システムの作動上の閉鎖性をもたらす特別な作動様式とは何であるのかを明らかにする必要がある。

数多くの良心的な政治家にとっては心外なことだが、数年前から、人々にうんざり気分が認められる。このうんざり気分は、明らかに、〔政権党になったり野党になったりと〕立ち位置をたえず変えながら統治している政治的エスタブリッシュメントに対して向けられている。もはや、《議会外野党》の時代のように、イデオロギー的に条件づけられた拒否は問題にならない。むしろ、政治的組織のおこなっていることにもはや満足できなくなっているように思える。この問題は、国際的な次元を有しているが、リベラルな立憲主義をそれぞれ固有の尺度に従ってこれまで運用してきた国家においてこそ、認められる。知識人のサークルにおいては、再び、市民社会（civil society）と呼ばれるものが魅力的になってきている――ただしここでの市民社会とは、経済とだけではなく、国家的・政党的に組織化された政治とも距離をとり、その代わりに思慮分別のある市民たちが中心に現れてくるという意味での、それである。(9) と同時に、ますます多くの有権者が、――政治的な責任を持つことなく、と言っていいかもしれないが――政治の外面（〔政治家の〕人格、政党、さらには得策とは言えない政治構想）によって態度を決定している。これが、政治の組織化された営みの一定の特徴と関連していることは、十分にありうるだろう。〔もっとも〕組織の撤廃などを真剣に考えるわけにはいかない。というのも、そんなことをすれば、事実上アナーキズムになってしまうだろうからである。しかし、政治的組織が、その全体社会内的環境に対して、これらの環境が希望し意図するようなかたちで影響を及ぼしていないことは明らかである。

組織化されたシステムの形式は、決定活動の内的な論理においてはもはや、人々を納得させることができなくなっているように思われる。さまざまな価値や環境からの規範的な期待に対して、そのつどそのつど、数多く適応しても、あまり助けにはならないだろう。むしろ、こうした対応をしても、〔政治的〕組織の《生産物》に何ら影響が及ばないままである以上は、逆に、この点での不信へと行き着く――つまり、組織的偽善（organizational hypocrisy）という診断に行き着く(10)。

こうした展開の根拠を認識しようとするのであれば、組織のオートポイエーシスについてより立ち入って取り組んでみる必要がある。《官僚制》に対する周知の先入見（ちなみに、政党は、官僚制をすんで使いこなす。というのも、政党は、官僚制ということでみずからのことがぴたりと言い当てられたなどとは感じておらず、それどころかたえず《非官僚制的な支援》を約束するからである）は、明らかに、以上のことを説明するには不十分である。そして事実、近年の組織論は、これ以上のものを提供することができる。したがって、組織の特別な作動様式についてのやや立ち入った分析を避けて通るわけにはいかない。

組織のオートポイエーシスは、決定という作動形式を利用している。決定は、〔これもまた〕全体社会の遂行であるからには、コミュニケーションとして遂行されなければならない。つまり、決定ということで問題となっているのは、意思形成の心理内的過程でもないし、諸選択肢のなかからの選び出しの《私的な》意識でもない。自分たちが決定を下していると組織幹部がまったく気づかないことも十分にありうる（し、珍しくもない）。ましてや、決定を下して自分が除外したすべての代替案を幹部が見ているわけではないことも十分ありうる。決定的に重要なことは、それ以前のコミュニケーションやそれ以後のコミュニケーションが（計画された、回避された、遂行された）決定として読解されうる、ということなのである。

だが、決定とは何か。《……とは何か？》といった問いによって、前提されている何らかの統一体に〔この問いへの解答として〕照準が定められているのだとすれば、つねにそうであるように、結局のところは、パラドックスに帰着することになる。つまり、そこにとどまるわけにいかない回答に、帰着する。通常、決定に対しては、神秘的な、それ以上解明することのできない契機が与えられる。〔すなわち〕決定とは、それをなそうとする意志の表現である、とか、決定とは自発的に下されるものだとか、決定は、その決定が説明されるさいに用いられる諸原因の連鎖に、何か新しいものを付け加えているのだとか、決定は《主観的》であり、したがって、そのなかに立ち入って解明できない主観の内的な無限性によって規定されているとか、決定は、合理性と動機づけの間のどこかで生起している、といった具合にである。[11]つまり、決定の内的生活はあいまいなままであり、解明不能なままだというわけである。つねにそうであるように、ここでも、次のように推測してみることができる。すなわち、それ以上解明することのできない神秘性という指し示しは、パラドックスをカムフラージュするのに資しているのではないか、と。そして、こうしたパラドックスの核心は、次の点にある。すなわち、決定は、決定の前には、決定の後のものとは別の決定である。その神秘性を再定式化するなら、決定は、二つで一つの統一体としてである。

生起するものすべてがそうであるように、決定は、つねに現在においてのみ生起する。だが、この洞察は、パラドックスを確証しているだけである。というのは、現在は、それ自体、過去と未来の区別によってのみ成立しているからである。現在は、それ自体では（つまり、存在論的に記述すると）無（Nichts）である——過去と未来の区別の統一性として無である。現在が〔「無」であるにもかかわらず〕、決定として経験されなければならないということであれば、それはまさに、決定が再神秘化されるということにほかならない。

いずれにせよ、問題は偶発性なのであり、別様可能性である。ただし、決定の前には、偶発性は開放的である。偶発性は数多くの選択肢として呈示され、選出の可能性として呈示される。ある一定のことをおこなうかおこなわないかという可能性だけであろうとも、そうである。〔ところが〕決定の後では、閉じられた偶発性が問題となる。つまりこの決定を基点として可視的になるその他の諸可能性のみが、問題となるのである。現に下されてしまった決定は、別様にも下されえたのではないか、というわけである。

当然のことながら、決定を、前もって未来完了（modo futuri exacti）として判断する、つまり、仮にその決定が下されればそれはどのように判断されるのかを接続法というかたちで考慮に入れることは可能である。また、決定の後に、チャンスを逸してしまったとされているが、決定の前には開かれた諸選択肢は、決定後とは別様に認識されていたはずだと指摘することによって、決定後に、直説法において当該決定を弁護することもできる。さらに、偶発性の空間において《別様の可能性》として認識されていたものは、〔決定の〕事前から事後への移行の過程で変化してしまうかもしれない。情報が追加されたり、下された決定への反作用が活発になっただけですでに、そうなってしまうかもしれない。しかし、こういったことすべては、基礎にあるパラドックスの処理にほかならない。つまり、決定は（その《本質》のゆえに）何か異なることを必要としているというパラドックスである。決定は、異なっていることを統一体として把握する。決定は、パラドックス以外のなにものでもないのであり、しかもそれは、区別されたものの同一性（Selbigkeit）というおなじみの形式において、そうなのである。

決定は個々の出来事としては決して生起しえないと述べるとき、それは、こうした洞察の言い換えにほかならない。個々の出来事として生起するようなことがあれば、決定は、決定者自身の恣意性を確認したり心の中で熟考することに、還元されてしまうだろう。いま決定を下すのかどうかも、どうでもよくなってしまう。そうなると決定は、〔その決定を下してよかったという〕それ自体〔を正当化するため〕のための根拠も、また、〔この決定は下すべきではなかったという〕自己否定のための根拠も、決定を下さないほうがよかったという根拠も、見いだせなくなってしまうだろう。したがって、決定を下すべきかどうかは、過去への立ち返りと未来の先取りの回帰的なネットワークにおいてのみ、経験されうる。つまり、時間の処理をとおしてのみ経験されうるのであり、それゆえに自己産出的なオートポイエーシスのネットワークにおいてのみ経験されうる。こうしたオートポイエティックなシステムによってはじめて、ひょっとすると決定として観察され記述されうるかもしれない要素的な統一体が、産出されるのである。

以上の考察から直接、決定には組織が必要不可欠だという話に行き着くわけではない。当然のことながら、全体社会のなかで生起するすべての決定が、組織化された決定であるというわけではない。過去に遡ったり未来を先取りしたりしつつ諸選択肢から選び出すという純然たる事実は、確かに、オートポイエティックなシステム（意識であれコミュニケーションシステムであれ）を前提とするが、しかし、それに特化された社会システムである組織をも前提しているとは簡単には言えない。言い換えると、回帰的な決定は、オートポイエティックな組織をただちに生み出すわけではない。回帰的な決定がオートポイエティックな組織を生み出すのは、決定が、同じシステムのそれ以外の決定に立ち返ったりそれを先取りしたりすることで実現される場合のみであり、また、このシステムが社会システムである、つまり、他者の決定を包含している場合のみ、である。それによって、決定が組織のメンバーによって、メンバーシップ役割のなかで下されることが、実現され確実なものとなる。したがって、そういうメンバーシップ役割を創設し、そうした役割〔に就くメンバー〕を募集するのが、その基礎となるプロセスになる[12]。このプロセスは、それ自体が決定過程であり、決定前提についての決定として把握することができる。こうした決定前提についての決定によってすでに、未来の決定がどこまであらかじめ指定され、あるいは少なくとも、未来の決定の概略がどの程度確定されてしまうのかは、開かれた問いである。しかし少なくとも、当該組織のメンバーが組織の内部の行動と外部の行動を区別でき、業務と私的生活とを区別できねばならないし、また、その他のいっさいが未決定のままであったとしても、未来の決定の前提の細目の規定やそうした細目の変更には服さなくてはならない。

組織への参入と組織からの脱退が決定として把握される場合、それは、その決定が主として、応募者や脱退者の自己選択を介して動機づけられたものか、それとも他者による選択を介して、〔つまり〕組織による雇用や解雇を介して動機づけられたものかとは、かかわりがない[13]。典型的には、両方が連動しているのである。したがって、あるコミュニケーションが決定として定義されるさいに重要なのは、メンバーシップが、より自己選択を介して成立し維持されているのか、それとも、より他者選択を介して成立し維持されているのか、ということではない。重要なのはただ、ある人が組織で活動を始める〔あるいは、活動を終える〕その時点を確認できることである。

組織がどのようにして成立しようとも、また、組織がそれ以外の組織によって《創設》され〔経済に関してはこれがごく典型的である〕ようがなかろうが、そうした〔当該組織の〕創設のプロセスはつねに、決定として把握される。まさにこの意味において、組織は、作動上閉じた決定システムである。このシステムは、その始まりをすら決定として把握し、それ以後の決定の遂行のなかで、場合によっては〔そうしたシステムの始まりを〕新しいかたちで解釈し直すこともできる。作動上の閉鎖性とはまさに、決定として観察されえないものは、そのシステム自体には帰属されえない〔その代わりにその環境に帰属される〕、ということである。

組織における決定過程は、時間の経過のなかでは、《不確実性吸収(14)》として把握されうる。不確実性吸収という表現は、〔合理的選択の基準という意味で〕個々の決定のための概念ではなく、決定と決定との結合の様式を指し示している。不確実性吸収がおこなわれるのは、決定を下す地位が情報を処理し、何らかの推論を引き出し、不完全な情報のリスク、〔ある時点では〕見渡しきれない諸選択肢のリスク、知られていない帰結や不確かな帰結のリスクを引き受け、その後、決定過程がさらに進行していくなかで、その成果だけを、しかも、〔その成果についての〕十分なあるいは不十分な吟味ももはやすることなしに、業務の基礎として役立てる場合、である。したがってこの概念が意味を持つのは、連続的な決定という脈絡に限られ、決定のコミュニケーションがヒエラルヒー的に下から上にいったり上から下にいったり横に動いたり、あるいはそもそもヒエラルヒー的な構造ではなくヘテラルキー的なネットワークが見られるのかどうか、といったことはどうでもよい。

不確実性吸収には、権威という事態が含まれている。つまり、〔もし、その権威ある立場の者に問い合わせれば〕その決定は十分に解明されうるだろうしきっと理由もあるのだろう、と想定されているような事態を、である。伝統的な全体社会においては、権威は、情報への差別的な接近に依拠していた。たとえば、読み書き能力があまり普及していないことや、上層階層の人々のほうが〔下層階級よりも〕より幅広い地域的な接触をおこなえることに、依拠していた。マスメディア――印刷をおこない始めたマスメディア――の浸透以降、権威はますます、装われ演出されるものとならざるをえなくなった。(15)〔さらに〕この〔ように権威が演出されたものだという〕ことをまたもや、人々は考慮に入れてしまう。十分な根拠と確固たる関心が存在すればたちまち、権威は疑問視される。だが、権威が欠落している場合でも、不確実性吸収は、機能的等価物によって確保されうる。たとえば、他の地位の権限に干渉するのを防ぐ管轄秩序によって、あるいは、疑念や問い直しが挑発ととられるかもしれないという懸念によって、あるいは、〔問い直すことが自分にとって〕過剰負担〔となってしまうのであえて問わないこと〕や〔問い直すのが面倒だという〕怠惰さによって。

不確実性吸収もまた、システムのオートポイエーシスに対する貢献の一つであり、つまりは、基底的なプロセスの一つであって、単に、規範の適用の事例や目的に対する手段の選択の事例であるにとどまらない。というのは、不確実性吸収をとおして、不確かさは、〔相対的な、その時点では十分な〕確かさへと転換されるからである。未知の世界、未知のままにとどまり続ける世界のなかに、つまり《マークされない空間》(16)のなかに、既知の世界が構成されるわけである。そうした既知の世界のなかには、ただ、解決されなければならない諸問題と問題解決策とが存在し、そうした問題解決策のために〔ひるがえって、これはどんな問題の解決に役立っている策なのだろうか、といった具合に〕諸問題が見いだされねばならない。こうして問題が見いだされると、〔この問題を手がかりとして〕見慣れた解決策や容易に思いつく解決策から〔あまり馴染みのない新奇な、それらの〕機能的な等価物へと移行することが、場合によっては可能になるかもしれない。

組織は、不確実性吸収を介して、それ固有の見方やそれ固有の慣習との内的な結びつきを生み出す。変化の可能性、あるいはそれどころか、変化の不可避性が可視化されてくると、組織は、これを知覚しなかったりあるいは少なくともこれまでに獲得した確かさを防衛しようとする傾向がある。その解決のために、しばしば、外部からの助言が必要となることもあるが、しかし、こうした外部からの助言でも、〔当該組織の〕それまでの不確実性吸収の維持への欲求に対抗できないことも、しばしばである。たとえば、ノルトライン゠ヴェストファーレン州の学校システムに関する、一九九一年に出されたキーンバウム報告[2]を想起してほしい(17)。政治システムの諸組織においては、とくに頻繁に次のようなケースが見いだされる。つまり、組織がコンフリクトに傾注したためにもはやそこから離れられなくなっているケースである(18)。よく議論されたケースとしては、アメリカ合衆国のベトナム戦争への関与があげられる。

組織化されたシステムの、とくに重要な構造的獲得物は、最終的には、メンバーシップ役割が公職の同一性という考え方へと、あるいは〔定員〕ポストへと公式化されたことである。人格が置き変わっても存続し続け、それによって任務実行の連続性を保証し、したがってシステムを〔人格の〕死のような偶然や公職喪失のその他の事情から守ることのできる地位〔とりわけ支配者の地位〕を、いかに定義するかは、すでに古典古代の都市の諸組織や帝国の諸組織においても有効な古くからある関心事であった。しかし当面は、公職と責務、公職と公職のエートスとを切り離すことはできなかった。ある王がもし簒奪によって〔王という〕公職に就いたり違法行為によって暴君であることが証明されたりすれば、その者は王ではない、という考え方は、近代初頭に至るまでまだ見られた。新しい支配がいかにして根拠づけられ維持されるのかという問いは、実際、マキャベリが、ありうべきイタリアのナショナルな統一を考慮しながら立てていた問題であり、その答えはよく知られている。すなわち、道徳という踏みならされた道によるだけでは無理である。予算計上される内容によって地位を定義する近代的な組織構造になってはじめて、貨幣の中立性を利用して高度な構造的柔軟性を生み出すことができるようになった。人格を取り替えることができるだけでなく、任務（プログラム）や組織的な配置も変えられるようになったのである。すなわち、地位は、〔人格や任務などといった〕決定前提を取り替えるための同一性原理なのである。それゆえ地位は、同一なままであり、それが意味を失うのは、各項目（つまり、地位保持者、任務、組織的な配置）がすべていっぺんに変化せざるをえない場合だけ、である。しかしそうなった場合には、古い地位を撤廃し、それによって自由に使えるようになった予算で、新たな地位を認可できるようになる。(19)

したがって、地位構造もまた、組織システムのオートポイエーシスの必要条件にかなっている。言い換えると、再生産的な作動のほうがシステムの構造よりも上位にあるという、オートポイエーシスの必要条件にかなっている。システムのすべての作動は、そのシステムの作動に帰することができる。システムは、それ自体の生産物からみずからを再生産するのであり、その構造は、作動と作動との接続可能性を、そのシステムの作動の、自由に用立てられる回帰的なネットワークのなかで、確保することにのみ、資している。

組織化されたシステムのもっとも重要な作用の一つは、なんと言っても、それによって社会システムにコミュニケーション能力が与えられていることである。[20] 組織は、（人格のように）それ自体の名前においてコミュニケーションすることができる。なぜなら、組織は、その環境の名宛人に向けてコミュニケーションをおこなうという決定を、その組織内部で、拘束力のあるものとして貫徹させることができるからである（たとえそのさい、組織メンバーが、そのコミュニケーションを無効化しようとしたり、組織内で統一のとれた見解だという印象を妨害しようとしても、である）。組織は、こうした可能性を行使できる唯一の社会システムである。その環境には〔コミュニケーションの〕いかなる名宛人もまったく存在しない全体社会も、全体社会の機能システムも、そしてたんなる相互作用も、コミュニケーション能力を行使することはできない。[21] すでに以上の考察が示しているように、国家は——そもそも国家が、集合的に拘束力のある決定を下すことができる場合の話だが——一つの組織でなければならない。たとえその国家に対して、それ以外にどんなメルクマールが付与されようとも、である。さらに、国家以外の場合でも、政治システムのなかで一定のテーマに関して段階を追って見解を濃縮させていく場合には、コミュニケーション能力のあるいくつかの統一体が組織という形式にまとまることが必要不可欠である。たとえば、そのメンバーを代弁する《スポークスマン》として登場し、そのため組織内部では多かれ少なかれ寡頭民主主義的に自己を保持している、政党とか利益団体のことを、考えてもらいたい。とくに、ネオ・コーポラティズムの理論は、組織に基づいた、諸システムを代表したかたちでなされるコミュニケーションに頼らざるをえない状況を、強調していた。[22]

したがって、全体社会の政治システムは組織ではなく、誰も、たとえ国家でも、政治システムの代表とはなりえないにもかかわらず、[23]政治的組織は、不可欠なのである――しかも、可能なかぎり数多くの利害や見解を許容し、決定過程にまで近づけさせようとしている、いわゆる民主制のシステムにおいてこそ、必要なのである。だが、こうした傾向が存在するなら、政治システムと〔組織化された〕国家とを同一視することはやめなければならない。〔政治システムの〕組織への依存性とは、〔国家組織だけではなく〕数多くの諸組織への依存性のことなのである。これについては、次節で詳しく立ち返ることにしたい。

この節を締めくくるにあたって最後に確認しておくと、組織をオートポイエティックなシステムとして記述する組織論は、政治システムの組織の問題を記述するには政治と行政あるいは政治と官僚制を区別すれば十分である、とするよく知られた考え方とは異なっている。この区別によって、政治的決定とその執行との差異について考察が展開され、主に、政治的な意志の〔行政による〕実行が鈍重であったり不適切であったりしばしば逸脱してしまっているという観点から、〔行政の〕官僚制的組織の奇妙さについて考えられたりしている。〔だが〕[24]政治と行政の関係についての経験的な研究はすでに、こうしたイメージに対して明確に異論を唱えている（しかしながら、そうだからといって、政治と行政との区別の導入が放棄されるわけではない）。執行の決定もまた、つねに〔行政〕組織それ自体における決定なのである。いかなる組織も、考慮されるべき決定が外部〔たとえば「政治」〕から供給されるわけではない。すべての実行の決定、計画の決定、マネジメントの決定は、つねに、それらの決定に対して決定前提を供給しようとしているシステムのなかの作動、なのである。[25] そうでなければ、これらの決定は、不確実性吸収の作動としてはまったく認識されなくなるだろうし、それ以後取り扱われることもなくなるだろう。今日一般に共有されている考え方に従えば、組織の指導層が、組織の実行のレベルとの回帰的なネットワーキングに関与し、自分たちが下〔＝実行のレベル〕からどのように観察されているのかを一貫して観察しているときに、こうした指導層は適切な知識を得ることができるのである。

III　中心／周縁

国家を政治的組織として把握するならば、それ以外の数多くの組織のなかの一つとして国家を把握するという考え方が、まずは容易に思い浮かぶ。そして、いわゆるネオ・コーポラティズムはこのように考える傾向がある。その重点の置き方に何らかの修正をほどこさなくてはならないとしても、である。こうした考え方をとると、〔政治〕システムの統一性は、政治的に重要な多様な諸組織の間の相互作用の問題として把握される。我々は、こうした把握にはついていけない。政治システムの機能から出発するなら、つまり集合的に拘束力のある決定という機能から出発するのであれば、この機能が、どの政治的組織によっても満たされるわけではないことは明らかである。もしそうなれば耐え難い異議申し立てが誘発され、事実上この機能が台無しになってしまうだろう。〔政治システムの機能が充足されるためには〕政治システムのなかでこの機能に対する責任が集約されなければならないのであり、その責任を引き受けているのが、言うまでもなく国家という組織にほかならない。

国家組織とそれ以外の政治的諸組織というこの区別は、政治システムの分化の理論において考察されなければならない。そうすると、〔この区別をこの理論のなかに位置づけると〕世界社会システムの分化の第三の水準に位置づけられる。〔つまりまず第一に〕機能分化が全体社会というシステムの第一次的な分化である。〔次に〕それによって分出した政治システムについて見てみると、領域国家への環節的な分化が、第二の水準というかたちでこれに続く。この環節分化により、政治は、きわめて多様な各領域〔=国家〕のそれぞれの特殊性へと、導かれる。この分化水準においては、国家という概念は、厳密に境界線で囲まれた地域に対する政治的な責任全体を指し示している。ここまでの諸章ではこれについて論じてきた。その次の〔第三の〕分化水準に至ってようやく、全体社会のサブシステム形成は、組織のオートポイエーシスを使用することになる。だが何を達成するためにだろうか。

最良の回答は、こうだろう。すなわち、この〔第三の〕水準においては、〔領域ごとの〕政治システムは、中心/周縁という図式へと分化し、この分化パタンは、組織の助けを借りてのみ達成されうるのだ、と。これによって、さしあたり、我々が先立つ諸章において取り扱ってきた国家概念のアンビバレンスが、説明される。世界政治的に見てみると、国家は、ある領域に対する政治的な責任を引き受けている。だがこの領域の内部では、国家は、すべての政治的組織——国家組織それ自体も含めて——の指向の中心として役立つ唯一の組織である。通常は、外政と内政とが区別されるが、しかしこの区別は道を誤らせる。なぜなら、外政はつねに内政でもあるし、また、国家の内政的な活動のほうも、ますます世界政治のなかで観察され、批判され、場合によっては修正されたりしているからである。個々の国における内戦はもはや国際的には容認されないし、人権侵害は批判され、財政政策、補助金、国際収支不均衡等の部門での経済政策的な措置は、国家間の交渉のテーマとなっている。ますます深刻化するエコロジー問題がそういうものになっていることは、いうまでもない。世界政治的な絡まり合いが増大するにつれて、各国家からすれば、ある一定のテーマがもっぱら《国内問題》であると主張することはますます困難になった。というのは、その他の国家は、同じように《国内決定》によってそれに反作用できるからである。たとえば、信用保証の拒否によって、ペナルティ関税、あるいは特別な外交活動によって、である。こう考えると、古典的な〔内政／外政のような〕言葉使いは修正が促され（あるいは外交の場で使用するためにとっておかれる）、システム分化水準の区別によって置き換えられる。

中心／周縁というパタンに従った政治内的な分化は、システムの統一性と複雑性を同時に可能にするという機能を有している。より簡潔に定式化するなら、問題となっているのは、システムの複雑性の統一性である。さらに言い換えれば、根底にある問題は、決定能力、つまり集合的に拘束力のある決定という機能を阻害せずに、システムの複雑性がいかにして強化されうるのか、ということである。中心となる組織、つまりまさに《国家》が設えられることによって、これが達成されるのである。この〔「中心」たる〕国家に対して、〔「周縁」である〕それ以外のすべての政治組織が、供給サービスをもたらす。

供給サービスとは、ここではとりわけ、さまざまな政治的《イシュー》が、決定可能性という観点から濃縮される、ということを意味している。政党は、〔政治的イシューを濃縮するという〕この点に、みずからの課題を見いだしている。政治を指向した利益集団も、また、通常《ロビー》と呼ばれる団体もすべて、多様性に開かれ政治的には《責任を負わずに》なされうるという意味で、〔周縁という〕環境セクターを代表するものである。とはいえ、これらがしかるべき成果を上げることができるのは、〔それらが掲げる〕テーマが、政治的決定としてありうる内容のものへと先鋭化される場合に限られる。単に嘆くだけでは、大したことは達成できないだろう。(26) 政治に向けて活性化される利害の基盤がますます幅広くなり（あるいは幅広くなるべきであり）、また、考えうるますます多くのテーマが政治化されるにつれて（あるいは、スローガン風に言えば政治システムがますます《民主的》になるにつれて）、周縁は、いろいろなテーマを把握し、コンセンサスのチャンスを探り、決定を準備するために、ますます多くの組織を使用するようになる。これは、通常、論争に決着をつけるという形式でおこなわれるしまた実際おこなわれているが、そのために、集合的に拘束性のある解決策が見いだされなければならない——そうでなければ、いかなる決定も成立しない。周縁における活動は、この点で、まさに次のような利点がある。すなわち、周縁においては（まだ）まったく集合的に拘束力のあるかたちで決定が下されないので、そのため、要望をありありと説明するためのより幅広い余地、クライアントを指向した脚色のためのより大きな余地が与えられる、という利点である。中心ではないということは、この〔周縁という〕システム領域が、〔政治的決定に対する〕責任の負担から免除されるということである。だが、この領域で活動している諸組織が、任意の空想に身を委ねるわけにはいかない。というのは、これらの諸組織もまた、（たとえばアカデミックな知識人とは違って）政治システムに所属しているがゆえに、何かを達成したいと思わなければならない、という圧力のもとに置かれているからである。

こうした前地（Vorfeld）における活動は、組織によって遂行されなければならない。そうでなければ、社会システムの名のもとで成果をコミュニケーションする可能性がなくなってしまうからである。中心／周縁という分化形式は、組織間コミュニケーションに依拠している。当然のことながら、そのさい、この〔周縁という〕オーダーにおいてどんな決定負担が清算されうるのか、という未決定の問いは依然として存在する。システムはつねに、非決定が相当程度の割合で存在することによって——そこに、特別な種類の支配実践が見いだせなくても——作動している。(27) 決定／非決定という分岐は、さしあたりは、単に、複雑性の統一性というパラドックスの変形体であり、その解消でしかない。次のこともじっくりと考えてみなくてはならない。つまり、政治システムは、（官僚制的な）組織という形式において——したがって、不確実性吸収による決定と決定との結合という様式において、また、典型的なかたちで組織によって規定された〔メンバーの〕動機づけ状況によって、さらに、コンフリクトやすでにかかわってきたリスク克服戦略への過剰なのめり込みによって、さらには、すでに先に指摘しておいたように、組織分析によって詳細に呈示できるこれらと類似した諸特性によって——上述した〔「前地」における〕働きを調達しなければならないことによって、いったいどんなことを手に入れるのか、をである。

中心と周縁とのこうした分化の主たる効果は、中心が、周縁から、数多くの一貫しない決定要請を浴びせられるということである。さしあたりそれによる利点を挙げるとすれば、あるテーマが政治化されたからといって、〔そのテーマが〕合理的に問題解決されるはずだという見通しに、あらかじめ縛られたりしない、ということが保証される点である。他方、中心は、これらの溢れるほどの非一貫的な諸案件に対して、特定の仕方で、つまり、それについて語ることによって、反作用する。問題は確かに問題として取り扱われるが、結果を伴わないかたちで語ることのできる解決不能な問題ほど好まれる（たとえば、雇用の創出）。なぜなら、どちらにしても効果的なことは何もおこないえないからである。したがって、問題解決を回避し他者にそれに取り組ませるために、問題を発見する、というのは、こうした領域では有用性が実証されている特別な才能の一つなのである。さらに、かなりの範囲において、偽善という事態がもたらされる。とくに、問題を解決することができるとか、問題を解決しようとする十分な意志を自分は持ち合わせている、と見せかけるのである。[28] そのさい政治は、〔問題解決のチャンスではなく、たとえば選挙で有利になるといった〕政治に固有のチャンス〔がここで生じているということ〕を見て見ぬふりをする〔ことによって問題解決を指向しているようにふるまう〕。しかしそんなことをしても、政治の想像力がつねに政治システム内部の作動しか鼓舞せず、また政治システムの制約条件に依然として拘束されたままであることに何ら変化があるわけではない。

ここでごく大摑みに指摘された、政治システムの分化の中心／周縁の形式についての議論は、二つの異なった仕方で濃密なものにすることができる。第一の仕方は、歴史分析である。十九世紀末以来、政治システムの複雑性の急激な増大を人々は観察している。そのためのきっかけは、ごく概括的に言えば、またしても《民主化》である。政治的手段に関して言えば、こうした複雑性の増大は、一部には、法の実定化と、法システムに影響を与えうる政治的な基盤を見つけだす政治的必要性とによって、もたらされる。[29] さらに、こうした複雑性の増大は、増えつつある経済政策的な活動のなかにも表現されている。経済政策的な活動は、ただ修正するだけの《社会国家》から経済政策上の責任を負う《福祉国家》へと転換しているのである。[30] 法システムも経済システムも、政治的に《制御》できないがゆえに、政治システムは、それによって惹起される政治システム固有の問題の増大に対して、システム内部で反作用しなければならない。このことがまさに、政治的組織の新たな構築によっておこなわれる。そのさいこれらの政治組織は、すでに存在している国家とのかかわりで周縁と中心との関係のなかに組み入れられなければならない。したがって、複雑性の強化と並行して政党が形成されていったのは、決して偶然ではない。政党は、単なる選挙戦のためのマシーン〔3〕を越えて、継続的な組織的基盤を探求し(31)、メンバーを同定しているのであり、官僚制化と寡頭制化への傾向を持つことに関してもほぼ同時期に観察され記述されている(32)。

フランス革命の直後は、政党の形成はさしあたり、断固として拒否されていた。国民議会というかたちで開始された議会では、一般意志が純粋に記述されることが望まれていたし、そうでなければ主権としての王に取って代わることができないと信じられていた。しかし、革命後のイデオロギー的なコンフリクトは、かなり激しいことが判明したが、それでも、当面は組織的な政党の形成にまでは至らなかった。しかし、少なくとも、政治的なシーンの左派／右派の分割はなじみ深いものとなり(33)、十九世紀の後半に社会主義者が登場すると、党員党が組織として形成され、それにより政治的スペクトラムの左側を占めることになる。そうなると右派も予定されるので、こちら側で活動していた政治家たちは、同様に政党を形成する以外に選択の余地がなかった。そのさい、中道も配置したり、あるいは左派の側でも右派の側でもよりラディカルな政党とより穏健な政党を創設する試みもなされた。その結果、組織に依拠した、国家と相並ぶ領域が形成されたのである。この領域は次第次第に、立法と行政という立憲的な区別を副次的なランクへと追いやり、政党の関心の的になる地位の区別にしてしまう。

こうした歴史的な具体的記述とともに、さらに、比較研究も考えられるだろう。さまざまな機能システムでは次のような問題が、つまり、作動上のあるいは構造的な複雑性が増大してもなおそのシステムの統一性はいかにして保証されるのかという問題が、政治システムと同様の仕方で立てられている。そしてそのために、〔政治システム以外の〕その他の機能システムもまた（すべての機能システムがそうだというわけではないが）、中心／周縁の分化の形式に助けを求めている。たとえば、法システムでは、裁判所が特別な位置を占めている。裁判所は、規範的期待の安定化という〔法システムの〕機能と直接に関連している。裁判所は、裁判所に対して求められる決定を拒絶することができず、こうした決定の不可避性のゆえに、この決定を実際に下す自由を獲得している――証拠が不確かな状況に直面していても、また、妥当している法の解釈が論争の余地のあるものであっても、そうなのである。裁判以外の法創出の可能性はすべて、とくに立法によるそれや、拘束力のある意思表示によるそれ、あるいは契約によってなされるそれは、裁判活動との関係においてはより周縁的となる。〔周縁での法創出の場合〕問題となっている〔法の〕形成可能性は、利用することもできるし、また利用しないままにしておくこともできる〔つまりたとえば契約は締結してもしなくてもよいという〕類のものなのである(34)。

もう一つの〔中心と周縁の分化に関する〕事例は、経済において見いだせる。ここでは、銀行システムが中心としての位置を占める――中央銀行による監督のもとでそれ自体に対し信用を付与し、そうすることで、使用可能な貨幣量を調整できる（総量一定に保持もできるし、同時に、増加させたり減少させたりもできる）、経済の唯一の組織システムが、銀行である。銀行との関係では、生産や消費は、より周縁的と見なされなければならない。なぜなら、生産や消費が経済的合理性（市場機会の活用など）を達成できるのは、それらが、自己資金やクレジットを介して、資金融通できる場合だけだからである(35)。

こうした比較の視点による提言を受け入れるならば、この議論は、複雑性が増大するなかでの統一性の維持という準拠問題を証明しているだけでなく、同時に、これらのケースすべてにおいて、機能システム全体ではなく、その組織化された中心だけがヒエラルヒー的に秩序づけられうること、したがって、〔法システムであれば〕裁判所という審級だけが、また〔経済システムであれば〕顧客と営業銀行と中央銀行の関係だけが、あるいは、本書で関心の的となっているケースにおいては、国家という組織システムだけが、ヒエラルヒー的に秩序づけられうることを示しているのである。

とすると、中心／周縁の分化は、より抽象的に定式化するなら、さまざまな分化形式を分化させていることになる。中心においてのみヒエラルヒーが形成され、他方、周縁は、より高次の複雑性の保持や調和されていない状態の保持のために、環節的に分化したままでいられる。多くの政党、多くの利益集団、多くの生産領域、市場が、そうである（もちろん環節分化だけでなく、個々の組織それぞれにおいて、命令ヒエラルヒーが形成されうることは、当然、疑われるわけではない。個々の事務所でもじじつそうであるし、個々の政党などでもそうである）。〔システムの〕統一性問題を、命令権限のある上司を介して頂点へと至るコミュニケーションルートの設置にあわせて調整しているヒエラルヒーは、つねにすでに組織を前提にしているのであるが、近代社会の機能システムの複雑性は、この形式では十分に考察できない。したがって、それ自体としては組織に合致したものではない中心／周縁の分化が、その前段階で作動させられなければならないわけである。この分化によって、複雑性がかなりの程度縮減され、その結果、複雑性は、組織に適したかたちでまたヒエラルヒー的なかたちで、取り扱うことができるようになる。

ちなみに、ここで紹介されているケースでは、中心と周縁の分化は、決して、周縁が中心よりも重要ではないということを意味するわけではない。そういう見方では、この中心と周縁の分化を誤ったかたちで、つまり、ヒエラルヒー的な序列関係のパタンにならって、捉えてしまうことになる。周縁においては、システムが環境との関係においてとることのできる環境への感受性（被刺激性）の規模が決定されるわけだから、周縁が中心よりも機能上より重要であるという考え方にも、十分なそしてよりもっともらしい理由があると言えよう。とはいえ、基本的には、〔どちらが重要なのかという〕この問いの立て方は誤っている。というのは、中心／周縁の分化の利点はまさに、これによって、中心では周縁とは別の分化形式が可能となり、〔一方では成層分化、他方では環節分化というように〕これらの異なった分化形式を、一義的な序列関係を介して互いに結びつけてしまう必要がなくなる、という点にあるからである（我々がここに序列関係を見てしまいがちなのは、中心／周縁の分化を、主として、都市／農村の分化として認識し、暗黙裡に、全体社会の歴史のなかの《農民社会 peasant societies》や貴族社会をもとに考察してしまっていることと、関係しているであろう）。

中心／周縁の分化をヒエラルヒーとして理解することはできないとしても、差異の統一性を、つまり、システムの統一性を、中心のことを顧慮して記述するのは容易である。だから、古典古代の全体社会も、都市的な生活様式を基点にして、すなわち中心を基点にして、みずからを政治共同体（koinonía politikḗ）として理解していたし、こうした自己記述はさらに、人間的生活様式の完成は都市においてのみ可能であり地方においては不可能である、というテーゼにまで高まっていった。これに相当することが、市民社会（societas civilis）という全体社会モデルが放棄された後、革命後の時代に、現在《国家》と呼ばれるようになった政治システムに関しても、〔「国家」を基点にして政治システムを記述するというかたちで〕繰り返されている。立憲国家は、近代のすべての政治的獲得物のエッセンスなのであり――なぜなら、立憲国家という形式によってのみ平和と自由が保証されうるのだから――、この意味で、立憲国家は《政治の、政治自体による内的モデル》として役立っている。(36) 国家ゼマンティクに至るまでの長い前史も、全体社会の政治にとっての国家ゼマンティクの重要性も、政治システムを国家として記述するのを支持している。(37) 遅くとも十九世紀以降、政治的なものの概念はかなり限定されていき、その結果、すべての政治的活動が国家に関連づけられ、国家においてその目的が達成されるようになる——あるいは目的達成に失敗する。

国家と全体社会の区別によって魅了されていた十九世紀においては、明らかに、経済も法システムも、政治システムの〔ような、国家を中心に記述するという〕やり方とは別な方法を選択していた。経済は、銀行を基点にして把握されていたわけではなく、市場への指向によって生産と消費を強化する《商業社会 commercial society》として把握されていた。法システムは、裁判所を基点に把握されていたわけではなく、〔裁判官による法の形成を認める〕裁判官法は不承不承認められていたものの、国家による立法に基づいて把握されていた。これは、おそらく、全体社会の機能分化が国家と全体社会との区別によって不十分なかたちで投影された結果だったのだろう。だが同時に、この区別は、国家中心の政治把握をも支持していた。

それだけに、政治システムの《国家》としての自己記述が未来への見通しを持っているのかどうかが問われる場合には、多くの留保が付く。こんにち法学者の《国家学》と競合している政治システムの理論においては、場合によっては、〔国家を中心に政治システムを記述するというのは別の〕オルタナティブも用意されている。しかし、もしこうしたオルタナティブを受容するなら、それは、政治システムについての記述が同一性から差異へと切り替わることを意味するだろう。たとえば、中心としての国家と政治的周縁との内的差異、そしてとりわけ、政治システムと全体社会内的環境との外的差異に、である。このように切り替われれば、政治的コミュニケーションに対してかなり負担をかけることになるだろうし、この理由からしてすでに、むしろ蓋然性の低いものかもしれない。たとえば、指し示すことのできる統一性（ネーション、国家、あるいはそれに類するもの）に関して動機の拘束を求めることはできても、区別のためにそれを求めることはほとんどできない。したがっておそらく、未来は、ファースト・オーダーの観察とセカンド・オーダーの観察との分化という点にあるだろう。この分化は、それ自体を国家として記述しているものを外部から政治システムとして記述する可能性を与える。

Ⅳ　公衆／政治／行政の二重の権力循環

もう一つの区別は、とくに政治システムにおける相互作用の指向にとって重要なものであり、確かに、組織のレベルでの分化を前提にはしているが、システム分化としては組織化されえない。私は、政治、行政、公衆の区別のことを考えている。

公衆は、そもそも組織ではない。選挙の実施のためには、かなりの組織の投入が必要であるにもかかわらず、そうである。少なくとも、選挙のさいの投票は、メンバーの行動とは見なされないし、したがって、組織的なルールや組織的審級を介して確定されることもない(38)。にもかかわらず、選挙での投票は、行政の行為としても狭い意味での政治的組織の行為としても把握されない固有のプロセスなのである。ここでおこなわれるコミュニケーションは組織によって規定されないからこそ（そのさい、では何によって規定されるのかという問いは生ずる〕、選挙は、システムのなかでは規定されえないシステム統一性を《代表 Repräsentation》していると見なされうるのである。

ここで《政治》と言われているのは、コンセンサスのチャンスをテストしたり濃縮したりすることによって集合的に拘束力のある決定を準備するのに役立つすべてのコミュニケーションを指す。このような活動の前提は、それが決してまだ集合的に拘束力のある効果を持っていないが、にもかかわらず、すでに観察にさらされそれゆえある程度の自己拘束にさらされている、ということである。見解の変更は可能だが、しかし〔変更した場合〕、その変更について場合によっては説明しなければならない。政治的に巧みに立ち回ったり、ある話題を展開し〔自分への〕支援態勢を広げるために時機を意のままに手繰ったり、まだ最終確定していない結果に自己や他者を拘束したりするには、組織化できる資源として使うわけにはいかない〔個人的な〕特別な手腕が、確かに必要である(39)。だが、こうした政治的活動の展開は、組織と組織のメンバーシップとを前提としている。なぜなら、そうでなければ、〔その政治家を〕支援する準備も、逆に〔その政治家への〕敵対心もまったく確認できなくなり、また、調達したコンセンサスも漠たるものになりお流れになってしまうだろうからである。

したがって、このような狭い理解での政治にとっても、組織は必要である。なぜなら、コミュニケーションは、またより一般的には、メンバーとしての行動は、社会システムに帰属されなければならないからである。政治的とされるコミュニケーションは、政党のなかにも利益集団のなかにも、さらには公的行政のなかにも見いだせる。ここで問題となっているのは、回帰的に（つまり〔過去に〕立ち返ったり〔未来を〕先取りしたりして）政治的意見形成の過程を指向している相互作用である。〔ただし〕こうした特殊な意味での政治的コミュニケーションが可能なのは、もっぱら、そのコミュニケーションの《参照先 Referenz》がうまく作動する場合、つまり、関連する組織が実際に存在している場合なのである。だが、とくにこのコミュニケーションが組織と組織の間でおこなわれる場合には、このコミュニケーションは、かなりの程度、組織内部でのコントロールから逃れてしまう。たいていの場合、そういうコミュニケーションは口頭でおこなわれるか、あるいは、書類でおこなわれる場合でも、行間を読む能力が必要である。こうした現象をうまく評価することができるのは、これを先に挙げたような典型的な編成においてのみ可能な相互作用の特色として把握する場合に限られる。なぜなら、政治的組織のレベルでは分化が確立されているからである。

公的行政の内部での特殊行政的なコミュニケーションは、どんな専門家から見ても、ここまで述べてきた〔狭い意味での〕政治から明確に区別されなければならない。行政コミュニケーションは、公式的な命令の執行のための活動領域にかかわっており、文書記録（文書作成 Aktenführung）に取り組み、文書として残されるものは何であり残されないものは何かという問いに携わっている。[40] 行政的コミュニケーションは法の問題を論議し、予算化された貨幣をどのように使用できるかという可能性の問いについて論議する。当然のことながら、人員の問題は、ほんのわずかな部分しか政治的問いとはならない。公的行政においては、実際、たとえば政党の視点からする時間地平とは別の時間地平が妥当していることがよくある。政党の政治は、行政からみると、しばしば、あまりにも短期間に意見が形成され、しかもその形成された意見があまりにも性急に変更されていると評価される。[41]《職業官吏の独立性》という公準は、このような〔行政と政治との〕対立を際だたせたものである。

したがって、政治、行政、公衆とを、相互作用の水準で区別するのは意味がある。[42] この区別がとりわけ重要なのは、それが、政治システムにおける権力関係についての分析を可能にし、また、政治的な権力ヒエラルヒーについての公式な記述の修正を可能にするものだから、である。[43]

一方で、公式的な記述は、政治と行政が組織的に明確に分離されうるという誤った考え方を助長する。これにより、この公式的記述は、相互作用という結合手段の流動性を過小評価してしまう。他方において、公式的記述は、古典的な、支配を指向したヒエラルヒーの考え方を継承する傾向を有している。この記述によれば、《すべての権力は人民から出発する》のであり、したがってすべての権力は、委任された（それによって正統化された）権力として（いまや力 potestas つまり高権的権力という意味でのそれとして）把握されなければならない、ということになる。さらに、委任された権力は〔それ以上〕委任されえないという旧来の自然法的命題がまだ妥当しているとすれば、[44] すべての権力は、人民に対して政治的に責任を有する地位に、つまりは、選挙によって直接・間接に占められる地位に、存しているのだと推測されねばならない。権力分立の学説はすでにこれによって問題を抱えてしまっていた。[45] しかしながら、権力〔がどこに発するものかというそ〕の位置づけに関して言えば、こうした記述は虚構的であるだけでなくまったく非現実的なのである。

公式的な記述に従えば、権力は、人民に由来する《源泉》[46] から、政治的に責任がある（選挙で選ばれた）人民の《代表者》を経て、行政職員へと流れていかなくてはならない。そのさい、行政職員は、人民をもはや統一体としてではなく、諸個人あるいは諸集団の集合としてのみ見なすのであり、命令によって、それに従う人々に対して、権力を行使する。そうなると、システムの統一性は、パラドックスというかたちで表現されることになる。つまり、人民は主権者であると同時にそれ自身の服従者でもあるというパラドックスである。(47) 人民、政治、行政、公衆＝人民、という分割によって、このパラドックスは、この区別を経由することで循環モデルへと解消される。このモデルは、循環を閉じるために、次のことを予定している。つまり、人民たる公衆は、行政によって人民が取り扱われるのと同じ仕方で、選挙において反作用できる、ということをである。

しかしながら、このような秩序が調えられるのに応じて、この秩序が複雑性に対して感受性があるのかを確かめなければならない。この秩序がますます多くの決定を要求され、ますます多くの決定への変換を要求されるようになればなるほど、この秩序は、決定を下す地位に対してますます過剰な負担をかけることになる——とりわけ、当然、その他の決定のための決定前提を決めることを専門にしている地位に対して、つまり、人員、プログラム、組織における地位の配属を規定するのを専門にしている地位に対して、過剰な負担をかける。システムは、このような過剰な要求に対して、さらに別の区別によって反作用している。フォーマルには、こうした公式的な記述は広く妥当している。ここで《フォーマルには》とは、もしコンフリクトが生じた場合には、高権的権力の意味での権力があるとされる審級のほうが、認められるということである。だが、恣意、意見、あるいは良心に基づいてこうした循環が動いていると想定されてしまう場合には、もはやすでに、それは事実と合致しない。こう考えてしまうことによって見落とされているのは、いかなる決定も、最初の決定ではないのであり、つねに不確実性吸収の過程への関与としてのみ可能となっているのであって、したがって、前に下された決定やその他の出来事によって規定されている状況への反作用としてのみ、決定たりうるということである。いっさいの決定は、歴史的な状況のなかでの決定であり、この状況を反省しているのであり、したがって、非トリヴィアルな機械[4]の決定である。これを前もって知るのは可能である。それゆえ、たとえば、意図的にたくさんの情報を浴びせかけたり、逆に情報を差し控えたりすることによって、決定に影響を与えようという試みもなされたりする。そのようにして、決定前提を確定するという機能を担っている決定の、さらにその決定前提が確定されるに至る。そしてこれもまた再び予期できる。《権力保持者》は、みずからの決定が不適切に事前準備されてしまう可能性のゆえに脅かされていると感じるに違いない。〔とはいえ決定前提を準備する側からすれば〕いまさら権力保持者を脅かす必要はまったくないし、〔たとえば行政職員と政治家との間に〕より緊密な協力関係がある場合には権力保持者がこれにより脅かされるなどというのはきわめて希なケースであろう。というのは、それに対しては権力保持者はフォーマルに反作用することができるだろうからである。脅かされること、言い換えると、〔「権力保持者」に対する「服従者」の側からの〕善意や協調に〔権力保持者が〕頼らざるをえないという事態の核心は、この状況それ自体のなかに、つまり他者〔＝権力保持者〕の知に〔「服従者」の側が〕暗黙裡に通じているという点にある。そうだからといって、純粋に心理的な事態が問題となっているわけではない。《暗黙の》という前提もまた、徹底して、コミュニケーションの意味構成要素なのである。コミュニケーションは、それ自体、〔相手から実際に〕言われたことと頭で考えていることを区別する、また、威嚇的事態（たとえば〔「従属者」からの〕密やかな抵抗〕を認識する――たとえそれらがコミュニケーションのテーマとなっていなくても――必要がある。

このような意味で、システムは、インフォーマルな権力を発生させている。つまり、権力保持者が

〔「従属者」に〕頼らざるをえないという事態を利用する可能性である。〔「服従者」からの〕提案について〔「権力者」側が〕《正しいと思う》と強調することは、〔「権力者」が〕それ以外の決定を下そうという動機はないと示唆するのには十分かもしれない。

公式的な権力循環は、インフォーマルな権力の対抗循環を誘発する。決定の余地がますます大きくなり決定状況の複雑性がますます増大してくると、それだけ一層、決定的役割を持つ働きは、このようなインフォーマルな権力から出発するようになる。ただし、人民／政治／行政／公衆の循環のなかのどの接点か〔＝つまり政治と行政か、あるいは行政と公衆か、など〕に応じて、この対抗循環は、まったく異なった形式をとる。

〔政治→公衆について。〕選挙においては、政治家は、人民が自分に投票するように説得を試みる。政治的なプログラムを自分に好都合なようにプレゼンテーションするのに細心の注意が払われ、そのさい道徳をとくに強調することは、特定の政策（ポリシー）によってのみ良く‐正しいものだという意味で同意と動機づけが達成されうると信じ込ませるのに役立っている。当然のことながら、〔すべての人ではないにしても〕多くの人はこうしたゲームを見抜いているが、政治システムは、このように見抜かれていることに対して免疫を作り上げてしまっている。なぜなら、システムは、こうした（言ってみれば、システミックな〔＝政治システム全体に影響が及ぶような〕）水準ではいかなる代替案も提供していないからである。複雑性の操作（handling）のそれ以外の形式はどうやら存在しないと言えそうである。もしそういう形式を発見して現実化できたとしたら、革命的な影響をもたらすだろう。提案されている諸代替案に対する、よく利用される代替案の一つとして人民に残されているのは、棄権である。まさにそうであるからこそ、現実的にみて、《民主制の未来》にとってとりわけ重要になるのは、提案されている諸代替案を互いにどのように、どんな点で区別するか、である。

〔行政→政治について。〕いまや、すべての権力は政治家から出発するという陳述によって、公式的なバージョンは修正されなければならない、と考える向きもあるかもしれない。〔だが〕このような考えでは、一種の《エリート理論》に立ち戻ることになるだろう。これでは、フォーマルな権力とインフォーマルな権力との依然として中心的な差異を、見誤ってしまうであろう。とりわけ、政治システムには、さらに別の接点、つまり政治と行政との接点があることが見落とされてしまうだろう。

ここでは、〔上記と〕同じゲームが、別のカードによって演じられている。嘆きもまた聞き覚えがある。エリートの支配が嘆かれる代わりに、官僚制の支配について嘆かれるのである。政党は、提案と実行可能性との隔たりがあまりにも大きくならないようにしなければならない。少なくとも、その政党が政権党に参加している場合にはそうである。政党は、法に適合した形式を見つけださなければならず、コストやそれ以外の負担について〔具体的な〕イメージを作り上げ、誰が受益者で誰が受苦者かを区分できなければならない。それに加えて、専門知識や、結果に関する評価も必要である。こうした専門知識や評価は、行政から手に入れるのが通例だが、行政はみずからの理念を売り込もうとし自分たちにどれだけの負担になるのかも含めて計算しようとするだろう。したがってここでもまた、フォーマルでそれゆえ拘束力のある決定の可能性を考慮に入れつつ、〔政治と行政との〕協調と相互コントロールの策略とが、展開される。人事的な決定前提について調べてみても、同様のイメージが現れる。ここでもまた、二つの方向で嘆きが聞かれる。すなわち、本来は（ノーマルなキャリアを積んだ）官吏のために予定してあった地位が、〔ドイツであればたとえば政治任用により〕政党政治によって占領されてしまっているという嘆きと、議会のなかで官吏が過剰に代表され〔議員になっ〕ているとの嘆きである。この〔双方向の〕混淆状態は、〔政治と行政の〕信頼関係をとおして権力のチャンスを捕捉しなければならないという必要性から生じているわけだが、ただ、この信頼関係それ自体が関係者のキャリア計算から自由であるわけではない。新しい大臣は、自覚の党員を行政機関に採用してもらおうとするし、また、自覚のなかでもそうしてくれという圧力にさらされる。また逆に、有能な官吏が、リスキーだがしかしより速やかに出世しようと入党を決心すれば、それも当該政党ではやはり好ましいと見なされる。

これはすべて、つねに存在する未解決の問題に対しフォーマルで拘束性のあるかたちで決定を下す可能性を、廃棄してしまうものではない――そうではなくまさに、こうした決定は、その決定以前のあるいはその決定以後の不確実性吸収のネットワーク――このネットワーク自体が、権力のチャンスを発生させる――のなかでなされる。その帰結の一つとして、権力〔がどこにあるのか〕の位置づけが、各状況ごとに変転し、システムそれ自体のなかでしか観察され計算されえなくなる。そうなるのはとくに、次のような事情、つまり、つねにフォーマルな権力とインフォーマルな権力との区別を用いて計算されなければならず、それに相応してコミュニケーション〔インフォーマルな〕口頭でのそれと〔フォーマルな〕文書でのそれ〕が二重に解読されなければならず、またとりわけセカンド・オーダーの観察が確立されなければならないので、すべての観察者が、自分が観察をおこなうさいに〔他の観察者によって〕観察されているのかどうか、どのように観察されているのかを顧慮しうるようになる、という事情のせいである。また、込み入ったことに、とくに次のことも重要である。すなわち、このような提携のシステムは、包摂と排除の区別をも利用しており、〔たとえば、政治的官吏として大臣により〕除外された人々のための支給制度〔つまり官吏恩給制度〕を利用しなくてはならず、したがって、行政のポストや行政の恩給の、こうした特別な意味で政治的な利用を手中におさめなくてはならない。

そしてここでも〔政治／公衆の場合と〕同じように、これらすべてが見抜かれており、公式的な意味付与から逸脱しているがゆえに批判を引き寄せてしまうけれども、しかしこのように見抜かれていることに対して免疫ができてしまっているように思われる。というのは、みずから産出した複雑性の処理のための根本的に別の代替案は、視野に入ってこないからである。

〔公衆→行政について。〕第三の接点、すなわち、行政と公衆との接点においても対抗権力は作られている。公式的な記述は、行政が決定を下し関係する公衆に対してその決定を貫徹できる、ということから出発する。この記述によれば、問題は、決定をいかに法的にコントロールするのか、あるいは、決定への服従をいかに法的にコントロールするのかであり、したがって、法治国家の問題として、また、決定の実行に関する監視の問題として、取り扱われる。市民には法の順守が要求されるし、また、市民は選挙での投票によってそれに反作用もでき、それゆえ公式的な権力循環のなかで行為できる。歴史的に見てみると、このような現状やそれについての記述は、政治的な民主化が開始され影響力を持ち始める前に法治国家が発展してきた事態と対応している。こういった事態の影響は、福祉国家への傾向を惹起させる。福祉国家が発展するにつれて、行政はますます、政治的な理由から、その実行のさいに公衆側からの協力をあてこんだプログラムを、あてがわれる。このような〔公衆への〕依存性は、つねに、法や法律上の義務といったものに基づいているわけではない。また、こうした依存性は、行政側がその協力をあてにしている人々自身の利害と、つねに完全に一致するわけでもない。さらに、こうした依存性は、主観的権利を与えられているが侵害行政（Eingriffsverwaltung）によってこの権利に関して制約を被る個人とかかわっている、というよりもむしろ、別の状況の下でも再会することになるであろう組織化されたパートナーと、かかわっているのである。このように公衆への依存によって、《公》と《私》という旧来からの法学的な区別も破砕され、それと相まって、公共の福祉という考え方の明確な輪郭もまた打ち砕かれることになる。その代わりに、こうした依存性は、ますます、全体社会というシステムの機能分化から生じてくる諸問題（たとえば、保健政策、テクノロジー政策、学校政策、雇用創出対策や産業定着対策、職業教育促進や再教育促進などを、考えてもらいたい）を取り上げるようになる。しかも、これらの機能的な異物（Fremdkörper）が、法的に見てあるいは予算的に見てもはたして国家という枠のなかに定着するようなものなのかどうかとは無関係に、そうなのである。

〔公衆側の協力をあてこむという〕こうした事情にもかかわらず、行政には、十分に、それ自体の権限が残っているのであり、それどころか増やしてさえいる。ところがこの権限は、他の諸システムに対する有望な《刺激》としては、しばしば不十分であったりする。このことから、双方の側で、交渉可能性とそれに相応した権力のチャンスが生じる。ところが、そのさい、〔行政との〕交渉への関与は、法手続きの場合とは違って、それ自体が交渉の対象なのであり、現実的にみて無理強いできない(48)。行政の成果、つまり、政治によって行政に与えられた目的の達成が、もはや純粋に法によっては（受容できる程度の逸脱度でもって）確保されえない場合、したがって、複雑性が厳密な法による定めを越えて増大してしまう場合には、ここでもまた、複雑性は対抗権力を誘発する。この場合も、実践のなかでは、合法性の限界部分で、さらには合法性の境界線を越えたところで、複雑な利害の絡み合いに至る。行政側がその協力をあてにしている人々は、その見返りに何かを要求することができるし、逆に行政は、協力が得られなかった場合には厳しい措置をとると威嚇するために、法的には容認されている行政裁量を利用したり、法概念の未規定性を利用したり、あるいは単純に、時間を自由に使ったり、行政特有の緩慢さを利用したりできる。通常、こういったことを明示的なかたちでおこなう必要はない。というのは、ここでもまた、権力はみずからを予期しているからである。〔互いに「環境」となりあっている行政と公衆という〕システムと環境とを架橋し（工場での《ジャスト・イン・タイム》方式のように）それゆえにヒエラルヒー的には〔一方が他方を〕制御できない、ローカルな協力関係のシステムが形成されるようになる。〔行政の〕外部によって掲げられたり抱かれた期待によって、関与しているヒエラルヒーのなかで下から上へと伝えられ頂点がみずから外部とコンタクトすることで修正したりできない（あるいはまれにしかできない）論拠が、作られる。違法性の容易な混入（またその限りでの攪乱されやすさ）は、成果を上げるうえで必要なものとなり――こう言ってよければ――《恩赦権》は、大統領から取り上げられ、それよりはるか下方で、外部との接触の必要性に応じて実践されるようになる。[49]

行政と当該公衆との《インターフェイス》についてのこうした記述ですら、まだあまりにも単純化されている。《執行》のさいの公式的なプログラム意図からの脱線は、単に権力問題であるだけではない。要求できるのは何であり適切なものは何かについてのいわば道徳的な確信もまた、〔行政／公衆の〕境界線を越えたやりとりにおいて発展してくる。義務、責任、違法性、罪過、といった職務上の諸概念も、これによって修正される。[50] 言い換えると、〔行政とその外部との〕接触がはじめから終わりまで法システムの内部で実行されることを出発点にするわけにはいかない。むしろ、懸案となっている問題に対して満足のいく解決法に至ろうと試みるほうが、ありうることである。そのさい、法は、参照される準備を整えつつも、背景に退いたままになる。このときひょっとすると、とりわけコンフリクトが先鋭化してしまうかもしれないし、関与者の尊重への期待感や期待されていた協調的関係が侵害されてしまい、その結果、法というボルトが締め上げられてしまう〔＝法による解決策が模索される〕かもしれない。ちなみに、このような場合、ただちに示されるとおり、法の側では、純粋な目的プログラムはうまく機能しなくなる。というのは、こういう場合、目的プログラムはあまりにも多くの異議申し立てをもたらしてしまうからである。いまや、貫徹しうるものがどれで貫徹しえないものがどれかを確定する明確なルールが必要になる。(51) というのは、目的と手段の領域において選択の自由があまりに大きいと、とりわけ、その人が、権利という形式で、自分自身の好みを追求したり怒りを爆発させたりルサンチマンを発散させたりしているだけの人に見えてしまうだろうからである。

権力実践のここまで挙げてきたすべての事例において銘記されてしかるべきなのは、対抗権力の、相互作用への依存性である。〔たとえば政治について〕政治家は、有権者を説得するためにはその選挙区に入り込まなくてはならない。〔政治と公衆については〕各省の官僚制は、会議においてみずからの主張を押し通している。行政と公衆組織との協調関係もまた、単に、行政からの通達によって規制されているわけではない。しかも、相互作用への依存性は、つねに、空間への拘束性をも意味している。領域内ではどの決定実践も同等であるとする領域国家のモデルでそうである以上に、対抗権力関係では、空間的な相違、〔つまり〕近さや遠さ、接触の頻度や容易さといったものの影響は大きい。国土空間政策や地域政策についての公式的なパースペクティヴでは、この種の相互作用への拘束性は考慮されない。特定の地域の開発計画や、特定の地域における不利益の補償に力点が置かれている。だが、コミュニケーションは、それ自体としては、空間に拘束された作動ではない。コミュニケーションが相互作用に依拠する場合にのみ、空間依存性が重要となる。しかも、それに伴って、あまり歓迎されないアスペクトも重みを増してくる。つまり、頻繁な接触、ネットワークへの配慮、個人的な交友関係、利害の癒着といったものである。公式的な政治の地域助成プログラムは、こうした相互作用的なアスペクトを強化するかもしれない。補助金が効果を持つのかどうか、持つとすればどんな効果なのかは、経済によって（あるいは、経済に媒介されてだが、空間的な立地によって）決定される。だが、〔その地域に〕補助金を取ってくることができる人は、あるいは、それができると推測されているだけの人も、相互作用の長所を利用できるのである。少なくとも、対抗権力は、公式的な権力循環よりも、地域に由来する特別な利害を引き立たせるチャンスを作り出している。

以上の考察を、一つの全体的なイメージにまとめるならば、《二重の循環》という言葉で表現できるだろう。(52) 公式的に見込まれている権力秩序に複雑性によって過剰な負担がかかると、対抗権力が発生するのである。この対抗権力は、公式的な決定を下す予定の審級が、不確実性吸収に依拠していることを、利用している。したがって、ヒエラルヒー的な領域においては、権力が上から下へと向かう様子と下から上へと向かう様子とが観察されうる。民主制や選挙といった記号のもとで権力循環に至るやいなや、この〔公式の〕権力循環は対抗循環を誘発する。そのさい銘記しておくべきなのは、〔公式の循環と対抗循環との間で〕コンフリクトや諍いにはならない（あるいはあったとしても許容できる範囲内でのみ）、ということである。両者のコンフリクトが阻止される（あるいは最小限に抑えられる）のは、権力と対抗権力とが異なった権力源泉を利用しているからであり、コミュニケーション方法の点で、明示的におこなう／暗黙裡におこなうかによって両者が区別され、また、コミュニケーションへの関与者にもこれに相応した区別能力が期待されるから、である。システムは、〔公式的〕循環と対抗循環との、フォーマルな権力とインフォーマルな権力との分化に依拠しているが、同時に、コンフリクトのさいには公式的権力のほうに優位性を与えるというたえず手元にある可能性にも依拠しているのである――だからこそ公式的権力は、通常は、また、それ以後も協力関係を続けていく場合には、コンフリクトに至らないようにしているのである。

以上のあり方は、システムの作動上の閉鎖性と循環構造に対応している。もしヒエラルヒーを前提にしなければならないとすれば、システムは上からコントロールされうると想定することもできよう。しかし、これでは、システムの複雑性が強く限定されるだろうし、そのうえ、ヒエラルヒーの頂点部で〔外部から〕介入されやすくなるだろう。政治システムの進化は、このような構造的な制約を、はるか以前に粉砕してきた。政治システムの進化によって、《奇妙なループ》[53]が確立せざるをえなくなったのである。〔政治と公衆、公衆と行政、行政と政治という〕それぞれの接点が、こうしたループを生み出し、そしてただちに、十分な相互作用の経験とその相互作用を扱う能力とを、手配したのである。そうなるとこのシステム全体はハイパーサイクルとして、つまり奇妙なループの奇妙なループとして確立することになり、そうしたハイパーサイクルのなかに、そのシステムの統一性が、つまり、システムのどの位置によっても代表されえないような統一性が、見いだされるようになる。コントロールのコントロール

——それがシステムだということになる。(54)

システムが閉鎖されるのは、命令を受け取り行政によって煩わされる、個人や集団や諸組織という公衆が、人民となるところにおいて、(55) つまり、全体意志が一般意志となるところにおいて、である。しかし、このような変換は、秘密にとどまっている。こうした変換は、パラドックスとしてしか定式化されえない。(56) こうした変換は、数多くの理論的な、とくに《デモクラシー論》の試みのアトラクターとなっている。たとえばユルゲン・ハーバマスは、公共性あるいは少なくともコミュニケーション的行為が何ごとかを達成できるのではないか——あるいは少なくとも、何かを達成できるという主張を固守しなければならない——という希望を、このことと関連づけている。(57) ハーバマスの術語でいうなら、ここでは、システムと生活世界とが媒介されなければならないというわけである。そして、上記のことが秘密であり続けなければならず、さもなければパラドックスとして現象するのだとすれば、また、パラドックスからパラダイスへの後ろ向きの跳躍がうまくいかないとすれば、このパラドックスを不可視化しパラドックスではなく接続可能な同一性を構成するために、パラドックスの代わりとなるような区別が、提案されなければならない。システムと生活世界〔の区別〕はむろん、こうした区別である。あるいは何か別の区別であってもいい。

V　政党組織

十分な安定性を示すがゆえにその効力をあてにできる組織は、政治の領域でも形成されている。ここではとりわけ政党について考えてみることにしたい[58]。

政党の機能は、集合的に拘束力のある決定〔に至るまで〕の、拘束力のないかたちでの準備という点にある――組閣についての決定や野党にとどまるという決定に至るまで――。出発点となる問題は、決定過程の重層的決定（Überdetermination）、あるいは、《潜在的支配力の冗長性[59]》である。決定をめざした政治的過程を作動させるのに十分確実そうな、規定されたあるいは規定可能なテーマを鑑みながらの、不確実性吸収のための包括的な任務、について語ることができよう。ここでもまた、不確実性吸収がつねにそうであるように、未知の世界のなかへ既知の世界を組み込むこと、受け入れる事柄と想定外な事柄とに二重化することによる未知の事柄の再構成が問題となっている。そのために、他者が世界を観察するさいの基点となる立ち位置についてのまなざし、つまり、セカンド・オーダーの観察が、必要不可欠とは言わないまでも役に立つ、ということを、以下でいずれ見ることになるだろう。

〔しかし〕この機能に魅了されてしまったがために、政党の注意力（ただし「注意」といっても、ここでは、つねにそうであるように、心理学的に考えられているのではなくコミュニケーションとして考えられている）の類型が、きわめて特殊な問題形式に集中してしまっていると推定すべきである。政党の関心は、〔政党の掲げる公約などの〕貫徹可能性や、それに条件づけられたかたちでの、コンセンサス／ディッセンサスの問題や、政党が生み出した成果の特徴といったことに向けられている。これはまた、問題となっているテーマや懸案事項が、一種のプロフェッショナルなまなざしで取り扱われており、それゆえ、部外者にとってそれがどのように見えるのかは真剣に考えられていない、ということをも意味する。まさにそうであるがゆえに、政党は、十分に抽象的であってどんなケースでも善き意志の定式化のための準拠点に適している《価値》を自分たちは信奉しているのだと、〔部外者向けに〕表明しなくてはならないのである。

こうした一般的なコンテキストは、多様な展開に対して開かれている。政党と政治的公衆とが疎遠になる蓋然性は、すでに政党政治の分出それ自体に、また、政党政治の焦点の個別化にその根拠がある。こうした疎隔を、議員がたびたび選挙区を訪れることによって埋め合わせるのは困難であり骨が折れる。政党は組織である。公衆は、政党の決議に参加できないし、ただ眺め続けるだけである。内部で使用できる言語と外部で使用できる言語とが分岐することになる——問題なのはもっぱら、こうした分岐それ自体が政治的ファクターになるのを、いかにして阻止できるのか、である。政党はますます、キャリア組織の方向へと発展しており、そのため外部から見ると、あたかも、ポストの供給と所得の支給、ならびに個人的な接触網の構築や支配装置の設置が、政党政治の活動の主目的であるかのような印象が呼び覚まされてしまうのである。すべての組織においてそうであるように、政党においても、目的／手段のズレが存在しているように見える。その結果、手段が目的の位置に現れるようになり、政党の行動を理解できるのは、〔政党のおこなう〕選択がなによりも〔本来なら手段であるはずの〕こうした二次的な目的を指向したものだと考えるときに限られてしまう。

だがこのような居心地の悪さは、政党が置かれているコンテキストのなかで捉えなくてはならない。まず第一に考えなければならないのは、不確実性吸収が、たえず更新される高度の不確かさが見られる場合にこそ、懸念すべき側面を持つようにもなるということである。〔それまでのプロセスでやっと〕達成された確かさという利得は、コンセンサスをも象徴するものなので、固守される傾向がある。〔あえてリスクを冒さずに〕そこにとどまろうとするわけである。だが、これは、政治の応答性（Responsivität）が減退することをも意味する。組織がこうした事態を防げるのは、政党と政党との図式化された対立を越えて、個々の政党の内部にも、たえず刺激が新たに導入されるときだけである。そうした刺激の導入は、見解を変化させ続けながらおこなわれることもあるだろうし、よりエレガントで容易には却下されえないやり方として、政治的に解釈できる事実の発見によっても、おこなわれるだろう。これが《煩わしい stören》というなら、確かにそのとおりである。しかし、これを不利益と見なしてしまうのは、誤った判断である。最近のマネジメント理論に目を向けると、〔命令による管理――確かにこれも攪乱としてのみ効力を有するのだが――よりも〕まさにかき乱す（Stören）という点にこそ、マネジメントの本来の機能があることがわかる。(60) 組織目的を古典的なやり方で設定するよりももっと広い枠組みのなかで見てみれば、無目的なかたちでの攪乱はじつは、諸差異の産出に役立っているのである。

したがって、不確実性吸収の過程はつねに刺激され続けそれによって攪乱されるようにすべきだ（少なくとも、そういう刺激や攪乱が単純に拒否されるべきではない）というのであれば、〔刺激や攪乱が〕成功するかもしれないし失敗するかもしれないというカオスを秩序づけるのに適している組織形態はいったいどのようなものだろうか。あるいはより適切に言えば、そういったカオスを、その組織の機能の枠組みのなかに引きとどめるのに適している組織形態はいったいどのようなものだろうか。じつはこのことが、テーマと人格へと政治を分解してみるというやり方にあらためて注目すべきだという主張の背景となっている。このような分節化により、ある領域〔テーマないし人格〕から他方の領域〔人格ないしテーマ〕へと、組織全体にわたって攪乱が浸食していくのが、阻止される。つまり、テーマと人格の分節化によって、システムには、〔アシュビーの言う〕超安定性が保証されるのである。もう一つのバランスウェイトは、人格的なひいきのネットワークや人格的な依存関係のネットワークである。こうしたネットワークは、いくつものテーマを横断するかたちで作られるが、同時に、扱いの微妙なものとしてかたちづくられる。公式的なヒエラルヒーについてはその《民主化》が議論されるかもしれないが、一方でこうした公式的ヒエラルヒーは、政党の決議の、以後も引き続き不可欠な外向けの表出（Repräsentation）に、役立っている。それは、スポークスマンの役割を示しているわけである。しかし同時にまた、この公式的ヒエラルヒーは、政党内部での諸資源の目的外使用に手を貸し、その意味で、不確実性吸収と攪乱の間のバランスをとるために、政党の《腐敗》に寄与している。現実にはヘテラルキー的に遂行されている決定過程――すなわち一方では、手近にあるテーマや近くにいる人格と接触しながらローカルに遂行され、他方では、選挙の結果によって判定される広汎な効果を伴って〔ローカルな出来事も〕一般化されうるという印象のもとで遂行されている決定過程[61]――にとっての補助電源のようなものとして、公式的ヒエラルヒーは役立っている。こうした考え方に従えば、ヒエラルヒーの本来の機能は命令の貫徹ではなくて、なんとか統合可能なさまざまな水平的な接触の拡張であるということになるだろう。

こうした指針のもとで人格が〔テーマも〕キャリアを積んでいる、つまり野心とチャンスとを組み合わせようとしているのは明らかである。こうしたネットワークは、その管理能力の点から人格をテストするが、これは〔このネットワークの〕十分に意味ある機能の一つである。結局、人格を選び出すさいに問題となっているのは、決定のための決定前提を選択すること〔だから〕である。政党の内部での

〔その人格の見解の〕貫徹可能性が〔人格を選択するさいの〕一種の試験となっているということも、同様に疑いがたい事実である。すべてのキャリア構造の問題は、ある場所での能力の証明が、他の任務領域での能力証明の十分な指標に、無条件になるわけではない点である。この条件のもとでは、人材開発の仕事は、多かれ少なかれ、個人の直感的な判断能力に強く依存するようになる。しかしこの判断能力を、政党において貫徹するのはなかなか難しい。というのは、〔政党においては〕つねに同時に、個人的な接触網やパトロン／クライアントの関係もまた重要だからである。このような状況のもとでは、政治的な後継者の育成は、いつまでも問題であり続ける――〔現在では〕階層に特化されたパラメーターがかなりの程度抜け落ちてしまっているだけに、ますますそうである。この点での規律化は、政党間の競争にかかっており、あるいはセカンド・オーダーの観察に、さらに最終的には、この実践の〔上記のような〕それ自体の条件に対する――一定の時間を要するが――フィードバックに、かかっている。

複数政党制を発展させてきた民主制を考慮に入れつつスケッチしてきた以上の観察は、必要とあらば、その出発点においては〔＝政党の機能など、以上の観察の前提となっているいくつかのポイントについては〕、かつての東側ブロックの一党体制にも適用できる――政党が確固たる成員組織をまったく作り上げていない事例や、国民運動として登場し、その不寛容さのゆえに拒絶されている人々以外はすべてみずからのなかに取り入れなければならないファシズムやポストファシズムの事例については、いうまでもない。

これらの事例についても、《潜在的支配力の冗長性》という点に、つまり国家が責任を負うべき拘束力のある決定の予備テストという点に、[5] 政党の特別な機能がある、と言える。しかし、それと同時に、その政党は、プログラム政党として理解される場合には、唯一の-正しい見解の定式化〔という任務〕

を引き受けてもいる。政党がこれをできるのは、〔上述したように〕それが組織として、組織の名のもとでコミュニケーションできるからである。〔他方〕政党内部の事情からすれば、これは、すべてのコンフリクト、すべての逸脱が、人格に帰属されなくてはならない、ということを意味する。政党による客観的に正しい〔とされる〕事柄の布告との精確な相関概念は、こうした逸脱の人格化、である。そうなると、〔政党の「正しい」公式見解に対する〕反論は、個人的な特異体質（たとえば、名声の定着した知識人によるそれ）を〔とりあえず党として〕黙認しておく——がいつでもその黙認を撤回できる——、といった微妙な形式でしか、ありえなくなる。正しい見解の定式化やその保持やコントロールに政党が没頭することは、一方では、複雑性をかなりの程度、縮減する。というのは、このやり方は、情報処理過程を、一定の指針に対する同調／逸脱の図式に限定するからである（同様に、経済についての観察も、計画目標が達成されたか／未達成かの図式に限定される）。他方、これは、政治システムに対してかなりの過大要求となる。なぜなら、このような正しい見解への没頭は、機能分化を受容することができず、同調／逸脱という図式によって観察がどこに向けられようとも、〔政治システムは〕全体社会にあまねく関与しなくてはならなくなるからである。推測されるとおり、このような条件のもとでは、近代国家の形式もまた適切なかたちでは現実化されえない。かつてのソ連は国家というよりもむしろ帝国（Reich）であった。

旧来の全体主義研究は、《恐怖》をこうした体制の本質的な要素と見なし、それに相応する批判を展開してきたが[62]、その後、外向けには全体主義的に見える政治秩序の、内部の問題をより強く指摘する研究が、これに続いた[63]。けれども、《極端な》政治組織についての分析は、もっと明確に次のことを示せるのではないだろうか。すなわち、統一的な見解と人格に帰属される逸脱とのこの緊張関係をうまく処理せねばならない政党が、〔公式見解から逸脱した見解を持っているのではないかという、各人格への〕疑いを生み出し、疑いを普遍化し[64]、そのための二次的なコントロールメカニズムを組織化する結果として、すべての相互作用状況においてその場に居合わせていない何か（したがって何かはっきり摑めないもの）が居合わせているようになっていること、またいかにしてそうなっているのかを、である。しかし、〔党の掲げる〕統一的な見解が、もはや誰をも現実には説得できないときでも、受容されている（包含されている）見解や人格と、拒否されている（除外されている）見解や人格との、単なる差異が、人を動機づけるように作用しうることは明らかである——少なくとも、しばらくの間は。また別の一党体制のパラダイムは、アルゼンチンにおける恐怖政治的な軍事独裁をもたらした、ペロン主義的な、極左や軍部と連動した国民運動政党の爆発的成長であろう。

　ここまでの議論を全体として見ると、政党は、これまでスケッチしてきた状況のいずれにおいてであれ、つねに全体社会というシステムの高度な分化という条件のもとで作動している。政党は、決して全体社会を代表してはいないし、世界社会の政治システムを代表するものでもないし、分化の第三段階に位置する、地域的に環節化された国家と関連した政治のシステムを代表するものですらない。政党は、こうしたシステムのなかで、組織としてのみ引き受けることのできる特別な機能を有しているのである。政党は、それによって、分出した組織の典型的な特性を背負い込み、《トーク》と《アクション》[6]の間でたえざる矛盾に陥ることになる[65]。政党は、不確かな世界のなかで、不確実性吸収を推し進めている。存在論的な実質をいっさい欠いた価値を引き合いに出したりしている。政党は、その環境の案件に対する応答性や感受性についてそれ自体のみで決定できる自己組織的なシステムであり、また今後もそうであり続ける。イデオロギーや特定のクライアントが〔政党の〕アイデンティティ獲得のよりどころではなくなってゆくにつれて、政党が、一般化された更新可能な諸資源の処理、つまりは人事の処理に、ますます専心するようになるのも無理からぬことである。そしてこれらの事情のゆえに、政党は嫌われるのである。〔こうした人々からの嫌悪は〕高度に分出した全体社会が、それ自体にとって耐えうるものであるのかどうかの一つのテストではないか、と推測することもできるのではないだろうか。

VI　任務の肥大化

組織は、いろいろな任務を分解し、それを個々の地位へと割り振る。そこから、相対的に小規模な作業プログラムが生まれる。当該の地位に就いている者は、自分がこの任務を果たすと他者が期待している、と、期待している。組織論の通常の語法では、このようなやり方は合理的なものとして取り扱われ、分業として正当化されている。このとき地位に就いている者はしばしば、その任務の困難さについて嘆いたり、成果に直接に〔自分自身が〕かかわる可能性がないのにあまりにも大きな負担だけが押しつけられていると嘆いたりしている。〔しかし〕こうしたパースペクティブでは、全体社会と組織との関係にとってひょっとするとより重要である——まさに政治システムにとっても、というより政治システムにとってこそ重要である——かもしれないもう一つ別の局面が、視野に入ってこなくなる。

地位の任務の割り振りによって、一般的な人間ノ状態（conditio humana）は、その〔小さく割り振られた任務で〕忙しくしていなければならないという不可避性によって、相対的に小さなフォーマットのなかに解消されてしまう。予定されている労働時間の間は――政治のなかでは、こうした労働時間はたいていの場合はるかにオーバーしてしまうが――、地位に就いている者やそれに相応した役割を引き受けている者は、任務の遂行という意味で活動することが期待されているのだ、と考えている。こうした任務は、与えられるものだけではない。それはしばしば、（そしてまたもや政治においてはとくに）地位に就いている者〔自身〕のイニシアチブの結果として〔この任務が果たされること〕も、期待されているのである。《民主的》な政治的役割の場合にはとくに、政治家が有権者との交流のなかでこうした任務を見いだす――あるいは発明する――ことが、期待される。

ここから、積極的な政党政治家の巨大な機構（あるいは、たとえばブリュッセルの官僚制）が成立してくるとき、〔任務であくせくと〕忙しくしていなくてはならないという上記の不可避性は全体社会にとってどんな帰結をもたらすのかという問いが、生じてくる。はたしてそれほど多くの政治を、それほど多くの行政を、我々は必要としているのか、と問うてもよい。〔それぞれの地位に付随する〕任務が、公衆や利益集団との交流によって生み出され、それゆえ《民主的》に正統化されうる場合には、こうした問いは当然立てられてしかるべきであり、それどころか、ますます喫緊の問いとなる。こうした民主的な正統化は、〔政治家がみずからの任務に〕取り組んでいるかどうかについての〔人々の〕探索の目を一定の方向に向けさせるが、しかしそれによって、本来の原因やそれが全体社会に対してどんな結果をもたらすのかということから目をそらせ、つまり忙しくしていなければならないという不可避性がじつは人為的に強化され特殊化されたものだということから目をそらせる、表層的な現象かもしれないのである。

政治システムは、組織をとおして、それ自体の成長〔＝つまりやるべき任務の肥大化〕を生み出している。どんな任務でも確かに、十分に根拠づけ可能である。国家予算は、補正されたり拡大されたりする傾向にある。しかし、地位に就いている者や政治的役割の担い手が、一日中何らかの活動をしているべきだという圧力にさらされていると感じるときには、これは、それぞれの地位特有のプログラムをはるかに越えるような帰結を、もたらす。地位に就いている者は、自分が取り組むべき任務を探すなかで、過剰な負担を嘆きながらも（その嘆きは十分に正当である）、いろいろな提案や機会を、自分の任務に読み替え、この任務の遂行に取り組んでいる（そして他者にも取り組ませている！）[66]。これらが比較的小さいフォーマットで〔個個別別に〕おこなわれるようになると、調整がほとんど不可能となる。〔政治システムの〕環境は、忙しくすることからもたらされる効果で溢れかえり、それらから身を守れなくなる。なぜなら、あれやこれやをしなくてはならないのだというその根拠はつねに十分なくらい用意されているからである。しかも、忙しくしていなければならないという不可避性を、〔政治や行政の〕肥大化の、そして稀少な資源の酷使の、本当の原因として、またその隠された推進力として見いだし、こうした現象を制限せよという提案を呈示できる理論は、まだないのである。

第八章　世　論

I　世論ゼマンティクの変遷

他者の意見を指向するという慣習、というより不可避性は、もはや把握することのできない過去にまで〔その起源は〕遡る。無文字文化を有した部族社会においても、他者の意見を顧慮しなければならなかった。部族社会の場合、このことはただ、居合わせている人々の間での相互作用――これが〔部族社会において〕唯一使用できるコミュニケーション形式であったわけだが――において、そこに居合わせていない者の見解と推測されるものをも考慮に入れることを意味するにすぎなかった。きわめてまれなケースにおいてのみ、とくに家族間のコンフリクトの場合には、集合的見解のようなものを形成するためにすべての人（係争中の人々）が関与しまた関与できる《大きな相互作用》に至ったりもする。だが、生活の通常の過程においては、数多くの相互作用が同時に並行して進行しており、そこに居合わせている者も、次の瞬間にはいなくなってしまうかもしれないので、まもなくいなくなってしまう者がそこに居合わせていることは、必要不可欠な〔諍いの〕調停の機能を果たしているのであり、おそらくは、事後的に振り返りつつ再構成したとき見えてくるより以上に――〔すでに立ち去った人に〕問い合わせることで新たに、いまここにいる人々と〔その、すでに立ち去った〕不在者との相互作用にかかわっていったりしなくとも、指向できる――シンボリックに存在する世界の生成を、担っている。

　こうした条件は、全体社会の複雑性が増大することによって（都市の形成、成層化、役割分化）、変化する。全体社会の複雑性の増大は、取り上げたり取り上げなかったりするテーマについて他者がどう考えているのか、あるいはどう考えるはずかを評価するのを、困難にする。さらにこれらの条件は、文字の導入と普及によっても変化してゆく。文字は、見解を固定化し保持するのを可能にし、かなりの規模で使用可能な状態にとどめておく。そのさい、同じテーマについての異なった意見の可能性も際だつようになり、しかも、誰かが嘘をついているのか真理を述べているのかという古くからの問いとは無関係に、そうなのである。新しい問題は、厳密な知識（エピステーメ）と憶見（ドクサ）という新しい区別によって、新たなかたちで定式化されるようになる。エピステーメの領域では、真なる方法で別の見解を主張するのを要求することは、誰にもできない。その者の見解は論駁されうる。これに対して憶見の領域には、ほとんどの人々に共有されている通常の見解が存在しているが、このような見解は、それにふさわしい技法によって挑発され、場合によっては、別の見解の余地を掘り起こすために、ぐらつかされる。古典古代の修辞学や、その後の、とりわけルネッサンス期の新古典派の修辞学がパラドックス化の技法を発展させたのは、この後者のドクサの領域においてである。このパラドックス化の技法は、意見や対抗意見を互いに比較検討する用意を整えるために、通常の《共通理解 commun parere》から逸脱し、パラ・ドクサ（pàra dóxa）を主張する意想外なテーゼを、擁護する[1]。

　これに関しては近代初期においてすでに、印刷に対する反作用が観察されていると見なしてよい。新しい敏捷性が見られるようになったこと、また同時に、これに応じるかたちで抑圧や検閲に腐心するようになったことに、それは示されている。少なくとも、宗教の分裂（これ自体、印刷によってゆるぎないものとなったのだが(2)）は、かつてであれば論争の余地のある見解に裁定を下すとき前提にできた権威を、縮退させてしまった。だが、さしあたりは、一致した通常の見解がまだあるのだという前提のもとで、これに反作用していた。こうした一致した通常の見解を、パラドックス化の技法によって妨害できるとされた——ただし、その技法自体のパラドックスと親和的な神学は大事にしながら、であるが。しかし、こうしたパラドックス化の技法も、たちまち、印刷によりもたらされた諸帰結の犠牲となってしまう——一方では、パラドックス化の技法がいまや、平凡なルーティンだと思われるようになったからであり、またとりわけ、印刷が（これこそパラドキシカルなことかもしれないが）、言葉への信頼感や、言葉遊び、コミュニケーションで利用される両義性への信頼感を破壊したからである。十八世紀になると、この世紀がまさに矛盾（理性と歴史、ニュートンとミュンヒハウゼン[1]、啓蒙と監獄）によって生きながらえていたにもかかわらず、パラドックス化の修辞学的な方法のパロディーしか見いだせなくなる(3)。いまや、論争に決着をつけるための権威の脱落が、君主のみを——しかも絶対的なかたちで——《公人》として承認する絶対君主制の政治のなかでも繰り返される。こうなると君主は、公共的なコンフリクトの決着のためにその権威を動員すると、その権威をリスクにさらしてしまう(4)。

　さらに、十六／十七世紀の文献のなかに、次のような見解が見いだせる——これは、後期封建制の農民革命の帰結の一つだが(5)、しかし印刷の帰結でもある——。すなわち、領主は、その助言者、その宮廷の見解だけを指向してはならず、人民のなかでの領主の名声がもっとも重要な統治手段である、という見解である。(6) 当時の言葉遣いで言えば、名声は〔国土、財政、軍事、よき助言、幸運と並んで〕領主の国家（政体 status）の一部である、と言うこともできる。マキャベリとの論争で事細かに議論されたのは、本当の道徳的・宗教的な資質が〔君主には〕必要なのか、それとも信用、つまり共通理解（communparere）で十分なのか、ということであった。しかし、当時支配的であった反マキャベリズムですら、もはや、美徳（Virtus）それ自体が素晴らしい力を発揮するなどとはもはや主張できず、〔君主の〕美徳が人民の意見にいかに共鳴するのかに焦点を合わせることになっただろう。

この抽象的に聞かされていた論題は、宮廷が新聞を見いだし、外交上の伝達手段の重要な補完物の一つとして新聞を奨励したり監督したりするようになるにつれて、具体的になる。こうした関心は、十七世紀が経過するなかで発展していき、たちまちのうちに、観察の反省性にたどりつく。つまり、どこか別の場所で、おのれの人格や宮廷についての、何か賞賛に値することや不利益となるような事柄が報道されているかどうかが、知りたくなってくる。(7) この経験は、しかし当面は、ニュースや新聞（その言葉の意味はまだ規定されていなかった）といった概念のもとで要約されており、現象を把握するための一般的な概念は欠落していた。さらに、中世に由来する陳情活動が、イングランドではますます印刷物を利用してさかんになったが、このことが、世論というゼマンティクの先駆けとなった。(8) 陳情が形式に則ってある宛先に向けられる場合、語調は慇懃さを保っていても、たいていの場合はむしろ、何らかの決定提案として提出されるというより、〔みずからの〕苦境に注意を促すものだった。こうした陳情書が印刷されているという事実は、同時に、〔この陳情書の内容について〕幅広い公共的な支持を得るために宣伝されているのだと、〔陳情書の名宛人に〕認識させるようになった。十八世紀には、この活動はフランスでも通例になり、陳情書のみならず、君主に対する議会の建言（remontrances）も、議員ではない人によるその他の提言も、印刷された。絶対君主に対する請願文書や助言文書すべてが、（背信行為を伴ったり伴わなかったりして）公表されやすくなり、国家の頂点における決定の恣意性を制限すると考えられていたものがいまや、すでに公にされているコンフリクトに対する決着が恣意的だったことをも、可視化してしまう。(9) しかし十八世紀末になってようやく、これまで暗黙の前提でしかなかったものが、明示的に表現されるようになる。君主の見える手が震え始めて以降、新しい最高権（Oberhoheit）はいまや、見えざる手のなかに、つまりまさに世論のなかに探し求められるようになる。このときになってはじめて、旧来の美徳／悪徳の修辞学には依存せず、またもはやヒエラルヒー的にも分類されえない、政治にのみ狙いを定めた世論理解が、定着するようになる。それ以降、一般の意見による〔頂点における恣意性の〕制限という旧来の把握が、公共性というメディアのなかで形成された意見こそ特別な合理性のチャンスを有しているという期待に、取って代わられる、とは言わないまでも、そういう期待によって補完されるようになる。(10)

すでにかなり以前から、公衆（Publikum）という概念は、君主の絶対性要求に対する対抗概念としてしかるべき役割を果たしてきていた。(11) この（公共的）意見〔＝世論〕という概念は、個人的権利や自己規定的な利害という考え方と並んで、旧来の身分秩序やクライアント関係、ゼクテ、派閥、出生による社会的地位の確定といったものに対する批判の担い手となるに至っている。意見や利害は、それがまさに個人に（その限りで、自然に）根ざしたものとして考えられているがゆえに、政治的に重要なものとは何かを新たに規定するための出発点となっているのである。これに対応して、公衆という概念も微細なものに分解される。つまり、いまや〔公衆ということで〕問題となっているのは、範囲を限定できる集団でもないし、本質メルクマールによって規定された概念（教養ある公衆のことを言うのであれば、何かを付け加えなくてはならない）でもなく、同時期に成立した人口（Population）の概念においてそうであるのと同様に、それぞれ個人として、したがって統一的ではないかたちで変化に反作用する、おおぜいの個人が、問題となっている。〔かつての〕相互作用で出会う人々の意見への依存性は、世論への依存性に取って代わられる。世論への依存性は、したがって、どんな相互作用が許容されるかが成層化によって規制されるといった事態から、自由になる。公ノモノ〔国家〕（res publica）／私ノモノ（res privata）、とか、おおやけの（öffentlich）／秘密の（geheim）といった旧来の区別は、密室政治の禁止（と同時にその無意味さ）を貫徹させようと試みる、公共的／私的という新しい区別にまとめられる。[12]その新しさは、形式のなかへの形式の再参入、区別されたもののなかへの区別の再参入という点にある。つまり、公共性は、私人によって公共性として形成されるのであり、私的なものは、私的であることと公共的であることとを区別できる市民のことだと考えられている。したがって《市民社会》は、クラインの壺の全体社会[2]として確立されえたのである。

さらに、世論という概念にとって重要なのは、意見に同意するか拒絶するかという問いはあらかじめ決定されるものではない、ということである。公共的なコミュニケーションによってはじめてこれが決定されるのであって、公共的コミュニケーションは外部からの影響がないがゆえに合理的になされるのではないかとの希望も、このことに基づいている。協調とコンフリクトとが同様に交錯する小集団での相互作用の条件が、それよりも事態の規模が大きくなっても、コピーされる。世論に取り込まれるのは、もっぱら、その世論自体のなかで議論されたものだけなのである。世論は、権威や伝統によって外部から導入された意見を許容しない。その限りで、すでにこの点で、後にとくに機能システムにおいて現実化されることになるであろう構造、つまり、作動上の閉鎖性、可能性の過剰生産、自己組織化に依拠した内的選択、これらの連関が見いだされる。

十八世紀もさらに経過してようやく、世論こそ密かな主権者であり、政治システムの見えざる手なのだという考え方が定着する。(13) フランス革命の間に、人々は選り好みが激しくまた党派的になったので、公共の精神(esprit public)(14) であるとか、あるいは、さらなる特徴づけをすることなしに、《オピニオン》について語られるようになる。同時に、世論概念の政治化と世論概念の主権への野心は、この概念から、(確実な知識と区別される)単なる憶見という旧来の軽蔑的な意味合いを取り除くことになった。人間の理性は、それ自体を吟味するために公共性を必要としているとする考え方が、この世論の概念と融合することになる。それによって世論は、政治の機能領域にとっては、真理の等価物となってゆく。いまや、重要なのは、単にテーマと意見との一対一の関係だけではなく、むしろ、歴史的に吟味され、《社交的な伝達》(15) によって、また、議論によって裏づけられた〔知の〕ストック、つまり、さらなるコミュニケーションの前提としてのコミュニケーションの成果なのである。だが、フランス革命は、いまや世論と呼ばれるようになったもののなかに、一致した評価を見いだせなかった。そしてそれゆえに、世論が定着していく局面においてすでに、この概念にダメージがもたらされることになったのであろう。ドイツでこの概念が受容されたときには、この概念は、これよりもいささか控えめな歌い出しであり、とくに出版の自由や言論の自由の要求の背景となる概念として、役立った。(16)

フランス革命と、それに引き続く《近代国家》の政治は、中間的な権力（Gewalten）すべての撤廃を推し進めたので、世論は、実際に生活している諸個人の意見として把握されなければならなかった。言い換えると、世論を、出版の〔作り出した〕単なる人工物と見なすわけにはいかない、ということである。というのは、そんなことをすれば同時に、その政治的な正統性も滑り落ちてしまうだろうからである。諸個人へのこのような関連づけは、〔中間団体が媒介して〕間接的にしか影響力のない政治的支配から、直接的な政治的支配への移行を確証する。と同時に、このゼマンティクは、その他の機能システムにおいてそうであったように、分出した自律性の固有の領域を境界設定するのに役立つ。フランス革命によってはじめて、政治は完全に政治自体に、つまり政治の担い手として、一般意志として、代表の対象として、あるいはまさに、世論として政治的支配を基礎づけている諸個人に、基づかなければならない、と主張されたのである。

十九世紀には、出版の自由を貫徹するための努力が強まり、これとの関連で、世論についての熱のこもった価値負荷的な理解が、再生産された[17]。と同時に、世論として現象してはいるもののもはや理性として把握するには説得力がまったくなくなっているもののなかに、独特の選択的な効果が観察されるようになる[18]。いまや、世論は、選挙との関係でそれを相補う機能を引き受けているのである。選挙が、かなりの時間的間隔をへておこなわれるので、選挙と選挙との間の期間は、世論が統治し、同時に、未来の選挙結果についての（いつでも修正されうる）見通しを、世論は可能にする[19]。選挙の投票用紙は、ただ×印をつけることを個人に許すだけであり、したがって、何らかの政党の擁護者としてそれなりに信念を持って態度を決めることを個人に可能にしているだけなので、政治について観察するという機能は、得票数を数えたり、世論のなかで選挙結果について議論してはじめて、成立する。

世論の事実性は、出版の自由に依拠しながら保証されなくてはならないが、しかし、印刷された理性としてのその意義のほうは、無条件に保証されなければならないというわけではない。こうした差異は、政治の複式簿記[20]においては、進歩的〔ヴェルカー〕[3]と保守的〔ブランデス〕[4]という相違に基づいて帳簿から消されるのが、常である。だがこれでは、基本的な問題が覆い隠されてしまうだけである。このころ作られつつあった社会学も、〔マス〕メディアに規定された世論の選択性を嘆く一方で、まさにこれを変化させるためにこうした苦情を公にするとき、この現象についての明確な概念的な把握には至ってなかった[21]。そしてハーバマスは、今日ですら、《理性を保証する公共性のモメント》を救い出すために、世論の二重の（つまり批判的でありまた操作的な）概念を固守しているが、しかし同時に、〔世論に〕相当する意見が現実にあり、それは社会心理学的に把握可能だとする想定からも距離をとっている[22]。したがって、問題なのは政治的理念なのである。だが、そうだとすると、二〇〇〇年前から知られているとおり、次のような問いの前に立たされることになる。つまり、いったい誰の理念なのか、と。そしてこの問いは、批判的な公共性が重要であるはずだと示唆しても、答えられない。

世論という概念のゼマンティク上の問題は、〔世論は……を支持する／……を拒絶した／……の傾向にある、等々のように〕さまざまな述語を引きつけるものとして利用される単数形としての把握に、その核心があるように思われる——あたかも、一定の属性を備えた実体とか一種の精神が〔世論ということで〕問題となっているかのように。この点で、当初、重要だったのは、政治システムのノーマル状態とは認められなくなっていた君主制による伝統的手法ではもはや解決できない政治的コンフリクトのための、上位の打開策〔としての世論〕であった。世論の理論は、政治システムの新しい《不可壊なレベル inviolate level》を探求する過程で成立した。そのさい、世論は、憲法政策上の諸要求のための背景となる想定として役立っている。《世論が示唆しているのは、パッションなき政治であり、党派なき政治であり、コンフリクトなき政治であり、恐れなき政治なのである。政治なき政治を表現しているとすら言えるかもしれない》――と、ベイカーは、その理念を要約している。[5][6][23] 実際に観察されうるのは、しかし、印刷によって公表されているコンフリクトが、理性の蒸留に至るのではなく、イデオロギーの蒸留に至っているということである。これについては、あとで立ち返る。

II　セカンド・オーダーの観察のメディアとしての世論

世論の、またとりわけ、世論の傾向や世論の変化のためのもっとも重要な指標の一つと見なされているのは、選挙の結果である。しかし同時に、包括的な投票行動研究が明らかにしているように、この選挙結果を、個人の意見の集積的な表現として解釈することはできない。個々人の目から見れば、こうした結果には、あまりにもわずかな認知的一貫性しか見いだせない。恣意性や偶然、ある瞬間の印象、また単に、投票用紙を前にして何か決断しなくてはならないという不可避性、こういったものが、きわめて大きな役割を果たしている。さらに、世論は、パーセントの数字やその変化しか拾い上げないし、確かに場合によっては、右よりの傾向とか左よりの傾向も拾い上げることはあるが、しかし政党の政策についての認知的に確固たる意見を拾い上げはしない。したがって、世論として圧縮（kondensieren）しているのは、選挙の結果についての解釈だけであり、つまりは、知識人による〔解釈の〕作業だけなのである。個々人が、投票用紙に印をつけるときに実際に何を《考えている》のか（そもそも何かを考えていれば、の話だが）は、あいかわらずわからない。包括的な経験的研究のこうした疑いようのない成果からしてすでに、世論を諸個人の意見の集合的表現として把握しない理由としては十分であろう。

諸個人を、身体、意識、記憶、瞬間ごとの感受性を有した個々の人間として経験的に真剣に把握するのであれば、同じ結果に至る。問題を新たに把握するための第一歩は、心理的な作動と社会的（sozial）な作動との厳格な区別、つまり意識過程とコミュニケーション過程との厳格な区別とともに、また、このことから帰結する、それぞれの瞬間ごとのシステム状態〔が異なることの確認〕とともに、踏み出されなければならない。一定の（多くの、すべての）個人の具体的な意識状態をある一定の時点において突き止めようとするとき、それがいったい何を意味するのかを、現実的に明確にしていけば、そういう無謀な企ての不可能性が明らかになる——その理由はまず、意識システムはそれ自体にとっても不透明であるからであり、さらにとりわけ、そのためにはコミュニケーションが、つまり、あまりにも多くのコストと時間のかかる過程が、動員されなければならないから、である。しかもこのプロセスは、個々人の注意力の持続性を何とか当てにできる時間的間隔を、必ず越えてしまう。〔世論を〕諸個人に関連づけることの隠された意味は、実際のところは、〔そこでいう「個人」とは誰かなどを問わずに〕匿名で《計り知れないもの》のままにとどめておく、ということであった。個々人の意見の個体性は、そこでは〔＝世論について語られるさいには〕、まったく何の役割も果たしていないのである。したがって、世論とは、決して、コミュニケーションによって明らかにされうる個々の心理システムの状態ではない。

世論を心理システムに係留するという前提を放棄するなら、世論の多かれ少なかれ一枚岩的な統一性という前提もまた、失われる。個々人は《同じこと》を考えているのだなどともはや主張できないのであれば、こうした「同じ」がどんな点で同じと言えるのかについてのさらなる考察などは、不必要である。世論の統一性は、〔世論が果たしている〕機能へと帰着するのである。だが、そうだとすれば、この機能とは何だろうか。

社会心理学的なリアリズムとは反対に、世論は、コミュニケーションから、しかもコミュニケーションそのものからのみ、読み取られなければならない。こうした厳密にコミュニケーション的な機能様式を明確にするためには、なによりも、《公共的》とか《公共性》というとき何が理解されているのかを見なければならず、それによって、政治的計算にとって重要な〔「公共的意見」Öffentliche Meinung としての〕《世論》という特別なケースを、それらから際だたせる必要がある。

長い伝統を持つ法学的な語法に従えば、《公共的》とは、一般的に接近できる空間なり対象なりのことを言う。排除のルールはあるかもしれない。そうすると、裁判所の審理は、一定の限られた数以上の傍聴人の参加が、空間的な事情のゆえに許容されていなくても、公共的だということになる。決定的に重要なのは、明示的な許可や検閲が放棄されていることである。これによって、予見不可能性という契機がこの概念のなかに入り込んでくる。誰がこうした接近〔の機会〕を利用するのかを知りえないので、公共性という様式でその人が経験している事柄に対して、誰がどのように反作用するかもまた、知りえない。

ディルク・ベッカー[7]は、この概念をシステム理論的に拡大して、公共的なものの特徴を、全体社会内の諸システム境界についての反省〔精確に言えば、観察についての観察〕という点に見いだそうと提案している。(24) この提案は、オートポイエティックなシステムの作動上の閉鎖性という公理を出発点としている。それによれば、いかなるシステムもその境界を越えられず、作動上、その環境のなかで活動できない。システムはつねに、システム境界の内部でのみ作動している。それは、相互作用システムであろうと組織システムであろうと全体社会の機能システムであろうと、同じである。しかし、内側は、外側を前提としている。そうでなければシステムは、その境界を境界として経験できないだろうし、それ自体の作動をそれ自体の作動として認識もできないだろう。システムは、一定の仕方でみずからが繰り返し刺激されれば、外側に、それ以外のシステムがあると《同定》するかもしれないし、全体社会の内部では、組織と組織とのコミュニケーションをとおしても、これを確かめることができる。けれども、全体社会内の環境全体が問題にされる場合には、こういったことは不可能である。全体社会は、そのサブシステムの内的環境としては、〔コミュニケーションの〕宛先ではないし、また行為能力を有しているわけでもないからである。すべての全体社会内の社会システムの、まさにこうした一般化された他の側面こそが、公共性として指し示されうるというわけである。予見不可能性というメルクマールは、この考え方でも保持され続けている。確かに、マスメディアですら、それがコミュニケーションしているもののなかに透明性を生み出してはいる〔＝マスメディアが伝える対象物の特性などを明瞭にしてはいる〕。だが、全体社会のその他の諸システム、あるいは、マスメディアというシステムのなかのその他のアクターがこれにどのように反作用するのかについては、原理的に不透明な未来に委ねられる。伝統的な考え方が期待するところとは裏腹に、公共性は、信頼のおける知識やそういうものとして知られる知識を保証しているわけではなく、ましてや、選りすぐりの理性などといったものなどではない。むしろ、公共性はまさに、〔誰でも接近できるという〕透明性によって産出される不透明性を表すシンボルなのである。

以上のことはすべて、限定された意味で、また限定されたことでむしろ強化された意味合いで、世論についても、つまり、公共的に接近でき公共的に表出される意見についてもあてはまる。決定的に重要なのは、ここでもまた、コントロールの欠落である――発言することそのものについては、そうするよう指示を出したり、代価を支払っ〔て発言するよう仕向け〕たりできるので、それほどコントロールが利かないわけではないが、見渡せないほど数多くの人間や社会システムがどう共鳴するかについてはコントロールできない。つねに観察される世論の変わりやすさや、また、その非線形的なダイナミズムも、この概念を基点にして追認できる。〔非線形的なダイナミズムとは〕つまり、〔数多くの報道で知れ渡ったはずの〕多くの知が何の痕跡も残さぬまま再び消え去ってしまう一方で、ごく小さな報道でも予見しえない効果にまで次第に強まることもありうる。世論は、注意を呼び覚ましたり注意を向けさせたりするけれども、見聞きしたことから人が何を始めるのかはコントロールできない。

コミュニケーションの成果（知識、選好、自己評価や他者評価など）が、〔個々には〔具体的に誰々なのかについては〕あいかわらず未規定である〕公衆なるものの態度を規定し、それ以後のコミュニケーションの基盤に据えられる、と前提されている場合にはつねに、世論が含意されている。そのさい、満場一致で共有されている意見だとか過半数は共有している意見といったことを問題にしてはならない。分裂した世論もまたなお世論なのである。ただし、そのさい見いだされる意見の差異や、そうした差異に相応したかたちでの帰属の不可避性が、それ以後のコミュニケーションにおいてしかるべき役割を果たすという点では特徴的ではあるが。もしかりに統一的な意見であったとしても、それは、観察者が異なれば、それぞれの観察者ごとにきわめて多様な意義を持つだろうし、どのような区別によってそれが観察されるかに応じて、異なった帰結に行き着くだろう。

しかしながら、〔世論の〕概念が単数形として把握されていることは、〔世論とは〕数多くの意見を意味するだけではないことを、示唆している。世論は、同時に、意見形成のメディアでもある。世論は、システムの神聖なる精神なのである[25]。世論は、世論として観察され記述されているものである。世論は、公共的なコミュニケーションによって自己産出される仮象として、また、コミュニケーションがみずからを映し出す鏡のようなものとして、見なされる。鏡というメタファーの旧来からの使い方に見られるように、ここには、理想化と道徳化とが含まれている。生起した出来事についての情報だけが重要なのではなく、主としてこれが重要だというわけですらない。知識だけが重要なのではなく、とりわけ評価が重要なのである。不確実性吸収について語ることも可能かもしれない。事実とは、情報からの推論なのであり、その推論が、事実についてのそれ以後の想定を妥当なものに、とくにその評価を妥当なものにするのに役立っている。と同時に、そのコミュニケーションはコミュニケーションであり続ける。世論はあたかも一つの客体のように目の前に存在している意見なのだというフィクションをとおして、このコミュニケーションは《固有行動 Eigenbehaviors》を生み出し、つまりは、〔そういうフィクションであることが〕見破られることに免疫を持つシステムの作動様式を生み出す[26]。もちろん、コミュニケーションは、現実の人間がある時点で現実に考えていることに影響を与えはするが、このコミュニケーションは、このような影響を、みずからの作動のシークエンスに取り込んだりはしない。コミュニケーションは、それが公共的なコミュニケーションを惹起する場合に、またその場合に限って、公共的コミュニケーションと見なされる。したがって世論は、運動し続けているシステムの、いわば写真に撮って記録された一つの状態なのであり、過程としてみるならば、公共的コミュニケーションから生じ、公共的コミュニケーションのなかでさらに引き続いて利用するために提供されているもの、なのである。

政治にとっての世論の重要性は、おこなわれるべきことを規定できる支配権（Oberherrschaft）にあるのではない。世論は、すでに廃位させられ殺害された王（の神聖なる身体）を継承する制度などではない。民主制概念や権力の循環モデルと同じように、ここでもまた、《支配》というゼマンティクは、適切な理解の邪魔になる。むしろ、世論とは独特な種類のメディア、つまりセカンド・オーダーの観察のためのメディアなのである。

権力の事例に即して説明したように、ここでもまた《メディア》は、一定量のルーズにカップリングされた諸要素、可能な諸コミュニケーションのこと、である。これらの諸要素は、ケースバイケースで、しかしつねに一時的にのみ、確固たる形式へと、〔たとえば〕一定の発言へと結合されるが、しかしまもなくして、この形式も再び解消され、それによってまたメディアが再生産される。世論というメディアにおけるテーマのゆらぎを追跡してみると、世論がどんなコミュニケーションを採用しどんなコミュニケーションは採用しないのかを、確実に予知はできないものの、見積もることはできる。つまり、言語的に、あるいは〔写真や映像などの〕図像として可能なことが、何らかの適性基準によって制限されている。したがって、形式の形成は、明確な特性を有しているので、世論の《操作》が可能となるのであり、さらには、世論を推定したり仮定したりできるのである。またこういった事情のゆえに、人々が

〔権力から〕独立した理性的な成果を〔世論に〕期待しているかぎりで、数多くの批判が動機づけられる。(27)だが、操作可能性という(しばしば幻想によって誇張された)表象は、本来、セカンド・オーダーの観察というメディアに属するものである。そうでなかったら、いったいいかにして、世論という鏡の前で他者による観察に身をさらすことが、動機づけられるというのだろうか。

セカンド・オーダーの観察――これがさしあたり含意しているのは、一つの制限である。何かあるものを観察するのではなく、観察者を観察するのである。こうした制限は、システムの作動上の閉鎖性と相関している(この点については、それ以外の機能システムの場合も同様である)。環境は、それ自体として重要なわけではなく、〔システムの〕内部での〔その環境に関する〕観察が情報を構成するかぎりでのみ、重要になる。そしてこの情報が、そのシステム自体においてそれ以後〔まさに情報として〕取り扱われうるようになるわけである。こうした接続可能性が有する政治性は、もっぱら、セカンド・オーダーの観察という様式においてのみ、見つけだされる。もちろんこれは、居合わせている人々の相互作用においても、おこなわれうる。この場合には、相互作用システムが観察の観察をどのようにコントロールするかが、直接にテストされる。また、関与者の(必然的にうわべを装った)意識生活への直接的な介入なしにも、おこなわれうる。しかし、たとえば近代初期の宮廷社会が、十七世紀に至るまでの間に、かなり高度に洗練されたかたちへと高めていった相互作用の諸資源は、明らかに限定されてしまっている。まさにこの点で、十八世紀になると、世論が投入されるのである。(28)

これと結びついたかたちで、複雑性という推力が働き、これによりシステムは、あまりにも手間がかかるわりにはあてにならない相互作用の連鎖によって達成されうるレベルを、はるかに越えていくことになる。相互作用においてそうであるのとは異なり、沈黙はいまや不可視となり、それゆえいっさいの可能な効力を失う。あるいは、形式となって何らかの規定性を獲得した場合、またその場合にかぎって、効力を有しうる、ルーズにカップリングされた諸可能性というメディアしか形成されない。[29] メディア的基層と暫定的な形式との差異としてメディアが確立することによって、相互作用においては可視的であった語りと沈黙の同時性が、粉砕される。語り／沈黙の不可避的な役割非対称性〔＝一方が話者としての役割を引き受けるときには他方は沈黙するという非対称性〕が、技術的に確保される。これによって、話を遮ったり割り込んだりする可能性もまた、失われてしまう。抗議はいまや組織化されねばならず、〔その活動を〕周知するためにメディアによって演出されなければならない。と同時に、このような相互作用における〔語りと沈黙の〕同時性は、別の種類の同時性によって置き換えられる。つまり、情勢判断に関心を持つ者すべて、あるいは、その政治的立場のゆえに関心を持たざるをえない者すべてに〔一気にマスメディアによって〕情報が与えられるという同時性に、である。〔ある事柄に関して〕情報が与えられない事態が度重なると、そのことはすぐに人々の注意を引きつけ、〔マスメディアが人々より〕協力を得るチャンスから排除されるに至る。

ただし、こうした同時性の形式には犠牲が必要である。つまり、〔マスメディアの受け手たる〕関与者が誰かがわからないままであること、関与者の特性や状態が捨象されること、したがって、どんなにインパクト・リサーチをしてもそれ以降になされるコミュニケーションが統制不可能になること、といった犠牲である。[30] 各瞬間に周知されるものが、同時に、世論が日々新たに作り替えられるための出発点である。システムがそれによって獲得するダイナミズムは、依然として、セカンド・オーダーの観察と結びついている。すべての観察者が直接に同じものを見ていると前提せざるをえない統一的な世界観は不可能になり、さらに言えば、不要になる。このような可能性が利用しつくされたとき、世論というメディアにおける自己記述や他者評価のステレオタイプ化されたバージョンとしての《イデオロギー》がただちに形成されたのは、決して偶然ではない。このことによって、またもや、観察者についての観察が容易になる。その観察者がいかなる陣営に帰属されるのかだけを認識できればすむのであり、その観察者がそのポジションから何を見ることができ何を見ることができないのかを、評価できるのである。

このメディアの特有の制約条件——これがあるからこそこのメディアが構成されているわけだが——を甘受するならば、セカンド・オーダーの観察についての重要な利点を手に入れることができる。それは、以下のようなものである。

(1) システムは、その作動を、観察の水準において、循環的にまた回帰的に整序できるようになる。すべての観察は、被観察にさらされ、またこれを予期しながら観察できる。〔もっとも〕いっさいの観察が、他者が何を観察しているのかだけを観察しているわけではない。だがその観察が、コミュニケーションとして可視化されることによって、その観察自体が観察されているということを考慮するようになる。したがって、世論は、どこか別のところでも生起している何かなのではない。世論は、政治それ自体の自閉的な（autistisch）世界なのである。[31] すでに述べたように、世論は、人目をしのんでおこなわれる相互作用を排除しているわけではない。だが、こうした相互作用はいまや、公共性から〔暴露されないように〕保護されなければならないのであるが、そうであるにもかかわらず、〔相互作用でなされていることが〕周知のものとなってしまうリスクを冒さざるをえない。[32] とはいえ、こうした事態に備えておき、またそうなってしまったときのための記述の準備をしておけば、これも我慢できるものになる。なぜなら、世論は、コンフリクトについての報道を好むものだし、論争中の意見について無条件に決定を下す必要はないからである。

(2) 世論というメディアのなかで呈示されるすべての発話が、まさにこれによって、それ自体、セカンド・オーダーの観察にさらされ、結果的に、〔これらの発話を〕規律化するという効果を生む。しかし、もし、こんにち主としてハーバマスによって進められている伝統的な考え方によってこれを理性的選択のためのよりどころと把握するなら、過剰解釈である。(33) とりわけ、そのコミュニケーションは事実に即した指向性を有しているかのような印象を生み出さなければならない(と同時に、このような印象を生み出す努力が〔あえて〕なされているという印象の産出は、避けなければならない)。それによって、たとえば、みずからの利害を宣伝したりあからさまに申し立てることが、じつは世論〔の形成〕に寄与していることは、考慮の外に置かれる。そのコミュニケーションは、権力や貨幣や愛といったメディアのなかに位置づけられてはならず、たとえば、ソノ意見ハ一般ナリ(communis opinio)とか道徳的確実性(certitude morale)のような旧来の学説で言われている意味で、真理あるいは疑われえない価値を伝えるように試みられるべきだ、というわけである。少なくとも、コミュニケーションは、そのつもりであると主張しなくてはならない。だが、そこからさらに、〔自分の意見と〕対立する意見は非理性的であるとの含意をもってみずからの意見の理性性を主張するというさらに別の道も存在する。〔しかし〕このような要請は、こんにちではむしろ禁忌だろう。それは、あまりにも明白に、その意見への(少なくともイデオロギー的な)利害を指し示してしまうからである。世論というメディアのなかでセカンド・

オーダーの観察に受けて立つということは、つまりは、いたるところで待ち構えている、〔みずからの利害を貫徹するためではないのか、世論を操作しようとしているのではないかなどといった〕動機への疑いから、逃れるべく努力することなのである。理性／非理性ではなくて、このことこそが、世論がみずからを規定するさいに用いる区別なのである——と同時に、世論がみずからをいつも台無しにしている区別でもある。それゆえに、世論を手がかりに方針を決定しようとしている観察者は、みずからの観察を、他者〔有権者〕もそう見ている〔と思われる〕案件に向けるのも、動機への疑いに向け〔てそこから逃れるべく発言を工夫す〕るのも、自由なのである。

(3) 観察者についての観察というレベルでは、幾重もの互いに統合されない観察が可能である。政治家は、実際の政治のレベルでは、被観察にさらされている行為がどう評価されるのかに鑑みつつ、自分自身や他者を観察している。政治それ自体においては、市場におけるのと同様に、〔いずれの政策がより得票に結びつくのかといった〕競争状態が問題となっている。しかし、この競争は、公衆としてこの競争への関与が想定されている観察者によって〔この競争も〕観察されているとの想定のもとで、演出されている。市場とは違って、価格——価格を〔どう変動したかとか、それと売れ行きとの関係はどうかといった点から〕観察することで観察者についての観察が容易になる——のようなものは存在しない。しかし、〔そうした価格の代わりに〕継続的に更新される物語が存在する。人はその物語のなかに、自分の名前や他人の名前を見いだして、それらの名前〔がそこに刻まれていること〕を〔某の尽力のもとで成立した法案だ等といった〕観察の結果として観察することができる。また、価格の代わりになるものとして、道徳も存在している。互いに観察しあっている観察者についての〔道徳を持ち出しての〕観察によって、公衆は、選挙のさいの決定をおこないやすくなる（あるいは少なくともそのように考えられている）。そのためには、観察関係を単純化して、〔実際にはセカンド・オーダーの観察者である〕政治家を行為者として、つまりファースト・オーダーの観察者として観察することから出発すれば十分である。政治システムは、あらゆるレベルで、この種の単純化を活用している――それによってまさに、さまざまな観察関係の収斂的な統合を放棄している。その代わりに、裏舞台では、表舞台とは別のゲームが演じられているのだという想定が助けになる。こういったことは見抜かれうるが、しかしそれによって何かが変わるわけではない。

(4) セカンド・オーダーの観察は、観察されている観察者が、その活動をおこなっている時点では見ることができないもの、つまり、その観察者を方向づけている区別の統一性ならびにその人自身の観察、をも考慮に入れている。その意味で、世論は、状況に反作用しようと思っている〔だけの〕行為者を、〔行為者自身はそのようには思っていなくても〕みずからの利害を追求している人格あるいは集団として、呈示する。その行為は、状況の特徴に基づいてというよりも、その人格や集団の特徴（政党の特徴、イデオロギー帰属）に基づいて観察されるほうがずっと多いのであり、世論の前に立つ者はすべて、このことを考慮に入れなくてはならない。このようにして、動機、意図、利害をたえず過大評価しそれに相応した反作用を促す現実構築が、成立する。政治家は、（その人自身の自己理解に従えば）〔自分の利害を追求するというよりも〕問題の案件をなんとか改善しようという動機のほうがはるかに強いのかもしれない。けれども、世論というメディアにおいては、この政治家は、こうした動機やメルクマールに基づいては、観察されない。このことから、世論による〔政治の〕自己批判的な傾向について語ることはできるかもしれないが、しかし、このようにして真理が白日のもとにさらされるのだ、という考え方をこうした事態と結びつけることはできない。というのは、

⑸ セカンド・オーダーの観察様式は、潜在性を偶発性へと変換するのであって、決して、唯一正しい把握へと変換するわけではないからである。この観察様式は、直接的な〔ファースト・オーダーの〕観察者にとっては自然で必然的と見えるものを掘り崩し、これを、作為的なものという形式へと、つまり、別様でもありうるものへと変える。セカンド・オーダーの観察様式は、確固たる世界像を放棄することができ、また放棄しなければならず、そうした世界像を、要求に、つまり他者にとってオリエンテーションの価値のある〔＝その人の態度決定に役立つ〕期待に、とくに世論の場合には（たとえば経済の市場の場合とは違って）道徳的要求に、置き換えるのである。(34) 他方で、すべてのものが別様でありうるからこそ、すべてのものを現にあるとおりにしておくのも可能である。

⑹ 観察されているものはすべて観察者に帰属され、「誰がそれを述べているのか？」とか「誰にとって利益となるのか？」といった問いが支配的になるところでは、〔（メディアから）形式が作られても〕暫定的なだけの形式しか形成されえない。形式のこうした儚さこそがメディアを再生産するのであり、メディアは、自由になったキャパシティをつねに新たに使用できる――またそうでなくてはならない。これは、二つのレベルで言える。一つは、コミュニケーションのテーマ――たとえば介護保険――について、もう一つは、コミュニケーションのテーマへの貢献について、である。貢献は、テーマやこれまでの〔コミュニケーションの積み重ねの〕歴史に関連して何らかの情報価値（新しさの価値）があると主張しなければならない、日常の出来事である。こうした貢献が限定されたかたちでしか可能ではない以上、

テーマも寿命は限られている。テーマは、アクチュアリティを失ったり色あせていったりする。しかし事情に応じて、新しい状況のなかで再活性化されたりもする。たとえば、〔そのテーマへの〕新しい貢献が可能となったり新たにコンセンサスの目処が立ったりした場合である。いくつかの貢献（問題解決）がすでに視野に入っている場合にのみ、テーマが（つまり問題も）新しく作り出される、というのが典型的である。貢献〔＝問題解決〕しているのだと表明できるために、テーマ〔＝問題〕が新たに作り出されるのである（そのためにしばしば〔テーマ＝問題への〕命名が必要となる）。民主制の政治文化によって、これが容易になる。というのは、民主制の政治文化は、テーマ〔＝問題〕を作り出すことそのものをすでに政治的な功績と見なすからであり、また、〔問題提起した本人ではなく〕他者こそが問題を解決すべきだ、たとえば、他者こそが必要な財源を準備すべきだという要求をするだけで貢献としては十分だ、とするからである。(35) 通常、こうした要求は果たされず（あるいは、希望どおりの規模ではおこなわれず）、そのうちにテーマのアクチュアリティが失われることで、そのための資源は〔その問題に使用しなくてもよくなるため〕維持される。事態のこういった経過のゆえに、自分が過剰な負担を負うことになったとか不満足だとかいった雰囲気があとに残るが、世論のなかでは、こうした雰囲気は、どんな提案や提言もあらかじめ一種割り引いて考える、というかたちで、折り込み済みである。〔それゆえ〕どんな誇張でもできるようになる。いくら誇張をしてもどうせ達成されないだろうからである。

(7) 時間次元と並んで、社会的次元も考慮に入れねばならない。社会的次元においても、注目すべき特性が見いだせる。観察者に対して演出されているものは、コンセンサスのために演出されている。民主制のコンフリクト文化も、否、この文化こそ、こうした〔コンセンサスを目指しているのだという〕期待によって持ちこたえられるようになる。コンフリクトは、これによって、不愉快なもの、得策でないもの、一時的なもの、という含意をうる。政治的な野党との関連でコンフリクトが解き放たれコンフリクトが持続的に制度化されて以降は、こうしたことは、組織内部の〔とりわけ政党内の〕コンフリクトに、とくに先鋭にあてはまる。組織には、一つの声でもって語ることが期待されるのである。なんといっても組織はこれができるのだから。しかし同時に、マスメディアは、どこで見いだそうが、コンフリクトを好んで報道する。その限りで、きわめて非現実的な全体構成が成立することにもなる。つまり、コンセンサスへの期待を背景にしながらコンフリクトが〔マスメディアによって〕たえず呈示され、それによって、観察は、コンセンサス／ディッセンサスという区別を指向するようになる。そして、政治システムは、懸案のすべての問題について集合的に拘束力のある決定を準備するために、コンセンサスの欠如を、暴力（Gewalt）の行使によって埋め合わせる機能と可能性を有していることが、忘れ去られる。したがって世論は、〔コンセンサスの〕対抗概念の取り替えを好む。つまり、コンセンサス／暴力（Gewalt）の代わりに、コンセンサス／ディッセンサスという区別のほうを、好む。言い換えると、世論は、コンセンサス／ディッセンサスという観察図式を好み、この図式の盲点のゆえに、政治において最終的に重要な事柄を隠蔽する。つまり、国家によって組織化された暴力（Gewalt）の正統な行使を隠蔽するのである。それ自体としては――良きにつけ悪しきにつけ――可能であったはずの〔暴力を行使しての〕数多くの決定が、これによって、すでにないものとして装われている、と感じとれるだけになる。だが、ひょっとすると、危機的な事態に陥ったときに現実化されうる決定可能性の予備倉庫は、このような仕方でも維持されているのかもしれない。(36)

(8) 世論というメディアにおける記述は、つねに、そこにいない観察者のためのそこにいない観察者による記述である。このことによって、セカンド・オーダーの観察は、居合わせている人々の相互作用における観察とは区別される。排除されたものの包含、つまり、居合わせていない者が居合わせていることは次の点に示されている。つまり、〔世論を持ち出してコミュニケーションを効果的に見せるという〕演出のコミュニケーションが必要であり、それゆえその演出の観点からもコミュニケーションが観察されうるという点に、である。[37] 伝統的な考えでは、〔コミュニケーションにおいて演出が必要だという〕この必要条件は、レトリックの一つとして取り扱われていた。つまり、秘密にされねばならない術策の一つとして取り扱われてきた。秘密にされねばならないのは、この術策が、居合わせている者の間で気づかれないままにされねばならないから、である。世論の演出も同じような機能を有してはいるが、しかし、まったく別の構造を持っている。というのは、世論における演出は、そこに当事者が居合わせているという状況による圧力を受けなくてすみ、顕在的なコミュニケーションのなかに入り込んでくるのは、ただ、そこに居合わせていない者同士の〔そこでは〕生起していないコミュニケーションという第二のレベルだけ、だからである〔=たとえば、「世論の動向はしかじかである」という、世論調査やマスメディアのようなその場にはいない者によって伝えられた（その場では進行していない）コミュニケーションが、いま進行しているコミュニケーションで話題になるといった具合にである〕。したがってそこで問題となるのはむしろ、ト書きなのであり、そのコミュニケーションを理解するための枠組みであり、特定の区別を別の区別の代わりに配置することであり、〔「失業」や「環境破壊」といった〕否定的な定式を利用することであり、価値との関連づけ、つまりは、表向き否定しえないような意味の採り入れ、等々である。直接的なコミュニケーションは、直接的な行為指示よりもむしろ未規定的なアピールのほうを伝え、望ましい出来事よりもむしろ望ましくない出来事のほうを公表するので、演出は、指図できないものを示唆するという重要な機能を手に入れる。演出は、この演出自体が人々の注意力やコミュニケーションの対象となってしまうのを防ぐ、コミュニケーションの通常の速度を前提としている(38)。にもかかわらず、演出は破綻しうる。伝達されていない事柄が、セカンド・オーダーの観察のためのポジションとして利用され、そうなると、そのコミュニケーションは《操作》されたものとして取り扱われるようになる。しかも、どんな意図あるいはルーティンが、またどんな注意あるいは不注意が、演出のさいにしかるべき役割を果たしたのかとは無関係に、そのように扱われる。しかし、《操作》だという記述は、それ自体、新しい演出にほかならず、それ以降のコミュニケーションのための枠組みの新しい規定である。また、〔操作である、と記述したとしても〕そこでまたもや気づかされるのは、システムがセカンド・オーダーの観察のレベルで、見抜かれていることに対して、どれほど免疫を作っているのかということであり、また、「操作である」と記述されてもそのシステム特有の敏捷さを利用して、コミュニケーションのテーマを移動させてしまうだけだ、ということである。

(9) そこに居合わせていないことが、〔世論のコミュニケーションがとる〕速度の前提条件である。速度には、〔受け手に〕情報が与えられているという〔証明できない〕フィクションが必要である。このフィクションを守るために、情報への疎さが、排除メカニズムとして使われる。とりわけ政治家は、今朝のすべての新聞に出ていた記事を昼になっても知らないなどということは許されない。もちろん、知っているよと言い張ればそれで十分なのだが、それが割に合うのは、新聞に書かれている以上のこと、他の人がその知識について説明できる以上のことを、その人がつねにすでに知っている場合である。したがって、（まだ）公表されていない知識を伝達するためのパーソナルなネットワークが、政治においては重要な役割を果たす。このネットワークのなかでは、素早く情報が伝えられることもあれば、公刊するにはあまりにもデリケートな知識や、公表するとそれを知る人すべてにとって都合の悪い知識が広まったりもする。信望を傷つけるような情報もここでは取り扱われる[39]。

⑽　世論を指向した政治システムは、ファースト・オーダーの観察のレベルとセカンド・オーダーの観察のレベルの両方で同時に作動しているのだから、この差異こそが、政治システムの自己観察の盲点となる。それ以上のすべての観察レベル（サード、フォース、フィフスのオーダーの観察）も、つねに、セカンド・オーダーの観察、つまり観察者についての観察にほかならないだろう。システムの統一性は、これによって、システム自体にとって不透明になる、もしくは、外部との境界設定によってのみ把握可能となる。世論は諸個人の意見であるという神話がこれほど執拗に残り続けている理由は、ここにあるのかもしれない。というのは、この神話によって、システムの統一性の問題やそのリアリティの問題が、到達しえない超越性へとずれてゆくからである。政治システム（あるいは何らかの社会システム）と個人とのコミュニケーションなどありえない。まさにそれゆえに、政治システムは、世論とは諸個人の意見であるという神話に依拠できるのだし、それによってそれ自体の統一性を、外部から保証してもらえるのである。

　このようなセカンド・オーダーの観察という条件のもとでは、世論は、存在／非存在とか維持／変動といった古典的な観察図式を認めなくなる——しかもこれを認めなくなったからといって、それ自体のリアリティに対する何らかの疑念が生まれるわけではない。モノ（res）／言葉（verba）という旧来の区別は崩壊し、構成しつつ構成される現実が、それに置き換わる。哲学者はこれに苛立つかもしれないが、しかしじじつ、そうなっているのである。知識人たちは、《ポストモダン》についての想定のなかでこれが正しいと確認するかもしれないが、しかしそれこそ、近代社会のごく典型的な、それ自体を再生産する生産物、であろう。世論というメディアにおいてみずからの観察を観察するというレベルでの、システムの作動上の閉鎖性は、システム相対性、すべての規定の変わりやすさ、作動によって生み出され区別として観察の基盤に据えられるあらゆる差異の前提としての無関心さ、といったものによってあがなわれる。確固たる前提や自然的な目的の喪失は、コンテキストや偶発性の強調によって補われるのである。

世論の内部では、こうした効果は、《方向性の喪失》という図式で捉えられている。(40) ただ、このようなやり方では、このことがただ記録されるだけで反省されることはないし、これに対抗して何かすべしという要求でもって応えられてしまう。ここで取り上げられているのは、啓蒙や教養に立脚した希望が失われてしまったことと結びついた幻影痛のようなものなのである。

以上の構造は、政治システムの分出、機能的個別化、特別なコード化と明らかに関連している。しかし、こうした関連が利点、とくに複雑性の利点と見なされなければならないとすれば（もちろん、ユートピアというキーワードを使えばよりうまく思い描くことができる）、このようなコミュニケーションの制限解放（Entschränkungen）を達成するために甘受しなければならない制約とは、何なのだろうか。

III　スキーマ／スクリプトと世論

現にある世界の境界設定をしたり個々人の意見形成をまさに当の個人に委ねるために、世論が、どんな形式を利用しているのかを、ここで考察しておくと、今後の考察の助けとなるであろう。世論は、世界の地図や社会の地図のようなものでもないし、個人の〔あるいは大方の個人の、あるいはそれら個人のなかでも、教養ある個人の〕頭のなかでの意識による情報処理の結果の集合体でもない。世論が、この種の期待を再生産していようとも、この期待を決して充足できないのだとすれば、そのさいに作り出される生産物とは何なのだろうか。言い換えると、世論の自己組織化を可能にする素材は何なのだろうか。

この問いに対して、ここでは、次のテーゼでもってこたえることにしたい。すなわち、前述したとおり(41)、政治的決定が依拠しなくてはならないスキーマの生産と再生産が重要なのだ、と。これによって、具体的に表明される意見が、見知らぬ他者にとっても、確実に、接近できるものとなる。

手短にまとめて再述しておこう。スキーマは、忘却と想起の結合をシステムに可能にさせる形式、つまり、過去の作動のほとんどすべての痕跡を消し去ったうえで、そこから何かを――すなわちまさにそれがスキーマなのだが――〔別のコンテキストで〕再利用するために使える状態に保持しておくことを、システムに可能にさせる形式である(42)。そのさい、このスキーマの学習をそもそも可能にした状況も、通常は、忘れ去られる。スキーマは、そのスキーマ成立のさいの第一印象をもたらしてくれた〔過去の〕

諸拘束を、振り捨てるわけである。(43) さもなければ、抽象化は不可能であろう。スキーマは、脱状況化されたかたちで保持される（もっとも必ずしも、完全にコンテキストフリーというわけではないが）。それは、その起源によって正当化されるのではなく、〔それが有用であるとの〕証しによって、その利用によって、またとりわけ、多様な観察者による多様な観察を統合できることによって、正当化されるのである。もっとも単純なケースでのスキーマは、何かあるものをあるものとして指し示すのを可能にするカテゴリー化、である。あるスキーマの使用が他のスキーマの使用を容易にする結合作用は、これに依拠している。きわめて重要な結合作用としては、時間の結合作用や条件づけの結合作用、因果帰属の結合作用が、挙げられる。行為がこうした時間スキーマに組み入れられているときには、《スクリプト》について語ろう。たとえば、〔上述した〕《方向性の喪失》の確認がなされると、それに対して、これに抗うべく何かをおこなうべきだとの要求でもって反応する、といった〔ように、行動や出来事の時間的系列・順序に関して構造化されたパタンが見られ、ある出来事が起こった場合、次にはしかじかのものが出来するのがほぼ自明視されているような〕場合、これがスクリプトである。

近年の世論できわめて流行しているスキーマの一つとして、たとえば、《危機》という表象がある──エネルギー危機、国家危機、エコロジー領域の危機、大学の危機、教会や宗教の危機、政党の危機、等々である。この危機というスキーマによって示されているのは、特別な〔対策などの〕投入が必要なのに誰もそれをおこなえない規模のものだということである。つまり到来することのない救世主のためのスクリプトなのである。さらに、まなざしが、過去から、〔しかじかのことをすべきというかたちで〕未来に向けられたり誘導されたりする。危機として指し示されるようなスケールの状況下では、その原因を探求したり責任者を見つけ出したりしてもあまり意味がない。自分も〔そうした危機とされる状況に〕一枚嚙んでいるということが、度外視される。〔しかじかのことが必要だとする〕アピールは、多かれ少なかれすべての人に対して向けられ、したがって、誰に対しても向けられない。と同時に、レトリック的な関与は、誰にとっても可能となる。

世論は、特定の義務内容を伴わない公共的な記憶を、全体社会のために作り上げている。世論は、価値や規範を包含することもあろうが、しかしそういう場合でも、具体的な意見がそれによって決定されたりはしない。(44)〔だが〕世論は、公共的なコミュニケーションや私的なコミュニケーションのいとぐちを提供しており、理解不能なものとして、病理的なものとして、あるいは単に、物笑いになるようなものとして現象するであろうコミュニケーションを、除外している。とりわけ、世論は、観察者がどのように観察するかを観察可能にするスキーマを、前もって設定している。たとえば、《改革》というスキーマは、アンガージュマンやアンガージュマンに対する批判を、整序する。改革に関係させれば、理念に実践的な意味を付与できるし、自分の企図を良き事柄への奉仕として記述することもできる。そして、〔どう〕実行〔したらいいのか〕の問題や《執行》（これもまたスキーマである！）の問題に注意を促すのは他の観察者に委ねておける。忘却のおかげで生まれた自由を利用して、テーマに対する〔多様な人々による〕具体的な諸貢献が確保され、それへのコンセンサスもディッセンサスもできるようになる。(45)世論と民主制との関連は、この点で根拠づけられるのであって、決して、討議による理性的な解決策の練り上げという点で根拠づけられるわけではない。そうだからといって、いろいろな問題解決策を互いに比較して、比較的良い解決策について、あるいは少なくとも使えない解決策の除外について合意に達することがない、といっているわけでは決してない。ただ、民主制の原則は、合理性〔を実現するうえで〕利点〔がある〕というところにあるわけではなくて、新しいチャンスや新しい制約条件を伴った決定状況のために未来を空けておくところに、ある。このことが、世論のスキーマによって支持されているのであって、いやむしろそれによってはじめて可能とされているのである。

規範／逸脱という形式であれ、原因／結果という形式であれ、スキーマが時間的な結合として利用されると、そのスキーマは、注意を向けよと警告を発するというさらなる機能を手に入れる。ある規範が、そこからの逸脱が生じる以前にはひょっとするとスキーマとしてはまったく知られていなかったのに、その規範からの逸脱が生じたことによって、遡及的にそれが逸脱として認められると、その行動は憂慮すべきものとなり、サンクションとまでは言わないまでも、何らかの介入をすべきだとの要望が引き起こされる。しかるのちに、そのようにして成立したスクリプトは、「その規範は逸脱の以前から存在していたのであって、その規範はこうした逸脱を禁止しているし、これ以上の逸脱を阻止すべく努力せねばならない」と、述べるのである。たとえば、このようなかたちで、《人権》保護の政治が展開されている。[46] だが、《人権》のスキーマを規範として定着させても、政治システムと法システムが、人権の点で、異論の余地のあるかたちで作動してしまったり、学ぶべき余地がまだあり続けたりするのを、阻止できるわけではない。因果帰属も、これと同じような機能を有している。〔あると〕想定されスキーマ化された因果関係が、世界の状態を変化させたり変化させてしまいそうになると、いろいろな選好を作り上げさまざまな価値を定式化するきっかけが現れる。ここでもまた、スクリプトという時間スキーマが、変化のリリーサーである。特定の、たいていの場合は否定的な価値〔たとえば失業、環境破壊、外国人の移住による過度の外国人住民の増加、など）が重要になったり支配的になったり、また、そこから生まれる直接行動は、その帰結にほかならない(47)。したがって、時間スキーマの本来の機能は、注意を向けよと警告を発する点にあり、しかもそれは、しばしば、簡単な《解決策》のない《問題》へと至る。ここでもまた、世論の効果は、結局のところ、意見を形成し行為を推奨したり行為を阻止したりする可能性を解き放つところにある。これとしばしば結びついて現れる感情や、公共性のなかで見いだされる合意は、同様に、こうした警告の機能の結果現れるのである。

選好、価値、懸念、不安、感情は、したがって、個々人の私的な事柄なのではない。これらは、確かに、個々人が特定のテーマに（他者よりも強く）没頭する可能性、また、〔何らかの対策などが〕投入されたり〔世の中に〕熱狂が生じたのは自分の功績だと記述する可能性を、個々人に与えてはいる。しかしこうした個人的な動機は、世論において出回っているスキーマの付帯物である。こういったもの〔＝価値や選好、不安など〕は、公共的な忘却の結果であり、〔やろうと思えば〕指し示せるであろう無数のその他のアスペクトをフェードアウトさせた結果なのである。これらは、複雑性の縮減の相関物であり、その意味で、システムがつねにすでにそのあとに残してきた歴史の結果である。そのかぎりで、世論は、決定された事柄を動態的なものに変換し、限定された選択肢についての政治的決定を可能にし、特定のコミュニケーションが呼び覚ます共鳴がどんなものかという評価を可能にする。もう一度強調しておけば、世論がなければ、反対を掲げる文化もありえず、したがって民主制も不可能である。しかし、それゆえに、どんな異論も許さず公共圏にただ公示されるだけという絶対的基準もまた、放棄される。

世論という《集合単数》の機能が、特定の意見が正しいと証明する点にあるのではなく、それについて議論するのを可能にするスキーマの確定という点にあるのだ、ということを受け入れるのであれば、同時に、世論が政治に関する観察者としてどのように機能しているのかについてもより精確に見て取れるようになる。政治を唯一－正しい意見に直面させたり、唯一－正しい意見を顧慮するよう強いたりするのが重要なのではない。そんなことをすれば、政治とは一般意志の表現であるというフランス革命の理念に立ち戻ってしまうだろう。むしろ、政治の典型的なテーマ、たとえば自立的なエネルギー生産の許可とか財政的理由による福祉国家サービスの切り詰めといったテーマは異論の余地があるというところから出発しなくてはならない。一般的に受け入れられると前提されるのは、テーマ化のスキーマだけである。これが前提されたあとで、論争され続けているさまざまな意見が、量的にみてどのように分布しているのか、またとりわけ、それぞれの意見への同意が増えているのかそれとも減っているのかを観察できる。このレベルにおいてはじめて、政治は、みずからの企図に対して世論がどのような関係にあるのかを継続的に観察できる。しかしそのための前提は、テーマが議論のスキーマとして確立されていることである。

以上の知見を理論的に定式化したいのであれば、言えるのは次のことだけである。すなわち、観察者、それは差異である、と。政治は、世論によってどう観察されているかを知ろうとするならば、一定の差異を顧慮しなくてはならない。これが可能だということは、次のような事情によって保証される。つまり、世論はテーマをスキーマ化し、それによって、理解しやすさが失われないかたちで、人々が特定の企図に対して賛成の立場をとったり反対の立場をとったりできるということ、これである。

スキーマが、世論として生産され再生産される形式であるとしても、まだ、いかにしてこれがなされるのかは明らかになっていない。個々人の思考過程の発散というかたちで、こうしたことがなされているわけではないのは、明らかである。むしろ、マスメディアが世論に対して意図的に（たとえば政治的意見とか経済的意見という形式で）影響を与えようとしているのか、それとも、情報や娯楽に向けてなされた活動のいわば老廃物として世論が成立しているのかはともかくとして、近代社会で、世論の成立に関与しているのは、マスメディアである。そのさい、マスメディアは世論を《操作》したり影響を与えたりしているという広く流布している想定は、それ自体が世論の一つのスキーマであり、この想定への反作用の可能性を保持しておくためのいわば免疫反応である。

IV 機能システムとしてのマスメディア

これ以後の章〔第十章〕で政治システムの構造的カップリングという概念のもとで論じるであろう事柄を先取りしておくと、本書では、マスメディアは、情報／非情報というコードによって世界記述（全体社会記述も含めて）をおこない、それによって影響を被るその他の機能システムと多様な仕方で構造的にカップリングしている固有の機能システム、として考えている。(48)(49) こういったことをかつて担っていた審級、とりわけ宗教や上層階層が、近代社会への移行過程でこの機能を放棄せざるをえなくなって以来、マスメディアは、全体社会のなかで、全体社会のために、世界を表出（repräsentieren）しているのだ、と言えるかもしれない。また、マスメディアは、日々新たに、情報／非情報というコードに従って、すなわち、そのシステム自体のなかで再生産可能な方法で、世界を表出している。しかもこの再生産の仕方は、急激な構造変動と両立可能なのである。

マスメディアのコードは、我々が一般にそのような〔コードという〕構造に対して持つ期待に添ったものとなっている。このコードは、肯定的な値と否定的な値とを区別しており、肯定的な値、つまり情報の側においてのみ、作動が接続可能であるが、しかし、肯定的なものとして選出されたものの偶発性へと反省によって接近するためには、すなわち、みずからの選択性をコントロールするためには、否定的値が必要である。システムは、その機能によって、またそのコードによって、そのシステム自体の作動を認識するのであり、〔システムに〕所属するか／所属しないかに応じて弁別できる。機能システムの場合つねにそうであるように、たった一つの組織だけがそのためにあればよいというわけではない。確かに、マスメディアのシステムは、組織に依存してはいるが、しかし数多くの組織をかかえており、それゆえにその選択実践もまた、批判的に観察される。ごくノーマルなオルタナティブ新聞の発生のことをもっぱら考えてもらいたい。

技術的な手だて（印刷機、放送設備）のおかげで、マスメディアは、同時〔に受け取る〕と想定される受け手圏のなかに、その効果の同時性をもたらすことができる。これは、時間との関係に対して、したがってさらに、近代社会の時間構造に対しても、それとわかるような帰結をもたらす。その〔伝える情報の〕文体にまで影響をもたらすこうした帰結の一つが、スピードというルールである(50)。もう一つは、みずから産出した知識における回帰性というルールである――その時点でまだ想起しうるものに立ち返ったりすでに予見できる帰結を先取りしたりするということである。これによって、時間はより早く流れるように見え、永続的なものは何も残らないかのように思われてくる。したがって、世論は、つねに現在において、しかも現在においてのみ重要になる。

テーマと貢献という世論にとって重要な差異は、同時に、マスメディアのプログラム構造を作り上げている。情報を情報として処理する可能性、つまり作動をその〔マスメディアの〕コードに割り当てる可能性は、この差異によってはじめて生み出される。テーマがあるからこそ、どんな貢献がある特定の時点で（まだ）情報としての価値を有しておりどの貢献が（もはや）そうでなくなっているのかが、認識できる。じじつ、マスメディアの本来の機能は、一定の見解を作り出すことにあるというよりもむしろ、テーマを広め処理するところにある。このテーマによってはじめて、ありうるさまざまな見解に、そのテーマへの貢献という形式で人々の注意を引きつけるチャンスが、与えられる。[51] したがってしばしば、政治は（政党政治も、否、政党政治こそ）テーマの選択という形式でおこなわれるのである。ただし、〔当該テーマを取り上げるべき〕正しい時点に関する十分な感知力、精確な、しかし精確すぎない区別ができる感知力、〔当該テーマへの〕貢献としてはどんなものが考えられるのか、また、さまざまな貢献へのありうる反応をとらえる十分な感知力が、前提となる。またとりわけ、人格が自分自身や他の人格をテーマにしようとする程度について、考慮しなくてはならない。[52] これに相応して、マスメディアにとっては、イシュー・プロモーションとかアジェンダ設定などといった形式でみずから政治を推し進めようという誘惑やチャンスが、またそのテーマへの貢献の選択は職業政治家に委ねようという誘惑やチャンスが、大きくなる。

さらに特徴的なのは、マスメディアが、互いに高度に絡まり合って共同作用しているけれども、決して〔一つの〕統一体として組織化されたりはしない、ということである。このこともまた、〔マスメディアという場合〕特別な機能システムが問題となっているとの推測の裏づけとなる。マスメディアの機能システムは、政治システムよりも組織の新設に対して開放的であり、たとえば、オルタナティブ新聞の設立や、ポルノグラフィーや広告のための新しい民間テレビ放送局の設立に、開かれている。したがって、ここでも、〔このように〕原則として普遍的な広がりを持つ機能個別的な包摂は、特別な組織のメンバーシップ基準による包摂／排除の分化と、結合しうるのである。

全体社会のマスメディア——これは、別の著作のテーマであろう。本書では、世論や〔どんな世論があったかという〕世論の記憶や〔これからどんな世論になるかという〕世論の予想が日々の新たに作られるのに使われる諸要素（文章やイメージ）が、いかにして選び出されるのか、という問いに話を限定しなくてはならない。

そもそもコードがうまく動いていくためには、情報が構成されなくてはならない。情報とは（グレゴリー・ベイトソンによれば）、観察しているシステム（ここではマスメディアというコミュニケーションシステム）のなかに何らかの相違（Unterschied）をもたらす相違が観察されている、ということを意味する。したがって、理解されやすさが保証される所与の選出領域のなかで選び出しがなされなくてはならず、また、これであって他ではないものとして提示されねばならない。どんな理解がなされる場合もそうであるように、理解のさいには、類型化に依存する。(53) ただし、この類型化は、〔どう理解されるのかの〕詳細については予見しがたいままにとどめておく。確かに、いくぶん強く力説しておくと、これは、つねに外部言及的な契機を伴っているどんなコミュニケーションについても言える。けれども、情報の新しさ——たったいま生じたものという意味での新しさ、もしくは、いまはじめて知られたという意味での新しさ——を重視するマスメディアについては、特別な意味あいでこれがあてはまるのである。確かに、周知の事柄について報告する、〔事柄の〕背景に関する報道も存在している。しかしこれは、目下起こっている出来事についてなされるのが典型的である。そうでなければ、どちらかといえば教育的な取り組みになる。もちろん、新聞やテレビを用いることはできるが。

新しさがそれ自体として報道に値するというわけではない。新しいと言えるものはあまりにもたくさん存在している。さらなる選別機として役に立っているのは、たとえば、コンフリクトであったり、被害であったり、あるいはその他の形式のノーマルな期待からの違背である。逸脱は、より容易に可視化されうるし、同調よりも人々の関心を引く。同調について記述するさいには、ノーマルな尺度から逸脱したものとしてこれを再び際だたせるために、誇張という形式を選択しなくてはならない。こうした主導的な観点のもとでの〔報道すべきものの〕選択は、それ自体、コンフリクトが常態であるとか頻繁に被害が生じたり違背が生じたりしているとの印象を生み出すので、そのために、このような〔コンフリクトや被害が生じてもそれは日常茶飯事だという〕無関心さが定着している状態に対抗すべく、ある程度の露骨さ（たとえば、血なまぐさい新しさ）が組み込まれたり、あるいは、特別な意義を持つものだとの示唆を与える、たとえば高次の〔職業政治家の動かす〕政治の側からの〔コンフリクトや被害等に関する〕声明やコメントが盛り込まれたりしなければならない。このようにして、人々は、非常事態を〔いわば〕定期購読で受け取り、それに相応した世界に順応していくのである。

措置の通知も開発に対する警告も新しいものとして提示されることによって、こうした新しさのパレットは拡大され日常の出来事に適したものになっていく。人々の〔新しさに対する〕継続的な需要を頼りにできるし、メディアのために同じようなリズムで目新しい事柄を生産しているシステムをあてにすることもできる――たとえば、スポーツの領域や株式相場の領域がそうである。つまるところ、〔スポーツの記録や株価のような〕量や量の変化は、新しいものとして現象させるのにとくに適しているのである。たとえ、――国民総生産（BSP）の増加や低下、あるいは、国際収支不均衡の増大や減少、さらにはこれらの増大や減少の変動率の増加や減少も含めて――その〔量の変化が〕結果として何を意味しているのかを誰も正しく評価できないとしても、そうである。ここでとくに目に付くのが、経済それ自体においては〔企業のレベルでは〕まったく何の役割も果たしていない数字によって、経済政策が、世論のことを顧慮しつつ、いかに方向づけられているのか、ということである。

もう一つの選別機は、ローカルな関係である――さまざまなナショナルな、地域的な、あるいは市町村的な単位での購読者圏や視聴者圏に応じたそれ、である。このようにして、メディアは、遠くにいる人々よりも近い人々のほうにより注意が向けられるだろうという〔視聴者側の〕推測を考慮に入れる。しかしそれによってまた、ローカリティとの同一化もまたコントロールしがたいかたちで強固になる。人々は、このローカリティを介して、継続的に情報が与えられるため、この〔ローカルな〕場において〔のみ〕（しかし、その他の場においてはそうではない）情報を持っている人として、また、コミュニケーション的に行為能力のある人として評価されるようになる。情報がこのように〔ローカルに〕濃縮されることで、より大きな世界の状況や出来事の偶発性や儚さに抗して、自民族中心主義の強化をもたらしたりそうなることで政治的にも無視できないものになったりする、より狭い固有の世界に対する選好が、定着することもありうる。すべてのものはたえず変化し変化はますます速くなるけれども、人々は、それに対抗する確実な事柄を、こうした近い世界のなかにとかく探し求めがちになる——メディアは、この近い世界においても、同じような選択様式に従って、期待はずれな事柄、予期せぬ事柄、典型的には周知の事柄だが詳細には予見しえない事柄を好んで取り上げ伝達しているにもかかわらず、である。だが、周知の世界は、ここでは、きわめて具体的で複雑なかたちで与えられているので、〔メディアが伝える〕予期せぬ事柄にも動じないでいることもできるし、〔メディアが伝える〕情報の前提となるものというかたちで、つねに新たに確証されたりもする。さらに、小さなニュースと大きなニュースは、距離によってバランスが保たれている。つまり、自分の住んでいる村にとっては、犬に噛まれた傷で〔ニュースとしては〕十分だが、〔その場所からみて〔遠いところにある〕〕アジアやアフリカでのニュースは、伝染病、地震、あるいは大飢饉といったものでなくてはならない。

最後に、ニュースの選択と記述の焦点として好まれているのが、人格、とくに周知のパーソナリティである。(54) 出来事は、たいていの場合、あたかも、——当然〔ドラマトゥルギーが〕うまくいったりうまくいかなかったりするがどちらにしても人格にその〔うまくいったりいかなかったりした〕原因を帰すことのできる——そういうドラマトゥルギーに従って生起したかのように、記述される。ちなみにこのような人格との関連は、事象の道徳化を容易にする。この道徳化は、すべての関与者が固有の道徳的判断を前もって考えておきすべての関与者に独自の道徳的判断をするよう要求されるというかたちで、提供される。したがって、道徳的な調子合わせは、ファースト・オーダーの観察とセカンド・オーダーの観察のもっとも重要なスキーマの一つになる。しかもそのさい、それに相応した道徳的なコンセンサスがそもそも存在していることを、別段、前提にする必要もない。

この種の選別機は、かなりの程度シャープでかなりの程度直接的なので、そのニュースの編集の自由度は、しばしば想定されるよりも、わずかなものにとどまる。(55) このことはまたもや、マスメディアの《権力》を制限する。というのは、権力について語ることができるのは、決定可能性が開かれている領域においてのみだからである。これはまた、組織が、その機能システムへの割り当てによってその決定可能性の点で制限される、ということでもある。他方で、こうした事態の埋め合わせで、小さなニュースはしばしば大きな効果を持ちうるのであり、編集の政治によってこれをチェックすることは困難になる。

テーマの選択は、ポジティブな面とネガティブな面を持っている。つまり、何らかのテーマを選択しないということも意味する。これはまずは、まったく未規定的な《その他の世界》にかかわるが、しかし個別的なケースでは、テーマ化への圧力が鬱積してくると、政治的に致命的な帰結をもたらしうる。その好例が、アメリカ合衆国における人種問題の（深刻さの）(56) 非テーマ化である――しかも、南北戦争以前の議会での取り上げ方に示されているというだけでなく、二十世紀のジャーナリズムでの取り上げ方にもこれが示されている。(57)

証明と補足は必要だが以上の手短な記述から、次のような印象がもたらされたのではないだろうか。すなわち、世論とは、マスメディアの作用様式の結果以外のなにものでもない、との印象である。マスメディアは、世論として政治によって顧慮されその意味では、政治に対してかなりの影響力（多くの人は、これを権力と言うかもしれないが）を及ぼすものを作り出しているというわけである。けれども、こうした見方は確実に間違っているだろうし、少なくとも一面的であろう。一方で、マスメディアは、決して、世論というメディアの産出にのみ資しているわけではない。マスメディアは、利害の公示にも、とりわけ広告にも役立っているし、娯楽、すなわちゲームや想像、フィクションといった様式での情報の産出にも役立っている。また他方で、世論は、決してマスメディアだけで作られるわけではない。〔世論はマスメディアによってのみ作られると〕考えてしまうと、セカンド・オーダーの観察のレベルで作動するための、すなわち政治がそれ自体を（したがって、マスメディアというファースト・オーダーの観察者とは違った仕方で）観察できるためのメディアを持つために、みずから世論を利用し世論を再生産していることを見落としてしまうであろう。マスメディアは、それゆえに、世論に関しては、政治の側によってつねにすでに準備された情報、世論に添って選び出された情報を、手にしている。つねにそうであるように、ここでもまた、単純な因果仮説は、〔その因果仮説を構築する〕帰属過程に帰されなくてはならない。セカンド・オーダーの観察のこうしたレベルでは、政治は、世論とのかかわりという点において自律的（autonom）である（とはいっても、独立している（unabhängig）わけでは決してない）。世論によってその行為が好意的に評価されていない政治家が、もしそうなってしまっている原因をマスメディアのなかに探し求めようとするなら（こうした〔因果帰属の〕やり方も当たってはいるのだが）、それは不適切な考え方であろう。この政治家に期待されているのは、みずからの行為（＝観察）を、観察されているという脈絡のなかで観察し、巧拙や運不運はあるだろうが、この観点に基づいて行動することである。内密にジャーナリズムと申し合わせておくことはできるが、それは、（たとえば湾岸戦争の事例のように）まさに効力のある報道検閲となってしまうかもしれない。けれども、情報が公共的に周知され、論評され、観察者についての観察に至るきっかけを与えるのであれば、その効果は、政治的な効果となるし、それとして責任を負うべきものとなる――もしくは利用されうるものとなる。マスメディアは、情報の伝播に特化されており、したがってとくに冗長性を産出している。マスメディアは、何が伝達されているかを誰もが知っている（あるいは少なくとも、不特定多数の人々が知っている）と、さしたる調査をせずとも、前提にできる。マスメディアはとりわけ、意味内容を他者が理解していると想定するさいに利用できるスキーマを、生み出し修正している。しかし情報的な冗長性は、すでに手元にあると想定される知識を、そのつど選択的にさらに加工し、マスメディアを介して、これを、新しい情報として普及させることのできるシステムの、自己組織化の前提条件の一つである。

そうであるからこそ、世論というメディアを、マスメディアと政治との構造的カップリングの形式として指し示すことに、意味が生まれるのである。構造的カップリングは、機能システム同士の関係においてつねにそうであるように、二面的なかたちで作用する。一方で、マスメディアの参入なしには、政治システムの長期的な構造発展は説明されえない。政治システムが、自己組織化によって成立しているにもかかわらず、そうである。けれども他方で、マスメディアもまた、政治が、スポーツ、経済の諸企業や取引所、あるいは知識人の自己演出などとともに、継続的に《話の種》を提供してくれていることに、依存している。こうした話の種は、逐次化され（serialisieren）、テーマ史へと加工されていく。

以下で詳しく説明するつもりだが、構造的カップリングという概念には、カップリングされている諸システムのオートポイエーシスと完全に両立するという含みと、確実に効果のある外部からの操作が可能だという考え方を拒絶するという含みとがある。構造的カップリングそれ自体は、それぞれのシステムにおいては不可視のままにとどまり、システムの作動に貢献するわけではない。構造的カップリングは、刺激を媒介するだけであり、刺激されたシステムは、そのシステム固有の自己組織化の可能性でもって、その刺激に反作用する――政治システムは、したがって、政治的にこれに反作用する。また、カップリングがそうであるように、メディア的基層もまた不可視である。メディアのなかで生産される形式だけが《歴史を作り》、また同時に、メディアを再生産するのに貢献するのである。

以上の考察は、決して、政治的効果をもたらすために意図的に報道の選び出しをおこなう(あるいは、しかるべくフレーズ化したり隠蔽したりする)《政治的ジャーナリズム》が存在しうることを、否定しているわけではない。何か別のことを達成するためにこのような可能性を利用して威嚇するようなジャーナリズムも存在しないわけではない。しかし、これらのケースでは、ジャーナリズム自体が政治的に、したがって政治システムのなかで動いているのである。このような場合、このジャーナリズムは、構造的カップリングの問題を、自分たちの住処のなかで解決しなければならず、また、にもかかわらず〔政治システムにおいてではなく〕マスコミュニケーションのシステムの組織という脈絡のなかで、自分たちがうまくまた信頼できるかたちで作動するにはどうすればいいのかを、よく見ておく必要がある。またこの場合にも、どのように観察されているのかを観察するさいに用いるメディアとして使用することができるのは、世論だけであろう。ちなみにこれは、政治的コミュニケーションの発生について何らかの組織が集中的にコントロールしたりできないが、にもかかわらず、政治は政治と接続してのみ、つまりオートポイエティックにのみ再生産されうる(みずからの生産物から生産されうる)という本書のテーゼの新たな証拠でもある。

V　諸機能領域におけるセカンド・オーダーの観察

セカンド・オーダーの観察という様式でのみずからの観察の観察を政治システムに可能にさせるメディアとして世論を記述すると、全体社会を支配する位置にあるものこそ世論だという旧来の考え方が、新たな把握のもとで復活し確認されているのではないかとの印象が喚起されるかもしれない。しかし、これは事実と異なっている。一方で確かに、このような形式においてはじめて、このメカニズムが近代社会においていかに不可欠であるのかをわからせることができる。これなしでは、政治は、セカンド・オーダーの観察のレベルで機能しえないだろうし、そうなれば政治は、直接的な権力貫徹・利害貫徹以外のなにものでもなくなってしまうであろう。しかし考えてみるべきなのは、我々は、政治システムに対して決して全体社会における《支配権》を認めてなどいないし、その他の機能システムのオートポイエーシスに対する直接的な影響も決して承認できない、ということである。したがって、その他の機能システムもまた、セカンド・オーダーの観察の様式で作動しており、そのために別の仕組みを発展させていることを考慮すべきなのである。それゆえ政治システムに向けられた（サード・オーダーの！）観察を付け加えなければならない。

経済システムは、セカンド・オーダーの観察を、市場を介しておこなっている。こんにち知られているとおり、市場における価格形成は、決して、企業内部の決定過程を不必要なものにしているわけではなく、他者が市場をどのように観察するのかを、企業が観察できるようにしているのである。科学においては、出版物が、これに対応した役割を果たしている。出版物によって、科学者は、自分が他者の出版物を観察し、研究の現状を引き合いに出し、何か独自なものをそこに付け加えているのだと示さなくてはならない。それによって批判を仰ぎ、したがってみずからの生産物を観察できるようなかたちにしなくてはならないのである。このような自己コンテキスト化なしには、《理念》にチャンスはない。たとえその理念が、どんなに興味深いものでどんなに未来を指し示すものであったとしても、である。法システムもまた、どこで解釈されどこで議論されようとも、同じような（あるいは同じでない）ケースでの別の決定を、それが立法府の決定であれ別の裁判所の決定であれ、引き合いに出す。そのケースを同じだとか同じでないと指し示すことによって独自の強調点を設定する自由は、ある程度存している。まさにこれこそが、等しい事例は等しく等しくない事例は等しくなく扱え、という正義論の二重の格率によって確認されている事柄である。またこんにちでは、こういったことは、もはや自然法的に、事柄の本性から生じたりはしない。それは、ルール（コモン・ローでは、決定スルコトノ理由（rationes decidendi）も）とケースの循環的な結びつきから生じるのである。観察されうる観察者は、その固有の区別を用いてこの結びつきに介入したり、あるいはこの〔結びつけ方に関する〕習練に参加したりする。家族においても、もはや役割ではなく愛が重要になって以来、セカンド・オーダーの観察が要求されている。誰でも、自分の行動が他の家族メンバーによって観察されていること、またどのように観察されているのかに、自分の行動を対応させなくてはならない——もちろん、そうだからといってコンフリクトがなくなるわけではなく、それどころか逆に、人を傷つける込み入った戦略が可能となる。なぜなら誰でも、自分が何をしているのかを他者が知っているということを、知っているからである。

こういった事例はもっと増やせるだろうし、スポーツや教育でも挙げることができようし、特別な事例、たとえば、患者治療のシステムや、セカンド・オーダーの観察の神への委譲による外部化と普遍化を伴った宗教システムについても議論できるだろう。けれども、そのためにはその他の機能システムについての包括的な探求が必要であろう。ここでの脈絡では、こうしたセカンド・オーダーの観察の様式が全体社会すべてに埋め込まれていると指摘しておけば十分である。したがって、この種の、進化のなかで手間ひまかけて作り出され、個別化されていると同時に普遍化されている観察様式が〔こんにちでは〕慣例となっている——心理的にゆるぎなくという意味で慣例になっていると同時に、コミュニケーションにおける理解可能性の前提という意味でも慣例になっている——ので、前もってこの観察様式を考慮しておけるし、誰がこの観察様式に対応した要求を果たしていないのかが目立ってしまうということを前提にしなくてはならない。

同じ事態は、近代の知的論議として指し示されあるいは知性という一般的なメディア(58)における形式形成として指し示されうるような領域においても、見いだせる。ここでもまた、典型的に問題となるのは、記述についての記述についての記述であり、《盲点》という黄金の仔牛の周りでの踊り〔8〕という意味での革新である。その偶像崇拝は、《批判》という名前を持つ。これは、他者が見ることのできないものを見るさいに依拠する盲点を、たえずずらすことを要求する。つまり、潜在性の偶発性へのあの一般的な転換をまさに要求するわけである。この転換により、《主体》と《世界》の国境線は観察不能なものに変わる。しかも、こうしたやり方もまた慣例となっているので、これを共におこなえない者あるいはおこなおうとしない者は、排除される。そういう人に残されている選択肢は、宗教である。

民主制という《政治文化》は明らかにこのようなメンタリティを促進し、またそれによって支えられている。政治には、第一次的な経験の社会的な換算が必要なのである。この点では、政治は、その他の全体社会領域〔＝他の諸機能システム〕と歩みをともにしている。政治は、近代社会では、これが理解されまた実践されうることをよりどころにできる。ほかならぬここにこそ、政治の基盤、つまりたえず再生産される政治の《不可壊なレベル》があると推測されうるのである。これは、基本的価値やそれに類する正統性の定式によって記述される――そして、そうした記述によって隠蔽される。

にもかかわらず、ボードリヤール[59][9]が想定しているように、いまやすべてのものが記述の水準でおこなわれるとか、すべてのものがコミュニケーションとなる、という結果に至るわけではない。いたるところに浸透しつつある同時的な不透明性の経験は、これとは相容れないし、また、心理システムも社会システムも、自己言及と外部言及の差異を粉砕して存在なき仮象の水準――秘密にすべきものは何もないということだけを秘密にしなくてはならない水準――に縮減したりできない、という事実も、これと矛盾する。しかし、政治での主張や経済での宣伝は、それ以上のことがそのコミュニケーションにおいてもくろまれているのではないか、という疑念をいまや引き起こしている。つまり、セカンド・オーダーの観察の進捗のみにとどまらないそれ以上のことが、である。《問題となるのは、大統領が俳優になったとか俳優が大統領になったとかということではなく、十分な理性を持った公共圏が、公共的なステージにおいて〔セカンド・オーダーの観察にさらされる〕俳優以上のものになろうとしている大統領に疑いの目を向けるようになっている、ということなのである[60]》。

VI　抗議運動の位置づけ

国家組織とその他の政治的組織とりわけ政党が、つねに協調しあうようになり、また、両者の間でたえず人員の交換――これにより《アジェンダ設定》やしたがって政治的テーマが強く制限されることになるわけだが――がおこなわれるようになるにつれて、さらに別の周縁の必要性が生じる。これは、《コーポラティブな国家》というこうした拡大された中心に対して、より変動しやすい点で、しかしまた、等閑にされていると思われるテーマを把捉するより大きな開放性を持ち合わせている点でも、際だっている。政治システムの中心/周縁の分化は、政治システムのポストリベラルな普遍性要求に適合的である。この、さらに別の周縁は、テーマが排除されたことをもテーマにする可能性を作り出す。

そのために見いだされた形式は、新しい社会運動という概念によって記述されている。(61) まずここで確認しておくべきなのは、社会運動は、居合わせている人々同士の相互作用にとどまるものでも、また、単純に、特別な類型の成員組織でもない、ということである。社会運動はむしろ、その境界線を、行動を起こす構えや抗議への構えと連動しつつ、テーマへの関心をつうじて定義しているのであり、〔誰がメンバーとしてそこに所属するのかという〕所属の未規定性については、〔当該運動への参加の〕呼びかけによって補っている。硬質な核を有する組織に至ることもあるかもしれないし、テーマや戦略について論議する定期的な集会〔=相互作用〕を開くに至ることもあるかもしれない。しかし、運動の自己認識としては、これら〔組織や相互作用〕は、決して、そのアイデンティティ基準ではない。〔運動が〕あてにしているのは、〔運動の取り上げる〕テーマの衝撃力であり、また、そのテーマに対する公式的な反作用の不十分さ、なのである。ここに、運動が形成されるアトラクターが見いだされる。それはあたかも、意見それ自体がアピールをおこない抗議しているかのようであり、またそのように見える。

したがって、運動が、世論というメディアを介して働きかけようと試みることもまた、その特徴となっている。とはいえ、〔運動が〕申し立てをおこなったり影響力のある人格に呼びかけたりしないというわけではない。だがこういった活動が意味を持つのはむしろ、コミュニケーションの再生産によって運動が一つにまとまる、という点においてである。あるいは、世論に至る道のきっかけとしてあるいはそのためのストーリーとしてこれを使う、という点で役に立っている。すべての政治的な活動家がそうであるように、社会運動もまた世論を観察しているのであり、また他者やみずからをこの世論というメディアのなかで観察している。可視的になること、また可視的であり続けることが、ともかく重要なのである——それがデモンストレーションによるものであれ、市民的不服従というセンセーショナルな行動によるものであれ。

以上のメルクマールについてのより詳しい記述はここではできないが、これらのメルクマールによって、新しい社会運動は、政治システムのなかに精確に位置づけられる。我々はこの位置を《新しい周縁》として記述したい。中心／周縁という差異は保持され続けなくてはならない。したがって、表現形式としてはアピールや抗議という形式が採用されるが、責任ある立場への参入はない。運動の掲げる考え方を拾い上げたり、すぐに行政で使い物になるかたちにしたりそういうものに変換したりするのは、他者の課題でありまたそうであり続ける（またこうしたあり方は、公式的に設えられている選挙民主制に対する敬意としても解釈されうる）。当然のことながら、境界線を越えた人員の交換はありうる。運動は、その支持者を政党やあるいは国家行政、地方行政のなかに配置しようと試みるかもしれない。他方で、既存の〔行政や政党のような〕組織も、運動から指導的人格の引き抜き人事を試みることもできる。しかし、この種の人員の動きの過程が意味を持つのは、中心と周縁の差異が維持され続けている場合に限られる。

周縁においては、物事は、よりルーズなかたちで取り扱われる。取り上げるテーマの魅力に依拠していればよいのであり、そのテーマが現実化した場合の帰結を十分に考慮に入れる必要はない。そのリーダーは、誰が自分たちに続くのか、またどれだけの期間存続するのかについての確信を持たずに、行動できる。あるテーマが世論に定着することが、すでにその成果なのである。じじつ、失敗したがゆえに運動がうまくいかない、というだけでなく、あまりにも成功したがゆえにうまくいかないという、運動の軌跡的動向もまた、典型的なかたちで見いだされるのである。一方の〔あまりにも成功した〕場合には、テーマが社会運動から奪われてしまう。もう一方の場合には、運動はその支持者を失ってしまう。一方では、公式行政がとは言わないまでも、政党が、その〔運動が取り上げていた〕テーマを引き受けて、その他の課題と混ぜ合わせてしまう。もう一方のケースでは、支持者たちは、成功への見込みを見いだせない。しかし、システム理論的な観点からすると、個々の社会運動の成功や失敗は、それについて評価するための最終的な基準ではない。むしろ、中心／周縁の差異が上述したような仕方で移動し、政治システム内部の政治的エスタブリッシュメントの濃密化が、それと相補的な〔運動という〕形式によって、つまり拘束されていない諸社会システムによって、補完されてゆく点に、豊かな意味があるのである。

政治システムの周縁におけるこうした状況のゆえに、社会運動は、ヒエラルヒー的に（あるいはましてや成層的に）、つまりランク状の区別に従って整序されたりはしない。社会運動は、全体社会の所与の位階秩序を引き合いに出すことも、その支持者の《出自》を引っ張りだすこともできない。また、社会運動は、組織のように、地位のヒエラルヒーをみずから作り出すこともできない。むしろ運動は、その内部において、政治システムのなかに見いだされる分化図式を反復している。すなわち、中心と周縁の分化を、である。境界線がはっきりせず人員がきわめて流動的ではあるが、一種の核となる集団は存在している。この集団は、ふつうのメンバーよりも運動のために尽力し、人格的な接触を結び、会合を開き、運動戦略について議論を重ね、外部との接触を開始し、これらのことによってより多くの情報を得る。〔社会運動という〕システムの周縁には、敏感に反応し時と場合に応じて活動できる支持者たちがいる。つまり、呼び寄せればそれに従い、また従うであろうと想定できる人々である。周縁がなければ、このような分化形式はありえないだろうし、したがって中心もありえないだろう。また最後に、運動は、数多くの同調者を当てにしている。同調者は、その運動の目的に同意してはいるが、この運動のために尽力したりはしないと思われる人々である。こうした同調者集団がいるという想定によって、運動は、自己孤立化を回避し、公益を担っているのだとの確信に支えられうるのである。ちなみにこのことは、（第三世代の）最近の新しい社会運動、つまり外国人敵視の運動についても言える。この運動は、市民的不服従をこれまでの通例の境界線の外にまで持ち出し、見物人たちは自分たちの活動に公然とあるいは暗黙裡に同調しているのだとのイメージによって生きながらえている。(62)

社会運動がテーマ特定的なかたちで形成されるのかどうかという問いとは別に、一般的に確認できることを述べておけば、世論は、ポジティブな含意を持って〔運動の掲げる〕テーマを育むけれども、他方、政治はこのテーマを決定に変換するときに困難に突き当たる。これは今日であれば、たとえば、その財政が心配されている福祉国家というテーマにあてはまる。また、とくに国際政治においては、人権やその他の人道的価値についてもこのことが言える。(63) 言い換えると、世論と政治の関係のなかに典型的な破断箇所が存在しているように思える。世論は、その善良な意図のもとでみずからを育んでいるのだが、そのさい、それが政治に変換されることの困難さを検討したりはしない。

まとめて言えば、中心において強いネットワークで結びついている政治システムは、代表民主制のみをその内的規程だと理解しているけれども、〔それゆえに〕さらに別の周縁の形成をもたらしている、と言えるかもしれない。政治システムは、その分化形式の点では、こうした周縁が存在しこうした周縁に対応できる、ということに頼らざるをえないが、しかし、こうした周縁が機能してスムーズに政治へと転換されることまではあてにしていない。

第九章　自己記述

I　自己記述のパラドックスとその展開

今日の政治が営まれるさいに、また、記述されるさいに使用される術語を見てみると、それらの概念がかなり時代遅れなものになっていることがわかる。ヨーロッパの政治的ゼマンティクは、十八世紀の後半に、もう一度根本的に手直しされたが、しかしそれ以来、ほとんど変わっていない。社会国家や福祉国家が、唯一の新しく採用された概念であろう。それ以外の点では、とくに、国民の関係を国家によって直接に（成層とは無関係に）規制するあり方への移行をきっかけとして、知らず知らずのうちに〔諸術語の〕意味の取り替えをすることで満足してしまっている。もっとも、短時間のうちにこういった状態を変えることなどできないだろうが、しかし、政治的概念のこうしたアナクロニズムを、これらの概念を使用しながら同時に反省しておくのが、賢明なやり方だろう。

現在に至るまで伝統的な考え方を背負い込んでしまっているこうした政治的思考のゆえに、ここまでの章においてすでに、政治的概念の説明に歴史的なニュアンスを漂わせておかざるをえなかった。そうすることで、いま懸案となっている政治システムの自己記述に関するこの章を、じつは多くの点で先取りしていたわけである。しかしこれらを総括して論述するという課題はまだ残されている。この課題については、次のような問題設定のもとで論じてみたい。つまり、システムのなかでシステムの統一性についてコミュニケーションされうるのはいかにしてなのか、と。しかもそうしたコミュニケーションは、つねにごくわずかな作動でしかなく（＝頻繁におこなわれるものではなく）、また、そのほかの多くの事柄が処理されねばならないがゆえにごくわずかな作動上のキャパシティしか使えないにもかかわらず、である。政治の機能は、システムの自己確認によってすでに充足されるというわけではないのである。

理念史の研究可能性の広がり全体を見渡すのに比べて、「自己記述はいかにして可能か」という問いは、テーマを集約できるという利点を持っている。もっともこれは、数多くの区別を同時に処理しこれらの区別を互いに関連づけるという複雑で抽象的な概念構築によって、獲得されうる。まず第一に、システムと環境との区別が前提とされる。したがって、（観察者として、あるいは記述者として）自己記述について語る者は、システム準拠をその基盤に据えなくてはならない。つまり、その人は、「システムは自己を記述する」と語るときどのシステムについて語っているのかを、明示しなければならない。このことで、次の第二の区別に行き着くことになる。つまり、自己記述と他者記述との区別に、である。もし他者記述という対照的なケースが存在しないならば、自己記述を特別な概念でもって際だたせても無意味だろう。このとき他者記述には、みずからを記述しているシステムによる外的な記述、つまり自己記述による他者記述も、含まれる。また、区別されたもののなかへの区別の再参入という逆のケースもここでは妨げない。つまり、そのシステムの自己記述のなかで（たとえば、フロイトの《防衛機制》のようなやり方で）、外部によってどのように記述されているのかに取り組む、システムの自己記述というケースである[1]。最後に、《記述》ということで何が意味されているのかを明確にするためにも、観察と記述とが区別されなければならない。観察ということで我々が理解しているのは、個々の作動であり、つまり個々の出来事である。これに対して、記述ということで我々が理解しているのは、口頭でのあるいは文字によるコミュニケーションに関するテキストを作成し、これを解釈し、したがって、それ以降の反復的な使用が想定されている、構造を生産する作動である。この構造は、別の状況でつねに繰り返して使用されているうちに、不可避的に意味がどんどん添加されてゆき、また同時にテキストとして固定され、一般化されるようになる。政治的概念が伝統的な考え方を背負い込んではっきり定義できないものになっているのは、こうした反復的使用の結果なのである。これについては、政治、国家、公共性といった概念に即して、我々はこれまで、嫌というほど示してきた。

記述が、反復的な使用のためのテキスト（概念も含む）の作成を目指すものであるにもかかわらず、記述も記述の反復的使用も、そのつどごとの特別な、ある時点に条件づけられた、反復しえない状況で生起する作動である[2]。ということは、記述は、それぞれの状況のなかで観察されまた批判されうるのである。記述は、その可能な反復的使用可能性をまさに考慮しつつ、政治的に攻撃されたりしうるのであり、たとえば、コンフリクトで一方の側に肩入れしている、と捉えられたりする。この問題は、自己記述の場合には、とりわけ先鋭なものになる。自己記述というとき問題となっているのは、ある観察者によるシステムの統一性についてのシステム内部での反省である。この観察者は、みずからの区別の選択という点で、つまりは自己自身にとって不透明なのである。しかし、この観察者は、他の観察者によって観察されうるし、これもまた、システムのなかで、つまり継続的な作動によってそれ自体の同一性をマークしようとしているシステムのなかで、おこなわれる。観察と記述が観察されたり記述されたりするとき、これは、そのつど異なった仕方で、それぞれごとのスキーマに依存した仕方で、おこなわれる。したがって、観察と記述は、単純に反復されるわけではない。(3) 観察されるとき、観察や記述は、反復されたとしても、観察されたものとしてすでに別のものなのであり、しかし、そのように別のものでありうるためにも、同一性を主張しなくてはならない。つまり、同一性は、記述の脈絡が変わったときにのみ、圧縮(kondensieren) されうるのである。同一性を主張することができるのはもっぱら、それが、その十全な意味においてそれ自体と同一ではないとき、なのである。(4)

観察可能な自己記述の作動の成果は、したがって不可避的に、パラドキシカルになる。システムは、多様な方法で同じものなのであり、観察の仕方の多様性の統一性なのである。さらに、システムは、観察にさらされない自己記述をおこなったりはできないし、その自己記述がフェードアウトするのでないのならば、観察されていることを反省しなければならないだろう。今日では、このことは、《ディスコース》という概念によって表現されている。(5) 十九世紀には、このような経験から、あらゆる自己記述のイデオロギー構造や党派性が推論されていた。我々はこれを一般化したい。すべての自己記述は、結局のところ、パラドキシカルな企てである、と。それ自体の統一性は、システムにとっては、パラドックスとしてのみ与えられうるのであり、つまりは、自己観察の阻止として与えられる。自己記述のエッセンス、その錬金術の秘密は、それ自体の作動の観察不可能性なのである。

政治システムの場合には、自己記述は、コード化されたシステムのその他のケースと同様に、システムがそれ自体を同定し〔システムに〕所属するか／所属しないかに従って諸作動を整序するさいに用いる、そのシステムのコードと関連している。政治システムの第一次的なコードは、権力行使のコミュニケーションと権力服従のコミュニケーションとを区別する。このコードの統一性は、そうすると、この差異の統一性、ということになるだろう。けれども、すべての作動が、差異として使用される、つまり他の側面から区別される一方の側面において使用されることに依存しているのに、いったい、このシステム自体のなかでこのような統一性を、どのようにして指し示せばよいのだろうか。言い換えると、権力の優位性と権力の劣位性が厳密な意味で同じだとするような作動は、このシステムのなかには存在しえない。そうした観察や記述がもしあるとすれば、それは、システムをパラドックスとして把握し、それ以上の接続可能性を伴うことがないまますべての観察をショートさせてしまうであろう。すなわち、権力を有している者は権力を有していない、もしくは、権力を有していない者は権力を有している、といった具合にである。

　確かに、ただちに見て取れるとおり、こうしたパラドックスは無害なものであり、作動を、したがってシステムのオートポイエーシスを停止させたりはしない。結局、貫徹しうる権力を誰が持っていて誰がそれに従うべきかを決めるのは、地位であり、またコンフリクトや闘争においてである。この問題は、ただ、自己記述とのみかかわっており、システムの同一性の反省にのみかかわっている。それゆえに〔政治の〕実践者は、反省を放棄する傾向がある。しかし政治システムは、全体社会の脈絡において作動しなければならず、そこには、非政治的な活動もつねに存在している——旧来の高文化においては、とりわけ、政治システムの介入に抵抗する宗教的・家族（経済）的活動が存在していた。ここから、政治的秩序の意味を反省するきっかけが、たえず生じるのである。しかし、反省が、それ自体の統一性、それ自体を含み込んでいる統一性をパラドックスとして経験せざるをえないとすれば、これはいったいいかにして可能なのだろうか。

この問いへの回答——したがって、政治システムの反省の歴史に関する理論——は、パラドックスの展開という概念のなかに見いだせる。システムを同定する、差異の統一性というもともとのパラドックスは、取り扱いのより容易な別な区別によって置き換えられ、そしてそれによって不可視化されるのである。そうすれば、固定された同一性を使って動くことができる。もっともこの同一性も、確かに区別を前提にしている。というのは、さもなければ、その同一性は指し示されえないだろうからである。しかし、〔この別の区別を用いれば〕所与の〔当面の〕脈絡においては、構成的な区別の統一性〔というもともとのパラドックス〕に基づいて反省されたりはしなくなる。ただしこれがうまくいくのは、区別可能な同一性として代替的に利用されるものに関して、十分な説得力を持ち得ている場合、またその場合に限られる。したがって、政治システムの自己記述は、例外なく、合理性を必要とする。しかも、その自己記述が、(たとえば個人の自由や市場経済のために) 政治的権力 (Gewalt) の制限に賛意を表する場合でも、またその場合にこそ、合理性が必要なのである。

自己記述の問題の解決は、何らかの原理や疑いえない真理から論理的なかたちで演繹されるわけではない (少なくとも、そうした構築は、それが全体社会の中で説得力を持ちえていたその条件が失われてしまえば、つねに脱構築されうる)。したがって、それはつねに再パラドックス化されうる。と同時に、知識社会学的なパースペクティブからすると、パラドックスの展開には多様な可能性があり、その点では全体社会の進化という歴史的に変転する諸条件に自己記述を適合させてゆく可能性も、見いだされうるのである。ある記述スキーマがもはや説得力を持たなくなった場合、人はそれとは違うものを探し求める。その移行期には危機に見舞われるかもしれないが、しかし、政治システムのオートポイエーシスは引き続き進捗し続けており、権力が利用されたり権力に耐えたりしているのであるから、新しいパラドックスの展開が見つけだされることは、大いに支持されるところである。

以下においては、三つの事例について取り上げてみたい。これらの事例は、歴史的に連なって生じてきたのだが、それは偶然ではなく、全体社会の進化に伴う構造変動と関連している。その三つとは——

(1) 部分から成る全体というパラドックス。これは、代表という概念を介して展開される(II)。

(2) いかなる制限も受け入れない恣意性の制限というパラドックス。これは主権として指し示される(III)。

(3) 被支配者による支配の実行というパラドックス。つまり民主制(IV)。

これら三つのケースはすべて、支配のゼマンティクという背景と関連しており、秩序にとって必要な非対称性を前提としている。秩序は、それゆえに、対称性の破れとして理解される。したがって、パラドックスやその展開可能性に遭遇する仕方がすでに、その統一性を指し示すことのできない区別によって、規定されている。政治システムの全体社会における分出が、〔歴史的に見てみれば〕支配という際だった形式において可能であったことは、間違いない。それに代わる選択肢は、アナーキー(An-archie〔無-支配〕)としてしか、したがって秩序喪失としてしか把握されえなかった。これは容易に認識できる。しかし、だからと言って、それ以降変化した全体社会の状況のもとでも、つまり、全体社会にわたって機能分化が貫徹している現在でも、ここにとどまっているべきかどうかが決まるわけではない。

古典古代から引き継がれてきた、世界や全体社会についての記述形式の一つとして、全体と部分の区別が挙げられる。この区別には、いまだに不可解なところがある。この不可解さは、しばしば、いわば付加価値の考え方によって表現されている。つまり、全体は、諸部分の総和より以上のものである、と。ただしこれは、この《より以上》がさらに新たな部分であるという意味ではない。というのは、そうだとすれば、問題がただ繰り返されるだけだろうからである。《より以上》は、したがって、部分というかたちでは見いだされない。しかし、だとすれば、いったいどこに見いだされるのだろうか。同じように、《無 Nichts》のパラドックスと戯れているレオナルド・ダ・ヴィンチのとあるノートも、いまなおよくわからないところがある。過去と未来との間、一つの全体の部分と部分との間にあるのは《無》である。つまりハイデッガー風に定式化すれば、部分は、全体へと向かっている。しかしそれに続けて、このノートには、《自然の存在のもとでは、無などは見いだせない》と書いてある。(6) つまり、無も無である。言い換えると、《無》を実体化しても、それは、〔不可解さを何とか表現すべく〕窮地を乗り切るための言葉のレトリックにすぎない。こういった論議は、空騒ぎなのだろうか。

より近代的なやり方をとれば、この問題は、以上とは違った観察様式と関連づけることができるだろう。つまり、ある複雑なものを統一体として観察すると、それは全体となる。〔他方〕その同じ〔複雑な〕もの（！）をその多様性において観察すると、それは、その〔複雑なものの〕部分のレベルで記述されることになる。ある観察者が、この両方をいっぺんにやってしまおうとすると、その人はパラドックスの刑に処せられてしまう。多様なものの統一性というパラドックス、もしくは異なったものの同等性というパラドックスがそれである。その観察者は、自分が用いている区別、つまり全体と部分の区別を妨害してしまう。もしその観察者がパラドックスの愛好者ならば、その人がそもそもこの区別を用いるのは、全体と部分というこの区別が妨害されうること、またどのようにして妨害されてしまうのかを、〔自分にまた他者に〕示すという目的のためだけであろう。そのさい、論理学者は、レベルを分けるべきだ、と観察者を教え諭す。しかし、これに対してパラドックスの愛好者は、レベルを区別するという権限を論理学者に与えているのは何なのか、また、レベルの差異の統一性についての問いを立てないという権限を論理学者に与えているのは何なのか、と問うだろう。ここに見いだせるのは明らかに、パラドックスを回避するという実践的な意図である。つまり、第一の区別の導入についての問いを立てないことによって回避されている循環が、ここには見いだせる。すなわち、戦略的に設定された《ない nicht》によって回避されている循環である。

　全体社会の理論も政治理論も、第一の区別についてのこうした問いを回避し、それを、宗教や神学という伝統的な脈絡に委ねている。そこでは、多数性の統一として完全な世界をつくる、という創造主の意図なるものが引き合いに出されながら、全体と部分との区別について議論されている。創造主は、そこでは、みずからの有するおびただしい諸可能性を、あたかも鏡をのぞくかのように認識し享受できるとされる。これが出発点となっている。やがて、全体が〔部分に〕分割されてあるということの含意が、〔次のような〕自然法則へと、また、神が望んでいるとされる〔次のような〕秩序へと、あるいはごく端的に、〔次のような〕疑われえない認識へと、変わってゆく。すなわち、全体が諸部分から成り立っているところであればどこでも、支配する部分と支配される部分とが見いだされるという認識である。(7) それ以後の文献では、これに対応するかたちで、支配者の役割と被支配者の役割は分離されねばならない、と考えられた。(8)

中世以降は、この差異の解消（Auflösung）は、君主という形姿のなかに見いだされるようになる。そのさい徹底して、君主の身体が考えられていたのであり、決して、決定の働きが念頭に置かれていたのではない。というのは、君主の（決定ではなく）身体のみが、聖なるものとして理解されていたからである。フランス革命における君主の死は、したがって、歴史の大分水嶺の一つとして把握できる。この歴史的分水嶺によって、決定が不可欠となり、ますますその〔決定の〕意味についての問いが発せられるようになった。けれども、それ以前にすでに、君主による統一体の代表、という考え方は変化してきていた。君主は、国家の成立以降、もはや（宗教によって証される）不可視の権力を代表しているのではなく、その臣民の統一性を、より精確には、支配者と被支配者との差異の統一性を、代表するようになっていた。君主の神聖性は、宗教的な内容を持たないパラドックスによって、置き換えられたわけである。君主によって統治される国家は、宗教から分化した自律的な領域となった。君主制の撤廃は、いまや、自律化した政治システムにおける形式転換にほかならず、君主の殺害は、政治的な権力闘争の枠内での準備手続きの一つにすぎなくなった。ただしそうなると問題になるのは、君主の身体を、委員会の決定の働きに置き換えられるのか、であった。委員会は、それそのものが一般意志であらねばならないという要求をみずからに対して掲げ、それにより、こうした要求のコントロールという解決できない問題に直面することになった(9)。

しかし、こうした議論の結果得られるものが支配の根拠づけであるとして、では、こうした議論の動機を見るのを妨げているもの、したがってまた、全体と部分という第一の区別を導入する動機をも見るのを妨げているものは、何なのだろうか。全体社会は、成層化された秩序としてすでに見いだされている。これを〔認識が問題となっている場合の話だが〕別様に記述することなど、いかにして可能だというのだろうか。つねにすでに、より上位の部分とより下位の部分が、貴族と平民が存在しており、家の秩序のなかにも、自立している部分と依存的な部分とが存在している。この差異を《支配》として解釈することは、確かに、自明とは言えないが、しかしギリシャ語では、アルケー（arché）あるいは〔その動詞形〕アルケイン（árchein）という言葉によって、この解釈が容易になっている。これらの言葉は、起源を意味すると同時に、主導的な原理、さらにはまた支配／支配すること、をも意味している〔からである〕。

こういった言葉そのものがすでに、ここでは、問題を独特の仕方で隠蔽してしまっている。アルケーとかプリンキピウム（principium）はそれ自体、始原のことであり、始原であるからにはそれはすでに統一体なのである——それゆえに区別ではない。〔全体と部分という〕第一の区別についての問いはすでに、これによって排除されてしまっている（けれども、我々にとってのみ、すなわち、統一性と区別とをまさに区別することを狙っている観察者にとってのみ〔排除されているということがわかる〕）。このとき、唯一許容されるのは、存在論的な形而上学の問いの類型だけである。つまり、何か存在しているものは《それ自体として》（すなわち、そのつど見いだされる偶有性（Akzidenzen）や諸関係といったものとはかかわりなく）何であるのか、という問いである。[10] そうなると、たとえば、その本質という点から見てある支配を傑出したものにしているのは何なのか、という問いが立てられ、それに対して、たとえば、適性とか有能さとか徳といった回答に、したがって、支配を正しく打ち立てるための政治倫理とか、支配者の政治倫理といった回答に行き着くことになる。そこでは、では、ある支配や支配者がこうした倫理を満たしていないときには何をなすべきなのか、という区別は、消え去ってしまっている。こうした記述スキーマは、その起源の認めがたい欠陥を、同調と逸脱という規範的な区別でもって治癒している。〔すなわち〕この区別によって、規範――ここでは支配における徳という倫理のことだが――は、なにかしらつねに腐敗の傾向を孕む現実がこれと対応していなくても、正当なものとして妥当するのだ、と主張することができるようになる。[11]

旧ヨーロッパ的な全体社会記述、また政治記述は、みずからをこのように理解してきたのであり、その痕跡を今日の記述にも探し求めるのは難しいことではない。[12] しかし、ここに見いだされるのは、政治システムの《自己記述》の一つであって、したがって、別様の自己記述もありえたのではないかということをも示そうというのであれば、セカンド・オーダーの観察者の位置がかかわってくることになる。この位置によって、より自由な分析が可能になる。

すでに示唆しておいたように、我々は、パラドックス問題の解明のためにこの可能性を利用してみようと思う。どんな観察者も、その時点でみずからの観察の基盤に据えている区別を、差異として利用すると同時に統一体として利用する、ということはできない（観察者は、何か区別可能なものに接続しなくてはならない）。けれども、観察者（この観察者も、それ自身、観察者の観察者になりうるのだが）

の観察者は、その観察されている観察者がこの問題をどのように処理しているのかを観察できる。観察者の観察者は、ある観察者が、その観察の図式でもって見ることができているものと、その図式によって見ることができなくなっているものとを、区別できる。

セカンド・オーダーの観察者として、我々は、なぜみずからを記述しているシステムが一定の区別を用いて活動しその他の区別は用いないのか、と問える。さらに、そのシステムは、その区別の盲点をどのように扱っているのか、と問える。さらにはまさに、当初の区別の統一性についての問いの遮断は、自己記述のためのゼマンティク上の装置の構築にとってどんな機能を有しているのか、と問うこともできる。こうした問題のごく典型的な解決法は、その区別を、この区別〔自体〕の内部に再参入させ、こうした自己コピーの形式でこの区別を可視化する、という可能性に、存している。全体とその部分という区別の場合には、この区別が、その全体のなかへとコピーされ、そののちに、ある部分の特別なメルクマールとして取り扱われうるようになる。全体のなかに、全体とその部分の差異を取り扱う権限を有する部分が、存在しているのである。支配の公理〔起源とか主導的な原理といった意味でのそれも含めて〕は、このように再定式化できる。この意味で、システムが自己包含によってその全体のなかに取り込んでいる支配的な部分が、存在するようになる。こうした支配的な部分が存在するとき、その他の諸部分は、支配的な部分のもとへの〔みずからの〕服従を、全体に対する奉仕というかたちで把握できるようになる。

論理的にいえばこの〔区別の再参入という〕モデルは、パラドックスの展開という結果をもたらすわけだが、これまでこのモデルは、一般的な存在ノ類比（analogia entis）のやり方で記述されてきた。とりわけ、目に見える巨大な生物としての世界という表象にまで至る有機体メタファーによって、である。これであれば、レトリカルな議論の脈絡でも十分であった。さらに、中世以降になると、同じ事態を、代表（*Repräsentation*）という法学的概念によって定式化する可能性も、現れてくる。[13] そのさい、代表とは、まず第一に、他者に対して拘束力をもって語ることができるという意味である。さらにまた、そこに居合わせていない何かの代理をつとめることが可能だという意味でもある。そして最後に、不可視の何かを記述できるという意味もある。こうした拡大された脈絡では、代表という概念は、支配の概念とパラレルなかたちで扱われ、支配の根拠づけに役立てられる。このとき、代表されているものは、取り替えられうる。〔上述したように〕君主による代表は、フランス革命に至るまでの近代初期の国家においては、もはや、君主の身体に神聖性を付与する不可視の権力と関連づけられることはなくなり、臣民という統一性と関連づけられた。それゆえに、臣民が政治に対して非一貫的な要求を突きつけるようになったとき、決定が必要となったのである。全体／部分のスキーマと、その、それ自体のなかへの参入というパラドキシカルな背景は、明るみに出されないままであった。その代わりとしては、正統性で十分なのである。

当初は教会の、ついで領邦国家の公職ヒエラルヒーが身分的秩序とますます比較対照されるようになってはじめて、中世後期以降、代表という概念に、技術的‐法的な意味と理念政治的な意味とが同時に付与された。そのさい、世俗‐の‐なか‐の‐人間と神との関係を規定しようと試みる、きわめて広範囲の宗教的・神秘主義的な文献に、依拠できた。[14] 代表という概念は、このとき、有機体のメタファーと並んで、全体のなかでの部分の内的秩序の呈示を部分的に担っている。そのかぎりで、代表もまた、

〔全体／部分という〕第一の区別の脱パラドックス化のための旧ヨーロッパ的なカテゴリーである。それが成立した当初の脈絡では、成層的な全体社会分化という既存の形式があったがために、依拠するにたる十分な説得性がこれに付与されていた。中世では、公職に就くための選出手続きが前もって決まっている場合にも、またそういう場合にこそ、代表〔という概念〕がそれなりの説得力を有しえた――つまり、二重の意味においてそうなのである。一つには、公職に就く人格の選出手続きという意味、もう一つは、その選出により団体（universitas）を代表しなくてはならない人物の選出手続きという意味である。代表は、代表する者と代表される者にかかわる双方の側で、社会的に排他的なかたちで制度化されていた。承認された抵抗権は、こうした枠組みのなかでのみ、存在していた――〔こうした枠内におさまらない〕それ以外のものは、領土や都市のなかで起こる、被支配者による大がかりな騒動、反乱、暴動とされた。[15] 代表ということで考慮の対象となる、全体社会の《大多数ノヨリ優レタ部分 maiores et meliores partes》は、すでにそこに存在しているのであり、すでにそれとして指し示されているのであり（たとえば、都市の納税記録によって）、こうした人々はただそれとして認識されるだけであり、場合によっては倫理的に評価されたりもした。それゆえに、代表は、自然と関連づけられたのである。これに代わる代替案について考察する余地を提供していたのは、もっぱら、法的・組織的な脈絡だけであり、とりわけ、組織的に分出した教会の公職構造であった。たとえば、教会を君主的体制にするのかそれとも公会議的体制にするのかという問いにおいて、こうした代替案について考察する余地が提供されていた。

近代初期の主権概念の問題設定とは違って、中世の代表理論は、意志の問題から出発したのではなく、認識の問題から出発していた。実践のさいにも、問題となっていたのは、〔代表している者による〕正しいことの認識であり、それは、教会であればキリスト教の真理であり、世俗的な支配という公共的な関心事であれば、公益であった。この点で、代表の原理は、〔正しいことを認識していると人々が考えているかぎりは〕政治の負担を軽減する一つの方途だった。ただし、もし〔代表している者が正しいことを認識しているという〕共通の意味付与が見いだされない場合には、たえずみずから挑発を呼びこむことになる。したがって、中世では、代表している機関（Organ）の誤謬の可能性についてとりわけ、議論されている。すなわち、もしその機関がただ代表しているにすぎないのだとすれば、誤謬の嫌疑なしとするわけにはいかないだろう、というわけである。同じことは、代表の、場合によっては起こりうる排除効果についても、あてはまる。つまり、代表されている人々は、自分たちを代表することが問題となっているのに、なにゆえに会議に参加できないのかというわけである。[16]〔誤謬と排除効果という〕いずれの問いにおいても、既存の成層化が助けになる。成層化は、実際に考慮されうるものは何かをあらかじめすでに選別してくれるからである。しかし、〔当時の〕議論が示しているように、法の問題は未解決のまま残されていた。これは、実定法をとおして、たとえば〔公職の〕選出手続きの規定によって、決着されねばならなかった。教会のあるいは世俗の諸団体にかかわる案件への法の浸透は、十三世紀と十四世紀に急速に進捗し、それに相応して、市民社会（civitas）という《政治的》（アリストテレス的）概念は、法の問いが重要であるところならどこにおいても、全体（universitas）という法概念によって補完されるか、あるいは置き換えられるようになる。[17] この団体（universitas）概念の内部において、代表の理論は、多数性の統一というパラドックスを展開することになる。

代表のゼマンティクは、法の形式をとりつつ、成層化の時代を生き抜いてきた。〔機能的に分化した現在では〕全体社会の分化の形式の点で、その前提条件は、消え去ってしまっている。にもかかわらず、人々は引き続き、代表について語っている。すべての人が代表に与ることができるわけではない、という〔成層分化に対応した〕古い前提が手放されたにすぎない。とくに、十八世紀末の憲法論は、この代表概念を新たなかたちで活性化させた。[18] カントは、代表の原理を根拠に、欲スル者ニ損害ハナイ（volenti non fit iniuria）の命題を介して抵抗権を排除し、これを、理屈をこねずに最上位の権力の源泉を《計り知れない》ものとして甘受せよという実践理性の命令である、と考えた。[19] ノヴァーリスの考えでは、《国家全体は、結果的に、代表へと行き着く》。[20] しかし、何と違ってそうだ、というのだろうか。より強いイデオロギーを含んだ文献を読むと、市民たちが直接的なコミュニケーションで互いに交渉しながら決定できるような小さな政治システムとは違って、代表は、《市民的自由》の形式である、という考え方が見いだせる。[21]《代議制》を特別な形式、それがないと困るものとして理解するのが普通となり、したがって、いまや徹底して組織として構成されている国家のなかの人民の代表に狙いを定めるのが、通例となる。[22] 国家が代表なのではなくて、人民が国家のなかで代表されるのである。しかしいずれにしても、《人民》は、十八世紀における一つの構築物であり、十八世紀の末頃になってはじめて、代表を要求し代表を正当化するのに資する新しい神話となった。[23] これは、代表されなくてはならない何かを指し示しうるために、この概念が必要とされていた、ということを意味する。

それというのは、フランス革命の時代には、代表概念にも波及効果を及ぼす全体社会的な諸条件が、根本的に変化していたからである。自律化した政治システムは、《国家》として可視的なものとなり、政治理論は、これに焦点を合わせざるをえなくなる。政治的秩序が必要である理由は、いまや、諸個人の利害の多様性のなかに見いだされ、国家は、こうした諸個人の利害に直接に反作用しなくてはならなくなった。代表の概念は、非政治的な妥当根拠からの演繹によって政治的支配を正統化するのに役立つものではもはやなくなっていた。代表は、個人と関連づけられたことで、〔システム〕それ自体を支えとしている政治システムの構造、として把握されねばならなくなり、そのために、さしあたりは、主権とか一般意志といった他の政治的諸概念とともに、困難な状況に陥った。もはや、不穏な動きをする臣民という統一性のなかに問題を見るのでは、不十分であった。その代わりに、代表の反対概念として使用される、人民の概念が登場してくるのである。

　ここに見いだされる際だったアンビバレンスは、人民が、国家によってはじめて人民となり、そのあとで、国家が、その他方の側面として前提としているものをも代表するのか、それとも、人民が、自分たちにとって重要な利害という点で、国家のなかで議会をとおして代表されるのか、ということである。今世紀に至るまで、こうしたアンビバレンスが、国家学を貫いている。とくにカール・シュミットは、〔この、代表の概念といういまや〕時代後れとなってしまっているものに対する、誰も凌駕できない優れた感覚でもって、代表の概念にこだわり、そこから、憲法によって現実化されている議会主義は、この代表の原理を捉え損ねたものであると判断した(24)。〔治者と被治者の〕同一性かそれとも〔君主制原理による〕代表か、ということであり、代表は、同一性の代表としてしかありえない、というわけである。確かに、これは、その他のどの記述よりも、代表の概念のもともとの意味に添ったものにはなっているが、しかしそれによってまさに、政治システムの自己記述のこのゼマンティクが時代後れなものであることを、証明してしまっている。システムのパラドックスには、明らかに、別の形式の脱パラドックス化が、必要である。

III　恣意性の制限のパラドックス——主権の概念

宗教的内戦の混乱の時期とその後、すなわち十六世紀と十七世紀になって近代国家が領域として定着してくると、それまでとは状況も、また人々の意見の雰囲気も、一変する。(代表による統治に直面するだけでなく) 宗派の分裂 (Schisma) に直面して、また、政治的に環節分化したヨーロッパにおける現実政治に直面して、中世的な実践理解の明らかに認知的な前提を保持することが困難に、というよりも、不可能になってしまったのである。いまや、意志の統一性こそが問題なのであって、誤謬を回避することだけが問題だというわけにはいかなくなった。しかし、このような変化は、成層化という《不可壊なレベル》を前提としており、さもなければ不可能であろう。というのも、誰の意志が最終的に重要で、また、その人々が実現できると自信をもって思えるものが政治的に選別されうるとすれば、成層化以外のどういうやり方によってだろうか〔＝成層化以外のやり方はありえない〕。

この時期でもまだ、恩顧システム、貴族に列しうる可能性、公職の情実人事、つまりは貴族への影響力は、政治的支配にとっても支配への叛乱にとっても不可欠であった。けれども同時に、貨幣経済の固有の論理によって、貴族は貨幣収入に依存するようになり、それに相応して、貨幣は、成層構造に対して、(上方にという意味で、また、下方にという意味で) 流動化するかたちで影響を及ぼすようになる。政治的支配は、領主の家政から分離した固有の行政官僚制をつくり出し、それによって、成層に依存した〔公職の〕人員採用の仕組みから大きく解き放たれることになった。貴族自身も、その地位の法的な諸条件やその含意（とりわけ免税）をすでに考慮に入れながら、みずからを、国家領域と結びついた者として、そして十七世紀の終わり頃になると、国家制度としてのみ（したがって、特別な本性に基づいた自然権としてではもはやなく）、みずからを把握するようになる。領邦国家への移行期の《旧身分制的な》側面にかかわるこうした展開過程は、ヨーロッパのそれぞれの領域ごとにきわめて異なっていた。この時期、ヨーロッパは、じつに多様な出発状況を起点として、新しい形態を実験的に模索していたのである。たとえば、現在《ポリツァイ Polizey》と呼ばれているものや、あるいは、中央による法政策の萌芽、あるいは《公法》についての新しい理解の仕方の萌芽が、見出された。まさにこうした多様性こそが、イノベーションやその普及を可能としたのである。[25] しかし、十七世紀の後半以降になると、政治的なものの新しいモデルが、不可逆的なかたちで定着することになる。すなわち、主権国家というモデルである。[26]

自己記述という主題圏から見たとき、とりわけ重要なのは、人民を代表する大多数ノヨリ優レタ部分（maiores et meliores partes）とかかわって付与されていたあの〔代表の概念に関する〕説得性が、こうした変化によって代表の概念から奪われてしまったことである。依然として《領主の徳》なる決まり言葉は必要だったが、しかし、もはや（貴族にのみ妥当しえた）徳の鏡[27]としてではなく、コンセンサスを確保するための手段として（そのためには、徳ある者の高貴な外観でも十分でありえた[28]）必要とされるにすぎなくなっていた。[29]《主権を持った》ということによって、いまだに、貴族たるもののエートスを想起してしまうとすれば、それは、当時の政治的問題に照らしてみると、時代遅れで精彩を欠いた、非現実的なものとなってしまう。

こうした移行は、政治的なものについての旧来の概念がさしあたり保持されていたので、〔当面は〕隠蔽されていた。政治的なものの旧来の概念は、家族家政の案件とは区別された公共的な行動を、つまりは《オイコス》とは区別された《ポリス》を、意味していたのであり、また、この概念が、指導的役割を担う階層に制限されていたのも、ごく自明であった。この〔公私の〕区別が重要になりうるのは、この指導的階層にとってのみであった。しかし、こうした〔公私のあるいはオイコスとポリスの〕区別自体は、近代社会の発展と、市場向けになされる生産（貴族の財産の生産もまたそうであり、というより貴族の財産の生産こそがそうであった）の発展によって、その構造的基盤を失った。しかし、一七〇〇年頃まではまだ、《政治的》な行動の洗練、美化、道徳化によって当時の諸問題を上層階層が解決できるのだといった幻想を、彼らに付着させてやるには、《政治的なもの》の旧来の概念構成で十分であった。シャフツベリー[1]の著作は、まさにそれがその他の社会階層についてまったく考察せず、王権と都市との明示的な結びつきについてもまったく熟考していないがゆえに、このことの適切な証明となっている。それによれば、あたかも、政治の問題は《礼儀正しさ》によって解決できるかのように、考えられていたのである。(30)

しかし、これとは別の、とくに法的観点では、これに対してずっと以前から反応されてきていた。王権は、それが議会的な脈絡を伴っていようと伴っていまいと、それ固有の決定可能性を分出させていた。それによって、中世の手続き構造は（イングランドのようにそれが維持され続けていようと、あるいは維持されていまいと）、団体（universitas）――これの公職が問題となっているわけだが――の《コンセンサス》を《代表する》可能性を喪失してしまった。人々は、これに対して次のようなテーゼで反作用した。つまり、政治的支配は（家支配もそうであるように）、いやしくも秩序づけの機能（平和ト法 pax et iustitia）を充足させようとするのであれば、被治者のコンセンサスには依存しないかたちで確保されるべきだ、とするテーゼである。宗教的にインスパイアされた脈絡では、これは、二重の《直接》によって表現されることになった。すなわち、神は、人民に対する直接的な（コンセンサスに依存しない）権力を、支配者に直接に授与したのだ、と。(31) 旧来の、（全体社会による後ろ盾を有していた）身分的なヒエラルヒーと並行して、いまや、神－統治－臣民という正統化ヒエラルヒーが登場してくる。この正統化ヒエラルヒーによって、国家には、法の修正という点でより大きな自由度が付与されると同時に、いざというときのためにその法の上位に位置する国家緊急権（ius eminens）の利用の点でもより大きな自由度が認められた。宗教に依存しないかたちで定式化しようとするなら、（自然権に基づきつつも、〔さもなければ危機に陥るという意味で〕危機を引き合いに出した）国家契約の構成（ホッブズ）という考え方に至る。これは、上記の学説と同様に、契約を取り結ぶのに、コンセンサスには依拠しないものとなっている。なぜなら、さもなければ平和が確保されえないからである。この契約のカテゴリーは、自由とのパラドキシカルな関係という重要な利点を有している。つまり、この契約のカテゴリーが教えているのは、自由を放棄できるというのも自由の一つだということである。(32) これによって、この契約のカテゴリーは、自由を引き合いに出しながらも、そこから、国家に従わないというあの可能性を取り去っているわけである――そこで前提とされているのは、暗黙裡の契約締結もまた妥当なものであって、したがって、社会的動物（animal sociale）という古くからの自然に基づいて契約〔が締結されたこと〕が推論されるのだ、ということである。十八世紀の後半に至るまで、これは、支配的な自然法のドクトリンであり続けた[33]。このようにして成立してきた考え方を、人々は、後年振り返りつつ、その自己記述に基づいて、《絶対国家》と呼んだ[34]。

コンセンサスへの非依存性は、《主権》という中世的概念の、ジャン・ボダンによる新解釈の《主点point principal》となっている[35]。それによって、コンセンサスが求められるのかどうか、また誰との間にコンセンサスが求められるのかは、国家理性を顧慮しながらケースバイケースで答えられるべき政治的問いとなる。それに相応して、君主への助言に関する膨大な文献と、そうした助言の政治的・個人的なリスクに対する注意が生まれてくる[36]。したがっていまや、いかに決定を下すかの余地がある場合、〔いずれにするのかの決着は〕格率によって果たされたり、アドホックな助言によって果たされたりせざるをえなくなる。

このような変化を考慮に入れるために、中世の主権概念は改造され[37]、その後、この主権概念は、政治システムの自己記述のゼマンティクが《国家》という方向へと誘導されてゆくときの出発点となる位置を、占めるようになる。皇帝ないし教皇の有する支配権（Oberhoheit）に対抗するかたちで設けられていた旧来の[38]《卓越者ヲ認メナイ superiorem non recognoscens》は、後方へ退く。確かに、主権の概念の定義によってすでに、完全な法的無拘束性と結びつけられないようにすることが重要である場合には、このような記述はなお保持されるだろう[39]。だが、この概念の本来的な意味は、もはやここにはない。むしろ主権とは、いまや、明確に限定された領域における国家権力（Staatsgewalt）の統一性を意味する。このとき、とりわけ、法の主権のことや、競合する法源（つまり慣習 coutume）の排除、競合する裁判権の排除、などを考えればよいが、さらにまた、〔団体〕創立にさいして許認可を受ける義務をも含めた、いっさいの団体に対する監督や、ポリツァイ（Polizey）という名のもとでなされる、それまで法的には適用外であった諸領域での規制活動をも、考えることができる。[40]《国際的》な独立性は、自己の領土に対する統一的な政治的管理というこうした新しい原則のための一つのきっかけにすぎない。

したがって、すべては、（分出しうる）統一性へと通じている。だが、我々はすでに次のことを知っている。すなわち、最終的な統一性は、つねに、ある特定の区別を選好することによって——しかもこの選好されている区別の統一性はそのときにはテーマ化されえない——パラドックスを隠蔽する構築物である。表面的に見てみると、主権という原理は、そのまなざしを、領域権力の統一性と差異性へと向けており、つまり内政的問題と外政的問題とを区別している（この区別は、公職組織のなかへも移転されうる）。しかし主権の抱える本来のパラドックスは、じつは、その統一性の概念それ自体にある。統一性というときそれが支配の統一性のことであるとすると、その統一性には、最終的な、排除しえない恣意性という契機が必要である。というのは、恣意性が制限されるとなれば、今度は、その制限を行使できる者に主権が移動してしまうからである。

古典古代の時代には、主権概念によって追求された統一性は、人格として記述されていた。このような見方は、主権概念の新しい把握がなされる以前からすでに、当然だと見なされていた。《至上ノ権力ハ、一ツノ領域ニオイテ一[2]ツシカアリエナイ Suprema potestas non potest nisi una et non nisi in uno》と、ヨハネス・デ・トゥレクレマタは、教会と関連づけつつ書いている。[41]したがって、共和制は、君主制になる傾向がある。[42]この人格に関しては、特別な何者かが問題となっていることは、はじめから明らかであった。[43] しかし、主権者の人格の統一性からは、これとは対立する推論も引き出されうるのであり、そしてこれもまた、法への拘束にかかわるパラドックスを指し示している。ボダンは、〔主権者の〕自己拘束の不可能性を推論しているのに対して、アルトジウス〔3〕はまさに逆に、主権者にはそれほどまでに特権が授与されはしないので、第二の主権者がそれと並んで成立すると推論している。スナワチ、至上ノ支配者ガ、対等ノモノヲ任命スルコトハアリエナイ（Nam supremus non potest sibi parem constituere）。ただし、これが意味しているのはただ、どんな法的手続のさいにも、卓越シ傑出シタ統治権（imperii superioritas & praeeminetia）が留保されており、法の遵守から解放されるわけではない、ということである。[44] とはいえ、パラドックスのいかなる解消にとっても、公職－にある－人格という統一体の表象は、依然として本質的である。ある一つの準拠だけが問題となっているのだと認めてしまうと、つまりいわば、政治というコミュニケーションシステムのオートポイエーシスに必要なフィクションが問題となっているのだと認めてしまうと、拠りどころを失ってしまうだろう。システムのパラドックスを、具体的で、話しかけることができ、場合によっては殺してしまうこともできる〔君主という〕統一性[45]へと変化させ、規律化の必要な恣意性という観点のもとでこれを再導入するためには、人格という表象は放棄できないのである。主権者という統一性は、〔君主の〕神聖な身体として把握されたのであり、決定の作用の集積としては把握されなかった。フランス革命によってはじめて、王の殺害ののち、主権を、決定の組織によって新たなかたちで定義することが必要である、と考えられるようになったのである。

　そもそも、主権の決定の不可欠の成分という意味で恣意性について論じられていたことを、ここでしばし立ち止まって考えてみなくてはならない。これによってすでに、政治システムの基本的なパラドックスが、当時の時代精神に対応したかたちで装われていたからである。基本的な選択肢は、それ自体としては、決定するか決定しないかであろうし、決定したり決定しなかったりできる者が、主権を有するということになるだろう。この問いの立て方は、法の主権という概念を解消せざるをえないだろう。というのは、〔「司法拒絶の禁止」の原則を持つ〕法システムは、政治システムとは違って、決定を最終的には拒否できないからである。したがって、政治的な主権のパラドックスは、決定と非決定との統一性という点にあった。このパラドックスは、たとえば《国家理性》を介して、決定を下そうとするのかそれとも（まだ）決定を下そうとしないのかについても決定できるという反省的な可能性のなかで解消された。そのさい、このレベルには、決定を下すのかそれとも決定を下さないのかに気づかないというもう一つの可能性が残っているわけだが、この可能性は明らかに選好されない。こんにちの政治理解のレベルであれば、このような形式で、問題が立てられるに違いない。主権論の伝統においては、問題は、このような立て方ではなく、恣意性の問題として定義されてきた。これは、決定の基準についても決定が下されなければならない、というヒエラルヒーに似た洞察から、生まれてきた。古典的な懐疑の再発見や、さらには、法の文書化と実定化の進展が、こうした形式を促したのだが、さらにまた、規則や基準の上に《至高性》が設えられなくてはならないという表象もまた、そうである。なぜなら、このような前提の設定はことごとく、それへの従属を意味するからである。すべての規則の上にある恣意性が問題となる場合には、必要とされる主権は、裁治権（iurisdictio）というそれ自体に適用可能な旧来のモデルに割り当てられ、そしてこのモデルは、法の主権という理念へとスムーズに移行できたのである。

《恣意性》について語られるのは、政治的決定の基準のカタログが、倫理とか法に基づくだけでは完結できないからである。こういった事態は、法からの合法的な逸脱を同時に隠蔽もしてしまう裁治権(iurisdictio)という中世的な概念においても見られるし、当然のことながら、道徳的な緊急事態について喧々囂々となされた議論においても、そうである。恣意性という最終定式は、それ自体からの逸脱を正当化する(しかし、こういったことは、これと並行してなされていた議論においても同様におこなわれていた)倫理や法を無用にする。この問題はそれ自体、政治的支配の分出を示す兆候の一つなのであり、それで完結しなくてはならないという、これによって与えられた不可避性を示す兆候なのである。ただ、このような打開策は、この恣意性の法的・倫理的な位置について再び問われるという袋小路に行き着く。

いつもそうであるように、問題を、不可避的な恣意性という形に加工することで、同時に、さらに新しい議論への道筋が示された。ヒエラルヒーの頂点における不可避的な恣意性というこうした契機は、新しい主権概念にはじめから伴われている。ただしさしあたっては、貴族や聖職者の固有の権力に関してのみ、それゆえ、旧来の法的なコンセンサス依存性に関してのみ、問題と見なされた。いまや、恣意性はシステムにおいて不可欠であるとすら言える。しかしまさにそうであるがゆえに、恣意性は、システムの一つの場所においてのみ発生すべきなのである。[46] 恣意性の統一性は、いまや、システムの統一性を代表しているのであり、代表という概念はこうした事態に適合しなくてはならない。つまり、主権者は、神あるいは国家契約によって委任された唯一の、システム内でのシステム代表者である。したがって、代表という旧来の言葉で定式化するなら、代表は、統一性を産出できるために、統一性でなければならない。《統一性ということは、群衆(Multitude)についてはこのようにしか理解されえない》と、ホッブズはコメントしている。《なぜなら、［人工的な――ルーマンによる補足］人格をひとつにするのは、代表者の統一性であって、代表されるものの統一性ではないからである》(47)。このような代表は、もはや、宗教によって語られる不可視の、彼岸的な力とは関連づけられなくなり、代わって、個々の臣下の総体の（同様に不可視の）統一性と関連づけられるようになった。

論理的な問題を規範的な問題へと変形するのは、アリストテレスから受け継いだ遺産である。それとわからないうちに、恣意性／拘束という区別が、恣意性／濫用という区別に変わる。そうなると、人々がその濫用に対してサンクションなど加えることのできない決定の自由を容認しなければならないことが問題となってくる。なぜならもしサンクションを加えられるとなると、そのサンクションを行使できる者へと、主権が移動してしまうだろうから、である。(48) 旧来の形式で、たとえば王（rex）／暴君（tyrannus）のような形式で、主権者を区別できるようになる。(49) それを神による罰と解釈して、まなざしを天国へと向けることもできる。また、人々はこれを阻止できない。というのは、旧来の抵抗権は、身分的秩序というこれを受け止める装置なしでは、内戦を引き起こしかねないからである。［上記のような問題の］改造はすべて、こういった主導的問題と関連してくる。

主権のドクトリンによって、君主の本性とか徳に関する議論から、君主の機能へと移行したのである。君主は、秩序と平和のために、どんなに厄介な状況においても、みずからを貫徹できなくてはならない。君主は、有機体の《医師》として、(50) 適量の薬を処方するかたちで、毒をも用いることができるのである。そのためには、政治的支配の自律性が必要である。支配者という人格のほうから言えば、問題は、恣意性の問題として見える。しかし、恣意性はそれ自体としては――ホッブズは、《許可 leave》について述べていた――非建設的である。こういった事情のゆえに、次のような問い、つまり、恣意性をいかにして守ると同時に、恣意性をいかにして（少なくとも自分自身の決定への）拘束と調和させうるのか、という問いがもたらされる。実際、ここに、主権論の核となるパラドックスが横たわっている。[51]《恣意性》という形式には、別の側面が、つまり制限という側面が必要となる。さもなければ、それは、恣意性としても記述されえなくなるだろう。しかし、そうなると、恣意性と拘束の区別の統一性は、すなわちこの形式の統一性は、何になるのだろうか。つまり、政治システムの統一性は、何になるというのだろうか。

これへの回答は一見すると厄介に見えるが、さしあたっては、こうである。みずからを法に拘束することが主権者に対して求められる。しかし他方で、自然法理論は、まさにこうしたことは法的には不可能であると主張していた、つまり、いわば問題であり続けざるをえなかった。したがって、当時の自然法が拘束の手段として契約しか知らなかったことによって、問題は、先鋭化する。自己拘束は、論理的にもまた法的にも不可能、附加物ニオケル矛盾（contradictio in adiecto）だと見なされた。[52]契約は、主権者の確立にのみ役立ちうるものであって、そうなると主権者は、自己によってもまた契約によっても決定的なかたちでは拘束されなくなる。というのは、もし主権者がそれに拘束されるとすれば、主権者は、自分がそういう主権者として存在するために、その主権を、契約のパートナーの側の構えに依存させることになり、つまりは、契約のパートナーに主権を譲り渡すことになってしまうからである。しかしまさにこうした問題の先鋭化こそが必要である。だからこそ、別の区別を引き合いに出してパラドックスをなんとしても解消せざるをえなくなるからである。

これについては、いろいろな可能性が存在する。一つは、絶対ノ権力（potestas absoluta）と叙階サレタ権力（potestas ordinata）という旧来の神学的な区別を、政治システムのなかにコピーすることである。しかし、神学は、叙階サレタ権力を、絶対ノ権力が現実化された形式と考え、この差異の統一性を神の秘密として扱っていた一方で、政治理論のほうは、この関係を逆転させ、まず叙階サレタ権力から出発して、それ以外のやり方では解決できない緊急事態の場合にのみ、絶対ノ権力がリザーブされるとした。(53) 支配者は、それ以外のやり方ではどうにもうまくいかず、いわば苦しいときにだけ、この絶対ノ権力を行使すべきである。こうした考え方は、国家緊急権（ius eminens）あるいは主権者大権に関する学説に行き着く。これは、緊急権の古くからある範型に従って、法学的にうまく語形変化されたものである。

もう一つの回答は、旧来の法ヒエラルヒーを引き合いに出し、支配者を、実定法や道徳からは解放するが神の法や自然法からは解放しない、というものである。(54) しかしこれに対しては、つねに、次のような反論がなされている。つまり、主権者は、公職や国家理性が求めるのであれば、主権者の魂の救済をすら、必要とあれば犠牲にしなくてはならないのだ、という反論である。主権のドクトリンは、このような《悲劇的選択》をいかにして除外できるというのか、というわけである。それゆえに、法律学者や、枢密顧問の公式のドクトリンは、すでに早いうちから、自然法に言及しなくなっており、法的な規制の入念さのみを重視するようになった。(55)

自然法が、政治の自己維持の物理学へと縮減されると、よりもっともらしくなってくる。ジェレミー・テイラー[4]は、たとえば、主権者は、一者であるほかはなく、したがって、その他すべての人がその主権者に対抗したりそれゆえその主権者がもはや権力を持たない状況に至るべきではないと力説する。(56)

そして神は、支配者が一方では、法への拘束から解放されるために、また他方で、支配者がそれだけますます自己監督に服するために、状況をまさにこういったかたちに設えたのだ、というわけである。[57] また当然のことながら、このやり方は決定の不可避的な自由もまたつねに容認しなければならない法による制限よりも、政治的計算の結果としては、より徹底した効果を持つ。

結局のところ、こういった議論の意味は、拘束／恣意性という区別を、[58] さまざまな種類の拘束の区別に置き換えて、それにより、政治的現実をよりよく評価するところにある。統治と臣民の差異は、政治システムの内的な分化としてより先鋭なかたちでつくり出され、システムのパラドックスは、こうした差異の助けを借りて展開されるようになる。

さらに別の区別の可能性を、法学者たちが見つけ出している。彼らは、おそらくは所有権論に依拠しながら、法的地位の所有と執行とを区別できるとした。[59] そうなると、政治システムの官僚制は権利保持者（Rechtsinhaber）を起用せざるをえなくなり、またその権限が、その権利の行使に十分であるとき、それは、法の問いとなりうる。十九世紀には、そこから、《政治的に責任のある》大臣という制度が成立する。君主は、この大臣への連署を利用して、法的に効果的な行為をおこなうことができる。しかしこれによって、主権は、国家行政へと移行していく。主権は、君主によって、ただ《代表》されるにすぎなくなった。[60]

統治と臣下との内的で非対称的な役割相補性へと、つまり命令ト服従ノ秩序（ordo in jubendo et parendo）（リプシウス）へと先鋭化し、問題が法やその組織へと移動するようになると、それぞれ異なる貢献をする共同の市民的生活（civiliter vivere）を記述していた有機体のメタファーもまた、疑わしくなる。確かに、このような伝統は、相変わらず継続してはいる。(61)しかしそれは補完されるのである。たとえば、その身体のなかでは個々の部分が互いに病いをうつされたりしうるので、医師が必要である、といったことが述べられている。(62)個々の部分が互いに病いをうつされたりしうるので、医師が必要である、

なる。確かに、このような伝統は、相変わらず継続してはいる。(61)しかしそれは補完されるのである。たとえば、その身体のなかでは個々の部分が互いに病いをうつされたりしうるので、医師が必要である、といったことが述べられている。(62)あるいは、支配者を建築家になぞらえて、彼は家屋の建築に責任を持っている、と述べられたりしている。(63)こういったメタファーの説得力を人々はまだ信用しているのだが、しかし、その〔メタファーのこのような〕拡張は、次のことを示唆している。つまり、共和制はいまや君主制として把握され、君主は、その公職という観点から把握されるようになり、したがってもはや全体の部分の一つとしては把握されなくなっている。

こうした適応は、無数に観察できる。しかしそれらは全体として見てみると、次のような公理、つまり、部分相互の関係を秩序づけるために支配が必要であるという公理や、支配は全体を構築できる、あるいは、またもやアリストテレスとともに定式化すると、何らかの一つの共通のものへと一体化できる(64)といった公理を、傷つけてはいない。このとき見られたのは、政治システムがそれ自体の分出と作動上の閉鎖性を記録するのにそれまで利用していた主権のパラドックスがうまく使いこなされていき、（少なくとも法学的に）取り扱うことのできるさまざまな区別に置き換えられてゆく、という事態である。リベラルな立憲主義、代議制度、権力分立の原則は、ずっと以前から法的にまた組織的に念入りに準備されてきた発展過程の最後を飾るものにほかならない。けれども、異なるものの統一性というパラドックス、区別の脈絡でのみ観察されうるものの統一性というパラドックスは、これほど単純に消え去ってしまうものなのだろうか。それとも、これまでとは別の隠し場所から刺激をもたらすために、その位置を変更しただけなのだろうか。

　ここで、フランス革命当時のゼマンティクに立ち戻らなくてはならない。ネーションや主権といった概念による主導のもとで君主制の代用物が見いだされねばならないとされる以前から、当時のゼマンティクは、政治システムはそれ自体によって根拠づけられるべきだ、と考えていた。君主制の共和制への転換によって、とうの昔から生じていたこと、すなわち、独立し、全体社会のなかで〔他の機能諸領域から〕切り離され、それゆえ自己組織化に依拠している政治システムの分出という事態を、行為者たちが意識するようになったのである。君主（の身体）の代用物が見いだされねばならないがゆえに、政治的なものの自己組織化という問題が、公の場に持ち出された。したがって、どんな前提条件のもとで、またどんなゼマンティク上の枠組み条件のもとで、この問題への解決策が探求されていったのかが、問われなくてはならない。

　表層的に考察しただけでもすでにわかるように、このとき、個人の権利や個人の意見、人権、世論が出発点となっていた。政治システムの分出は、ルソーへと立ち返りつつ、諸個人の一般意志（volonté générale）として前提された。人権を引き合いに出すことは、主権的な権力（Gewalt）の制限に役立っただけでなく、それの基礎づけにも資している。それに対応するかたちで、国家的‐政治的システムのなかではたえず何かが変動してしまいうるという認識に対して、《人民主権》の概念でもって応答された。政治的支配が、かつて《臣民》であった人々の個体性に基礎づけられるようになったということは、当初は、驚くべきことであったろうが、実際、これは、組織上の組み替えというきわめて困難な問題をもたらした。この問題は、一部については、《代表》についての理解を変化させて解決された。[65] だがなぜ、こうした個体性ゼマンティクの強制に人々は従うのだろうか。しかも、パラドキシカルなことに、政治的支配のゼマンティク上のまた組織上の新たな根拠づけを見いだすために、人々はこうして個体性ゼマンティクの強制に従っているのである。

その一つの回答は、次のような問いによって与えられる。臣民が《解放》され、したがって、臣民の〔君主への〕恭順さが〔臣民たちから〕取り去られてしまったあと、その臣民たちには何が残されているのか、という問いである。そこに残されているのは明らかに、個体性だけである。個体性とは、それぞれごとに自己規定されるメルクマールによって際だたせられ、また互いに区別されるものである。したがって、人間の本性（*Natur*）は自由として規定される。さらに顧慮されなければならないのは、個人へのこうした立ち戻りは、ずいぶん以前からすでに、機能システムの分出のゼマンティク上のシンボルへと、また、機能システムの分出の構造上の問題へと昇格していた、ということである。出生のメルクマール、身分的メルクマール、（《生まれ natio》という意味での）出自のナショナリティ、こういったものによる人間の規定が放棄されなければならないとすれば、残されているのは、自分自身で組織化して形作ってゆく個体性だけである。出自のメルクマールがいまや、人間を全体社会のなかに位置づけ、人間が全体社会とかかわるさいの確固たる係留点を提供するには、もはや十分ではないという理由からしても、この個体性概念は必要となる。人間の法的地位は、たとえば一般的な権利能力に基づいて、その人が締結した契約をとおして規定されるようになるし、また、人間の経済的状態はその収入によって規定され、家族状態は、結婚しようという決心や結婚しないという決心によって規定される。したがって人間の個体性は、全体社会の自己記述の頼みの綱のようなポイントとなっている。さらに、人間の個体性（Individualität）は、分離不可能性（In-dividualität）として、状況や状態の変化にもかかわらず個々人が同一であり続け、その人の行動に関する確かな期待を形成可能にすることを保証している。[66]

もう一つの答えはこうである。すなわち、いまや必要不可欠となった、政治的なものの自己組織化は、《ミクロ多様性》を前提にしている、というものである。[67] この点は、人口（Population）という（当時は新しかった）概念によって定式化できる。人口は、多種多様な諸個人から成り立っているが、しかしこれらの個人は、共通のメルクマールによって互いに緊密な関係にある。したがって、人口という概念は同時に、進化の潜勢力を定式化しているのであり、また、このような観点から、十九世紀になると、《変異》と名づけられるようになる。これによって我々は、〔多様な機能システムに関する〕比較可能性を獲得する。というのは、経済システムの分出もまた、経済的交換のレベルで、ミクロ多様性を前提としているからであり、教育システムの分出も、法システムの分出も、芸術システムの分出等々も、そうだからである。ミクロ多様性が、個人の概念――この概念はそれ自体、人口の概念のなかに入り込んでいる――を介して定式化されるということは、いま見いだされるゼマンティクの伝統によって説明できる。このような定式のラディカルさは、すでに十七世紀に認識されていたわけだが、[5] しかしさしあたりは、政治的支配を介してであれ（ホッブズ）、宗教をとおしてであれ（バークリー）、まだ伝統的な解決法が探し求められていた。フランス革命によってようやく、政治システムの自律性が、直接に、諸個人の一般意志に依拠するようになった。

しかし人間の本性が自由として、つまりは多様なものと規定され、それと関連して、政治システムが、個人同士の関係に対する（身分的秩序を前提とする）間接的な規制から直接的な規制へと移行すると、説得力のある自己記述のためのまったく別の前提条件が現れる。いまや自由は、解放への要求として把握され、同時に、制限を必要とするものとして把握されなければならなくなる。この《同時に》は、またもやパラドックスである。しかし、このパラドックスは、自由の政治的な制限に対して特別な要求を掲げることで解消されうる。ここで、新しい憲法は、一方で、法的に制限可能な（つまり法律の留保を伴った）基本権を定式化し、他方では、権力分立や代表民主制と対応する手続き規則を定式化している(68)。そうなると政治システムの自己記述は、なによりもまず、憲法と関連づけられなければならなくなる。それによって、政治システムの自己記述は、実定法が機能していること、つまり腐敗を伴わずに、分出し自立した機能システムとして〔法システムが〕確立していることを前提とするようになる。

にもかかわらず、政治システムの新しい記述の別の形式が可能ではないのかどうかを問う向きがあるかもしれない。だが、これは、個体性ゼマンティクを偶発的な選択肢として特徴づけるのにしか役立たないごく抽象的な問いにとどまる。歴史、とりわけフランス革命は、〔これについて〕明確に決定を下している。歴史が我々に残してくれた問いは、みずからの権利や意見を持った諸個人が、政治システムの決定に従わなければならないにもかかわらず、政治システムを根拠づけているという点をどのように考えるべきか、ということである。その答えが、《民主制》である。

V　価値のゼマンティク

だが、これは再び、別の、みずから招き寄せたパラドックスにほかならない。決定の不確かさという問題は、それ自体システムの分出の帰結の一つであるが、この問題に対しては、主権のパラドックスによって反作用されてきた。決定の不確かさは、システムそれ自体においてのみ、またシステム固有の基準に従ってのみ、取り除かれうる。民主制の新しいパラドックスは、いまや、支配それ自体の構造とかかわっている——つまり、みずからに命令すると同時に服従するという例の事態に、である。当時こういったことが可能だと思っていたのは、せいぜい神学者くらいであった(69)。民主制とは、人民自身が支配すること、である。誰を？　当然、人民を、である。

民主制という概念によって指し示されている支配のこうした循環は、政治を定義するさいのヒエラルヒー的な準則のみならず、目的論的な準則も解消させてしまう。目的を追求する政治体制は、専制的と見なされる（フリードリッヒ・シュレーゲル）[6]。その政治体制に従っている人間を、目的に対する手段として取り扱うからである。他方、政治がその目的を追求するのを阻もうとしてもあまり意味がないし、〔そういうやり方がうまくいく〕見込みもあまりない。阻止されなくてはならないのは唯一、政治が、政治自体をその目的と、たとえそれが福祉という目的であろうと、同一視してしまうことである。けれども、政治がその目的として思い描いているもの（たとえば失業の除去）がいずれにせよその可能性の外部にある〔＝政治には解決不可能である〕ので、この問題は、それ以降の過程で、和らげられはする。重要なのはただ、政治的な諸力の均衡を危険にさらさないようにするレトリック的な作用である。
現時点から振り返ると認識できるとおり、全体社会の脈絡の変化は、民主制への方向転換にとっても決定的に重要であった。いまや、政治システムの国家という形式が貫徹しており、それは疑いようがない。政治システムの機能的自律性が、国家によって可視的となっている。当然、国家は《主権的》なものであり続けているが、しかし主権概念によっては、もはや、この問題は指し示されえない（あるいはごく概括的にしか指し示されえない）。と同時に、政治システムと同様にその分出と機能的自律性が確実に現象しているその他の機能システムも、これに相応する問題に反作用するようになる。〔たとえば〕法は、自然法としては理解されず、実定法として理解される。[70] 法として妥当するものは、法的に承認された決定に基づくことによって、法として妥当するのである。十九世紀の時点では、このとき、ほとんど立法だけが、つまり、法システムの政治へと開かれた側面だけが、考えられていた。また、経済システムにおいては、その場その場での‐合理的な決定と増大してゆく豊かさとを与えてくれることを約束する原理として、市場による自己操縦が、承認される。法の場合も経済の場合も、（こんにちになってようやく用いられるようになった概念で定式化するならば）自己組織化の必要性が可視化されているのである。教育システムもまた、こうした道を歩み始めている。確かに、教育システムは、国家に組織された学校や大学に依拠してはいるが、しかし、陶冶規準（Bildungskanon）や《習熟基準》に関しては、教育システム自体をあてにしなければならなかった。[71]
こういった事例は、もっと増やすことができる。これらの事例はとりわけ、全体社会の諸関係がもはやヒエラルヒー的には秩序づけられなくなっていることを示している。それぞれの〔機能領域の〕自律性の発展は――境界設定によって、また、高度に選択的な利用によって――、互いに他方を支え合っている。これは、政治システムの自己記述に対してもしかるべき帰結をもたらしている。

十六世紀と十七世紀には、《国家》という〔新しい〕概念で満足できたし、せいぜいのところ、国家の決定は合理的であるべきだとの要請が付け加えられたくらいであった。こうした事情は、十八世紀が経過するなかで変化する。詳しく言えば、公共性とか世論といった概念が付け加わったために、変化する。当然のことながら、国家の固有の主権として世論を公布するという、具体的な政治的契機も存在してはいた。だが、もっと距離をとってみればわかるように、かつて合理性への要求〔国家理性 ratio status〕が占めていたとされる位置を、世論が占めるようになったのである――あたかも、ますます政治的に議論されるようになった環境のなかでは、合理性の基準などもはや信用できないかのようにである。合理性に結びつけられていた期待は和らげられ、それ自体政治との循環的な関係のなかで形成される世論という、より柔軟な概念に置き換えられる。このようにして、〔政治〕システムは、自己形成のより大きな自由度を獲得し、全体社会の環境からのたえず変わりゆく要望に反作用していくなかで、より大きな運動性を、獲得した。そののち、民主制について語られるようになるのである。こうした変動に関する説明として役立つのが、全体社会システムの機能分化への移行という事態であり、また、ある一つの特別な機能を引き受けつつ、より大きな自由度に順応していかなくてはならない必要性〔が生じてきたという事態〕なのである。

こうした機能的な全体社会の分化という原理が現実化していく歴史の過程のなかで、ある一つのことが、見逃せない仕方で明らかになってくる。すなわち、機能システムの自律性、作動上の閉鎖性、自己組織化は、互いの孤立（Isolation）という意味での独立性を意味しているわけではない点である。〔機能分化が現実化しても〕依然として、サブシステムは、互いに他方を制限しあっているし、しかもかつてよりもますます、ある問題をどの機能システムが担当するのかに応じて、その問題に対する責務が、あちらこちらへと移動するようになる。相互の独立（無関心）と相互の依存とが、同時に増大し、相互に増加しているのであり、それに相応して、個々の機能システムにおける自己組織化への要望、反応性への要望、反作用のスピードへの要望もまた高まる。ヒエラルヒー的な統合がなくなったからといって、統合の必要性もなくなってしまったわけではない。ただ、全体社会の統合（ここで統合を、全体社会のなかで設えられている、サブシステムの自由度の制限として把握するなら）が遂行されるさいの形式だけが、変化したのである。こうした全体社会の枠組み条件は、システム構造としてそのさい何がふさわしいのかという点に関して、選択的なかたちで影響を及ぼす。またそれは同時に、自己記述としてそのさい何が説得力を持っているのかという点に関しても、選択的に影響を及ぼす。

このとき、システムの自由度〔の上昇〕はまさに、政治システムの決定負担を高めることにもなる。立法による法システムへの影響について、政治的に前もって決定が下されていなければならない。市場経済は、政治に対しても、数多くの決定問題を浴びせかけている――まずは、社会国家における補償という意味でそうであるし、さらにこんにちでは経済の社会的な協調性や環境との協調性を、したがって経済の固有のオートポイエーシスの可能性の条件を保証しようとする〔経済の〕枠組み条件を、政治によって確保するという意味でも、そうである。その他の〔機能システムの〕ケースについても、政治的に確保されるべき組織化の働きが必要となる。これはとくに、教育システムや科学システム、病気治療のシステムについて言える。そうした組織化の働きは、プログラムに対する政治的な連帯責任に対して明確に境界設定するのは困難である。というのは、組織システムの水準では、コミュニケーションのネットワーク、人員の問題、決定プログラムが、高度に相互依存しあった決定前提を作り上げているからである(72)。

以上を踏まえると、いったいいかにしてこうした決定負担が、政治的に克服されうるのかという問いへと行き着く。リベラルな立憲主義が信じるところによれば、この問題は《憲法》によって、つまり法という形式において解決しうるとされる。憲法は、未知のものであり続ける未来がいかに取り扱われるのかを知ろうとする場合に観察されなくてはならない《部局》(議会、政府、裁判所)を、作り出している(73)。二十世紀になってもなお、人々はこの理念に拘束されていると思っており、この理念に従って、憲法のテキストを世界のすべての地域に輸出している(74)。しかし、全体として見てみると、政治システムの変化に、また全体社会の変化に、憲法が適応できる可能性は、むしろわずかしかないように思われる(75)。これに対応したテキストのなかには、代表の原理が見いだされるし、この原理に媒介されたかたちで、民主制への信仰告白がこうしたテキストのなかに組み込まれていたりする。しかも、《民主制》は一般に、ますます政治システムの自己記述定式と化してきている。政党も民主制の支持を表明する。政治運動は、《より多くの民主制》を求め、《非民主的だ》は、多面的に使用されうる罵り言葉となっている。憲法によって法的に許可され定められてもいる民主制は、寄食者となる(76)――つまり、支配者と被支配者との差異に寄り添い、そこからシステムのなかへと侵入し、ついには、みずからを主人なき主人に指名するような寄食者に、である。支配として分類されるべきものが、つまり《潜在的支配力の冗長性(77)》が、

〔支配としては〕規定されない状態で再びシステムのなかへと帰還し、そのなかで固有のゲームを催し、再解消と新たな統合強化のための基盤としてふさわしい形式を見いだすわけである。

人権という兵器庫から持ち出してきた意味契機を、民主制の概念に搭載してゆくゼマンティク的な過程に、以上のことが反映されている。民主制は自由と平等をも、また、個々人の自己規定的な生き方をも可能にしてくれるという期待が民主制に対して抱かれたりする。〔民主制の〕パラドックスは、〔自己自身によって自由に規定される個々人という〕違っている人々の間に違いがない（平等）というユートピアへと、変換される。そのさいのコミュニケーション形式が、「批判」である。批判は、こうした前提に依拠しながら、〔さらなる平等、さらなる自由などといったかたちで〕たえざる課題を自己自身に与える。批判は、構造的には、エリートの分化という形式で明瞭なかたちをとるようになる。つまり、多くの人々のなかのほんのひと握りの人々だけが、アクティブに批判とか抗議に取り組むようになるのである。こうした新しい大多数ノヨリ優レタ部分（maiores et meliores partes）にだけ、全体社会の〔機能分化という〕分化構造において〔この分化構造をいっそう確実に保証する〕再保険となるもの〔すなわち自由や平等〕が、不足しているわけである。また、そうであるからこそ、このゼマンティクは、きわめて直接的に、パラドキシカルでユートピア的な目的から導き出されうる。しかしそうなると失望がおそってくることになり、それに対しては、独特の《他在 Anderssein》を強調することによってしか応えられない。人民はそこから手を引くようになる。

民主制――それはいまや、形式のなかでの形式（の記述）であり、それに従って政治が政治システムのなかで推し進められるべきルールのマーキングである。ここで、《べき sollen》と言ったのは、この

〔民主制という〕形式のなかの形式は、政治システムがそれ自体を組織化していること、また、いかにして組織化するのかを明確に示し、また具体化しているからである。こう言ってよければ、このような形式のなかの形式は、この形式をシンボライズし、それによって、支配のパラドックスを、非同一的なものの同一性というパラドックスへと移し替えている。その意味で民主制は、依然として、代表的（repräsentativ）なものである。民主制は、支配のパラドックス化によって、非対称性の再対称化によって、旧来の形式の脱パラドックス化を解消することを可能にしており、多様なものの統一というパラドックスを、新たなかたちで把握することを可能にさせている。つまり、非同一的なものが互いにおこなうゲームの同一性として、である(78)。

《民主制》という定式によって、支配は、自己矛盾として演出され、したがって、支配は、否定されるとまでは言わないまでも、脱正統化される。しかしこれは、ある問いを未決定のままにしている。これ以降のすべてのものは、この問いを中軸にして動いていくのだが、その問いとは、すなわち、正統化の問題である。

自然的支配についての旧来の記述のなかでは、すでに示したように、代表という補足的なカテゴリーが使用されていた。〔これに対して〕自然に反する（人間的自然に反する）支配についての新しい記述のなかでは、正統化という補足的なカテゴリーが使用される。このような〔「代表」なり「正統化」といったカテゴリーの〕補填によってはじめて、その時々の同時代的条件のもとでのパラドックスの展開にとって不可欠である説得力が、媒介される。〔代表や正統化という〕これらのものは、任意性を制限する。そのさい、偶発性が必要だということは——しかし任意的な形式でと言うわけにはいかないが——、

（パラドックスについてのその他の捉え方を利用するためにも）認められてよい。

正統化の必要性の最終的な根拠となるのは、政治にとって根本的な事柄である。すなわち、暴力に対抗して暴力を動員する必要性に、暴力を暴力によって追放しなければならない必要性に、その根拠がある。したがって、この問題が依然として危険性を孕んでいるということから出発できる。どんなゼマンティク的な形式でもってこの問題に反作用されるにしても、である。暴力の追放のために暴力を保持することが、つねにすでに、正統な暴力の保持になるのである。しかし、ある特定の歴史的な全体社会のなかで、正統性の保持がどのような形式で受容されうるのか、については、これによってはまだ答えが出ない。

作動の点から見ると、正統化は、つねに自己正統化である。正統化は、政治的な（つまり、政治的なものとして認識される）コミュニケーションによって遂行されなければならない(79)。ただし、これは、外部のシステムによる正統化、たとえば宗教システムによる正統化を除外しているだけである。自己正統化という場合何が関係してくるのかは、これによってはまだ何も述べられていない。しかしここでも、こんにちの全体社会にとっての〔この問いへの〕答えは、明確に次のようなものとなる。すなわち、価値と関係しているのだ、と。

価値というゼマンティクは、たとえば自由や平和や正義といった、伝統的でそれゆえ承認済みの主導的諸概念についての新たな規定を可能にする。それによって、価値というゼマンティクは、〔近代とそれ以前とが〕連続しているとの印象を生み出し、そのため、近代社会への移行とともに現れた〔それ以前の全体社会との〕厳然たる断絶を、隠蔽する。こういった点は、それと並行して発展してきた疑いの文化や、イデオロギー批判、潜在的構造や動機についての分析によって十分には修正されなかった。この種の批判は、その〔批判の〕なかに埋め込まれている価値を伴っているので、連続性という主張をむしろ確証してしまい、近代社会においては、道を誤るだけである。構造的分析、また、知識社会学的分析によってはじめて、このような連続性の幻想は解消されうるのである。だが、これは同時に、価値というゼマンティクが、近代社会の構造問題から目を背けた記述のレベルしか提供しえていない、ということを意味する。

価値とはさしあたっては、定式化された選好である。より狭い意味でいえば、価値といったとき念頭に置かれているのは、コミュニケーションにおいて誰もが受容するであろう選好のことである。このことは、たくさんの価値観点について言える。ただしそれは、これらの数多くの価値観点を〔相互に〕分離しいわば〔相互の〕コンフリクトやコストから解放されていると考えるならば、の話だが（〔たとえば〕健康はイエスであるが、しかしもしその健康が、日々の散歩によって得られなければならないならば、〔面倒なので〕ノーだ！〔といった具合に実際には多様な価値観点はコンフリクトやコストから解放されてはいない〕）。したがって、価値は、コミュニケーションのなかでは〔この価値を承認するのが〕典型的だとほのめかされ、受容されるだろうとの想定がなされる。君は平和に賛成？　とあからさまなかたちで問われれば、〔どうしてそんな当たり前のことを訊くのだろう、何か下心があるのでは、というように〕下心を疑うようになる。〔ある人が〕価値〔あるとされる事柄〕に賛同したのを褒め称えたりする者、価値ないものを拒絶したのを称賛したりする者は、つまらないおしゃべりをしていることになる。確かに、このようなつまらないおしゃべりは、政治においても、また政治においてこそしばしば、何かとりたてて効果をもたらすわけでもないのに、なされている。いささか慎重な言い方をすれば、たとえば政党プログラムのレベルにおいてそうであるように、価値はまずは問題へと変換され、それによって、目下のあるいは将来の問題の解決に、その〔〔人々に受容されていると〕想定される〕価値に照らしつつ、これから集中して取り組みますよ、という約束をするわけである。

政治が、その正統化のために価値とかかわっているということは、これ以上の詳しい証明はほとんど必要ない。(80) これに対して、我々が取り組まなければならない問いは、なぜ、この種の陳腐なコミュニケーション様式が選択されるのかである。したがって、〔ここでは、セカンド・オーダーの〕観察のさいにつねにそうであるように、こうしたコミュニケーションがそれによって何らかの形式を得るようになる区別について問われる。こうした問いを立てると、ただちに、複雑な領域へと行き着く。

まず、価値は、政治が〔政治外部の、つまり《全体社会》の声に耳を傾けず〕政治それ自体としか取り組んでいないとする見方に異論を唱えるのに役立つ。価値は、システムと環境の区別に狙いを定めているわけである。とくに、いわゆる《基本的価値》によって指し示されているのは、全体社会そのものである〔政治システムの視点から、また政治システムのコミュニケーションの視点からすると、これは自明である〕。(81) つまり、基本的価値は、全体社会システムの部分としての政治システムに、〔政治〕システムとその環境の統一性に、狙いを定めているのである。(82)〔一定の人々に〕支持されたり〔人々から支持を得るために〕宣伝されたりする政治が、基本的価値によって、〔ある一部の人々の案件ではなく〕全体社会の案件として、特徴づけられる。そのさい、価値という言葉を使うと、全体社会を、その構造の点で、またそれによって与えられた制限という点で、現実のシステムとして記述するのを断念できる。(83) そして

〔現実のシステムか／否かという〕このことがすでに、関連する第二の区別となっている。政治的な見通しが定式化される枠組みを形づくるのは、可能なかぎり現実に即して構想される全体社会イメージではなくて、疑われる余地のない価値のカタログのほうになってしまうのである。

結局のところ価値のゼマンティクは、二重の使用に適しているのであり、その限りで、〔価値ゼマンティクについて〕概観するには、〔この二重の使用を〕明確に区別しておく必要がある。まず第一に価値は、肯定的／否定的というパタンに従って、その価値と精確に対応する反対価値から明確に区別される。〔たとえば〕安全（Sicherheit）を尊重する人は、危険性（Unsicherheit）を回避したいと思うだろう。そのさいつねに、一つの盲点の存在が推定されうる（このケースではたとえば、チャンスとかリスクがそうである）。この盲点によって隠蔽されているのは、否定的価値の側で十分に肯定的な連想を、あるいは、肯定的価値の側で否定的な連想を引き起こすものであり、それゆえに覆い隠されているのである。このことは、すでに、第二の区別の痕跡へと通じているのであり、したがって、政治プログラムの定式化におけるレトリックの巧みさという痕跡へと通じている。数多くの価値（＝数多くの〔自由／不自由、平等／不平等など、肯定的／否定的の対になっている〕価値ペア）が存在しており、これらは互いに区別される。自由、平等、連帯、平和、正義、安全など、数え切れないほどの多くの価値がある（またそれに相応した非価値が存在する）。このような価値のリストに選択的に手を伸ばして、〔ある価値は〕取り上げるが〔別の価値は〕取り上げないといったやり方もできるし、〔諸価値の並べ方の〕順序を選び出して〔どの価値を優先的に扱うかという〕優先順位を示唆することもできる（ただし価値同士の対立にこれだけで決着がつくわけではない）。とりわけ、諸価値の相互の区別というこの水準では、微妙な陰影づけの作業ができるようになる。平和を訴える者は、無条件に正義をも主張できるわけではない。自由を主張する者は、不平等を甘受しなくてはならず、逆に、平等を主張する者は不自由を甘受しなければならなかったりする。党派性やさらには腐敗なしに、市民第一の立場に立てるだろうか。失業なしでインフレーションの克服は可能だろうか。〔こういったことを見れば〕おのずからわかるとおり、具体的な政治はすべて、価値コンフリクトに決着をつけなければならない。期限を区切ったり付随的な措置に依拠してであれ、決着をつけねばならない。もっとも、価値の挙示というレベルでは、こういったことに前もって決着をつけることはできないし、またそうする必要もない。しかし、価値の挙示それ自体がすでに、場合によっては生ずるコンフリクトがどんなものか、また、政治プログラムをどれだけ割り引く〔ことでこうしたコンフリクトに応ずるべき〕かを、予告している。

このように区別を区別しても、政治の方向性に対する指示がもたらされるわけではないし、すべての価値が総決算され最適状態がもたらされるわけでもない。だが、こうして区別を区別すると、ある一つのことがきわめて明確に示される。つまり、価値ゼマンティクのなかに備え付けられている、〔自己言及／外部言及という〕差異の統一性がである。〔まず〕価値とその反対価値との区別によって、政治システムの外部言及が、表現されている。政治システムはここでは、政治システムも全体社会の一部であることを尊重すると公言する。〔次に〕これに対して、価値の相互的な区別によって、また、〔価値と価値との間に〕陰影をつける作業によって、さらに、価値コンフリクトの決着の仕方を考えておくことによって担ぎ出されてくるのは、自己言及である。この観点では、決定の自由度（の再生産）が保持され、こうした決定の自由度の利用が、具体的なかたちで、政治として現象する。いろいろな政党プログラムを互いに他のものから際だたせ選挙に臨もうという試みがなされうるのは、まさにこの方向においてである。したがって、それぞれの政党プログラムは、外部言及と自己言及の組み合わせ方の違いとして、相互に区別される。自己言及と外部言及の統一性も最終的には一つのパラドックスにほかならず、それに対していろいろな展開の可能性が示されうるからこそ、こうした政党プログラムはそれぞれに違ったものとなるのである。

したがって、価値という正統化ゼマンティクは、望もうが望むまいが、自己産出された不確実性（*Ungewißheit*）を、システムのなかに取り込んでいる。ある価値を支持表明することは、それによってどんな結果になるのかの不確かさを受容することでもある。ユルゲン・ハーバマスは、本書とはまったく別の方途で同じ印象に到達している。[84] 彼のディスクルス論においても、自然史に由来する規準や《実践理性》の原理規準から、解き放たれている。この理論で保持されているものは、強制から解放されたディスクルスのための手続き条件である。ディスクルスは、発話のなかに潜んではいるがしかし外部からそこに持ち込まれたわけではない何かを、取り出さなくはならない。しかも、こう言ってよければ、「理想的条件下で到達した合意という反事実的概念」（ハーバマス）である」《ファイナル－オピニオン》（パース）を、[85][7] 人は積極的に待たなければならない。ディスクルスの手続きは、《平等な法仲間の……法共同体の自己組織化の媒体として》ふさわしいかたちに整えられなければならない。[86] だがそのつどの現在において確信できるのは、せいぜい、未来の了解（Verständigung）の可能性が、《支配》の側による何らかの事前設定によって排除されたりしない、ということぐらいである。

正統化の無限の可能性と自己産出される不確実性は、民主制の基本的なパラドックスの精確な対応物であり、その他のさまざまな区別で〔このパラドックスを〕置き換え〔てこのパラドックスを展開す〕るための最初の出発点である。価値とディスクルスはつねに正統化されうるのであり、このときまだ決定が下されていないのはただ、どんな価値やディスクルスかだけである。〔一方で〕実践のなかでは、価値とディスクルスが用いられるのはもっぱら、コンフリクトを生み出したりこれに決着をつけたりするためだけである。ということは、これらの価値やディスクルスが成果を上げるのかそれとも取り下げられてしまうのか、また、どんなきっかけからそうなるのかに応じて、その意味がケースバイケースで新たに定式化し直されていく、ということでもある。取り下げられてしまった場合には、取り下げられたということが、その後、システムのなかで想起される。〔他方で、実践から距離をとって〕一般化という枠組みからすると、また、これらのゼマンティク的な多義性という枠組みからみると、〔多様な〕意味がそこにどんどん添加され、そういった意味の蓄積物は、直感的に取り扱われるだけで、明確に定義されれ〔て使われ〕ることはない。したがって、価値とディスクルスは、コンフリクトを実践的に処理するときにだけ学習され、それゆえに外部の観察者にとってはきわめて抽象的にしか接近できない文化の諸要素（Momente）である。

以上述べてきたことすべてを総合してみると、民主制が、正統化の求めがあることを認識するようになり、かつ、正統化が、価値ゼマンティクを利用して、それぞれの差異点において、異なるものの統一というパラドックスに適応するようになったのは、決して偶然ではない。かくして、価値を表現する言葉の陳腐さは、より精確に分析してみると、きわめて巧みな区別のゲームとして見えてくるのであり、これもまた、パラドックスの（いまやレトリック的な）処理の一形式である。だが当然のことながら、こうした分析は、ディスクルス倫理学が念頭に置いているような、正統化の探求の正統化へと、行き着くわけでは決してない[87]。政治的な公理道徳（Postulatenmoral）[88]は、それ固有の脈絡において再活性化されうる（し、またそうでなければならない）。つまりこういった道徳は、哲学的な倫理学が――精確に吟味すると――まったく提供できない方針によっては、負担軽減されたと感じることができない。

それ自体を記述する政治のシステムに関するシステム理論的な記述によれば、正統化を必要とする民主制というモデルはいまもつねに、支配のモデルであり、支配の非対称性をどうしても必要な構造として前提としていることがわかってくる。しかも、民主制の概念と、このような支配の非対称性の構造とは矛盾するにもかかわらず、である。まさにそうであるがゆえに、ディスクルス倫理学は、少なくとも正統化に関しては、《支配からの自由》という前提に依拠している。しかしシステム理論的なパースペクティブからすると、こうした自己記述もまた（いっさいの自己記述がそうであるように）偶発的なものとして記述される。この自己記述の機能は、公職権力の機能と同様に、未来を現在化する点にあると思われる――つまり、依然として未知のままである未来に関する確かさと観察可能性とを、現在の時点ですでに準備しようと試みるという点にあると思われる。諸価値の区別ゲームの否定しようのない徒労、また、近代社会の現実的な問題に対してのこうした定式技法の異様な無力さは、次のような問いの前に立たされるだろう。つまり、こうした自己記述形式は、いったいいつまで政治的に受容され続けるのかという問いにである。

価値定式に転換したこと、ならびに、民主制概念が援護サービスにまで内容的に拡大したことと関連して、第二次世界大戦以降、福祉国家としての国家の自己記述が、市民権を獲得するようになった。ここで問題となっているのは、もはや社会扶助（Sozialhilfe）だけではなく、それぞれの領土内の国民の幸福（Wohlergehen）に対する政治の一般的責任である。福祉国家としての記述は、民主制としての記述と並行するかたちで登場してきたわけだが、決してそれに取って代わったわけではない。それだけに、福祉増進の可能性の限界に突き当たったときにまさに、民主的な手続きがますます問われるようになったのである。

《福祉》は決して、そのための手段の選択を正統化できる政治的目的などではない。そう理解されてしまうと、この概念は、政治体制を専制政治へと変えることになるだろう(89)。福祉の概念は、未知の未来に対する願望の定式にほかならない。と同時に、これは、合意〔調達を容易にする〕定式でもある。誰も福祉に対して異を唱えたりはできない。たとえ、それに続けてただちに、どのように分配するのかという、論争を引き起こしかねない問いが立てられるとしても、である。福祉定式がなぜ異論の余地のないものであるかというと、それが未来と関連しているからである。他方、その分配の問いは、つねに現在の時点ですでに手元にある財やチャンスと関わっている〔ので論争がたえない〕。分配をおこなう前にまずは〔その分配すべき〕豊かさを作り出さなくてはならないのははっきりしているが、しかしこうした議論によって、福祉定式が未来と関連していることが隠蔽される。以上から、福祉の定式が、とりわけ第二次世界大戦以後の復興期において納得のいくものであったことは、決して偶然ではない(90)。達成できる福祉の限界につきあたるやいなや、問題は、政治から再び経済へと移行する。そうなると、政治の問題は、国際的に流動する資本をどれほど、またとりわけ労働をどれほどまで、みずからの領土のなかに引き入れそこにつなぎ止められるのか、という問いへと縮減される。

VI　自己記述の多様性

《代表》から《主権》をへて《民主制》と福祉へという道筋のなかで、政治システムの自己記述は、政治システムの固有の歴史に適応してきた。これらの定式は放棄されたわけではなく、いずれも、すでに目の前にあったものを〔そのつど状況に合わせて〕改定してきただけであり、複雑になる政治的事情に適応してきたのである。複雑性の増大はそれ自体、政治システムの分出の結果であり、システムの環境が刺激というかたちでしか影響を及ぼすことのできない形式で自己再生産と自己組織化が当該システムに委ねられた結果である。そのさい、自己記述はつねに事実についての言明（Sachaussage）のようにおこなわれる。〔記述されている〕状況が現実とは一致していないことを見失わないようにするために、自己記述を規範的に、さらには、理想化というかたちで様式化することができた。自己記述の定式が完全になるのは、その自己記述が言おうとしているようには現実がまったくなっていないことを、その自己記述が考慮に入れる場合である――誰が代表されていて、誰が代表されていないのか。主権者に対して影響を及ぼしているのは誰で、そうでないのは誰か。理性的合意の形成の手続きに参加するか、それとも、聞き分けのない人は排除されてもその人自身の責任となるのかを、最終的にはすべての当事者が選択できるまで、《思い切ってより多くのデモクラシーをおこなう》べきではないだろうか。

今日の状況からすると、これらの〔代表や主権や民主制といった〕定式は、いまだなおあまりにも厳格で、あまりにも硬直的で、あまりにもヒエラルヒー的で、あまりにも規範的要請によって規定されている。民主制は、その自己記述のテキストにおいては、いまなお、一種の上位の審級として《人民》を前提としているが、この上位の審級では、個々人の意志が共通の意志と融合するという驚くべきことがおこなわれている。こうしたことがいかにしてなされるのか、そうすることでそれぞれのケースでいったいどんな結果になるのかを説明できないので、人民の主権を、接続可能な形式にするために、国家が必要になる。しかしそうなると、次のような印象がもたらされるかもしれない。つまり、国家は、とくに政治的組織のレベルでの野党民主制という条件のもとでは、〔政権党／野党の〕差異がそのつど変転してもそれらの統一性定式として人民が必要なだけではないか、という印象である。すでに十八世紀においてそうであったように、人民は一つの構築物であって、これによって政治理論はその閉鎖性を達成していた。言い換えれば、もし人民〔の概念〕がまったく存在しなかったら、いったい誰が人民などというものに気づくだろうか〔＝誰も気づくまい〕。

こうした状況下で重要なのは、すべてを撤回して新たに始めることなどではありえない。社会学理論ならばこのような実験をするのに十分ふさわしいだろうが、ただしそのさいには、社会学理論は、この実験に失敗する諸条件について考慮しなければならなくなるだろう。これに対して、〔政治システムの〕自己記述は、システムに、つまりそれ自体について記述することによってそのシステムを遂行してもいるシステムに、順応しなければならない。したがって自己記述にとっては、伝統との結びつきを切断するのではなく、伝統をただ新しく記述し直し、とくに自己記述のやり方に対する要求を反省してみるほうが、より当然なのである。そしてこうしたことは、なによりもまず、セカンド・オーダーの観察の水準への移行によって、おこなわれうる。

近代的な機能システムのなかには（ましてや全体社会というシステムのなかには）、数多くの多様な自己記述が見いだせる。政治システムにおいては、人民と国家との伝統的な一対一の結合が放棄され、したがってヒエラルヒー的秩序という一体的なモデルが放棄されるやいなや、さまざまな自己記述が個々別々におこなわれるようになる。こうなると、政治システムのある自己記述では、引き続き国家を出発点にして、集合的に拘束力ある決定を下すさいの国家が抱える問題に新しい困難が見られるとして、〔国家による全体社会の〕制御への期待を取り下げたり、あるいはそうした制御への期待を新たにコンテキスト化したりすることができるだろう(91)。また、人民から出発したり、あるいは、全体社会から出発することもできるだろう。そのときには、これらの言葉のもとで十八世紀につねにすでに理解されていたことを真面目に受け取ることもできよう。すなわち、〔人民といった場合には〕自分自身を、自分の利害を、自分自身の期待を観察している諸個人が、それどころか自分自身の観察についての観察という〔セカンド・オーダーの〕レベルでみずからをはじめて個人化している諸個人が、問題となっているのだとする考え方を、である。そうなると人々は、政治的リベラリズムの領域や人権の領域に入り込むことになるが、しかし伝統においてそうであった以上に、社会的規律化へのいっさいの希望、あるいは、こうした諸個人の、理性によって調整された自己制御へのいっさいの希望を放棄しなければならなくなる。このように見るならば、国家は、予期せぬゆらぎへの傾向、多様な意見や動機が脈絡なく離合集散を繰り返す傾向を持つ極度に不安定な諸素材とかかわらざるをえなくなり、しかもそのさい、状況について政治的に定義することがすでに、意見や動機を変化させ、新たな意見の集約や分裂や区別へのきっかけをもたらしてしまう。こうした考え方からすると、政党はここで、偶発性を吸収したり、定式化されうるコンフリクトや政治的に決定できる選択肢へと攪乱を変形する基幹的な機能を獲得するだろう。だが、国家から出発しようと諸個人人民から出発しようと、どちらの場合も、ハイエク問題が先鋭化する。すなわち、〔個々人は〕不十分な知識しか持たず、〔システムに対して〕複雑性によって過剰な負担がかけられていることが知られ、またシステムのなかでそれが反省されており、つまりは、システムが、システム自体にとって不透明である、という問題である。経済が価格というかたちで有してるよりどころが、〔政治には〕欠落しているのである。したがって、それに失敗するほかなくなる——それによって、維持されるべきものがいかにして維持されうるのかが、わかるようになる。

以上のスケッチは、可能性を尽くしたものではない。これら以外にも、ハーバマスにならって、コミュニケーションのなかで〔外部の諸力によらずに〕それ自体で現実化されるべき理性的了解に依拠するという可能性もある。(92) このときには、すべての当事者の間でのディスクルスという主導的理念へと行き着き、自然法や道徳的な諸原則によるいっさいの制約条件はすべて放棄され、超越論的なコンセンサス保証を伴った（主観的）実践理性という理念すらも放棄され、いっさいを、コミュニケーションのなかで獲得される洞察に委ねることができるようになる。だがそのさい、ある一つの問題が未決定のままにされている。しかもこれこそが、まさに政治的な問題なのである。すなわち、最終的なコンセンサスへの同意を拒む聞き分けのない人々をどうしたらよいのか、という問題である（しかも、身の毛もよだつようなコンセンサスも現実に起こりうるのであれば、まさにそれゆえに、このような拒絶にも十分な根拠がある！）。

純粋に形式的に言えば、問題は、システムの自己記述が数多く可能であるという点に、システムの

《超複雑性》[8]に、あるいは、システムの《多次元性 Polykontextualität》にある。(93) つまり、多様な客体が単純に――たとえば国家が組織として、個人が人口として――記述されてしまうのをいかにして回避できるのか、という問題である。この問題への解決策の一つは、セカンド・オーダーの自己記述へと、反省的なかたちで(reflektiert)移行することである。そのためには、すべての記述は、それ自体を、その他のさまざまな自己記述も生み出しているシステムの自己記述として、〔その記述のなかに〕包含する必要がある。イデオロギー嫌疑の普遍化について語ることもできるかもしれない――とはいえそこまで射程が広いわけではない――が、そのさい、記述者自身をも包含する自己論理的な構成要素を伴うだろう。マルクス主義的な理論潮流の内部で党派性の反省が見いだされるとすれば、それはこの一例と言えるだろう。

だが、これは、きわめて形式的な出発点の一つにすぎず、すべては、ここから何がなされるのかにかかっている。すべての自己記述が回帰的に〔当該の〕自己記述と関連すべきだという要求を、システムがシステム自体に対して立てるとき、システムは、どのようなかたちでの安定的な自己観察を成立させるのかが問題となる。これは、偶発性(とはいっても任意性ということではない!)が、システムの最終的な《固有値》へと凝結してゆくことを意味するのかもしれない。この〔偶発性という〕固有値は、すべての記述が区別に依拠している場合に、また、それとは異なる区別を用いれば――ここでのケースでいえば、したがって、「個人人口」対国家、あるいは、支配から自由なディスクルス対支配〔といった区別をすれば〕――また別の記述がおこなえるということを反省している場合にも、というよりそういう場合にこそ、安定し続けていられる。この世界においては、観察パースペクティブの多様性がノーマルなこととして現象せざるをえない。協調せねばならないという強制に代わって、〔互いの〕了解は〔それが可能になる〕チャンス次第だということになるだろう。かつて不動のものであった諸前提や自然目的と信じられていたものの代わりに、コンテキストと偶発性が現れる。決定から決定へと連なる過程で再生産される不変の契機があるとすれば、それは未来の未知性であろう。日常生活でこれに慣れるためには、そのつど、観察者を同定していくことが、つまり、つねに、誰がそれを言っているのかと問うことが必要になるだろう。こうした条件のもとでも政治的な文化が展開されうることを、決してはじめから排除してしまってはならない。あるいは、これを排除する者は、こうした自由度を、耐え難く非理性的で非道徳的で等々と見なす伝統によって規定された者として、可視化されるようになる。

VII 総括

みずからを記述するシステムについての社会学的な記述の理論的指針は、以上によって明らかになったであろうから、最後に、ここで扱っている内容の複雑性を顧慮しつつ、もう一度、まとめてみたい。政治システムの自己記述に使われる主導理念の歴史的な順序は、歴史としても一定の構造を指し示している。〔つまり〕こうした順序は、こういってよければ、全体社会のなかでの、全体社会の政治システムの進化的な分出〔過程〕と、歩みをともにしている。こうした分出の歴史が経過するなかで、〔政治システムの〕同一性問題が立てられるその仕方に応じて、パラドックス展開のための多様な形式が、そのつど、説得力を獲得するのであり、したがって、人々の注意力が、それに対応した形式に固有の問題へと、向けられる。〔たとえばIIで詳述したように〕ある集合体をコミュニケーション能力のあるものとして設えなければならない宇宙論的枠組み・社会的な枠組みが前提とされる場合には、《代表》が肝要になる。これは、教会と関係しているし、さらにまた、領域的に境界設定された世俗的支配とも関連しうる。そこでの問題はなによりもまず、すべての成員が同じ結社（universitas）にいるという前提のもとで、いったい誰が、他者に成り代わって語ることができるのか、ということである。これを要求する善く美しく整序された被造物が、その環境となる。〔次に、IIIで論じたように、政治システムの〕分出がさらに進んだ状況になると、決定の基盤それ自体が内的な問題となってくるので、そういう状況に対しては、《主権》の問題によって反作用される。自然や宗教は、もはや〔決定の〕確実なよりどころを与えてはくれず、また、〔政治システムの〕環境は、システムの決定作用に対する要求を、たえず変化させている。だがこの段階ではまだ、政治的な支配がなければ整序された人間の共同生活はありえないという論拠によって、政治的に構成された全体社会が前提とされていた。最後に〔IVで取り上げたように〕、《民主制》という主導理念への移行によって、政治システムの完全な分出が記録される。これとともに、支配に必要な、服従の非対称性が、直接に、しかもいわば宇宙論的・自然的な根拠づけなしに、視野に入ってくる。ここに至ってはじめて、政治システムは、手持ちの材料だけでそれ自体を正統化せざるをえなくなった。そうなると、もっぱら依拠することができるのは価値やディスクルスであり、どの現在の時点においても、正統化のために未知の未来とかかわらなくてはならなくなる。

構造的な進化の成果としての分出や機能的個別化という観点から問題が先鋭化してきたという以上の事情からすると、〔パラドックスの〕展開の定式が〔代表から主権へ、そして民主制へといった具合に〕単純に入れ替わったわけでない点も理解できるようになる。むしろ、我々が観察しているのは累積的な過程なのであって、それは、旧来の意味獲得物を温存しながらも、しかしよりラディカルな定式のほうに優先順位を徐々に移していくような過程である。だから、主権的な君主はまだ、国家の代表者として見なされていたし、民主制への移行も、代表制の助けを借りておこなわれた。と同時に、この代表制は、主権の問題を、君主の人格から立憲国家へと移行させた。その後、立憲国家の統治機構は、その領土に対する自己管理が国際的に話題とされやすくなっていること、また国際的に尊重されうるものであることに、留意しなければならなくなっている。価値指向、さらにはディスクルスすらも、いまなお《民主的》なものとされている。ただし、上述したようにゼマンティク上の伝統との結びつきがあるにもかかわらず、価値指向やディスクルスは、おこないたいと思うすべての事柄を政治がおこなえるわけではないことを甘んじて受け入れる柔軟性を、何とか工面することになる。これはその後ますます、政治を世界社会の中に位置づけるさいの必要条件となっている。と同時に政治は、その他の諸機能システムを前提としなければならないが、しかしこれらを制御などできないことを、同じく世界社会のレベルにおいて、政治は考慮に入れなければならない(94)。

自己記述の歴史が〔機能システムの〕分出によって惹起される——というのも、そうでなければ〔システムの〕統一性はありえなくなるだろうから——のであれば、パラドックス展開の同じ問題が、政治以外の機能システムにおいても現れるだろうと想定できる(95)。このことがもし示されえたならば、〔本書の〕基盤となっている論拠を、経験的なかたちでしっかりと証明できるだろう。だがこの課題は、全体社会の政治システムについての記述の枠組みを越え出る。

第十章　構造的カップリング

I　構造的カップリングとオートポイエーシス

政治が全体社会のなかでおこなわれていることに疑問の余地はない。また、政治が作動上閉鎖でき、それゆえにオートポイエティックに再生産されうる場である現実《レアル》世界を、全体社会が前提にしていることにも同様に異論の余地はない。これに相応することは、すべてのオートポイエティックなシステムについて言え、したがって、認知的な環境理解を管轄しているシステムについてもあてはまる。もちろん、すべての認知が、システム内部での区別の構築を必要とし、それゆえシステム内的な作動を必要としている点は、しっかり銘記しておくべきである。さもなければ、いかなる認知も、情報や情報処理のきっかけを手にすることはできない。けれども、だからといって、作動上の閉鎖性が認知のための条件と見なされねばならないという点に、何ら変わりがあるわけではない。というのは、外的な状態と内的な状態との一対一での一致が遮断されているからこそ、そもそも、システムが諸形式に（ということは、いつもそうであるように、何かほかのものとの区別に）指向することを学習するようになるからである。差異への指向は、環境が重要（relevant）なものとなりうるそのありうべき観点を、著しく増加させるので、直接的な〔一対一の〕環境接触が遮られているときにのみ、そうした差異への指向がおこなえるようになる。そうであってのみ、意味経験として周知のものや自明であるものが、そもそも成立しうるのである。

作動上の閉鎖性は、したがって、オートポイエティックなシステムがあたかも環境が存在しないかのように作動するなどということを意味しているわけでは決してない。ましてや、オートポイエーシスの理論が、実在の想定（Existenzannahmen）を排除しているといったまったく無意味な極論も、ここでは却けられている。しかし、作動上の閉鎖性とは、認知が、環境の中にはそれ相応のものが存在しない特定の形式をとる、つまり、他のものから区別された何かの指し示しという形式をとる、ということである(1)。このような形式がなかったら、認知など不可能である。しかも、心理システムや社会システムは、形式のなかへのその形式の《再参入》を遂行できるならば、すなわち、そのシステム自体の（環境には依然として接近できない）作動を、自己言及と外部言及との区別に向かわせることができるならば、こうした形式のおかげで、作動上は閉鎖しながらも同時に、認知的には開放的に作動できる(2)。

オートポイエティックなシステムの創発は、その環境との関係についてもしかるべき帰結をもたらす。この関係は、認知に依存するわけにはいかない。少なくとも直接には依存できない。というのは、認知は内的な構築のみを処理するものだからである。この点で、いわゆるラディカル構成主義は、伝統的な認識論すべてと鋭く対立している（しかも、《リアリズム》をいささかも放棄することなく、そうなのである）。オートポイエティックなシステムの環境条件への適応は、構造的カップリングによって媒介される。これは、システムの認知的な過程を刺激するだけであり、それを決定づけたりはできない。構造的カップリングがはっきりと現れてくるのは、所与の期待と比較してみたときであり、つまりは、システムの再生産のために設えられている、自己産出された構造と比較したときである。けれどもそれは、未来のシステム状態の確定として現れるわけではない。構造的カップリングは、したがって、システムのオートポイエーシスと完全に両立する。それは、システムのオートポイエーシスを制限するのではなく、むしろこれを利用して、〔カップリングしているシステムがオートポイエティックである〕にもかかわらず環境の諸条件を〔当該システムの内部において〕有効に働かせるのである。(3) それゆえに、構造的カップリングが数多くあれば、システムの自律性も強化されるのである。

　このような理論に基づくと、構造的カップリングはつねに高度に選択的なかたちで設えられていることが、つまり、じつに多くの事柄が包含されるというより排除されていることが、予期されなくてはならないだろう。これは目と耳の例からもわかる。目や耳は、ごくわずかな物理的帯域幅をとおしてしか脳の刺激を媒介できない。同じことは、条件を変えれば、全体社会というコミュニケーションシステムについても言える。全体社会は、意識をとおしてのみ刺激されうる。したがって、生物学的に刺激されたり、化学的に、あるいは物理的に刺激されたりすることはありえない。コミュニケーションは、それゆえに、意識とのみカップリングされるのであって、その他の環境の諸事情とはカップリングされない。環境で生起するその他のすべての出来事は、破壊的なかたちで（destruktiv）しか作用しえない。当然のことながら、意識も、それ固有の構造的カップリングを介して、その環境と結びついているのであり、まずは脳を介して、次いで有機的生命の諸条件すべてを介して、より広い環境と結びついている。けれども、これらのカップリングが、直接にコミュニケーションに干渉することは決してない。これらのカップリングは、〔コミュニケーションにおける〕問題を孕んだ伝達や理解され難い伝達〔を理解しやくするの〕に貢献したりしない。これらのカップリングが機能しなくなれば、コミュニケーションは中断する、場合によっては終結してしまうだけのことであって、コミュニケーションにおける攪乱へと至ることはありえない。すなわち、コミュニケーションを用いて、つまりオートポイエティックに、取り除かれたりあまり刺激をもたらさない形式へと変換されたりしうるような攪乱へと、至ることなどありえない。

政治的コミュニケーションもまたコミュニケーションであり全体社会のオートポイエーシスの処理でもあるという理由だけからしてすでに、政治システムのケースについても、以上とは異なることを期待するわけにはいかない。したがって、政治システムがそれ固有のオートポイエーシスへと分出しているのであれば、政治システム固有の構造的カップリングが考慮されなくてはならないだろう。その構造的カップリングは、全体社会において可能であるほとんどすべてのコミュニケーション的内容を排除し、ごくわずかな観点においてのみ独特の感受性を強化するのである。このようなカップリングの進化がなければ、政治システムの分出も政治システムの作動上の閉鎖性もありえなかったであろう。したがって、ここでの課題は、それがどんな種類の構造的カップリングであるのかを突き止めることだろう。

II　政治システムにおける《人格》

全体社会が意識を介してのみその環境とカップリングされうるのならば、このことは、全体社会の政治システムについてもあてはまる。〔構造的カップリングは高度に選択的なかたちでおこなわれるわけだが〕

この〔意識とのカップリングという〕観点での選択、しかも先鋭な選択がかかわりうるのはもっぱら、その意識が政治にとって重要であったり重要でなかったりする人格（Person）、である。すべての人が政治家であるわけではない。もっとも、これを確認したところで誰も驚くまい。にもかかわらず、システム理論的なアプローチから生じるいくつかの解説をあらためて繰り返しておくのは、価値ある作業である。

まず、どんなシステムも、その構造的カップリングを意のままに行使することはできない。構造的カップリングは、〔そのシステムの〕作動に貢献できるわけではないから、システム自体にとっては不可視のままである。このことは、政治家の意識についてもあてはまる。政治家は、意識としては、政治的重要性を持たない。じじつ、政治システムは、〔政治家の〕意識状態を規定したり選択的に〔ある一定の〕意識状態を要求したりはできない（選挙で選ばれた人の意識の場合にもそうである）。政治システムにできることは、人格の選択に限定される。

《人格》という概念は、ここでは、コミュニケーションのなかで言及されうる統一体を意味するものとして使いたい(4)。つまり、コミュニケーションにおいてのみ、また、コミュニケーションにとってのみ、存在しうる何か、である（しかも、これは、古くからの伝統において言われている意味に十分に適っている）。コミュニケーションが機能しうるのは、ある事柄を誰が伝達しているかと、誰が受動的に－理解する構えでもって〔コミュニケーションに〕関与しているのかとを、区別できるときに限られる。人格をコミュニケーションにおいて取り扱うときには、名前が必要であり、場合によっては、再認識可能な〔その人格についての〕イメージも必要であるが、しかし人格の《なか》の有機的過程や心理的過程の解読は必要ない。これらに相当する〔有機的・心理的〕諸システムがそれぞれの固有の複雑性を処理可能であることを前提できなくてはならないが、しかし、〔政治システムの〕環境に位置するシステムのこれらの作動上の複雑性をコミュニケーション・システムにコピーして取り入れたりできないし、その必要もないし、さらには意味あることですらない。〔有機的・心理的な環境に対する〕作動上の無関心というこういった前提のもとでのみ、人格とのコミュニケーションや、人格を介してのコミュニケーションが可能となるのである。こうした前提のもとでのみ、政治的公職のための人格の選出とか、政治的に声望ある人格の選出を考えうるようになる。

と同時に、人格は、心理システムにとっては、その環境の知覚可能で再認識可能な特別な一部なのであり、しかもきわめて注目に値する環境の一部なのである。このことをコミュニケーションのなかで再び前提としたり、顧慮したりできる。ここでもまた、〔人格についての〕知覚可能性は、〔当該人格を〕知覚しているシステムにおいて保証されているのであって、知覚されているシステムのなかでどんな内的過程（物理的・化学的・有機的・心理的なそれ）が進行しているかには依存しない。そうした内的過程についてあれこれと推測できるので、人格は、興味の対象になったり魅力的であったりする。しかし、その他の〔その人格の物理的・有機的等々の〕諸システムの内部事情は、心理システムにとっても社会システムにとっても接近できない。まさにこのように接近できないことこそが、カップリングされている両システムの作動が、共通の時間のなかで同期化（synchronisieren）されうるようになる前提なのである。

けれどもこういったことは、大枠となる条件にすぎず、よく考えてみれば自明でもある。政治的公職のための人格の選出がいかにしておこなわれるのかについては、まだこれによっては説明されていない。選出されれば、その結果として、数少ない意識システムと影響力の大きい政治的コミュニケーションとの（〔政治〕システムのなかで〔選挙などを通じて〕修正可能な）構造的カップリングがもたらされ、したがって、進化的に非蓋然的な選択性の強化がもたらされる。

公職と人格の区別は、政治的な人格選出にとって不可欠の前提条件である。就任した公職のおかげでどれほどみずからのバイオグラフィーを築き上げてこれたのだとしても、あるいは、自分の就いた公職のおかげである人間がどれだけ社会化されたのだとしても、また、公職に就いている人格のおかげで、その公職がどれほど高い評価を得ることができたのだとしても、公職と人格との区別は、まさにこの両者が浸透しあうこのような過程にとって必要不可欠なのである。さもなければ、確かに人格に何らかの特質を帰属できるかもしれないが、しかし、さまざまな公職に就く人格とか、就く担い手〔たる人格〕が次々と入れ替わる公職、といった多様なシークエンス（キャリア）については観察できなくなるだろう。両者を区別するという思考は、我々にとってはあまりにも自明なので、もしこのような前提が与えられていないときリーダー的職員がどのように観察されるのか、思い描くのに苦労してしまう。しかし〔両者の区別という〕このことによって示されているのは、可能性の条件の一つにすぎないのであり、次のような現象がこれによってすでに説明されているわけではない。すなわち、こんにち、公共的な注意力や政治的な職員選択が人格を指向するようになっている――しかも多くの人々はますますそうなっていると思っている――という現象が、である。[5] この現象は、選挙についても言えるし、また、政治的支配装置の内部におけるコネ政治や恩顧政治についても言える。[6] 言い換えると、説明されるべきなのは、〔人格という〕構築物の自己妥当化（Selbstvalidierung）であって、若干の人間は政治において成功するが、そのほかの人はそうではないという半ば存在論的事実ではない。

これは、政治家が決定を下さなくてはならないという事実と関連しているのではないか、と推測することはできる。あるいは、重要な公職が問題となっているときは、〔その公職に事案が上がってくる〕以前に〔その公職以外の〕どこ〔のポスト〕において〔決定すべき事柄の〕選択肢の制限がなされているとしても、その決定はその公職に帰属されるという事実と関連しているのではないか、という推測もできる。決定がそもそも何《であり》、またいかにして成立するのかという謎は、〔その内部が不透明な〕人格への帰属によって解決される。より精確に言い換えれば、〔「解決される」というよりも〕その謎は、別の、わかりやすく、報道しやすい、テレビ向きの謎に、変換されるのである。(7) さらに、政治は、人格を際だたせることによって、非政治的な選好や動機を持ち出すことができる。(8) そしてこれもまた、パラドックスの解消の一つである。それに相応して、政治は、政治家の非政治的な振る舞いについてのニュースにも敏感になる——道を歩いているときの振る舞いや、警察官とかかわるさいの振る舞い、子どもを教育したり妻に接するさいの振る舞いにである。このかぎりでいえば、テレビがほぼ自動的に気にかけるようになる〔政治家の〕個性（比類のなさ、交換不可能性）が、ここで同時に呈示されているわけである。テレビは、人格のコミュニケーションへの関与と、人格の知覚可能性／再認識可能性との構造的カップリングを、したがって社会システムと心理システムとの〔高度に選択的な〕構造的カップリングを、いわば増強しているのである。けれども、パーソナリティの政治上の魅力は、とりわけその決定能力、および決定の貫徹能力にある。

　決定のさいに何が問題となっているのかをより精確に見てみると、通常の考え方(9)に従えば、前提とされている諸選択肢のなかからの選択が問題であるということになる。そこでは、前提とされている目的のために手段を選択すること、さらにはまた、いくつかの帰結を目的として選び出し、その他の帰結を、〔避けることのできない〕コスト、あるいは目的のための手段と見なして格下げすることが問題になっていると言える。何か一定のことをおこなう――あるいはおこなわない――ことが問題となる場合にも、それに代わる選択肢が与えられる。したがって、選択肢という形式は、そもそもある行動が決定として観察され帰属されるためには不可欠である。しかし、決定それ自体は、そうした選択肢のなかにはまったく現れない。決定は、〔選ばれたものと選ばれなかったものを同時に視野にいれるときに「決定」とされるわけだから〕この選択肢という形式の〔選ばれた〕一方の側にも〔その他の選ばれなかった〕他方の側にも、見いだせない――もっとも、決定かそれとも非決定かという、そのために特別に構築された選択肢においてであれば別であるが。それゆえにまた、決定者も、その決定のなかに現れない。決定者は第三のファクターであり、〔あれか／これかという〕選択肢の設定によって排除された第三の値なのである。したがって、ここでの構造は、どんな観察者にもついてまわる問題をまさにコピーしている。すなわち、観察者は、区別を指向しなくてはならないが、観察者自身は、その区別には登場しない、あるいは登場するとしてもせいぜい、《マークされない空間》という観察できない条件のもとでである。だが同時に、観察者のいない観察、決定者のいない決定はありえない。決定者は、排除されたものとして包含されている第三者であり、そこに居合わせている不在者であり、二値論理では記述できない決定の神秘、なのである。つまりまさにミシェル・セール[1]が言う意味での寄食者である(10)。

　ますます多くの選択肢が、決定のために待ち構えるようになると、その状況から利益を得る決定者やその状況のゆえに身を滅ぼしてしまう決定者が、つまり幸運な寄食者や不運な寄食者が、それだけ増える。《幸運》は、このことを言い表す古典的な表現であった——そして上記とはまた別の神秘であった。結局のところ問題となっているのは、選択肢という二つの側面を有する形式を——それが決定として登場してこなくてはならないのであれば——、統一体として指し示さなくてはならない、というパラドックスである。通常は、このようなパラドックスは、時間的な形式に変形されて、それによって解消される。すなわち、決定は、決定の前には、決定の後とは違ったものだというわけである——決定の前には、〔いずれも選びうるという意味で〕開かれた選択肢があるけれども、決定の後では、すでに下されてしまった決定がある、つまり〔それを決定として思い出したり、後になって振り返りながらそれを決定として再構成したりするとき〕ひょっとすると別様にも下されえていたかもしれないとされる決定がある。しかし、パラドックス展開のこのような作戦は容易に見破られ、次のような問いに立ち戻ってしまうだけである。その決定は、決定の前と後とで、どのようにして別の決定になりうるのか、同じものがいかにして別のものになりうるのか。

構造的カップリングは、当該システムにおいては不可視となり、そのシステムに対してはいかなる作動も抛出しえないことをすでに我々は知っているので、以上のような知見は、我々にとっては別段驚くほどのことではない。逆に、決定の神秘性は〔わからない謎であるどころか〕、構造的カップリングのための接点が我々の目にははっきり見えていることを、裏づけているのである。我々は、決定者自身が観察できないものを観察することのできるセカンド・オーダーの観察者である。決定の神秘はパラドックスを隠蔽し、パラドックスは盲点を隠蔽する。盲点とはつまり、観察者の観察不可能性のことであり、決定者の区別不可能性のことである。そして〔本書において〕こういった問題がそもそも重要となり、とくに政治システムにとって重要になるのは、集合的に拘束力のある決定をおこなうのが政治システムの機能だからであり、また、政治システムが、この、集合的に拘束力ある決定という機能の点で構造的カップリングとかかわりあわなくてはならないから、である。構造的カップリングは、政治システムの内部ではもっぱら、あらゆる決定の、刺激として、疑わしさとして、困難として、批判可能性として、偶発性として、把握され処理される。

　したがって決定者は、寄食者としてそのシステムに居座り、システムを占拠し、システムを支配する（もっともここで、可視的な支配という古典的な意味合いでこれを語ることはできまい）。決定者は痕跡をあとに残し、少なくとも、痕跡を消し去ったという痕跡を残す(11)。決定者のドラマトゥルギーも、近代的演劇においてそうであるように、ともに記述されることがあるかもしれない。けれども、推測されるとおり、それが記述されればされたで、すでに〔それを記述する〕また別の寄食者が働き始めることになる。この寄食者も、〔この寄食者の〕人格を作り上げたり〔その作り上げた人格を〕取り去っ〔て、別の人格を作り上げ〕たりはするが、このとき、決定者としては、不可視なままにとどまる。システムは、決定を人格に帰属することは十分にできるし、公職に就いている人格を取り替えることも十分できる。システムは相変わらずかなりの程度柔軟でいられる。しかし、それはつねに次のような前提条件のもとにおいてのみである。すなわち、個々の人間の有機体的システムや心理システムといった社会外的なリアリティとの構造的カップリングがそれによって〔当該システムの内部で〕配置し直され、システムのそれ自体に関する経験内容と適合的なものにされうる、という前提条件のもとで、である。

　してみると、決定能力、決意、行為の構え、といったものはシンボルの一つであって、政治家は、こうしたシンボルを使って自分自身を際だたせたり、あるいは、その生活史のなかでの偶然の配置のされ方次第によって、際だたせられたりしている、ということが理解できるようになる。[12] もう一つ別の帰結は、政治が道徳的な評価にきわめて敏感になる、という点に見いだせる。人々は、政治家の意識には接近できないからこそ、その代わりに、政治家を道徳的に評価できる。しかもそういうことができるのはまさに、政治家がみずからを決定者として可視化するからである。このとき道徳は、決定の謎それ自体を解決できるかどうかには依存することなく、人格についての逆推論を可能にする、行為の再分類スキーマの一つである。しかし道徳はあくまでも〔尊敬／軽蔑という〕コミュニケーション・コードであり、これが意識に転用されると、他者や自分自身を道徳的に評価することは、より深い意味で言えば、非道徳的となる。[13] さらに、世論という条件、つまりセカンド・オーダーの観察という条件と、民主制という条件、つまり政権党／野党というコードの条件のもとでは、十七世紀に競合しあっていた二つの道徳論は、いずれも効力をなくしてしまう。道徳性をはらんだ政治的コミュニケーションにおいては、《暗闇のなかの〔＝見えないところでの〕エチケット》（〔トーマス・〕ブラウン〔2〕、〔第三代〕シャフツベリー伯、その他多くの人々）も美しい見かけの獲得（〔バルタサル・〕グラシアン〔3〕）も重要ではなくなり、むしろ、〔政治家に関する〕いかがわしい見かけの産出が重要になる。そのさい、〔道徳の〕諸原理は、どんな行動も悪として指し示す——というのは決定はつねに価値コンフリクトを含意するので——ことを可能にする価値へと、抽象化される。そうなると、〔その行動からの〕人間についての逆推論はなおのこと、もはや不可能になる。というのは、原罪以降でさえ、これほど多くの悪徳は存在しないだろうからである。

さらに、政治システムは、世論という鏡の前で作動しているので、決定の策定と決定の記述の間にかなりの不一致が生まれてしまうことに慣れている点も、考察の必要がある。どの関与者も、このような仕方で、〔決定の〕リスクとそれの予防との間でバランスをとろうと試みることができる。最終的には、人格と〔その人格が下したとされる〕決定とが連携しあうことで、〔その人格の〕著名さが強化されるという効果がもたらされる。この効果は、〔その人格の〕政治的キャリアの特性に反作用を及ぼし、またこの効果のゆえに、若い世代の政治家が、著名になるまでの道のりに立ちはだかる壁を突破して〔名を知られるようになって〕いくことが、困難になってしまう。

しかしとりわけ、心理システムの過程と社会システムの過程との循環的な関係、つまり《相互浸透》を考慮に入れなくてはならない。心理システムは、〔著名ではない〕若手から人々に考慮される一個の人格へと成長してゆくが、心理システムがこのような〔成長したみずからの〕人格に適応できるようになるのはこの相互浸透によってである。それに伴って、ある人格を、その未来の行動を念頭に置いて評価する能力は、政治の重要な資源の一つとなるが、この根底にも、一種の直感が、つまり〔将来の行動を見越してある人格を評価し登用することになるわけだから〕観察不可能性を乗り越えて〔その人格を登用するという〕決定へと変換せざるをえないがゆえにそれ以上合理化しえない直感が、存在する。自己選択による、あるいは他者選択による人事上の決定を事前に準備したり事後的に用意したりする作動は、確かに、賢慮（Weisheit）という概念に包含することはもはやできない。だが、こうした作動は、いわば、決定を決定のなかにコピーしている。つまり、〔政治システムによっては〕コントロールできない外部世界が、構造的カップリングを介して〔政治システムに対して〕刺激というかたちで影響を及ぼす場であるシステムの境界線上での、それ以降の決定の前提についての決定として〔人事的決定が下されることで、それ以降の決定の内容がある程度そこに映し出される、という具合に〕、である。

Ⅲ　政治システムと経済システムの構造的カップリング

〔ここまで見てきた〕意識／コミュニケーションの構造的カップリングは、全体社会の外部の環境とかかわっている。だが、全体社会の内部においても、諸機能システムは、そのオートポイエーシスの作動上の閉鎖性という条件のもとで、構造的カップリングに依拠している。ここでもまた、次のことが確認される。つまり、構造的カップリングは、それによって結びつけられたシステム同士が自由を発展させ固有の複雑性を構築できるように、高度に選択的に設えられなければならない。ということは、すべての機能システムの間で同型的な構造的カップリングが発展することはないし、特定のシステム連関が他のそれよりも重要になり、つまりは、より刺激をもたらすかたちで影響を及ぼしうる、ということでもある。

練り上げられ分化した構造的カップリングは、機能分化を前提としている。中世においては、この点では、権限（Kompetenz）の概念を区別できただけであった。つまり、（合法的な）政治のためには権力（potestas）が、司法のためには裁治権（iurisdictio）が、経済、とくに土地所有からの収入のためには所有権（dominium）が、といった具合である。このようにして、その活動領域とそれに特有の問題を区別できた。たとえば、所有権（dominium）には、いかにして、まだ封建法によって秩序づけられていた土地所有を信用貸しに対する保証として役立てることができるのかという問題が、あるいは、裁治権

（iurisdictio）には、いかなる条件のもとで国家緊急権（ius eminens）としてのこの権限が、違法行為の正当化に利用されうるのかという問題が、付随していた。これらの諸権限が連関しあっていることは自明であり、一つの権限はそれ以外の権限なしには活性化されえなかった。機能分化へと移行することによって、この問題は新たに定式化されなければならなくなった。いまや、このような問題は、相互依存、相互支援、相互刺激の問題として登場する。こうした事態に対して我々は、構造的カップリング概念を有する理論によって、対応しようというわけである。

政治システムとマスメディアのシステムとのカップリングについては、すでに我々は述べておいた。これは、〔第八章において〕世論の概念を明らかにするために必要であった。この政治システムとマスメディアとのカップリングによって、セカンド・オーダーの観察の水準に定位するという可能性が、政治に与えられた。〔この事例については〕本章では、この点の指摘だけにとどめておいてよい。もう一つの重要な事例は、政治システムと経済システムとの関係である。ここでは、こちらに目を向けなければならない。

とりわけ銘記しておかなければならないのは、経済が貨幣というメディアに適応したことで、政治にはかなり大きな自由が保証されたということである。政治システムは、土地所有の経済的-政治的な《共同》利用という条件のもとでは、それほど活動の余地は大きくなく、とくに中央集権化の可能性はほとんど入手しえなかった。土地所有は中央集権化されえず、きわめて距離の離れたところに対して権力を行使するコミュニケーションの可能性は、つねに不確かなものにとどまっていた。貨幣経済が発展しはじめるやいなや、政治システムにとってもより大きな自由が手に入ることになる——まずは、いわゆる僭主政治の時代に、つまり、紀元前六世紀に、単純に、貨幣制度それ自体のコントロールを通して、[14]またそののち、貨幣貢租（Geldabgabe）の形式——貢納金（Tribut）であれ税（Steuer）であれ、これらは、政治的な条件のもとで使用するために経済から引き出されてくる——で経済固有のダイナミズムが発展したことにより、こうなった。そのさい顧慮しておくべきなのは、貨幣が、支払いという形式でのみ、つまり、経済それ自体においてのみ使用されうるメディアであるという点である。公営銀行からなされる最初の支払いは、まだ政治によって条件づけられているけれども、その最初の支払いがなされて以降はすでに、その貨幣の使用に関して、政治的なコントロールは及ばなくなる。[15]貨幣の使用はつねに、経済において調整される価格に、依存し続けている。したがって政治システムは、経済のなかでは、貨幣の所有者として、その他の貨幣所有者と同じ立ち位置にある。だがそれによって、政治システムも、自分で規定した支払い目的に沿って貨幣を支出するという、所有者それぞれが有している自由を活用できる。政治システムがさらに別の財源を開拓する、つまり信用を必要とするようになったり、貨幣発行というじつに古くからある可能性に切り替えても、この点では何ら変わりはない。〔政治システムが支払いをした〕そののちの経済内部での〔貨幣の〕使われ方は、経済の反作用に示される。〔つまりたとえばそれ相応に貨幣価値が高騰することで金融市場に過剰負担がかかったり、あるいはインフレーションが引き起こされたり、といったかたちで、である。[16]

　そうしてみると、公的財政投融資は、政治システムと経済システムとの構造的カップリングの形式の一つと見なせる。政治システムと経済システムの構造的カップリングは、双方の側でのより大きな自由度を結びつけているおかげで、旧来の封建的秩序を明らかに卓越している。このとき、貨幣の支出は、政治が自由にできる手段の枠内で政治的に動機づけられうるけれども、経済のコンテキストが政治にとって透明になる必要はない（というのは、国家も含めたいっさいの所有者は、このことに配慮しなくてもよいからである）。と同時に、経済システムのほうは、〔経済システムの〕構造に決定づけられたかたちで（strukturdeterminiert）反作用したり、政治的な貨幣調達や貨幣支出を刺激としてのみ取り扱ったりすることが、〔両者の構造的カップリングによって〕妨げられたりはしない。

中世においては、また、近代初期に至るまでは、貨幣は主として、戦争遂行のために必要とされた。その限りで言えば、貨幣の調達は、政治的支配の基本的な存在条件と結びついていた。軍と財政は、政治に特化された諸装置が分出するに至る道を規定していた。(17) この場合に支払われていたのは、領主の金庫に実際に流れ込んでくる貨幣だけであった。これは、直接的な強制によって、〔たとえば〕貢税の取り立てによってなされたり、成立しつつあった資本主義経済に適合しながら、なされた。戦争や貨幣調達に対してどういった形式の準備を整えるのかに応じて、後に《国家》として支配的な形式へと固まっていくであろうものの、じつに多様な出発点が形づくられた。

現時点から振り返って考えてみると、こうした問題に対する最初の体系的な介入は、《重商主義》であると言える。(18) 重商主義において問題となっていたのは、もはや、貨幣を都合したり取り立てたりといった限りでの、貨幣の直接的な調達ではなかった。そうではなく、政治は、貨幣が国内に（つまり、政治的に介入可能な領域内に）そもそも〔国富として〕存在していることを、包括的にまた事前の備えというかたちで、目標としたのである。貨幣は、可能なかぎり当該領邦（Land）のなかで（貨幣として！）使用されるべきであり、再び〔国外へ〕持ち出されてはならないとされた。このような意味で豊かな国民（当時、このような国民としてオランダ人を思い浮べない人などいただろうか）は、《政治経済》の国家理性の重要な資源と見なされた。〔重商主義の、以前に比べての〕進歩は、パースペクティブの一般化という点にあり、政治的介入の間接性という点にあった――したがって、政治のテーマ上の関心の拡大という点にあった。

十八世紀になって、自由な市場経済が、もっともよく裕福を保証するものとして、ますます受け入れられるようになると、政治的に使用可能な貨幣に対する関心は、貨幣量の増大の一形式としての国債という領域へと移行していったと考えられる。とりわけ国外の債権者をも巻き込みつつそうなっていった。だが、このように措置を拡張したにもかかわらず、政治は、現実に手元に入ってくる租税収入に依存し続けており、租税収入への直接・間接の配慮は、政治と経済とのカップリングの第一次的な道筋であり続けた。というのは、どう弄くり回したとしても、財政投融資は、経済にそれなりの影響を及ぼし、そうした影響は、経済システムの固有のダイナミズムに基づいて――政治はこれに何か変更を加えたりはできないだろう――調整されるからである。近代になってようやく、このような税を介してのカップリングは、政治と経済の構造的カップリングの第二の形式によって変形されこれに併合される。開かれた選挙による民主制という条件のもとでは、選挙結果は、経済状況を映し出す、より精確には、ある国家（Land）の経済状況の変化を映し出している、と想定されている。経済が、それ自体の作動をそれ固有の構造によって規定するオートポイエティックなシステムであるにもかかわらず、経済上の健全さを、あるいは、経済状況の悪化や個々人に割り振られている購買力の悪化を、政治に帰属できるようにする経済政策上の手段が、存在しているのである。こうした手段に数え上げられるのが、繰り返しておけば、とりわけ税率や国債である――後者は、十八世紀に至るまで、貨幣創出のもっとも重要な手段であった。さらに考慮すべきなのは、納税義務（Steuerpflicht）、補助金政策、科学技術の振興促進、投資促進のための立法や産業の国外立地を動機づける立法、国家の信用保証（とくに対外取引において）、労働市場への介入、政治的な投融資によるインフラ改善、多くの場合にはさらに中央銀行政策、その他諸々のものの分化である。これらの対策それぞれの個別の効果がいかほどなのかは、経済システムのオートポイエーシスとその複雑性を前にすると、規定し難くなってきている。だが、経済の肯定的な発展や否定的な発展への責任を政治に対して政治的に負わせるには、これらの案件を政治が取り扱えるというそれだけで十分なのである。そして想定されるとおり、選挙においてこれに反作用されるわけである。経済的な諸問題が生々しく体験されるようなケース（物価上昇、失業、住宅不足、特定産業や農業の経済的衰退）では、とくにそうである。

　経済と政治との構造的カップリングのこうした新しい形式は、中世以来続いてきた、徴税の正当化に関する長きにわたる議論に決着をつけている。目的／手段分析によって合理的な租税政策の主導観点や制約条件が見いだされるだろうと予期しつつ、特別な国家目的から税の必要性を導出する必要は、もはやなくなる。[19]《国家任務》の近年の政治的（福祉国家的）可変性のゆえに、貨幣と国家との関係における目的／手段‐合理性、という点での確固たるよりどころはいっさい解消されてしまっている。その代わりに、課税を介して経済からあまりにも多くの貨幣を引き上げてしまうと、経済システムは、経済システムなりの仕方でそれに反応するので、政治に対しても逆に影響を及ぼすことになる、との見解が登場してくる。このとき問題となっているのはもはや、自分の貨幣を税務署に持参しなくてはならない個々の納税者の憤りの集積、などだけではなく、こうした課税が経済システムのなかにもたらす諸帰結、たとえば、価格の上昇とか、国際競争力の悪化とか、資本と資本所得の国外への移動、等々である。[20] したがって徴税の制限はもはや、国家目的の輪郭からもたらされるのでも、また、公共の福祉とか公益といった古典的な偶発性定式からもたらされるのでもない。そうではなく、徴税による経済的な帰結から、もたらされるのである。

近年では、世界社会の進化の結果として、とくに経済という機能システムにおける進化の結果として、新しい構造的カップリングが付け加わっている。この新しい構造的カップリングは、金融市場が著しくグローバル化する一方で、労働と生産は依然として地域に根ざしたかたちにならざるをえない（たとえば自動車や繊維製品、電化製品の製品市場において明確なグローバル化の傾向が浮かび上がっている場合にもそうである）ことから、生じる。その結果、国民国家は、国際的な資本がみずからの国土に投下されるように、その国際的資本をめぐって競い合うようになる。そうなるとまたもや、どんな経済政策をとるのであれ、自国の《立地特性 Standortqualität》（とりわけ、賃金コストや〔社会保険費などの〕賃金付帯費用）に注目しておくことが必要となってくる。

政治的に重要な経済発展の全体像をコントロールするために、政治システムは、経済政策の指針となる高度に集積されたデータのネットワークを築き上げている。このデータは、経済の成長や減退（成長や減退の〔程度の〕減少の度合いや増加の度合いも含めて）を示している——たとえば、国民総生産（Bruttosozialprodukt）、失業統計、国外との関係における国際収支や経常収支、そしてとりわけインフレ率、といったものである。ここで特徴的なのは、これらの数字は、企業によっても消費者の家計によっても利用されえず、したがって、経済固有の基準のもとで合理的でありうる決定のさいには、何の役割も果たさない数字だということである。それゆえに経済政策上のこうしたデータそのものは、〔政治と経済の〕構造的カップリングにしか役立たないのである。政治は、こうしたデータによって刺激されうるが、政治による経済の（状態の規定という厳密な意味での）《制御》は不可能であろう。〔これらのデータの〕利点は、とりわけ、データがたえず修正されるという点に、また、それについての予測がなされるという点にある。さらに、政治はこうしたデータによって拘束されたりはしないので、これらのデータに基づいて何をおこなうべきかが、いつでも論争的に討議されうるという利点もある。他方、政治は、政治であるからには、つねに次のような見解と、すなわち、経済の場合にはとりわけ富貧の格差が問題であり、富裕層ではなく貧困層に援助が必要だ、との考え方とかかわりあっている。これによって政治は、これらのデータから容易に推測される結論を経済分析に基づいて導き出すことを、みずから――しかも政治的に熟慮された理由に基づいて――妨げてしまう。

政治的な概念としての《市場経済》に対しては、〔《経済体制 Wirtschaftsverfassung》による、とまでは言わないまでも〕枠秩序（Rahmenordnung）による制限や社会政策的な矯正策が付されるのが、ふつうである。システム理論の概念使用――オートポイエーシスや構造的カップリング――は、このやり方に対する理論的な代替案を提供している。〔もっとも〕この〔従来の考え方とシステム理論という〕二つの概念化の効能を精確に比較するのは困難だろうし、旧来の思考形態と〔システム理論による〕新しい思考形態とでは、彫琢の度合いも経験内容も異なっていることからも、こうした比較は難しくなる。ただ少なくとも、次の点はシステム理論的な把握を弁護している。つまり、〔旧来の思考形態では〕市場経済には〔その《暴走》を阻止する〕何らかの枠組みが必要であり社会的（sozial）にも厄介含みであるというアイデアから、あまりにも容易に、経済政策がすなわち社会政策（Gesellschaftspolitik）であるとの考え方へと至ってしまっている一方で、システム理論的な把握のほうは、より大きな比較範囲を有し、その他の諸機能システムやそれらの環境関係に対しても適用でき、そのかぎりで、全体社会の理論という基盤に依拠しているのである。

IV　政治システムと法システムの構造的カップリング

ヨーロッパの伝統のなかでは現実には同一視されてこなかった政治と経済との構造的カップリングと比較すると（とはいっても、旧ヨーロッパの伝統においては〔政治と経済とは〕十八世紀以降とは別様に区別されていたのだが）、政治システムと法システムとの関係について議論しその構造的カップリングについて探究するとき、〔政治と経済の構造的カップリングとは〕まったく別の状況に突き当たる。コモンローの領域においても、大陸の民事法においても、国家的 - 政治的な支配の仕組みは、既存の法文化になじまざるをえなくなっており、こうした法文化と折り合う必要があった。したがって、近代の理念史はどちらかといえば、政治と法との統一性というイメージを提供している——少なくとも規範的な観点での統一性というイメージをである。しかし、当時においても、内容的に見ると、法システムは政治的に決定されてはいなかったのであり、むしろ、法律家が法の発展を規定するさい、それは裁判官としてかそれとも教授としてかそれとも立法者に対する助言者としてか、といった相違によって特徴づけられていた（もっとも、こうした相違に関しては、政治的な根拠が存在していたかもしれないが）[21]。君主の任務は、君主が主権を獲得していた場合でも、というよりその場合にこそ、裁治権（iurisdictio）であった——一般には、立法としてのそれであり、個別的には、司法としてのそれであるが、さらに、法のコードの〔不法という〕否定的な側面での裁治権でもある。つまり、すべてのことに妥当する法からの例外（特免 Dispense、特権）を保証する可能性としての、またそれどころか、緊急時には、大権（Prärogativ）・最高位の国家緊急権（ius eminens）に基づいて法それ自体を破る権利としての裁治権である。したがって君主は、政治的な審級としては、〔法／不法という〕法コードの双方の側面において行動できたのである——それはちょうど、主観が、真なる表象と偽なる表象の双方によって、みずから考えていることを確証できるのと同様である。だが、人々が政治に出くわすのはもっぱら、法コードがこうしてパラドキシカルになるところにおいてのみ、である——すなわち、法は、法によって維持されると同時に法への違反によっても維持されねばならないと主張されるべきところで、である。この問題が法治国家の公準によって、また、憲法の細則によって脱パラドックス化されればされるほど、国家的な政治についての表象と法秩序についての表象も、融合してゆくことになる。立法は、最高の政治的権力（Gewalt）による手続きとして把握され、法は、まさにこの意味で《実定法》として捉えられる。逆に、政治は、広い範囲で法と結びつくようになり、政治に特化された問題の留保（〔アメリカの〕最高裁判所の《政治問題》-ドクトリン）すら、現存の諸権利への侵害は許さない。フランス革命という手本に則ってすべての〔中間団体などによる〕媒介的な権力（Gewalt）が取り除かれ、諸個人（国民）と国家の直接的な関係へと移行することによって、法は、まさにこの個人と国家との関係を明確化する（spezifizieren）

という機能を引き受けるようになる。そうなると最終的には、公法上の案件にかかる司法権もまた見込まれなければならなくなる。いまや、政治の可動性は、二つの要因によって制限される。すなわち、世論と裁判によってである[22]。

とはいえ他方で、源泉の同一性のようなものを容認する場合ですら、政治的作動が明確に法的作動から区別されること、また、こうした区別のできない実践は混乱に終わるだろうことは、明らかである。〔たとえば〕契約法が、それに相当する法律に関する政治的合意のおかげで成立したとされる場合ですら、契約の締結や、それに対応した係争に関する司法的決定も、決して政治的作動などではない。同じことは、行政行為に対する法的な審査についても、さらには、個々の法律に対する憲法による審査についても、あてはまる。したがって、作動の意味や観察方法（区別の方法）に目を向けるシステム理論であればいずれも、政治システムと法システムが別々に作動していること、また、これらのシステムが異なったシステムであることを受け入れなくてはならない——しかも、これらのシステムの自己記述が、これと矛盾するような場合でも、そうなのである。それゆえに、ここでもまた、構造的カップリングの問題が立てられる。

さしあたっての導きとなる我々の推測はこうである。政治システムと法システムとの構造的カップリングは、《国家》として発展してきた、と。〔ただし〕政治のエッセンスも法のエッセンスも国家性にあると考えられてしまう場合には、この国家概念のゼマンティクは、こうした事態を覆い隠してしまう。しかし、先に（本書第六章で）詳述しておいた国家概念の不鮮明さはすでに、〔国家という〕概念がこれによって過剰な負担を担ってしまっていることを示唆している。機能的にみると、国家は、政治と法とでそれぞれ違った仕方で利用されうる、フィクショナルな統一体でありまた帰属トリックである。だから、政治システムのまなざしを法に向けるのかそれとも法システムのまなざしを政治に向けるのかに応じて、国家とのかかわりは、パースペクティブの《主導権交代》を可能にする。[23] まさにこうしたパースペクティブの交代こそは、国家が、政治的‐法的な統一体として把握される場合には、観察されないままになる。

もっとも、国家は、どんな任意の形式でも、政治システムと法システムとの構造的カップリングのこうした機能を果たすのに適合的だというわけではない。この機能を果たすためには、法を政治の視点から、また同様に、政治を法の視点から、それぞれのシステム内的な過程のなかで観察することを可能にする、工夫を凝らした編成が必要である。このような編成を、我々は《憲法》という名で知っている。十八世紀の後半以降になってはじめて現れ、まさしく歴史上の革新として進化上の獲得物と見なされる装置を、憲法という概念によって指し示すのであれば、[24] その新しさは、〔政治と法との〕構造的カップリングのメカニズムが充足すべき要求〔を憲法が満たしている〕という点に、ある。その、要求されている〔憲法の〕働き（Leistung）とは、——憲法ゼマンティクや憲法論の主張すべてに反して——政治システムの自由度も法システムの自由度も強化することであり、その結果、この両方の側で、オートポイエーシスが可能となり、自己組織化がうまく作動するようになる、ということである。と同時に、それぞれのシステムの相互刺激の圧力が水路づけられる（したがって強化される）こと、である。システム状態の未来における確定（Determination）は、それぞれのシステムの作動に委ねられるのであり、と同時に、〔選択的になされる〕カップリング・メカニズムによる排除効果／包含効果は、《構造的ドリフト》

（マトゥラーナ）をもたらし、その結果、長い時間を経たのちに、政治のためのシステムと法のためのシステムは、現にある状態となり、両者のカップリングに基づいてしか説明されえないそれぞれ固有の歴史を想起しなくてはならなくなる。

このような要求は、憲法にとって問題となる規範内容、とくに、〔憲法の〕基本法としての部分と国家の決定権能の組織的規制との連係プレーを、説明している[25]。上記の要求によって説明されているのはとりわけ、憲法神話の潜在的機能、その最高価値の強調の潜在的機能、その同一性——結局のところはこの同一性はテキストの束としてしかありえないのだが——を宣言することの潜在的機能、である。言い換えると、〔政治の側からと、法の側からというふうに〕二重に読解可能で、二つの側面から別々に取り扱われうる——しかも、そこからひっきりなしに、解決しがたい政治的コンフリクトが生じることがない——ような形式を設えることが、〔憲法という場合に〕もっぱら問題となっている点は隠蔽されなければならない。

これらはすべて、《テキスト》の働き（Leistung）とか法律の働きといったかたちで単純に理解してはならない。問題となっているのは、組織された決定単位、作用単位（Wirkungseinheit）（ヘルマン・ヘラー）としての国家の憲法なのである。政治システムは、法を、政治的な目的の達成のための手段として行使する可能性を手にし、そのために、国家組織のなかで予定されているコミュニケーション形式やコミュニケーションのルートを利用する。法システムのほうは、政治システムを、合法の／違法のというコードのもとで観察できる。国家的に組織された裁判所や公職としての裁判官といった形式で、国家それ自体によって、こういった観察がはじめて可能とされているのだとしても、そうなのである。こう言ってよければ、政治と法は、国家のなかで、たえず遭遇しているのである——ただし、それぞれのシステムの、それぞれの機能の、それぞれのコードの違いを妨害することのないような仕方で、である。個々のコミュニケーションのそれぞれは、カップリングされた双方のシステムの重要性を要求できるし、つまり、政治的に重要であると同時に法的にも重要である、とすることができる。しかし、その〔コミュニケーションの〕意味を同定しようとするならば、その〔当該コミュニケーションの〕前提と帰結を制限する回帰的なネットワークに依拠せざるをえない。この観点からすれば、政治と法は根本的に区別される。あるコミュニケーションの実践が、この相違を観察できなかったり顧慮できなかったりした場合には、ただ混乱が引き起こされるだけに終わる。

V　政治システムと科学システムの構造的カップリング

政治システムと科学システムとの構造的カップリングの関係には、特別に注意を払う価値がある——構造的カップリングという概念を備えている理論それ自体が科学的な理論であるがゆえに、とくにそうなのである。科学それ自体が、政治との関係をこの構造的カップリングという概念で記述する場合、科学は同時に、それ自体についての陳述をも定式化していることになる。こうした陳述がすでに、科学それ自体のなかでは、異論の余地のあるものにとどまるかもしれない。少なくともこのような陳述は、場合によっては拒否されるかもしれない科学内部での吟味、という通常の科学の慣習に従わなくてはならない。

合理的に行為しようとすれば、科学は、政治システムに適用されうるような知識、それどころか適用されなければならない知識を産出できるなどという見解は、さすがに今日ではほとんど主張されない。しかし他方、これに代わる明確な考え方は見あたらない。〔政治と関連するものばかりではないが、それも含めて〕〔科学的〕助言者のサークルの間でそうこうするうちに通例となった考え方を尊重するなら、〔彼らの間には〕システム間の差異に関する明確な意識が見られる。これはとりわけ、システミック・セラピー・アプローチ[4]について言える。[26] 科学、助言者のチーム、助言者とクライアントとの相互作用、クライアントの〔集団の相互作用〕システムは、それぞれ固有の回帰性、固有のダイナミズム、固有の境界、したがって配慮への固有の要求をもった、別々のシステムなのである。この考え方に従えば、《助言》を、〔政治システムと科学システムの〕構造的カップリングの形式と見なすことは、容易に思いつく。こうした把握は、最近の助言理論とうまく調和する。その理論は、事前に完成している知識を諸対象に《適用》するところから出発するのではなく、より開かれた実験的な構えを大切にする。こうした構えのもとでは、対象の側での構成とその構成の変化への提言が同時に治療や診断に貢献するのであり、その結果、その実現を試みるときに、別の構成やその他の《指示》も準備される。このようなやり方は、依然として科学に立脚してはいるが、しかしもはや、規律化された想像力という意味でそうなのではない。またこのやり方は、真理かどうかの吟味を経た知識の単なる転用に焦点を当てているというよりも、むしろ、クライアントのシステムについてのアド・ホックに獲得される経験に対してこそ、より強く焦点を当てているのである。まさにこのことこそが、ここで提案されている構造的カップリングの考え方にうまく合致する。構造的カップリングの考え方は、システムとシステムとの結びつきを、相互的な確定としてではなく、また、外部から計算可能な相互作用として記述するものでもなく、ただ、これを、相互的な刺激として記述するのである。

にもかかわらず、こうした考え方は、我々の目的にとって十全というわけではない。というのは、この考え方では、相互作用としての助言が、前提とされているからである。〔政治システムにおいても科学システムにおいても〕どちらの側でも、助言には、組織が必要なのである（場合によっては、個人や家族も必要かもしれないが、ここでの脈絡では関心の対象ではない）。機能システム――ここでは政治システムと科学システム――の間の構造的カップリングを記述するためには、したがって、上記のような考え方は補完されなければならない。とはいっても、そこで記述されている形式での〔相互作用という形式での〕コミュニケーションが何らかの役割を果たしていること、また事実、とくに政治的計画に取り組んでいる行政の水準ではかなりの範囲にわたってこういったコミュニケーションがおこなわれていることを、考慮の外に置く必要はない。けれども、さらに加えて問われなければならないのは、政治システムとその組織の自己制御の――上述した助言の考え方に適合的な――理論が、科学の側でいかにして定式化されうるのかである。

オートポイエーシス、作動上の閉鎖性、構造的カップリング、機能分化という概念倉庫全体を、ここで再び取り込んでみることはできる。ただ、これは不必要な繰り返しになってしまうかもしれない。そこで、ここでは、制御という概念に限定することにしたい。この概念が、〔従来の見解に従って〕意図されている状態の制作として定義されているかぎりでは、科学は、有益なものであれ、〔真なるものであるにもかかわらず！〕無用な、場合によっては〔結果的に〕有害になってしまうものであれ、〔そうした意図された状態の実現にとって〕助けとなる知識の面で貢献するという点にしか、その任務を見いだすことができない。〔政治システムの〕自律性を容認し、科学的に確かめられた知識を受け入れるのか否かを政治システムに委ねるとしても、このことに変わりはない。というのは、それがすでに真なる知識であるのなら、その〔科学的〕知識を見つめる〔政治の側の〕眼差しを、いったいいかにして黙殺できるというのだろうか〔否、できまい〕。これに対して制御を、もしかすると事実となるかもしれない事柄との差異をめぐる努力（Anstreben）として定義すると、[5] 根本的に別の出発状況が現れる。その場合には科学は、現状と、推測できる未来とを、経験的にまた理論的に記述し、それによって政治的な行為の必要性を生み出すことに、みずから〔の任務〕を限定できる。科学は、たとえば、次の世紀の年金が支払えなくなるだろうといった、政治的には耳の痛い事柄を立証できる。こうした記述は、統計的なデータの蓄積や理論的なパースペクティブを介して、さもなければありきたりの認知図式のもとであるいは日常的な概念の背後で不可視にとどまってしまうであろうリアリテイの諸局面を、可視化できる。責任ある仕方で別様の観察や記述をおこなうよう導くことは、すでに、とても高い要求を伴った科学的任務であって、そのうえ、こうしたやり方は、通常の研究の脈絡のなかでいずれにせよおこなわれているのであり、何にそれを応用するのか〔を見遣りながらそれ〕に関連づけて特別な仕方でアレンジする必要はとくにない。(27) にもかかわらず、科学は、政治を刺激できる。《〔実態は〕こうなっている》から、《この実態を気がかりに思うのであれば、我々は〔この実態を変えるために〕何をおこないうるのか？》という問いへと容易にスライドしてゆくからである。言い換えると、すべての制御の企てにとって重要な相違とは、その企てにおいてもくろまれているものを、何から区別しようと欲しているのか、ということなのである。というのは、〔制御の〕目標とは、評価された差異定式以外のなにものでもないからである。是認できるコストや副次的結果を伴いつつも目標が達成されうるのかどうかなどは、そのあとの問題なのであり、政治的な望ましさや、これに関連しておこなわれる政治的論争は、〔さらにそのあとの〕第三の問題なのである。科学は、科学としての立ち位置からは、こういった目的形式の別の側面に、つまり、《何から区別されているのか？》に、〔みずからの課題を〕限定することだろう。そして推測されるとおり、こういった課題を越え出て、変更可能性をスケッチしようという意図があるなら、助言という形式を用いざるをえない。

VI　組織による構造的カップリング

このほかにも数多くのシステム間関係が存在しており、それらをここでつまびらかにすることもできようが、しかしそのすべてが構造的カップリングの独特の形式を発達させているわけではなかろう。その多くは、関係する諸システムの内部にあるテーマ化の閾によって、処理されている。たとえばこれは、〔家族法や社会政策的な意味での家族支援とは区別される〕個々の家族の問題に関する政治的観察について言える。さらに、《世俗化された》全体社会という条件のもとでは、宗教的信仰の問題についてもあてはまる。ちなみにこのような、あるいはこれに類似したケースには、政治的な介入可能性についての憲法上の制限もある。ここでは、この種の問題は脇に置いておき、これまでまだあまり顧慮されていない構造的カップリングの形式を考えてみなければならない。それは、組織を介した構造的カップリングである。

組織を介した構造的カップリングは、とりわけ、次のような機能システムと政治との関係に適合的であるように思われる。すなわち、相互作用集約的（interaktionsintensiv）で、それゆえ人員集約的（personalintensiv）に多大なコストをかけて作動しなければならない機能システムと、である。〔たとえば〕教育システムがそうであるし、教育システムほど説得性があるわけではないが、医療のシステムもそうである――つまり、全体社会がそのコミュニケーションの受容とさらなる続行を保証しなければならないだけでなく、コミュニケーションを介して人格をも変容させようとしているケースに、あてはまるのである。このような《人を対象にしたプロセッシング people processing》は、そこに居合わせている人々の相互作用においておこなわれる。だが、相互作用成立の偶然に、これを委ねておくわけにはいかず、こうした要求が一定程度の規模に達した場合には、組織化されなければならない。組織化されることによってのみ、患者グループの統合や分化の合理的な形式や、長い時間のかかる治療シーケンスが、確保されうるのである。また、組織化されることによってのみ、個々人の経済的資力からのある程度の独立、〔誰もが治療されうるという意味で〕治療可能性への一般化された事前配慮（Vorsorge）が保証されるのである。

全体社会の歴史から見てみると、こういった点で組織が必要であるというのは、決して自明ではない。わずか一〇〇年前までは、家族家政の任務が、まさにこの点にこそ見いだされていたわけであり、また、たとえば中世後期の都市病院においては、寄る辺なき人々の面倒しかみていなかった。学校は、教会や修道院の業務であったし、場合によっては、個人企業としての個々の教師の仕事であった。はじめての大学は学生連盟として成立した。しかし、これらはすべてはるか以前のことであり、今日では、国家が、組織に、また、人員の供給に、そして学校制度や大学制度への融資に関与していることには異論の余地がなく、医療のシステムにおいては、少なくとも資金調達の仕組みの確保形式や病院によってなされる基本的な手当ての確保形式の点では、国家の関与は、ほとんどそれ抜きには考えることのできないほどの所与の存在となっている。

だがなぜ、《構造的カップリング》なのか？

組織化された社会システムが、全体社会やその機能システムとはまったく別の形式の、社会的(sozial)オートポイエーシスの実現形式をつくり上げていることを想起するなら、この問いに対する答えに近づくことになる。組織は、当該システムの固有の決定のネットワークのなかで回帰的に同定される決定によって、みずからを形成し再生産している。したがって、組織を設えることは、決定可能性の過剰を産出しているのであり、そうした過剰な決定可能性のなかで、それぞれの決定は、いかにしてそれ以降も決定が下されうるのかという可能性を、制限すると同時に開示もしている。これによって、決定前提についての決定も、つまり、それ以降の諸決定のための構造基準も、オートポイエーシスの作動過程に採り込まれる。何ものも、外部から決定によって確定されたりしないのであって、しかしそうであるにもかかわらず、組織は、その環境によってたえず刺激されながら、構造的ドリフトに、すなわち、そのシステム自体の作動の回帰的ネットワークのなかで自己選出した制限として認識されうる構造的ドリフトに、従っているわけである。

こうして、決定諸前提の高度の相互依存が、蓋然的になる。人事的決定は、プログラムの決定に依存しないかたちで下すことはできない。ヒエラルヒー的な配属、決定の順番、事務手順などは、〔その組織の〕任務から独立して確定されるものではない。確かに、諸決定前提は、互いに結びつくにせよ、期待された成果と結びつくにせよ、それはじつにルーズなかたちでそうなっている。個々の決定への介入を介したかたちでの組織の合理的制御は、このレベルにおいてはほとんど不可能である。教育組織の事例の場合にはまさしく、《ルーズなカップリング》や《組織化されたアナーキー》が称賛されてすらいる。(28) 典型的な経験が指し示しているのは、任意ではないかたちでの混乱（Durcheinander）、なのである。こういった分析は、計画可能性についての懐疑へと行き着き、改革に抵抗する安定性という推測をもたらす。しかし我々の目的からすると、こうした分析は、さらにもっと射程の広い意義を有している。

明らかなのは、諸機能システムが、まさにこうした《ルーズなカップリング》のおかげで、組織システムのなかに根づいていることである――詳しく言えば、多くの機能システムが、一つの同じ組織のなかに、である。一定の機能システムにとくに合わせてつくられた組織であっても、たとえば法システムは、そういったそれぞれの組織にも十分に関与している――すなわち経済の生産経営体としての組織や、教育システムの学校としての組織、政党としての組織に、である。同じことは、経済システムについてもあてはまる。そこではつねに成員は、貨幣によって賃金を支払われなければならない。こういった第一次的な指向性が存在している場合でも、その他の機能システムが場合によっては、かかわることがありうる――たとえば、個々の経営者が、あまりにもあからさまに《ヘル・イム・ハウゼ》[6]的な立ち位置をとってしまう場合が、そうである。〔古くさい企業倫理である〕これがもし、〔この現代において〕表沙汰になった場合には、政治的な波及効果が懸念されるので経営者団体に不快な感じを与えてしまう。したがって一般的に言って、次のことを確認できる。すなわち、〔可能性の〕過剰と抑制という一般的な原則（脳もまたこの原則によって作動している）に従って、組織が、決定可能性をかように産出したり取り除いたりすることで、きわめて多様な機能システムの集合地点がもたらされている。しかもそのさい、これらのシステム固有のオートポイエーシスが、それによって制限されることはない。また、これらの機能システム同士が互いに調整しあう必要もない。こうした機能システムのそれぞれは、それぞれの機能システムなりの仕方で、作動している。政治的と見なされるものは、その〔政治システムの〕回帰的なネットワークに立ち返りつつ、つねに政治システムによってのみ、政治的なものとして指し示されるのである。いっさいの統合問題、つまり、自由度の相互的な制限〔という問題〕はすべて、組織においてのみ、発生するのである。

いわゆる文化闘争[7]において発展してきた考え方、つまり、教育システムへの国家の影響力は組織の問題と人員の問題に制限すべきであり、学校法においてはこれらの題材だけを規制すべきであるとの考え方が、なぜ実践では保持されえなかったのかは、このような仕方でよく説明できる。〔つまり〕こうした考え方が考慮に入れられるさまざまな決定前提は、ルーズにカップリングしているとはいえ、組織システムのなかでは、じつはバラバラに切り離したりはできないのである。〔学校の〕宗教教育の教師は、世俗的な倫理の授業も担当する[8]意志があるかどうか、また担当できるかどうか、という観点で選ばれるべきだろうか。学校の社会科の授業は、社会哲学者が受け持つべきだろうか、それともむしろ、政治学者が受け持つべきだろうか。大学の法学部における法社会学は、つねに、法教義学の科目の代行が義務づけられるべきだろうか。人員の決定をとおして、プログラムの決定が制御され、また逆にプログラムの決定をとおして、人員の決定も制御される。あるいは、かつてはふつうに見られたように、ラテン語の授業からはじめて、英語は――そもそも英語の授業があれば、だが――そのあとでようやくやむをえず受け入れるようなギムナジウムを[9]――このことによって、国民学校[10]や中間学校[11]を出た成績優秀者が、遅ればせながら〔ギムナジウムに〕進学するのが不可能になってしまっているとしても――、許可すべきだろうか。また、許可しない場合には〔逆に〕、ラテン語の知識はせいぜい個々の外来語を確認するためだけ〔に学ぶ程度〕で十分だと認めなければならないのだろうか。ましてや、〔総合制学校(Gesamtschule)のような〕《総合～》(Gesamt-)といった接頭辞によって特徴づけられ、学習の質に対してとまでは言わないまでもカリキュラムに対して明確な影響をもたらす〔学校の〕組織形式の場合には、なおのこと政治的なテーマが見いだされるのである。[12]学校や大学の問題の政治化の際だったうねりのルーツは、学校や大学の組織的なインフラのなかに、存在しているのである。

同じことは、医療のシステムについてもあてはまり、ここでは、とくに財政上の観点で問題となる。病人があふれている場合には、国家は、それに対応できるだけの施設を用意する義務があると感じる。供給不足は、政治的スキャンダルにほとんど等しい。しかし近代医療は、きわめて特化された〔医療〕設備を有している。それによって、患者のこれらの諸設備への割り振りやこうした設備の利活用は、組織の問題となるのであり、それが政治的に有する含意は、容易に認識できよう。その他の問題、たとえば安楽死の問題や早産児の問題、あるいは、院内感染の問題も、組織によって条件づけられた政治上の重荷となっている。ここでも、特定のサービス(Leistungen)が不可避的に組織化されていることで、政治的なテーマが生み出され、したがって政治的な干渉がもたらされているのである。そうなるのは、とりわけ、誰もが自分の利害を追求する過程で遭遇しうる典型的な状況が、個々人の身体や精神、健康やキャリア上の機会にかかわるごく私的な問題によって可視化されるとき、近代の政治は、それにきわめて敏感に反応するからである。

そうしてみると、組織が諸機能システムの構造的カップリングに役立っており、そしていくつかのケースではその他のケースよりもよりそうなっているのは、組織が、過大な決定諸可能性を生み出しているからである。こうした過大な決定可能性は、そのあと、決定実践とその《自己組織化》によって縮減される。我々は、不確実性吸収について述べておいたし、また、みずからつくり出す確かな世界の構築についても述べておいた[29]。そのさい、決定という〔組織の〕基礎となる作動の視点から見てみると、ルーズなカップリングは必要不可欠である。決定は、決定相互の関係という点では、〔他の決定を〕制約したり〔将来的な決定可能性を〕拡大したりする前提にほかならないのであって、決して、意味どおりに遂行されなければならない古典的な意味での命令（Anweisung）などではない。命令や執行に焦点をあてている、組織についての古典的なテイラー流の、あるいは官僚制的な機械モデルは、せいぜいのところ、限界ケースとして妥当するにすぎない。こういったモデルがほぼこのとおりに実現されるようなら、その限りで、諸機能システムの構造的カップリングのために組織を利用することは、不可能になる。というのは、そうなった場合、組織は、明確に一定の機能システムに配属されてしまい、他律的なかたちで運営されざるをえなくなるからである。じじつ、こういったモデルに対応する組織論は、市場ないし国家が、組織のトップの仕事である〔はずの〕決定を広範囲にわたって肩代わりし、あたかも組織のトップは、〔ちょうどインプットに対して一定のアウトプットをはじき出す自動機械と同じく〕外的な拘束を組織内部の命令へと変換する執行機関のようなものとして立ち現れる〔このモデルでは、これがその《権威》を根拠づけるとされる〕ことを前提にしていたが、これは決して偶然ではない。もっとも、こういった考え方は、こんにちではほとんど主張されなくなった。いずれにせよ、組織システムの技術化の度合いは、《ルーズなカップリング》と《タイトなカップリング》とのかかわりでさまざまな特徴をとりうる変数、と見なされる。また、こう考えると、ルースなカップリングがとくに典型的でまた不可避でもある〔学校や医療組織のような〕組織システムが、その機能領域を政治とカップリングし、したがって政治的な注目を引きつけ、構造的ドリフトを――構造的ドリフトによって、カップリングされた諸システムは、しばらく経つと、あたかも計画的な調整によってカップリングされたかのごとくに見えてくる――惹起させるのにとりわけ適していることが理解できるようになる。そうなると、政治システムには、学校政策というテーマ単位や保健政策というテーマ区分が存在するようになる。これらのテーマ区分のなかで、〔それぞれのテーマ区分の〕固有の歴史に対して、また、新たに発生してくる諸問題に対して、継続的に〔政治システムによって〕反作用される。こうした政治的活動それ自体が教育を行ったり病気を治療したりする、などとは言えないにもかかわらず、である。まさにこういったことこそが、構造的カップリングという概念の助けを借りて説明されるべきことなのである。

以上のような、組織によって条件づけられた構造的カップリングの領域においては、ネオ・コーポラティズムによって提案されていた考え方がじつによくなじむのでは、と想像されるかもしれない。〔しかし〕政治システムと法システムとの関係において、ネオ・コーポラティズム的な考え方が真剣に考慮にされることは、まずない。それどころか、政府や議会が、連邦憲法裁判所の所見（Gutachten）を作成しうるなどという可能性は、決して追求されない。また、政治システムと経済システムとの関係では、《協調行動》という《ネオ・コーポラティズム的》な考え方は失敗する。[13] というのは、ここでもまた、主として問題となっているのは、これとは異なる組織化されていないカップリング・メカニズムだからである（当然のことながら、そうだからといって、経済に影響を与える具体的な政治プログラム〔を策定する〕に際して諸利益組織から意見聴取することに異論が唱えられるわけではない）。だが、こうした中央による〔集権的な〕制御という領域を考慮の外に置くならば、政治的な組織やその他の組織における決定の余地、および、これらのシステムのコミュニケーション能力を、申し合わせておいた調整を実現するために利用する可能性は、依然として数多く残されている。

VII 《社会的市場経済》について

その全体社会内的な環境や全体社会外的な環境と関係するために、また、そうした〔環境との〕関係に基づいてみずからのアクションプランを錬るために、政治が構成するいっさいの外部言及は、以上のような構造的カップリングの結果であり、また、こうした構造的カップリングから生じたシステム内部での刺激や情報処理の結果である。したがって、環境に対してしかるべき影響を及ぼそうとする政治プログラムが、その枠組みとなるユートピア〔的な構想〕のなかに埋め込まれているとしても、それは何ら驚くことではない。こういったユートピアとしてもっとも有名なものの一つは、《社会的市場経済》[14] という名で知られている。社会的市場経済がとりわけ前提としているのは、労働市場では労働は貨幣の支払いと引き替えにおこなわれるにもかかわらず、政治がこうした労働市場を《つくり出》せる、ということである。さらに、その他の社会政策上の措置とのバランスを考えながら、労働や最低賃金、保険などの社会的諸条件を整えることに対して、政治は責任を負う、ということも前提とされている。我々はすでに、この社会的市場経済という政治的脈絡や、その疑いようのない影響に、かなり以前より馴親しんできているので、それがユートピア的な事柄だと認識するのが難しくなってしまっている。けれども、《社会的市場経済》は、経済システムそれ自体の構造などではなく（というのは、いったいどの企業が、どの労働者が、どの消費者が、貨幣を扱うさいに、この社会的市場経済なる概念を指向したりするだろうか?）、政治がそれ自体を満足させるために用いている政治的概念であることは、ほとんど疑いようがない。そこで、その他の政治領域（たとえば、《教育システム》における機会の平等、文化振興など）にも適用できるであろうまた別個な分析を〔本節で〕おこなうのではなく、その代わりに、〔この社会的市場経済にのみ視点を当てて〕次のような問いを立ててみたい。すなわち、いま述べたことはいかにして可能なのか、と。

この問いに対する答えは、因果帰属の自由な取り扱い（*Disponibilität*）という点にある。因果関係の地平は、原因の側のほうに向かっても結果の側のほうに向かっても、原理的には終わりがない。〔原因に関する〕それ以上の遡及的な推定を不可能にする《第一原因》も、それ以上の影響力をもはや持たないような《最終結果》も、存在しない。また、考慮される時間地平をほんのわずかでも拡張すれば、同時に必要となる諸原因も、同時に惹起される諸結果も、必ず増大させることになる。さらに、社会的な脈絡においては、実際に生起している出来事だけでなく、生起していない出来事も原因と見なされるということを、顧慮しなくてはならない。つまり、行為すること（Handeln）が（しかし、誰によって？）期待されたり要求されたりしうる場合には少なくとも、行為したことだけでなく、行為しなかったことも また、原因と見なされうるのである。《幸運》とか《運》への帰属は、ある案件を悪い結果にしてしまう出来事が起こらなかった、ということを言い表す肯定的な定式にほかならない。リスク計算はいずれも、このような否定的な因果関係を考慮に入れている。そして最後に、我々は、構造をも原因と結果の脈絡のなかに取り込むのに、慣れている——したがってたとえば、特定の法規を、決定の結果と見なしたり、また同時に、行動がしかるべく変化したことの原因と見なしたりする。特定の予防接種法は、それ相応の病気を事実として消滅させたのであって、これを疑う人などいるだろうか。

少なくとも、責任帰属（Schuldzurechnung）に関する法学的な議論や、経済学的な〔生産〕要素に関する議論以降、以上は周知の事柄となっている。[15] 因果帰属のこういった無限性の問題については、マックス・ヴェーバーやフェリックス・カウフマンあるいはフリッツ・ハイダーといった重要な著者たちが思い起こされる。しかし、支配的となっている行為理論的な考察方法では、この問題の範域全体は見えなくなってしまう。というのは、行為（Handlung）について語られうるのは、問題が——少なくともこの〔社会的市場経済の〕事例の場合には——すでに解決しており、原因が動機としてのみ、結果が、行為の意図されたあるいは意図されざる帰結としてのみ、考慮に入れられる場合に限られるからである。(30) けれども、因果関係について語られる場合にはつねに、〔因果関係について述べる〕あらゆる具体的な陳述の背後で、いつも次のような問いもまた立てられているのである。すなわち、その帰属を規定したのは誰か。観察者は誰なのか。なぜそうであってそれ以外ではないのか、と。(31)

量（Qantität）と同じように、因果関係もまた知的な（intellektuell）メディアであり、このメディアは、考慮されたり帰属されたりするものが何かをケース一つ一つについて確定したりはせずに、まとまり（Einheiten）（量の場合には数、因果関係の場合には原因と結果）を自由に扱っている。確かに、このメディアは任意性を排除してはいる。というのは、任意性はそもそも、形式形成を許さないからである。言い換えると、〔任意性が許されるならば「間違い」はありえないが、実際はどのように原因と結果を結びつけてもいいというわけではないので〕このメディアは、明らかに間違ったかたちで使用されうる。しかし、許容されうる〔原因と結果との〕カップリング可能性は、それでもきわめて膨大なものになるので、数え上げ（Rechnung）や帰属という具体的な作動のなかで実際にこのメディアが使用されてはじめて、どのシステムがどんな形式を形成したのか〔すなわち、どの原因とどの結果とを結合させたのか〕についての情報（Auskunft）が手に入る。

因果関係というメディアにおいては、その《スクリプト》は、《これがあれを引き起こした》という一般的なパタンに従って定式化される。世論は、この種の表象を貪欲に取り上げる。(32) けれども、因果関係というメディアのなかでこれをおこなわざるをえないということは、それ以外の諸原因やそれ以外の諸結果が、それによって排除されない、ということである。したがってスクリプトは、いつまでも決定版に至ることはない。スクリプトは、濃縮された偶発性スキーマを提供するだけなのであって、たとえば（移民をより拡大するのか、それとも、これまでよりもっと制限するのかという）移民政策の帰結については、こうした濃縮された偶発性スキーマのなかで議論せざるをえない。

したがって、政治が、それ自体の作動を行為として記述する場合には、政治は、因果関係というメディアを利用して、その自己記述を推し進めているわけである。注意しておきたいのは、これは、動機についての記述や、実際に下された決定によって〔もたらされるはずだと〕約束されている諸結果についての記述に、あてはまるだけでなく、そういう決定に伴って現れる、政治についての嘆きや、あるいは要望、アピールについてもあてはまる。というより、こういったことのほうにこそ、よりあてはまる。〔というのは〕こういった要望やアピールは、あたかも、そこで要求されているものがもしおこなわれるならばしかるべき効果をもたらしうるかのごとくに、定式化されなくてはならない〔からである〕。政権党も野党も、また政治的決定に不満を表明する人もすべて、因果関係というメディアを用いている。このとき、〔みずからの行為によってしかじかのものがもたらされる、といった具合に〕みずから遂行される帰属が、構築されなくてはならない。この自己遂行的帰属は、《これがあれを引き起こした》というパタンに従ったタイトなカップリングのために選出されるもの〔＝形式〕を、このメディアの開かれた地平から、切り取ってくるわけである。

量というメディアにおいては正しく計算されなくてはならないのと同じように、因果帰属の場合にも、常軌を逸した〔因果関係の〕想定を排除する厳しいテストがある。確かに、エイズという病いは秘密裏になされた実験に起因するのだ、とか、失業手当をカットすると社会扶助のための費用が増加するだろう、などと主張することはできる。しかし、誰かがこうした関連を疑った場合には、それを立証しなくてはならない。したがって、政治は成果をねつ造できるとか、政治は〔ありもしない〕でっち上げられた要望に取り組まざるをえないなどといったことは、問題にならない。《これがあれを引き起こした》という場合の問題は、因果関係の想定における誤りよりもむしろ――もちろん、こうした誤りも起こりはするが――、現実のなかの非常に小さな断片しか考慮されていないことである。どんな貨幣の支給も、その貨幣がその他の目的のために自由に使用されなくなるという結果をもたらす。麻薬取引の禁止は、闇取引や麻薬欲しさの犯罪や〔麻薬を使用した者の〕道徳的な信用失墜を生み出し、その影響力はほとんど把握しきれない。原子力発電所の閉鎖を要求する人は、エネルギー不足の帰結あるいはその他の種類のエネルギー生産の帰結を考慮しないですませがちである。

その結果はどうなるだろうか。これについては語るべき多くことがあるだろう。明らかに政治は、この種の限定された因果帰属を通じて、政治にはいつも取り組むべきことがあるような状況を引き起こしている――それは、一方では、〔現実の断片の〕どれを重視するのかという点で互いに相容れない事態がつねに生じてしまうからであり、また他方では、たえず予期せぬ結果が生起したり、あるいはまた、単に〔考慮しなくてもいいだろうというかたちで徐々に政治の領域から〕フェードアウトしてしまった帰結が、たえず生起してくるかもしれないからである。政治は、〔運命の女神が回す〕運命の車輪が次に回転したときには、これとかかわらなくてはならなくなる〔＝何らかの偶然で想定外の帰結が生じたときには、政治はこれとかかわらなくてはならなくなる〕。さらに、とくに観察されうるのは、それぞれの因果帰属の内在的な制約からユートピア的なものが生み出される、という事態である。企てがうまくいけば、〔うまくいって実現した〕それは良いものである、ということから人は出発する。あるいは、要求がもし実行されるならば、〔実行されて生ずるであろう〕それは良いものだろう、ということから人は出発する。こうしたユートピア的夢想（Utopismus）は、政治的スペクトルの二つの側で姿を現す。すなわち、行為するという側面と、要求するという側面とにおいて、である。これは、政治システムがみずからに与えた一つの形式であり、政治のプログラムの種類には依存しない形式である。このユートピア的夢想は、因果的な複雑性の不可避的な縮減の不可避的な対応物なのである。

以上の考察によって同時に明らかになるのは、高度に選択的な因果帰属が、作動上の閉鎖性や構造的カップリングと連関していること、またどのようなかたちで連関しているのか、である。政治システムは、〔その環境との〕構造的カップリングに基づいてつねに新たに生じてくる刺激にかたちを与える（formieren）ために、政治的なユートピアや自己帰属を、その内部で生み出している。因果関係は、尽きることのないメディアであり、〔因果〕帰属という形式が作られるたびに、状況に応じて再生産されている。そしてつねに、何かが〔形式にされないまま〕残っている。うまくいったという活動の証拠は、十分なほどに存在している。有効でなかった医療の場合と同様に、〔もしそれをやらなければ〕さらにもっと悪くなっていただろう、などと言うことはいつでもできる。

とすると、政治的なユートピアは、政治システムが、みずからの目論見は良いものであったということを確かめるその枠のなかで、その意図〔＝原因〕と、〔政治システムによって〕選び出された効果〔＝結果〕とを、結びつけているわけである。ユートピアは、もはや、アンチテーゼではないのであり、意識的にパラドックスとして定式化される、どこにもない－場所（Nirgendwo-Orte）、などでももはやない。ユートピアは、もはや外部から政治へと運び込まれてくるものではない。それは、政治システムのなかに組み込まれているのであり、機能分化という条件のもとでは、ユートピアは、次のような形式、すなわち、その環境のなかでは作動できないにもかかわらず政治システムはその環境を制御しながらしかるべき状態へとつくり上げることができているのだと、システムがみずからに説明するさいに使用する形式、なのである。

第十一章　政治の進化

I　政治の進化の理論の不在

政治の進化というテーマについては、関連文献はほとんど見あたらない。少なくとも、ダーウィンが提案した語法の意味での進化概念を使って、政治の進化について論じている文献は、ない。[1] 確かに文化史的な研究や社会人類学的研究は、分出した政治的支配のようなものが現れるときにはじめて可能となる社会的な獲得物とはどんなものか、といった問いと取り組んできた。しかし、この問いは――それが、厳密に進化論に従って構築されたものではなく、むしろ、ガットマン尺度の方法論的可能性に方向づけられたものであるという点は完全に度外視するとしても――、[2] じつのところは、政治システム特有の進化にかかわった問いではなく、全体社会の進化に対して政治システムがどんな帰結をもたらすのかにかかわっている問いである。したがって、まず最初の課題は、なぜこれまで厳密に進化論に則って構想された政治的進化の理論が現れなかったのか、を考察することだろう。

進化という概念には、進化が決して完成状態には至らない、という含みがある。というのも、完成は、歴史の意味を葬り去り、それ以上の進化を不可能にしてしまうだろうからである。合理的な存在という想定に基づいて構築された旧来の理論を放棄しなければならないと見なされたところであればどこにおいても、進化論は、肥沃な土壌を見つけ出してきた。類や種への割り振りを伴った旧来の本質宇宙〔という考え方が崩れ去ったそ〕の廃墟のただなかで、ダーウィンの進化論は成立したのである。天地創造の計画（Schöpfungsplan）など不要であり、そういったものがなくとも、生物たちの世界では、選択過程のゆえに、任意ではない事情が支配的になる点を説明できると、ダーウィンの進化論は示すことができた。認識の進化の理論をつくろうとする努力は、明らかに、適切に写し取られるべき客体世界のなかに認識のよりどころを見つけ出すことを不可能にしてしまったカント的な／新カント派的な認識批判とかかわっている。また、自然とか歴史といったものを見やりながら法の妥当根拠を外部化するやり方を断念せざるをえなくなり、いつでも変更可能な実定法としかかかわれなくなると、法の進化の理論へと至る。完全競争という条件下の《市場》に対して、諸企業群のための合理的な決定前提という準則を期待する場合でも、とりあえずは、《理念化》によって、あるいは、手続きや方法に立ち戻る（ただしこうなるのを断念しなくてはならなくなると、経済的進化の理論アプローチが立ち現れる。もっとも、いずれのとすでに進化論の近くまで来ている）ことで、急場をしのごうとしてきたし、現在でもなお一部で試みられている。しかし、その後、さまざまな進化論が、つねに提供されてきている。もっとも、ここでは、これらの進化論すべてが、細部にわたって関心の的になるわけではない。というのは、政治理論は、〔ずっと昔から〕権力とか決定という概念に依存しまた徹底して偶発的な状況に依拠しているがゆえに、政治理論の出発条件は、上記のケースとは明らかに別だからである。こういった諸条件のもとでは、すべての政治過程は、その時々の成り行きに依存したものとなり、それゆえに、一般的な進化論を〔政治理論に〕適用する可能性が、制限されてしまう。(3) また、政治的な企ての失敗があまりにも頻繁に起こりまたあまりにも具体的に経験されてきたがために、進化論は思考のラディカルな転換を成し遂げてくれるのではないか、と期待することなどできなかったのである。革命――まさにこれをおこなってきたのは政治自体なのである。

もっとも、政治理論において進化論がこうして思考の転換をもたらすなどと期待されてこなかったのは、いわゆる《社会ダーウィニズム》が、生存競争とか適者生存といった言い回しによって、はじめから政治に近いところで定式化されてきたせいかもしれない。社会ダーウィニズム的な政治的提言を定式化するのは、簡単なことだった。しかし、現時点から振り返ってみれば容易に見て取れるとおり、社会ダーウィニズムは、進化論的なコンセプトなどではまったくなかった。というのは、進化論的なコンセプトであるために必要な、変異、選択、偶然といった概念がなんらの役割も果たしていなかったからである。むしろ、ここに見いだされるのは、旧来の自然法的な構想の新しい定式化である。つまりこの構想は、支配が強者の自然に適合的であること、また、こうした自然に反するような社会秩序がうまくいく見込みはまずないこと、に焦点を合わせていた。このような議論は、古典古代においてすでにそうであったように、十九世紀末には、異論の余地のあるものとなった。なぜなら、社会秩序においては強さを利用することだけが重要だ、などと認めるのは困難になっていたからである。ここには、注意深く構想され、ダーウィンに方向づけられた意味での進化論は、その痕跡すら見いだせない。

〔なぜ政治的進化の理論が現れなかったのかという点に関して〕最後に銘記しておくべきなのは、政治システムのケースにも（他のシステムに対するのと同じように）適用できるかもしれない学際的な進化論なるものは、まだまったく存在していない、ということである。まず進化の概念が、混乱したかたちで用いられており、たとえば、歴史的な出来事の継起を単に記述するためにも用いられているし、発展段階やそれに類したものを言い表すために使用されていたりもする。ダーウィンがこの概念に与えていた形式、つまり、変異と選択との区別に、進化の概念が限定される場合ですら、通常は、変異と選択が作用するメカニズムに関する具体的な、したがって〔他のケースには〕転用できない理解の仕方と結びつけられてしまっていた。つまりそのメカニズムとはたとえば、生化学的な突然変異や、ダーウィンが《自然選択》と名づけていたもの、すなわち所与の環境のなかで、遺伝子を変異させたりさせなかったりすることで生存してゆく能力など、である。社会科学ではこうした理論状況に対して、ここで問題となっているのは生物学的なメタファー、それどころか《有機体アナロジー》ではないのか、という恐怖のイメージでもって、あるいは〔使うべきではないという〕戒めのイメージでもって、反応してきた。

生物学以外の分野に欠落しているのは、進化の対象についての十分なイメージであると思われる。けれども、求められる学際的水準を達成しようと当初から努力してきたシステム理論の最近の発展は、この点で新しいパースペクティブを提供している。とくに、非トリヴィアルな機械もしくは歴史的な機械についての理論のことを想起すべきである。この理論によれば、出発条件を反復（replay）しても、それは、〔出発条件と〕同じ出来事が生じていることを何ら保証するものではない。何がシステムを進化できるようにしているのか、あるいはより精確に言えば、変異と選択の区別が、どのようにしてシステムに介入するのかが、理解できるようになるかたちで、進化論とシステム理論とを結びつけることは、可能なはずである。銘記しておくべきなのは、変異と選択とは差異としてあるのであって、決して、体系的に（systemisch）調整される共同作用としてあるわけではない、ということである。というのは、進化論が重視しているのは、変異のためのメカニズムと選択のためのメカニズムとを、たとえこれらが共同作用してもそれを《偶然》として記述できるかたちで定義することだからである。[4]

自己言及的なオートポイエティックなシステムについての最近の理論に関してとくに目を引くのは、この理論が、作動と関連した（operationsbezogen）アプローチを好んでいることである。システムは基本的に、システム自体が産出している作動からのみ、成り立っている。それ以外のすべてのものは、作動から作動を再生産するための前提条件である。とりわけ構造は、そういった前提条件の一つである。構造は、同一の内容を持つ意味の圧縮（Kondensieren）と再認（Konfirmieren）のために考慮される手引きとして、作動の回帰的なネットワーキングに（したがってその再生産に）、資している。構造に導かれたシステムのそれ自体による再生産は、そこでは考慮されていないが因果関係上は重要であり続けている環境との境界線を、不可避的に成立させる。その結果、システムは、そのシステム自体の統一性を、その環境との差異において維持しなくてはならなくなる。さもなければ、システムは、消滅してしまうだろうからである。

別のところで述べておいたとおり[5]、(1) 要素としての作動、(2) 構造、ならびに(3) 環境との差異を保持するシステム、という分類をすると、進化のメカニズムを、システムと関連づけて、システム理論的に解釈できるようになる。変異は、システムの作動とのみ、かかわっている。つまり、生成するや否や再び消滅してしまう出来事と、である。したがって、変異は、通常、進化のうえでは何の成果ももたらさない事象であり、たとえば、〔政治システムという〕個別事例でいえば、サンクションによる威嚇がこれである。選択は、システムの構造とかかわっている。すなわち、すでに起こった事柄を想起するという形式においてであれ、将来の作動に関する期待の構築のためであれ、ともあれ同定のサポートとして考慮されるすべてのものと、かかわっている。構造の形成は、不可避である。なぜなら、構造がなければ回帰（Rekursionen）が実践されえなくなるからである。これに対して、構造〔そのもの〕の、進化のなかでの選択に至るのは、システムの〔出来事としての〕諸作動に現れ出る何らかの変異が、その構造としての価値（Strukturwert）の点で際だつようになり、それによって、それに相応した〔新しい〕構造提案が受容されるべきなのかそれとも拒否されるべきなのかという問いの前に立たされるときに、限られる。こうした事態は、意識システムにおいてもコミュニケーションシステムにおいても、決定という形式では起こりえないのであって、ましてや、何らかの規準に導かれた合理的なイノベーションのような形式で起こるようなものでもない。むしろ決定的に重要なのは、それ以降の作動がいかにしてそれ自体の回帰を取り扱うのかである。

　進化論とシステム論とをこのようなかたちで結合すると、それはオートポイエティックなシステムという想定にマッチする。つまり、このようなかたちでの両者の結合は、外的な選択（ダーウィンの《自然選択》）という想定を、退ける。むしろ、オートポイエティックな再生産様式によってこそ、継続的に構造が選択され、選好され、また、もはや利用されず忘れ去られてしまったりするのであり、こうした再生産様式によって、進化が可能となるのである。じじつ、進化とはつねに、環境との関係での逸脱強化である。そうであってのみ、顕著なエコロジー的な逸脱や派生的問題を伴った、劇的なほど急激な全体社会の進化について、説明することができるだろう。このことはまた、進化による構造選択が、決して、安定性を指向した過程ではない、ということを意味している。むしろ我々としては、進化しているシステムの、そうした進化とは決してマッチしない環境のなかでの、しかもそれ自体数多くの〔その他の〕進化している諸システムから成り立っている環境のなかでの維持という事態を指し示す、進化論の第三の概念を利用してみたい。このことを指し示すために、我々は〔第三の概念である〕再安定化(Restabilisierung)について述べ、再安定化がいずれの場合でも必要となることを銘記しておきたい――いずれの場合でも、とはつまり、選択が〔呈示された新たな選択肢が選択されるという意味で〕肯定的になされる場合でも、また〔新たな選択肢が提示されたのにそれが選択されないという意味で〕否定的になされる場合にも、ということである。なぜなら、可能性が利用されなかったこともまた、そのシステムにおいて想起され、したがって〔新たなものに代替されずそのまま残された〕現存している装置に対する正統化圧力が、高まるからである(たとえばその装置は《保守的》だとされてしまったりする)。それゆえ再安定化は、決して例外問題ではなく、変異や選択と同様、まさに普遍的な進化上の機能なのである。この機能への準拠もまた、固有の意味を有している。それはつねに、システムと環境の差異にかかわっている。言い換えると、環境と区別されたシステムの統一性に、である。

以上の理論上の決定を前提としつつ、上述した探求が、政治システムの進化の理論のなかにいかにしてまとめ上げられうるのかという問いに、以下、取り組んでいくことにしたい。

II 政治システムの進化

政治の進化の理論は、すべての進化論がそうであるように、進化するものがすでに存在していることを前提としている。進化によって、すでに現存しているシステムの諸構造のみが変化しうる。〔もっとも〕人はあまりこのことを認めたがらない。というのは、結果はその結果とは区別されうる原因によって説明されねばならないとする因果的な観察様式に、方法論の多くが依拠している、という事態と、これは相容れないからである。けれども、進化論は、進化の《発端》に遡及した説明を、拒否している。この点は明確に述べておかなくてはならない。したがって、進化論が（たとえば政治的支配のような）進化上の成果について説明する場合も、それは決して、〔そうした成果を〕もたらした発端とか《イニシアル・キック》によって説明するのではなく、循環的なかたちで説明することになる。みずからを観察できるシステムがすでに存在しているとしないかぎりで、発端は、システムそれ自体のなかで産出される起源神話となる。(6) たとえばメソポタミアでは、英雄の歴史に関する物語を想起することから、王の支配の表象が生じてきた。(7) そのかぎりで、進化論とオートポイエティックなシステムの理論とは調和するのであり、それぞれ別個に成立したこれら二つの理論アプローチの結合可能性も、〔循環的に説明するという〕この点に依拠している。

原因となる発端という想定をこのように放棄すると、――生命であれ（単にシグナルを送ることとは区別される）有意味的な－回帰的なコミュニケーションであれ――新しい種類のオートポイエーティックな作動様式の開始が話題になるさいにはつねに、特別な問題が投げかけられることになる。このような場合には、《前適応的進歩 preadaptive advances》[1]に基づいてオートポイエティックな閉鎖の可能性が《実験》されるという比較的長い移行期間を、考慮に入れなくてはならない。さいわいなことに、これは、本書で取り上げるべき問題ではない。本書では、全体社会の創発的な自己組織化の発端や、有意味的な回帰性を保証するものとしての言語の進化、あるいはすでに高度に発展している生命体の《ヒト化》の過程にまで遡って考察するわけではない。本書では、有意味的にコミュニケーションする社会システムとしての全体社会を議論の前提としており、政治に特化したシステムが進化によって分出するための全体社会的な前提条件についてのみ、問うている。政治に特化したシステムは、そうした前提条件が整ったあとで、固有の進化を実現してゆくのである。

独自の政治的権力実践の挑戦、さらにはその実現は、全体社会の分化の支配的な形式が交替したことと、関係しているだろう。類似した同等のまとまりへと環節的に分化している部族社会においては、いつでも使用可能な政治的装置に対する差し迫った必要性も、またそうした装置の分出のための手がかりも、存在しなかった(8)。コンフリクトを抑止するための装置は政治的装置とは別にあったわけで、それ以上の、集合的に拘束力を有する決定なるものへの需要は、なかったのである(9)。こうした事態が変化してゆくにつれて、首長や、継承される必要のある政治的役割、それに付き従う補助スタッフ、そして同時に、ある程度抜きんでた優勢な権力、といったものもまた明確な輪郭をとり始める。そうした権力は挑戦を受けるようになり、それ自体（またそのかぎりで政治的な）コンフリクトの対象ともなりうる（しかし、民族誌が書き記している多くの事例を見ると、こうした構造は、植民地支配の間接的な結果であったと考えられる)。そうなると、新しい種類の政治的な中央集権制が生まれるようになり、それは、首長や王といったものへと結実していく。このような中央集権制は、全体社会における親族関係にはもはや依存せず、全体社会的な必要性に基づいて、またそれ自体の権力に基づいて、再生産される。

経験的に立証できる諸事情はきわめて多様であり、まさにこのように多様であることによって、進化が促されてきたことは、間違いない。可能な問題解決策の数が限定されているのならば、多種多様な出発状況から《等結果的に äquifinal》同じ成果へと至りうるのは、明らかである。[10] にもかかわらず、広く伝播しおおかたこうした状態にとどまり続けていたこれらの首長制社会(Häuptlingsgesellschaft)あるいは《身分社会 rank societies》のなかに、固有の政治的進化のための出発点がすでにある、などと考えるのは難しい(とはいっても、当然のことながら、これは一部、進化概念の定義の問題ではあるが)。部族的な秩序にとって耐えきれないほどのコンフリクトの増大が、変異メカニズムとして役立ち、そのうちのいくつかのケースにおいて、新しい種類の政治的な中央集権制に行き着いた(そしてその他のケースでは行き着かなかった)、と想定できよう。この新しい種類の政治的な中央集権制は、旧来の秩序と並行して存在しながらも、もはや親族関係には依存しなかった。そのさい、進化的な選択の役割を担ったのは、こうした新しい種類の構造による、つねに厄介含みの自己選択、であった。

全体社会の分化の形式が——都市の形成や帝国の形成といった形式での中心/周縁の分化という方向への変化であれ、成層化という形式への変化であれ——変化してはじめて、政治がそれとして承認されるに至った、と思われる。この中心/周縁の分化と成層化の分化とは、手に手を取って進捗してゆくのがふつうである。というのは、周縁が、あいかわらずアルカイックな - 部族的な様式で環節的に分化し、中心の行く末とはかかわりなく、みずからの存立をみずからで保証できたのに対して、中心は、〔中心／周縁－分化とは異なる〕他の分化形式（貴族、帝国官僚制）を試してみる可能性を有していたからである。このような諸サブシステム同士の不等性に基づく全体社会の分化形式によってはじめて、政治的に強化された権力が克服すべき継続的問題が、生じることになる――つまり、まさに、こうした不等性をいかにして維持してゆくのかという問題である。

不等性に条件づけられた分化形式へのこうした移行は、それとは気づかれることなく進んでゆくのであって、その時点で現存している〔環節的に分化した〕全体社会においては（例外的なケースに至るまでは）考慮の外に置かれているのがふつうである。所与の全体社会の境界線を越え出るようなコミュニケーションが増え、それに対するコントロールが必要になると、帝国形成の兆候が現れてくる。それゆえに帝国は、典型的には、みずから定義づけた（たとえば《ナショナルな》境界を持たない（これは、地図作りが習い性となった我々の意識には奇妙に見えるにちがいない）。もちろん、その事実的な版図は限定されてはいるけれども、帝国神話からすれば、それは事実的な〔事実として現在はコミュニケーションできないという〕障壁でしかなかった。したがって、帝国は、可能なかぎりみずからの意味地平を拡大してゆくことになる(11)。ここから、中心に対する明確なパワーポリティクス的な要請が生じてくるのは、明らかである。また、ここから、政治的－宗教的な官僚制的支配装置が分出する兆しも、生まれてくる。とはいえ、こうした支配装置は、これと同時に発展し経済によってより堅固になった成層化とは、相対立する(12)。

政治的権力が必要になったもう一つのゆえんは、成層化それ自体である。すなわち、上層が（とりわけ族内婚によって）分出し、数の上でもわずかでまたその内部で紛争があったにもかかわらず、上層が経済的資源を確実にコントロールしなくてはならなかったからである。古典古代の都市におけるオイコス（oîkos）／ポリス（pólis）の区別（私たちが使用している《政治的 politisch》という表現はこの区別によるのだが）や、これらの都市における協調（同心 hómonoia）を得るための組織的・法的な努力は、その証拠であろう。しかし、ここでも、それによって都市共和制が新造されただけではなく、帝国を形成しようという拡大志向の傾向も見いだされるようになる。そのために、政治的権力への必要性を高めた上記二つの源泉は、まさに異なるがゆえに、互いに切り離すことは難しいのである。

政治的権力それ自体が問われまた危機に瀕するようになってはじめて、政治に固有の進化が始まる。こうなってようやく、権力の貫徹の成功と失敗とが選別されるようになる。そうした選別は、とりわけ、権力の貫徹能力に対する評判という拡大レンズによって、すなわち、個々の出来事に対して、肯定的な方向で並外れた印象や、あるいは逆に否定的な方向で並外れた印象を与えることのできる〔評判という〕拡大レンズによって、おこなわれる。ここにきてはじめて、権力がシンボリックに一般化されたメディアとして分出するとか、権力手段が行使されるのではないかとの予期に基づくだけですでにその目的が広範に達成されるといった言い方ができるようになる。特別な政治的重要人物が際だたせられ（観察され）ることによってはじめて、それに対する挑戦やそれと関連した権力闘争が、特別な構造的な射程を有するようになり、それが、〔権力の貫徹能力を〕実証したり破壊したりする過程で、特別な政治的諸制度――公職、王朝、宗教との調停、など――の進化をもたらすのである。とりわけ《王朝》の発明は、法で定められた財産引継ぎを伴いつつ、家族というまとまりに依拠したかたちで、公職の継承という問題を平和的に解決する策として、政治的進化の重要な成果であった。この成果がその説得性を失うのは、ようやく十八世紀になってからであり、さらに別の分化が起こってからのことである。

政治的進化のこのような第一局面の成果を、支配（*Herrschaft*）という概念で指し示すのは、十分意味がある。というのは、この概念は、それが全体社会の成層化と調和的であることを示唆しているからであり、また、あらゆる生活領域にわたって影響力を持つ重要人物の存在と調和的であること、さらに、これらと並行して構築されている土地所有の秩序（財産としての土地所有か収入源としてのそれかはここでは副次的問題にとどまる）と調和的であることを、示唆しているからである。つまり総じて言えば、政治的な〔進化上の〕成果が、まだ、全体社会の秩序のなかにかなりの程度《埋め込まれて》いることを、この概念は示唆しているからである。この支配という概念は、統治権（imperium）と所有権（dominium）と権力（potestas）という（ラテン語ではそれぞれ分けて考えられている）三つの言葉の連関を、前提としている。領主（Herr）という概念は、領邦（Land）という反対概念を必要とし、この二つの概念が相まって、社会秩序全体が記述されている。ヨーロッパ中世においては、古典古代から引き継がれてきた家秩序（オイコス oĩkos、村 vicus）が、こうした秩序に取り込まれた。[13] そういうわけで、ローマ帝国の官僚制が崩壊した後、分出した政治的権力という残留物が生き残り、これが貴族世界と融合しえた。のちに《国家 Staat》と呼ばれるようになるもののすべてと比べてこうした秩序が異質であることは、こんにちではもはや異論の余地がない。支配という概念をいつまでも使い続けるのを避け、[14] 国家概念をこうした秩序にまで遡って関連づけるのを止めることによって、これが正当に評価されよう。《支配者を持たない》人々こそがディスクルス倫理学上の資格を得るというのは、「〔概念の〕歴史的文脈を度外視することにした以上、概念使用の厳密化を求めなくてはなるまい」といった類の奇妙な考え方にとどまるだろう。

III 機能分化への移行

領邦（Land）と支配（Herrschaft）というこうした秩序においては、政治的支配は、それが全体社会のなかに埋め込まれていたがゆえに安定していた。ヨーロッパ中世においては、数多くの形式の政治的支配が存在していたから――封建的支配形式と並んで、とりわけ教会と、商業の発達した諸都市とが存在していた――、どんな領域の支配も無数のコンフリクトに直面し、こうした形式において、全体社会のなかに埋め込まれていた。したがって、戦争遂行の能力の維持が、突出して重要な問題であった。これが、軍需品管理や財務管理に関して組織的装置をはじめて抱え込むことにつながった(15)。このために見いだされた組織という解決策が、のちに領邦国家（Territorialstaat）が発展してゆく土台を築くことになった。とはいえ当面の間は、ヨーロッパは、陸海軍の多少なりとも強制的な徴兵や陸海軍の資金調達をおこなうさいの地域的な諸条件に応じて、数多くの可能な解決策をあれこれ試していた。してみると、ここでも、コンフリクトは、典型的な変異メカニズムとなっており、近代に移行してはじめて、こうした状況から、領邦国家が、選択的な生き残りをとおして成立してくる。領邦国家は、そののち、近代的な国民国家へと次第に成長してゆく。

領域的なコンフリクトに条件づけられたこのような出発状況では、また、その他の機能的システムの分出の程度が小さいなかにあっては、政治システムの安定性を、その他の全体社会領域（経済、家族、宗教など）と比べたときの政治システム固有の境界はどこにあるのかなどを鑑みながら、特別な問題として把握するなどとは、思いも寄らないことであっただろう。〔むしろ当時は〕政治の問題は、身分的な秩序によって、また、競合する外部の支配者によって、あるいは支配装置それ自体によって用意されたライバルたりうる人々とのかかわりのなかで、権力を維持してゆく点にあった。近代初頭の国家論のうち初期段階のものはまだ、こうした問題をめぐって展開されており、政治的機能のための継続的な備えと、特定の支配者や王朝が権力的地位を維持することとが、区別されていなかった[16]。イタリアの政治的統一と、そのために必要な、新しい支配の根拠づけ、というマキャベリの問題もまだ、こうした規準に従ったものだった。しかし、政治が国家概念によって個別化してゆき、またそれに相応した官僚制的組織がつくり上げられるなかで政治が個別化してゆくと、それは、決定的なかたちで、全体社会の機能的な分化という新しい形式原理の貫徹に寄与するようになる。これにより、その後、すべてが変化する。

　ここに至って、そしてここに至ってはじめて、政治的進化は、その〔進化的〕成果を、その他の諸機能システムとのかかわりで、つまり全体社会内的な環境とのかかわりで、いかに安定化させてゆくのかという問題へと行き着く。国家というかたちで集権化された政治は（その他のすべての機能システムがそうであるように）、それ自体、成層分化という形式が全体社会のなかで優位であるという状態を掘り崩すのに貢献する。貴族は、国家制度となる。が、ここで、旧来の秩序表象の維持には相当の無理を要するということが、明らかになってくる――これが、革命によって貴族が《廃止》される可能性をもたらす。必要とされる政治的支配の自律性とラント在住の（landsässig）貴族との関係という問題に代わって、まず登場するのが、政治と経済の関係という問題である。いわゆる《重商主義》によって、国家政治は、経済を政治的目的に従属させようとする。(17) 十八世紀の後半になると、国家政治と経済的に成功した活動との間の矛盾に直面して、このような考え方が放棄され、もっぱら強力な国家が（それどころか重農主義者とともに、《専制的》に統治する国家が）、自由な経済活動を保証する前提として求められる。《安全》が国家目的となるわけである。全体社会は、政治システムに対して、特殊的であると同時に一般的な（普遍的な）権能という意味での固有の機能を充足するよう、要求するようになる。

進化論の視角から以下の考察を続けてゆくために、ここで次のことだけを想起しておきたい。旧来の秩序においては、主として、政治的支配の設立と安定化が問題であった。変異と構造的選択との分化が確立した。しかし、進化上の選択（たとえば《公職》や《王朝》といった構造形式）は、安定性の問題を指向している。というのは、支配はつねに、構造的に不確実であり、変わりやすく、不安定なものだからである。近代的な条件のもとでは、こうした事情が変化する。一方で、政治システムも含めてすべての機能システムの機能とオートポイエティックな自律性は、全体社会の分化の形式によって保証されている。この〔ある特定の機能システムが担う〕各機能を引き受けることのできる、〔その特定の機能システム〕以外の全体社会領域は存在しない。こうした〔各機能システムの〕特殊化の貫徹力に直面して、全体社会は、その主要なサブシステムに関して、多機能性を、すなわち機能的な諸等価物による代替を、放棄することになった。他方で、オートポイエティックなシステムの固有のダイナミズムにより、その構造の選択は、そのシステム特定的な条件のもとでおこなわれる。いまや、そうした〔構造選択の〕基準は、とりわけ、その機能システムのオートポイエーシスそれ自体なのであり、具体的には、歴史的に与えられすでにシステム構造によって規定されている状況に接続する可能性が、そうした選択の基準となっている。このことにより、進化上の選択と安定化とが旧来のようにほぼ同一であるというあり方は、ますます解消されてゆく。システムのオートポイエーシスは、環境への適応（とくに、成層化に見られたようなそれ）をやめて、自己媒介的なポジティヴ・フィードバックを介しての逸脱強化の傾向を見せるようになる。適応の戦略は、もっぱらシステム内部でのみ機能作用するようになる――そうした可能性の一つが、《民主制》への固執、より一般的には、人気度テストへの固執が政治であると宣言することである。

いまや進化は、変異と選択とを区別するだけでなく、選択と安定化をも区別するときにのみ、再構成されうる。進化において選好された構造パタン――とりわけ立憲的なリベラル国家――は、もはやそれが構造だからというだけですでに安定性も保証されるわけではない。フランス革命は、一般意志（volonté générale）と議会のなかでのその記述との統一性を主張していたが、それによってフランス革命は困難に陥ってしまった。なぜなら、この同一性という単純な図式のなかでは、意見のコンフリクトも利害のコンフリクトも予定されていなかったからである[18]。したがって、コンフリクトの政治的決着を可能にし同時に決定基準の問題を解決できるような実践的な政治の形式が、見いだされなくてはならなかった。しかも一般意志に問い合わせたりしないかたちで、である。そうなると、《人民の意志》や《人民主権》は、政治がみずから下した決定の変更にたえず取り組んでいるという経験を表す定式にほかならなくなる。通常の騒動を《革命》とか君主制の崩壊だとする解釈を呼び起こした、深部での変異は、新しい政治的メカニズムの選択によって受け止められなくてはならなかった。そうした新しい政治的メカニズムは、その後、《憲法》という形式で安定性を獲得する。つまり、フリードリッヒ・シュレーゲルの判断に従って言えば、いつまでも続く革命、ということなのである。[19] 不安定性が原理として重要になるわけである。あるいは偶発性が重要になる。その後、十九世紀から二十世紀にかけて、《代表民主制》という制度化可能なパタンが進化してくる。それは、政党、世論、行政裁判権、憲法裁判権を取り入れ、こうした複雑な形式を備えることで、もはや、人民の意思の直接的な表現として立ち現れるかどうかには依存しなくなる。

いまや、構造決定的なシステムにおいて進化上の成果が保持されるのかどうか、また、そうした成果を出発点とするそれ以降の進化がどの程度まで進捗してゆくのかは、システムと環境との分化の維持と再生産に依存する。したがって、政治システムについて言えば、それは、システムの作動と構造によってたえず妨害されている、政治的なもののシステム境界の維持に、依存する。パーソンズの《パタン変数》の術語を使うなら、近代においては、個別化と普遍主義とが、たえず互いに矛盾しあうにもかかわらず、同時に強いられる、と言えるかもしれない。

こうしたことは、理論的なレベルでは、ダーウィンの進化論からの超越を要求している。[20] 進化の機能あるいはメカニズムの数は、安定化／再安定化という第三の名称の分だけ拡大されなくてはならないし、[21] それとの関連で、進化論とシステム論との相互補完性について吟味してみる必要がある。

十分な下準備を［ここまでしておいたわけなのでこれを］利用できるので、理論デザインのレベルでは、この問題は、あまり手間暇かけずに解決できる。考えうる方途の一つは、すでに先に（Iで）示唆しておいた。本来の問題は、こうした編成替えの説明価値という点にある（というのも、理論の進化も同じ進化類型に従っているからである。不十分な適応も、それが〔科学〕システムのオートポイエーシスに影響を与えないかぎり、構造選択としてはありうる）。古典的な言葉でいえば、その《検証》はどうなっているのか、ということである。

我々が〔こうした編成替えによって〕獲得するものは、二つの異なった事実領域と関係していると言える。〔一つには〕リベラルな立憲国家から福祉国家への発展(22)を我々は進化論によって解釈できること、〔またもう一つは〕国民国家やリベラルな立憲モデルが世界規模で〔世界社会というかたちで〕現実化するさいの困難さを、進化の問題として論じることができること、である。その〔編成替えの〕利点は、さまざまに評価できよう。それは、進化論の構造のゆえに、予測を可能にするものではない。したがって、それは、説明と予測は等価なものであるべきという方法論上の要請を満たすものでもない。けれどもそれは明らかに、福祉国家への発展も開発途上国における立憲国家モデルの困難も基本的に事実として記述している研究の現状を、――その他の論じ方の可能性を排除するわけではないが――乗り越えるものではある。

リベラルな立憲国家が今日的な福祉国家へと発展したのは、アンバランスな環境状態という与件のもとにおいてであった。憲法によって、また、〔政治システム〕以外の機能システムの制御しがたい固有のダイナミズムによって、またとりわけ心理的な-個人化された要求水準の制御しがたい固有のダイナミズムによって、政治システムは、その環境を、古典的な政治概念でいう意味で《支配》することが、効果的に阻止されてしまう。他方で、民主制的なコード化という条件のもとでの、また、たえざるセカンド・オーダーの観察という条件のもとでの政治システムの固有のダイナミズムによって、政治システムは、システム内で生み出す、環境への遂行の供給（Leistungsangebote）には開放的になる〔＝敏感になる〕。選挙によって政治にサンクションを加える可能性が増えるので、社会的に不利な状況に置かれている人々に対する政治の（こういってよければ）思いやりも、それに相応して増加する。

福祉国家は、政治システムからすれば、近代社会において不可避になった包摂の形式を現実化させている。[23] 福祉国家は、間接的な（身分によって媒介された）〔包摂の〕規制から直接的な規制への移行を前提としており、集合的に拘束力のある決定によって規制されうるありとあらゆる人々のためにその機能を準備している。[24] 福祉国家は、全体社会の政治システムへの全人口の包摂を目指す。ポジティブな、明るい側面から言えば、個々人が自分では得ることのできない諸利益の〔国家による〕供与をとおして、こうした包摂はおこなわれる。他方で、まさにそのことによって、個々人の生活様式が国家の決定にますます強く依存するようになる。これもまた、包摂なのである。これによって、《解放》という広く普及している要請は、イデオロギー的な性格を有するようになり、実際には望まれていないものを指し示すものとなる。

福祉国家の進化によって、開放性と制限とが、政治の恒常的な問題となる。政治システムは、極端な場合には、みずからを、人々のつらい体験の一切合切の埋め合わせを担当するものだと理解することになる。その他の機能システムで産出され《外部化》された諸結果を〔政治システムが〕受け持つのだという自己理解が現れるのは、なおのこと当然である。農作物の不作は公的資金に負荷をかけ、同様に、子どもの出産や中絶も公的資金に負担をかける。肥満の人や、事故の犠牲者、弱体化した製造業は、費用のかかるテクノロジーの発展を要求する。物理学者の急激な増加は研究経費をも急激に増加させるし、医学の進歩は治療費と研究費の増加という二重の効果をもたらす。こうしたことはすべて当然の権利なのであり、少なくとも反論できない正統性を有している。それ相応の請求をしても不条理でもないし不名誉でもない。政治システムにおいては、こういった〔要求をおこなう〕ことは政治的なコミュニケーションとして予定されている。もしこれらの〔要求を出す〕ことが、旧式の教育を受けた個人には（たとえば社会扶助の受給者には）不名誉に思えてしまうようであれば、こうした印象は、それ自体のためではなく苦しんでいるクライアントのためにあらゆる要求をおこなう利益団体をとおして、中和される。これらの団体がおこなう要求は、公益の領域に属している（したがって同時に、それは、旧来の公共の福祉の表象を掘り崩すのにも貢献する）。一方の正当な願望から別の願望の正当性への推論が否応なくおこなわれ、政治は、政治に向けられる諸要求を集中的に募ることによって、また、〔そうした要求の〕拒絶に対してことごとく公的な批判をすることによって、みずからを励ましている。その結果、国家は、貯水塔と同じものとなる。つまり、資金がその貯水塔へとくみ上げられ、そこから今度は、〔その貯水塔との〕接続を維持している個々人へとそれが分配されてゆくわけである。[25] ここで助けになるのは、自己限定だけであろう。つまり、政治的決定だけである。確かに、政治的には依然として異論の余地はあるものの、それぞれの課題ごとの〔制限をおこなうための〕論拠は見いだせる。しかし、政治によってもはや意のままにされえない一般的方針なるものがはっきりとしたかたちをとっているわけではない。まさにこうしたことが、システム理論では、《自己組織化》とか《構造決定性》、《オートポイエーシス》といった概念によって定式化されているわけである。

政治のこうした福祉国家的な自己刺激が、経済システムや法システムに対して及ぼす影響は明白であり、ここであらためて紹介する必要はない。若干の事例のみ挙げておくならば、貨幣流通における政府財政支出比率の増加や、保有する通貨供給量を中央銀行の技術でコントロールする難しさを、考えてみればよい。あるいは、政治の執行のための（法的には定式化することの困難な）目的プログラムの増加や、それに相応した、基本法の教義学の、〔国家からの自由を旨とする〕主観的な防禦権から、裁判での高度の解釈自由度と法的安定性へのダメージを伴った価値概念への変化を、考えてもらってもよい。あるいは、協定による規制というハイブリッドな形式の拡大によって、法律による法形成と契約による法形成との間の明確な境界線がぼやけてきていることを、思い起こしてもよい。より詳しい説明は、経済ないし法というシステム準拠を基盤にした分析、またこれらの進化をテーマにした分析でなされるべきである。政治は、その環境に対して影響をもたらしたことで生じる諸結果に直面するが、こうしたフィードバックをそれ自体のなかに組み込むことが、できない。けれども、政治システムのなかでの、直接的な進化上の構造変動も存在する。そうした構造変動は、明確な憲法原則のなかに見いだせるものではなく（もし見いだせるとしても、具体的な法律上の重要性（Relevanz）を持たないシンボリックな政治の凝縮物としてであり、いわば政治的な詠吟を書きとめたものとして、である）、ますます公式組織の政治的な重要性が高まるという点に、その核心がある。政治的には可能なものが、政治システムの諸組織によって取り消されたりするわけである。とはいっても、これを、単に、ある程度はそうなるといった〔程度の問題だというような〕意味で理解してはならない。また、数々の妥協が組織のなかで交渉の上取り決められてゆくといった意味においてのみ理解してもならない。ましてや、政権党と行政との政治的なコンフリクトという意味で、つまり、下野した〔かつての〕政権党の目的を保持し続ける官僚組織が《保守的》に抵抗するといった意味で、理解すべきでもない。こうした事態も、すべてありうることだ。しかし問題は、もっと根本的なところにあるのであって、公式的に組織化された社会システムの作動様式の特性、という点こそが問題なのである。したがって、問題を〔政治的な〕意図に帰属させることもできないのであり、それゆえに、いっさいの行為論的なアプローチは問題を捉えそこねる。組織は、包摂と排除の区別に対して、機能システムとは根本的に別種の関係を持っており、そのことと関連して、根本的に〔機能システムとは〕別種の、責任を負うための作動様式、それゆえに責任を負うことに及び腰な作動様式を、有しているのである。細かい点については第七章で詳しく論じておいたので、ここではその箇所を参照するようお願いしたい。

政治的進化が、政治的なレトリックと組織化された確定（Festlegung）（とりわけこうした政治的レトリックの、組織による確定）との間のますますの分化、さらには両者の自己矛盾的な分化という方向へと進捗してゆくと、こうした構造転換の、システム〔に対する〕効果を〔前もって〕計画することはできなくなる。こうした進化がシステムを強化するのかそれとも弱体化させるのかは、〔政治〕システムと〔全体社会内部の〕環境との関係で、決まる。こうした差異が政治に対する不満（《政治不信》）として〔政治システムのほうへ〕コミュニケーションし返されるというのは、ありえないことではない。さらに、この問題は、公衆のさらに別の願望を先取りしたり顧慮したりすることによってはもはや解決されない（しかしそうでないならいかにして解決されうるのだろうか?）。福祉国家は、依然として、世論と見なされているもののなかに強い支えを見いだしている。というのは、この世論概念は、国民の個人的な幸福を〔世論から〕逆推論するのを容易にするはずだ、ということを前提としているからである。(26)

他方で、政治的なエリートに対する懐疑は膨れあがっている。福祉国家の可能性は、利用し尽くされているように思われる。結局のところ、〔ちょうど、病院で罹患した病気を病院で治療できるのと同様に〕〔福祉国家〕それ自体がもたらした諸結果にそうした〔福祉国家の〕可能性を適用〔してこれらの諸結果に対処〕することは、もはやできない。

このような、何かと注目されることの多い、他の諸機能システムに対する福祉国家の影響とともに、とりわけ、成人した人間の社会的地位に対する福祉国家の影響についても、しっかりと考えておくべきである。ここでしかるべき役割を果たしているのは、教育や職業訓練（Ausbildung）が、多くの人々の場合四十歳代にまで延長されているという事態である。さらに、自立せよという要求や、遺伝的な、経済的な、道徳的な、また文化的な自己再生産をせよという要求は、消滅したとまでは言わないまでも弱まってきており、「公的援助への要求は補完的《サブシディアル》なかたちでのみ認める」とする法律的条項に、その名残りをとどめるだけとなっている、という事情がこれに加わる。

しかし〔こうした法律条項にもかかわらず〕、まさにこうした公的援助を人々はあてにすることができるとされている。大人であることの旧来の定義であった、成年に達することと自己再生産との統一性は、放棄されてしまった。成年性は、その代わりに、解放という名のもとで、イデオロギー的にまた政治的に——つまりは他者によって——要求されており、しかもここでは、自己再生産によってこれを達成せよという要請は、放棄されている。〔とはいえ〕こういったことからただちに《幼稚化》について語ってはならない。というのは、子どもの地位もその反対概念である大人とともに、曖昧になっているからである。また、貧困という問題だけが重要なわけではない。むしろ、大人であることの伝統的なメルクマールが消失してしまっているのである。このことは、かつてであれば大人であると見なされていてしかるべき多くの人が、なぜ《アイデンティティ》を求め続けているのかの説明にもなっているかもしれない。その代わりに、〔大人であることの〕社会的オリエンテーションは、働いていること、とか、消費から読み取れる収入、といった副次的なメルクマールに、依存せざるをえなくなっている。

福祉国家が、人々を政治システムへと包摂するという努力によって駆動されている一方で、発展した政治システムにおいてすら、なお、排除という残余問題が存在している。(27) 排除について語りうるのは、ある機能システムからの大幅な除外（たとえば極度の貧困）がその他の機能システム（たとえば学校教育、権利保護、安定した家族形成）からの除外をもたらす場合、である。包摂と排除の境界線は流動的になっており、とりわけ文化的に定義される要求水準によって規定されている。そのさいに重要なのは、決して、機会の平等の問題とか公正な分配とかの問題ではない。こういったものは、現実の苛酷さを隠蔽するユートピア的な定式である。《排除という残余問題》——これが意味しているのは、世界社会の高度に発展した諸地域においても、ある一つの機能システムで遅れをとることが、他の機能システムへのアクセスを不可能にする、とまではいわないまでも、難しくしうる、ということなのである（このことは、警察と出くわしたときの〔その人への警察側の〕信用の問題によって経験的に確かめてみることができる）。排除の阻止あるいは排除の軽減のための政治的措置は、社会国家という概念にまとめられている。こうした〔福祉国家と社会国家の〕区別は、学的にもまた政治的にも重要である。というのは、福祉国家を〔今後〕削り込んでいかざるをえないという不可避性は予測できるものの、そうなったからといって、排除が雪崩を打って惹起される、というわけではないだろうからである。

これとはまったく別の、最近見られるようになった進化的変化のケースは、《西欧的》立憲モデルを、それとはまったく別の《国家的》伝統を持った——そして一部は《国家的》ですらない伝統を持った——国々に移転しようとするさいに観察される。この問題は、世界社会の成立とともに提起されてくる。世界社会の政治システムは、もともとはヨーロッパを範型とする国民国家への環節分化に、依拠している。国家の《建設》には、憲法の制定が必要だと我々は想定している。けれども、その前提は、全体社会システムの十分に進展した機能分化である。つまり、法システムと政治システム、経済システムと政治システム、宗教システムと政治システム、等々の分化を保証する機能分化である。さらに、このように機能分化が十分に進展するためには、成層化の十分な中和化が前提となる（言い換えれば、成層化が、キャリア上の問題で優遇されるかそれとも不利に扱われるかといった点に制限されていることを、前提とする）。世界社会について見ると、こうした条件は、グローバルなレベルでは現実化している。少なくとも、こうした条件と競合するような第一次的分化は、〔グローバルなレベルでは〕存在しない。しかし、地球上の個々の地域において見てみると、この条件が現実化している程度は、じつに多様である。個々の地域は、とりわけ経済的な点では、世界社会の影響にさらされている。しかし、〔そうした影響にさらされるための〕前提条件を、いまのところは、きわめて限定されたかたちでしか引き受けることができない地域もある。きわめて高度に発展した産業を有する諸国家においてすらそうである——たとえばブラジルのことを考えてもらいたい。こうした事例では、リベラルな立憲国家という政治的な〔進化上の〕成果は、（《国家》として成立しつつある構築物が可視化され承認されうるために）《シンボリックな》かたちでしか現実化されないか、あるいは、（たとえば軍事政権の）統治エリートの道具として利用されることになる。こうしたエリート自身が、予定されていた諸条件に順応するのではなく、むしろ憲法を利用して《非立憲的に》統治するのである。(28)

また、そのことによって、《国家》や《憲法》、公職を契約によって雇う幹部官僚制、などといった進化上の成果の安定化という問題は、固有の意義を有するようになる。近代化政策は、そのなかに、その開発計画の目標を見いだしてきた——それによって、かなりの程度失敗した。これが示しているのは、構造の選択だけが問題なのではない、ということである。むしろ、実行されたあるいは実行されなかった(どちらにせよ、選択的な)《近代化》のあとの再安定化という問題は、分出した、オートポイエティックで自律的な、固有の構造によって決定されているシステムが、その全体社会内的な環境のなかでみずからを維持しそのシステム形式を〔その環境との〕差異として再生産しうるか否か、という問いによって、決着がつけられるのである。

IV　ゆらぎによるコントロールと進化

民主制という概念は、いまだに、語彙史的に捉えられて、支配の一形式を言い表す概念として定式化されている。そこでは一つのパラドックスだけが受け入れられていた。つまり、支配者と被支配者の(この概念を止揚する)同一性というパラドックスのみであった。このパラドックスの解消は、民主制概念の中に存しており、つまりは代表民主制の制度的な現実化という点に存していた。政治家が十分な働きをしていないとの嘆きはあっても、人々は代表民主制で満足していた。けれども、このゼマンティクは、政治的進化が実際にもたらしてきたものを覆い隠している。つまり、政治がゆらぎ（*Fluktuationen*）のほうへと再編されている、ということをである。[29] このような秩序は、支配という概念を介してでは、つまり、意志の貫徹能力としては、もはや把握できない。むしろ、世界社会の経済システムで生起しているこれと類似した状況に目を向けるほうが、役に立つ。

経済システムもまた、それ自体をゆらぎによって、詳しく言えば、国際金融市場の為替相場や通貨間の関係のゆらぎによって、みずからをコントロールしている（これを《コントロール》と言えるのであれば、だが）。経済システムにも、生起してくるべきものを全体として、前もって指示できるような中心的な審級は存在しない。合理性について語ることができるのも、せいぜい、現存の諸システム（企業、消費者、さらには国庫）がゆらぎに対して反作用するさいの散逸構造のレベルにおいて、である。さまざまな傾向は存在するかもしれない（たとえば、巨大企業は、銀行には頼らずに金融市場に接近できる、など）が、こうした諸傾向は、ゆらぎそれ自体によって惹起されている。資金需要と、資金の投資機会の探求とが、平衡を生み出すことはもはやない。諸国家それ自体が金融市場に介入し、資本の流れを自国に引き寄せようとして互いに競い合っている。ゆらぎが、散逸構造を生み出しているのである。

政治システムにおいても、一定の間隔で選挙がおこなわれることによって、同様の状態が成立している。限定された期間内で誰が政権党（Regierung）になるのかは、この選挙に依存している。したがって政治システムは、不確かな未来に順応しなくてはならない。［こうした状況に対する］もっとも明確な反作用が、おそらく、脱イデオロギー化と、政党間の立場の近似化であろう。これもまた、散逸構造なのである。そうした散逸構造は、それぞれの政党が選挙においてできるだけ首尾よい結果を得ようとするところから、それゆえに、一定のプログラムを掲げて選挙に勝つという見通しがさまざまに評価されるときにのみ、変異が可能であるところから、生じてくる。と同時に、次の選挙のあとにまた選挙が続くというところから、原理的に未来が未知のものとなり、また、有権者の利害を満足させることへと政治目的のレベルが低下する、という事態が、生じてくる。こういった傾向は、支配によって貫徹されうるかもしれないいっさいの意図を越えたところにある。これらの傾向は、政治システムの統一性と連関とが、ゆらぎによって規定されるところから、生まれる――したがって、支配しようという意図から生じるのではない。

ゆらぎをとおしたこうした自己コントロールは、進化の結果である。それは同時に、さらなる進化の構造的条件でもある。さらなる進化は、ゆらぎから生じてきた散逸構造によって、作動せざるをえない。この場合の、散逸構造によってとは、とりわけ、政党と立憲国家・行政国家との組織的な分化によって、という意味である。これが、政治システムの変異能力を促進するのかどうかについては、判断が難しい。一方で、政党は、新しい変異を政治に持ち込むのを、妨げられていないどころか、そうすることを促されてすらいる。ここでいう変異とは、新しい政治プログラムや新しい人格のことである。他方で、すべての政党は、同じ選挙に身を置かざるをえないわけで、それゆえに、選挙の見通しについての評価は、それほど大きく多様化しえない(30)だろう。

このような考え方は、先に導入しておいた決定という概念と、対応している。決定が生み出されるのは、決定の可能性が回帰的にまたオートポイエティックに取り扱われる場合である。というのは、決定は、それ自体の時間を、どのみち経過している時間のなかに再参入させているからである。これもまた、要素的な作動のレベルにおいてではあるが、ゆらぎという結果になる。いっさいの決定は、さらなる決定を必要としている――また、それは可能でもある。したがって、ゆらぎによって弱体化させられてしまったり無に帰してしまったりする《確固たる実体》なるものは存在しない。言い換えると、王はすでに殺害されているのであって、王のあとに残されているのはただ、決定だけなのである。

結果として我々が見いだしたのは、より多くの依存性とより多くの独立性とが結合しうるような秩序である。政治は、有権者の決定に依存しているけれども、そのように依存しているのは、きわめて狭い一コマにおいてのみである。つまり、政党の投票価値（Stimmgewicht）についてのみ、である。政治プログラムを転換することが問題となるさいに政治が依拠することのできる、憲法によって定められた権限については、そうした依存性はない。有権者に対しては、政治は、法に拘束されているけれども、政治は法を変えることができる。こういった依存性と独立性の相互強化は、同時に、それ自体が進化の典型的な結果である高度のシステム複雑性を、前提としている。

V　リスク化する政治的決定

以上、進化論を政治システムにあてはめた考察を進めてきたが、もう一度、全体社会の進化の一般理論に立ち返ることにしよう。変異（作動）、選択（構造）、再安定化（システム）の区別は、循環的な関係を記述している。そこでは、確かに、時間それ自体の不可逆性が前提となってはいるものの、同時に、進化メカニズムにおけるフィードバックも、前提とされている。システム理論がおこなっている貢献に照らしてみれば、作動、構造、システムというそれぞれの概念が、オートポイエティックなシステムの、相互に独立したかたちでは現実化されえない諸アスペクトのみを指し示していることは、いずれにしても明らかである。それに相応して、進化論は、あらゆる変異が、すでにシステム安定性を前提としており、すべての再安定化が、さらなる変異と選択の可能性の条件ならびにそれらの蓋然性の条件を変化させている、ということを認めなくてはならない。ここから、プロセス理論を作り上げようとするのであれば、次のような言い方をしなくてはならないだろう。システムは、そのフィードバックの循環性のなかで時間上不可逆的に変化しており、それによって、かつての状態へと立ち返る可能性を持たず、たださらなる進化への可能性のみを有している、と。同様のことは、こんにち、《分岐 Bifurkation》という概念によっても定式化されている。と同時に、進化は、システムを、安定した状態の方向へと処理している（prozessieren）ということが、これによって、否定されている。古典的な完成の目的論も近代の弁証法も、進化論に転写したりはできない。現在〔という時点〕は、変形しながらの再生産かそれとも崩壊かのいずれかが見込まれる未来を、未決定のままにしているのである。

以上のことは（これがもしそのとおりだとするならば）、実際の政治にまで及ぶようなさらなる帰結をもたらす。伝統的な期待に即して判断するなら、〔上述した現在の状況を見て〕《方向性の喪失》について語りうるかもしれない。いやむしろ、理論的に考えられうる〔今後の〕思考前提の変化を考慮すると、〔《方向性の喪失》というよりは〕永遠に方向決定し直し続ける必要性、と言ったほうがよいかもしれない。そのさい、組織において不確実性吸収の効用（たとえば政党綱領）にあまりにも長期的に固執したがゆえに物事が遅滞してしまう点が、問題となるであろう。

これが、知的な存在規定のゼマンティクとかかわっていることは明らかだが、本書のテーマではない。(31)政治システムに言及されるのは、もっと特別な観点においてである。現在によって《遮断させられた》過去と未来との関係が、決定を必要とするようになればなるほど、集合的に拘束力のある決定の可能性を確保するという機能を有する政治もまた、ますます強く問われるようになる。全体社会は、自律的でそれ自体進化能力のある政治システムの分出によって、こうした事態に備えているようには見える。しかしいまや、進化に依拠していることがシステムのなかで反省され、システムの理論としてシステムのなかに取り込まれてゆくと、現在の時点でおこなわれている未来予測に同時に依拠しているのであるから未来的現在についてはは予測不可能であるとの洞察もまた、増大してゆく。予測であればそれは、修正されうるのであり、またこれが利点でもある。これに対して、決定のほうは、そうではない。それゆえに、予測に基づき期待によってコントロールされる決定は、自己不確定化という浸食的な条件にさらされる。決定は、明日にはそれが昨日のものとなり、〔明日には〕その決定の帰結が考慮されながら〔その決定についての〕変化した評価のもとに置かれる、ということを、決定は予見できる。それによって、決定の未来との関係は、リスクという概念のなかでしか把握できなくなる。

政治的権力が魅力的なものであり続けているのは、とりわけ、それが、こうしたリスクとつきあうことができるからである。いわば直感的に、政治的権力は、未来の不確かさを、コンセンサスの問題とか権力の貫徹性の問題へと、変化させている。このことは、不確実性吸収に対する政治的責任の引き受けを含意している——まさにリスクに満ちた決定に関して規範が欠如している場合にも、つまり、それを勘案しながら誤りを証明したり責任について告発したりできるようなそうした規範が欠落している場合にも、そうなのである。すでにこんにち、明らかに政治の重点は、分配の問題からリスクの問題へと移行している——たとえば、エコロジー政策やテクノロジー政策ではそうであるし、あるいは輸出経済の信用リスクからの保護が必要とされる場合にもそうであるし、さらにはもちろん、再分配の決定の経済的な帰結や、賃金政策、あるいは建築警察的な規制や営業警察的な規制の経済的な帰結を考慮に入れるさいにも、そうである。言い換えると、政治は、資源を適切に配分したり失策を認識したりするのを可能にする、システム固有の、結果〔のコントロールのための〕テクノロジーを、駆使できない。

ここに《倫理》を持ってくるのは、ほとんどまやかしに等しい幻想である。こうした議論が公然とおこなわれ続けているのは、その議論が取り扱っているもの、つまりリスク倫理なるものなど、まったく存在しないからにほかならない。決定を準備するさいに慎重を期すべきだというのは自明であり、これほど伝統に寄りかかったアドバイスなどは必要ない(32)。理論においても実践においても社会主義的な希望が崩壊したことは、世界社会の条件のもとではある地域の孤立化を取り除いていこうという全体社会の進化の決定として、把握することができる。しかしそこから、市場経済や立憲国家が将来にわたって保証されるという結論が出てくるわけではない。むしろ今日の状況は、政治的権力や貨幣といったシンボリックに一般化されたメディアがますます決定のリスクにさらされるようになるとどんな形式が進化してくるのかまたそもそも進化してくるのかどうかといった問題のほうへと、先鋭化しているように思われる。

編集者覚書

ニクラス・ルーマンは、まさにいつも、複数の本を同時に執筆していた。彼が亡くなる頃、すなわち病――結局彼は一九九八年十一月にこの病に屈することになるのだが――ですでに死にむしばまれていた頃には、より一層、この作業に集中しなくてはならなかった。この時期には、彼の研究の非常に多くの部分が、全体社会の理論についての包括的な本のプロジェクトに、費やされた(1)。それに比べて、その他のすべての刊行プロジェクトは後回しにせざるをえず、ここに刊行された政治社会学に関する本も、その影響を受けてしまった。

本書の最初の原稿は、一九九〇年代初頭には存在していた。いまこうして刊行された本書は、一九九六年十月作成のコンピュータからのプリントアウトに基づいたものである。著者のルーマンは、すでにこのコピーに目通しをしており、いくつかの箇所にタイプライター原稿で補足を付していた。ボリュームの点では、本書はすでに、その他の機能システムについての例の書物群(2)――社会の政治に関して書かれた本書もその一冊なわけだが――と同等の規模に達している。とはいえ、ルーマンが、本書を、いまここにこうして刊行されている形態のままで印刷に回そうと企図していたことを示す根拠は、じつはない。むしろ逆に、ルーマンはもっと議論を拡げようとしていたのではないか、と仮定してみるべきだろう。草稿に添えられた数多くの、未完成のままに終わっているメモや文献指示が、この点を裏づける。他方で、ルーマンは、テキストを綿密に計画するのが通例であった。いったん書き上げた部分は、その後の作業の段階でも、そのまま保持された。〔書き上げたものの〕削除はほぼおこなわず、テキストはただただ、長くなっていった。こうした規律ある作業の仕方によってルーマンは次から次へと本を書ききることができたわけだが、この作業の仕方に鑑みると、ここに公刊された本書も、全面的に、原著者の正式な認可を得た版につらなると考えてよいだろう。著者の死による中断がなければ、確かにもっと量は増えていただろうが、議論の本質にまで深く立ち入った介入がなされたであろうとは考えにくい。現時点で読むことのできるものは、したがって、完成版とまでは言えないが、しかし、単なる断章よりは、はるかに完成度の高いものである(3)。

遺稿やこれから出版されるであろう〔ルーマンの〕刊行物にかかわる諸問題がすべて解明されるまではしばらく〔この草稿を〕公にしないでおきたいなどと思っても、ここまで推敲され〔てそれなりにまとまっ〕た段階にあるテキストを前にしてみると、そんな主張はほとんどできないだろうから、〔本書について〕文献学的に厳密な解説をおこなう時間が足りない、などと語るのは一切やめておく。出版社と編集者は、この本をできるかぎり早く出版しようと決めていた。こうした状況のもとで私は、編集のさいに、テキストへの介入は最低限にとどめておくことができた。つまり、タイプライターでの〔ルーマンによる〕補足を組み込み、表記を点検し、不完全だった参照文献の指示を補完し、理論構築の進捗状況との比較を容易にするために彼の著書からの自己引用文を具体的に記述し、事項索引を作成する程度にとどめた。

ニクラス・ルーマンは、政治と行政の社会学に関する論文やその他の寄稿文から、社会学のキャリアをスタートさせており、(4) 後年になってもこのテーマ領域を見失うことは決してなかった。(5) 政治社会学に関するルーマンの考え方をはじめてまとめ上げた完成稿——この完成稿は、一九六〇年代末に書かれたものだが——は、その当時刊行されないでいた。だが、その数年後にはすでに、彼の理論の急速な展開によって古くなってしまった。それ以来、政治とその近代社会のなかでの位置づけに関するシステム理論的なモノグラフが渇望されていた。ここに公刊された本書は、こうした欠乏を埋めあわせるものである。

父親であるルーマンの著作や遺稿に関するすべての権利を譲り受けられたヴェロニカ・ルーマン-シュレーダー氏のこの企画に対する暖かい支援と、ベルント・シュティーグラー氏の出版の提案がなければ、本書の刊行は不可能であっただろう。

二〇〇〇年五月　ミュンヘンにて

アンドレ・キーザーリング

原　注

第一章

（1）アリストテレス『政治学』1252 b 17でいうところの《イクツカノ家カラ生ジタ共同体 Apoikía oikías》〔牛田徳子訳『政治学』京都大学出版会、二〇〇一年、八頁〕。
（2）Stephen Holmes, "Aristippus in and out of Athens," in: *American Political Science Review* 73 (1979), S. 113-128.
（3）理論史的な問題それぞれについては、この後のいくつかの章で詳しく立ち返ることにしたい。
（4）その発端については以下を参照。Peter Spahn, "Oikos und Polis: Beobachtungen zum Prozess der Polisbildung bei Hesiod, Solon und Aischylos," in: *Historische Zeitschrift* 231 (1980), S. 529-564.
（5）こうした構造の残影は、十七／十八世紀の新しい個人主義のなかにまだ認識することができる。この個人主義にとって、諸個人からのみ成り立つ全体社会は極端に不安定であり、その結果、社会契約を締結することが必要だとされた。
（6）このゼマンティクが、同じものは別物ではなく、それとは異なるものではない、また、異なったものは同じものであってはならない、というパラドックスの解消のために取り入れられている点は、銘記に値する（Platon, *Sophistes* 253D〔藤沢令夫・水野有庸訳『プラトン全集3 ソピステス・ポリティコス（政治家）』岩波書店、一九七六年、一一九頁〕を見よ）。さらに、（人間のような）類は、多種多様な(!)諸個人から成り立っているが、しかしそうであるにもかかわらず(!)、それ相応の観念（形相 eídos）によって、類というそれ相応の（同質的な、〔ほかから〕区別可能な）概念がつくられている、という前提のもとで、このゼマンティクが取り入れられている点も銘記に値しよう。こうしたゼマンティク構造は、アリストテレスにおける種（génos）－抽象の《自然化》によっても影響を受けることなく、哲学のオルタナティブな理論にのみ受け継がれ、それによって確証されていった。

(7) この点に関する文献は、第三章注（1）を見よ。

(8) とはいえ、今日でもまだ、明確に歴史を指向したテキストには、この区別が見いだされる。たとえば、Marc-Olivier Padis/ Marcel Gauchet: *Le genèse de la démocratie*, Paris 1996 を見よ。

(9) こんにち、近代社会の状態により不利益を被ってしまっている人々の側からこうした問題の立て方がしばしばなされているという事態は、《観念政治 ideenpolitisch》的には理解できるものの、事象それ自体においてなにかの助けになるわけではないし、何らかの仕方で〔事象それ自体に〕接続可能だというわけでもない。こんにち《Zivilgesellschaft》とか《Bürgergesellschaft》というかたちで議論されているものは、除外することによって（すなわち、すべての組織化されたシステムを事実上除外することによって）のみ生きながらえているのであり、少なくともそれを《全体社会》とするわけにはもはやいかない。

(10) 政治的リベラリズムや、《商業社会》の経済的発展の恩恵を得て現れた考え方のなかで、こうした伝統が生き続けていることについては、とりわけ、以下を見よ。John G. A. Pocock, *The Machiavellian Moment: Florentine Political Thought and the Atlantic Republican Tradition*, Princeton 1975〔田中秀夫ほか訳『マキャヴェリアン・モーメント――フィレンツェの政治思想と大西洋圏の共和主義の伝統』名古屋大学出版会、二〇〇八年〕、さらにはたとえば、Istvan Hont/ Michael Ignatieff（hrsg.）, *Wealth and Virtue: The Shaping of Political Economy in the Scottish Enlightenment*, Cambridge Engl. 1983. これらはかなり異論の余地のある議論であるにもかかわらず、そうした議論が高じて、現在では結局、《市民社会 civil society》は維持に値する伝統要素である、と信じられ始めている。

(11) たとえば、Nicholas Rémond des Cours, *La véritable politique des Personnes de Qualité*, Paris 1692 を見よ。このフランスの政治概念がドイツで受容されるさい、一部では再評価されたが、一部では再び無視されることになった。《政治（Politica）を生きるのか、それとも小賢しさを生きるのか》と簡潔に表現しているのは、Julius Bernhard von Rohr, *Einleitung zur Ceremoniel-Wissenschaft Der Privat-Personen*, Berlin 1728, S. 3. ここでの主導的な区別は、《多くの人々の利益を実現することと、自分自身の損害を回避すること》である。そのさい、これに関連して、フランスの文献と、またとりわけ、〔バルタサール〕グラシアンの文献が引き合いに出されている。

（12） *Historische Wörterbuch der Philosophie* Bd. 3, Basel 1974, Sp. 466ff. ではそうである。またとくに次の辞典を参照。*Geschichtliche Grundbegriffe: Historisches Lexikon zur politisch-sozialen Sprache in Deutschland* Bd. 2, Stuttgart 1975, S. 719ff.

（13） 急激に増大し続けているこれに関する文献については、John Keane（Hrsg.）, *Democracy and Civil Society*, London 1988; ders.,（Hrsg.）, *Civil Society and the State: New European Perspectives*, London 1988; Andrew Arato/ Jean Cohen, „Civil Society and Social Theory", in: *Thesis Eleven* 21（1988）, S. 40-64; Jean L. Cohen/ Andrew Arato, *Civil Society and Political Theory*, Cambidge Mass. 1992; Jürgen Habermas, *Faktizität und Geltung: Beiträge zur Diskurstheorie des Rechts und des demokratischen Rechtsstaats*, Frankfurt 1992, insb. S. 100ff., 324ff.〔河上倫逸・耳野健二訳『事実性と妥当性』上巻、未來社、九九頁以下、三二〇頁以下〕こうした議論は、（伝統的な考え方においてそうであったように）市民（Bürger）たちが現に有する徳をあてにせざるをえないのか、それとも、手続き条項によって保証される、よりよい論拠が次々と渦のように出てくる事態に委ねざるをえないのかについては、未決定のままにしている。しかし、このどちらも、システムそれ自体のなかでアドホックに確定されうる決定の確かさを、もたらしてくれるわけではない。

（14） Habermas, *a.a.O.*, S. 327〔河上倫逸・耳野健二訳『事実性と妥当性』上巻、未來社、三二二頁〕.

（15） 以下の論述にとって役に立つ一般的な理論枠組みについては、Niklas Luhmann, *Die Gesellschaft der Gesellschaft*, Frankfurt 1997〔馬場靖雄・赤堀三郎・菅原謙・高橋徹訳『社会の社会』上・下巻、法政大学出版局、二〇〇九年〕を参照。さらに、本書とパラレルにそれぞれのサブシステムについて論じたものとしては、Niklas Luhmann, *Die Wirtschaft der Gesellschaft*, Frankfurt 1988〔春日淳一訳『社会の経済』文眞堂、一九九一年〕; ders., *Die Wissenschaft der Gesellschaft*, Frankfurt 1990〔徳安彰訳『社会の科学』1・2巻、法政大学出版局、二〇〇九年〕; ders., *Das Recht der Gesellschaft*, Frankfurt 1993〔馬場靖雄・上村隆広・江口厚仁訳『社会の法』1・2巻、法政大学出版局、二〇〇三年〕; ders., *Die Kunst der Gesellschaft*, Frankfurt 1995〔馬場靖雄訳『社会の芸術』法政大学出版局、二〇〇四年〕; ders., *Die Religion der Gesellschaft*, Frankfurt 2000.

（16） アリストテレスの『自然学講義』第四巻第一〇章の冒頭部やヘーゲルの『エンチュクロペディー』§258 を見るだ

けでこれがわかる。

(17) 当然、このコミュニケーションの概念はいろいろな解釈の可能性を有しているが、しかし〔社会システムを構成する作動としてコミュニケーションを想定するやり方に代わる〕受容可能な代替案は、存在しないように思われる。詳しくは、Niklas Luhmann, *Soziale Systeme: Grundriss einer allgemeinen Theorie*, Frankfurt 1984, とくにコミュニケーションか行為かという選択肢については同書 S. 191ff.〔佐藤勉監訳『社会システム理論』上巻、恒星社厚生閣、一九九三年、二二四頁以下〕を参照。

(18) したがって、ここでもう一度だけ銘記しておきたいのだが、全体社会は《オートポイエティック》な、みずから生産したものからそれ自体を再生産しているシステムとして、定義される。

(19) この問いは、さまざまな機能システムにも適用可能であるという意図のもとで、答えられることになる。これについては、注(15)の記述を見よ。

(20) 一九八八年のダルムシュタットでの第十七回ドイツ政治学連盟学術会議での議論を見るだけでよい。これは、Hans-Hermann Hartwich (Hrsg.), *Macht und Ohnmacht politischer Institutionen*, Opladen 1989 として刊行されている。〔こうした精緻さを求める〕比較的精力的な理論的営為は、《合理的選択》理論のコンテキストにしか見いだされない——もっとも、それも、概念それ自体の水準においてというよりも、理論的な前提の水準においてだが——。

第二章

(1) 《分出》や《構造的カップリング》については特別な章を予定しているが、ここで先回りしてこれらに触れておかなければならない。本書の第三章と第十章を参照。

(2) 「ストレス力学」は、リスク条件下での決定に関する心理学理論の脈絡で使われている言葉である。Irving L. Janis/ Leon Mann, *Decision Making: A Psychological Analysis of Conflict, Choice, and Commitment*, New York 1977, S. 67f. を参照。

(3) Vgl. Michel Crozier, *Le phénomène bureaucratique*, Paris 1963; David Hickson *et al.*, "A Strategic Contingencies

“Theory of Intraorganizational Power”, in: *Administrative Science Quarterly* 16 (1971), S. 216–229.

(4) Vgl. Estienne de La Boétie, *Discours de la servitude volontaire* (1574), zit. nach Œuvres complètes, Nachdruck Genf 1967.

(5) Gerald R. Salancik/Jefferey Pfeffer, “Who Gets Power—And How They Hold on to It: A Strategic-Contingency Model of Power”, in: *Organizational Dynamics*, Winter 1977, S. 3–21 (3). さらに続けて《権力が発展し権力が行使されるその過程のゆえに、組織は、その組織の環境にますます調和すると同時にますます調和しなくなる》(S. 4)。

(6) 芸術システムとりわけロマン主義的な芸術運動についてのこれに相応する分析については、Niklas Luhmann, *Die Kunst der Gesellschaft*, Frankfurt 1995, S. 455ff., 474f.〔馬場靖雄訳『社会の芸術』法政大学出版局、四六二頁以下および四八二頁以下〕; ders., “A Redescription of Romantic Art”, in: *Modern Language Notes* 111 (1996), S. 506–522.

(7) Niklas Luhmann, „Klassische Theorie der Macht: Kritik ihrer Prämissen“, in: *Zeitschrift für Politik* 16 (1969), S. 149–170; ders., „Das Risiko der Kausalität“, in: *Zeitschrift für Wissenschaftsforschung* 9/10 (1995), S. 107–119.

(8) 我々は、形式の概念についても形式の内的境界の横断という概念についても、ジョージ・スペンサー・ブラウンによる概念提起を利用している。George Spencer Brown, *Laws of Form* (1969), Neudruck New York 1979〔大澤・宮台訳『形式の法則』朝日出版社、一九八七年〕.

(9) とくに法学的な分析や国民経済学的な分析に（したがって、これは確かに偶然ではないのだが、法と貨幣というメディアに）立ち返れと告げている伝統のラインに関しては、たとえば、Felix Kaufmann, *Methodenlehre der Sozialwissenschaften*, Wien 1936, insb. S. 181ff.; Fritz Heider, “Social Perception and Phenomenal Causality”, in: *Psychological Review* 51 (1944), S. 358–374; ders., *The Psychology of Interpersonal Relations*, New York 1958.〔大橋正夫訳『対人関係の心理学』誠信書房、一九七八年〕この研究はそうこうするうちに大きくふくれあがってしまい、専門家にしか概観できない状態となっている。ひょっとすると、専門家なら概観できるということすらも、専門家たちは疑問視するかもしれない。

(10) コントロール幻想というテーマについては、たとえば、J. D. Dermer/R. G. Lucas, “The Illusion of Managerial

Control", in: *Accounting, Organization, and Society* 11 (1986), S. 471–486.

（11） ちなみに、以上の議論は、必要ナ変更ヲ加エレバ（mutatis mutandis）、経済的行為にも適用できるだろう。というのは、経済的な処置もまた、支出と収益、コストと儲け、損失と利益について同時に決定が下されうるという想定のもとで作動しているからである。

（12） 以下を参照。Charles Perrow, *Normale Katastrophen: Die unvermeidbaren Risiken der Grosstechnik*, dt. Übers. Frankfurt 1987. さらに、Halfmann/ Klaus Peter Japp（Hrsg.）, *Riskante Entscheidungen und Katastrophenpotentiale: Elemente einer soziologischen Risikoforschung*, Opladen 1990.

（13） これについては、パスカルの『プロヴァンシアル』の、とくに第七の手紙における、ジュズイットの《意思を誘導する》ことへの批判を、参照（*L'Œuvre de Pascal*, éd., de la Pléiade, Paris 1950, S. 498f.〔中村雄二郎訳『パスカル全集 第二巻』人文書院、一九五九年、一六五—一六六頁〕）。

（14） このことが意味しているのはとりわけ、どんな場合に意図への帰属が表明されどんな場合には表明されないのかは社会的脈絡のなかで学習されなければならない、ということである。このテーマを扱った社会心理学の文献は数多い。たとえば、Edward E. Jones/ Kenneth E. Davis, "From Acts to Dispositions: The Attribution Process in Person Perception", in: Leonard Berkowitz（Hrsg.）, *Advances in Experimental Social Psychology* Bd. 2, New York 1965, S. 219–266; Shlomo Breznitz/ Sol Kugelmass, "Intentionality in Moral Judgment: Developmental Stages", in: *Child Development* 38（1967）, S. 469–479; Mary D. Maselli/ John Altrocchi, "Attribution of Intent", in: *Psychological Bulletin* 71（1969）, S. 445–454.

（15） この問いを考えるにあたって影響力の大きな文献としては、Chester I. Barnard, *The Functions of the Executive*, Cambridge Mass. 1938, S. 161ff.〔山本安次郎訳『経営者の役割』ダイヤモンド社、一九六八年、一六八頁以下〕

（16） Joachim Ritter, *Metaphysik und Politik: Studien zu Aristoteles und Hegel*, Frankfurt 1969 にならって言えば、である。さらに、次の会議録をも見よ。Volker Gerhardt（Hrsg.）, *Der Begriff der Politik: Bedingungen und Gründe politischen Handelns*, Stuttgart 1990.

（17） 《排除されたものの現前》については、Bernard Willms, „Politik als Erste Philosophie—oder: Was heisst radikales politisches Philosophieren?“ in: Gerhardt, *a.a.O.*

(18) Talcott Parsons, “On the Concept of Political Power,” in: *Proceedings of the American Philosophical Society* 107 (1963), S. 232-262, neu gedruckt in: ders., *Sociological Theory and Modern Society*, New York 1967, S. 297-354, und in: ders., *Politics and Social Structure*, New York 1969, S. 352-404〔新明正道監訳『政治と社会構造(下)』誠信書房、一九七四年、六三―一三八頁〕; さらに、Niklas Luhmann, *Macht*, Stuttgart 1975〔長岡克行訳『権力』勁草書房、一九八六年〕.

(19) パーソンズが《シンボリックな一般化》という概念を配置した理論上の場所こそ、まさにここであり、したがって、ここにおいて、(権力のような現象に直接応用しようという意図をもって)《シンボリックに一般化された相互交換のメディア》について語っていたのだった。もっとも抽象的な理論的定式化としては、“A Paradigm of the Human Condition,” in: Talcott Parsons, *Action Theory and the Human Condition*, New York 1978, S. 352-433 (395)〔富永健一・盛山和夫・高城和義・鈴木健之訳『人間の条件パラダイム――行為理論と人間の条件第四部』勁草書房、二〇〇二年、五一―二一六頁(一二九頁)〕を見よ。「われわれにとってのメディアの概念は、多様で異なった諸現象や諸傾向などのあいだを関係づけるものだと意味づけされている。もしそうであるならば、メディアは、これらの諸実体が単にバラバラにそれぞれの多様性のままにあるのではなく、それを超えてそれらを関係づけることができるものでなければならない。メディアのこの特性、すなわち多様な事物を超越しそれによって関係づける能力は、その一般性と呼びうるだろう。むろん、一般化のレベルにはさまざまなものがあるだろうが」(訳一二九頁)。

(20) 知覚のメディアに関しては、Fritz Heider, „Ding und Medium“, in: *Symposion* 1 (1926), S. 109-157. このハイダーの提案と解釈が、ルーズなカップリングとタイトなカップリングという区別によって再びアクチュアルなものにされたのは、とりわけ、Karl E. Weick, *Der Prozess des Organisierens*, Frankfurt 1985, S. 239f.〔遠田雄志訳『組織化の社会心理学』文眞堂、一九九七年〕のおかげである。我々は、ハイダーのモノ(Ding)の概念を、形式という概念に置き換えている。なぜなら、因果関係のような現象も考慮の対象にしたいからであり、また、そもそも心理システムの知覚メディアの領域を越えたところで議論したいからである。

(21) この区別は、そうこうするうちにシステム理論でも技術理論でもしかるべきキャリアを積み重ねるに至っている。

たとえば、Robert B. Glassman, "Persistence and Loose Coupling in Living Systems", in: *Behavioral Science* 18（1973）, S. 83–98; James G. March/ Johan P. Olsen, *Ambiguity and Choice in Organizations*, Bergen 1976〔遠田雄志・アリソン・ユング訳『組織におけるあいまいさと決定』有斐閣、一九八六年〕; Karl E. Weick, "Educational Organizations as Loosely Coupled Systems", in: *Administrative Science Quarterly* 21（1976）, S. 1–19.; ders., *Der Prozess des Organisierens, a.a.O.*, S. 263ff.; Perrow *a.a.O.*

（22）*A.a.O.*〔大澤真幸・宮台真司訳『形式の法則』朝日出版社、一九八六年〕

（23）これについては、Niklas Luhmann, „Die Paradoxie der Form", in: Dirk Baecker（Hrsg.）, *Kalkul der Form*, Frankfurt 1993, S. 197–212.

（24）あるいは、この考え方の射程を明らかにするために付け加えておくなら、貨幣に基づいて一定の支払いがおこなわれ、言語に基づいて一定の命題が語られる、といった具合である。

（25）このことは、（ここで使われている概念の意味での）メディアそのものにあてはまるが、さらに、知覚のメディアに、たとえば光についても言える。光は、照らし出される客体によってしか見ることはできない。

（26）Henry Mintzberg, *Power In and Around Organizations*, Englewood Cliffs N. J., 1983, S. 5 もこのように考えている。

（27）ちなみにこれらの概念手段は、数学という学問分野における文献のなかで提供されている。スペンサー・ブラウンの著作とともに、以下をも参照。Louis H. Kauffman, "Self-Reference and Recursive Forms", in: *Journal of Social and Biological Structures* 10（1987）, S. 53–72.

（28）これについては、権力論の観点からではなく《精神科学》的な観点から書かれたものではあるが、いまでもなお読むに値する著作として、Rudolf Smend, *Verfassung und Verfassungsrecht*（1928）, neu gedruckt in: ders., *Staatsrechtliche Abhandlungen und andere Aufsätze*, Berlin 1955, S. 119–276.

（29）ここでは、我々は、マーチとサイモンによる組織と関連づけられた概念に従っている。James G. March/ Herbert A. Simon, *Organizations*, New York 1958, S. 164ff.〔土屋守章訳『オーガニゼーションズ』ダイヤモンド社、一九七七年、二五二頁以下〕。不確実性吸収の概念については、政治システムの諸組織を扱う章で、もう一度取り上げることにしたい。

（30）ギュンター・エルシャイドは、その著作の序文において、不利に扱われた利害の解釈学上の意義について語っている。Günter Ellscheid/ Winfried Hassemer（Hrsg.）, *Interessenjurisprudenz*, Darmstadt 1974, S. 5.〔システム記憶について〕より詳しくは、〔本書の〕第五章を参照。

（31）Yves Barel, *Le paradoxe et le système: Essai sur le fantastique social*, 2. Aufl., Grenoble 1989, S. 71f., 185f., 302f.

（32）Niklas Luhmann, *Die Gesellschaft der Gesellschaft*, Frankfurt 1997〔馬場靖雄・赤堀三郎・菅原謙・高橋徹訳『社会の社会』1・2、法政大学出版局、二〇〇九年〕も参照。

（33）これについては、Niklas Luhmann, „Einführende Bemerkungen zu einer Theorie symbolisch generalisierter Kommunikationsmedien", in: ders, *Soziologische Aufklärung* 2, Opladen 1975, S. 170–192; ders., *Die Gesellschaft der Gesellschaft*, Frankfurt 1997, S. 190ff.〔馬場靖雄・赤堀三郎・菅原謙・高橋徹訳『社会の社会 1』法政大学出版局、二〇〇九年、二〇九頁以下〕

（34）この議論はとりわけ、村落的、あるいは原始的な、あるいはその他の、何らかの失われてしまった《ゲマインシャフト》における、この合理的な計算という要素を——たとえばゲマインシャフトとゲゼルシャフトとの対比に基づいて——過小評価する、十九世紀の懐古的なユートピアに、対抗するものである。

（35）先述の注（29）を参照。

（36）*A.a.O.*, S. 165〔土屋守章訳『オーガニゼーションズ』ダイヤモンド社、一九七七年、二五二頁〕.

（37）カール・ヨアヒム・フリードリッヒによれば、権威は《リーズナブルな詳述のための能力》である。Carl Joachim Friedrich, "Authority, Reason, and Discretion," in: ders.（Hrsg.）, *Authority (Nomos I)*, New York 1958. 周知のとおり、ハーバマスは、これに関して、発話者の経験的意図と、暗黙裡にであれ明示的にであれそのとき同時にコミュニケーションされている妥当性要求とを、区別している。発話者の意図としては《戦略的》なものかもしれない。これに対して、妥当性要求に関しては、コミュニケーション的な（ダイアローグ的な）履行可能性が示されている。確かに、こうした区別はできるが、しかしそのさい、この区別の統一性についての問いが放棄されてしまう。ここで言えば、戦略的行為とコミュニケーション的行為とにおいて何が《同じ》ものであるのかという問いが、である。古典的な意味での権威の問題、ならびに不確実性吸収の問題は、まさに、この戦略的／コミュニケーション的という区別の盲点となっているのである。生活世界という問題のある概念がその肩代わりをしているのだが、生活世界は、通常は、妥当性要求の履行についての問い合わせをすべて、押し殺してしまうものなのである。

(38) このようなケースでは、上司が権力を、部下が権威を有することになる。部下の権威は、ヒエラルヒーのピラミッド状の構造に基づいている。つまり、〔部下の数に比べて〕わずかな上司しかおらず、それゆえこの上司たちは慢性的に時間の欠如に苦しんでいるという事態に基づいている。これは、権威や権力は組織の頂点に集中しているという組織の公式的な自己記述に矛盾する。だが、この自己記述は、まさに、権威と権力という二つの影響力の様態が典型的な仕方で分離しているという事態を隠蔽し、権力を権威によって正統化することに役立っているのである。しかし実際には、ヒエラルヒーそれ自体は、つまり、コミュニケーション・ルートのネットワークは、権力と権威の調整に資している。これについては（なるほど本書とは別の術語を用いてはいるが）、次の文献も参照。Renate Mayntz/ Fritz W. Scharpf, *Policy-Making in the German Federal Bureaucracy*, Amsterdam 1975, insb. S. 100ff.

(39) ここで《埋め込まれた》とは、カール・ポランニーの周知の意味でのそれである。Karl Polanyi, *The Great Transformation: Politische und ökonomische Ursprünge von Gesellschaften und Wirtschaftssystemen* (1944), dt. Übers. Frankfurt 1978〔野口建彦・栖原学訳『〔新訳〕大転換』東洋経済新報社、二〇〇九年〕.

(40) 数多くの文献があるが、たとえば、Jeremy Boissevain, *Friends of Friends: Manipulators and Coalitions*, Oxford 1974〔岩上真珠・池岡義孝訳『友達の友達——ネットワーク・操作者・コアリッション』未來社、一九八六年〕; Shmuel N. Eisenstadt/ Luis Roniger, Patrons, *Clients and Friends: Interpersonal Relations and the Structure of Trust in Society*, Cambridge Engl. 1984. 政治だけに関して言えば、イタリアの文献はとりわけ、政党がこうした相互的な好意の証立てに強くかかわっている点を、強調している。たとえば、Gabriella Gribaudi, *Mediatori: Antropologia del potere nel mezzogiorno*, Torino 1980; Luigi Graziano, *Clientelismo e sistema politico: Il caso d'Italia*, Milano 1984. また、Niklas Luhmann, Kausalität im Süden, in: *Soziale Systeme* 1（1995）をも見よ。しかし、旧来のパトロン／クライアントというパタンが

残存しているだけのことではないかという想定は、ますます的外れなものになっている、と言わねばなるまい。なぜなら、関与者たちがそういうパタンにアイデンティファイできるような社会構造的な可能性は、もはや存在しないか、あるいはすでに侵食されてしまっており、その代わりに、このネットワークそれ自体が、みずからの諸資源を調達しなければならないからである。つまり、すでに予定されている〔公職の地位や貨幣といった諸資源の、公式上の〕使い道から、流用しなくてはならない。政治に関していえば、そのためにとりわけ、確かに、考えられうるすべての〔政治的〕目論見に対する人々の支持をこのような仕方で作り出すことはできるが、しかし正統性を作り出すことはできなくなる（Graziano, *a.a.O.*, S. 62 を参照）。正統性は、否定的サンクションを適用するために必要なものであって、まさにそのためにのみ正統性は獲得されるのである。

(41) Niklas Luhmann, *Die Wirtschaft der Gesellschaft*, Frankfurt 1988〔春日淳一訳『社会の経済』文眞堂、一九九一年〕を参照。

(42) ここに至って、我々はパーソンズの論文 On the Concept of Political Power, *a.a.O.*〔新明正道監訳『政治と社会構造（下）』誠信書房、一九七四年、六三－一三八頁〕と出会うことになる。けれども、不確実性吸収についての考え方や肯定的にサンクションされる影響力についての考え方に直接相当するものは、パーソンズのメディア図式のなかには見あたらない。というのは、パーソンズは、影響力という概念や貨幣という概念についてまったく別様に取り扱っているからである。

(43) これについて詳しくは、Luhmann, *Macht*, Stuttgart 1988, insb. S. 19ff.〔長岡克行訳『権力』勁草書房、一九八六年、二九頁以下〕を参照。

(44) あらためて、Willms, *a.a.O.*, S. 260, 265f. を参照。

(45) 中世におけるきわめてコンフリクトの起こりやすい政治状況の前提条件について、また、そのことから帰結する、領域支配における軍事制度や財政制度の強化については、Charles Tilly, *Coercion, Capital, and European States AD 990–1990*, Oxford 1990 を参照。

(46) ちなみに、権力と貨幣とのこのような違いは、肯定的なサンクションと否定的なサンクションとの違いと直接に関連している。肯定的なサンクションはたえず現実化されなければならないのであるから、合理的であるべしという義務をこのサンクションが果たすのは、もっぱら、〔「価格」による〕量化（Quantifikation）と稀少性とを介してのみであり、また、一定量（Quanten）は一回だけしか使用できず繰り返しては使えないというルールを介してのみである。支払い（取引）をしないでおくこともできるという前提に立つ経済的な計算においては、排除されたものの現前は、肯定的なかたちで現出する。サンクションの適用がおこなわれないことによってしか合理性が達成されえないがゆえに、具体的な形式の選び出しが政治的な意味を介してコントロールされ制限されなければならない権力の場合とは、まったく異なっているわけである。

(47) たとえば、Bernard M. Bass, *Leadership, Psychology, and Organizational Behavior*, New York 1960, S. 236ff.

(48) Hannah Arendt, *Macht und Gewalt*, München 1970 を見よ。

(49) アーレント／ハーバマスの関連については、Jürgen Habermas, Hannah Arendt, in: ders., *Philosophisch-politische Profile*, 3 Aufl. Frankfurt 1981, S. 223-248〔小牧治・村上隆夫訳『哲学的・政治的プロフィール（上）』未來社、一九八四年、三一七－三五一頁〕; ders., *Faktizität und Geltung: Beiträge zur Diskurstheorie des Rechts und des demokratischen Rechtsstaats*, Frankfurt 1992, S. 182ff.〔河上倫逸・耳野健二訳『事実性と妥当』未來社、二〇〇二年、一七九頁以降〕

(50) たとえば、Authority, Legitimation, and Political Action, in: Talcott Parsons, *Structure and Process in Modern Societies*, New York 1960, S. 170–198.; derts., Some Reflections on the Place of Force in Social Process, in: ders., *Social Theory and Modern Society*, New York 1967, S. 264–296（285f.）; ders., On the Concept of Political Power, *a.a.O.*, S. 297–354（308f.）〔新明正道監訳『政治と社会構造（下）』誠信書房、一九七三年、六三－一三八頁〕を見よ。ただしパーソンズにとっては、このことは結局のところ、多様なアスペクトへと展開してゆく行為の概念の統一性から結論されるのであって、決して、コンセンサスを探求しているコミュニケーションの事実的な生起からこのように結論されているのではない。

(51) Jürgen Habermas, *Theorie des kommunikativen Handelns*, Frankfurt 1981, Bd. 2, S. 182ff.〔河上ほか訳『コミュニケイション的行為の理論（下）』未來社、一九八七年、一七頁以降〕この本のS. 191〔同書、二六頁〕で、次のような、しばしば繰り返される言い回しが出てくる。「こうした知のストックは、共通に保証されていると見なされる問題なき背景的確信を、成員たちに供給する」。旧来の学説は、この点と関連して、常識（sensus communis）とかあるいは道徳的確実性（certitude morale）について議論していた。これらによって意味されていたのはたとえば、ローマがイタリアにあることを（証明することができなくても）知っているということであった。しかしじつは、これはデカルトは知りようもなかったことであるが、ローマはジョージア州、イリノイ州、ミズーリ州、ニューヨーク州、オハイオ州、ペンシルベニア州、ウィスコンシン州にもあるのであり、またひょっとするとこれ以外のところにもあるかもしれない。

(52) これについては、Volkmar Gessner, *Recht und Konflikt: Eine soziologische Untersuchung privatrechtlicher Konflikte in Mexico*, Tübingen 1976 を見よ。

(53) これについては、Dieter Grimm, *Die Zukunft der Verfassung*, Frankfurt 1991, insb. S. 166ff., 397ff.

(54) 本書第三章を参照。

(55) 本書第三章を参照。

(56) これについては本書第五章を参照。

(57) 経済の場合には、これの等価物は、財やサービスを準備しながら機能している市場である。市場は、前もって予測できない欲求（交換部品とか修理などといったものを考えてもらいたい）にいつでも応えることができることを、保証しているわけである。

(58) とりわけ、本書の政治システムの分出についての章〔第三章〕を参照のこと。

(59) この術語の導入について、ならびに、この術語によって与えられる比較可能性については、Niklas Luhmann, Symbiotische Mechanismen, in: ders., *Soziologische Aufklärung* 3, Opladen 1981, S. 228–244 をも見よ。

(60) パーソンズもこのように考えている。Talcott Parsons, "Some Reflections on the Place of Force in Social Process," in: Harry Eckstein（Hrsg.）, *Internal War: Basic Problems and Approaches*, New York 1964, S. 33–70; neu gedruckt in Talcott Parsons, *Sociological Theory and Modern Society*, New York 1967, S. 264–296.

(61) 要約的な記述としては、Talcott Parsons/ Gerald M. Platt, *The American University*, Cambridge Mass. 1973, S. 304ff.;

さらに、とりわけ、Rainer C. Baum, "On Societal Media Dynamics," in: Jan J. Loubser *et al.*（Hrsg.）, *Explorations in General Theory in Social Science: Essays in Honor of Talcott Parsons*, New York 1976, Bd. 2, S. 579–608; Mark Gould, *Revolution in the Development of Capitalism, zu The Coming of the English Revolution*, Berkeley Cal. 1987, S. 54ff., 230ff. またとりわけ、こうした観点のもとでの貨幣と権力との比較については、David A. Baldwin, Money and Power, in: *The Journal of Politics* 33（1971）, S. 578–614（608ff.）.

（62） ちょうど、経済的なインフレーション／デフレーションも、価格の動向全体から読み取らなくてはならず、個々の商品価格から読み取ってはならないのと、同様である。

（63） これについては、Niklas Luhmann, "Reflexive Mechanismen," in: ders., *Soziologische Aufklärung* 1, Opladen 1970, S. 72–112.

（64） 当然のことながら、このことは、独特の意味で《認識》として取り扱われるものすべてについて、言える。これについては、Niklas Luhmann, *Erkenntnis als Konstruktion*, Bern 1988〔土方透・松戸行雄共編訳『ルーマン、学問と自身を語る』新泉社、一九九六年、二二三—二五六頁〕, またとりわけ科学については、ders., *Die Wissenschaft der Gesellschaft*, Frankfurt 1990.〔徳安彰訳『社会の科学　1・2』法政大学出版局、二〇〇九年〕

（65） これについては、G・L・S・シャックルの決定の概念を見よ。G. L. S. Shackle, Imagination, Formalism, and Choice, in: Mario J. Rizzo（Hrsg.）, *Time, Uncertainty, and Disequilibrium: Exploration of Austrian Themes*, Lexington Mass. 1979, S. 19–31. また ders., *Imagination and the Nature of Choice*, Edinburgh 1979. これについて詳しくは、本書の第四章で取り上げることにする。

第三章

（1） 目配りのきいた、とくに民族学の見解に基づいた文献を挙げるとすれば、たとえば、Morton R. Fried, *The Evolution of Political Society: An Essay in Political Anthropology*, New York 1967; L. Krader, *Formation of the State*, Englewood Cliffs N. J. 1968〔吉田禎吾・丸山孝一訳『国家の形成』鹿島研究所出版会、一九七二年〕; Robert L.

Carneiro, A Theory of the Origin of the State, in: *Science* 169（1970）, S. 733-738; Klaus Eder, *Die Entstehung staatlich organisierter Gesellschaften: Ein Beitrag zu einer Theorie sozialer Evolution*, Frankfurt 1976; Elmar R. Service, *Origins of the State and Civilization*, New York 1977; Ronald Cohen/ Elman R. Service（Hrsg.）, *Origins of the State: The Anthropology of Political Evolution*, Philadelphia 1978; Henri J. M. Claessen/ Peter Skalnik（Hrsg.）, *The Early State*, Den Haag 1978; Jonathan Haas, The *Evolution of the Prehistoric State*, New York 1982; Elisabeth M. Brumfiel, "Aztec State Making, Ecology, Structure, and the Origin of the State," in: *American Anthropologist* 85（1983）, S. 261-284.

（2）So Aidan William Southall, *Alur Society: A Study in Processes and Types of Domination*, Cambridge Engl. 1956.

（3）たとえば、William T. Sanders., "Chiefdom to State: Political Evolution at Kaminaljuyu," in: Charlotte B. Moore（Hrsg.）, *Reconstructing Complex Societies: An Archaeological Coloquium*, o. O. 1974, S. 97-116.

（4）こうした阻害の程度については、ポランニーらの議論にならったかたちで、論争中である。Karl Polanyi/ Conrad M. Arensberg/ Harry W. Pearson, *Trade and Market in the Early Empires*, Glencoe Ill. 1957.〔玉野井芳郎・平野健一郎編訳『経済の文明史――ポランニー経済学のエッセンス』日本経済新聞社、一九七五年〕

（5）Bruce Trigger, *Time and Traditions: Essays in Archarological Interpretation*, Edinburgh 1978, S. 202.

（6）こうした秩序表象がフィクションとしての性格を有するものであったことは、今日では異論の余地はない。以下を参照。George Duby, *Les trois ordres ou l'imaginaire du féodalisme*, Paris 1978.

（7）フランス国務院評定官の視角からするこうした要求についての明確な定式化については、Cardin Le Bret, *De la Souverainete du Roy*, Paris 1632.

（8）この定式化は Herschel Baker, *Wars of Truth: Studies in the Decay of Christian Humanism in the Earlier Seventeenth Century*, Cambridge Mass. 1952, Nachdruck Gloucester Mass. 1969.

（9）たとえば、Clifford Geertz, *Negara: The Theatre State in Nineteenth-Century Bali*, Princeton N. J. 1980〔小泉潤二訳『ヌガラ――一九世紀バリの劇場国家』みすず書房〕を見よ。

（10）これについては、次をも参照。Niklas Luhmann, Funktion und Kausalität, in: ders., *Soziologische Aufklärung 1*, Opladen

1970, S. 9–30.

（11） これは、今日、確かに、問題を回避するための広く見られるやり方である。実例を見るには次のもので十分である。William C. Mitchell, *Sociological Analysis and Policy: The Theories of Talcott Parsons*, Englewood Cliffs N. J. 1967, S. 7ff. この文献では、次のような機能がリストアップされている。権威によるシステム目標の特定化、目標を遂行するための権威による資源動員、システムの統合、価値とコストの配分。しかしこの考え方に従えば、そもそも非政治的な活動など見つけだすことは困難になるであろう。

（12） この定式の系譜には、数多くの先達がいる。タルコット・パーソンズは、とりわけ、有効性（effectiveness）と拘束性（bindingness）との連関を強調しようと考えていた。パーソンズは、（効用 utility とは区別される）有効性に関しては、バーナードによる有効性（effectiveness）と能率（efficiency）との区別を援用している。Chester I. Barnard, *The Functions of the Executive*, Cambridge Mass. 1938, S. 46ff.〔山本安次郎・田杉競・飯野春樹訳『経営者の役割〔新訳版〕』ダイヤモンド社、一九六八年〕。つまり、パーソンズは、貫徹可能性とは、単に効用（Nutzen）の機能にとどまるものではないというバーナードの洞察を採用しているわけである。ドイツの国家学については、ヘルマン・ヘラーの『国家学』を挙げることができる。Hermann Heller, *Staatslehre*, Leiden 1934〔安世舟訳『国家学』未来社、一九七一年〕. この著作には、とりわけ、国家とは、決定とその結果の主権的な統一である、という定式が見いだせる。フリッツ・シャルプフは、より民主制論的な観点のもとで、コンセンサスを獲得することとの補完的な関係を強調している。Fritz W. Scharpf, Planung als politischer Prozess, in: *Die Verwaltung* 4（1971）, S. 1–30. つまり政治は、《コンセンサスが前提とされえないような場合にも集合的な行為をおこなう可能性》を保証するものである、と（a.a.O., S. 1）。

（13） Niklas Luhmann, *Politische Planung*, Opladen 1971, S. 66ff. を参照。このように、未来の行動の前提に焦点をあてる考え方は、サイモンに由来する。Herbert A. Simon/ Donald W. Smithburgh/ Victor A. Thompson, *Public Administration*, New York 1950, S. 57ff.〔岡本康雄・河合忠彦・増田孝治訳『組織と管理の基礎理論』ダイヤモンド社、一九七七年〕

行動前提を決定前提に置き換える考え方は、五〇年代における組織理論の決定理論的転換から生まれた。

（14） 当然のことながら、そうだからといって、決定前提の決定の貫徹それ自体のさいに政治的諸組織が覚悟しておくべき困難な状況が、否定されるわけではない。しかし、そうした困難は、政治的機能の充足の閾として可視化されてくる。以下を参照。Jeffrey L. Pressman/ Aaron Wildavsky, *Implementation: How Great Expectations in Washington are Dashed in Oakland*, Berkeley Cal. 1973.

（15） このことは、フランス革命のさなかにはじめて、《主権》をあらかじめ想定しつつ、王の（聖なる）身体は、組織化されるべき決定へと置き換えられなければならないとされたときに、明らかになった。またこれによってはじめて、それ相応の組織をとおした政治的なものの機能的な自律性を、考慮に入れることが必要になった。これについては、Marcel Gauchet, *La Révolution des pouvoir: La souverainité, le peuple et la représentation 1789–1799*, Paris 1995〔富永茂樹・北垣徹・前川真行訳『代表制の政治哲学』みすず書房、二〇〇〇年〕を参照。

（16） 国家の形成に関する多様な理論によるじつに広範にわたる議論が（これまでのところ）示しているのはただ、この国家という進化上の獲得物の成立を、唯一の、原因となる布置連関に、固定させることはうまくいかない、ということだけである——人口統計学的な発明であれ、生態学上の発明であれ、技術的な発明であれ、戦争の積み重ねであろうと、そうである。文献については、上記注（1）を参照。

（17） 『精神現象学』ⅣAを見よ。

（18） Cybernetic Ontology and Transjunctional Operations, in: Gotthard Günther, *Beiträge zur Grundlegung einer operationsfähigen Dialektik* Bd. 1, Hamburg 1976, S. 249–328.

（19） これについてのモノグラフィーとしては、Ralf Dreier, *Das kirchliche Amt: Ein kirchenrechtstheoretische Studie*, München 1972.

（20） これについては、Nicolas Hayoz, *L'étreinte soviétique: Aspects Sociologiques de l'effondrement programmé de l'URSS*, Genf 1997.

（21） Marcel Gauchet, La droite et la gauche, in: Pierre Nora（Hrsg.）, *Les lieux de mémoire* Bd. III, I, Paris 1992, S. 395–467.

（22） Gauchet, *a.a.O.*, S. 401.

(23) 政治システムの自己記述について論じる章〔第九章〕で、我々はもう一度、考え方のこのような変化の背景となる問題に、詳しく立ち返って考察する予定である。

(24) John H. Kautsky, *The Politics of Aristocratic Empires*, Chapel Hill N. C. 1982, S. 247f.; Elisabeth M. Brumfiel, "Aztec State Making: Ecology, Structure, and the Origin of the State," in: *American Anthropologist* 85 (1983), S. 261–284.

(25) この術語について、また、システムの値の反省のために《指定から自由な designationsfrei》値を利用することについては、Gotthard Günther, Strukturelle Minimalbedingungen einer Theorie des objektiven Geistes als Einheit der Geschichte, in: ders., *Beiträge zur Grundlegung einer operationsfähigen Dialektik* Bd. III, Hamburg 1980, S. 136–182 (140ff.).

(26) こうした可能性に関してのある程度の未熟さは、〔みずからの政治理念としていた〕一定の関心事への拘束性を、その初期の局面であまりにも強く背負い込んでしまっていた政党を見れば、確認できよう。たとえば、《緑の人びと》がそうであった。本書での概念理解にしたがえば、これは、民主制との関係がまったくうまくいかなかったことの兆候でもある。

(27) アルバート・O・ハーシュマンの言う意味での《声》である。Albert O. Hirschman, *Exit, Voice, and Loyalty: Responses to Decline in Firms, Organizations and States*, Cambridge Mass. 1970〔矢野修一訳『離脱・発言・忠誠――企業・組織・国家における衰退への反応』ミネルヴァ書房、二〇〇五年〕.

(28) たとえば、《精神的》リアリティのシンボリックな創出として捉える、ルドルフ・スメントの統合理論の意味で、そうである。Rudolf Smend, Verfassung und Verfassungsrecht (1928), zit. nach: *Staatsrechtliche Abhandlungen und andere Aufsatze*, Berlin 1955, S. 119–276. そうだとすると、選挙は、国旗やパレード、建築学的に傑出した建造物のようなものとの機能的等価物に近いものになるかもしれない。

(29) よく知られているパーソンズの議論を見よ。Talcott Parsons, "On the Concept of Political Power," in: ders., *Sociological Theory and Modern Society*, New York 1967, S. 297–354.

(30) ロス・アシュビーの言う意味でのそれである。W. Ross Ashby, *An Introduction to Cybernetics*, London 1956, S. 206ff.

〔篠崎武・山崎英三・銀林浩訳『サイバネティクス入門』宇野書店、一九六七年、二五〇頁以下〕

(31) 詳しくは、本書第四章を見よ。

(32) 因果的な孤立化だということが繰り返し繰り返し主張され、この理論に対する反論のための論拠として引き合いに出されている(たとえば、Habermas, *Faktizität und Geltung: Beiträge zur Diskurstheorie des Rechts und des demokratischen Rechtsstaats*, Frankfurt 1992, S. 407〔河上倫逸・耳野健二訳『事実性と妥当性(下)』未來社、二〇〇三年、六三頁〕)が、それは、当該テキストについての認識が欠落していることを物語っている。

(33) これについては、Niklas Luhmann, "Selbstorganisation und Information im politischen System," in: *Selbstorganisation* 2 (1991), S. 11–26 も見よ。

(34) これについては、構造的カップリングについて論じる章〔第十章〕で詳しく考察するつもりである。

(35) 以下を参照。George Spencer Brown, *Laws of Form*, Neudruck New York 1979, S. 56ff., 69ff.〔大澤真幸・宮台真司訳『形式の法則』朝日出版社、一九八七年、六五頁以下および七九頁以下〕

(36) 出発点としては、Heinz von Foerster, *Observing Systems*, Seaside Cal. 1981. さらにトリヴィアル/非トリヴィアルな機械についてはとくに、ders., Principles of Self-Organization—In a Socio-Managerial Context, in: Hans Ulrich/ Gilbert J. B. Probst, *Self-Organization and Management of Social Systems: Insights*, Promises, Doubts, and Questions, Berlin 1984, S. 2–24〔徳安彰訳『自己組織化とマネジメント』東海大学出版会、一九九二年〕. またとりわけコミュニケーションシステムについては、ders., Für Niklas Luhmann: Wie rekursiv ist Kommunikation?, in: *Teoria Sociologica* 1/2 (1993), S. 61–84.

(37) "Cognition and Volition: A Contribution to a Cybernetic Theory of Subjectivity," in: Gotthard Günther, *Beiträge zur Grundlegung einer operationsfähigen Dialektik* Bd. 2, Hamburg 1979, S. 203–240.

(38) ギュンターによれば、まさに環境に対する無関心(Indifferenz)こそが活動性を強いるのである。「……この〔環境への〕無関心さを克服するためには、また、生というその特質を保ち続けるためには、主観性それ自体が、活動的な(active)役割に入り込まざるをえないのである。主観性はその活動的役割を引き受けざるをえないのであり、ただ単に、活動的役割を引き受けるかもしれないというだけではない、と述べておくことは重要である」（*a.a.O.*, S. 212.）。

（39） *A.a.O.*, S. 214.

（40） この定式は、Jerome Bruner, *Actual Minds, Possible Worlds*, Cambridge Mass. 1986, S. 16 によるものである。

（41） これについて詳しくは、Luhmann, Das Risiko der Kausalität, in: *Zeitschrift für Wissenschaftsforschung* 9/10（1995）, S. 107–119.

（42） スウェーデンの経験に基づいたものとしては、Brunsson, Ideas and Actions: Justification and Hypocrisy as Alternatives to Control, in: *Accounting Organizations and Society* 18（1993）, S. 489–506.

（43） 以下の書物による定式化にならっている。Ludwig Tieck, William Lovell, zit. nach der Ausgabe in: *Frühe Erzählungen und Romane*, München o. J. S. 240. James March, Beschränkte Rationalität, Ungewissheit, und die Technik der Auswahl, in: ders., *Entscheidung und Organisation: Kritische und konstruktive Beiträge, Entwicklungen und Perspektiven*, dt. Übers. Wiesbaden 1990, S. 297–328（321）とともに、《道徳性に対する長期的な投資》についても語ることができる。

（44） これについては、Niklas Luhmann, "Politik und Wirtschaft," in: *Merkur* 49（1995）, S. 573–581 を見よ。

（45） 科学システムの学問分野の分化のケースについては、Rudolf Stichweh, *Zur Entstehung des modernen Systems wissenschaftlicher Disziplinen: Physik in Deutschland 1740-1890*, Frankfurt 1984.

（46） これについて詳しくは、第九章を参照。

（47） たとえば、ローマ貴族の擁護者の場合にはそうである。Marius Salamonius, *De principatu*（1513）, zit. nach der Ausgabe Milano 1955; Vgl. auch Hermann Conring, De cive & civitate, zit. nach: ders., *Dissertationes academicae selectiores*, Leiden 1686. ここでは、cives を例のごとく subditos と名づけたときに人が犯すことになった《誤り》について、詳しく論じられている。

（48） このことに対応した人口という概念は、十八世紀以降用いられるようになった。それ以前にも存していた類論理的な伝統とは違って、この概念は、もはや、政治的共同体と一体化した人間の本質とか本性といったものとのかかわりは持たず、人口を（人口学的な脈絡においても進化上の脈絡においても）、諸個人から成り立つ集積体として見なしている。この概念は、結局、パラドキシカルに作られている。なぜなら、人口が、諸個人からなりたっているがゆえにこそ個々の個人は重要ではない、ということを、この概念はあらかじめ見込んでいるからである。諸個人は、死ねば別の人に置き換えられるだろう。個々人は、きわめて奇異な影響力にさらされるかもしれないし、理解しがたい動機でもって決定を下すこともあるかもしれないしないかもしれない。こうした個体性の影響は、いわば、人口によって吸収される。それに相応して、十八世紀の人口という概念は、たとえば、〔エドマンド・〕バークのフランス革命についての論評に見られるように、《構築物》として反省される。

（49） とくに、世代の効果が重要かもしれないが、しかし、個々人がこうした所属性によって動機づけられうることまでをも否定すべきではない。これについては、Bradley M. Richardson, European Party Loyalities Revisited, in: *American Political Science Review* 85 (1991), S. 751–775.

（50） これもまた、比較の意図でそう名づけられている。宗教の偶発性定式としての神の概念については、Luhmann, 1977, *Funktion der Religion*, Frankfurt 1977, insb. S. 126ff., 204ff.; ders., *Die Religion der Gesellschaft*, Frankfurt 2000, S. 247ff. 教育システムにとっての偶発性定式（完成、教養、学習可能性）は ders./ Karl Eberhard Schorr, *Reflexionsprobleme im Erziehungssystem*, 2. Aufl. Frankfurt, 1988, S. 58ff, 103ff. 経済の偶発性定式としての稀少性については、ders., *Die Wirtschaft der Gesellschaft*, Frankfurt 1988, S. 177ff., insb. 191f. 〔春日淳一訳『社会の経済』文眞堂、一九九一年、一七八頁以下、とくに一八九―一九〇頁〕、科学の偶発性定式としての限定性（否定の生産性）については、ders., *Die Wissenschaft der Gesellschaft*, Frankfurt 1990, S. 392ff. 〔徳安彰訳『社会の科学 2』法政大学出版局、二〇〇九年、四五三頁以下〕、法の偶発性定式としての正義（不平等に対する根拠づけの必要性を伴った平等）については、ders., *Das Recht der Gesellschaft*, Frankfurt 1993, S. 218ff. 〔馬場靖雄・上村隆広・江口厚仁訳『社会の法 1』法政大学出版局、二〇〇三年、二四一頁以下〕

（51） エドムント・フッサールは、こうした働きを、《或る確固として指定された様式における規定可能性》として取り扱うことのできる《未規定性》としての《地平》、という超越論的なメタファーによって、定式化している。以下を参照。*Ideen zu einer reinen Phänomenologie und phänomenologischen Philosophie* Bd. 1, Husserliana I, Den Haag 1950, S. 100〔渡辺二郎訳『イデーン——純粋現象学と現象学的哲学のための諸構想（I－I）』みすず書房、一九七九年、一八八頁〕.

（52）こうした発展の描写は、Diethelm Klippel, *Politische Freiheit und Freiheitsrechte im deutschen Naturrecht des 18. Jahrhunderts*, Paderborn 1976.

（53）もっぱら、Walther Merk, *Der Gedanke des gemeinen Besten in der deutschen Staats-und Rechtsentwicklung, Festschrift für A. Schultze*, Weimar 1934, S. 451-520, 2. Aufl. Darmstadt 1968 を見よ。

（54）これについては、以下を参照。Winfried Schulze, "Vom Gemeinnutz zum Eigennutz: Über den Normenwandel in der standischen Gesellschaft der frühen Neuzeit," in: *Historische Zeitschrift* 243（1986）, S. 591-626.

（55）私は、ヘルムート・ヴィルケの『国家のアイロニー』での提案に従っている。Helmut Willke, *Ironie des Staates*, Frankfurt 1992, S. 44ff. ヴィルケは、こうした正統性の考え方を、《アイロニー的》と呼んでいる。なぜなら、自己反省する過程のなかで、しかもその他の可能性を意識しつつ、こうした確定がなされる必要があるから、である。それ以外の、これとパラレルに発展してきたロマン主義（フリードリッヒ・シュレーゲル）の概念、たとえば思慮深さ（Besonnenheit）のような概念を用いても、あまり生産的ではないように思われる。

（56）このことに関する、ユルゲン・ハーバマスによるそれ相応に明晰な批判をも参照せよ。Jürgen Habermas, *Faktizität und Geltung: Beiträge zur Diskurstheorie des Rechts und des demokratischen Rechtsstaats*, Frankfurt 1992, S. 292ff.〔河上倫逸・耳野健二訳『事実性と妥当性』上巻、未來社、二〇〇二年、二七九頁以下〕.

（57）Habermas, *a.a.O.*（1992）, insb. S. 349ff.〔河上倫逸・耳野健二訳『事実性と妥当性』下巻、二〇〇三年、未來社、九頁以下〕. もっとも、私は、当然のことだが、ハーバマスがこうした再構成に同意するだろうとは想定していない。さらに考慮されるべきなのは、ハーバマスが、本書でおこなっているように、政治システムと法システムとを分離しておらず、法治国家的な構想のなかに、法と政治の両者共通の正統性基盤を探求していることである。

（58）*A.a.O.*, S. 362, 365〔河上倫逸・耳野健二訳『事実性と妥当性』下巻、未來社、二三頁、二五頁〕.

(59) ラテン語の初版本はLöwen 1516. ドイツ語版を利用。Berlin 1922, Nachdruck Essen 1966.

(60) これについては、J. H. Hexter, *The Vision of Politics on the Eve of the Reformation: More, Machiavelli, and Seyssel*, London 1973.

(61) その他の文献については、以下を見よ――だが、この文献は、この初発の定式が有していたパラドックスに対する感受性を早々と失ってしまっている――。Michael Winter, *Compendium Utoparium: Typologie und Bibliographie literarischer Utopien, Erster Teilband: Von der Antike bis zur deutschen Frühaufklärung*, Stuttgart 1978.

(62) 初版はパリだが、後にストラスブールになる（一五一一年刊）。ドイツ語版（Basel 1960）を参照。一般的な、エラスムスによってもたらされたが、必ずしも同じように真剣というわけではない、十六世紀と十七世紀のパラドックス化の様式については、とりわけ、Rosalie L. Colie, *Paradoxie Epidemica: The Renaissance Tradition of Paradox*, Princeton N. J. 1966.

(63) この種の洞察は、とりわけ、近年の組織論のなかで発展してきており、その基準となる把握については、ハーバート・A・サイモンに負うている。組織は、《限定された合理性》で満足しなければならず、満足のいく問題解決で満足しなければならない。なぜなら、組織は、そうでなければ、その情報処理能力に過大な要求をすることになり、合理的であるとは主張できないほどのコストを背負うことになるだろうからである。このことは誰も疑わないであろう。しかし、いかなる種類の問題が、こうした《無関心圏》のなかに、つまり、利用できるさまざまな解決策がそのなかに存在しシステムがもっともよい解決策をそこから選択できる範囲たるこの《無関心圏》のなかに、潜んでいるのか、という問いは、依然として残されている。ましてや、利用可能な決定の領域を境界づけて明確にしている決定前提についての決定によって、何がすでにフィルターにかけられ除外されてしまっているのかは、未決定のままである。

(64) *Laws of Form*, Neudruck New York 1979, S. 56ff., 69ff.〔大澤真幸・宮台真司訳『形式の法則』朝日出版社、六五頁以下、七九頁以下〕を参照。

(65) この点については、Louis H. Kauffmann, "Self-Reference and Recursive Forms," in: *Journal of Social and Biological Structures* 10 (1987), S. 53–72 (56f.); Niklas Luhmann, "The Paradoxy of Observing Systems," in: *Cultural Critique* 31

(1995), S. 37–55.

(66) 逆に、領域的に制限され国境によって区切られた全体社会の概念に固執せざるをえなかったことも、その後の展開にとっての負担の一つとなった。このゆえに、社会学者たちは、資本主義的な世界システムやグローバリゼーションの傾向などについての理論によってこの不十分な全体社会概念を修正せざるをえなくなったのである。

(67) Niklas Luhmann, *Soziale Systeme: Grundriss einer allgemeinen Theorie*, Frankfurt 1984, S. 488ff.〔佐藤勉監訳『社会システム理論・下巻』恒星社厚生閣、一九九五年、六五五頁以下〕

(68) 政治的な戦略としても、十分にそうなっている。後期封建制が進行するうちに農民蜂起が司法的過程へと移行していった事例については、Winfried Schulze, Der bauerliche Widerstand und die »Rechte der Menschheit«, in: Günter Birtsch（Hrsg.), *Grund-und Freiheitsrechte im Wandel von Gesellschaft und Geschichte: Beiträge zur Geschichte der Grund-und Freiheitsrechte vom Ausgang des Mittelalters bis zur Revolution von 1848*, Göttingen 1981, S. 41–56.

(69) 《柱状化》は、オランダに由来する概念である。以下を参照。Georg Geismann, *Politische Struktur und Regierungssystem in der Nierderlanden*, Frankfurt 1964, S. 85ff.; J. P. Kruijt/ W. Goddijn, „Versäulung und Entsäulung als soziale Prozesse", in: Joachim Matthes（Hrsg.), *Soziologie und Gesellschaft in den Niederlanden*, Neuwied 1965, S. 115–149. しかしこの問題はそのほかのところでも議論されている。以下を参照。Seymour Martin Lipset, *Soziologie der Demokratie*, dt. Übers. Neuwied 1962, S. 18f., 81ff.

(70) Talcott Parsons/ Gerald M. Platt, *Die amerikanische Universität: Ein Beitrag zur Soziologie der Erkenntnis*, dt. Übers. Frankfurt 1990, S. 11ff.

(71) Talcott Parsons/ Gerald M. Platt, Age, Social Structure, and Socialization in Higher Education, in: *Sociology of Education* 43（1970), S. 1–37 を参照。

(72) この点についての批判としては、Helmut Willke, "Transformation der Demokratie als Steuerungsmodell hochkomplexer Gesellschaften", in: *Soziale Systeme* 1（1995), S. 283–300 をも参照。ただし、ヴィルケは、全体社会を制御する可能性に固執するというもくろみのゆえに、民主制の概念を交渉システムや〔コール首相による政・労・使三者会談のような」《首相ラウンド》、またそれに類したものと関連づけるはめになった。そのさい当然のことながら、選挙という制度とのいっさいの接点はそれによってはぎ取られてしまうことになる。

第四章

（1） Robert N. Bellah, *The Broken Covenant: American Civil Religion in a Time of Trial*, New York 1975〔松本滋・中川徹子訳『破られた契約』未來社、一九八三年〕. ベラーのばあい、《市民的 Civil》とは、明らかに《功利主義的》の対義語であり、これはパーソンズ流の思考枠組みの遺産である。

（2） その他の領域でも、とくに大規模営利企業のなかの、決定にあたる役員会では、〔従来語られてきた〕神話と現実との間に著しい相違が見いだされる。もっぱら、Gordon Donaldson/ Jay W. Lorsch, *Decision Making at the Top: The Shaping of Strategic Direction*, New York 1993 を見よ。

（3） このような考え方に相応するかたちで、経済システムにおける決定要求を分析したものとしては〈《標準化モデル》から《変異》と《反応性モデル》への進化〉、Arman Avadikyan/ Patrick Cohendet/ Patrick Llerena, "Coherence, Diversity of Assets and Networks: Towards an Evolutionary Approach," in: *Revue internationale de systémique* 7（1993）, S. 505–531.

（4） この区別については以下を参照。Luigi Marengo, "Knowledge Distribution and Coordination in Organizaions: On Some Social Aspects of the Exploitation vs. Exploration Trade-off," in: *Revue internationale de systemique* 7（1933）, S. 553–571, mit Bezug auf James G. March, "Exploration and Exploitation in Organizational Learning," in: *Organizational Science* 2（1991）, S. 71–87.

（5） Avadikyan et al. *a.a.O.*, S. 513 では、経済に関して、《計画されえない決定》について述べられている。

（6） 同様の問いを、シャックルも立てている。G. L. S. Shackle, *Imagination and the Nature of Choice*, Edinburgh 1979, S. 14. この文献では、《選択することは、選択者にとってはどんな差異を作り出すのか》が問われている。以下の叙述は、シャックルの分析にかなりの程度依拠しているが、ただし、本書は、彼の分析の心理学的な（主観的な）コンテキストを社会的な（コミュニケーション的な）コンテキストへと移し替えている。つまり、《選択》を《思考》としてではなく《コミュニケーション》として取り扱っている。

（7）少なくとも、ヨーロッパ史における伝統的な考え方は、これと類似した問題を解決しなければならなかった。つまり、贖罪についてのキリスト教の学説がそうである。ここでもまた、過去は、望まれる未来が生じるために、現在の時点から、新しいものとして構成されうるものだ、と考えられねばならなかった。人は過去を懺悔しなければならなかったのである。

（8）Shackle, *a.a.O.*, S. 134.

（9）Shackle, *a.a.O.*, S. IX. また、Brian J. Loasby, *Choice, complexity and ignorance: An enquiry into the economic theory and the practice of decision-making*, Cambridge Engl. 1976.

（10）たとえば、J. Lauriol, "Approches cognitives de la décision et représentation sociale," in: *Revue internationale de systemique* 8 (1994), S. 139-166 はさらにほかのヒントを含んでいる。このアプローチは、確かに構築主義的な認知理論を活用している部分がある。決定がその過去とその未来とを構成しなければならないという理由からしてすでに、決定が、認知であると見なされているのであれば、当然のことながら、これに対しては何ら異論はない（せいぜい、術語上まずいという程度である）。

（11）これについては、ルネ・ジラールに倣った、Paul Dumouchel, "Rationality and the Self-Organization of Preferences," *Cahiers d'épistémologie* No. 9419, Université de Québec, Montréal 1994. 選好の不変性に関する通常の想定に対する経験的な批判については、以下も参照。Bernard Ancori（Hrsg.), *Apprendre, se souvenir, décider: Une nouvelle rationalité de l'organisation*, Paris 1992, S. 17f.

（12）Leon Festinger, *A Theory of Cognitive Dissonance*, Evanston Ill. 1957〔末永俊郎監訳『認知的不協和の理論』誠信書房、一九六五年〕.

（13）*Laws of Form*, Neudruck New York 1979, S. 56f.〔大澤真幸・宮台真司訳『形式の法則』朝日出版社、一九八七年、六五－六六頁〕を見よ。

(14) その限りで、決定過程について述べることは、人を惑わせる。少なくともそれは二次的なものである。

(15) ここでわれわれは、現在が、過去という時間断片と未来という時間断片の間の特別な時間断片として与えられているのではなく、また、過去や未来と同じ計測用具で、つまり同じ時計によって測定されうるものではなく、現在は、過去と未来との瞬間的な統一、言い換えると、この差異の観察者以外の何ものでもない、ということを前提としている。

(16) 私はここで、Giovan Francesco Lanzara, *Capacità negativa: Competenza progettuale e modelli di intervento nelle organizzazioni*, Bologna 1993, S. 269 の定式化を利用させてもらっている。ランツァラは、《リメイク remake》について語っている。いわく、《時間のなかにおいてばかりでなく、時間の助けを借りて mediante il tempo, non solo nel tempo》。

(17) 銘記しておきたいのは、ここで我々は、スペンサー・ブラウンの算法の枠組みを離れることになる、ということである。このスペンサー・ブラウンの枠組みでは、算術と代数だけが問題となっており、それゆえ、形式は形式以外のなにものでもない、すなわち、この算法を開始するのに必要であった、マークされた空間とマークされない空間との区別以外のなにものでもない。

(18) Spencer Brown, *a.a.O.*, S. 57.〔大澤真幸・宮台真司訳『形式の法則』朝日出版社、一九八七年、六六頁〕

(19) 神経生理学的なシステムについては、以下を見よ。Heinz Förster, *Das Gedächtnis: eine quantenphysikalische Untersuchung*, Wien 1948.

(20) Karl E. Weick, *Sensemaking in Organizations*, Thousand Oaks Cal. 1995〔遠田雄志・西本直人訳『センスメーキング・イン・オーガニゼーションズ』文眞堂、二〇〇一年〕を参照。

(21) たとえば、以下を参照。Roger C. Schank/ Robert P. Abelson, *Scripts, Plans, Goals and Understanding: An Inquiry into Human Knowledge Structures*, Hillsdale N. J. 1977, insb. S. 36ff.; Robert P. Abelson, "Psychological Status of the Script Concept", in: *American Psychologist* 36（1981）, S. 715–729; Dennis A. Gioia/ Charles C. Manz, "Linking Cognition and Behavior: A Script Processing Interpretation of Vicarious Learning", in: *Academy of Management Review* 10（1985）, S. 527–539. スクリプト概念あるいはそれと似た概念（スキーマ、フレーム、認知マップ、暗黙理論）を組織領域に

適用したものとしては、以下を見よ。Henry P. Sims, Jr./ Dennis A Gioia *et al.*, *The Thinking Organization: Dynamics of Organizational Social Cognition*, San Francisco 1986. 経済学においては、適切なかたちに短縮された情報処理のための《インジケーター》についても論じられている。以下を参照。George A. Akerlof, "The Economics of Caste and of the Rat Race and Other Woeful Tales," in: *Quarterly Journal of Economics* 90（1976）, S. 599-617.

（22） これについてはとくに、Niklas Luhmann, Konzeptkunst: „Brent Spar oder Können Unternehmen von der Öffentlichkeit lernen?," in: *Frankfurter Allgemeine Zeitung* vom 19 Juli 1995, S. 27.

（23） このような《スクリプト》は、これに対応した計画のためにかなりの予算を承認する方向へと、ベルリン市政府を突き動かした。その後、派生的な問題が組織のレベルで明るみに出ることになった。以下を参照。Hans Merkens/ Harm Kuper, „Erziehung zwischen Anspruch und Realisierungsversuch: Ein Bericht über eine Organisation mit pädagogischem Anspruch," in: Niklas Luhmann/ Karl Eberhard Schorr（Hrsg.）, *Zwischen System und Umwelt: Fragen an die Pädagogik*, Frankfurt 1996, S. 163-204.

（24） この点についてはかなり論議されている。とりわけ、C. Wright Mills, "Situated Actions and Vocabularies of Motive," in: *American Sociological Review* 5（1940）, S. 904-913〔田中義久訳「状況化された行為と動機の語彙」青井和夫・本間康平監訳『権力・政治・民衆』みすず書房、一九七一年、三四四－三五五頁〕が刊行されて以降、そうである。

（25） 哲学者であれば、こうした言い方から、『純粋理性批判』のもっとも理解の難しい一節を思い出すことだろう。つまり、《純粋悟性概念の図式論について》（B176ff.）分析した部分である。ここでは、経験的認識と超越論的認識との相違を、《超越論的な時間規定》を介して解消することが試みられているのだが、この《超越論的時間規定》は、内的感官の多様性（Mannigfaltigkeit）の条件として、形式的にのみ、時間を必要とするものである。もっとも、これは我々の問題ではない。我々は、多様の総合的統一はいかにして感性的かつ超越論的に一致することになるのか、つまり超越論的に演繹されうるのかを問うているのではない。我々の問題は、過去と未来とがますます互いに分離しつつある状況にいかにして耐えられるのか、決定によってこれをいかにして克服できるのか、ということである。

（26） 以下を参照。Gerald R. Salancik/ Joseph F. Porac, Distilled Ideologies: "Values Derived from Causal Reasoning in Complex

"Environments," in: Sims/ Gioia, *a.a.O.*, S. 75–101.

(27) 〔本書での、このスキーマという〕言葉の使用の決定は、〔スキーマ概念を提唱した〕フレデリック・バートレットに由来する。Frederic C. Bartlett, *Remembering: A Study in Experimental and Social Psychology*, Cambridge Engl. 1932.〔宇津木保、辻正三訳『想起の心理学――実験的社会的心理学における一研究』一九八三年、誠信書房〕我々がこの概念に固執するのは、〔このスキーマ概念においては、バートレットが主張したように〕実際には記憶の理論が問題となっているからである。

(28) 情報理論を指向したサイバネティクスは、これについて、冗長性／変異[1]という概念対を使用している。

(29) Schackle, *a.a.O.*, S. 142.

(30) ここで考えられているのは、公務員法の改正についての研究委員会の提案である。これは、Baden-Baden 1973[2]として公刊されているが、政治はこれをまじめには取り上げなかった。

(31) 比較のために例を挙げると、医師は決して、その患者を苦しませたり死亡させたりしたくはない。過去によって規定されたその現在から、簡単にその未来が生じてくるわけではない。したがって、症状・薬・手術からなるスクリプトを使用するわけだが、しかし、処方箋のようなかたちでそのスクリプトが取り扱われうるわけではない。こうしたスクリプトがなければ決定など思いもよらないものとなるだろうが、しかし、そのスクリプトは、異常さに気づく洞察力をも磨くのであり、患者の身体の状態を、それが過去によって決定されているにもかかわらず、代替策に鑑みながら観察することを、可能にしている。そのさい、その決定は、未知の未来に対する賭けと等しい。これについては、以下を参照。Harold Bursztajn/ Richard Feinbloom/ Robert Hamm/ Archie Brodsky, *Medical Choices, Medical Chances*, New York 1981. 本書には医師と患者の関係についての推論も記載されている。

(32) Lanzara, *a.a.O.*, insb. S. 105では、不確実性に耐えこれを処理する一般的なネガティブ・ケイパビリティ（capacità negativa）が存在するに違いないという想定を前提として、この問いが立てられている。

(33) たとえばJean-Pierre Dupuys, *Ordres et Désordrés: Enquête sur un nouveau paradigme*, Paris 1982〔古田幸男訳『秩序と無秩序――新しいパラダイムの探求』法政大学出版局、一九八七年〕.

（34） Vgl. Nils Brunsson, *The Organization of Hypocrisy: Talk, Decisions and Actions in Organizations*, Chichester 1989; ders., “Ideas and Actions: Justification and Hypocricy as Alternatives to Control”, in: *Accounting, Organizations, and Society* 18（1993）, S. 489–506.

（35） パーソンズは、おそらくこの点とかかわって、政治的権力というメディアのインフレーションについて語っていた。以下を参照。“On the Concept of Political Power”, in: Talcott Parsons, *Sociological Theory and Modern Society*, New York 1967, S. 297-354〔新明正道訳『政治と社会構造（下）』誠信書房、一二五―一三二頁〕. さらに、以下も参照。Richard Munch, *Dynamik der Kommunikationsgesellschaft*, Frankfurt 1995, insb. S. 159ff.

（36） この点については、スウェーデンの福祉国家における考察に基づいたものとして、Brunsson, *The Organization of Hypocrisy: a.a.O.*

第五章

（1） ハインツ・フォン・フェルスターは、こうした状態にあるシステムを、非トリヴィアルな機械、と名づけている。以下を参照。Heinz von Foerster, “Principles of Self-Organization in a Socio-Managerial Context”, in: Hans Ulrich/ Gilbert J. B. Probst（Hrsg.）, *Self-Organization and Management of Social Systems: Insights, Promises, Doubts, and Questions*, Berlin 1984, S. 2–24（10ff.）〔徳安彰訳『自己組織化とマネジメント』東海大学出版会、一九九二年、二―三三頁（とくに一二頁以下）〕; dt. Übers. in: Heinz von Foerster, *Wissen und Gewissen: Versuch einer Brücke*, Frankfurt 1993, S. 233–268（247ff.）.《解決できない決定不可能性 unresolvable indeterminancy》という同様の見解が以下の文献に見いだせる。George Spencer Brown, *Laws of Form*, Neudruck New York, 1979 S. 57〔大澤真幸・宮台真司訳『形式の法則』朝日出版社、一九八七年、六六頁〕. この本は、数学的な計算のなかで、算術や代数の領域を越えて、セカンド・オーダーの方程式の世界へと突き進もうと試みている。

（2） これについては、Niklas Luhmann, „Die Paradoxie des Entscheidens“, in: *Verwaltungsarchiv* 84（1993）, S. 287–310.

（3） もっぱら次の著作への寄稿論文を見よ。Siegfried J. Schmidt（Hrsg.）, *Gedächtnis: Probleme und Perspektiven der interdisziplinären Gedächtnisforschung*, Frankfurt 1991. Vgl. auch Bernard Ancori（Hrsg.）, *Apprendre, se souvenir, décider: Une nouvelle rationalité de l'organisation*, Paris 1992.

（4） 辞書的な定義を引き合いに出した通常の理解の仕方は、これとは逆である。つまり、記憶とは、過ぎ去ったデータの再顕在化の働きをしている、と理解されている。たとえば、以下を見よ。James P. Walsh/ Gerardo Rivera Ungson, "Organizational Memory", in: *The Academy of Management Review* 16（1991）, S. 57–91.

（5） Heinz Förster, *Das Gedächtnis: Eine quantenphysikalische Untersuchung*, Wien 1948. また以下も参照。ders., "Quantum Mechanical Theory of Memory", in: ders.（Hrsg.）, *Cybernetics: Transactions of the Sixth Conference*, New York 1949, S. 112–145.

（6） Spencer Brown, *a.a.O.*, S. 61〔大澤真幸・宮台真司訳『形式の法則』朝日出版社、七一頁〕. ごく抽象的な理論モデルではこれと類似した問題設定を数多く挙げることはできるだろう。たとえば、エントロピーの傾向に抵抗し秩序（＝区別されたもの）を構築するために速度の遅い分子と速度の速い分子とを選別するマックスウェルの悪魔は、記憶を必要とする。なぜなら、この悪魔は、結局のところ、どの分子が速度の遅いものとして、どの分子が速度の速いものとして特徴づけられていたのか、またそれらを自分はどちらの箱に選別していたのかを想起しなければならないからである。このことはひょっとすると次のことを意味するのかもしれない。つまり、熱力学第二法則の打破は、何か偶然以上の仕方で、〔マックスウェルの悪魔のような〕観察者の助けを借りてのみ可能なのであり、また観察者がこれをできるのは、記憶の助けを借りてのみである、ということをである。

（7） スペンサー・ブラウン上掲書によれば、少なくとも、マークされている／マークされていないという区別が、この区別の内部で《振動》できるために、必要である。これが経験的に意味しているのは、つねにマークされないままにとどまっている世界に対して、その他の諸マーキングを対置できる、ということであろう。

（8） Heinz von Foerster, "What Is Memory that it May Have Hindsight and Foresight as well?", in: Samuel Bogoch（Hrsg.）, *The Future of the Brain Sciences: Proceedings of a Conference held at the New York Academy of Medicine*, New York 1969, S. 19–64; dt. Übers. in: ders., *Wissen und Gewissen*, *a.a.O.*, S. 299–336.

（9） つまり、我々は、集合的記憶の理論には賛同しないということである。集合的記憶の理論は、多数の心理システムの記憶を引き合いに出して、これらの記憶が〔個人ごとに〕バラバラなことを想起させるのかそれとも〔個々人間で〕一致したことを想起させるのかに応じて、個人的記憶か集団的記憶かを区別する理論である。そして人々の間に一致したことが想起されるのは、彼らが似たような経験にさらされるときだとされる。これについてはとりわけ、Maurice Halbwachs, *Les cadres sociaux de la mémoire*, Paris 1925, 2. Aufl. 1952; ders., *La mémoire collective*, Paris 1950〔小関藤一郎訳『集合的記憶』行路社、一九八九年〕.

（10） ここでは、Gerdien Jonker, *The Topography of Remembrance: The Dead, Tradition and Collective Memory in Mesopotamia*, Leiden 1995 によっている。

（11） 確かに、行為理論は、人間だけが行為することができ、そして人間は記憶を有している、という核となる主張に立ち戻ることはできるかもしれない。だが、まさにこの点でこそ、行為論はこれ以上使えなくなるのである。というのは結局のところ、過去を思い出すのは、必ずしも行為者自身ではなくて、むしろどちらかといえば、まさに行為するのに失敗した者のほうだからである。

（12） したがってまたC・W・ミルズの言う意味での《動機》もまた不足などしていない。C. Wright Mills, "Situated Actions and Vocabularies of Motive", in: *American Sociological Review* 5（1940）, S. 904-913〔田中義久訳「状況化された行為と動機の語彙」、I・L・ホロビッツ編、青井和夫・本間康平監訳『権力・政治・民衆』みすず書房、一九七一年、三四四頁－三五五頁〕.

（13） 周知のとおり、記憶力の強化に関する古代のまた近代初期の理論は、このようなメルクマールに依拠して研究を進めていた。とりわけ、以下を見よ。Francis A. Yates, *The Art of Memory*, Chicago 1966〔青木信義ほか訳『記憶術』水声社、一九九三年〕; Herwig Blum, *Die antike Mnemotechnik*, Hildesheim 1969; Stefan Goldmann, „Statt Totenklage Gedachtnis: Zur Erfindung der Mnemotechnik durch Simonides von Keos", in: *Poetica* 21（1989）, S. 43-66. Vgl. auch Francis Harwood, "Myth, Memory, and the Oral Tradition: Cicero in the Trobriands", in: *American Anthropologist* 76（1976）, S. 783-796.

（14） これは、利害という概念のゼマンティク上の経歴において、もっとも重要な観点の一つであった。以下を参照。Duc du Rohan, *De l'Interest des Princes et Estats de la Chestienté*, Paris 1639. Und dazu J. A. W. Gunn, "»Interest Will Not Lie«: A Seventeenth Century Political Maxim," in: *Journal of the History of Ideas* 29（1968）, S. 551–564; ders., *Politics and the Public Interest in the Seventeeth Century*, London 1969.

（15） これについては、Heinz von Foerster, *Observing Systems*, Seaside Cal. 1981, insb. S. 274ff. を見よ。言い方として、《固有行動 Eigen-behaviors》、《固有関数 Eigen-functions》、《固有値 Eigen-values》があり、このうちどの術語が使われるのかは、システムのどんな構成要素が視野に入れられるのかに応じて揺れ動く。いずれの場合も、自己産出される未規定性の、自己産出される縮減のことが問題となっている。ここで、自己産出される、とは、環境から輸入されるわけではない、ということを意味している。

（16） アンリ・ベルクソンが言う意味において、である。Henri Bergson, *Matière et mémoire: Essai sur la relation du corps a l'esprit*, zitiert nach der 32. Auflage Paris 1939, S. 81ff.〔田島節夫訳『物質と記憶』白水社、一九六五年、九〇頁以下〕ベルクソンは、キャパシティを再度解放し刺激への感度を維持するという我々にとっての問題を、記憶の、互いに独立してはいるがしかし連動している二つの異なった形式によって、解決している。そのさい、ベルクソンにとっての問題は、ベルクソンの記憶が、彼に、物質主義と精神主義という当時よく見られた区別を思い出させた、ということによって規定されている。

（17） この定式は、ギュンター・エルシャイトが自著の序文で述べている。Günter Ellscheid/Winfried Hassemer（Hrsg.）, *Interessenjurisprudenz*, Darmstadt 1974, S. 5.

（18） もっと精緻な経験的研究をすれば、このことが、宗教的なあるいはエスニックな原理主義的運動、たとえば、イスラムの原理主義的な流れにもいえることが、示されるだろう。

（19） 新しい社会運動に心を動かされその動員基盤となっている《自己実現ミリュー》については、Kai-Uwe Hellmann, *Systemtheorie und neue soziale Bewegungen: Identitätsprobleme in der Risikogesellschaft*, Opladen 1996.

（20） 当然のことながら、このことを要求することはできよう。けれどもそうするとそれは、不誠実なコミュニケーションであるとされることになる。十六世紀のイングランドにおいて市場の拡大と舞台劇の成立に伴って、《利害 interest》、《装い／見せかけ simulation/dissimulation》、《偽善 hypocrisy》、《不誠実 insincerity》が、十六世紀の新造語として登場してきたのは決して偶然ではない。

（21）これについては、以下を参照。Dirk Baecker, „Das Gedächtnis der Wirtschaft", in ders. *et al.*（Hrsg.）, *Theorie als Passion*, Frankfurt 1987, S. 519–546.

（22）Vgl. Dirk Baecker, *Womit handeln Banken? Eine Untersuchung zur Risikoverarbeitung in der Wirtschaft*, Frankfurt 1991.

（23）これについては、Heinz von Foerster, „Gedächtnis ohne Aufzeichnung", in: ders., *Sicht und Einsicht: Versuche zu einer operativen Erkenntnistheorie*, Braunschweig 1985, S. 131–172.

（24）本書第三章Ⅵ参照。

（25）あらためて以下を参照。Marcel Gauchet, "La droite et la gauche", in Pierre Nora（Hrsg.）, *Les lieux de memoire* Bd. III, I, Paris 1992, S. 395–467.

（26）このことは、あらゆる種類の記憶にあてはまる。以下を参照。Bernard Ancori, "Mémoire et apprentissage de la neurobiologie à l' auto-organisation", in: Ancori, *a.a.O.*, S. 51–104（96）.

第六章

（1）多くの点について、以下を参照。John Gledhill/ Barbara Bender/ Mogens Trolle Larsen（Hrsg.）, *State and Society: The Emergence and Development of Social Hierarchy and Political Centralization*, London 1988 のとくに序文（Einleitung）を参照。《国家形成 Staatsbildung》に関するその他の文献については本書第三章の注（1）を見よ。

（2）これについては、Charles Tilly, *Coercion, Capital, and European States AD990–1990*, Oxford 1990. ティリーが指摘しているように、国民国家というヨーロッパ的範型は、戦争遂行手段を調達するための多様な出発状況を起点として発展してきたのであり、近代においてはじめて、国民国家という形式へと収斂しはじめたのである。

（3） それゆえに Hannes Wimmer, *Evolution der Politik: Von der Stammesgesellschaft zur modernen Demokratie*, Wien 1996 は、進化上の再安定化について語っている。

（4） たとえば、Georg Jellinek, *Allgemeine Staatslehre*（1900）, 3. Aufl., 6. Neudruck, Darmstadt 1959, S. 394ff.〔ゲオルク・イェリネク著、芦部信喜ほか訳『一般国家学』学陽書房、一九七四年、三二三頁〕は、《国家の諸要素》という表題のもとでこのように論じている。

（5） そのさい、歴史的に見ると、当初は、騒動については攪乱（Storung）として、すなわち、物理的暴力や、身体、兵器の本来的な保持者による攪乱として考えられていた。ヨーロッパ諸領域の平定にともなって、たえず脅威を与え続ける騒動に対抗するこの平和（Frieden）という概念が重要性を失い、騒動は、私的に動機づけられ、政治的に代表されうる利害として、新たなかたちで定義されることになる。

（6） たとえば、Herman Finer, *Theory and Practice of Modern Government*, rev. ed. New York 1949 は、《統治機構と国家》についての序説を掲げているのだが、次のような無造作な言い方がなされている（S. 10）。「こうして成立した国家は、それぞれの観点に従って多種多様なやり方で、定義されうるものである」と。

（7） これについては、Dirk Baecker, „Gewalt im System“, in: *Soziale Welt* 47（1996）, S. 92–109 をも参照。

（8） たとえば、Roy A. Rappaport, “The Sacred in Human Evolution”, in: *Annual Review of Ecology and Systematics* 2（1971）, S. 23–44.

（9） Emile Rousseau, *Contrat sociale* IV, Kap. 8, zit. nach Œuvres complètes Bd. III, Paris 1984, S. 460ff.〔ルソー著、『社会契約論』岩波文庫、一九五四年〕. 今日であればとくに、Robert N. Bellah, *Beyond Belief: Essays on Religion in a Post-Traditional World*, New York 1970〔ロバート・ベラー著、河合秀和訳『社会変革と宗教倫理』未來社、一九七三年〕; ders., *The Broken Covenant: American Civil Religion in a Time of Trial*, New York 1975〔ロバート・ベラー著、松本滋・中川徹子訳『破られた契約――アメリカ宗教思想の伝統と試練』未來社、一九八三年〕. また、以下も参照。Gunter Zimmermann, „Das göttliche Geschenk der Union: Studien zu den theologischen Aussagen der »Federalist Papers«“, in: *Zeitschrift für Politik* 43（1996）, S. 145–173.

（10）このように議論するとき我々は刑法理論を考慮してはいない。刑法理論は通常、予防機能を引き合いに出すけれども、しかし、刑罰が犯罪の予防という目的を達成しないならばその刑罰を違法と見なす、などという結論を引き出したりはしない。

（11）行政的な観点、および領土的な観点からの、近代国民国家の成立のこうした端緒については、Tilly, *Coercion, Capital, and European States, a.a.O.* を参照。

（12）敵対者概念の《国有化》という問題については、たとえば、François de La Noue, *Discours politique et militaires*（1587）, Neuausgabe Genf 1967, S. 287 を参照。

（13）これが不可欠だと考えているものとして、Charles Tilly, *Big Structures, Large Processes, Huge Comparisons*, New York 1984, S. 56ff. けれども、〔両者の〕方法の類似性に鑑みると、これらの間の作為的な区別も必要不可欠である。

（14）よく知られたものとしては、Hermann Heller, *Staatslehre*, Leiden 1934〔安世舟訳『国家論』未來社、一九七一年〕.

（15）この点について概観し何らかの示唆を得るには、以下を参照。Paul-Ludwig Weihnacht, *Staat: Studien zur Bedeutungsgeschichte des Wortes von den Anfängen bis ins 19. Jahrhundert*, Berlin 1968; Wolfgang Mager, *Zur Entstehung des modernen Staatenbegriffs*, Wiesbaden 1968; Niklas Luhmann, „Staat und Staatsräson im Übergang von traditionaler Herrschaft zu moderner Politik", in: ders., *Gesellschaftsstruktur und Semantik* Bd. 3, Frankfurt 1989, S. 65–148（insb. 80ff.）.

（16）Vgl. Tilly, *Coercion, Capital, and European States, a.a.O*.

（17）So Joan Evans, *Pattern: A Study of Ornament in Western Europe From 1180–1900*, 2 Bde., Oxford 1931, Neudruck New York 1975, Bd. 1, S. 1ff.

（18）この古い概念のこうしたアンビバレンスについては、Erich Köstermann, „Status als politischer Terminus in der Antike", in: *Rheinisches Museum* 86（1937）, S. 225–240（226）.

（19）Harold J. Berman, *Recht und Revolution: Die Bildung der westlichen Rechtstradition*, dt. Übers. Frankfurt 1991 は、その革命的な分出の時期を、十一世紀後半としている。教皇教会（Papstkirche）の独立闘争や、さらには、ノルマン

朝の征服地（イングランド、シチリア）における、法によって厳格に組織化された支配の形成からも、このような分出を観察することができる。もっとも、新発見されたローマ市民法のテキストによる衝動力のことも顧慮されなくてはならない。これにより、伝統的な考え方や自然法によって議論を進めることができるようになってしまい、革新の規模が誤認されてしまった。

（20）少なくとも、次の文献ではこのように記されている。Theodore K. Rabb, *The Struggle for Stability in Early Modern Europe*, Oxford 1975. もちろん、こうなった時期については論争の余地がある。こうした成果が不可逆的なものとして知覚され、国家によって解決されるべき問題がこれによって新しい領域へと移動するようになったのはいつからなのか、が問われている。

（21）これについては、Nicolai Rubinstein, “Notes on the word Stato in Florence Before Machiavelli,” in: J. G. Rowe/ W. H. Rockdale（Hrsg.）, *Florilegium Historiale: Essays presented to Wallace K. Ferguson*, Toronto 1971, S. 313-326. そのさい、《状態の保持 Reggere lo stato》は、公職の助けを借りて都市の秩序や安寧を調達するとか戦争遂行の能力を調達するといった、じつに重大な意味を持つことにならざるをえなかった。

（22）これについてはたとえば、以下を参照。Giovanni Antonio Palazzo, *Discorso del Governo e della Ragion vera di Stato*, Venetia 1606, S. 12ff. ここで注意を引くのは、イタリアにおいても、領邦国家への移行と、数多くの外国からの占領に伴って、安全が（共和主義的）自由よりも重要となったということである。

（23）Vgl. Marc Raeff, *The Well-Ordered Police-State: Social and Institutional Change Through Law in the Germanies and Russia 1600–1800*, New Haven 1983.

（24）概観するためには、以下を参照。Horst Dreitzel, *Protestantischer Aristotelismus und absoluter Staat*, Wiesbaden 1970, S. 336ff.; ders., „Grundrechtskonzeptionen in der protestantischen Rechts- und Staatslehre im Zeitalter der Glaubenskämpfe“, in: Günter Birtsch（Hrsg.）, *Grund- und Freiheitsrechte von der ständischen zur spatburgerlichen Gesellschaft*, Göttingen 1987, S. 180–214（200ff.）.

（25）これについては、Michael Stolleis, *Staat und Staatsräson in der frühen Neuzeit: Studien zur Geschichte des öffentlichen*

Rechts, Frankfurt 1990.

(26) 十六世紀の最後の数十年に始まったこうした発展については、以下を参照。Heinz Mohnhaupt, „Die Lehre von der »lex fundamentalis« und die Hausgesetzgebung europäischer Dynastien", in: Johannes Kunisch (Hrsg.), *Der dynastische Fürstenstaat: Zur Bedeutung von Sukzessionsordnungen für die Entstehung des Frühmodernen Staates*, Berlin 1982, S. 3-33; Harro Höpfl, "Fundamental Law and the Constitution in Sixteenth Century France", in: Roman Schnur (Hrsg.), *Die Rolle der Juristen bei der Entstehung des modernen Staates*, Berlin 1986, S. 327-356; Gerald Stourzh, „Vom aristotelischen zum liberalen Verfassungsbegriff: Staatsformenlehre und Fundamentalgesetze in England und Nordamerika im 17. und 18. Jahrhundert", in: ders., *Wege zur Grundrechtsdemokratie: Studien zur Begriffs- und Institutionengeschichte des liberalen Verfassungsstaates*, Wien 1989, S. 1-35.

(27) これと似た多くの意見については、以下を参照。François Grimaudet, *Les opuscules politiques*, Paris 1580, premier opuscule: De la loy.

(28) 基準となる文献として、Justus Lipsius, *Von der Bestaendigkeit*, dt. Übers. 2. Aufl. 1601, Nachdruck Stuttgart 1965 を見よ。また、二次文献としては、Gerhard Oestreich, *Geist und Gehalt des frühmodernen Staates*, Berlin 1969; Günter Apel, *Stoizismus und frühe Neuzeit: Zur Entstehunggeschichte modernen Denkens im Felde von Ethik und Politik*, Berlin 1978; Wilhelm Kühlmann, „Der Fall Papinian: Ein Konfliktmodell absolutistischer Politik im akademischen Schrifttum des 16. und 17. Jahrhunderts", in: *Daphnis II* (1982), S. 223-252.

(29) これは、一部は、宮廷顧問の問題ある役割に関する膨大な文献のなかに見いだせるが、さらに、直接的には、《誠実さ》という要請が、いまや、服従の儀式のように記述されるその距離感のなかに読み取れる。たとえばそれは、シュバリエ・ド・メレの著作に見られる。Chevalier de Méré, zit. nach der Ausgabe Œuvres complètes, Paris 1930.

(30) また、立憲主義においても、憲法がそれ自体と矛盾するというケースは考えられうる。もっともこれは、しばしば、能動的で政治的な利害を有した解釈によってのみ見つけ出される。たとえば、正統な選挙による最高権力の簒奪といったケースがそれである。フリードリッヒ・シュレーゲルは、独裁者による統治権力の簒奪、共和制の復活のための反乱といった（比較的問題がないとされる）ケースについて、これらが許容されるべきだと論じている。たとえ、憲法がそれを禁じていたとしても、である。以下を参照。„Versuch über den Begriff des Republikanismus", zit. nach Friedrich Schlegel, *Werke* in zwei Bänden, Berlin 1980, Bd. 1, S. 53-73 (72)〔山本定祐訳「共和制概念試論――カント『永遠平和のために』への応答」薗田宗人編『ドイツ・ロマン派全集第二〇巻 太古の夢 革命の夢』、二二一―二四〇頁（二三九―二四〇頁）、一九九二年、国書刊行会〕. いずれにしても、憲法は、それ自体と矛盾する点を含み、したがって、合憲／違憲といった区別のパラドックスが政治のテーマにさせられてしまう場合には、抵抗権を許容することもできないし禁止することもできない。

（31） 周知のとおり、モリエール[3]は、これを演劇にして上演していた。またアレキサンダー・ポープ[4]は、これを、常識（common sense）だと言ってもいいくらい十分に自明なことだと考えていた。曰く《人間に大小、貧富、賢愚のあるのは当然である。／この事実を捉えて人間の禍福を論ずるならば／健全な常識が泣くであらう。》*Essay of Man*, Epistle 3, 50-52, zit. nach: *The Poems of Alexander Pope* Bd. III, London 1950〔上田勤訳『人間論』岩波文庫、一九五〇年、八六頁〕. Vgl. auch Robert Mauzi, *L'idée du bonheur dans la littérature et la pensée française au XVIIIe siecle*, Paris 1960, 4. Aufl. 1969, insb. S. 149ff.; Jacob Viner, *The Role of Providence in the Social Order: An Essay on Intellectual History*, Philadelphia 1972, S. 99ff.

（32） もっぱら以下を参照。Paul-Pierre Le Mercier de La Rivière, *De l'ordre naturel et essentiel des sociétés politiques*, London-Paris 1767.

（33） こうした移行期の曖昧さやイノベーションの潜勢力が、こんにち、大いに議論の対象となっている。以下を参照。Istvan Hont/ Michael Ignatieff（Hrsg.）, *Wealth and Virtue: The Shaping of Political Economy in the Scottish Enlightenment*, Cambridge Engl. 1983〔水田洋・杉山忠平監訳『富と徳――スコットランド啓蒙における経済学の形成』未來社、一九九〇年〕. この移行期のゼマンティクの問題性（Problematik）は、とりわけ次の点から認識することができる。つまり、《徳》は個々人に関連づけられるのに対して、《豊かさ》は全体社会に関連づけられていたのだが、マンデヴィルにあってはまだパラドックスとして考えられていたこの差異が次第に解消されて、リベラルな功利主義に変わっていった、ということである。

(34) これについては、以下をも参照。Niklas Luhmann, „Die Unterscheidung von Staat und Gesellschaft", in: ders., *Soziologische Aufklärung* 4, Opladen 1987, S. 67–73.

(35) 詳しくは、*Wörterbuch Geschichtliche Grundbegriffe: Historisches Lexiokon zur politisch-sozialen Sprache in Deutschland* Bd. 5, Stuttgart 1984, S. 633–788 の「革命 Revolution」(Reinhart Koselleck *et al.*) と題する長大な論説を参照。あるいは、Perez Zagorin, *Rebels and Rulers 1500–1660*, 2 Bde., Cambridge Engl. 1982.

(36) 《革命の歴史の発見は、こうして、革命の理念を変化させてしまった》と、以下の文献にある。Mona Ozouf, "Révolution," in: François Furet/ Mona Ozouf (Hrsg.), *Dictionnaire critique de la Révolution Française*, Paris 1988, S. 847–858 (852).

(37) この違いについては、再度、以下を参照。Hans Buchheim, „Das Prinzip »Nation«", in: *Zeitschrift für Politik* 42 (1995), S. 60–67.

(38) この点について、ダーウィンの進化論を背景にしながら、一八六〇年頃にイギリスの政治を観察した者が、次のように記してる。「統一に達する最善の方法は一体にすることである。最後まで達する道は何でも立派であった」。*The Education of Henry Adams*, Boston 1918, S. 226〔刈田元司訳『ヘンリー・アダムズの教育』教育書林、一九五五年、二六八頁〕.

(39) これについては、次の論文集を参照。Bernhard Giesen (Hrsg.), *Nationale und kulturelle Identität: Studien zur Entwicklung des kollektiven Bewusstseins in der Neuzeit*, Frakfurt 1991, und Helmut Berding (Hrsg.), *Nationales Bewusstsein und kollektive Identität: Studien zur Entwicklung des kollektiven Bewusstseins in der Neuzeit* 2, Frankfurt 1994. タイトルの表現に困惑していることに、気づかされる。

(40) 以下を参照。Benedict Anderson, *Imagined Communities: Reflexions on the Origin and Spread of Nationalism*, London 1983〔白石隆・白石さや訳『想像の共同体――ナショナリズムの起源と流行』リブロポート、一九八七年〕.

(41) 別の脈絡において、すなわち第二次大戦時の兵士たちのその故国との関係に関する脈絡において、こうした定式化をおこなっているものとして、W. Edward Gregory, "The Idealization of the Absent," in: *American Journal of Sociology* 50（1944）, S. 53–54.

（42） 私はこの区別を、ティリーの以下の文献から借用している。Tilly, *Coercion, Capital, and European States*, *a.a.O.*, insb. S. 103ff.

（43） こうした〔法の〕レベルの分化の成立については、以下を参照。Niklas Luhmann, „Verfassung als evolutionäre Errungenschaft," in: *Rechtshistorisches Journal* 9（1990）, S. 176–220.

（44） これについては、Marcel Gauchet, *La Révolution des pouvoirs: La souveraineté, le peuple et la représentation 1789–1799*, Paris 1995〔富永茂樹・北垣徹・前川真行訳『代表制の政治哲学』みすず書房、二〇〇〇年〕.

（45） フランス革命が政党に対して敵意を持っていたこと（《派閥争い》のことを考えてもらいたい）については、以下を参照。Gauchet, *a.a.O.*, Vgl. auch ders., "La droite et la gauche," in: Pierre Nora（Hrsg.）, *Les lieux de mémoire*, Bd. III, I, Paris 1992, S. 395–467.

（46） これについては、のちに立ち返る。

（47） これについては以下を参照。Andreas Göbel, „Paradigmatische Erschöpfung: Wissenssoziologische Bemerkungen zum Fall Carl Schmitts," in: ders., Dirk van Laak/ Ingebort Villinger（Hrsg.）, *Metamorphosen des Politischen: Grundfragen politischer Einheitsbildung seit den 20er Jahren*, Berlin 1995, S. 267–286.

（48） 「一つの特別な目的だけを追求する国家は専制的である。たとえその目的が、当初は純真なものだと思われるようなものであったとしても」と、シュレーゲルは記している（Schlegel, *a.a.O.*, S. 61, Anm. 1）。国家の設立と充分な暴力の強化をその独自の目的としている国家建設の状況については、シュレーゲルは、例外を承認している。

（49） 公共性の役割に関する報道による評価がもたらした〔一九八九年の革命のような〕帰結については、以下を参照。Jürgen Habermas, *Strukturwandel der Öffentlichkeit*, Neuauflage Frankfurt 1990, Vorwort S. 48f.〔細谷貞雄・山田正行訳『公共性の構造転換（第二版）』未來社、一九九四年、XL－XLii頁〕

（50） たとえば、以下を参照。Roland Robertson/ Frank Lechner, "Modernization, Globalization and the Problem of Culture in Modern Society," in: *Theory, Culture & Society* 2 (1985), S. 103–118; Roland Robertson, "Globalization Theory and Civilizational Analysis," in: *Comparative Civilizations Review* 17 (1987), S. 20–30; ders., "Globality, Global Culture, and Images of World Order," in: Hans Haferkamp/ Neil J. Smelser (Hrsg.), *Social Change and Modernity*, Berkeley Cal. 1992, S. 395–411; ders., *Globalization: Social Theory and Global Culture*, London 1992〔阿部美哉訳『グローバリゼーション——地球文化の社会理論』東京大学出版会、一九九七年〕; Anthony Giddens, *The Consequences of Modernity*, Stanford Cal. 1990〔松尾精文・小幡正敏訳『近代とはいかなる時代か?』而立書房、一九九三年〕は、国民国家的な全体社会という概念に固執しながら、近代性論議の《キーターム》として《グローバリゼーション》の概念をも固守している (S. 12f., 52, 63ff.〔訳書二六頁以下、七一頁、八四頁以下〕)。Martin Albrow/ Elisabeth King (Hrsg.), *Globalization, Knowledge and Society*, London 1990.

(51) たとえば、Francisco O. Ramirez/ George M. Thomas, "Structural Consequences and Antecedents of Statism," in: George M. Thomas *et al.*, *Institutional Structure: Constituting State, Society, and the Individual*, Newbury Park Cal. 1987, S. 111–129 (112).

(52) 政治学者は、この概念を擁護するけれども、《インター〔間〕》ということで何が意味されているかの回答は得られていない。たとえば以下を参照。Kurt Tudyka, „»Weltgesellschaft«-Unbegriff und Phantom", in: *Politische Vierteljahresschrift* 30 (1989), S. 503–508. それならばいっそのこと、Gerhart Niemeyer, *Law Without Force: The Function of Politics in International Law*, Princeton 1941 の提案に立ち返って、政治的な関係だけを考慮に入れているのだということを表現するために、《諸国家社会 Staatengesellschaft》とか《諸国家システム》といった言い方をするほうが、むしろより有益かもしれない。少なくとも、結びつけられている諸要素の——結合とは独立で、結合に先立って与えられている——特性から出発することはできないとする近代の創発性理論の一般的な洞察を、考慮せざるをえない。全体社会の概念をどのように用いようとするのであれ、国家間のシステムは、国家として考えられている事柄を、根本的に変化させてしまう——それはちょうど、分子の形成が、その分子のなかでしか見いだされえないようなやり方で、原子の内的構造を変えてしまうのと同じである。

(53) Vgl., Edward A. Tiryakian, “The Changing Centers of Modernity”, in: Erik Cohen et al. (Hrsg.), *Comparative Social Dynamics: Essays in Honor of S. N. Eisenstadt*, Boulder Col. 1985, S. 121-147.

(54) 以下を参照。John W. Meyer/ Davin H. Kamens/ Aaron Benavot, *School Knowledge for the Masses: World Models and National Primary Curricular Tendencies in the Twentieth Century*, Washington 1992.

第七章

(1) Vgl. Charles Tilly, *Coercion, Capital, and European States, AD 990-1990*, Oxford 1990, insb. S. 117ff.

(2) とりわけ、以下を見よ。Robert Michels, *Zur Soziologie des Parteiwesens in der modernen Demokratie*, Leipzig 1911, zit. nach dem Neudruck der 2. Aufl. Stuttgart o. J. (1957)〔森博・樋口晟子訳『現代民主主義における政党の社会学――集団活動の寡頭制的傾向についての研究』木鐸社、一九七三年〕.

(3) この点については、すでに第一章で、一般に、全体社会のサブシステムについて触れてあるので、そちらを参照。

(4) たとえば、Roland Mousnier, “Les concepts d’ »ordres«, d’ »états«, de »fidélité« et de »monarchie absolue« en France, de la fin du XVe siecle a la fin du XVIIIe”, in: *Revue historique* 247 (1972), S. 289-312; Otto Gerhard Oexle, „Die funktionale Dreiteilung als Deutungsschema der sozialen Wirklichkeit der ständischen Gesellscahft des Mittelalters“, in: Winfried Schulze (Hrsg.), *Ständische Gesellschaft und soziale Mobilität*, München 1988, S. 19-51.

(5) これについては、Wolfgang Reinhard, „Kirche als Mobilitätskanal der frühneuzeitlichen Gesellschaft“, in: Schulze *a.a.O.*, S. 333-351.

(6) この〔第三身分という概念の〕発明は、明らかに、次のような事情を考慮しようとしてなされたものだった。つまり、祈る人(orare)/戦う人(pugnare)/耕す人(laborare)という旧来の職分図式は、純粋に農業的な関係とかかわっていたのであり、中世後期における手工業の発展や商業の発展については十分に考慮されていなかった、という事情をである。

(7) 周辺的近代の多くの諸国では、また、ブラジルのような産業国においてすらそうであるように、このことが達成されておらず、〔組織においてのみならず〕全体社会のレベルで、包摂と排除の差異が支配的となっている場合には、それはすなわち、機能分化が現実化されえていない、あるいはせいぜいのところ、包摂されている一部の人々にとってしか現実化されえていない、ということを意味する。この点についてより詳しくは、Niklas Luhmann, „Inklusion und Exklusion", in: ders., *Soziologische Aufklärung*, Bd. 6, Opladen 1995, S. 237-264〔村上淳一訳『ポストヒューマンの人間論——後期ルーマン論集』東京大学出版会、二〇〇七年、二〇三—二五〇頁〕を見よ。ちなみに、《自由》と《平等》は、言葉どおりに理解すべきでないし、また、近似的に達成するべき目標状態としても理解すべきでなく、もっぱら、さまざまな制限がそこに書き込まれるべきフォリオのようなものとしてのみ理解すべきだ、ということは自明なことである。しかしまさにこれこそが、こうした価値概念（あるいは《基本的価値》や《人権》）の、機能分化と関連した意味なのである。というのは、〔《自由》や《平等》の〕制限は、つねに一時的にのみ、またつねに何らかの機能システムに特化したかたちで発生するべきものであって、《人間の本質 Natur》とか《全体社会の本質 Natur》から生じるのではなく、それゆえに、自然的な必然性として把握されるべきではない、というのが、それの意味するところだからである。

(8) こんにちとくにヘルムート・ヴィルケによって、組織システムのこうした《メゾ》レベルにおいて、近代社会における国家の役割について適切な記述が模索されている。とりわけ以下を参照。Helmut Willke, *Ironie des Staates*, Frankfurt 1992.

(9) Jean L. Cohen/ Andrew Arato, *Civil Society and Political Theory*, Cambridge Mass. 1992

(10) Nils Brunsson, *The Organization of Hypocrisy: Talk, Decisions and Actions in Organizations*, Chichester 1989. こうした事態にあまり批判的な態度をとらない著者たちは、組織の環境からの《文化的》な期待に対する組織の敏感さが増大していることを確認できる、と考えている。

(11) 合理性と動機づけの区別については、Nils Brunsson, *The Irrational Organization: Irrationality as a Basis for Organizational Action and Change*, Chichester 1985.

(12) これについて詳しくは、Niklas Luhmann, *Funktionen und Folgen formaler Organisation*, Berlin 1964, 4. Aufl. 1995

〔沢谷豊・長谷川幸一訳『公式組織の機能とその派生的問題』新泉社、（上）一九九二年、（下）一九九六年〕

（13） 意志に反しての《徴集》という極端なケースはまれであるが（それでも、学校や軍隊、監獄では見られるが）、そのような場合には典型的には、動機づけの問題がかかわってくる。ちなみに、《徴集者》はたいていの場合、（責任ある）決定者としては知覚されず、組織のなかでは決定活動の客体として扱われる。

（14） マーチとサイモンによって見いだされたこの概念は、かなり過小評価されている。James G. March/ Herbert A. Simon, *Organizations*, New York 1958, S. 164ff.〔土屋守章訳『オーガニゼーションズ』ダイヤモンド社、一九七七年、二五二頁以下〕また、以下も参照。Karl E. Weick, *Der Prozess des Organisierens*, dt. Übers. Frankfurt 1985, insb. S. 269–288.

（15） テレビの影響については、Joshua Meyrowitz, *No Sense of Place: The Impact of Electronic Media on Social Behavior*, Cambridge Mass. 1985, insb. S. 62ff., 160ff.

（16） George Spencer Brown, *Laws of Form*, Neudruck New York 1979.〔大澤真幸・宮台真司訳『形式の法則』朝日出版社、一九八七年〕のいう意味でのそれである。スペンサー・ブラウンにとって、《マークされない空間》の打破は、最初の区別の（それ以上根拠づけることのできない）設定によってなされる。

（17） このことはパラドキシカルなことに、組織がそれまでリスクとかかわりあってきて、現在、（中立的な立場の観察者の目からすると）コースの修正をもたらすであろう対抗情報に直面している場合にも、またそういう場合にこそ、あてはまるのである。これについては、Klaus Peter Japp, „Selbstverstärkungseffekte riskanter Entscheidungen: Zur Unterscheidung von Rationalität und Risiko", in: *Zeitschrift für Soziologie* 21（1992）, S. 31–48. ここで心理学的傾向と組織の傾向とが重なり合っているのは明らかである。これについては、以下を参照。Joel Brockner/ Jeffrey Z. Rubin, *Entrapment in Escalating Conflicts: A Social Psychological Analysis*, New York 1985; Joel Brockner *et al.*, "Escalating of Commitment to an Ineffective Course of Action: The Effect of Feedback Having Negative Implications for Self-Identity", in: *Administrative Science Quarterly* 31（1986）, S. 109–126.

（18） （キューバ危機のような）まさにこうした問題の真に政治的な解決策の事例については、以下を参照。Graham T.

Allison, *Essence of Decision: Explaining the Cuban Missile Crisis*, Boston 1971〔宮里政玄訳『決定の本質』中央公論社、一九七七年〕.

(19) これについては、Niklas Luhmann, „Organisation", in: Willi Küpper/ Günther Ortmann (Hrsg.), *Mikropolitik: Rationalität, Macht und Spiele in Organisationen*, Opladen 1988, S. 165–185.

(20) ここでは、コミュニケーション能力という概念を、意識的に、集合的行為能力という不明確な概念の代わりに使っている。行為が《集合体》に帰属すると認められるであろう場合ですら、つねに、その集合体の名のもとでなされるコミュニケーションが根底に存しているはずである。さらにとりわけ、帰属ということに焦点を合わせるならば、つねに、そのような帰属をおこなう観察者についての観察が必要であり、それゆえ、集合的行為能力は、観察者の構築物以上のなにものでもない。そうした観察者は、自分が観察しているもののために、印象的な原因を探し求めるのである。ちなみに、コミュニケーションと行為との関係については、Niklas Luhmann, *Soziale Systeme: Grundriss einer allgemeinen Theorie*, Frankfurt 1984, S. 191ff.〔佐藤勉監訳『社会システム理論』(上)、恒星社厚生閣、一九九三年、二一四頁以下〕

(21) 相互作用システムについては、次のようなケースに関しては例外を認めることができるかもしれない。つまり、〔ある相互作用に関与している〕すべての居合わせている人々が外部に向けたコミュニケーションをおこなうことをそのつど決心するというケースがそれである。だが、これはきわめて偶然に依拠しているのであり、そのオートポイエーシスの仕方（居合わせていること）によって確保されるわけではない可能性であって、したがって頼りにできない。

(22) この議論のきっかけはすでに、エッツィオーニの次の著書に見いだされる。Amitai Etzioni, *The Active Society*, New York, 1968. その後は、とくに、Philippe C. Schmitter/Gerhard Lehmbruch, *Trends Toward Corporatist Intermediation*, Beverly Hills 1979〔山口定監訳、高橋進・辻中豊・坪郷実訳『現代コーポラティズム（1）』木鐸社、一九八四年〕.

(23) たとえば、ここから次のようなこと、つまり、数多くの自発的に作られたり誘導されて作られる政治的運動が、たとえこれらの運動が公式的な、たとえば《議会の》承認を得たものでないとしても、《政治的》というメルクマールを有していることを否認するわけにはいかない、と結論される。《政治的》という識別メルクマールは、それ〔ここでは政治運動〕が国家あるいは政党、つまりは政治システムの諸組織に影響を与えようとしていることから、もたらされる。そういう〔政治的諸組織に影響を与えようとしている政治運動のような〕ものそれ自体が組織なのかどうか、あるいはどこまで組織だと言えるのか、また、それらが、（その内的基盤がどれほど疑わしいものであろうと）その支持者や《当事者》全員の名前のもとでコミュニケーションを試みようとしているのかどうかや、どれほどまでそうしようとしているのかは、ケースバイケースで違ってくるであろうし、とりわけ、運動の活動年数や指導者集団の定着度に依存するだろう。

（24） とくに、Renate Mayntz/ Fritz W. Scharpf, *Policy-Maling in the German Federal Bureaucracy*, Amsterdam 1975.

（25） この点については以下を参照。Heinz von Foerster, "Principles of Self-Organization-In a Socio-Managerial Context," in: Hans Ulrich/ Gilbert J. B. Probst（Hrsg.）, *Self-Organization and Management of Social Systems: Insights, Promises, Doubts, and Questions*, Berlin 1984, S. 2-24〔徳安彰訳『自己組織化とマネジメント』東海大学出版会、一九九二年、二一―三三頁〕.

（26） それ以外の人々よりも何か実際的な事柄を考え出しやすい法律家が、このような条件のもとで、ロビーのなかにとくに数多く存在しているというのは、決して偶然ではない。しかもこれは、特別な法認識がどこまでしかるべき役割を果たしているのかとは無関係に、そうなのである。これについては、アメリカ合衆国の首都ワシントンでのすぐれた調査がある。Robert L. Nelson/ John P. Heinz, "Lawyers and the Structure of Influence in Washington," in: *Law and Society Review* 22（1988）, S. 237-300.

（27） こうした思潮については以下を参照。Peter Bachrach/ Morton S. Baratz, "Decisions and Nondecisions: An Analytical Framework," in: *The American Political Science Review* 57（1963）, S. 632-642; neu gedruckt in: dies., *Power and Poverty: Theory and Practice*, New York 1970.

（28） Nils Brunsson, "Managing Organizational Disorder," in: Massimo Warglien/ Michael Masuch（Hrsg.）, *The Logic of Organizational Disorder*, Berlin 1996, S. 127-143. さらに以下も参照。ders., *The Organization of Hypocrisy, a.a.O.*

(29) 当然、より大きな解釈の自由を許容し《裁判官作成法 Richterrecht》が立法部の決定の合憲性に関する《違憲立法審査権 judicial review》までをも生み出すことによって、法システム自体が法の実定化に対して反作用していることも、顧慮されなくてはならない。法に対する政治的な影響力の増大は、法システムを刺激し、法システムに固有のダイナミズムに基づいた吟味過程を活性化させるのであり、それゆえに、法システムのオートポイエーシスの廃棄を意味しない。

(30) ここでもまた銘記されるべきことは、このことが経済システムのオートポイエーシスの制限を意味するのではなく、ただ、市場を指向した企業の決定のレベルで生み出される経済システム固有のダイナミズムが、社会的調整(sozialer Ausgleich)として把握できるレベルをはるかに超えてしまうような問題を政治に対して投げかけている、ということを意味しているのである。

(31) 領域国家ごとに見てみると、確かにこれは、その規模はケースによってきわめてまちまちである。紛れもない開発途上国のみならずブラジルのような工業国においても、こんにちなお、その時々の政治状況から独立に、また、著名な候補者たちから独立に、プログラムやメンバーを手がかりに政党を同定するのは困難である。しかしそのさいには、政治におけるそれ相応の欠陥も観察することができるのであって、これが本書で主張されるテーゼを裏づけるもう一つの論拠となっている。言い換えると、政治的決定に至るまでの政治的な前成過程があまり可視的ではない別の〔本書で取り上げたモデルとは別の〕形式が、〔これらの国々では〕観察されるわけである。

(32) ロベルト・ミヘルスについては、すでに先に(注(2)で)触れておいた。

(33) これについては、Marcel Gauchet, La droite et la gauche, in: Pierre Nora (Hrsg.), *Les lieux de mémoire* Bd. III, I, Paris 1992, S. 395–467.

(34) これについては、Niklas Luhmann, Die Stellung der Gerichte im Rechtssystem, in: Rechtstheorie 21 (1990), S. 459–473. このような捉え方は、当然、法秩序の「段階構造」という広く受け入れられている考え方(メルクル、ケルゼン)と相容れない。この考え方は、立法と司法との関係もヒエラルヒー的に秩序づけられているとするものだが、本書での捉え方は、この関係においても、フィードバックループ、再対称化、回帰的に作動するネットワークを想定することが必要であると見ている。これはヒエラルヒー的な非対称性の原則とは明らかに対立する。

(35) ここでもまた、以上の記述が、生産や欲求充足あるいは配分に焦点を当てた経済システムについての古典的な記述とは明らかに違っていることは指摘するまでもない。

(36) この定式化は、Helmut Willke, *Ironie des Staates*, Frankfurt 1992, S. 9.

(37) 以下をも参照。Niklas Luhmann, „Staat und Politik: Zur Semantik der Selbstbeschreibung politischer Systeme", in: ders., *Soziologische Aufklärung* 4, Opladen 1987, S. 74–103.

(38) 法システムが、選挙への参加を、強制されざる《市民の義務》と見なすかどうかは、別の問題である。

(39) しかし、これを〔政治家の〕人格のメルクマールに帰属してしまうこともまた問題である（せいぜいのところ、政治の過程に関する自己観察のための短絡的方法でしかない）。なぜなら、人格のメルクマールは、決して、その活動とは独立に、またその成功や失敗と独立に、突き止めることのできるようなものではないからである。これについては、Eugene Bardach, *The Skill Factor in Politics: Repealing the Mental Commitment Laws in California*, Berkeley 1972.

(40) 具体的な例としては、警察のパトロール業務の報告制度についての以下の分析を見よ。Karl Thomas Ley, Polizeioperationen und Polizeiberichte, Diss. Bielefeld 1992. こうした報告が、（政治的に責任のある）国家組織のコンテキストでおこなわれていること、また、その報告において取り上げられている事柄がしばしば《政治化》されうること、そして、この報告文書の執筆者は、それを避けるために、この点に注意していることは、明らかである。しかしその執筆者たちがその行為を（一般に言われる意味で）政治的行為として理解することはないというのも、同様に明らかである。

(41) こうした観点から、*Studienkommission für die Reform des öffentlichen Dienstrechts*, Baden-Baden 1973, insb. Tz. 261. の報告を参照。ちなみに、この委員会は、必要だと見なされるこうした独立性という公準を考慮しながら、より高次の職務ポスト（〔政治任用される〕《政治的官僚》という狭い枠を超えたそれ）に期限つきで就任するという提案を拒否した。これによって、〔その職務に〕必要とされる特性と〔当人の〕資質と年齢との間のよりよい調整が可能となったかもしれないのに、である。

(42) これについての詳細な記述として、Renate Mayntz, *Soziologie der öffentlichen Verwaltung*, Heidelberg 1978, S. 42f.

(43) ここで、政治システムの自己記述について論じる章〔本書第九章〕で体系的に扱っている研究を、先回りして取り上げなくてはならない。

(44) こうした学説の反映として、こんにち、人々は憲法の権限委譲の制限を目にすることができる。たとえば、『ドイツ連邦共和国基本法』第八〇条を見よ。

(45) これについては、法学的な観点からする以下を見よ。Hans D. Jarass, *Politik und Bürokratie als Elemente der Gewaltenteilung*, München 1975.

(46) それ以前には何が存在していたのかという問いを遮断する《源泉》というメタファーについては、特別な研究が必要だろう。ここには、権力(potestas)と裁治権(iurisdictio)との旧来的な統一性という意味での、権力源泉と法の源泉との間のゼマンティク上の連関があるのは、確かである。オートポイエティックなシステムの理論の論理からすると、システムの作動の唯一の《源泉》はシステムそれ自体である、と言うのが適切である。

(47) ここで、ルソーの一般意志と全体意志の区別、また、差異の統一性についての付加的な議論を、再確認しておいてもよい。人民はそのどちらでもあるのだ。

(48) これについては、Hendrik Vollmer, „Akzeptanzbeschaffung: Verfahren und Verhandlungen", in: *Zeitschrift für Soziologie* 25(1996), S. 147–164.

(49) ここから帰結する法的コントロールの問題については、以下を参照。Gerd Winter, "Bartering Rationality in Regulation," in: *Law and Society Review* 19(1985), S. 219–250.

(50) これについては、以下を見よ。Keith Hawkins, *Environment and Enforcement: Regulation and the Social Definition of Pollution*, Oxford 1984.

(51) ケーススタディは、以下を見よ。David Schoenbrod, "Goals Statutes or Rules Statutes: The Case of the Clean Air Act," in: *UCLA Law Review* 30(1983), S. 740–828.

(52) ここでの記述と並行して、以下も参照されたい。Niklas Luhmann, „Machtkreislauf und Recht in Demokratien", in:

ders., *Soziologische Aufklärung* 4, Opladen 1987, S. 142–151; ders., *Politische Theorie im Wohlfahrtsstaat*, München 1981, insb. S. 42ff.〔徳安彰訳『福祉国家の政治理論』勁草書房、二〇〇七年、四三頁以下〕経済システムでこれに相応するものについては、Niklas Luhmann, *Die Wirtschaft der Gesellschaft*, Frankfurt 1988, S. 140ff.〔春日淳一訳『社会の経済』文眞堂、一九九一年、一二八頁以下〕を見よ。

（53）ホッフスタッターの言う意味でのそれである。Douglas R. Hofstadter, *Gödel, Escher, Bach: An Eternal Golden Braid*, Hassocks, Sussex UK 1979〔野崎昭弘・はやしはじめ・柳瀬尚紀訳『ゲーデル、エッシャー、バッハ――あるいは不思議の環』白揚社、一九八五年〕; dt. Übers. Stuttgart 1985.

（54）これはほとんど成句のようなものだ。以下を見よ。Ranulph Glanville, "The Form of Cybernetics: Whitening the Black Box," in: *General Systems Research: A Science, a Methodology, a Technology*, Louisville, Kentucky 1979, S. 35–42 (39), dt. Übers. in: ders., *Objekte*, Berlin 1988, S. 99–118.

（55）この概念の近年の状況については以下を見よ。Lutz Hoffmann, „Das ›Volk‹: Zur ideologischen Struktur eines unvermeidbaren Begriffs", *Zeitschrift für Soziologie* 20 (1991), S. 191–208.

（56）ここで示唆されている主権のパラドックスについては、政治システムの自己記述の章において立ち返ることにする。

（57）とくに以下の文献の「新版への序文」を見よ。Jürgen Habermas, *Strukturwandel der Öffentlichkeit*, Frankfurt 1990〔細谷貞雄・山田正行訳『第二版 公共性の構造転換――市民社会の一カテゴリーについての探求』未來社、一九九四年〕.

（58）《とりわけ》といったのは、国家組織の決定であれ政党の決定であれ、そういう政治的決定に影響を及ぼそうと活動しているこれ以外の組織や組織オフィスは、数多くあるからである。この仕事が、構造的カップリングの機能を果たす特別な媒介組織にどの程度まで委譲されるのか、また、特別な役割、人格、あるいは相互作用のみによってそれがどこまで引き受けられるのかは、経験的な探求によってのみ明らかにされうるだろう。《ロビー》の限界は流動的なのである。

（59）この定式化は、ゴードン・パスクによるものである。Gordon Pask, "The Meaning of Cybernetics in the Behavioural

Sciences (The Cybernetics of Behaviour and Cognition: Extending the Meaning of »Goal«)", in: John Rose (Hrsg.), *Progress in Cybernetics*, London 1970, Bd. I, S. 15–44 (32).

(60) Vgl. Dirk Baecker, *Die Form des Unternehmens*, Frankfurt 1993, S. 157ff.

(61) 政治的スキャンダルは、それ自体はローカルな撹乱だが、一般化されるような効果が観察できるケースの一つである。政党の力量をよく示していると見なされるテーマや、あるいは、広い管轄領域を越えて人に感銘を与えるような人格は、その、もう一つの事例であろう。

(62) Vgl. Hannah Arendt, *Elemente und Ursprünge totaler Herrschaft: Antisemitismus-Imperialismus-Totale Herrschaft*, Frankfurt 1958〔大久保和郎・大島通義・大島かおり訳『全体主義の起源』全三巻、みすず書房、一九八一年〕; Zbigniew R. Brzezinski, *The Permanent Purge: Politics in Soviet Tatalitarianism*, Cambridge Mass. 1956.

(63) 代表的なものとしては、Peter Christian Lutz, *Parteielite im Wandel: Funktionsaufbau, Sozialstruktur und Ideologie der SED-Führung*, 2. Aufl., Köln-Opladen 1968.

(64) その他の処遇の諸形式については、以下を参照。Klaus-Georg Riegel, *Konfessionsrituale im Marxismus-Leninismus*, Graz 1985. さらに、ders., „Öffentliche Schuldbekenntnisse im Marxismus-Leninismus: Die Moskauer Schauprozesse (1936–38)", in: Alois Hahn/ Volker Kapp (Hrsg.), *Selbstthematisierung und Selbstzeugnis: Bekenntnis und Geständnis*, Frankfurt 1987, S. 136–148.

(65) あらためてニルス・ブルンソンの概念を使用するならこうなる。以下を見よ。*The Organization of Hypocrisy, a.a.O.*

(66) 科学においては、これに相応した現象が、まさに会議を開催することにこそ自分の主要な仕事を見いだしている人々によって開催される無数の会議や大会の中に、見いだせる。こうした会議や大会は、確かに、そのテーマの重要性によって、任意に根拠づけることは可能だろうが、しかし、本来の研究プロセスから、あまりにも多くの時間と労力を奪っている。

第八章

（1） これについては、有名な以下を参照。Ortensio Lando, *Paradossi, cioe sententie fuori del commun parere*, Vinegia 1545. これに先行していたのは、パラドックス化の技法によって同時に、言論の自由に対する宗教的・政治的な制限に応えるかたちで書かれた、むしろ手本になると考えられていた著作であった。とりわけ、エラスムスの痴愚神礼賛やトマス・モアのユートピアがそれである。

（2） 権威に依拠した、中世スコラ学の旧来の質疑 - 討議の崩壊と、それに取って代わって登場したパラドックスの修辞学については、A. E. Malloch, “The Technique and Function of the Renaissance Paradox”, in: *Studies in Philology* 63（1956）, S. 191–203; さらに、包括的なものとしては、Rosalind Colie, *Paradoxia Epidemica: The Renaissance Tradition of Paradox*, Princeton 1966.

（3） これについての〔当時の〕反省としては、またしても、Anonym（André Morellet）, *Theorie des Paradoxen*, Leipzig 1778.

（4） 《権威のどんな主張も、その同じ権威を、リスクのただなかに置いてしまう》――と明確に述べているのは、Keith Michael Baker, Politics and Public Opinion Under the Old Regime: Some Reflections, in: Jack R. Censer/ Jeremy D. Popkin（Hrsg.）, *Press and Politics in Pre-Revolutionary France*, Berkeley Cal. 1987, S. 204–246（208）.

（5） Winfried Schulze, Der bäuerliche Widerstand und die »Rechte der Menschheit«, in: Günter Birtsch（Hrsg.）, *Grund- und Freiheitsrechte im Wandel von Gesellschaft und Geschichte: Beiträge zur Geschichte der Grund- und Freiheitsrechte vom Ausgang des Mittelalters bis zur Revolution von 1848*, Göttingen 1981, S. 41–56.

（6） たとえば、René de Lucinge, *De la naissance, durée et chute des Estats*, Paris 1588, zit. nach der Ausgabe Genf 1984, S. 87f.; Giovanni Botero, *Della Ragion di Stato*（1589）, zit. nach der Ausgabe Bologna 1930, S. 78ff.; Giovanni Antonio Palazzo, *Discorso del Governo e della Ragion Vera di Stato*, Venetia 1606, S. 85ff.

（7） こうした事例や、それに相応した干渉については、以下が報告している。Elger Blühm, “Deutscher Fürstenstaat und Presse im 17. Jahrhundert”, in: *Daphnis* II（1982）, S. 287–313（300ff.）. 当時のいくつかの論考については、以下を

参照。Karl Kurth（Hrsg.）, *Die ältesten Schriften für und wider die Zeitung*, Brünn 1944.

（8） David Zaret, "Printing and the Invention of Public Opinion in the English Revolution", in: *American Journal of Sociology* 101（1996）, S. 1497–1555.

（9） 以下を見よ。Baker, *a.a.O., S.* 208ff.

（10） エリザベート・ノエル‐ノイマンは、すでに長きにわたって存在してきた伝統とかかわるこうした〔制限と合理性との〕対比を、世論の（機能の）合理性概念と《社会的コントロール》概念との区別によって、近代的概念に練り上げている。以下を見よ。„Manifeste und latente Funktion Öffentlicher Meinung", in: *Publizistik* 37（1992）, S. 283–297.

（11） 《……絶対的権力が存在するところには公衆はいない》と、以下に記してある。Anthony, Earl of Shaftesbury, An Essay on the Freedom of Wit and Humour, in: ders., *Characteristicks of Men, Manners, Opinions, Times*, 2. Aufl. o. O. 1714, Nachdruck Farnborough Hants, UK 1968, Bd. 1, S. 107.

（12） Vgl. Lucian Hölscher, *Öffentlichkeit und Geheimnis: Eine begriffsgeschichtliche Untersuchung zur Entstehung der Öffentlichkeit in der frühen Neuzeit*, Stuttgart 1979. ちなみに、十八世紀の一流のフランスの文献では、public の反対概念は、privé ではなく particulier であった。

（13） 多くの著作の典型として、Jacques Necker, De l' administration des finances de la France（1784）, zit. nach Œuvres complètes Bd. 4 und 5, Paris 1821, Neudruck Aalen 1970, insb. Bd. 4, S. 49ff. 固有の、区別されたもののなかへの区別の再参入が見られる。つまり、公共的見解〔＝世論〕はそれ自体秘密の（不可視の）支配であるというわけである。

（14） 以下の文献の、Mona Ozouf によって書かれたこれに対応する項目を参照。François Furet/ Mona Ozouf（Hrsg.）, *Dictionnaire Critique de la Révolution Française*, Paris 1988, S. 711–720.

（15） ふだんはきわめて顕著な書き言葉意識を有しているにもかかわらず、ゲオルク・フォルスターに関するエッセイのなかでフリードリッヒ・シュレーゲルはこう述べている。以下を参照。*Werke in zwei Bänden*, Berlin 1980, Bd. 1, S. 101.

（16） 以下を参照。Eckhart Hellmuth, „Zur Diskussion um Presse- und Meinungsfreiheit in England, Frankreich und Preußen im Zeitalter der Französischen Revolution“, in: Birtsch *a. a. O.*, S. 205–226.

（17）一つの例として、以下を見よ。E. Th. Welcker, *Die vollkommene und ganze Preßfreiheit nach ihrer sittlichen, rechtlichen und politischen Nothwendigkeit, nach ihrer Übereinstimmung mit deutschem Fürstenwort und nach ihrer völligen Zeitgemäßheit dargestellt in ehrerbietigster Petition an die Hohe deutsche Bundesversammlung*, Freiburg 1830[5].

（18）すでに以下の文献に見いだせる。Ernst Brandes, *Über einige bisherige Folgen der französischen Revolution in Rücksicht auf Deutschland*, Hannover 1792, insb. S. 44ff., 58f. フリードリッヒ・シュレーゲルのエッセイ»Über Lessing«（zit. nach: *Werke* in zwei Bänden, a.a.O., S. 103–135, insb. 106f.）においても、（レッシングに関する）きわめて一面的な見解の成立についての分析が見いだせる。シュレーゲルによれば、こうした見解は、入念な文劇批評によって修正されなければならない。

（19）Marc-Olivier Padis/ Marcel Gauchet, *La genèse de la démocratie*, Paris 1996, S. 94ff.

（20）これについては、Marcel Gauchet, “La droite et la gauche”, in: Pierre Nora（Hrsg.）, *Les lieux de mémoire* Bd. III, I, Paris 1992, S. 395–467.

（21）たとえば、以下を見よ。Edward A. Ross, *Sin and Society: An Analysis of Latter Day Iniquity*, Boston 1907.

（22）以下を見よ。Jürgen Habermas, *Strukturwandel der Öffentlichkeit: Untersuchungen zu einer Kategorie der bürgerlichen Gesellschaft*, zit. nach der Neuauflage Frankfurt 1990, Zitat S. 346〔細谷貞雄・山田正行訳『第二版 公共性の構造転換』未來社、一九九四年、三二四頁〕.

（23）A.a.O., S. 245f.

（24）以下を見よ。Dirk Baecker, „Oszillierende Öffentlichkeit“, in: Rudolf Maresch（Hrsg.）, *Mediatisierte Öffentlichkeiten*, Berlin 1996.

（25）これはあるアメリカ人の推察である。以下を参照。V. O. Key, Jr., *Public Opinion and American Democracy*, New York 1961, S. 8. フランス革命のときにも、すでに《精神的実体 substance spiritueuse》が想定されていた。《それは、人間の巨大な集合が発酵することで生じまた高まる》と書いているのは、Antoine Barnave, *De la Révolution et de la*

Constitution (Ms. 1792/93), Grenoble 1988, S. 64. 政治家は世論の影響を受けて支離滅裂なことを話していると、この本で言いたいわけではなく、おそらく、世論の影響のもとで政治家は活動しているのだという点に留意せずにある政治家が何かを語ってしまうとき、その語りは理解されない、と言いたいのだろう。

(26) この術語については、以下を参照。Heinz von Foerster, *Observing Systems*, Seaside Cal. 1981, insb. den Beitrag Objekts: Tokens for (Eigen-) Behaviors, S. 273ff.

(27) 世論の操作という意図において記述されそうこうするうちに古典的なものとなったモノグラフとして、Jürgen Habermas, *a.a.O.* 〔細谷貞雄・山田正行訳『第二版 公共性の構造転換』未來社、一九九四年〕を見よ。この著作は、徹底して、操作／批判《権力化 Vermachtung》の区別によって研究が進められているが、この区別の批判の側面にも、同様に操作への希望が持ち込まれなければならない。というのは、批判的な理性が、世論の中で、それ以外の利害に対抗してみずからを貫徹するつもりはまったくないなどと期待することは、ほとんどできないからである。ちなみに、同じことは、さらにはっきりとしたかたちで、Ross, *a.a.O.* についてもあてはまる。このテキストそれ自体のなかにこのことを読み取ることができるからである。

(28) このような相互作用の独立性によって、またより一般的に、〔相互作用の〕空間的な分散によって、より合理的な慎重さや平和的態度が作られるという希望も満たされるかどうか――ジャーナリズムは、公共性を《騒がしい集会のない協調的な》ものにすると考えているのは、たとえば、(François Pierre Joseph) Guizot, *Histoire des origines du gouvernement représentatif en Europe* Bd. 1, Bruxelles 1851, S. 92――は、当然のことながら、疑われざるをえない。経験が教えていることは、騒乱はまさに、メディアがそれについて報道してくれるのをねらって、催されるものだ、ということである。

(29) この考察には、さまざまな議論が交わされている有名なテーゼが接続している。すなわち、沈黙している多数派よりも、騒がしい少数派のほうにより多くのチャンスがあるとするテーゼである。以下を参照。Elisabeth Noelle-Neumann, „Die Schweigespirale: Über die Entstehung der öffentlichen Meinung“, in: dies., *Öffentlichkeit als Bedrohung: Beiträge zur empirischen Kommunikationsforschung*, Freiburg 1977, S. 169–203; dies., *Die Schweigespirale: Öffentliche*

Meinung/unsere soziale Haut, München 1980〔池田謙一・安野智子訳『沈黙の螺旋理論——世論形成過程の社会心理学』ブレーン出版、一九九七年〕; dies., *Öffentliche Meinung: Die Entdeckung der Schweigespirale*, 3. Aufl. Frankfurt 1991. いずれにしても、沈黙が観察されえなくなったことの帰結は、こうした、多数派と少数派についての、民主制にとって重要な問いを、はるかに越え出てしまっている。

(30) 以下も参照。Dennis McQuail, "Uncertainty about the Audience and the Organization of Mass Communications," in: *Sociological Review Monographs* 13 (1969), S. 75–84. ここでは、次のようなテーゼが掲げられている。こうした状況のもとでは受け手についての不確かさが存在せざるをえず、そうした不確かさは、不確かさというかたちでそれ以後のコミュニケーションに影響力を及ぼす。

(31) コミュニケーションの送り手とその公衆〔=受け手〕との関係についてのこうした定式化は、以下による。Tom Burns, "Public Service and Private World," in: Paul Halmos (Hrsg.), *The Sociology of Mass Media Communicators*, Keele, Staffordshire UK 1969, S. 53–73 (72) ——この意味での自閉性は、みずからの生産への強力な関与を維持するための条件としてのそれ、である。

(32) 事例として、フランクフルター・アルゲマイネ紙の一九九二年四月三十日付の三面の記事を見よ。《シュヴァエッェル氏は、メレマン氏〔6〕によって精巧に張り巡らされた策謀の犠牲になったと思っている》との見出しがある。

(33) 先にすでに引用しておいたモノグラフ〔『公共性の構造転換』のこと〕と、さらに、Jürgen Habermas, ***Faktizität und Geltung: Beiträge zur Diskurstheorie des Rechts und des demokratischen Rechtsstaats***, Frankfurt 1992, insb. S. 435ff.〔耳野訳『事実性と妥当』(下)、未來社、八九頁以下(第八章第三節)〕

(34) これが、政治にとって必要な倫理的-道徳的な基本的指針の指標であるのかどうかという問いについては、肯定的な見解も懐疑的な見解もあって議論百出である。Vgl. nur Otfried Höffe, „Eine entmoralisierte Moral", in: *Politische Vierteljahresschrift* 32 (1991), またこれへの私の反論として、„Politik und Moral: Zum Beitrag von Otfried Höffe", in: *Politische Vierteljahresschrift* 32 (1991), S. 497–500. 道徳の理論、倫理学が、道徳的コミュニケーションの、セカンド・オーダーの観察のレベルへの変換をフォローせず、道徳という場合には〔政治を〕基礎づけ可能な道徳的ルールあるいは原理の正しい適用が重要なのだとつねに想定されてしまっていることが、問題となっているように思われる。少なくとも、礼儀正しさを要求する者は、偽善を考慮に入れなくてはならない。

(35) この脈絡では、新聞の《好意》が目につく。新聞は、要求やアピールについて書かれた報告書に、あたかも事実が問題となっているかのような印象を呼び覚ます記事見出しをつけている。

(36) たとえば、以下の文献でいう組織スラック〔7〕(organizational slack) の意味でである。Richard M. Cyert/ James G. March, *A Behavioral Theory of the Firm*, Englewood Cliffs N. J. 1963〔松田武彦監訳、井上恒夫訳『企業の行動理論』ダイヤモンド社、一九六七年〕.

(37) これについては以下を参照。Wolfgang Bergsdorf, *Herrschaft und Sprache: Studie zur politischen Terminologie der Bundesrepublik Deutschland*, Pfullingen 1983.

(38) ジャック・デリダは、ちなみに、居合わせていない者のこうした包含〔＝不在のものの現前〕を、コミュニケーションのごく一般的な特徴と見なし、〔コミュニケーションには、不在が痕跡として〕伴わざるをえないがゆえに、またこうした差異の差延（différance）のゆえに、コミュニケーションをエクリチュールとも名づけている。（生起していない）論争をきっかけになされた印象的な詳細な分析について、以下を参照。Jacques Derrida, Limited Inc., Paris 1990〔高橋哲哉・宮崎裕助・増田一夫訳『有限責任会社』法政大学出版局、二〇〇二年〕.

(39) これについては、全体社会の政治以外の領域に関する研究として、以下を参照。Stephan Fuchs, The Stratified Order of Gossip: Informal Communication in Organizations and Science, in: *Soziale Systeme* 1（1995), S. 47-72.

(40) これについては、以下を見よ。Werner Weidenfeld/ Dirk Rumberg（Hrsg.), *Orientierungsverlust/ Zur Bindungskrise der modernen Gesellschaft*, Gütersloh 1994――これについて懸念するメディアコンツェルンの骨折りは偶然ではない。

(41) 本書第四章を参照。

(42) これとほとんど同じ叙述が、しばしば《ルール》という概念によって述べられることがある。ただ、こちらの場合前提となっているのは、ルールに対しては、行動のコントロール、つまり規制への期待はなされておらず、情報の重要性が制限されること、ならびに、既知のあるいは未知の状況において回帰的に使用可能であること、に、この概念は限定されている（またそれによって拡大されている）、ということである。たとえば、以下を参照。Robert S. Siegler, "Five Generalizations About Cognitive Development," in: *American Psychologist* 38 (1983), S. 263–277; Robert Drazin/ Lloyd Sandelands, "Autogenesis: A Perspective on the Process of Organizing," in: *Organization Science* 3 (1992), S. 230–249.

（43） もちろん、そうだからといって、裸のままのスキーマだけが想起されうると言っているのではない。スキーマは、過去への立ち戻りにも役立つのである。これについては、以下を参照。Joseph W. Alba/ Lynn Hasher, "Is Memory Schematic?" in: *Psychological Bulletin* 93 (1983), S. 203–231.

（44） 《自由》な、したがって混乱し印刷によって流動的となった全体社会（イングランド）についてのかつての観察者は、次のように記している。《自由な国民においては、個々人の理性の用い方が良いか悪いかは非常に多くの場合どうでもよいことである。彼らが理性を使用するということだけで十分なのである。ここから自由が生じ、この自由がまさにこの理性使用の結果を保証するのである》。Montesquieu, *De l'esprit des lois*, Buch XIX, Kap. XXVII, zit. nach der Ausgabe Paris 1949, Bd. I, S. 342〔野田良之ほか訳『法の精神』岩波文庫、中巻、一九五頁〕.

（45） たとえば、同じような目標を掲げたかつての改革が失敗してしまった理由が忘却されたりして生まれた自由、である。これについてはとりわけ、Nils Brunsson/ Johan P. Olsen, *The Reforming Organization*, London 1993.

（46） これについては、Niklas Luhmann, Etica e procedimento nas relacoes internaconails, in: *Anais* XV. Conferência Nacional da Ordem dos Avogados do Brasil, 4.-8. Septembro de 1994.

（47） あらためて、政治的決定についての章ですでに導入しておいた、以下の文献による《蒸留されたイデオロギー》の概念を参照。Gerald R. Salancik/ Joseph F. Porac, Distilled Ideologies: Values Derived from Causal Reasonings in Complex Environments, in: Henry P. Sims, Jr./ Dennis A. Gioia *et al.*, *The Thinking Organization: Dynamics of Orgaanizational Social Cognition*, San Francisco 1986, S. 75–101.

（48） これについての理論的に制御された叙述は、比較的希である。しかし以下を見よ。Jeffrey C. Alexander, "The Mass News Media in Systemic, Historical and Comparative Perspective," in: Elihu Katz/ Tamás Szecskö (Hrsg.), *Mass Media and Social Change*, London 1981, S. 19-51. ここでは、分出と普遍化との連関について、また、そこから、問題解決への期待をインフレーション気味に／デフレーション気味に扱いがちなことについて、述べている——私としては、問題解決への期待というよりも、信憑性と言いたいところだが。さらに、以下を参照。Peter Klier, *Im Dreieck von Demokratie, Öffentlichkeit und Massenmedien*, Berlin 1990, insb. S. 63ff.（ただしこれは《マスメディア》についてではなく《公共性》についての文献である）; Frank Marcinkowski, *Publizistik als autopoietisches System: Politik und Massenmedien: Eine systemtheoretische Analyse*, Opladen 1993.

（49） 詳しくは、Niklas Luhmann, *Die Realität der Massenmedien*, 2., erw. Aufl., Opladen 1996〔林香里訳『マスメディアのリアリティ』木鐸社、二〇〇五年〕

（50） Italo Calvino, *Lezeoni americane: Sei proposte per il prossimo millenio*, Milano 1988 は、《スピードある軽やかさ》を、時代精神を特徴づける結果の一つとして強調している。

（51） Vgl., Maxwell E. McCombs/ Donald L. Shaw, "The Agenda-Setting Function of Mass Media," in: *Public Opinion Quarterly* 36（1972）, S. 176-187.

（52） これについては、非常に数多くの文献がありいまや見渡せないほどである。たとえば、選挙戦のプランについては、Jay G. Blumler/ Denis McQuail, *Television in Politics: Its Uses and Influence*, London 1968, insb. S. 168ff. また、有権者に関しては、David E. RePass, "Issue Salience and Party Choice," in: *American Political Science Review* 65（1971）, S. 389-400.

（53） こうした類型化がマスメディアの場合とくにあてはまることを強調するために、《ステレオタイプ化》がしばしば議論される。たとえば、以下を参照。Walter Lippmann, *Public Opinion*, New York（1922）1954, S. 79ff.〔掛川トミ子訳『世論（上）』岩波文庫、一九八七年、一〇九頁〕

（54） 関連する多くの研究成果があるが、たとえば、以下を参照。Winfried Schulz, *Die Konstruktion von Realität in den Nachrichtenmedien: Analyse der aktuellen Berichterstattung*, Freiburg 1976, S. 66（テレビ、ラジオ、新聞に関して）

（55） Vgl. Christian Kristen, *Nachrichtenangebot und Nachrichtenverwendung: Eine Studie zum Gate-Keeper-Problem*,

Düsseldorf 1972.

（56） Vgl. Stephen Holmes, "Gag Rules or the Politics of Omission," in: Jon Elster/ Rune Slagstadt（Hrsg.）, *Constitutionalism and Democracy*, Cambridge Engl. 1988, S. 19–58.

（57） Vgl. Paula D. Johnson/ David O. Sears, "Black Invisibility: The Press and the Los Angeles Riot," in: *American Journal of Sociology* 76（1971）, S. 698–721. 一九九二年春の〔ロサンゼルス〕騒動は、新たな証拠を提供している。当然のことながら、騒動それ自体は、〔人種問題に〕沈黙するという謀議の結果だなどと見ることはできない。人種問題に沈黙してきたことへの政治的な準備が不足した結果、起こったものなのである。

（58） このような一般的メディアが存在するのかどうかという問いについては、以下をも参照。Niklas Luhmann, „Gibt es ein System der Intelligenz?", in: Martin Meyer（Hrsg.）, *Intellektuellendämmerung? Beiträge zur neuesten Zeit des Geistes*, München 1992, S. 57–73.

（59） Jean Baudrillard, *Simulacres et simulation*, Paris 1981〔竹原あき子訳『シミュラークルとシミュレーション〔新装版〕』法政大学出版局、二〇〇八年〕.

（60） David Roberts, *Art and Enlightenment: Aesthetic Theory after Adorno*, Lincoln Nebr. 1991, S. 205.

（61） これについて、詳しくは、Niklas Luhmanm, *Protest: Systemtheorie und soziale Bewegungen*（hrsg. von Kai-Uwe Hellmann）, Frankfurt 1996〔徳安彰訳『プロテスト』新泉社、二〇一三年〕.

（62） このような外国人敵視の運動が新しい種類の新しい社会運動であることは、こうした犯罪的な行動主義の支持者たちが、その動機について問われると、外国人への敵対心であると述べるところから認識できる。あたかも、それによって、彼らの行動が一つの規範コンテキストあるいは価値コンテキストのなかに位置づけられうるかのように、である。

（63） Vgl., Luc Ferry, *L'homme-Dieu ou le Sens de la vie: essai*, Paris 1996, insb. S. 199ff. フェリーは、《慈善のドンファン症》について述べ、《他者の不幸による自己の正当化》について語っている（S. 206）。

第九章

（1）この事例については、長々と探す必要はない。神学者、教育学者、法学者が、〔神学、教育学、法学に関する〕社会学的記述に反応するその仕方を、考えてみればよい。

（2）革新的な言語使用を人々に納得されうるものにするという歴史的機会を利用するチャンスが、ここから生じてくるが、このようなチャンスについては、とくに、クエンティン・スキナーと彼の学派によって見いだされ利用もされている。以下を参照。Quentin Skinner, *The Foundations of Modern Political Thought*, 2 Bde., Cambridge Engl. 1978〔門間都喜郎訳『近代政治思想の基礎——ルネッサンス、宗教改革の時代』春秋社、二〇〇九年〕. Vgl. auch Terence Ball/James Farr/Russell L. Hanson（Hrsg.）, *Political Innovation and Conceptual Change*, Cambridge Engl. 1989.

（3）ここで、ジャック・デリダの反覆可能性（itérabilité）という複雑な概念を取り上げておきたい。この概念は、差延、痕跡、代補といった概念と関連しながら、ここで述べられた内容と同様に、反覆されたものの、反覆へのこうした独特な変換に注意を向けている。たとえば以下を参照。Jacques Derrida, *Limited Inc.*, *Paris* 1990, S. 130ff. und insb. S. 210ff.〔高橋哲哉・宮崎裕助・増田一夫訳『有限責任会社』法政大学出版局、二〇〇二年、一五一頁以下、またとくに二五六頁〕

（4）当然のことながら、つねに《抽象化》できるし、相対的なコンテキストフリーを前提にすることもできるが、しかしその場合、意味をはじめて同定可能にしているものについて反省するのを、断念しなくてはならない。つまり、別のコンテキストでの再利用可能性を、である。

（5）とりわけ《ポスト構造主義的》あるいは《ポストモダン》の著者たちによって。たとえば、以下を参照。Charles C. Lemert, "Post-Structuralism and Sociology", in: Steven Seidman（Hrsg.）, *The Postmodern Turn: New Perspectives on Social Theory*, Cambridge Engl. 1994, S. 265–281（269f.）

（6）Leonardo da Vinci, *Notebooks*, Engl. Übers. New York（Braziller）o.J. S. 73.

（7）Aristoteles, Pol. 1254a 28-31〔牛田徳子訳『アリストテレス 政治学』京都大学学術出版会、二〇〇一年、一六頁〕.
この議論は、明らかに、自然全体と関連づけられており、生物の領域や、このあとで再び取り上げられる都市的-政治的秩序の領域については、際だった適用事例の一つにすぎない。

(8) 少なくとも、「「全体」たる」社会秩序について考察した次の法学者はそうである。Marius Salamonius de Alberteschis, *De Principatu* (1513), zit. nach der Ausgabe Milano 1955, S. 26《指令ト従順、命令ト服従ハ、ソノ性質上両立シエナイ Praeesse et subesse, imperare et obedire sibi simul ipse natura non patitur》. 他方で、「「部分」たる」人間により関心を抱いている神学者は、まさにこうした能力が、人間を動物から区別するのだ、と指摘する。法学者としての、また、ローマ貴族の利害の代表者としてのこの著者の共感は、最初に述べた考え方のほうにある。しかしこの人にとって、この争点は、統治する者も統治される者も市民(cives)として——したがって、プリンケプスと臣民との分出した関係においてではなく——社会秩序に参加していることによって相対化される。というのは、古典的な議論によれば、市民にその任を負わせている部分は全体よりも力のあるものではありえないからである。

(9) Marcel Gauschet, *La Revolution des pouvoir: La souverainete, le peuple et la representation 1789–1799*, Paris 1995〔富永茂樹・北垣徹・前川真行訳『代表制の政治哲学』みすず書房、二〇〇〇年〕.

(10) こうした形式付与の実際の事例としては、もっぱら、以下を参照。Hans Friedrich Fulda, Ontologie nach Kant und Hegel, in: Dieter Henrich/ Rolf-Peter Horstmann (Hrsg.), *Metaphysik nach Kant? Stuttgarter Hegel-Kongress 1987*, Stuttgart 1988, S. 44–82.

(11) というのは、自然的なものは、その自然にあった状態において観察(見る skopêin)されなくてはならず、したがって腐敗した状態において観察してはならないからである、とアリストテレス(*a.a.O.*, 1254a 36–37〔牛田徳子訳『政治学』京都大学学術出版会、二〇〇一年、一六頁〕)は、この問題を話題にしている(anschneiden)——そして問題を遮断している(abschneiden)。しかし、そうなると今度は、自然と腐敗とを区別することが、どういうわけで、自然と適合するというのだろうか〔が問われる〕。

(12) ここでいう《痕跡》も、デリダのいう意味でのそれである——つまり、何か長い間不在であったものの痕跡の痕跡としてである。

(13) Hasso Hofmann, *Repräsentation: Studien zur Wort- und Begriffsgeschichte von der Antike bis ins 19. Jahrhundert*, Berlin

1974. さらに、十五世紀の公会議神学の脈絡について、とくに同一性の代表という概念（Johannes von Segovia）の展開については、以下を見よ。Antony Black, *Monarchy and Community: Political Ideas in the Later Conciliar Controversy 1430–1450*, Cambridge Engl. 1970, S. 15ff.

（14） 法的 - 政治的な概念性がこのように〔宗教的な脈絡のなかに〕埋め込まれていたことについては、以下を参照。Albert Zimmermann（Hrsg.）, *Der Begriff der Repraesentatio im Mittelalter: Stellvertretung, Symbol, Zeichen, Bild*, Berlin 1971.

（15） 抵抗権が、通例、身分的に証明されている代表者（アルトジウスのいう古風な意味での《監政者 Ephoren》）に制限されていた、という点については、以下を参照。Christoph Link, „Jus resistendi: Zum Widerstandsrecht im deutschen Staatsdenken", in: Audomar Scheuermann *et al.*（Hrsg.）, *Convivium utriusque iuris: Festschrift für Alexander Dordett*, Wien 1976, S. 55–68（57f.）.

（16） 〔誤謬と排除という〕二つの問いについては、オッカムの《開かれた》見解と、さらに以下を参照。Jürgen Miethke, „Repräsentation und Delegation in den politischen Schriften Wilhelms von Ockham", in: Zimmermann *a.a.O.*, S. 163–185.

（17） その証明となる数多くの材料については、たとえば、以下を参照。Pierre Michaut-Quantin: *Universitas: Expressions du mouvement communautaire dans le Moyen-age latin*, Paris 1970. さらに、十四世紀のテキストとしては、たとえば、Marsilius von Padua, *Defensor Pacis*, lateinisch-deutsche Ausgabe Darmstadt 1958. 都市においてすら、また、マルシリウスの市民ノ団体（universitas civium）においてすらごく自明の前提とされていた厳密に寡頭制的な（成層的な）構造については、Jeannine Quillet, Universitas populi et representation au XIVe siècle, in: Zimmermann *a.a.O.*, S. 186–201.

（18） これについてはとりわけ、Adalbert Podlech, Repräsentation, in: *Geschichtliche Grundbegriffe: Historisches Lexikon zur politisch-sozialen Sprache in Deutschland* Bd. 5, Stuttgart 1984, S. 509–547.（520ff.）また、以下も参照。Gauchet, *La Revolution des pouvoirs, a.a.O.*

（19） 以下を見よ。Metaphysik der Sitten, Erster Teil（Rechtslehre）§46 とあわせて、Allgemeine Anmerkung A.〔加藤

新平・三島淑臣訳「人倫の形而上学（法論）」（野田又夫責任編集『世界名著32 カント』中央公論社、一九七二年、所収）、四五一頁および四五七頁〕

（20） Fragment 1714 nach der Zählung der Ausgabe von Ewald Wasmuth, Fragmente Bd. II, Heidelberg 1957.

（21） ここで、ルソーが切り開いた道の上に、立つことになる。たとえば、以下を参照。Richard Price, *Observations on the Nature of Civil Liberty, the Principles of Government and the Justice and Policy of the War with America*, 2. Aufl. London 1776, S. 7ff. 注目に値するのは、典型的なこと、いたるところで必要不可欠だとされていること、推奨されるべきことが、ここでの脈絡では、次善の策として立ち現れていることである。

（22） 代表原理のこうしたバージョンへの移行は、とりわけ、モンテスキューの『法の精神』（一七四九年）の、権力分立について書かれた影響力の大きな章によって、可能となった。そこでは、代表の原理は、明確に、権力分立の原理の下におかれ、イギリスのモデルでは議会の下院だけが、《人民を代表するために選ばれる団体》だと考えられていた。Montesquieu, *De l'esprit lois XI, VI*, zit. nach der Ausgabe der Classiques Garnier, Paris 1949, Bd. 1, S. 168. 〔野田良之ほか訳『法の精神（上）』岩波文庫、一九八九年、二九七頁〕を参照。アメリカ独立革命のときはとりわけ、これが引き合いに出された。

（23） とくにドイツでの発展については、Paul Kluckhohn（Hrsg.）, *Die Idee des Volks im Schrifttum der deutschen Bewegung von Möser und Herder bis Grimm*, Berlin 1934. ここに集められた抜粋が明らかにしているのは、《人民》という概念がドイツではどれほどまで非政治的な文献に依拠しえていたのか、ということであり、したがってある意味では人民それ自体のなかにどれほどまで根を下ろしていたかである。フランスでは、peuple ではなく、nation という言われ方をしている。

（24） Carl Schmitt, *Verfassungslehre*, Müunchen 1928, S. 204ff. 〔尾吹善人訳『憲法理論』創文社、一九七二年、二五三頁以下〕

（25） フランスで比較的早期に開始された司法の形式については、たとえば、Vittorio de Caprariis, *Propaganda e pensiero politico in Francia durante le guerre di religione Vol. I (1559–1572)*, Napoli 1959, insb. S. 197ff. これと並行して、これよ

りいささか後になされた、そして結局無駄なものに終わってしまったベーコンの試みが、イングランドでおこなわれている。地域的にきわめて多様な法の発展とその政治的条件については、以下をも参照。R. C. van Caenegam, *Judges, Legislators and Professors: Chapters in European Legal History*, Cambridge England 1987.

(26) このことをとりわけ強調しているものとして、もっぱら、以下を参照。Theodore F. Rabb, *The Struggle for Stability in Early Modern Europe*, New York 1975.

(27) So noch Joannes Jovianus Pontano, *De Principe*, zit. nach Opera Omnia, Basilea 1556, Bd. I, S. 256–283 (257).

(28) 当然のことながら、モラリストは（支配的な意見がどんなものであろうと）、これに対して異論を唱えていた。

(29) たとえば、以下を参照。Claude de Bauffremont, *Proposition de la noblesse de France*, Paris 1577.

(30) 以下を参照。Lawrence E. Klein, The Third Earl of Shaftesbury and the Progress of Politeness, in: *Eighteenth-Century Studies* 18 (1984–85), S. 186–214. また以下も参照。David H. Solkin, *Painting for Money: The Visual Arts and the Public Sphere in Eighteenth-Century England*, New Haven 1993, とりわけその「序文」と「第1章」。

(31) 伝統に規定された表現には、まだ、こうした二重の《直接》は見いだされない。たとえば、以下を参照。Jacobus Omphalius, De officio et potestate Principis in Republica bene ac sancte gerenda, libri duo, Basel 1550, S. 4. そこには、次のようにだけ書かれてある。君主の権力は、《人間ニヨッテデハナク神ノ摂理ニヨッテ》与えられた、と。これに対して、この定式が二重の直接によって表現されると、一見すると些細だが、政治的・法的観点からすると決定的に重要な変更が加えられることになる。ちなみに、こうした二重の直接による表現は、宗派を横断した概念であり、後期スコラ派の思想財をプロテスタントが引き受けることによって認識されるようになったものである。これについては、以下を参照。Ernst Reibstein, *Johannes Althusius als Fortsetzer der Schule von Salamanca*, Karlsruhe 1955. 直接性のドクトリンについては、とくに、S. 117ff. さらに、この学説は、最上位の公職が特定の人格によって占められるという事態が、家訓、選挙手続き、サリカ法典等によって、いかにして規制されるのかという問いからも独立して作られている。

(32) この議論の中世的な脈絡は、自然権の概念のなかへの動物の包含（vgl. Ulpian in Digesten 1. 1. 1. 3）、また、そこから帰結する、自然法と（すべての人間に妥当するが人間にしか妥当しない）万民法（ius gentium）との区別、さらに、それに接続する次のような学説、すなわち、人間社会は自然法からの逸脱によって発展しているという学説、これらのなかに見いだせる。〔自然法からの逸脱によって発展している事例として、たとえば〕生殖の権利の制限としての結婚、自然的な財産共同体の制限としての所有権、自然的な自由の制限としての奴隷制、農奴身分、隷従、等々。

（33）これについては、詳細な典拠を示した研究として、以下を見よ。Diethelm Klippel, *Politische Freiheit und Freiheitsrechte im deutschen Naturrecht des 18. Jahrhunderts*, Paderborn 1976.

（34）その自己記述に基づいて——という、これが注意を向けているのは、次のことである。つまり、現実には、絶対的な権力とか法的拘束力からの自由については、語られえなかった。以下を参照。Christoph Link, *Herrschaftsordnung und bürgerliche Freiheit: Grenzen der Staatsgewalt in der älteren deutschen Staatslehre*, Wien 1979, あるいは、Regina Ogorek, Das Machtspruchmysterium, in: *Rechtshistorisches Journal* 3（1984）, S. 82–107.

（35）以下を参照。Jean Bodin, *Les six livres de la République*, Paris 1583, Nachdruck Aalen 1967, I, 8, S. 142. ちなみに、《主点》は、遠近法の理論の、つまり観察の理論の専門用語（terminus technicus）である。Vgl. auch Pierre Charron, De la sagesse, I. c. LI, zit. nach der Ausgabe Paris 1824, Nachdruck Genf 1968:《主権は、時間の制限もあるいは状況の制限もない、永久にして絶対的な権力である。主権は、他の人の同意もなしに、誰もそれを受け入れなくても、一般にすべての人に、個別には一人一人に、法を与えるところに、その意味がある。》

（36）とくにスペインで広まっていた言葉遣いで言えば、ここで問題となっているのは、私的政治家（Privatpolitiker）である。たとえば、以下を参照。Juan Pablo Mártir Rizo, Norte de Príncipes（1626）, zit. nach der Ausgabe Madrid 1945, S. 19ff. あるいは（これもスペインと関連したものだが）、Virgilio Malvezzi, Ritratto del Privato politico christiano, zit. nach: Opere del Marchese Malvezzi, Mediolanum 1635. いまや《人民》とされるものは、次のような言い方で示されている。「人民は壮大なものごとを見たいと思っている」（a.a.O., S. 65）。

（37）これについて詳しくは、Helmut Quaritsch, *Staat und Souveränität* Bd. 1, Frankfurt 1970.

(38) この中世後期の定式の成立については、以下を参照。Sergio Mochi Onory, *Fonti canonistique dell'idea moderna dello Stato (Imperium sprituale-iurisdictio divisa-sovranità)*, Milano 1951, S. 271ff.; Brian Tierney, Some Recent Works on the Political Theories of the Medieval Canonists, in: *Traditio* 10 (1954), S. 594–625 (612ff.). ちなみに、中世においては、卓越シタ (superior) とか高イ所ニオカレタ (superanus) といった概念は、強化されうる余地のあるものとして構想されていた点には、注意しておくべきである。というのは、これらの概念は、法と関連しており、領土とは直接に関連していなかったからである。

(39) François Grimaudet, *Les opuscules politiques*, Paris 1580, fol. 2 v. は、主権を次のように定義している。主権とは、《絶対的な権力、つまり、他人によるコントロールや他人による改革にさらされることのない自由な権力》である、と。この定義の根底にあるのは、いっさいのコントロールは、主権を、コントロールする者へと移行させてしまうだろう、という洞察である。しかしこれは、(ボダンによる説明とまったく同様に) 以下の説明で示すとおり、すべての法的な義務からの解放を無条件に意味しているわけではない。この問題は、法的義務とその履行のコントロールとの区別をとおして、解決される。

(40) フランスの国務院評定官の視点からのものとして、Cardin Le Bret, *De la Souveraineté du Roy*, Paris 1632 を参照。たとえば、聖職者もまた《王の臣下》であり (88)、教会に関する案件における立法の権限 (75ff.)、修道院や修道会、大学のような新しい団体に関する許認可の義務 (115)、君主への規定手続きを踏まない裁判権はありえないこと (11)、立法に関する法主権 (Rechtssouveränität) のみならず法の解釈に関する法主権 (64ff.)、《人間の自然の状態と条件》を変化させる、つまり、身分的秩序に介入する排他的な権限 (202)、そしてとりわけ、自分自身の家族 (兄弟、53) からの分化と、《すべてのものの共同体》にもかかわらず自分の妻からの分化、である。なぜなら《君主の命令はきわめて独特なので、〔君主以外の〕誰も伝達することができない》(42) からである。見られるとおり、統一性は、分出をとおして確保される。

(41) Summa de ecclesia, Venetia 1561 II c. 80 fol. 213 v, zitiert nach Black, Monarchy and Community, *a.a.O.*, S. 68 Anm. 5.

(42) これらの概念は、さしあたってはまだ対立する概念だとは思われておらず、結合しうるものだと考えられていた。

君主制は、共和制の一形態だとされていた。たとえば、以下を参照。Mártir Rizo, *Norte de Príncipes, a.a.O.*, S. 21. 共和制の対立概念は、君主制ではなく、市民社会（civitas）であり、つまりは国家にほかならなかった。

(43) Bracton, De legibus et consuetudinibus Angliae, zit. nach der Ausgabe New Haven 1915 Bd. II, S. 33 によれば、《君主ハ、対等ノモノヲ持タナイ Rex non habet parem》。また、それより数百年後、シャフツベリーは、次のように述べている。君主は、自己内対話ができず（したがって、社会的コミュニケーションというスタイルしかできない??）、したがって、助言者が必要であり、あるいは、たとえばイングランドのように、法律があればもっともよい、と。以下を参照。Anthony, Earl of Shaftebury, *Characteristicks of Men, Manners, Opinions, Times*, 2. Aufl. 1714. zit. nach dem Nachdruck Farnborough Hants. UK 1968, Bd. 1, S. 210ff.

(44) このような主張は、ボダンの主権論を明確に拒絶し、また当然のことながら、帝国の状況を顧慮しつつなされている。Johannes Althusius, *Politica methodice digesta*（1614）, Cap. XVIII, n. 70, zit. nach dem Ausdruck der Harvard Political Classics Bd. II, Cambridge Mass. 1932, S. 148. しかし実践に関しては、両者の間にほとんど意見の相違はない。というのは、アルトジウスは、どのようにして至高性（Präeminenz）が行使されるのかについては、最終的には未決定にせざるをえないし、ボダンもまた、主権には、法の遵守などいっさい必要ないなどと考えていたわけでは決してないからである。両者の間に重要な違いがあるとすれば、それは、法的審級の——つまりフランスでは議会の、アルトジウスの場合には《監政者 Ephoren》（これが有する代表の機能に関する明確な指摘については、Cap. XVIII n. 48, S. 143）の——いわゆる仲裁権（Interzessionsrecht）に関しての相違である。

(45) 近代においても、主権が王の人格において象徴的に扱われているかぎりで、王の生命が重要であることは、イギリス革命やフランス革命以後、立証の必要がない。このことを確認しているテキストとしては、Thomas Hobbes, Behemoth or the Long Parliament, zit nach der Ausgabe von Ferdinand Tönnies, London 1889, Nachdruck mit einer Einleitung von Stephen Holms, Chicago 1990. タキトゥス的な簡潔さで述べているところとしては、S. 102 を参照。《彼ら（議会の参加者たち）が、王の王としての権力を、したがって王の生命を王から取り上げようと決意している》と王が知ることができなかったとしたら?..とある。

（46） Pierre de Belloy, *De L'Autorité du Roy, et Crime de Leze Maieste...*, o. O., 1587, fol. 4-5.

（47） Thomas Hobbes, Leviathan I. 16., zit. nach der Ausgabe der Everyman's Library, London 1953, S. 85〔水田洋訳『リヴァイアサン（一）』岩波文庫、一九九二年、二六五頁〕. ホッブズは、ひとつであるというこうしたメルクマールを——その違いに考慮することなく——神学はこれまで神のために取っておいていた、と認識していたのであろう。したがって、ホッブズが、主権的代表者の権力を制限されたものと見なしていた点は銘記されるうる。なぜなら、制限されない権力は、政治体（Body Politique）のなかに、主権者自身が本心から望んでいない差異を、もたらすだろうからである（《主権者がそういうことをするとは理解されえない》II. 22. a.a.O., S. 118〔水田洋訳『リヴァイアサン（二）』岩波文庫、一九九二年、一〇八頁〕）。そうしてみると、主権のパラドックスの自己展開は、自己制限という結果になる。フランスにおいても、同様の学説が存在している。それは、主権ドクトリンとパラレルに発展してきた用語でもって、基本法（loi fondamentales）を引き合いに出し、これを軽視することが破滅的な効果をもたらすとの考え方によってその妥当性を基礎づける、つまり、国家理性についての熟慮によってこれを基礎づける学説である。たとえば、以下を参照。Anonym（Pierre Bouquet）, *Lettres provinciales, ou Examen Impartial de l'Origine, de la Constitution, et des Révolutions de la Monarchie Française*, Paris 1772, S. 67f.

（48） 数多くある事例からいくつか挙げるなら、たとえば、Aegidius Columnae Romanus, *De regimine principum*, zit. nach der Ausgabe Roma 1607, S. 477ff.; unter Späteren noch Georg Lauterbeck, Regentenbuch（1556）, zit. nach der Neuauflage Frankfurt 1600, fol. 2, oder in Frankreich Grimaudet, *Les opuscules politiques, a.a.O.* fol. 3 v-4r.

（49） So Iuan Marquez, *El Governador Christiano*, Pamplona 1615, S. 38ff.

（50） こうした医師／患者のアナロジーの発生が、伝統的な有機体の隠喩のコンテキストで発生してきたことについては、以下を参照。Paul Archambault, "The Analogy of the Body in Renaissance Political Literature," in: Bibliothèque d'Humanisme et Renaissance 29（1967）, S. 21-53（38ff.）; Horst Dreitzel, Protestantischer Absolutismus und absoluter Staat: Die »Politica« des Henning Arnisaeus（ca. 1575-1636）, Wiesbaden 1970, S. 116ff.

（51） これについては以下を参照。Stephen Holmes, "Jean Bodin: The Paradox of Sovereignty and the Privatization of Religion," in: J. Roland Pennock/ John W. Chapman（Hrsg.）, *Religion, Morality and the Law*, New York 1988, S. 5-45.

（52） こうした伝説がどのようにして成立したのかは、私の知るところでは、完全にはわかっていない。ひょっとすると、ボダンによる間違った抜粋の引用によってかもしれない。Bodin, Les six livres de la République, *a.a.O.*, S. 132. ボダンは、次のように引用している。《自分勝手ナ約束ニヨル義務ハ根拠ガナイ Nulla obligatio consistere potest quae a voluntate promittentis statum capit》。〔ところが引用元の〕D 45. I. 108〔ユスティニアヌス法典「学説彙纂」第四五巻第一章一〇八節〕では、義務（obligatio）ではなく約束（promissio）となっており、そこで扱われている事例は、持参金の約束に関するものである[8]。

（53） Vgl., Omphalius, De officio et potestate Principis, *a.a.O.*, S. 63:《首位者ノ権力ハ、二重ニ与エラレテイル Duplex est potestas Principi attributa》。そのさい、次のような順番で与えられているのである。つまり、叙階サレタ権力、次いで、絶対ノ権力。

（54） これに相応して、法からの解放は、明らかに、民ノ法律（lois civiles）と関連づけられている。たとえば、以下を参照。Guillaume de Budé, *L'Institution du Prince*（1547）, zit. nach dem Abdruck in Claude Bontems *et al.*（Hrsg.）, Le Prince dans la France des XVIe et XVIIe siècles, Paris 1965, S. 77-139. 十七世紀当時一般的だった見解については、たとえば以下を参照。（Daniel de）Priézac; *Discours politique*（1652）, 2. Aufl. Paris 1666, S. 75ff., 205f. にもかかわらず、旧来のテーゼに対抗して、王は非妥当な契約によっても継承されうるなどと主張する者は誰もいないのである。そのほか、主権者の名誉と尊厳のためには、法律を守ることが必要である、ということがつねに繰り返して強調されている。これに対応するかたちで、主権者は、法律によってではなく主権者の《名誉》によって拘束されるのだ、という考え方もよく知られている。数多くある意見のなかの一つとして、以下を参照。Jean de Silhon, De la certitude des connaissances humaines, Paris 1661, S. 151ff.（156）. 全体として、同時代の文献を読むと、著者たちは、〔法からの〕解放を定式化したいという自分自身の気持ちのほうはまったく信用せずに、自分たちのテーゼを、注意の喚起に合わせようとしている、という印象がもたらされる。

（55） 典型的な例としては、François de Lalouette, *Des affaires d'Estat, des Finances du Prince et de sa Noblesse*, Mets 1597, insb. I, III, S. 6ff. 約束の履行に関する詳細な考察をも参照。原則としてはイエスだが例外もある《約束免除の元と言われる必要性があるなら〔約束不履行の〕弁解を認めるのがよい》a.a.O., S. 119.)。とくに公衆の不利になる約束は再点検されうる。少なくともこの点では、近代の政党民主制は、これと異なるイメージを提供していない。近代の政党民主制は、集中化をより強く放棄し、したがって、約束に対する責任を放棄している。

(56) 以下を参照。Jeremy Taylor, Ductor Dubitantium, or, The Rule of Conscience in all her General Measures (1660), zit. nach: The Whole Works Vol. IX und X, London 1850/51, Nachdruck Hildesheim 1970 (Vol. X S. 171ff.), そこでは、領主について、以下のように書かれてある。《彼らは、失ってしまいうるものをより多く持っているので、それらを保全するためにより大きな慎重さが必要であり、彼らに対して人々が進んで示す恭順は、よりいっそう危機に瀕している。王は一人の人格にほかならならず、王の臣下たちの恭順によってのみ王は強くあり、そしてその恭順は愛によってのみ守られ、またその愛は決して、慈善や正義以外のものによっては獲得されえないのであるから、もし王がこれらの防御策を台無しにしてしまったなら、その王は、タキトゥス (Wisd. VI 6) の次の言葉を熟考すべき十分な理由があるだろう。すなわち、「卓越シタ一者ハ、市民ト元老院ノ合意ニ太刀打チデキナイ」。》(a.a.O., S. 174)。風変わりなかたちで伝統的な考え方を再び取り上げているわけだが、政治的作用がうまくいくための条件もまた、この伝統的考え方における徳のカタログの中にある、と見なしていたわけである。

(57) 《したがって、王が、その法の力より上位にいることは、決して王の特権ではないのである。それは、彼らの難点であり、彼らの状態の不幸なのである》(Taylor, a.a.O., S. 174)。したがって、旧来のスタイルのレトリックでのパラドックスがここに見られる。すなわち、自由であると思われているものが足かせとなり、善いと思われているものが悪いことが判明するのである。権力者は、神によって処罰の対象となっている。

(58) 法律への服従は、王に対しては、臣下に対するのと同じような仕方では命じることはできないのであって、別の仕方で命じられる、とされる。《彼らは、その臣民たちを縛っている拘束と同じ拘束によって縛られることはない。それとは別の拘束によって縛られるのである。それは、同じ理由によって必要なのではなくて、より偉大な必要性によってそうなのである》(Taylor, a.a.O., S., 174)。

(59) これについては、以下を参照。Link, *Herrschaftsordnung und bürgerliche Freiheit*, *a.a.O.*, S. 183ff.

(60) 以下を参照。Reinhard Koselleck, *Preußen zwischen Reform und Revolution: Allgemeines Landrecht, Verwaltung und soziale Bewegung von 1791 bis 1848*, 2. Aufl. Stuttgart 1975, S. 278.

(61) Mártir Rizo, *Norte de Príncipes*, *a.a.O.*, S. 19（きわめて詳細である！）あるいは、（Victor de Riqueti）Marquis de Mirabeau, *L'ami des hommes, ou Traite de la population*（1765）, zit. nach der Ausgabe Paris 1883, S. 209ff.

(62) たとえば、Emeric Crucé, *Le nouveau Cynée ou Discours d'Estat*（1623）, zit. nach der Ausgabe Philadelphia 1909, S. 7ff.

(63) So Malvezzi, Ritratto del Private politico christiano, *a.a.O.*, S. 100f.

(64) 《なんらかの一つの共通のものが実現する（gínetai én ti koinón）》とある。Pol. 1254a 29〔牛田徳子訳『政治学』京都大学学術出版会、二〇〇一年、一六頁〕

(65) これについてはすでに本章Ⅱにおいて述べておいた。

(66) もっとも、個体性ゼマンティクの十分な完成は、十九世紀の終わりになってようやく、フロイトによる無意識カテゴリーの発見において見いだされる。無意識というカテゴリーは、個人をそれ自体との区別において把握することを可能にしている。

(67) Stéphane Ngo Mai/Alain Raybaut, "Microdiversity and macro-order: toward a self-organization approach," in: *Revue internationale des systémique* 10（1996）, S. 223-239.

(68) この問題の政治化についてのこうした道のりは、ユルゲン・ハーバマス『事実性と妥当性』も追尾している。以下を参照。Jürgen Habermas, *Faktizität und Geltung: Beiträge zur Diskurstheorie des Rechts und des demokratischen Rechtsstaats*, Frankfurt 1992〔河上倫逸・耳野健二訳『事実性と妥当性（上・下）』未來社、二〇〇三年〕これに関する議論については、*Cardozo Law Review*, Heft 4-5, 17（1996）に所収の諸論文も参照。

(69) 再度、Salamonius de Alberteschis, De Principatu, *a.a.O.* を参照。

(70) これは、まさに一八〇〇年頃にきわめて明瞭に見いだされるようになり、定式化されるようになった——ベンサムやフォイエルバッハ、ユーゴーによって、また、歴史学派によってすべての事象や発展過程の歴史依存性が意識されるなかで、このような定式化がなされた。そののち、法律家による基礎づけの作業のなかで、自然法への参照が再び姿を現すことになったとき、その理由は、次の点に、つまり、全体社会でコンセンサスを得られるような《原理》を、すなわちシステムとその全体社会内的環境のなかで承認を得られるような定式を、最終的にまた安定的なかたちで引き合いに出す必要性にあった。

(71) どちらかといえば政治から遠い事例を挙げておくなら、美しい芸術には、自律性によってさしあたりは、コミュニケーション可能性の過剰がもたらされた。芸術は、形式問題に集中的に注意を向けたことで、こうしたコミュニケーション可能性の過剰を考慮せざるをえなかったのである。したがって、ロマン派以降、芸術は、形式を介して活動しようとするようになる。そのさい、まさにロマン派それ自体がこうした可能性を発見したのであり、《批判的》で《アイロニカル》な自己批評を用意することになった。以下を参照。Niklas Luhmann, "A Redescription of »Romantic Art«", in: *Modern Language Notes* III (1996), S. 506–522.

(72) これについては詳しくは、Niklas Luhmann, Organisation, in: Willi Küpper/ Günther Ortmann (Hrsg.), *Mikropolitik: Rationalität, Macht und Spiele in Organisationen*, Opladen 1988, S. 165–185.

(73) 未来を観察する可能性をこのように用意するという点に、権力の、全体社会にとってきわめて重要な機能がある、と言えるかもしれない。当然のことながら、そのためには、〔権力の〕十分な貫徹能力が前提とされる。

(74) 政治的にまた法的に見てみたとき、これがいかに錯覚に基づくものであるのかを示しているのが、Marcelo Neves, *Verfassung und Positivität des Rechts in der peripheren Moderne: Eine theoretische Betrachtung und eine Interpretation des Falls Brasilien*, Berlin 1992 である。

(75) もちろん、基本権教義学ではとりわけ、こうした適応がなされているのだと明言される。

(76) ミッシェル・セールの言う意味で。Michel Serres, *Le Parasite*, Paris 1980〔及川馥・米山親能訳『パラジット――寄食者の論理』法政大学出版局、一九八七年〕.

(77) この言い方は、ゴードン・パスクのものである。Gordon Pask, "The Meaning of Cybernetics in the Behavioral

Sciences (The Cybernetics of Behaviour and Cognition: Extending the Meaning of »Goal«)," in: John Rose (Hrsg.), *Progress* in〔9〕*Cybernetics*, London 1970, Bd. 1, S. 15-44 (32). このテキストの出発点は、会話の可能性の条件としての言語の未指定状態（Unterspezifikation）、つまり、形式の形成の可能性の条件としてのメディアの未指定状態である。

(78) これについては（また、こうした議論を可能にするジョージ・スペンサー・ブラウンの形式計算に関しては）、以下を参照。Dirk Baecker, „Das Spiel mit der Form," in: ders. (Hrsg.), *Probleme der Form*, Frankfurt 1993, S. 148-158.

(79) この問いが異論の余地のあるかたちで議論されていたとき（一九八〇年十月にミュンスターで開かれた、法哲学・社会哲学国際学会連合ドイツ支部の会議ではそうであった――Beiheft 13 des Archivs für Rechts- und Sozialphilosophie, Wiesbaden 1981 を参照）、それは、誤解に基づくものであった。政治的決定の正統性供給者として政治外部の何かを挙げるような者は、（イスラム圏は別として、と今日であれば付け加える必要があろうが）誰もいない。

(80) 参考文献としては、各政党のプログラムを見よ。

(81) これについては、以下を参照。Niklas Luhmann, „Grundwerte als Zivilreligion," in: *Archivio di Filosofia* 1978, No. 2-3, S. 51-71; auch in: Heinz Kleger/ Alois Müller (Hrsg.), *Religion des Bürgers: Zivilreligion in Europa und Amreika*, München 1986, S. 175-194.

(82) 同様の観察は、法システムについても試みることができる。法システムにおいても、数多くの法理論家が、メタ法学的な（《自然法的》、道徳的な）原理への指向が、不可欠だと考えている。なぜなら、そうであってのみ、法システムは、それ自体にとって説得力を達成することができ、また全体社会のなかで受容されうるようになるからだ、というわけである。事細かに思考することに慣れているはずの法学者ですら、ここでは、こういった議論のなかで《自然》とか《道徳》（しかも、これは何から区別されるものなのだろうか？）といったことで一体何が念頭に置かれているのかを精確に述べるのを断念してしまっており、その限りで言えば、政治と法とのこうした類比も示唆に富む。こういった理論のかたちが好まれる動機は、もっぱら、パラドックスの解消の不可避性という点にこそ、つまり、システムと環境の区別の統一性について同一性を軸にして構想せざるをえない不可避性という点にこそ、存しているのである。

(83) したがって、このことに焦点を合わせた科学的な分析は、まさにその事実のゆえに（eo ipso）、政治的には魅力のないものとなる。しかも、こうした科学的分析が、科学的吟味の過程で真理であると証明されるのかそれとも偽であると証明されるのかという問いとは関係なく、魅力がないのである。これの事例については、以下を参照。Niklas Luhmann, *Ökologische Kommunikation: Kann die moderne Gesellschaft sich auf ökologische Gefährdungen einstellen?*, Opladen 1986〔庄司信訳『エコロジーのコミュニケーション――現代社会はエコロジーの危機に対応できるか？』新泉社、二〇〇七年〕.

(84) 法倫理学からディスクルス倫理学への移行のおかげで、これがますます明確になった。以下を参照。Jürgen Habermas, *Faktizität und Geltung: Beiträge zur Diskurstheorie des Rechts und des demokratischen Rechtsstaats*, Frankfurt 1992〔河上倫逸・耳野健二訳『事実性と妥当性（上・下）』未來社、二〇〇二年〕.

(85) Habermas, *a.a.O.*, S. 30〔河上倫逸・耳野健二訳『事実性と妥当性（上・下）』未來社、二〇〇二年、三一頁〕より引用。

(86) Habermas, *a.a.O.*, S. 143〔河上倫逸・耳野健二訳『事実性と妥当性（上・下）』未來社、二〇〇二年、一四〇頁〕.

(87) しかも、本書で定式化する精確な意味あいで言えば、原理の正統化ではなく、批判的な問い合わせをすることの正統化、正統化への期待の正統化としてのそれである。これは、《遠隔倫理的（fernethischen）な幻想主義》と呼んでもいいかもしれない（このように名づけているのは、Werner Becker, „Der fernethische Illusionismus und die Realität", in: Kurt Salamun（Hrsg.）, *Aufklärungsperspektiven: Weltanschauungsanalyse und Ideologiekritik*, Tübingen 1989, S. 3-8. しかし、それは、最終的に批判に耐えうる（理性的な）原理の探求が問題となっている場合であり、またその場合に限られる。とはいえ、ここで問題となっているのはひょっとすると、単に、哲学的なパラレル・アクションか、あるいは、民主的政治の正統化手続きのシミュレーションだけなのかもしれない。

(88) Becker, *a.a.O.*

(89) 本書第六章第三節、とくにS. 219f. 以下〔本書二七〇―二七一頁以下〕を参照。

(90) 政治的な包摂概念としての福祉の構造的条件については、進化についての章〔第十一章〕で立ち返ることにする。

（91）　たとえば、イロニー＝反省性に焦点を当てている以下を参照。Helmut Willke, *Ironie des Staates: Grundlinien einer Staatstheorie polyzentrischer Gesellschaft*, Frankfurt 1992.

（92）　以下を参照。Habermas, a.a.O.（1992）〔河上倫逸・耳野健二訳『事実性と妥当性（上・下）』未來社、二〇〇三年〕.

（93）　以下を参照。Lars Löfgren, Complexity Descriptions of Systems: A Foundational Study, in: *International Journal of General Systems* 3（1977）, S. 197–214; Robert Rosen, "Complexity as a System Property", in: *International Journal of General Systems* 3（1977）, S. 227–232.

（94）　この問題のゆえにソビエト帝国が失敗したと指摘しているものとして、Nicolas Hayoz, *L' étreinte soviétique: Aspects sociologiques de' effrondement programmé et l'URSS*, Genf 1997.

（95）　法システムについては、以下を参照。Niklas Luhmann, "The Third Question: The Creative Use of Paradoxes in Law and Legal History", *Journal of Law and Society* 15（1988）, S. 153–165〔馬場靖雄訳「第三の問い――法および法史におけるパラドックスの創造的活用」河上倫逸編『社会システム論と法の歴史と現在』未來社、一九九一年、三五八―三八六頁〕; ders., *Das Recht der Gesellschaft*, Frankfurt 1993, S. 496ff.〔馬場靖雄・上村隆広・江口厚仁訳『社会の法 2』法政大学出版局、二〇〇三年、六三七頁以下〕また、芸術システムについては、ders., *Die Kunst der Gesellschaft*, Frankfurt 1995, S. 393ff.〔馬場靖雄訳『社会の芸術』法政大学出版局、二〇〇四年、四〇三頁以下〕

第十章

（1）　これについては、以下をも参照。Niklas Luhmann, *Erkenntnis als Konstruktion*, Bern 1988〔土方透・松戸行雄共編訳『ルーマン、学問と自身を語る』新泉社、一九九六年、二二三―二五六頁〕; ders., *Die Wissenschaft der Gesellschaft*, Frankfurt 1990〔徳安彰訳『社会の科学 1・2』法政大学出版局、二〇〇九年〕.

（2）　ある数学者は、この関連を（彼にとってこれは同時に、数学理論の出発点でもある）次のように表現している。《どんな区別も、「その区別をおこなっている一者」の自己言及を含んでいる。したがって、自己言及と区別のアイデアとは分離することができない（それゆえに概念としては同一である）。区別として立ち現れてくるものを調べてみることによって、自己言及について探求してみたい》(Louis H. Kauffman, Self-Reference and Recursive Forms, in: *Journal of Social and Biological Structures* 10 (1987), S. 53–72, 53). これに一つだけ付け加えておくならば、それゆえに自己言及も外部言及との区別においてのみ指し示されうるのである。

(3) 構造的カップリングの考え方については、以下を見よ。Humberto R. Maturana, *Erkennen: Die Organisation und Verkörperung von Wirklichkeit: Ausgewählte Arbeiten zur biologischen Epistemologie*, Braunschweig 1982, insb. S. 143ff., 243f. この構造的カップリングという概念が生物学によって作り出されたということは、容易に理解できる。生物学はとりわけ、この点で、説明すべき問いを抱えこんでいたからである。ごくわずかな認知能力しかもたない生物が無数存在しているので、環境への適応を認知の働きとして把握することはできない。心理システムや社会システムにおいてもそうであることは、これらのシステムが互いに依存しあって生きていることからだけでもすでにわかるが、さらに加えて、《必要多様度》(アシュビー)が明らかに疑う余地なく欠落していることからも、これを理解できる。

(4) より詳しくは、Niklas Luhmann, Die Form »Person«, in: *Soziale Welt* 42 (1991), S. 166–175.

(5) このことは、テレビ放送が始まった時代には、つまり一九五〇年代と六〇年代にはテーマとなっていた。たとえば以下を参照。Lucian W. Pye, *Politics, Personality and Nation Building*, New Haven 1962; Georges Burdeau, Réflexions sur la personnalisation du pouvoir, in: *Res Publica* 51 (1963), S. 127–139; Léo Hamon/Albert Mabileau (Hrsg.), *La personnalisation du pouvoir: Entretien de Dijon 1964*, Paris 1964; Gordon J. DiRenzo, *Personality, Power, and Politics: A Social Psychological Analysis of the Italian Deputy and His Parliamentary System*, Notre Dame Ind. 1967. そうこうするうちに、これらは月並みなものになっているが、ただし、これらの研究には理論的基礎が欠落している。

(6) 近代という条件のもとでもこうしたきわめて人格化された秩序があいかわらず持続しているという点については、Günther Roth, "Personal Rulership, Patrimonialism, and Empire-Building in the New States," in: *World Politics* 20 (1968), S. 194–206.

(7) このことと、ここから派生する事柄については、Niklas Luhmann, Die Paradoxie des Entscheidens, *Verwaltungsarchiv* 84 (1993), S. 287–310.

（8） この点と、政党の幹部組織においてこれを受け入れることの難しさについては、Ulrich Lohmar, Innerparteiliche Demokratie: Eine Untersuchung der Verfassungswirklichkeit politischer Parteien in der Bundesrepublik Deutschland, Stuttgart 1963, S. 104ff.〔ドイツキリスト教民主同盟の〕リタ・ジュースムート〔10〕が、自分がどの政党の側に就いて登壇しているのかを、選挙演説には必要なほどにも強調せずに選挙演説をしたことについて、ドイツキリスト教民主同盟陣営から出された驚いた様子のコメントのことも、私は思い出す。

（9） 本書第四章を参照。

（10） *Le Parasite*, Paris 1980, dt. Übers. Frankfurt 1981〔及川馥・米山親能訳『パラジット——寄食者の論理』法政大学出版局、一九八七年〕.

（11） （パラドックスを意識した）意味で「痕跡の消去の痕跡」と、デリダは述べている。Jacques Derrida, *Marges de la Philosophie*, Paris 1972, S. 76f.〔高橋允昭・藤本一勇訳『哲学の余白』法政大学出版局、二〇〇七年（上）、七〇頁〕

（12） 以下を参照。Murray Edelman, *The Symbolic Uses of Politics*, Urbana Ill. 1964, S. 76ff.〔法貴良一訳『政治の象徴作用』中央大学出版部、一九九八年、一一五頁以下〕さらに付言しておけば、貴族社会で言われていた古い意味での《勇気》がこれによって考えられているわけではないし、また、ある人格の中に顕現する《より高次の》使命という意味でのカリスマのことが考えられているわけでもなく、むしろ、官僚制的な労働条件に適合的でその欠点を補うことのできる有能さのようなことが、意味されている。

（13） 少なくとも、宗教的な意味での慈善（caritas）の要求のもとでは、《非道徳的》である。ちなみにこれは、古くからある洞察の一つである。Thomas Browne, *Religio Medici*（1643）, zit. nach der Ausgabe der Everyman's Library, London 1965, S. 72 には、《慈善 Charity》という標題のもとで次のような記述が見える。《誰も他者をとがめたり非難したりすることはできない。なぜなら、実際には誰も、他者を真の意味で知ってはいないからである》。また、それにすぐ続けて、《さらに、誰も他者を判断することはできない。なぜなら、誰も自分自身を知らないからである》。

（14） Vgl. これについては、Peter N. Ure, *The Origin of Tyranny*, Cambridge Engl. 1922.

（15） 補助金は使用条件に拘束されうるではないか、と異論を唱えるむきもあるかもしれない。しかし、こうした使用条件が守られて、実施予定だった〔当該補助金の対象外の〕プロジェクトには追加で融資されないということがあったとしても、それは、ここでの問題を一段階ずらすだけであ〔り、その補助金が下りたプロジェクトから支払われた貨幣は、それ以降、政治的コントロールを免れ〕る。

（16）こうした脈絡に鑑みると、許容限度内のインフレーションを政治的に生み出すことが、政治的なコンフリクトの回避や緩和のための政治的手段と見なせるかどうかは、この問いに関連する文献のなかでは依然として論争中である。ケインズによって立てられた諸条件を本当の意味で充足するのはどんな経済的政治的状況なのかが、ますます不鮮明になってきているだけに、なおのこと、これは論争的となる。たとえば、以下を参照。Tom Baumgartner/ Tom R. Burns, "Inflation: The Institutionalized Struggle over Income Distribution", in: *Acta Sociologica* 23（1980）, S. 177–186; Tom R. Burns/ Thomas Baumgartner/ Philippe Devillé, "Inflation, Politics, and Social Change: Institutional and Theoretical Crisis in Contemporary Economy-and-Society", in: *International Journal of Comparative Sociology* 25（1984）, S. 73–90.

（17）Vgl. *Charles Tilly, Coercion, Capital, and European States, AD 990–1990*, Oxford 1990.

（18）つねにこれに関する古典理論とされるのは、いまでも、以下の書である。Eli F. Heckscher, *Der Merkantilismus*, dt. Übers. 2Bde. Jena 1932. さらに以下を参照。Donald C. Coleman（Hrsg.）, *Revisions in Mercantilism*, London 1969; Fritz Blaich, *Die Epoche des Merkantilismus*, Wiesbaden 1973.

（19）これについては、以下を参照。Manfred Wachenhausen, *Staatsausgabe und Öffentliches Interesse in den Steuerrechtfertigungslehren des naturrechtlichen Rationalismus*, Berlin 1972.

（20）官房学（Kameralistik）もまた、さまざまな種類の税（たとえば、奢侈税、所得税、財産税）のそれぞれに違った社会的帰結をすでに視野に入れていたことを考慮すると、当時／今日、という対比は、それほど鮮明なかたちにはならない。これについて詳しくは、以下を参照。Johannes Jenetzky, *System und Entwicklung des materiellen Steuerrechts in der wissenschaftlichen Literatur des Kameralismus von 1680–1840*, dargestellt anhand der gedruckten zeitgenössischen Quellen, Berlin 1978.

（21） So. R. C. van Caenegem, *Judges, Legislators and Professors: Chapters in European Legal History*, Cambridge England 1987.

（22） 二十世紀についてもそうである。Marcel Gauchet, *La Révolution des pouvoirs: La souveraineté, le peuple et la représentation 1798–1799*, Paris 1995, S. 35ff.〔富永茂樹・北垣徹・前川真行訳『代表制の政治哲学』みすず書房、二〇〇〇年、二九頁以下〕Vgl. auch Marc-Olivier Padis / Marcel Gauchet, *La Genèse de la démocratie*, Paris 1996, S. 93ff.

（23） これについては、Niklas Luhmann, „Zwei Seiten des Rechtsstaates", in: *Conflict and Integration / Comparative Law in the World Today: The 40th Anniversary of The Institute of Comparative Law in Japan*, Chuo University 1988, Tokyo 1989, S. 493–506.

（24） より詳しくは、Niklas Luhmann, „Verfassung als evolutionäre Errungenschaft", in: *Rechtshistorisches Journal* 9（1990）, S. 176–220.

（25） このために必要でない条項も〔憲法には〕記載されている——これを修正の難しいものにするためにせよ、憲法成立や憲法改正のための合意を取り付けるためにせよ——ことが、当然のことながら、これによって疑われるわけではない。しかしこのことは、本テキストの議論を妨げない。

（26） たとえば以下を参照。Kurt Ludewig, *Systemische Therapie: Grundlagen klinischer Theorie und Praxis*, Stuttgart 1992; Rudolf Wimmer（Hrsg.）, *Organisationsberatung: Neue Wege und Konzepte*, Wiesbaden 1992.

（27） 政治に近接した数多くの研究所における《研究活動》と比較してみると、こうした〔通常の科学の脈絡でなされる〕要求を認識できるようになる。そこでの《研究活動》はもっぱら、それ相応の環境（Milieu）のなかにいずれにせよ存在している知識を、《専門家インタビュー Experteninterview》によって調査し、それを政治家にとっても読解可能なかたちに（しかしそれでも、政治家はこれを読解などすまい、と推測させざるえないのだが）処理すること、である。政治が、こういった研究から、彼ら自身の影響力についてや、そこから明らかになる彼らに欠落しているものについて、なにがしか経験することも決して希ではないが、そのさい、《科学》としてカモフラージュされているこういった研究活動は、たいていは、固有の政治的な関心事を追求しているのである。無数の事例があるが、たとえば以下を参照。Gudrun Richter/ Martina Stackelbeck, *Beruf und Familie: Arbeitszeitpolitik für Eltern kleiner Kinder*, Köln 1992.

(28) Vgl. Karl E. "Weick, Educational Organizations as Loosely Coupled Systems", in: *Administrative Science Quarterly* 21 (1976), S. 1–19; Michael D. Cohen/ James G. March, *Leadership and Ambiguity*, New York 1974; John Meyer/ Brian Rowan, "Institutionalized Organizations: Formal Structures as Myth and Ceremony", in: *American Journal of Sociology* 83 (1977), S. 340–363. これに相応したテーマを比較的早い時期に論じたものとして、以下も参照。Alvin W. Gouldner, "Reciprocity and Autonomy in Functional Theory", in: Llewellyn Gross (Hrsg.), *Symposium on Sociological Theory*, Evanston Ill. 1959, S. 241–270.

(29) 本書第七章を参照。

(30) 社会学的な議論については、以下を参照。Matthias Heidenescher, „Zurechnung als soziologische Kategorie: Zu Luhmanns Verständnis von Handlung als Systemleistung", in: *Zeitschrift für Soziologie* 21 (1992), S. 440–455.

(31) Vgl. Niklas Luhmann, „Das Risiko der Kausalität", in: *Zeitschrift für Wissenschaftsforschung* 9/10 (1995), S. 107–119; auch in: Najib Harabi (Hrsg.), *Kreativität-Wirtschaft-Recht*, Zürich 1996, S. 1–23.

(32) これについては、本書第八章Ⅲを参照。

第十一章

(1) もっとも、いまは、次の文献がある。Hannes Wimmer, *Evolution der Politik: Von der Stammesgesellschaft zur modernen Demokratie*, Wien 1996——ただし、この文献では、進化論の呈示と、歴史的な分析との間に、明らかな断絶が見られる。歴史的分析のほうは、ごくもっともな理由から、変異／選択／再安定化という図式の経験的な適用を、断念してしまっている。本書の以下の分析も、この点で悩まされることになるだろう。

(2) この点については、以下を参照。Robert L. Carneiro, Scale Analysis, Evolutionary Sequences, and the Rating of Cultures, in: Raoul Naroll/ Ronald Cohen (Hrsg.), *A Handbook of Method in Cultural Anthropology*, Garden City N. Y. 1970, S.

834–871; Herbert Bergmann, „Einige Anwendungsmöglichkeiten der Entwicklungsskalierung von Leik und Matthews“, in: *Zeitschrift für Soziologie* 2（1973）, S. 207–226.

（3） Vgl. Geoffrey M. Hodgson, *Economics and Evolution: Bringing Life Back into Economics*, Ann Arbor 1993, S. 203ff. では、これ以外のことも指摘している。

（4） 進化論を理論として、つまり観察道具として取り上げると、なぜこうであるべきかが見えてくる。というのは、変異と選択の区別は、内的な境界線を前提としており、その境界線は、この区別されている〔二つの〕異なったものを分離しているけれども、しかしまさにそれゆえに、それ自体は、区別されるべきものとしては登場しないからである。区別を行っているものは、つねに、その区別の盲点であり続ける。《偶然》の概念で通常指し示されているものこそ、この〔変異と選択との〕分離線、つまり進化のこの《形式》なのである。しかも、自分自身を不可視にしたい、場合によってはイデオロギー的な偏見を反省したくないという観察者の欲求が、ここに姿を現したりする。本書の提案は、この部分に介入して、進化論の観察不可能なポイントを、（イデオロギーに侵されやすい）神秘化によってではなく、それとは異なる起源をもつ区別によって、つまりシステム理論的な区別によって、解消しようと試みているのである。

（5） 以下を参照。Niklas Luhmann, *Die Gesellschaft der Gesellschaft*, Frankfurt 1997, S. 413ff.〔馬場靖雄・赤堀三郎・菅原謙・高橋徹訳『社会の社会 1』法政大学出版局、二〇〇九年、四七五頁以下〕

（6） 以下を参照。Niklas Luhmann, „Anfang und Ende: Probleme einer Unterscheidung“, in: ders., Karl Eberhard Schorr（Hrsg.）, *Zwischen Anfang und Ende: Fragen an die Pädagogik*, Frankfurt 1990, S. 11–23.

（7） Vgl., Gerdien Jonker, *The Topography of Remembrance: The Dead, Tradition and Remembrance in Mesopotamia*, Leiden 1995.

（8） 広範囲にわたる文献のなかで、分出のステップをも同時に認識させてくれるものとして、たとえば以下を参照。Marshall D. Sahlins, “Poor Man, Rich Man, Big-Man, Chief: Political Types in Melanesia and Polynesia”, in: *Comparative Studies in Society and History* 5（1963）, S. 285–303.

（9） この点についてのよく知られた記述が、Max Gluckman, *Custom and Conflict in Africa*, Oxford 1955.

(10) アレグザンダー・A・ゴールデンワイザーによる有名な《ゴールデンワイザーの原理[11]》である。以下を参照。Alexander A. Goldenweiser, "The Principle of Limited Possibilities in the Development of Culture", in: *Journal of American Folk-Lore* 26（1913）, S. 259–290.

(11) Alexander F. Filippov, *The Observer of the Empire*, Moskau 1991（russisch）は、こうした観点から、ソ連を国家としてではなく帝国として論じており、世界革命への期待とかインターナショナルな共産主義といった脈絡でこれを理解すると説得力がある。

(12) これについては、包括的な比較をおこなっている以下の著作を参照。Shmuel N. Eisenstadt, *The Political Systems of Empires: The Rise and Fall of the Historical Bureaucratic Societies*, New York 1963.

(13) ここでは、次の文献を引用しないわけにはいかない。Otto Brunner, *Land und Herrschaft: Grundfragen der territorialen Verfassungsgeschichte Südostdeutschlands im Mittelalter*, 3. Aufl. Brünn 1943. Vgl. ferner Karl Kroeschell, *Haus und Herrschaft im frühen deutschen Recht: Ein methodischer Versuch*, Göttingen 1968. もともと古典古代ではどうだったかについては、以下を参照。Sabine Krüger, „Zum Verständnis der Oeconomica Konrads von Megenberg: Griechische Ursprünge der spätmittelalterlichen Lehre vom Hause", in: *Deutsches Archiv für Erforschung des Mittelalters* 20（1964）, S. 475–561.

(14) これとは真逆の（近代的な概念使用とより適合的な）やり方はこうであろう。つまり、支配という言葉は保持しつづけるが、中世から今日の世界に至る根本的な——いつからと日時を定めるのは難しいが——意味の変化を想定しておく、というやり方である。Reinhart Koselleck *et al.* s. v. Herrschaft, in: *Geschichtliche Grundbegriffe: Historisches Lexikon zur politisch-sozialen Sprache in Deutschland* Bd. 3, Stuttgart 1982, S. 1–102. 確かに、これによって、マックス・ヴェーバーの社会学的な普遍概念や知識人のジャーゴンが評価されることになったわけだが、しかし、こんにちではもはやどんな政治家も自分の地位や自分の野心を《支配》として記述などしないことが、見落とされるだろう。この点がやはり懸念されるところである。

(15) これについて詳しくは、Charles Tilly, *Coercion, Capital, and European States AD 990–1990*, Oxford 1990を参照。

(16) 以下を参照。Niklas Luhmann, „Staat und Staaträson im Übergang von traditionaler Herrschaft zu moderner Politik“, in: ders., *Gesellschaftsstruktur und Semantik* Bd. 3, Frankfurt 1989, S. 65–148. また、以下も参照。Roman Schnur (Hrsg.), *Staatsräson*, Frankfurt 1975; Herfried Münkler, *Im Namen des Staates: Die Begründung der Staatsräson in der frühen Neuzeit*, Frankfurt 1987; Michael Stolleis, *Staat und Staatsräson in der frühen Neuzeit: Studien zur Geschichte des offentlichen Rechts*, Frankfurt 1990.

(17) 近年の研究では、そもそも政治についての統一的なコンセプトが問題となっていたのかどうか、またどの程度そうであったのかという問いが、関心の的になっている。しかしいずれにしても、政治と経済の関係という新しい問題状況は重要だったのであって、この問題状況によって、政治的支配が全体社会のすみずみにわたって主導権を有するといった古い考え方が試験台に立たされることになったのである。さしあたって提供された解決策は、権力と貨幣とは互いに強化しあう手段であるという考え方のなかに、見いだされた。古典的なモノグラフィーとしては、以下を参照。Eli F. Heckscher, *Der Merkantilismus*, dt. Übers., 2 Bde. Jena 1932. さらに、そののちの分化については、Donald C. Coleman (Hrsg.), *Revisions in Mercantilism*, London 1969; Fritz Blaich, *Die Epoche des Merkantilismus*, Wiesbaden 1973.

(18) これについては、Marcel Gauchet, *La Révolution des pouvoirs: La souveraineté, le peuple et la représentation 1789–1799*, Paris 1995〔富永茂樹・北垣徹・前川真行訳『代表制の政治哲学』みすず書房、二〇〇〇年〕.

(19) 代議制度(Repräsentativverfassung)は《固定化された不安定状態 Unruhe》だ、と述べている次の文献を参照。Friedrich Schlegel, *Signatur des Zeitalters, zit. nach: Dichtungen und Aufsätze* (Hrsg. Wolfdietrich Rasch), München 1984, S. 593–728 (713).

(20) こうした考察が、有機体の進化の理論においても、もはや却けられなくなっていることは周知のとおりであるが、本書での分析からすればこれは無理からぬ議論である。全体社会の進化の理論は、おのずから、それに相応した考察に行き着く。

(21) Donald T. Campbell, “Variation and Selective Retention in Socio-Cultural Evolution”, in: *General Systems* 14 (1969), S.

19-49において《選択的保持》について述べられたとき、このような〔ダーウィン理論の〕破断箇所〔つまり安定化／再安定化のメカニズムが欠落しているということ〕がすでに認識されていた。

（22） 術語的には、welfare state/ Wohlfahrtsstaat は、第二次大戦後になってはじめて定着した。しかし、これに相応するような国家理解の変化が観察されるのは、これよりはるかに古い。たとえば、Léon Duguit, *Les Transformations du droit public*, Paris 1913 を見よ。この著作では、統治権的な主権定式を《公益事業 service public》に置き換えるべきだという提案がなされている。以下も参照。Asa Briggs, "The Welfare State in Historical Perspective", in: *Europäisches Archiv für Soziologie* 11（1961）, S. 211-258.

（23） ここで、我々は、福祉国家と社会国家とを区別しなくてはならない。社会国家という場合には、社会扶助（soziale Hilfe）やソーシャルワークによって社会的排除の諸傾向を取り除く、もしくはそれを予防することが重要になる。これについては、Dirk Baecker, „Soziale Hilfe als Funktionssystem der Gesellschaft", in: *Zeitschrift für Soziologie* 23（1964）〔12〕, S. 93-110. この論文では固有の機能システムという想定がなされている。また（これに対抗するものとして）以下を参照。Michael Bommes/ Albert Scherr, „Exklusionsvermeidung, Inklusionsvermittlung und/ oder Exklusionsverwaltung: Zur Gesellschaftstheoretischen Bestimmung Sozialer Arbeit", in: *Neue Praxis* 26（1996）, S. 107-123.

（24） これについては、数多く引用されている以下の著作の提案を見よ。T. H. Marshall, *Class, Citizenship, and Social Development*, Garden City N. Y. 1964; Talcott Parsons, *The System of Modern Societies*, Englewood Cliffs N. J. 1971, S. 27, 92ff.〔井門富二夫訳『近代社会の体系』至誠堂、一九八〇年、三三頁および一二〇頁以下〕

（25）《配給統治 Governo spartitorio》と述べているのは、Giuliano Amato, *Economica, Politica e Istituzioni in Italia*, Bologna 1976, S. 169.

（26） これについては、Jens Borchert, "Welfare State Retrenchment: Playing the National Card", in: *Critical Review* 10（1996）, S. 63-94（80）を見よ。ここにはさらに別の指摘もなされている。

（27） 当然のことだが、アメリカ大都市におけるスラム地区やアフリカで観察されるようなきわめてハードな排除問題とこの問題とは、比較にならない。

（28） ブラジルについては、Marcelo Neves, *Verfassung und Positivität des Rechts in der peripheren Moderne: Eine theoretische Betrachtung und eine Interpretation des Falls Brasilien*, Berlin 1992; ders., *A Constitutionalizaçao Simbólica*, Sao Paulo 1994.

（29） これについては、学際的な観点から論じた以下を参照。Ilya Prigogine, "Order Through Fluctuation: Self-Organization and the Social System," in: Erich Jantsch/ Conrad H. Waddington（Hrsg.）, *Evolution and Consciousness: Human Systems in Transition*, Reading Mass. 1976, S. 93–133.

（30） 本書第四章を参照。

（31） これについては、Niklas Luhmann, *Beobachtungen der Moderne*, Opladen 1992〔馬場靖雄訳『近代の観察』法政大学出版局、二〇〇三年〕を参照。

（32） 人類に関して言うと、確かに、進化を倫理と交代させることは、生物学者によっても主張されているが、それは世界戦争とファシズムの拡大とによって動機づけられたものであった。以下を参照。Julian S. Huxley, *Evolutionary Ethics*, London 1943. 全体社会の進化自体は、このような問題提起を顧慮しないままに進んでしまった。

編集者覚書

（1） Niklas Luhmann, *Die Gesellschaft der Gesellschaft*, Frankfurt 1997〔馬場靖雄・赤堀三郎・菅原謙・高橋徹訳『社会の社会 1・2』法政大学出版局、二〇〇九年〕.

（2） これについては、Niklas Luhmann, *Die Wirtschaft der Gesellschaft*, Frankfurt 1988〔春日淳一訳『社会の経済』文眞堂、一九九一年〕; ders., *Die Wissenschaft der Gesellschaft*, Frankfurt 1990〔徳安彰訳『社会の科学 1・2』法政大学出版局、二〇〇九年〕; ders., *Das Recht der Gesellschaft*, Frankfurt 1993〔馬場靖雄・上村隆広・江口厚仁訳『社会の法 1・2』法政大学出版局、二〇〇三年〕; ders., *Die Kunst der Gesellschaft*, Frankfurt 1995〔馬場靖雄訳『社会の芸術』法政大学出版局、二〇〇四年〕.

（3） ちなみに、同じことは、宗教的コミュニケーションのシステムについての書物にも言える。この本は、本書と同時期に刊行されている。Niklas Luhmann, *Die Religion der Gesellschaft*（hrsg., von Andre Kieserling）, Frankfurt 2000.

（4） たとえば、以下を見よ。Niklas Luhmann, *Politische Planung: Aufsätze zur Soziologie von Politik und Verwaltung*, Opladen 1970.

（5） 一九八〇年代の論集については以下を参照。Niklas Luhmann, *Political Theory in the Welfare States*, Berlin-New York 1990〔徳安彰訳『福祉国家における政治理論』勁草書房、二〇〇七年〕.

訳注

第一章

［1］ピエール・ブルデュー（Pierre Bourdieu: 1930-2002）は、フランスの社会学者。

［2］アダム・スミス（Adam Smith: 1723-1790）は、イギリスの経済学者・道徳哲学者。

［3］タルコット・パーソンズ（Talcott Parsons: 1902-1979）は、アメリカの社会学者。

第二章

［1］ジャニスとマンは、その「葛藤理論」のなかで、意思決定をおこなううえでの葛藤やストレスのレベルによって、採択される対処パタンが異なり、結果として判断や決定の質に影響することを示した。人は、問題事態に直面するとまず、自分が事態を変化させなければリスクが深刻かどうかを自問する。ここでもし、どんな行動を採用しても深刻なリスクが生じると知覚したならば、葛藤が発生する。そしてストレスのレベルによって、葛藤を扱う三つの対処が決められる。①防衛的回避（現在の行動ではリスクがある。新しい行動でもリスクはあるが、よりよい解決法が見つからない）、②短慮（現在の行動ではリスクがある。新しい行動でもリスクがある。よりよい解決法があるはずである。しかし探す時間が足りない＝高ストレス）、③熟慮（現在の行動ではリスクがある。新しい行動でもリスクがある。よりよい解決法があるはずである。探す時間も十分ある＝中ストレス。）このなかでは、③がもっとも望ましく、中程度のストレスのときに、もっともよい決定がなされる。わかりやすい解説として、たとえば、広田すみれ・増田真也・坂上貴之『心理学が描くリスクの世界――行動的意思決定入門』慶應義塾大学出版会、二〇〇二年、一三三頁を参照。

［2］マックス・ヴェーバー（Max Weber: 1864-1920）は、ドイツの社会学者・経済学者。

[3] エドムント・フッサール（Edmund Husserl: 1859–1938）は、オーストリアおよびドイツの哲学者で現象学の創始者。
[4] ジャック・デリダ（Jacques Derrida: 1930–2004）はフランスの哲学者。
[5] フリッツ・ハイダー（Flitz Heider: 1896–1988）は、オーストリア出身のゲシュタルト学派の心理学者。ここでのメディア／形式の区別などルーマンのいくつかの術語はハイダーに由来している。
[6] ジョージ・スペンサー・ブラウン（George Spencer Brown: 1923–）は、イギリスの数学者。ルーマンの「形式（Form）」の概念などはスペンサー・ブラウンの『形式の法則』に由来する。
[7] 「IV」の誤記と思われる。
[8] 同様に、「V」と「VI」の誤記と思われる。
[9] ジェームス・マーチ（James Gardner March: 1928–）は、アメリカ合衆国の政治学者・社会学者。ハーバート・A・サイモン（Herbert Alexander Simon: 1916–2001）は、アメリカ合衆国の経営学者・政治学者・認知心理学者。
[10] 責任と答責性との区別に基づいた記述としては、たとえば、初期の著作では、Luhmann, *Funktion und Folgen formaler Organisation*, Duncker & Humblot, 1964（沢谷豊・長谷川幸一訳『公式組織の機能とその派生的問題』新泉社、上巻、一九九二年、下巻、一九九六年）の第一二章を参照。一九六〇年代のこの本での指摘によれば、Verantwortung は、本書と同様に、不確実性吸収に直結する概念として捉えられているが、Verantwortlichkeit は、失敗したときの（外部への）釈明義務（これは、巨大組織では上司やトップが担う）を意味するものとされ、公式的な巨大組織では、この二つが大きく乖離することになる。
[11] ベルナルト・ヴィルムス（Bernard Willms: 1931–1991）は、ドイツの政治学者。ホッブズの政治理論を主に研究。ヨアヒム・リッターのもとで博士号を取得し、ミュンスター大学でヘルムート・シェルスキーのもとで助手を勤めたあと、ルール大学で政治学教授。
[12] 決定のパラドックスについては、本書の第四章を参照。
[13] ハンナ・アーレント（Hannah Arendt: 1906–1975）は、ドイツ出身の哲学者で、ナチス政権期にフランスへ、さら

にのちにアメリカ合衆国に亡命。

[14] ユルゲン・ハーバマス（Jürgen Habermas: 1929–）は、ドイツの哲学者・社会学者。

第三章

[1] これについて、ルーマンの『社会の社会』では、同じく環節的社会について論じた一節で、次のような記述がある。「あるメンバーは他のメンバーより好かれており、またより遂行能力を有しているがゆえにパートナーとして求められることが多くなる。したがって他のメンバーよりも、コンタクトを選択するチャンスを、またコンタクトを用意するに当たって〔相手に〕何かを要求するチャンスをもつ。例えば自分の意見を承認するように、あるいは無償の援助を用意しておくように要求できるのである。きわめて単純な全体社会における指導構造は、この《スター・メカニズム》に依拠していたように思われる」（*Die Gesellschaft der Gesellschaft*, 1998, S. 660. 馬場靖雄・赤堀三郎・菅原謙・高橋徹訳『社会の社会 2』法政大学出版局、九五六頁）。

[2] エミール・デュルケム（Émile Durkheim: 1858–1917）は、フランスの社会学者。

[3] ゴットハルト・ギュンター（Gotthard Gunther: 1900–1984）は、ドイツの哲学者。ヘーゲルやハイデガーの哲学に立脚しながら、伝統的な、アリストテレス的な論理学を超える論理学の可能性を追求し、サイバネティクスや自然科学にも影響を与えた。ヘルムート・シェルスキーとの共著もある。

[4] プラクシス派とは、チトー体制を批判していたマルクス主義哲学に立脚する左派の哲学者集団をいう。「自主管理」に基づく独特の社会主義社会の実現を構想するなどした。

[5] ハインツ・フォン・フェルスター（Heinz von Foerster: 1911–2002）は、オーストリア生まれの物理学者・哲学者で、サイバネティクス研究者。後にアメリカ合衆国に移住。

[6] トマス・モア（Thomas More: 1478–1535）は、イギリスの人文主義者、政治家。

[7] デジデリウス・エラスムス（Desiderius Erasmus: 1466–1536）は、オランダのロッテルダム生まれの人文学者。

[8] 十九世紀末から二十世紀中葉までのオランダ政治を特徴づけるモデル。A・レイプハルトによれば、カトリックと

プロテスタントの各宗派が、政党、労組、新聞、放送局、学校などの系列的組織化を進め、「自由主義グループ」、「社会民主主義グループ」、「カトリックグループ」、「カルヴァン派グループ」といった社会集団（これらは柱状に並列しているので「柱（zuil）」と呼ばれる）を作り上げ、各社会集団は世界観の水準からして互いに対立しており、全体社会に深刻な亀裂を生み出している。しかし各「柱」に所属する政治エリートたちの妥協と合意によってその対立が緩和され、内戦状態にまで発展することなくいわゆる「多極共存民主主義（consociational democracy）」が可能となっているとされる。このモデルは、英米型の二大政党制モデルに疑問を突きつけるものであったが、批判も多く、また一九七〇年代末以降はオランダ社会において「脱柱状化」が進みつつあると言われる。水島治郎『戦後オランダの政治構造——ネオコーポラティズムと所得政策』東京大学出版会、二〇〇一年、を参照。

［9］ ハインリッヒ・リッケルト（Heinrich Rikert: 1863–1936）は、新カント派（西南ドイツ学派）のドイツの哲学者。

［10］ ニッコロ・マキャベリ（Niccolò Machiavelli: 1469–1527）は、イタリア・フィレンツェの外交官で政治思想家。

第四章

［1］ ジョージ・シャックル（George L. S. Shackle: 1903–1992）は、イギリスの経済学者で、ロンドン・スクール・オブ・エコノミクスならびにリヴァプール大学で教える。経済学における時間の概念、および、時間と不確実性・意志決定との関連にかかわる研究で知られる。

［2］ フェードオーバーとは、一つの場面が溶暗し別の場面が溶明してくるようにする撮影技術の一つ。ここでは、個々の決定ごとにそれ以前に開けていた未来とは別の未来が、未知性要因を再生産しながらそのつど開かれてくる、という意味であろう。

［3］ 少しわかりにくい文言が続くが、ここで述べられていることの要点は、決定により、未来にどんな可能性が開けるのか、という未来の投射にとって役立つ限りで、「過去」という時間地平が構成されるということである。当然、そうした「構成」に伴い、実際に生じたじつに数多くの過去の出来事は、忘却され、しかも、そのように忘却されたということ自体、不可視化される。記憶の機能とは、したがって、「思い出すこと」ではなく、過去の出来事として思

い出すべき事柄を選び出しその他のものを（なかったものとして）隠蔽することだ、ということになる。

［4］一九九三年十一月に発効した「欧州連合に関する条約」（通称マーストリヒト条約）に、EUの東方拡大などの点で修正を施した、いわば改訂バージョンは、当時、「マーストリヒトII」と呼ばれた。一九九六年からマーストリヒト条約見直しのための政府間会議が開かれ、のちにアムステルダム条約として結実した。

［5］北海に一九七六年に建設された、シェル石油所有の巨大石油掘削施設。一九九一年、老朽化により廃棄処理されることになり、シェル石油と外部機関による検討の結果、陸上処分よりも深海投棄のほうがリスク・費用の面で有利であるとされ、北海への投棄処分が決定される。一九九五年に英国政府もこれを許可したが、環境保護団体がこれに反発、シェル石油製品のボイコット運動など国際的な世論の高まりもあり、シェル石油は最終的に海洋投棄を断念し、陸上処分とした。この事件は、その後、企業の「社会的責任（CSR）」を問う動向の隆盛に、大きく貢献することになった。

［6］職務記述書（Arbeitsplatzbeschreibung）とは、ある職務を遂行するにあたって求められる設備や技術や資格、特性などを記述した文書。

第五章

［1］「真理」を意味するギリシャ語のAletheiaは、もともと、「忘れていないこと」「隠蔽されていないこと」という意味である。

第六章

［1］ハンス・ケルゼン（Hans Kelsen: 1881-1973）は、オーストリア出身で、ナチス台頭後はアメリカ合衆国へ移住した公法・行政法・国際法学者。

［2］ヘルマン・ヘラー（Hermann Heller: 1891-1933）はドイツの国法学者。

［3］ポール・ド・マン（Paul de Man: 1919-1983）は、ベルギー出身で戦後アメリカに移住した、文学理論家。ジャッ

ク・デリダの影響を受けた「脱構築」批評家として知られる。
[4] グレゴリー・ベイトソン(Gregory Bateson: 1904–1980)は、アメリカの精神医学者、文化人類学者。主な著作に、*Steps to an Ecology of Mind*(1972)(佐藤良明訳『精神の生態学』思索社、一九九〇年)などがある。
[5] ミッシェル・エケム・ド・モンテーニュ(Michel Eyquem de Montaigne: 1533–1592)は、フランスの思想家。
[6] ユストゥス・リプシウス(Justus Lipsius: 1547–1606)はフランドル(ベルギー)の法哲学者、人文学者、文献学者。「新ストア学派」の提唱者。著作として『恒心論(De Constantia)』(1584)や『政治学(Politicorum)』などがある。
[7] この文章の意味は、おそらく、前後の脈絡から推測すると、現在は国家概念と政治概念とはストレートに結びつけて理解されているが、この時代には、たとえば「政治」は「家政」と対で(「家政」との関連で)理解されていたり、「国家」は「全体社会」と対で理解されるといった具合に、「国家と政治」という関係以外の、多様な概念間の関係が存在しており、「国家」と「政治」とが、「排他的」な(他の概念対を許さないような)関係にはなっていなかった、という意味かと思われる。
[8] ジャン・ボダン(Jean Bodin: 1530–1596)は、フランスの政治思想家。
[9] ヨハン・クリストフ・フリードリッヒ・シラー(Johann Christoph Friedrich Schiller: 1759–1805)は、ドイツの劇作家、詩人。
[10] ローレンツ・フォン・シュタイン(Lorenz von Stein: 1815–1890)は、ドイツの国家学者。
[11] エマニュエル-ジョゼフ・シェイエス(Emmanuel-Joseph Sieyès: 1748–1836)は、フランス革命の指導的理論家で、政治家、聖職者。
[12] ヨハン・ゴットフリート・ヘルダー(Johann Gottfried Herder: 1744–1803)は、ドイツの文学者、哲学者。
[13] カール・シュミット(Carl Schmitt: 1888–1985)は、ドイツの法学者、政治学者。
[14] ジークムント・フロイト(Sigmund Freud: 1856–1939)は、オーストリアの精神科医で、精神分析の創始者。

第七章

［1］ルーマンは、分化形式として、もう一つ、「中心と周縁の分化」を、「環節分化」と「位階による分化（あるいは成層分化）」の間におくこともある。たとえば、Luhmann, *Die Gesellschaft der Gesellsacht*, Suhrkamp, 1997, S. 663-678（馬場靖雄・赤堀三郎・菅原謙・高橋徹訳『社会の社会 2』法政大学出版局、二〇〇九年、九五八−九七一頁）を参照。

［2］ドイツ最大の人材・経営コンサルタント会社であるキーンバウム社は、ノルトライン＝ヴェストファーレン州からの調査依頼により、二度にわたる公教育の再構築のための調査報告を提出している。ルーマンが言及している、一九九一年に出された「学校領域における組織調査」は、学校制度への効率性や経営学的視点の導入が議論されるきっかけを作ったが、当初は、教育サイドから、経営学的視点の導入という助言への批判が出された。

［3］十九世紀から二十世紀にかけてのアメリカの諸都市で見られた「政党マシーン」を主に念頭に置いていると思われる。ニューヨークのタマニー・ホールのような、物資提供や職業斡旋等の多様な利益供与と引き替えに、有権者に特定の政治家への投票を求める、利権に依拠した集票組織は、「マシーン」と呼ばれた。

［4］「非トリヴィアルな機械」とは、ハインツ・フォン・フェルスターの概念であり、「トリヴィアルな機械」が、あらかじめ決まった変換規則でインプットを一定のアウトプットに変換するような機械のことを言い、その作動はかなりの程度予測可能であるのに対して、非トリヴィアルな機械は、これまでの歴史のなかで形作られてきたその機械のいま現在の状態――この状態自体、その機械がこれまでの歴史的な作動によってみずから生み出してきたものである――に反応しながら（つまり自己言及しながら）アウトプットをおこなう。それゆえにそのつど到達する自己の状態ごとに異なったアウトプットをおこなうため予見不可能であり、そのつど自己の状態を変化させてゆく。非トリヴィアルな機械は、したがって、「歴史的機械」とも称される。意識システムや社会システムは、典型的な「非トリヴィアルな機械」である。これについての詳細な説明は、長岡克行『ルーマン――社会の理論の革命』勁草書房、二〇〇六年、三四二−三四三頁を参照。

［5］「プログラム政党（Programmpartei）」（あるいは「綱領政党」）とは、ここでは、M・ヴェーバーの『支配の社会

学』での概念類型をふまえたものと思われる。ヴェーバーはここで、政党の類型として、「個々の選挙戦のチャンスに応じてそのつど綱領を作るごとき・猟官者たちから成る扈従者政党」である「無主義的（gesinnungslos）」政党、純身分制的な「名望家政党」あるいは「階級政党」、と並んで、理念的な「綱領政党（Programmpartei）」を挙げている。これは、「内容のある政治的理想の実現に奉仕せんとする」ものであり、原理主義的な政党や極左、極右といったタイプの政党にも妥当する類型と言える。現実的な可能性とか権力にいかにして接近するかといったことよりも、信念や価値の実現という理念・原則を優先する。このタイプの政党は「世界観政党（Weltanschauungspartei）」とも呼ばれている。マックス・ヴェーバー『支配の社会学Ⅱ（経済と社会 第二部 第九章第五節～七節）』創文社、一九六二年、四五六頁、また、四五〇頁訳注三、参照。

［6］この部分だけでなく再三再四にわたりルーマンが引用している、ニルス・ブルンソンの『偽善の組織』（一九八五年）から、有名な言葉を引いておくと「一方の要求を満足させるような仕方で語り〔トーク〕ながら、別の人の要求を満足させるように決定し、また別の第三者を満足させるような仕方で生産物を供給する〔アクション〕」（Brunsson, 1989, p. 27）。組織は、みずからの組織がどのように観察されているかを観察せざるをえない（セカンド・オーダーの観察）ので、合理的な決定（のための努力）をおこなっているという描写をすること〔トーク〕もまた、重要になる。もっとも、そのために、社会の多様で一貫しない諸価値や諸利害、要求をうまく反映させるための論議をおこない社会の価値構造にできるだけ対応しようとする「政治部門」と、技術的合理性に基づいた生産活動をおこなう「アクション部門」との間に大きな溝を抱え込んでしまう傾向にある。

第八章

［1］カール・フリードリッヒ・ヒエロニュムス・フォン・ミュンヒハウゼン（Karl Friedrich Hieronymus Freiherr von Münchhausen: 1720-1797）は、ドイツ・ニーダーザクセン州ボーデンヴェルダーで生まれた貴族（男爵）であり、彼のほら話は、有名な『ほら吹き男爵の冒険』の原型となっている。ここで関連すると思われるのは、底なし沼から自分の髪を引っ張り上げることで抜け出したとの逸話にちなみ、ハンス・アルバートによって提起された「ミュンヒ

ハウゼンのトリレンマ」である。知識の究極的基礎づけを正面切って実行しようとすると、⑴無限背進、⑵循環論法、⑶恣意的な作業中断（それ以上根拠づけられないドグマへの訴えかけ）、の三者択一の困難に陥るとするアポリアである。これについては、H・アルバート著（萩原能久訳）『批判的理性論考』御茶の水書房、一九八五年、一九－二〇頁、参照。

［2］ 原文は Gesellschaft der Zylinder und der Nachttopfe であるが、ここでは公的／私的の形式の再参入のことが語られているので、このように訳した。

［3］ 第八章の原注（17）を参照。カール・セオドア・ヴェルカー（Carl Theodor Welcker: 1790–1869）はドイツの法学者、政治家。

［4］ 第八章の原注（18）を参照。エルンスト・ブランデス（Ernst Brandes: 1758–1810）は、ドイツ・ハノーファーの弁護士、著述家。

［5］ 「不可壊なレベル（inviolate level）」とは、ダグラス・ホッフスタッター（Douglas Richard Hofstadter: 1945–）の用語。有名なM・C・エッシャーの『描いている手と手』の作品にあるように、「描くもの」と「描かれるもの」という通常の「階層」がもつれ、「不思議の環」が作り出されているが、この場合、そのもつれた階層の下に、作品『描かれている手と手』を描いているエッシャー自身の手のように、そのもつれた階層それ自体を可能にし、かつそれ自体は不可視の「不可壊な（あるいは不可侵な）レベル」がある、とされる。一九七九年刊行の『ゲーデル・エッシャー・バッハ──あるいは不思議の環』（野崎昭弘・はやしはじめ・柳瀬尚紀訳、白揚社、一九八五年）の、訳六七五頁以下などを参照。

［6］ キース・マイケル・ベイカー（Keith Micheal Baker）は、一九八八年以降スタンフォード大学教授で、思想史・政治文化史専攻。フランス革命の文化的・政治的起源に関する研究で知られる。

［7］ ディルク・ベッカー（Dirk Baecker: 1955–）は、ドイツの社会学者。理論社会学、経済社会学、組織論、等が主たる研究領域。ツェッペリン大学教授。ルーマンのもとで博士号取得および教授資格取得。

［8］ 「黄金の仔牛」とは、旧約聖書『出エジプト記』三二章で描かれている新しい神の偶像として制作されたもの。カ

ナンの地へ向かう途中、モーセが「十戒」を神から授かるまでの間に、イスラエルの民が、具象性をもった神をイメージするために黄金の仔牛を制作し、これを囲んで踊っていたが、シナイ山から下山しこの状況を目撃したモーセは怒り、黄金の仔牛を破壊する。

［9］ジャン・ボードリヤール（Jean Baudrillard: 1929-2007）は、フランスの哲学者。『消費社会の神話と構造』（一九七〇年）などで展開された「消費社会論」で知られる。

第九章

［1］シャフツベリー（Anthony Ashley Cooper, 3rd Earl of Shaftesbury: 1671-1713）は、イギリスの哲学者。「道徳感覚」を基盤とする固有の領域としての「道徳」を確立させ、その後のイギリスの道徳哲学の新しい流れを生み出した。

［2］ヨハネス・デ・トゥレクレマタ（Johannes de Turrecremata: 1388-1468）は、スペイン・バリャドリード生まれの神学者。ルーマンが参照している『教会スンマ Summa de Ecclesia』では、教皇の権限と公会議の権限について論じ、神学的観点から教皇擁護論を展開した。

［3］ヨハネス・アルトジウス（Johannes Althusius: 1563-1638）は、カルヴァン主義の政治哲学者、法学者。十六世紀末から十七世紀にかけて人民主権論を展開した。主権に先立って中間団体の自立性を強調し、こんにちの「補完性原理」の思想的起源とも見なされている。絶対主権を主張したジャン・ボダンとは思想的に対極的な立場にある。主著として『政治学（Politica）』（一六〇三年）がある。オットー・フォン・ギールケ著『共生と人民主権（「ヨハネス・アルトジウス――自然法的国家論の展開並びに法体系学説史研究」）』（本間信長・松原幸恵共訳、笹川紀勝監訳）、国際基督教大学社会科学研究所編、二〇〇三年、ならびに、関谷昇「補完性原理と地方自治についての一考察」『千葉大学公共政策』第四巻第一号、二〇〇七年、八一－一〇九頁、などを参照。

［4］ジェレミー・テイラー（Jeremy Taylor: 1613-1667）は、英国国教会の聖職者。チャールズ一世のチャプレンやアッピンガムの教区牧師などを経て、一六五八年以降アイルランドに住み、当地の教区主教となる。原注にある *Ductor Dubitantium*（1660）が主著と目され、道徳神学が説かれ、神の法と自然法との関係について論じられている。

[5] ジョージ・バークリー（George Berkeley: 1685-1753）は、アイルランドの哲学者、聖職者。主著『人知原理論』（一七一〇年）など。

[6] フリードリッヒ・シュレーゲル（Friedrich Schlegel: 1772-1829）は、ドイツの哲学者、詩人、歴史家。ドイツの初期ロマン派の重要人物の一人。

[7] チャールズ・サンダース・パース（Charles Sanders Peirce: 1839-1914）は、アメリカの哲学者、物理学者、数学者。「プラグマティズム」を樹立した。

[8] 「超複雑性（Hyperkomplexitat）」あるいは「超複雑なシステム」とは、複雑性についての多様な（すなわち複雑な）記述の可能性（すなわち複雑性の記述の複雑性）、およびそうした可能性を有するシステムのことをいう。たとえば、ルーマン『社会の社会　1』では、訳一四八-一四九頁を、あるいは『社会システム理論　下』では訳八五九頁以下、などを参照。

第十章

[1] ミシェル・セール（Michel Serres: 1930-）はフランスの哲学者（科学史・科学哲学）。

[2] サー・トーマス・ブラウン（Sir Thomas Browne: 1605-1682）はイングランドの著作家。

[3] バルタサル・グラシアン（Baltasar Gracián y Morales: 1601-1658）はスペインの哲学者、神学者。

[4] ここでいうシステミック・セラピーとは、もともとは、「家族療法」（システムズアプローチによる家族療法）のことを指しており、このアプローチでは、家族が、個々のメンバーが互いに影響を与え合って問題を再生産している、固有のシステムとして捉えられる。オートポイエーシス論からも影響を受けている。近年、この考え方や実践が、福祉分野での援助活動、（原注（26）の文献にあるR.Wimmer（hrsg.）1992のように）組織への助言（コンサルティング）や、あるいはコーチング（人材開発）の分野などにも応用されつつある。システムズアプローチによる家族療法については、日本では、若島孔文氏や長谷川啓三氏らによる研究が知られている。たとえば、長谷川啓三『家族内パラドックス』彩古書房、一九八七年、などを参照。

[5] 原文では Anstreben einer Differenz zu ……だが、いささかわかりにくい。たとえば『社会の経済』の第十章では、制御（Steuerung）について、「制御というときにはむしろ、区別の全く特殊な使い方、つまり差異縮小のための努力、を指している」(Luhmann, *Die Wirtschaft der Gesellschaft*, Suhrkamp, 1988, S. 328. 春日淳一訳『社会の経済』文眞堂、一九九一年、三三七頁）とあり、ここでもこの定義を念頭に置けばよいだろう。

[6] 『ヘル・イム・ハウゼ』(《Herr im Hause》)（あえて訳せば「家の中の主」）とは、ドイツの伝統的な経営倫理を指す。経営者が、一方で当該企業の従業員への手厚い福利厚生をはかり企業への忠誠心を育成し、他方では労働運動に対して断固たる態度をとり、従業員が従順であるかぎり手厚く保護するという、従属的な労使関係に立脚する家父長的・温情主義的な経営倫理のことを言う。この言葉自体は、プロイセンに大砲を供給し、ビスマルクの鉄血政策を支えたクルップ社のアルフレート・クルップ（一八一二－一八八七年）による従業員への講演（一八七二年）のなかで使用され、有名になった。「ヘル・イム・ハウゼ」については、野村正実著『ドイツ労使関係史論』御茶の水書房、一九八九年のとくに「前編」を参照。また、クルップ社とのかかわりについては、田中洋子『ドイツ企業社会の形成と変容』ミネルヴァ書房、二〇〇一年を参照。

[7] 一八七〇年代のプロイセンにおいてビスマルクによってなされたカトリックへの抑圧政策のこと。ビスマルクと政治的に対立する病理学者のR・L・K・ヴィルヒョーによってその名がつけられた。

[8] たとえばギムナジウムでは、「宗教科」の授業を受けない生徒のために、「倫理」という授業が用意されるのが典型的である。

[9] ドイツでは中等教育機関で、大学進学を目的とする八年（ないし九年）制の学校。第十三学年終了時に大学入学資格を与える学校、と定義される。州により違いがあるが、第四学年までの基礎学校（Grundschule）を終了後、生徒は、大学進学を目指すギムナジウムか、それとも、実科学校（Realschule）か、あるいは基幹学校（Hauptschule）か、等を選択する。大学入学を目的とするギムナジウムでは、英語やフランス語などの現代語のみならず、ギリシャ語、ラテン語、ヘブライ語も学び、これら古典語により重点をおくギムナジウム（「古典語ギムナジウム」と呼ばれる）も存在する。こういったギムナジウムの場合、ラテン語は第五学年から（つまりギムナジウムの第一年次から）

学ぶのに対して、英語は第七学年あたりから徐々に時間割に入ってくる、といった形態になっている。この場合、総時間数ではラテン語が多くなる。かつては（一九〇〇年頃までは）完全な大学入学資格を付与する唯一の学校はこの古典語ギムナジウムであった。

［10］ドイツでいう国民学校（Volksschule）は、六〇年代までは、第一学年から第八学年までの初等教育を担うドイツの伝統的な学校を意味していた。学校制度の基本的枠組みを各州の間で取り決めた一九六四年のハンブルク協定（「学校制度の領域における統一化に関するハンブルク協定」）に基づいて国民学校が公式的に解消されて以後は、この言葉はあまり使われなくなったが、現在でもドイツで使用される場合には、基礎学校（第四学年までの初等教育）プラス基幹学校（おおむね、第五学年から第九［あるいは一〇］学年まで。この学校を卒業後、就職するか、職業学校に進学する）を意味するものとして使用される。したがって、次注の「中間学校」と、一部重なる。

［11］中間学校（Mittelschule）は、実科学校（Realschule）（選択必修として簿記や速記やタイプを学び、日本でいう商業学校にほぼ相当する学校で、卒業後、就職したり、あるいは、社会福祉専門学校などの各種専門学校（Fachschule）や、ギムナジウムなどに進学することもできる。英語は必修外国語）とほぼ同義であり、一九六四年のハンブルク協定以降は、（この協定によってはじめて導入された）「実科学校」という概念に、置き換えられた。ただしザクセン自由州では、一九九二／九三年以後、現在でも使用されている概念で、この州の場合、この「中間学校」という概念は基幹学校と実科学校をあわせたものを指す。

［12］ドイツの学校制度をめぐる最大の（政治的）論争は、この総合制学校（通常、第五学年から第十学年までをカバーする）をめぐるものであった。一九六〇年代に、一方で、ドイツ社会民主党（ＳＰＤ）や労働組合は、中等教育を十分に受けることのできない層の人々にも平等な教育の機会を付与するために、従来の分岐型の学校制度ではなく、この総合制学校の設置を主張し、他方、保守派のドイツキリスト教民主同盟／社会同盟（ＣＤＵ／ＣＳＵ）は、基幹学校・実科学校・ギムナジウムという従来の分岐型の学校制度を継続すべきだと主張し、以後、数十年にもわたる教育政策上の重大な争点の一つとなっている。詳しくは、たとえば、Christoph Fuhr, *Schulen und Hochschulen in der Bundesrepblik Deutschland: Bildungspolitik und Bildungssystem*, Bonn, 1988（天野正治・木戸裕・長島啓記訳『ドイツ

の学校と大学』玉川大学出版部、一九九六年）の、とくに第九章第五節を参照。

［13］ 協調行動（konzertierte Aktion）とは、ネオ・コーポラティズム論の鍵概念の一つ。レームブルッフによれば、コーポラティズム化された政治体は、以下によって特徴づけられるという。(1a)利益団体が政府の政策決定過程に強く取り込まれている、(1b)大きな利益団体（特に労働組合）がいろいろな政党と強く結びついており、政策形成に参加している、(2a)ほとんどの利益団体の組織内部が、ヒエラルヒー的に構造化されており、それへの加入が義務づけられている、(2b)各職業別集団は、独占的地位を享受する非競争的組織によって代表されている、(3)労資関係は、労働組合および雇用者団体の、政府との強力な「協調（concertation）」によって特徴づけられており、それゆえにストライキなどきわめて闘争的な戦術の使用を労働組合は自制する。このように、コーポラティズム体制下では、各種の巨大な利益団体が国家政策の決定過程に参加し、自由な団体交渉によるのではなく、そうした政労使の団体トップ同士の「協調行動」による協議によって政策形成が進められる。こうしたネオ・コーポラティズムは、ドイツの七〇年代の政治体制を特徴づけるとされる。G. Lehmbruch & P. C. Schmitter (eds.), *Patterns of Corporatist Policy Making*, Sage, 1979（山口定監訳『現代コーポラティズムII』木鐸社、一九八六年、二二頁）を参照。

［14］ 社会的市場経済（soziale Marktwirtschaft）とは、戦後の西ドイツを主導し高度な経済成長をもたらしたとされる経済政策のモデルであり、W・オイケン、A・ミュラー＝アルマック、W・レプケといったいわゆるオルドー派新自由主義の人々によって提唱された。この言葉自体は、ミュラー＝アルマックが戦後すぐの時期に作ったものである。市場経済は、自生的な競争秩序ではなく、政治による公的な関与によって意識的に形成される競争秩序であるべきで、市場経済と国家の介入的措置との統合の上に成り立つ経済秩序を理想とする。ドイツキリスト教民主・社会同盟会派からドイツ社会民主党と政権が代わっても、ドイツの政治においては、この「社会的市場経済」の看板が外されることはなかった。

［15］ フェリックス・カウフマン（Felix Kaufmann: 1895-1949）は、ウィーン生まれの、オーストリア学派の法哲学者。主な著書に、*Methodenlehre der Sozialwissenschaften*（1936）や *Das Unendliche in der Mathematik und seine Ausschaltung*（1930）などがある。

第十一章

［1］ ここで、「前適応的進歩」とは、事前に（ときにはまったく別個の脈絡で成立し別個の機能や意味を持って）存在していた物事が、進化の過程で、一定時間が経過したあとに、結果的に新しい重要な機能へと転用されることを指している。たとえば、『社会の社会』（一九九七年）では、ギルドやツンフト、情熱的な愛のゼマンティクの発展等を事例にしてこれが説明されている。馬場靖雄・赤堀三郎・菅原謙・高橋徹訳『社会の社会 1』法政大学出版局、二〇〇九年、五八四－五八五頁を参照。

原注

［1］ 冗長性（Redundanz）／変異（Varietät）とは、システムの複雑性を測定するための二つの異なる仕方を表す。冗長性は、ある要素を知ることで他の要素についても知ることができる度合いのことであり、それゆえ諸要素が類似している度合いが高いほど冗長性は高まる。たとえば、すでに知られている情報についての伝達は「冗長」だと言える。他方、変異は、逆に、要素同士が多様である度合いであり、ある情報を知ったからといって他の要素がいかなるものかが推測できない状態をいう。たとえば、クラウディオ・バラルディほか著（土方透・庄司信・毛利康俊訳）『ニクラス・ルーマン社会システム理論用語集』国文社、二〇一三年、一七九－一八〇頁などを参照。

［2］ これは、ルーマンとレナーテ・マインツの共著である Niklas Luhmann & Renate Mayntz, 1973, *Personal im öffentlichen Dienst: Eintritt und Karrieren: Personaluntersuchung*, Nomos-Verlagsgesellschaft を指す。

［3］ モリエール（Molière: 1622–1673）は、フランスの喜劇作家で『人間嫌い』などで知られる。

［4］ アレキサンダー・ポープ（Alexander Pope: 1688–1744）は、イギリスの詩人であり、貴族階級と親密な交流を重ねたことで知られる。代表作は『人間論』『神の掠奪』など。

［5］ この文献の著者 E. Th. Welcker は、書名からして、C. Th. Welcker（カール・セオドア・ヴェルカー）の誤記だと思われる。

［6］ 両者とも第四次コール内閣の閣僚。イルムガルト・シュヴァエツェル Irmgard Schwaetzer（1942–）は、ドイツの

政治家（ドイツ自由民主党）であり、コール内閣で、一九九一年から九四年まで連邦交通・建設・都市開発大臣。ユルゲン・メレマン（Jürgen Möllemann: 1945–2003）（ドイツ自由民主党）は、一九九一年から一九九三年まで連邦経済大臣、九二年からは副大臣も兼務。

［7］ 組織スラック（余裕）とは、サイアートとマーチによれば、連合体（＝組織）にとって利用可能な資源と連合体を維持するために最低限必要な資源との差、である。最低限必要なレベルを超えるものを組織がつねに用意しておくことで、ありうるコンフリクトや不確実性に備えることができる。R・M・サイアート&J・G・マーチ（松田武彦・井上恒夫訳）『企業の行動理論』ダイヤモンド社、一九六七年を参照。

［8］ これと同様の指摘は、ルーマン『社会の法』第六章原注（69）にも見られ（Niklas Luhmann, *Das Recht der Gesellschaft*, 1993, Suhrkamp, S. 271. 馬場靖雄・上村隆広・江口厚仁訳『社会の法 2』法政大学出版局、二〇〇三年、四〇三頁）、そこでの指摘によれば、ボダンは、当該文献において、この引用語の取り違えのゆえに、「主権者は、自然法的な根拠からして、自分自身を拘束することはできない」との結論を引き出してしまっている、とある。

［9］ inではなくofの間違いであると思われる。

［10］ リタ・ジュースムート（Rita Süssmuth: 1937-）は、ドイツの政治家（ドイツキリスト教民主同盟）。ボッフム、ドルトムント、ゲッティンゲン各大学（国際比較教育学）教授をへた後、第二次・第三次コール政権時（一九八三〜一九九一年）のドイツキリスト教民主同盟の青年・家族・保健相（青年・家族・婦人・保健相）、ドイツ連邦議会議長、等を歴任。二〇〇〇年以降は「移民と統合専門家委員会」委員長など、移民政策・少数民族の統合問題に携わる。

［11］ 「可能性制限の原理」とも呼ばれ、互いに伝播可能性のない文化同士が類似性を示すのは、機能や使用目的、材料等の共通性が発展の可能性に一定の枠を設けるからだ、とする考え方。

［12］ このD・ベッカーの論文の刊行年は、一九九四年なので誤植と思われる。

訳者あとがき

本書は、ドイツの社会学者、ニクラス・ルーマン（一九二七―一九九八）が逝去して二年後に刊行された *Die Politik der Gesellschaft*, Suhrkamp, 2000 の全訳である。『社会の社会（*Die Gesellschaft der Gesellschaft*）1・2』（馬場靖雄・赤堀三郎・菅原謙・高橋徹訳、法政大学出版局、二〇〇九年）、『社会の経済（*Die Wirtschaft der Gesellschaft*）』（春日淳一訳、文眞堂、一九九一年）、『社会の法（*Das Recht der Gesellschaft*）1・2』（馬場靖雄・上村隆広・江口厚仁訳、法政大学出版局、二〇〇三年）、『社会の芸術（*Die Kunst der Gesellschaft*）』（馬場靖雄訳、法政大学出版局、二〇〇四年）、『社会の科学（*Die Wissenschaft der Gesellschaft*）1・2』（徳安彰訳、法政大学出版局、二〇〇九年）、『社会の教育システム（*Das Erziehungssystem der Gesellschaft*）』（村上淳一訳、東京大学出版会、二〇〇四年）、『社会の宗教（*Die Religion der Gesellschaft*）』に連なる、『社会理論』シリーズの一冊にあたる。ただし、『社会の政治』は、『社会の宗教』および『社会の教育システム』と同様に、ルーマンの死後刊行され、未完に終わっている。しかし、「未完」であるからといって、その記述が断片的であるとか推敲もされていないというわけではなく、本書の編集者アンドレ・キーザーリングの「覚書」にあるとおり、完成度は比較的高いものであり、他の『社会理論』シリーズに比べても内容的・分量的に遜色はなく、ルーマンの政治社会学の全容と到達点を知るための重要な一書であるといえる。

ルーマンの政治システム論は、六〇年代から彫琢されはじめており（「行政」にかかわる論考はすでに五〇年代に刊行されている）、「政治システムの社会学」（一九六八年）等といった論文のほか、「初期」の政治論関連の論考をまとめたものとして『政治的計画（*Politische Planung*）』（一九七一年）がある。本書でも展開される民主制などにかかわる基本的なアイデアはこの本ですでに登場している。また、個別的な政治学的テーマに関してのまとまった単著としては、『手続を通しての正統化（*Legitimation durch Verfahren*）』（今井弘道訳、風行社、一九九〇年〔原書は一九六九年〕）や『権力（*Macht*）』（長岡克行訳、勁草書房、一九八六年〔原書は一九七五年〕）が、また、「オートポイエーシス」の概念を取り込む前後の時期にあたる著作として、『福祉国家における政治理論（*Politische Theorie im Wohlfahrtsstaat*）』（徳安彰訳、勁草書房、二〇〇七年〔原書は一九八一年〕）がある。さらにじつは、キーザーリングの「覚書」にあるように、六〇年代末にはすでに大部で包括的な政治論の草稿が存在しており、ルーマンの周辺に集っていた研究者は彼の秘書を通じてインフォーマルなかたちで読むことができたようだが、結局公刊はされないままであった。この六〇年代の草稿は、二〇一〇年になってから、*Politische Soziologie*（『政治社会学』）と題してSuhrkamp社から刊行されたが、この『政治社会学』の目次を一瞥すれば分かるとおり、ここには、たとえば「権力」に関するまとまった考察が見当たらない（ただし二〇一二年に、六〇年代末に執筆の未公刊だったルーマンの権力論の草稿が、同じくキーザーリングの手によって編集されて、*Macht im System*としてSuhrkamp社から公刊された）。こうしてみると、この『社会の政治』が刊行されるまで、権力や権力分立、政党、選挙、国家、正統化、民主制等々の論考を総括し、ルーマンの政治システム論の到達点と全体像を知るための著作は、存在しなかったといってよいだろう。

もっとも、「全体像」だからといって、『社会の政治』は、これまでの諸論考や刊行物を単純に纏め上げただけのものではなく、たとえば、中心／周縁の図式の導入とその中での「抗議運動（Protest-bewegungen）」の位置づけ、あるいは、従来の政治学でいえば「権力分立」と関連する政治システム内部の「内的分化」（政治／行政／公衆）の具体的な内実などについては、上記の初期論考から大きく異なっている。これまでの彼の政治論と比べて（とりわけ八〇年代の「オートポイエーシス」概念の導入以後）どの論点がどのように修正されていったかを精緻に検討する作業も必要となるだろう。

この『社会の政治』の刊行により、こうしてルーマンの政治システム論の全体像が明らかになったことで、ドイツにおいても、ドイツ政治学会（ＤＶＰＷ）の「政治理論・思想史」部門が、二〇〇一年三月末に二日間にわたり、本書を基本的な検討材料にした大きな研究会議を開催した。そのおりの多数の報告のうちのいくつかは、*Theorie der Politik: Niklas Luhmanns politische Soziologie* (hrsg., Kai-Uwe Hellmann & Rainer Schmalz-Bruns, Suhrkamp, 2002) と *Das System der Politik: Niklas Luhmanns Politische Theorie*, Westdeutcher Verlag, 2003 に、論文として掲載されている（この二冊に所収の論文のうち数編については、土方透氏編著『宗教システム／政治システム』（新泉社、二〇〇四年）に収録されており、日本語で読める）。本書をめぐってどのような論点がありうるのかが、こうした論集を通して知ることができるだろう。

ルーマンの社会理論（Gesellschaftstheorie）は、周知のとおり、「機能分化」を軸にして展開されている。機能分化や「社会分化」あるいは「社会分業」といったテーマは、社会学では古典的なテーマに属し、社会学研究者には馴染みのあるものだが、本書を通読してみると、機能分化に伴う「負の側面」とでも言うべき事象に、数多く論及されているのに気づく。もとよりこれは本書のみの特徴というよりも、上記の『社会理論』シリーズ全体について言えることだが、たとえば、本書でいえば、「この〔機能〕分化の形式によって、全体社会は、みずから持ちこたえることのできないほどまでに、個々の機能システムに依存すると同時に、みずから耐えがたいほどまでに、これらのシステムに固有のダイナミズムを与えてしまってはいないのかどうかを問う」べきだ（第三章第二節等）などといった記述に典型的に見られるとおりである。こうした「負の側面」はもちろん、全体社会の「環境」にも多大な影響をもたらす。ルーマンが想定する全体社会の「環境」として、「人間」と「自然環境」があるが、機能分化の貫徹とともに、前者に対しては、「社会的排除」問題（各機能領域の連動による排除（本書五二三頁））が、また、後者に対してはいわゆる「環境問題」が、もたらされることになる。前者の問題については、たとえば、九〇年代になって書かれた「包摂と排除」や「社会的排除」に関する論考（上記『社会の社会2』第四章第三節や、『社会学的啓蒙第六巻（*Soziologische Aufklärung 6*）』（一九九五年）に収められた「包摂と排除」論文〔村上淳一編訳『ポストヒューマンの人間論』東京大学出版会、二〇〇七年、二〇三―二五〇頁〕等）で論じられ、後者については、一九八六年の『エコロジーのコミュニケーション――現代社会はエコロジーの危機に対応できるか？』（庄司信訳、新泉社、二〇〇七年）や、一九九一年の『リスクの社会学』（新泉社、近刊）、あるいは一九九二年の『近代の観察』（馬場靖雄訳、法政大学出版局、二〇〇三年）などにおいて、検討されることになる。

現在、社会の「機能分化」を正面から論じようとする社会学者はごく少数になってしまった。しかし、「リスク社会」（U・ベック）という記述が大きな説得力を持つにいたった現在の状況に鑑みながら、現代社会を記述してゆくとき、機能分化に対する透徹した眼差しは——機能分化の現実を批判的に捉えるのであれ、機能分化がいまや変容しつつあると見るのであれ——欠かせない。たとえば、(科学的合理性から区別された)「社会的合理性」等のタームに安易に依拠した議論は、一見「社会的合理性」を目指しているように見える手続きがじつはある特定のシステムに対する非難を回避するための入念な戦略の一環であった、といった事態が頻出している現状では、無数のローカルになされる「全体社会のため」という語り口と容易に共鳴しうる。

こうした「機能分化」に関わっていえば、多様な分化形式(環節分化、中心/周縁の分化、成層分化、機能分化)の間の関係がどうなっているのかは、本書においても論点の一つとしてありえよう。ルーマンが近代社会の構造を、「第一次的に(primär)」機能分化した社会として特徴づけるとき、そこには、近代にいたってもその他の分化形式は存在し続けるが、あくまでも「機能分化」の枠内においてである、という認識がある。たとえば、「国家」への分割は、機能分化が「第一次的」に貫徹した条件下での「環節分化」に相当する、とされる(たとえば本書第六章等を参照)。そのさい、「政治の機能の最適化は——《民主制》がそのための指標であるとすれば——、(国民国家への)環節的な第二の分化を介してのみ、達成されうる」(本書二七四頁)という記述にあるとおり、政治システムの機能の充足にとっては、一見すると「環節分化」が第一次的と解釈できる論述も行っている。全体社会がいまや世界社会(Weltgesellschaft)であるという(すでに七〇年代にはなされていた)ルーマンの認識は、グローバル化が進展する現在、きわめて重要であるといえる一方で——上述したドイツ政治学会主催の会議での報告をもとにした二冊の研究書でも論点の一つとして出されていたように——ではこの「世界社会」の機能分化と（国家への）環節分化とはどのように関係しているのか、言い換えれば、機能分化の「第一次性」をどう解釈するのかは、機能分化の「貫徹度」が国家毎に明確に異なる現状に鑑みたとき、議論としてありうるポイントの一つかと思われる。

また、「キリスト教的政党」（ドイツであればキリスト教民主同盟／キリスト教社会同盟（CDU／CSU））や「労働党」に関して（本書一四二頁）、あるいはオランダのいわゆる「（脱）柱状化」に関わっても（本書一六二頁）、指摘しているように、いまや「宗教」の違いや経済的な関係（といった全体社会）における対立は、政治システムの中に直接的なかたちでは反映されなくなってしまい、政治システムの対立のラインはまさに政治システム固有の対立ラインとなっているとする主張は、労働組合から距離をとりその影響力を大幅に縮退させ「新しい労働党（New Labour）」をアピールしたことで、所得格差に不満をもつ人々や長期政権にいささか食傷気味だった有権者の支持を集めた、九〇年代のいわゆる「第三の道」路線が登場してきた時代状況などとも一部符合する議論であろう。いまや「労働／資本」とともに（あるいはそれに代わって）経済を特徴づける大きな対立ラインの一つとなっている「グローバル／地域」の区別は、政治的に直接「代表」されることはない。また、こうした事情は、有権者からすれば、各政党の政策綱領を、政治システムの「環境」（経済、教育、「自然」等々）に与える影響を考慮しながら明確に比較・区別して、選挙に臨むといった行動が取りにくくなることをも意味するだろう（本書一四二―一四三頁）。ルーマンによれば、このような「外部の対立ラインがシステム内部に反映されない」という（いささかネガティブな含みをも有した）事情も、政治システムの分出のためのさらなる指標と見なすことができる。

その他、たとえば、「政権党／野党」を政治システムの「二値コード」とし、民主制のもとではこの「二項」の「技術化」（本書一二〇頁）が進むという主張は、（戦後ドイツを特徴づけてきた）二大政党による政権交代をモデルにしたものであり、その意味では確かに近年の日本の政治を取り囲む状況を記述するさいにもきわめて示唆に富む記述が数多く見いだせるが、その一方で、どこまでこの議論が普遍性を持ちうるかという論点もありえよう。さらに、（『社会の経済』第一〇章でも展開されていた）政治による全体社会の「制御」の可能性に対するルーマンのペシミスティックな評価（本書四七三頁など）をめぐる（行政社会学者のR・マインツらとの）論争なども、各種リスクの「規制」の問題などに照らしてみるとき、興味深いものがあるのではないだろうか。これ以外にも、「市民社会（Zivilgesellschaft）」に関するルーマンの評価、権力論の位置づけ、専門知と政治システムとの関係、等々、検討すべきテーマは数多い。

本書は、総ページ数が六〇〇頁を超え（原書でも四〇〇頁を超え）るものであるので、通読するのはやはりそれなりの時間と労力が必要である。その意味では本書の第三章は、本書全体の各論点がコンパクトにまとめられており、概観するのに好都合といえる。

本訳書を仕上げるにあたっては多くの方々にお世話になった。馬場靖雄氏から本書の翻訳のお話を最初にいただいたときから、私の仕事の遅さのゆえにずいぶんと時間が経ってしまった。この場を借りてお詫びと御礼を申し上げたい。また訳稿を作り上げる過程で、佐藤勉氏と水上英徳氏から、激励と数々のアドバイスをいただいた。さらに、酒井泰斗氏は、多忙ななか訳稿を通読し貴重なコメントをしてくださった。イタリア語その他の訳出については、小松寛明氏から助言をいただいた。また、法政大学出版局の奥田のぞみ氏、中村孝子氏は、訳語の統一性から日本語としての自然さにいたるまで、たいへんに丁寧に原稿をチェックしてくださり、心から感謝申し上げたい。妻・待子には校正段階でスペリングの確認などで手伝ってもらった。

もし日本語訳として少しでも本書が読みやすいものになっているとすれば、これらの方々のおかげである。しかしもちろん、訳文の最終的な責任は訳者にある。誤訳や誤解に基づく注記などがあれば、ぜひご教示願いたい。

二〇一三年十月

小松丈晃

著　者

ニクラス・ルーマン（Niklas Luhmann）
1927年ドイツのリューネブルクに生まれる．1968–1993年ビーレフェルト大学社会学部教授．1970年代初頭にはハーバーマスとの論争により名を高め，80年代以降「オートポイエーシス」概念を軸とし，ドイツ・ロマン派の知的遺産やポスト構造主義なども視野に収めつつ，新たな社会システム理論の構築を試みた．1990年前後よりこの理論を用いて現代社会を形成する諸機能システムの分析を試み，その対象は経済，法，政治，宗教，科学，芸術，教育，社会運動，家族などにまで及んだ．1998年没．『宗教論』『近代の観察』『社会の法』『社会の芸術』『社会の社会』『社会の科学』『社会構造とゼマンティク』（以上，法政大学出版局）など邦訳多数．

訳　者

小松 丈晃（こまつ　たけあき）
1968年宮城県に生まれる．東北大学大学院文学研究科博士課程修了．博士（文学）．現在，北海道教育大学函館校准教授．著書：『リスク論のルーマン』（勁草書房，2003年），『リスク学入門４　社会生活からみたリスク（新装増補）』（共著，岩波書店，2013年），『滲透するルーマン理論——機能分化論からの展望』（共著，文眞堂，2013年）ほか．訳書：ルーマン『社会システム理論　上下』（共訳，恒星社厚生閣，1993年・1995年）．

《叢書・ウニベルシタス　968》
社会の政治

2013年11月11日　　初版第1刷発行

ニクラス・ルーマン
小松 丈晃 訳
発行所　一般財団法人　法政大学出版局
〒102-0071 東京都千代田区富士見2-17-1
電話03(5214)5540／振替00160-6-95814
印刷：三和印刷　製本：誠製本

Printed in Japan

ISBN 978-4-588-00968-6

索引

＊原書に付された索引項目に若干の補足を行い，五十音順に配列した．
＊原書の「頁以下」(ff.) がどの範囲に及ぶかは訳者の判断による．
＊原書に掲載されていない頁数も，訳者の判断で記した．
＊（　）は，原注部分の頁数を示している．
＊「→」は，参照すべき関連項目を示す．

ア　行

新しさ　Neuheit　359, 376
圧縮／再認　Kondensieren/Konfirmieren　36, 77, 346, 396, 503
威嚇　Drohung　49, 51, 56, 58, 60, 62-66, 72, 78, 81, 83-84, 88-89, 94-95, 109-110, 199, 315, 321, 382, 503
逸脱　Abweichungen　103, 156, 194-195, 331-332, 369, 376, 404, 419, 504, 515, (603)
一党体制　Einparteiensysteme　117, 122, 208, 330, 331, 332,
一般意志　volonté générale　114, 124, 263, 305, 325, 344, 371, 402, 410, 425, 427, 515, (586)
意図　Absichten　19, 24-28, 35, 98, 133, 136, 137, 207, 250, 266, 358, 363, 391, 481, 493, 497, 521, 527, (542), (545)
因果関係　Kausalität　19-22, 24-26, 29, 35, 132-135, 137, 369, 492-495, 497, 503, (543)
　――と帰属　- und Zurechnung　21-25
インフレーション／デフレーション　Inflation/Deflation　37, 73, 95-96, 440, (550), (566), (596), (616)
影響力　Einfluss　42-45, 47-49, 52, 54, 60, 84, 89, 94, 199, (546), (547)
エートス　Ethos　6, 296, 412
演出　Inszenierung　115, 125, 192, 272, 294, 354, 357, 360, 362, 363, 381, 435
公ノモノ（共同体，国家）／私ノモノ　res publica/res private　246, 268, 342
大人／子ども　Erwachsener/Kind　3, 522-523

カ　行

科学的助言　Beratung, wissenschaftliche　480-483
革命　Revolution　53, 62, 110, 165, 166-167, 204, 257-258, 501, 513, 515-516, (576)
過去／未来　Vergangenheit/Zukunft　22, 76, 77, 102, 135, 180-183, 186-192, 194, 196, 198, 200-203, 210, 214, 216-217, 257, 259, 289-291, 311, 367, 400, 530, (562), (563),

(564), (565)
価値　Werte　52, 56, 69, 79, 100, 103, 122, 129, 149-153, 164-167, 174-175, 178, 181, 184-185, 194-195, 204, 209, 219-224, 225-228, 231, 233, 240-241, 265, 269, 273, 288, 327, 332, 344, 356, 362, 368-370, 386, 391, 436-443, 451-452, 464, 478, 520, (552), (580), (597)
価値ファナティズム　Wertefanatismus　151
学校，大学　Schulen, Hochschulen　167, 199, 247-248, 261, 285, 295, 320, 367, 430, 484-488, 523, (581), (604)
貨幣　Geld　37, 41, 48, 50, 54, 58, 63, 66, 68-69, 71, 87, 89, 95, 138, 199-201, 229-230, 255, 267-268, 296, 312, 356, 411, 467-471, 486, 491-492, 496, 520, 531, (541), (544), (547), (550), (616), (621)
感謝　Dankbarkeit　47
キウィタス／キウェス　civitas/cives　140
記憶　Gedächtnis　39-40, 70, 130, 134, 155, 163, 187, 188-189, 192, 194, 211-233（第五章全体）, 250, 347, 368, 375, (565), (567), (568), (569), (570)
　政治システムにおける――　- des politischen Systems　211-233（第五章全体）
　教育システムにおける――　- des Erziehungssystems　228-229
　経済システムにおける――　- des Wirtschaftssystems　229-230
機会主義　Opportunismus　18, 149, 177
技術　Technik　10, 23, 128, 137, 166, 271, 283, 373, 471, 520
規制／規制緩和　Regulierung/Deregulierung　136
偽善　Heuchelei　137, 288, 304, (570), (594)
貴族　Adel　54, 62-63, 86, 116, 139-140, 144, 236, 249, 251, 284, 308, 403, 411-413, 419, 509, 511, 513, (556), (599), (615)
帰属　Attribuition, Zurechnung　21-22, 24-28, 35, 133, 135, 144, 176, 181, 191-194, 197, 198, 222, 238, 241, 286, 293, 311, 331-332, 350, 355, 359, 367, 369, 380, 459-461, 463, 470, 477, 492-497, 521, (542)
機能，機能概念　Funktion, Funktionsbegriff　12, 25, 41, 46, 67, 68, 71, 75, 78, 82, 83, 84, 85, 86, 90, 91, 92, 96-105（III全体）, 108, 110, 112, 116, 126, 130, 135, 137, 140, 141, 145, 153, 154, 160, 163, 169, 187, 188, 189, 212, 214, 222, 225, 226, 236, 239, 242, 268, 269, 271, 274, 279, 286, 299, 301, 315, 326, 328, 329, 330, 332, 337, 344, 348, 363, 369, 370, 372, 373, 394, 405, 414, 420, 443, 448, 463, 476, 477, 478, 479, 505, 513, 514, 516, 530, (552), (553), (572), (587), (610)　→政治システム
機能分化　funktionale Differenzierung　66, 91, 96, 98, 99, 117, 122, 135, 139, 142, 143, 167, 249, 258, 260, 265, 273, 284, 285, 300, 309, 320, 331, 399, 431, 466, 467, 481, 497, 524, (580)
　――の政治システムにおける主題化　- Thematisierung im politischen System　320
　――と民主制　- und Demokratie　122
　――と政治的地域化　- und politische Regionalisierung　274-275

教育システム　Erziehungssystem　153, 166, 168, 228, 276, 427, 430, 432, 484, 486, 487, 492, (557)
行政　Verwaltung　8, 56, 70, 86, 87, 141, 261, 298, 305, 310, 311, 312, 313, 314, 315, 316, 317, 318, 319, 320, 321, 322, 324, 325, 334, 335, 388, 389, 411, 423, 481, 520, (572)
——／公衆　- /Publikum　319-322
共生メカニズム　symbiotische Mechanismen　72-73, 93
競争　Konkurrenz　64, 170, 184, 222, 330 , 357, 472, 500, 501
共同体　Gemeinschaft　3
銀行　Banken　50, 60, 230, 275, 306-307, 309, 468, 471, 520, 526
空間への拘束性　Raumgebundenheit　322-323
グローバル化　Globalisierung　276, 472, (560), (578)　→世界社会
君主　Monarch　87, 121, 140, 173, 248, 251-252, 256, 266, 339, 341, 402, 406, 415, 420, 423-425, 452, 475, (599), (602), (604), (605)
——の身体　- Körper des　121, 352, 402, 406, 417, 425, (553)
経済，経済システム　Wirtschaft, Wirtschaftssystem　2-4, 6-7, 10, 48-49, 55, 64, 66, 70-71, 85, 87, 89, 93-94, 98, 102, 108, 117, 120, 126, 135-138, 140-142, 153, 167-168, 170, 177-178, 185, 203, 208, 225, 229-230, 232, 236, 248-249, 255-256, 258, 262, 266-271, 273-275, 278-279, 285, 287, 293, 301, 304, 306-307, 309, 323, 331, 359, 372, 377, 381, 383, 386-398, 411, 426-427, 430, 432, 444, 448, 466-474（III全体）, 484, 486, 491-493, 500, 509-510, 513-514, 519-520, 522, 524, 526, 531, (538), (542), (548), (549), (550), (557), (561), (584), (585), (587), (616), (621)
刑罰権　Strafgewalt　241
決定　Entscheidung, Entscheidungen　16, 22, 30, 33-34, 57, 62-63, 65-66, 68, 78-79, 84, 89-90, 93-95, 97, 100-105, 112-113, 115, 117-119, 121-122, 126-127, 129, 132, 136-139, 143, 147, 149-150, 163, 168, 173-210（第四章全体）, 212, 222, 231, 236, 241, 245, 258, 263-264, 279, 284, 288-294, 297-299, 301-303, 306, 308, 311, 314-319, 323, 326, 329-330, 333, 341, 361, 366, 370, 384, 391, 402, 406, 409, 413, 415, 417-418, 420-421, 423, 428-429, 430-433, 440, 442, 447-448, 450-451, 454, 460, 461-466, 473-474, 476, 478, 485-489, 491, 493, 495, 500, 504, 507, 515, 518-519, 527-528, 530-531, (540), (542), (552), (553), (557), (559), (561), (562), (563), (564), (565), (581), (584), (587), (595), (611),
——についてのコミュニケーション　- Kommunikation über　206-207
——の一貫性　- Konsistenz von　198
——の神秘　- Mysterium der　57, 289-290, 461, 462
——／非決定　- / Nichtentscheidung　102, 303, 418, 461
——の時間関係　- Zeitbezug von　179-186（II全体）, 289-291
決定前提　Entscheidungsprämissen　101, 292, 296, 314-315, 317, 329, 433, 485, 486-487, 500, (552), (553), (559)
権威　Autorität　46, 57, 89, 142, 240, 294, 339, 343, 490, (545), (546), (552), (589)

限定された合理性　bounded rationality　179, (559)
憲法　Verfassung　34, 94, 103, 116, 127, 129, 150, 174-175, 209, 224, 252-253, 257, 262-264, 346, 409-410, 428, 433, 475-478, 483, 490, 516-517, 520, 524-525, 528, (574), (575), (586), (617)
原理主義　Fundamentalismus　135, 269-270, (569)
権力　Macht　9, 15-79（第二章全体), 81-96（IおよびII全体), 97, 99, 101, 104-108, 109-113（V全体), 118-121, 125-126, 141, 151, 160, 166, 174-175, 179, 199-201, 208, 224, 240 248, 255, 263-264, 266, 273, 275, 277-279, 313-324, 352-353, 356, 379, 383, 397, 399, 406, 409, 414, 416, 419, 422, 443, 467, 500, 507-511, 513, 530-531, (541), (543), (546), (547), (548), (550), (566), (574), (586), (602), (603), (604), (605), (606), (610), (621), (632)
　コミュニケーションメディアとしての――　- als Kommunikationsmedium　41-56（V全体)
　――の予期　- Antizipation von　28
　公式の――／非公式の――　- formale/informale　313-325
　――とサンクション　- und Sanktion　49-56
　非政治的な――　- unpolitische　94-95
　――の喪失　- Verlust von　89
権力循環　Machtkreislauf　310-325（IV全体)
権力上の優位／権力上の劣位　machtüberlegen/machtunterlegen　105, 110, 118, 120
権力分立　Gewaltenteilung　34, 116, 263, 313, 424, 428, (601)
幸運　Glück　126, 340, 461-462, 493
交換　Tausch　47, 120, 136, 138, 268, 427
抗議運動　Protestbewegungen　→社会運動
公共性　Öffentlichkeit　270, 325, 341, 342, 343, 345, 348, 349, 350, 355, 370, 386, 395, 431, (592), (577), (596)
公共の福祉　Gemeinwohl　100, 146-150, 159-160, 320, 472, 519
公衆　Publikum　6, 141-143, 208, 310, 313-314, 316, 319-322, 327, 334, 341-342, 350, 357-358, 521, (590), (593), (608)
　――／人民　-/Volk　314, 325
公職　Amt, Amter　59, 74, 85-87, 98, 110-116, 118-121, 125, 139-141, 202, 246, 253, 295-6, 406-407, 411, 413, 416-417, 422, 424, 458-460, 463, 478, 510, 514, 525, (573), (602)
公職／人格　Amt/Person　86, 111, 459-460
公職の後任　Amtsnachfolge　111, 119　→選挙
公然／秘密　öffentlich/geheim　342
構造的カップリング　strukturelle Kopplung　16, 131, 135, 144, 371, 381-382, 453-498（第十章全体), (540), (555), (587), (614)
　意識との――　- an Bewusstsein　457-460, 462-463

教育との——　- an Erziehung　487-488
医療との——　- an Krankenbehandlung　484, 485, 488
マスメディアとの——　- an Massenmedien　381-382
法との——　- an Recht　474-479（IV全体）
経済との——　- an Wirtschaft　466-479（III全体）
科学との——　- an Wissenschaft　479-483（V全体）
組織をとおしての——　- durch Organisation　483-491（VI全体）
公約　Versprechen　185
コード　Code　12, 40, 69, 97, 102, 105-107, 109-110, 112, 115, 118-123, 125, 137, 145, 160-161, 269, 365, 372-375, 396-397, 464, 475, 478-479, 517
コードの技術化　- Technisierung des　120　→権力上の優位／権力上の劣位，政権党／野党
国債　Staatsverschuldung　49, 470-471
国籍　Staatangehörigkeit　261, 264
国民国家　Nationalstaat　256, 259, 261, 271-272, 276, 472, 512, 517, 524,（570),（572),（578)
——としての全体社会　- Gesellschaft als　272
個人，個人主義　Individuum, Individualismus　141, 148, 158, 168, 225, 228-229, 231, 253, 255, 260, 262, 264, 313, 320, 325, 330-331, 341-342, 344, 346-347, 364, 366, 398, 409-410, 415, 425- 428, 447-449, 475, 481, 519,（537),（557),（609)
国家　Staat　235-280（第六章全体）
組織としての——　- als Organisation　244, 299-307
——の概念史　- Begriffsgeschichte　246-259（II全体）
——としての自己記述　- Selbstbeschreibung als　267
——と暴力　- und Gewalt　243
——とネーション　- und Nation　259-271（III全体）
——と世界社会　- und Weltgesellschaft　244, 271-280（IV全体）
国家緊急権　ius eminens　170, 254, 414, 422, 467, 475,
国家契約の構成　Staatsvertragskonstruktion　414, 421
国家と全体社会　Staat und Gesellschaft　6, 148, 256, 257, 309
国家の形成　Staatsentstehung　4, 104, 235, 242, 250,（550),（553)
国家目的　Staatszwecke　147, 251, 471, 472, 514
国家理性　Staatsräson　170, 174, 251, 254, 415, 418, 422, 431, 470,（606)
国家論　Staatslehre　237, 238, 513
コミュニケーション　Kommunikation　8-9, 11-13, 24, 27, 35, 37, 38-39, 42-45, 47, 49-51, 57-62, 64-65, 68-69, 71-73, 78, 81, 84, 87, 89-90, 96-97, 100, 102-103, 105, 108, 112, 114, 134, 137-138, 144, 146, 152, 155, 159-161, 163, 168, 170, 176, 179, 184, 187, 190, 206-208, 213-214, 218, 220-222, 226, 228-229, 231, 236, 238, 245, 263, 271, 273, 276-279, 283,

285-286, 288-289, 291-293, 297, 302, 307, 310-312, 315, 318, 323-324, 326, 331, 337, 339, 342-343, 347-352, 354-356, 359, 362-365, 368, 370, 375, 382, 385-386, 388, 394-395, 397, 409, 433-434, 436-438, 448, 455-458, 460, 464, 466-467, 478-479, 481, 484, 491, 506-507, 509, 519, 521, (540), (545), (546), (548), (562), (582), (583), (593), (594), (605), (610)
——の受容　- Akzeptanz von　38-40, 58, 68-69, 73, 437, 484
——の述定的要素／遂行的要素　- konstative/performative　245
決定についての——　- über Entscheidungen　207
——メディア　Kommunikationsmedium　37-41, 61, 64, 68-69, 71, 74, 90, 99, 104-105
——メディアとしての権力　- Macht als　41-56（V全体）
——メディアとシステム形成　- und Systembildung　69-71
固有値　Eigenwerte　76, 134, 214, 215, 261, 449, (569)
コンセンサス／ディッセンサス　Konsens/Dissens　59, 61, 195, 326, 361, 368
コンセンサス／暴力　Konsens/Gewalt　58-61（VI全体）, 361
偶発性定式　Kontingenzformeln　146-153, 472, (557)
政治の——　- politische　146-153　→公共の福祉，正統化
コントロール幻想　Kontrollillusion　22, (541)
コンフリクト　Konflikte　16, 51, 54, 83, 92, 101, 104, 111, 113-116, 149, 151, 153, 161-165, 242-243, 261, 268-270, 295, 303, 305, 314, 322-324, 331, 337, 341-342, 345-346, 356, 360-361, 376, 384, 395, 397, 437, 440, 442, 448, 464, 478, 507-508, 512, 515, 520, (547), (616)
社会システムとしての——　- als soziale Systeme　162
変異としての——　- als Variation　512
組織内——　- innerorganisatorische　360-361

サ　行

再参入　re-entry　31-33, 56, 129, 147-148, 157-159, 186-187, 189, 202, 216, 342, 394, 405, 454, 527, (590)
裁治権　iurisdictio　418, 419, 466, 475, (586)
再分配　Redistribution　85-86, 531
作動　Operation　9, 11-13, 16-18, 20, 24, 28-32, 36-37, 47-48, 61, 70-71, 73-77, 86, 88-89, 97, 101, 103, 105-107, 109, 113, 116, 127-132, 134-136, 138-139, 143-144, 146, 153-154, 156-159, 187-188, 191-192, 195, 197, 208-209, 211, 213-216, 219-220, 223, 226-231, 240, 253, 260, 266-267, 278-279, 282, 286, 288, 293, 296-297, 299, 303-305, 307, 312, 323-324, 326, 332, 343, 347, 349, 351, 353, 355, 364-366, 369, 373-374, 382-383, 394- 397, 424, 431, 436, 453-454, 456-458, 462, 464-466, 470, 476-477, 481, 484-485, 487, 489, 494, 497, 503-504, 507, 516, 521, 527-529, (540), (542), (584), (586), (631)
政治に付随する——　- parapolitische　109
作動上の閉鎖性　operative Schliessung　16, 18, 71, 81, 97, 128-129, 131, 134-135, 143-

144, 146, 153, 159, 211, 213, 215, 253, 282, 286, 293, 324-343, 349, 353, 365, 424, 431, 453-454, 456, 466, 481, 497
左派／右派の図式　links/rechts-Schema　113-115, 138, 161, 232-233, 305
サンクション　Sanktionen　42, 44-45, 47-56, 58, 84, 88, 94, 224, 369, 420, 503, 518, (547), (548)
肯定的な――　-positive　45, 47-49, 55-56, (547), (548)
否定的な――　-negative　42, 45, 49-51, 55-56, 58, 84, 88, 224, (547)
恣意（性）　Willkür　15, 33-34, 65, 78, 101, 103, 121-122, 173-176, 180, 189, 191, 198, 202, 212, 263, 291, 314, 341, 346, 399, 416, 417-421, 423　→主権
時間　Zeit　179-186（II全体), 186-189（III全体)
自己記述　Selbstbeschreibung　34, 100, 134, 140, 144, 153, 168, 267, 308-309, 355, 393-452（第九章全体), 476, 495, (546), (554), (586), (587), (603)
――／他者記述　-/Fremdbeschreibung　394
――の多数性　-Mehrheit von　447-449
セカンド・オーダーの――　-zweiter Ordnung　449
市場経済　Marktwirtschaft　85, 203, 232, 398, 432, 470, 473, 531
社会的――　-soziale　491-493
システム合理性　Systemrationalität　156-158
実定法　positives Recht　251, 408, 422, 428, 430, 475, 500
シトワイヤン／ブルジョワ　citoyen/bourgeois　140
支配　Herrschaft　83, 106, 124-125, 144, 169-170, 209-210, 218-219, 235-236, 248-249, 251, 261-262, 266, 273, 296, 303, 313, 317, 344, 352, 399, 402-406, 408, 410-411, 414, 416, 419, 420, 424-425, 426-427, 429, 433, 435, 441, 443, 449, 451, 463, 469, 474, 499, 501, 506-507, 509, 511-514, 517, 525-527, (547), (590), (620), (621)
市民社会　societas civilis　5, 252, 268, 272, 308
市民社会　Zivilgesellschaft　7, 250, 287, (538)　→市民社会（societas civilis)
市民／臣民　cives/subditos　140, 250, (556)
社会運動　soziale Bewegungen　226, 268, 387, 388, 389, 390, 391, (569), (597)
――の内的分化　-interne Differenzierung　390
集合的拘束　Bindung, kollektive　65, 100-101, 103-104, 112, 117, 119, 163, 209, 236, 245, 279, 297, 299, 301-302, 311, 326, 361, 463, 518, 530
主権　Souveränität　2, 33-34, 78, 92, 112, 140, 173, 212, 254, 263, 273, 277, 279, 343, 399, 407, 410, 412, 415-425, 429-431, 445-446, 451-452, 475, (552), (553), (587), (603), (604), (605), (606), (607), (622)
法の――／政治的――　-rechtlische/politische　418
出自　Herkunft　86-87, 121, 210, 259, 284, 390, 426
条件づけ／動機づけ　Konditionierung/Motivation　73
冗長性／変異　Redundanz/Varietät　188, 215, 265, 381, (565)

情報　Informantion　38, 45-47, 51, 62, 128, 136, 146, 153, 178, 183, 188, 196, 198-199, 205-206, 208, 214-215, 222, 231, 264, 271, 290, 293-294, 315, 331, 351, 353-354, 359, 363-364, 366, 372-375, 377-378, 380-381, 390, 453, 491, (559), (564), (565), (581), (594)
——/非情報　-/Nichtinformation　372
情報が与えられている状態　Informiertsein　363-364
所有権　dominium　466, 511
新アリストテレス主義　Neoaristotelismus　1
進化　Evolution　10, 40, 61, 66, 78, 82-83, 87, 93, 98, 104, 110, 117, 129, 140, 216-227, 235, 246, 259, 262, 324, 385, 398-399, 427, 450-451, 456, 459, 472, 477, 499-531（第十一章全体）, (553), (557), (561), (571), (576), (612), (618), (619), (621), (623)
——／完成　-/Perfektion　499
人格　Person　28, 48, 57, 76, 86, 111, 133, 142, 176, 213, 219-220, 223, 236, 259, 285-287, 295-297, 328-329, 331-332, 340, 358, 374, 378, 388-390, 407, 416-417, 420, 452, 457-461, 463-465, 484, 527, (585), (587), (588), (605), (606), (608), (614), (615)
再安定化（進化上の）　Restabilisierung, evolutionäre　505, 516, 525, 528-529, (571), (618), (622)
選択（進化上の）　Selektion, evolutionäre　514-515, 517, 525, 528-529, (619), (622)
人口（個体群）　Population　4, 141, 262, 342, 427, 449, (556), (557)
人材の選抜　Personalselektion　329-330
新聞　Zeitungen　178, 240, 363, 373, 375-376, (594), (596), (628)
シンボル　Symbole　33, 36-37, 52, 53, 71, 73, 78, 350, 426, 463, 464
人民　Volk　90, 110, 122, 124-125, 142, 167, 174, 204, 209, 237, 253, 261, 263, 266, 281, 313-314, 316, 325, 339-340, 409-410, 412, 414, 429, 434, 446-448, 515-516, (586), (601), (603)
スキーマ　Schema　9, 25-27, 161, 188, 192-193, 195-197, 203, 209, 232-233, 366-372, 378, 381, 396, 399, 404, 406, 464, 494, (563), (595)
スクリプト　Skript　192-196, 199-200, 203, 206, 209, 367, 369, 494, (563), (564), (565)
税　Steuern　48, 89, 267, 468-472, (616)
制御　Steuerung　132, 174, 204, 266, 304, 447, 452, 473, 481-483, 486, 491, 497, (560)
政権党／野党　Regierung/Opposition　102, 115, 118-126, 161, 204, 464, 495
政治　Politik　311-312
——／公衆　-/Publikum　316-317
——／行政　-/Verwaltung　317-319
政治家　Politiker　→（意識との）構造的カップリング
政治／行政／公衆　Politik/Verwaltung/Publikum　310-325（IV全体）
政治システム　politisches System
——の分出　-Ausdifferenzierung　81-171（第三章全体）
——のコード化　-Codierung　116-124（VII全体）

——の記憶　- Gedächtnis　217-227（IIIおよびIV全体）
——の機能　- Funktion　100-105, 112, 163, 236, 279, 299, 301, 463, 530
——の内的分化　- interne Differenzierung　139-143（XI全体）, 299-325（III, IV全体）
——のなかの諸組織　- Organisationen im　281-335（第七章全体）
——の作動上の閉鎖性　- operative Schliessung　97, 135, 143, 144, 159, 365, 424
——の役割分化　- Rollendifferenzierung　140-141, 253, 423
——／国家　- /Staat　235-280（第六章全体）
——の構造的カップリング　- strukturelle Kopplungen　→構造的カップリング
——と経済システム　- und Wirtschaftssystem　134-139（X全体）
政治的スキャンダル　politischer Skandal　488, (588)
政治的中央集権制　politischer Zentralismus　4, 83-85, 86, 218-219, 271, 467, 508
政党　Parteien　8, 97, 114-115, 124-126, 138, 141-143, 156, 167-168, 170, 177-178, 185, 194, 199, 263-266, 282, 287-288, 297, 301, 305, 307, 311-312, 317-318, 325-333（V全体）, 334, 344, 346, 358, 361, 367, 374, 387, 389, 433, 438, 440-441, 447, 486, 516, 526-529, (546), (554), (577), (579), (583), (584), (587), (588), (608), (611), (615)
——のなかのコンフリクト　- Konflikte in　361
正統化，正統性　Legitimation, Legitimität　15, 33-34, 52, 58, 62, 85, 87, 121-122, 147-154, 159, 174, 195, 204, 231, 239-243, 254, 260, 272, 276-277, 313, 334, 344, 361, 386, 406, 410, 414, 435-436, 438, 441-444, 451, 505, 519, (546), (547), (558), (574), (611), (612)
自己正統化としての正統化　- als Selbstlegitimation　436
価値による正統化　- durch Werte　436
世界国家　Weltstaat　273
世界社会　Weltgesellschaft　48, 244, 271-273, 276, 278-279, 286, 300, 332, 452, 472, 517, 523-524, 526, 531
——の政治システム　- politisches System der　244, 272, 273, 276, 279, 332, 452, 517, 524
——の経済システム　- Wirtschaftssystem der　472, 524, 526
世界政治　Weltpolitik　244, 271-280（IV全体）, 300-301　→世界社会
セカンド・オーダーの観察　Beobachtung zweiter Ordnung　21, 26, 55, 60, 118, 144, 310, 318, 326, 330, 352-356, 358-359, 362-364, 378, 380, 383-386, 404-405, 438, 446, 462, 464, 467, 517, (566), (593)
政治システムにおける——　- im politischen System　352-365
経済システムにおける——　- im Wirtschaftssystem　383
科学システムにおける——　- im Wissenschaftssystem　383-384
法システムにおける——　- im Rechtssystem　384
責任／答責性　Verantwortung/Verantwortlichkeit　46
絶対ノ権力／叙階サレタ権力　potestas absoluta/potestas ordinate　422, (607)
選挙　politische Wahlen　60, 66-67, 74, 115, 117-119, 122, 124-127（VIII全体）, 136-137,

141-142, 167-168, 177, 185, 264, 266, 278, 304-305, 310-311, 313-314, 316, 319, 322-323, 329, 344-347, 358, 388, 441, 457, 459, 470-471, 518, 526-527, (554), (561), (574), (585), (596), (602), (615)
選好　Präferenzen　51, 69, 100, 105, 115, 119, 148, 151-152, 176, 181, 184-185, 190, 220, 222, 227, 243, 350, 369-370, 377, 416, 418, 437, 460, 504, 515, (562)
　コード化された――　- codierte　69, 105, 119
潜在性／偶発性　Latenz/Kontingenz　359
戦争／戦争遂行　Krieg, Kriegsführung　62, 83-84, 92, 201, 221, 242, 260-261, 281, 295, 379-380, 469, 512, (553), (570), (573), (623)
全体／部分　Ganzes/Teile　81-82, 140, 399-403, 405-406, 424, (599)
全体社会　Gesellschaft　2-13（第一章全体), 160-161　→全体社会のシステム分化，機能分化
全体社会／組織　Gesellschaft / Organisation　282-283
全体社会のシステム分化　Systemdifferenzierung, gesellschaftliche　10-13（II全体), 70, 284, 507-511
　機能的な――　- funktionale　→機能分化
　環節的な――　- segmentäre　83, 235, 284, 507, 508
　中心と周辺への――　- in Zentrum und Peripherie　508
　成層的な――（成層化）　- stratifikatorische　91, 117, 139, 249, 254-255, 264, 284-285, 338, 342, 403, 407-408, 411, 508-509, 511, 513, 515, 524
専門家　Experten　200-202, 312, (541), (617),
戦略的／コミュニケーション的　strategisch/kommunikativ　(545), (546)
相互作用　Interaktion　39, 48, 63, 71, 152, 177, 261, 297, 299, 310-313, 322-324, 332, 337-338, 342, 349, 353-355, 362, 387, 480-481, 484, (582), (587), (592)
総和一定　Summenkonstanz　55, 125, 264
組織　Organisation　8, 10, 16-19, 27, 45-47, 55-56, 62-63, 70-71, 94-96, 101, 111-112, 119, 123, 136, 141, 166, 177-178, 204, 213, 219, 230, 238, 242, 244, 246, 263-265, 267-268, 270, 273, 278-280, 281-335（第七章全体), 349, 354, 361, 373, 375, 379, 382, 387, 389-390, 409, 416-417, 423, 433, 446, 449, 478, 481, 483-491, 512-513, 520-521, 529, (538), (541), (544), (546), (553), (559), (563), (564), (580), (581), (583), (585), (587), (594), (615)　→政党，国家
　――への包摂　- Inklusion in　285-286, 292-293
　――のコミュニケーション能力　- Kommunikationsfähigkeit von　297
　――をとおしての構造的カップリング　- strukturelle Kopplung durch　483-491（VI全体）
　労働――　- von Arbeit　8, 94-95

タ　行

代表　Repräsentation　118, 124-125, 138, 223, 237, 262-263, 265, 268, 274, 297-298, 301, 311, 313, 318, 324, 332, 344, 391, 399, 402, 406-412, 414, 419-420, 423, 426, 428, 433, 435, 445, 451-452, 516, 525, (571), (600), (601), (605), (606)
団体　Korporation　248, 251, 253, 284-285, 416, (604)
団体，結社　universitas　248, 407-408, 413, 451, (600)
地位　Stellen　44, 46, 76, 87, 89, 101, 110-113, 121, 140, 225, 231, 293-296, 305, 313, 314, 318, 333-335, 341, 390, 397, 410, 423, 513, (610)
地位権力　Stellenmacht　112
知識　Wissen　40, 87, 184, 200-201, 317, 338, 343, 349, 350, 351, 364, 373, 381, 480, 482
中心／周縁の分化　Zentrum/Peripehrie-Differenzierung　275-276, 299-310（III全体）, 387-391, 508
　全体社会の――　-im Gesellschaftssystem　508
　政治システムの――　-im politischen System　300-304
　法システムの――　-im Rechtssystem　306-307
　経済システムの――　-im Wirtschaftssystem　306-307
　社会運動の――　-in sozialen Bewegungen　390
超安定性　Ultrastabilität　329
陳情　Petitionen　340
抵抗権　Widerstandsrecht　122, 253, 407, 409, 420, (575), (600)
帝国，帝国形成　Reich, Reichsbildung　91, 92, 204, 208, 296, 331, 508-511, (605), (613), (620)
テーマ　Themen　29, 53, 65, 73, 76, 88-89, 102, 107, 115, 123-124, 126, 135, 146, 152, 156, 162-164, 183-184, 190, 196, 206, 214, 216, 225, 297, 301-303, 315, 326, 328-329, 338, 343, 352, 359-360, 363, 368, 370-371, 374-375, 379, 381, 387-389, 391, 416, 470, 483, 488, 490, (575), (588), (614)
　――／貢献　-/Beiträge　162, 359-360, 368, 374
　――の非選択　-Nichtselektion von　379
手続き　Verfahren　101, 119, 151, 152, 167, 274, 284, 407, 408, 413, 417, 418, 441, 444, 445, 475, 500, (539), (602), (604), (612)
討議（ディスクルス）　Diskurs　58, 151-152, 368, 451-452, 473, 511, (589)
討議（ディスクルス）（ハーバマスのいう）　Diskurs（Habermas）　58, 152, 441-443, 448-449, (612)
動機　Motive　19, 24, 46, 53, 56, 67-68, 72-73, 105, 150, 164, 176, 181, 194, 197, 207-208, 220, 222, 224, 229, 268-269, 278, 289, 292, 303, 310, 316, 332, 353, 357-358, 370, 403, 437, 447, 460, 469, 471, 493, 495, (557), (564), (568), (571), (580), (581), (597), (611), (623)
動機への疑い　Motivverdacht　357

統合　Integration　160, 161, 162, 164, 169, 188, 195, 432, 487, (552), (554)
道徳　Moral　40, 62, 65, 79, 169-170, 174, 185, 224, 226, 248, 251, 255, 266, 296, 316, 321, 340, 351, 357, 359, 378, 413, 419, 422, 443, 448, 450, 464, 496, 522, (593), (611), (615)
ドクサ／エピステーメー　dóxa/episteme　338
トマスの公理　Thomas-Theorem　133
トリヴィアルな／非トリヴィアルな機械　triviale/nichttriviale Maschinen　130, 269, 502, (555), (566)

ナ　行

内政／外政　Innenpolitik/Aussenpolitik　174, 236, 300, 416,
人間，人類　Mensch, Menschengattung　3, 4, 5, 6, 7, 10, 71, 92, 155, 166, 183, 217, 252, 253, 262, 282, 283, 286, 347, 350, 351, 406, 426, 427, 428, 429, 451, 459, 463, 464, 522, (537), (556), (568), (580), (599), (603), (623)
認知　Kognition　131-132, 453-454, (562), (614)
ネーション　Nation　121, 237, 259-261, 310, 425
　差異としての——　- als Differenz　261
ネオ・コーポラティズム　Neokorporatismus　95, 297, 299, 490-491, (628), (638)

ハ　行

排除，排除領域　Exklusion, Exklusionsbereich　2, 285-286, 319, 348, 363, 375, 408, 521, 523, (580), (622)　→包摂／排除
パラドックス　Paradoxie　11, 18, 22, 31, 33-34, 36-37, 50, 125, 136, 145, 149-152, 154-159, 209, 212, 239, 245, 247, 253-255, 265-266, 289-291, 303, 313-314, 325, 338-339, 396-402, 404-405, 407-408, 410, 416-418, 421, 423-424, 428-429, 434-436, 441-442, 450, 452, 460, 462, 475, 497, 525, (537), (559), (575), (587), (589), (606), (608), (611), (613), (615)
　——としての公共の福祉　- Gemeinwohl als　147-148　→公共の福祉
　——としてのシステム合理性　- Systemrationalität als　156-157　→システム合理性
　——としての主権　- Souveränität als　33-34　→主権
　——としての民主制　- Demokratie als　313-314　→民主制
　——としての時間　- Zeit als　22　→時間
　自己記述の——　- von Selbstbeschreibungen　396-399　→代表，主権，民主制
反省性　Reflexivität　73, 74, 340
ヒエラルヒー　Hierarchie　8, 46, 74, 83, 85-87, 91-92, 101, 107-108, 169, 253-254, 285, 293, 307-308, 313, 321, 323-324, 329, 341, 390, 406, 414, 418-419, 422, 429-430, 432, 445, 447, 486, (546), (584), (585), (638)
不確実性吸収　Unsicherheitsabsorption　38, 45-47, 57, 293-295, 299, 303, 314, 318, 323, 326-329, 332, 351, 489, 529-530, (544), (546), (547)

――をとおしての拘束　-Bindung durch　295
複雑性　Komplexität　5, 65, 70, 83, 109, 113, 117, 129-130, 132, 134, 158, 284, 301, 303-307, 314, 316, 319-320, 323-324, 331, 338, 353, 365, 370, 445, 448-450, 457-458, 466, 471, 497, 528
福祉国家　Wohlfahrtstaat　66, 148, 167-168, 170, 246, 265-268, 274, 304, 319, 371, 391, 393, 443-444, 471, 517-519, 521-523, (566), (622)
福祉国家／社会国家　Wohlfahrtstaat/Sozialstaat　265, 304, 523, (622)
服従　Gehorsam　27-28, 35, 51-52, 55, 85, 90, 251, 264, 314, 319, 397, 405, 429, 451, (574), (608)
不確かさ，不確実性　Unsicherheit, Ungewissheit　11, 16-18, 42, 46, 78, 118, 126, 200, 294, 327, 429, 441, 530, (593)
権力源泉としての――　-als Machtquelle　16
普遍性／個別化　Universalität/Spezifikation　92, 385, 516
プリンケプス／臣民　princeps/subditos　140, (599)
プログラム　Programme　23, 66, 68, 89, 98, 111, 121, 204, 296, 314, 316, 319, 321-322, 333, 335, 374, 433, 438-441, 485, 487, 491, 497, 520, 527-528, (584), (611)
分業　Arbeitsteilung　10, 46, 91, 98　→システム分化
分出　Ausdifferenzierung　9, 16-18, 29, 41, 54, 58, 62-66, 70, 74-75, 81-171（第三章全体）, 175, 185-186, 209-211, 218-219, 225, 229, 244, 251, 255-256, 263-264, 266, 273, 286, 300, 327, 332-344, 365, 399, 407, 413, 416, 419, 424-427, 428-430, 445, 450-452, 456, 469, 499, 507, 509-511, 513, 525, 530, (540), (549), (572), (573), (596), (599), (604), (619)　→国家の形成，進化
平和ト法　pax et iustitia　248, 414
変異（進化上の）　Variation, evolutionäre　501-505, 508, 512, 514-515, 527, 528-529, (561), (618), (619)
忘却　Vergessen　39, 130, 187, 189, 192, 195, 203, 213, 214, 216, 219, 223, 226, 229, 230, 231, 232, 366, 368, 370, (595)
法システム　Rechtssystem　62, 150-151, 168, 229, 304, 306, 309, 369, 384, 418, 427, 430, 432, 474, 476, 477-478, 486, 490, 519, 524, (558), (584), (585), (611), (613)
包摂／排除　Inklusion/Exklusion　2, 285, 286, 319, 375, 521, 523, (580)
法治国家　Rechtsstaat　94, 212, 319, 475, (558)
暴力（権力）　Gewalt　9, 51, 54-55, 58, 61-67（VII全体）, 71-72, 78, 83, 92-94, 114, 148-149, 164, 174, 193, 237-243, 251, 254, 257, 262, 269, 278, 344, 436, (571), (577)
――／暴力からの自由　-/Gewaltfreiheit　64
家族における――　-in Familien　64
正統な――／非正統な――　-legitime/nichtlegitime　240, 242-243
ポリス　polis　1, 6, 413, 510
ポリス／オイコス　polis/oikos　6, 413, 510

マ 行

マスメディア　Massenmedien　87, 161, 177, 184, 224, 273, 278, 294, 349, 354, 361-362, 372-376, 379-381, 467, (596)
——のコード　-Code　372-373
——のプログラム　-Programme　374
未規定性　Unbestimmtheit　16-18, 29-30, 127, 142, 182, 185, 187, 189, 191, 210-211, 321, 387, (557), (569)
ミクロ多様性　Mikrodiversität　427
未来　Zukunft　18, 22, 76, 78-79, 101, 115, 126-127, 130, 135, 151, 180-183, 185-194, 196, 198-199, 200-203, 205-210, 214, 216-217, 219, 225, 233, 241, 257, 259, 289, 290-292, 344, 349, 367, 369, 400, 433, 443, 444, 450-451, 455, 477, 482, 526-527, 529-530, (552), (562), (563), (564), (565), (610)
民主制　Demokratie　74, 90, 102, 116-118, 122, 124-125, 127, 140-141, 152, 160, 165, 167, 170, 174-175, 183, 186, 199-200, 204, 208-209, 212, 244, 264, 266, 274, 298, 317, 323, 330, 352, 360, 368-370, 386, 388, 391, 399, 428-431, 433-435, 441-446, 451-452, 464, 470, 515-517, 525, (552), (554), (560), (593), (608)
名称　Namen　236-237
メディア　Medium　29-37（III全体）→コミュニケーションメディア
メディア／形式　Medium/Form　30-38
目的, 目的プログラム　Zwecke, Zweckprogramme　20, 57, 63, 98, 118, 147, 166, 176, 179, 181, 188, 194, 199, 205, 206, 208, 220, 224, 225, 242, 251, 252, 258, 260, 267, 281, 294, 309, 320, 322, 327, 328, 265, 429, 434, 444, 450, 460, 461, 471-472, 478, 483, 514, 520, 527, (577)　→国家目的

ヤ 行

ユートピア　Utopie　8, 36, 154-160（XIII全体）, 204, 254, 257, 365, 434, 491-492, 496-497, 523, (545), (589)
——としての平等　-Gleichheit als　434
——としてのシステム合理性　-Systemrationalität als　156-158
ゆらぎ　Fluktuation　93, 352, 447, 526-528
世論　öffentliche Meinung　84, 161, 203, 209, 224, 263, 337-391（第八章全体）, 425, 431, 464, 467, 494, 516, 521, (590), (592), (593)

ラ 行

利害　Interessen　19, 122, 124-126, 147-148, 161, 163, 167-168, 173-177, 179, 208, 219-220, 223-228, 231, 233, 263, 267-270, 276, 298, 302, 320-321, 323, 341, 356, 358, 380, 383, 410, 447, 489, 515, 527, (545), (569), (570), (571), (574), (592), (599)

公益（公共の――）／私益（私的――） - öffentliche/private　147-150, 159
利害コンフリクト／アイデンティティコンフリクト　Interessenkonflikte/Identitätskonflikt　269-270
リスク　Risiko　36, 61, 73, 110, 181, 184, 205, 265, 293, 303, 339, 355, 415, 439, 465, 493, 530-531, (540), (581), (589)
理性／意志　Vernunft/Wille　132
量　Qantitäten　377
倫理（学）　Ethik　5, 7-8, 40, 151, 185, 227, 253, 404, 407, 418, 419, 443, 487, 531, (593), (612), (623)
ルーズなカップリング　loose coupling　31, 32, 34, 35, 78, 133, 486, 489, 490, (543)
ルーズなカップリング／タイトなカップリング　lose Koppelung/feste Koppelung
→メディア／形式
ローカルな関係　lokaler Bezug　377-378